맹자 평전

孟子评传(Meng Zi Ping Zhuan)
Copyright © Yang Ze Bo, 1998
First published in China in 1998 by Nanjing University Press
Korean edition copyright © Yeonamseoga, 2025
All rights reserved.
This Korean edition published by arrangement with Nanjing University Press through Shinwon Agency Co. Ltd.

이 책의 한국어판 저작권은 신원에이전시를 통해 저작권자와 독점 계약한 연암서가가 소유합니다. 신저작권법에 의하여 한국 내에서 보호받는 저작물이므로 무단전제와 복제를 금합니다.

맹자 평전

孟子評傳

양쩌보 지음
장세후 옮김

연암서가

옮긴이 장세후(張世厚)

경북 상주에서 태어나 영남대학교 중어중문학과를 졸업하고, 같은 대학 대학원에서 석사학위와 박사학위(『주희 시 연구』)를 취득하였다. 영남대학교 겸임교수와 경북대학교 연구초빙교수를 거쳐 지금은 경북대학교 퇴계연구소의 전임연구원으로 재직하고 있다. 2003년 대구매일신문에서 선정한 대구·경북지역 인문사회분야의 뉴리더 10인에 포함된 바 있으며, 2022년 『퇴계 시 풀이』로 제5회 롯데출판문화대상 번역출판 부문 본상을 수상하였다.

저서로는 『이미지로 읽는 한자 1·2』(연암서가, 2015·2016)가 있고, 주요 역서로는 『한학 연구의 길잡이(古籍導讀)』(이회문화사, 1998), 『초당시(初唐詩, The Poetry of the Early T'ang)』(Stephen Owen, 中文出版社, 2000), 『퇴계 시 풀이·1~9』(이장우 공역, 영남대학교 출판부, 2006~2019), 『고문진보·전집』(황견 편, 공역, 을유문화사, 2001), 『퇴계잡영』(공역, 연암서가, 2009), 『唐宋八大家文抄-蘇洵』(공역, 전통문화연구회, 2012), 『춘추좌전(상·중·하)』(을유문화사, 2012~2013), 『도산잡영』(공역, 연암서가, 2013), 『주자시 100선』(연암서가, 2014), 『사마천과 사기』(연암서가, 2015), 『사기열전·1~3』(연암서가, 2017), 『주희 시 역주·1~5』(영남대학교 출판부, 2018), 『국역 조천기지도·홍만조 연사록』(공역, 세종대왕기념사업회, 2019), 『도잠 평전』(연암서가, 2020), 『공자 평전』(연암서가, 2022), 『사마천 평전』(연암서가, 2023), 『사기세가 1·2』(연암서가, 2023), 『주희 평전』(연암서가, 2024) 등이 있다.

맹자 평전

2025년 9월 25일 초판 1쇄 인쇄
2025년 9월 30일 초판 1쇄 발행

지은이 | 양쩌보
옮긴이 | 장세후
펴낸이 | 권오상
펴낸곳 | 연암서가

등록 | 2007년 10월 8일(제396-2007-00107호)
주소 | 경기도 고양시 일산서구 호수로 896, 402-1101
전화 | 031-907-3010
팩스 | 031-912-3012
이메일 | yeonamseoga@naver.com

ISBN 979-11-6087-145-6 03990
값 40,000원

역자 서문

1

 지난해 여름에 공맹의 자취를 따라 추로지향(鄒魯之鄕)을 한 바퀴 돌고 왔다. 다섯 번째 탐방이었다. 이 코스는 공자로부터 증자, 자사를 거쳐 맹자까지 이어지는 유가의 사승관계를 한 번에 다 돌아볼 수 있는 곳이다. 맹자가 태어난 추성시는 공자가 태어난 곡부의 남서쪽에 위치하고 있으며 직선거리로 25킬로미터쯤 떨어져 있다. 이곳에는 맹자의 사당인 아성묘(亞聖廟)와 맹자 후손의 거처인 맹부(孟府)가 있다. 맹자는 중국에서 만세사표(萬世師表)인 공자와는 비교하기가 어렵지만 다른 의미로 스승의 표상으로 받들어져 초중고 교사들에게는 무료로 개방되는데, 입장하는 전용통로가 있을 정도다.
 아성전에 이르기 전에 보면 비석 3기가 있다. 비석에는 각기 맹모단기처(孟母斷機處)와 맹모삼천사(孟母三遷祠), 자사자작중용처(子思子作中庸處)라 새겨져 있다. 아성묘 앞에 설치된 비석이지만 맹자를 직접 가리키는 것은 하나도 없고 맹자를 훌륭히 키워낸 어머니의 표상 맹모와 공자로부터 맹자까지 이어지는 사승관계의 연결고리인 자사가 언급되어 있는 것이다.
 늘 사람들이 붐비는 공묘와는 달리 갈 때마다 아성묘는 한산하다. 덕분에 고즈넉하고 엄숙한 분위기를 느낄 수 있다. 아성묘를 돌아 나오다 보면 왼쪽 측면에 출구가 하나 있는데, 그곳으로 나가 길 하나를 건너면 맹부가 있다. 이곳에서 눈에 띄는 것은 옹정(雍正) 2년(1725)에 어필로 내린 칠편이구(七篇貽矩)라는 현판이다. '칠편'은 『맹자』가 모두 7편으로 되어 있어서 『맹자』를 대신 일컫는 말로 쓰인다. 뜻을 풀이하면 '『맹자』가 법도를 남겼다'는 말이다.

 일반 시민들을 대상으로 사서를 강의한 지가 어언 14년째이다. 그동안 강의 횟수를 헤아려보니 각기 다른 곳에서 벌써 다섯 번째 돌고 있다. 그간 사서를 강의하면서 가외의 소득도 있었다. 사서와 관련한 핵심적인 인물들을 다룬 책들을 몇 권 번역해내었다. 『공자 평전』과 『주희 평전』이 그것이다. 그걸로 끝낼까 하다가 내친김에 『맹자 평전』도 번역을 해보리라 마음을 먹었다. 맹자에 대한 국내의 기존 출판 도서를 찾아보니 마치 공묘와 맹묘를 찾는 사람들만큼이나 차이가 났다. 공자는 『논어』는 물론이고 공자의 전기 같은 출판물도 정말 다양하게 나와 있다. 이에 비해 맹자는 『맹자』에 대한 번역이나 해설 같은 것들만 있고 전기 관련 자료는 한 권 정도 나왔다가 절판된 정도였다. 그러던 차에 『중국사상가평전총서』에서 『맹자 평전』을 찾아보게 되었는데 맹자에 대한 전기 자료는 물론 『맹자』에 대한 해설도 상당히 만족스러움을 알게 되었다.

<h2 style="text-align:center">2</h2>

 이 책의 저자인 양쩌보(楊澤波)는 허베이성(河北省) 스자좡(石家庄) 출신으로 1953년생이다. 『중국사상가평전총서』의 저자 가운데서는 소장파에 속한다고 할 수 있다. 특이하게도 저자는 학부 과정을 독학으로 마쳤다. 1985년, 우리로 치면 방송통신대학교라고 할 수 있는 중앙전시대학(中央電視大學) 중문전업대(中文專業大)를 졸업하였다. 1989년 푸단대학(復旦大學) 철학과 석사 학위를 취득하였고, 1992년에는 같은 대학에서 『맹자 성선론

연구(孟子性善論硏究)』로 박사 학위를 취득하였다. 그의 박사논문은 중국사회과학 박사논문문고에 들어 중국사회과학출판사에서 1995년에 단행본으로 출판되기도 하였다. 군 생활을 33년간 하고 2001년부터 푸단대학 철학과로 옮겨서 근무하였다. 현재 푸단대학 철학과 대학원에서 박사지도교수로 있다. 주로 중국철학과 맹자, 현대 신유학을 연구하고 있다. 푸단대학 홈페이지에 150여 편에 달하는 그의 주요 저작과 논문을 소개하고 있다. 이 목록을 살피다 보면 초창기에는 거의 맹자를 다루고 있음을 알 수 있다.

이 책의 저자 후기에 의하면 이 책을 쓰게 된 동기는 은사인 판푸언(潘富恩) 선생의 추천에 의해서라고 밝히고 있다. 판은 역시 현대의 저명한 학자로 『중국사상가평전총서』에서 범진(范縝, 45, 1996)과 여조겸(呂祖謙, 90, 1992)을 맡아 집필한 바 있다. 평생을 맹자와 맹자의 성선론 연구에 천착한 경력이 있는 만큼 가히 적임자라고 할 수 있겠다.

이 책은 모두 10장으로 구성되어 있다. 10장 편목을 살펴보고 간단한 소개를 하도록 하겠다.

제1장 맹자의 생애 사적
제2장 『맹자』의 작자 고증
제3장 왕패지변(王霸之辨)
제4장 경권지변(經權之辨)
제5장 의리지변(義利之辨)
제6장 순척지변(舜跖之辨)
제7장 인성지변(人性之辨)
제8장 맹자 사상의 기타 방면
제9장 맹자 사상의 역사적 영향
제10장 맹자의 역사적 지위의 변천

전체 10장은 다시 크게 생애편에 해당하는 제1~2장, 사상편인 제3~8장, 영향편인 제9~10장 등의 3부분으로 나누고 있다.

생애편에서는 공자와 달리 자료가 많이 남아 있지 않아 구체적인 맹자의 삶을 조망하는 데 어려움을 겪고 있다. 오히려 이곳에서 눈여겨봐야 할 부분은 공자로부터 맹자까지 이어지는 사승관계를 밝힌 부분인 것 같다. 이곳에서는 『중용』과 그 작자로 알려진 자사와의 관계까지 심도 있게 파헤쳐 상당히 가치가 있어 보인다.

사상편에서는 제3~7장까지는 맹자의 유명한 변론을 논하고 있다. 제8장에서는 맹자의 기타 사상을 논하고 있다. 이곳의 핵심적인 부분은 아무래도 그의 왕도정치와 패도주의에 관한 사상을 다룬 제3장 왕패지변과 맹자의 핵심사상인 성선론을 다룬 제5장 의리지변과 제7장 인성지변을 꼽아야 할 것이다.

영향편에서는 『맹자』가 가장 마지막으로 유가의 13경에 들기까지의 과정과 그에 따른 맹자의 지위의 변천을 다루고 있다.

맹자는 역대 제왕들에게는 어쩌면 애증의 인물이라고 할 수 있다. 이것은 그의 혁명론과 성선론에서 기인한다. 제선왕이 맹자에게 "탕이 걸을 치고 무왕이 은의 주(紂)를 정벌한 적이 있느냐?"고 묻는다. 제선왕이 역성혁명의 뜻을 은연중에 내비친 것이다. 그러나 이를 간파한 맹자는 자격조건을 제시한다. 인과 의를 해치는 군주는 일부(一夫)이므로 죽여도 된다고 한다. 이는 물론 '일부'에 의해 나라가 극심한 혼란에 빠졌을 때라도 하늘이 자격을 부여한 성인이라야 타파할 수 있다는 것을 말해준 것이다. 그러나 후세의 역성혁명을 이룬 왕들은 맹자의 이 말을 근거로 제시하곤 했다. 그러면서 맹자는 "백성이 가장 귀하고, 사직이 그 다음이고, 군주는 가볍다."는 민본론을 펼쳤다고 하는데, 여기에 대해서도 저자는 이는 어디까지나 '이상화한 군본론'임을 지적하여 맹자의 한계를 드러내

보였다. 이는 영향편 명나라 태조 주원장의 태도에서 확인해볼 수 있다. 그리고 우리나라에서는 보통 성선설이라고 일컬어지는 성선론이야말로 중국의 군주들이 가장 선호한 맹자의 사상이었을 것이다. 하늘이 부여한 본성을 잘 유지해서 나라(임금)에 충성하고 부모에 효도하는 선심만 마음속에 잘 간직한다면 군주로서 이보다 더 바람직한 일이 어디 있겠는가? 다소 논리적 비약이 따른다는 맹자의 핵심 사상 중 하나인 이 성선론의 문제도 이 책에서는 당연히 비중 있게 다루고 있다.

벌써 여러 번의 『맹자』를 강독한 바 있고 지금도 개설 중인 곳이 있다. 『논어』는 워낙 함축적이고 심오한 책이지만 그래도 볼 때마다 조금씩 이해도가 높아졌다고 할 수 있다. 거듭 봄으로써 그때마다 조금씩 쉽게 느껴졌다는 말이다. 그러나 『논어』보다 상대적으로 쉽고, 고문을 연습하는 사람들이 가장 많이 본 텍스트라는 생각 때문인지 『맹자』는 쉽게 접근을 하였다가 번번이 더 어려워진다는 느낌이다. 나만 그런지는 몰라도 적어도 이 책을 보기 전까지는 확실히 그렇게 느껴졌다. 이는 아마 『논어』는 짤막한 어록 중심의 책이어서 그럴 것 같고, 『맹자』는 서사성을 띤 논리적 서술이 주를 이루기 때문일 것이다. 이 책을 보면서 다양한 각도서 시대적으로 사상적으로 저자가 분석한 내용을 보고 위의 차이를 느낄 수 있었고, 정말 많이 수긍하게 되었다. 위에서 이미 지적했듯이 우리나라에서 『맹자』는 경전(經傳)의 풀이에만 치중을 한 결과 그렇게 된 것이 아닌가 싶다. 이 책이 그런 부분을 많이 해소시켜주었으면 좋겠다.

3

이 책을 번역 출간하면서 도움을 준 사람들에게 심심한 감사를 표하는 바이다. 항상 그렇듯이 거의 무독의 시대라 불리는 어려운 출판환경 속에서도 인문학 발전에 일익을 담당하겠다는 사명감으로 이 책을 선뜻 출판해주기로 결정한 연암서가 권오상 대표께 가장 먼저 가장 깊은 감사를 표한다. 사마천과 도잠, 주희 등 이미 평전을 출판한 주인공들의 본거지를 함께 여행할 때는 참 좋았다는 느낌이었다.『공자 평전』과 묶어서 이미 함께 10여 년 전에 추로지향을 다녀온 적이 있는데 기회가 더 있을지 모르겠다. 아울러 보기 좋게 편집을 맡아준 편집자에게도 함께 감사의 말씀을 전한다. 이 책의 원본을 구하는 데는 후배인 재원이가 도움을 주었다. 재원은 소흥에서 한인회 수석부회장을 맡고 있는데 1년여 전에 그곳에서 합류하여 같이 여행한 적이 있었고 앞으로도 필요한 자료는 얼마든지 부탁하라는 말까지 덧붙여서 이 책의 원본을 보내주었다. 그리고 전용 윤문교열 담당자로 자리매김한 지 이미 오랜 누나이자 동화작가 장세련 선생에게도 감사를 표한다. 본인의 지식도 늘릴 수 있다면서 흔쾌히 수락을 하였지만 막상 전혀 다른 분야의 전문서적을 읽어봐 준다는 게 어디 쉬운 일이겠는가?『주희 평전』보다는 쉽고 잘 읽혀서 좋았다는 말에 조금은 마음이 놓였다. 이외에 나의 사서강독을 열성적으로 수강해주는 모든 분들께도 감사드린다. 그분들의 열성적인 학습 자세가 나의 사서를 대하는 태도에 큰 영향을 미쳤음이다. 마지막으로 작업에 들어가면 한 집에서도 남이나 다름없는 생활을 하는데도 이 일만 할 수 있도록 항상 뒷바라지를 잘 해주는 집사람에게도 감사하다. 다 커서 반 독립생활을 하고 있지만 가족은 언제나 나의 힘이다. 아이들에게도 감사를 표한다.

2025년 초여름에 매호동에서
장세후

차례

역자 서문 • 5

생애편 • 23

제1장 맹자의 생애 사적 • 24

1. 맹자의 이름 • 24
2. 맹자의 고향 • 28
3. 맹자의 선대 • 34
(1) 맹자의 선조 | (2) 맹자의 부모 | (3) 맹자가 부친을 여읨 | (4) 맹자 모친의 가르침

4. 맹자의 사승(師承) • 44
(1) 자사는 결코 증자를 사승하지 않았다 | (2) 맹자는 결코 자사를 사승하지 않았다 | (3) 증자와 자사가 맹자에게 끼친 영향 | (4) 『중용』의 작자 고증

5. 맹자의 제자 • 84
6. 맹자의 유력 • 99
(1) 추(鄒)에서의 출사 | (2) 위왕 때 처음으로 제를 유세하다 | (3) 송으로 가면서 설을 거쳐 추로 돌아왔다가 노로 가서 등을 유력하다 | (4) 양에서의 유력 | (5) 선왕 때의 두 번째 제나라 유력 | (6) 추로 돌아오다

7. 맹자의 생몰 • 146
(1) 맹자의 생몰에 관한 각종 견해 | (2) 첸무의 맹자 생몰년 문제에 대한 관점 | (3) 첸무의 관점에 대한 몇 가지 수정

제2장 『맹자』의 작자 고증 • 171

1. 『맹자』의 작자 • 171

(1) 『맹자』의 작자에 관한 몇 가지 상이한 관점 | (2) 『맹자』의 행문(行文) 특징 | (3) 『맹자』의 작자에 대한 분석

2. 『맹자』의 외서 문제 • 184

사상편 • 199

제3장 왕패지변(王霸之辨) • 200

1. 왕패지변의 기인(起因) • 201

(1) 왕패지변의 시대적 정신 | (2) 두 가지 다른 평치(平治)의 방략(方略) | (3) 맹자가 패도는 물리치고 왕도를 올리다

2. 성왕(聖王): 왕도주의의 전제 • 228

(1) 임금 | (2) 임금과 신하 | (3) 임금과 백성

3. 백성을 보호함(保民): 왕도주의의 시행 • 251

(1) 백성을 편안하게 함(安民) | (2) 양민(養民) | (3) 백성을 가르침

4. 왕도주의에 관한 이해의 세 가지 문제 • 279

(1) 유학은 본질상 심성의 학문인가 | (2) 유학은 법을 이야기하지 않았는가 | (3) 민본론은 백성이 정치의 주체임을 말하는가

제4장 경권지변(經權之辨) • 301

1. 이론의 선도 • 302

2. 맹자 경권을 논하다 • 307

(1) 맹자는 반경을 주장하고 또한 행권을 찬성하다 | (2) 반경과 행권의 관계 | (3) 행권의 표준과 가치 형정의 원칙 | (4) 맹자 경권학설의 이론적 의의

3. 의(義)와 명(命) • 334

제5장 의리지변(義利之辨) • 346

1. '의'와 '이'의 탐구 • 346
2. 치국 방략의 의의를 가진 의리지변 • 356
3. 사람과 짐승을 분간하는 의의의 의리지변 • 368
4. 도덕 목적 의의의 의리지변 • 382
5. "의를 말함만 허락하고 이를 말함은 허락하지 않는다"를 변정함 • 390

제6장 순척지변(舜跖之辨) • 400

1. 순척지변과 이상 인격(理想人格) • 400
2. 이상 인격의 층차 • 403
3. 이상적 인격의 전범 • 410
4. 이상 인격의 실천 • 420
5. 이상적 인격의 동력 • 441
6. 순척지변의 의의 • 446

제7장 인성지변(人性之辨) • 451

1. 기본 개념 풀이 • 452
2. 성선론의 기본 사고 방향 • 463

(1) 양심과 본심으로만 성을 논함 | (2) 양심과 본심은 모든 사람이 본래 가지고 있음 | (3) 양심과 본심은 성선의 근거 | (4) 악은 그 재능을 다할 수 없는 데 있다 | (5) 성선은 사물의 법칙 | (6) 성선은 하나의 과정이다

3. 성선론의 주요 원칙 • 492

(1) 마음을 두고 성을 기름 | (2) 먼저 그 큰 것을 세운다 | (3) 마음에 부끄러움이 없음 | (4) 알면 반드시 행함

4. 성선론의 현대적 해석 • 512

(1) 양심과 본심의 특징 | (2) '윤리 심경(心境)' 개념의 정의 | (3) 양심과 본심은 일종의 '윤리심경'

5. 공맹 심성학설의 분기 • 530

제8장 맹자 사상의 기타 방면 • 537

1. 맹자가 미를 논함 • 537

2. 맹자가 기를 논함 • 543

(1) '말을 알고 기를 기름(知言養氣)' 장의 새로운 해석 | (2) 맹자의 고대 기론에 대한 발전

3. 맹자가 시를 논함 • 573

4. 맹자의 변론을 논함 • 581

(1) 변론하기를 좋아하는 시대와 변론하기를 좋아하는 맹자 | (2) 맹자 변론 방법의 두 가지 특징 | (3) 맹자와 고자의 변론하는 실제 상황

5. 『맹자』의 문학적 특색 • 610

(1) 광대무변한 기세 | (2) 생동적이고 명쾌한 언어 | (3) 개성이 선명한 형상 | (4) 『맹자』의 문학적 지위

영향편 • 623

제9장 맹자 사상의 역사적 영향 • 624

1. 왕패지변이 후세에 끼친 영향 • 624

2. 경권지변이 후세에 끼친 영향 • 634

3. 의리지변이 후세에 끼친 영향 • 649

4. 순척지변이 후세에 끼친 영향 • 659

5. 인성지변이 후세에 끼친 영향 • 666

제10장 맹자의 역사적 지위의 변천 • 678
　1. 한에서 당초까지의 지위는 높지 않았다 • 678
　2. 당송 이래 차츰 격이 올라가다 • 686
　　(1) 맹자 승격 운동의 원인 | (2) 맹자 승격 운동의 과정 | (3) 맹자 승격 운동 중의 역류
　3. 명청 양대의 순탄한 발전 • 703

　부록 • 709
　　맹자 연표 • 710
　　참고서목 • 717

　후기 • 724

일러두기

- 번역문은 한글 전용을 원칙으로 하였다.
- 혼동의 우려가 있거나 이해를 돕는 데 도움이 된다고 판단될 경우에 한자를 병기하였다.
- 고유명사는 매 장의 처음 나오는 경우에만 한자를 병기하였다. 다만 특별한 주의를 요구하는 경우에는 처음이 아니더라도 병기하였다.
- 지명의 경우는 청대 이전의 경우는 우리 음으로, 현대 이후는 중국어 음가로 표기하였다.
- 인명의 경우는 민국 이후의 경우 현대 중국어 음가로 표기하였다. 다만 관용적으로 우리 음으로 알려진 경우에는 우리 음을 그대로 썼다.
- 인용문의 출처가 『맹자』인 경우에는 원문을 함께 수록하였다. 표점은 텍스트의 것을 그대로 따랐다.
- 철학적 개념으로 쓰인 한자의 경우 풀이를 하지 않고 한자를 그대로 썼다.
  예) 의(義), 이(利), 성(性), 명(命), 성(誠), 명(明) 등등. 다만 필요한 곳에서는 ( )로 보충 설명을 하고 이후로는 개념어를 그대로 썼다.

맹자 초상

맹묘 아성전(亞聖殿)

맹묘 앞 비석

옹정제가 내린 친필 편액 칠편이구(七篇貽矩)

맹모림(孟母林)

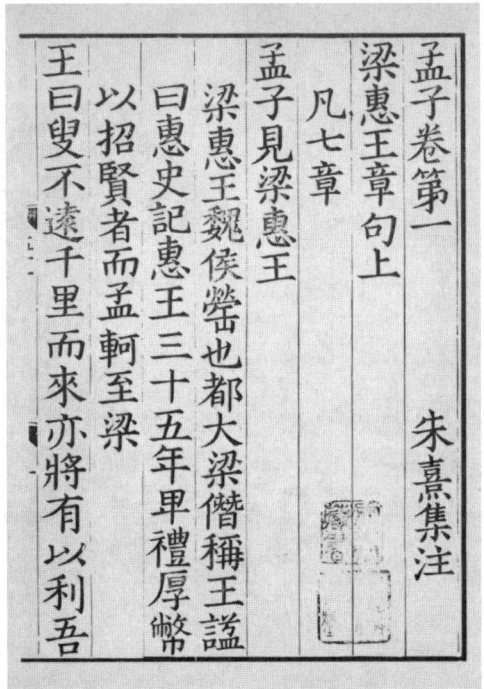

사서집주(四書集註)『맹자』첫 면

생애편

제1장

맹자의 생애 사적

1. 맹자의 이름

맹자의 성은 맹(孟)이고 이름은 가(軻)이다.

성이 맹이라는 것은 『맹자』의 책 이름 및 맹자라는 칭위에서 알 수 있다. 이름이 가(軻)라는 것은 맹자가 스스로를 일컬은 데서 입증할 수 있다. 『맹자』에서 맹자는 두 차례 스스로 그 이름을 일컬었다. 한 번은 북궁의(北宮錡)가 주나라 조정의 작위와 봉록의 상황을 묻자, 맹자가 "나 또한 그 대략을 들은 적이 있다.(軻也嘗聞其略也)"(10.2)[1]라 한 것이다. 또 한 번은 송경(宋牼)이 초(楚)에 가서 진(秦)과 초의 전쟁을 그만두게 하려 한다고 하자

---

1 편폭을 줄이고 간결하게 하기 위해 이 책에서 인용한 『맹자』는 모두 숫자의 방식으로 출처를 밝혔다. 본 구절을 예로 들면 '10'은 '권10'을 나타내는데, 바로 「만장(萬章) 하」이며, '2'는 '제2장'을 나타낸다. 『논어』와 『맹자』의 각종 판본의 분장(分章)은 대체로 같지 않은데 본서에서는 양보쥔(楊伯峻)의 『논어역주』(中華書局, 1980)와 『맹자역주』(中華書局, 1960)를 표준으로 삼았다. 인용한 『논어』 또한 이 방식으로 나타내었으며 앞에다 『논어』를 덧붙였다.

맹자가 그에게 대답하기를 "내 청컨대 그 상세함은 묻지 않을 것이고, 그 취지를 듣기 원한다.(軻也請無問其詳, 願聞其指)"(12.4)라 한 것이다. 또 한 번 제자인 악정자(樂正子)의 입에서도 나왔다. "임금께서는 어찌하여 맹가를 만나보지 않으셨습니까?(君奚爲不見孟軻也?)"(2.16) 증거가 매우 분명하기 때문에 맹자의 성명에 대하여서는 줄곧 이의를 제기한 적이 없었다.

다만 맹자의 자에 대하여서는 적지 않은 문제가 있다. 『맹자』에는 맹자의 자가 보이지 않고, 『사기』「맹자순경열전(孟子荀卿列傳)」에도 기록이 없다. 조기(趙岐)의 「맹자제사(孟子題辭)」에서는 말하였다. "맹(孟)은 성이다. 자(子)는 남자의 통칭이다." 맹자는 "이름은 가이고, 자는 들어본 적이 없다."

위진(魏晉)에 이르러 맹자의 자에 관한 기록이 나타나기 시작했다. 일설에 의하면 맹자의 자는 자거(子車)라 하였다. 이 견해는 왕숙(王肅)에게서 비롯되었다. 안사고(顔師古)의 『한서』「예문지(藝文志)」주에서는 말하였다. "『성증론(聖證論)』에서는 가의 자가 자거라 하였는데 이 지(志)에는 자가 없으니 제대로 본 것인지 확실치 않다."[2] 『공총자(孔叢子)』「잡훈편(雜訓篇)」에 또 상세한 이야기가 있다. "맹자거(孟子車)가 아직 어렸을 때 자사(子思)를 뵙기를 청하였다. 자사가 만나보고는 그 뜻을 매우 기뻐하면서 자상(子上)에게 모시고 앉아 자거를 예로 공경하게 하였는데 자상은 원치 않았다. 객이 물러나자 자상이 청하였다. '제(白)가 듣건대 사(士)는 개(介: 빈주의 말을 전하는 사람)가 없으면 만나지 않고 여자는 중매가 없으면 시집을 가지 않는다 하였는데, 맹유자(孟孺子)는 개가 없는데도 만나보고 대인께서 기뻐하며 공경하시니 저는 알지 못하겠습니다.' 자사가 말하였다. '그렇다. 내 옛날에 담(郯)에서 부자(夫子)를 수행하다가 길에서 정자(程子)와 마주쳤는데 일산을 기울이고 이야기하면서 종일토록 있다가 헤어졌다. 자

---

[2] 『한서』 권30, 중화서국, 1962, 1728쪽.

로(子路)에게 비단을 한 묶음 갖다주게 하였으니 도가 군자와 같았기 때문이다. 지금 맹자거(孟子車)는 어린아이지만 말을 하면 요순을 일컫고 본성이 인의를 좋아하니 세상에서 드물다. 일이 오히려 옳으니 더욱 공경해야 하지 않겠느냐? 네가 미칠 바가 아니다.'"[3]

또 어떤 사람은 자를 자여(子輿)라고 하였다. 『부자(傅子)』「부록(附錄)」에서는 말하였다. "옛날에 중니께서 돌아가시자 중궁(仲弓)의 무리가 부자의 말씀을 추론(追論)하여 『논어』라 하였다. 그 후로 추(鄒)의 군자 맹자여(孟子輿)가 그 체제를 본받아 7편을 짓고는 『맹자』라 하였다."[4]

또한 자가 자거(子居)라는 설도 있다. "당의 우세남(虞世南)은 『북당서초(北堂書鈔)』에서 「맹가전(孟軻傳)」과 『순자(荀子)』「비십이자(非十二子)」편의 양경(楊倞) 주(注)를 인용하고 아울러 '자는 자여(子輿)이다.'라 하였다. 『공총자』「잡훈(雜訓)」에서는 '맹자거(孟子車)'라 하고 주에서는 '자거(子居)로 된 곳도 있다.'라 하였다.[5]

이 견해에 찬성하는 이가 적지 않다. 청대의 양옥승(梁玉繩)이 그 가운데 하나로 그의 『사기지의(史記志疑)』「맹자순경열전」에서는 말하였다. "위진(魏晉) 이래 처음으로 맹자의 자가 전하여졌으므로 『정의(正義)』에서 밝혔는데 비록 얻은 곳이 상세하지 않지만 근거가 없지 않다면 역사에서 빠뜨린 것을 보충할 수 있다." 양 씨는 또한 하나의 증거를 보충하였다. "옛날에는 거(車)와 여(輿)를 통용하였다. 이를테면 진(秦)의 삼량(三良) 자거씨(子車氏)를 『사기』「진기(秦紀)」·「조세가(趙世家)」·「편작전(扁鵲傳)」에서는 모두 자여(子輿)라 한 것으로 증명할 수 있다." 비록 양 씨가 맹가의 자는 자거 또는 자여라 한 데 찬동하기는 하였지만 자가 자거라는 데 대한 견해

---

3 문연각(文淵閣) 『사고전서(四庫全書)』 권695, 대만상무인서관(臺灣商務印書館), 1986, 321쪽.
4 문연각 『사고전서』 권696, 대만상무인서관, 1986, 520쪽.
5 나근택(羅根澤)의 『맹자평전(孟子評傳)』에서 인용, 상무인서관, 1932, 2쪽.

에는 의문을 가졌다. 그는 말하였다. "거(居) 자는 (車와) 음이 같아서 와전된 것일 것이다. 안사고(顔師古)의 『급취편주(急就篇注)』에서는 "맹자의 자는 자거(子居)이다. 『광운(廣韻)』의 가(軻) 자의 주에서는 '맹자는 가난하게 살아 불우[轗軻]하였기 때문에 이름을 가(軻)라 하고, 자를 자거(子居)라 하였다.'라 하였는데, 아닐 것이다."[6]라 하였다.

그러나 매우 일찍 맹자의 자에 대하여 의심을 제기한 적이 있는 사람이 나왔다. 남송 왕응린(王應麟)의 『곤학기문(困學紀聞)』에서는 지적하였다. "맹자의 자는 들어본 적이 없다." 그런데 자를 자거(子車), 자거(子居), 자여라고 하는 등의 견해는 "모두 부회한 것일 것이다."[7] 『중찬삼천지(重纂三遷志)』에서는 여기에 대하여 같은 태도를 지녔다. "맹자의 자는 사마천(司馬遷)과 반고(班固)로부터 모두 언급한 적이 없다. 조위(曹魏)의 사람이 「서간중론서(徐幹中論序)」를 짓고 성명을 스스로 적었는데 자는 전하지 않는다. 자거(子車)라는 칭위는 위(僞) 『공총자』에 처음 보인다. 이 책은 왕숙(王肅)이 지은 것이라고도 하는데 왕숙은 『성증론(聖證論)』을 짓고 또한 자거(子居)라 일컬었으니 어찌된 것인가?"[8]

청대의 초순(焦循)은 『맹자정의(孟子正義)』에서 이런 견해에 찬성하면서 지적하였다. "왕숙과 부현(傅玄)은 조 씨(趙氏)보다 나중에 태어났는데 조 씨가 알지 못하는 것을 왕숙이 어떻게 알겠는가? 『공총자』는 위서(僞書)이니 증명하기에는 부족하다. 왕 씨가 부회한 것이라고 의심한 것이 옳을 것이다."

이상의 자료는 맹자의 자는 사마천과 조기(趙岐) 때는 이미 분명치 않아져서 그들은 모두 매우 현실적으로 더 기록을 하지 않았다는 것을 설명

---

6 청 양옥승 『사기』 「맹자순경열전」 권29, 광서 13년 광아서국(廣雅書局) 각본.
7 송 왕응린 『맹자』, 『곤학기문』 권8, 상무인서관, 1959, 711쪽.
8 『중찬삼천지』 권1, 광서(光緒) 13년 각본.

한다. 왕숙이 『공총자』와 『성증론』을 짓고서야 비로소 자가 자거(子車)라는 견해가 생겼다. 그러나 『공총자』와 『성증론』은 왕숙이 정현(鄭玄)을 논박하고 정학(鄭學)과 지위를 다투기 위하여 쓴 작품이므로 애초에 근거로 삼기에 부족하다. 『부자』는 대체로 "거(車)"와 "여(輿)"가 서로 통용된다는 데 근거하고 게다가 자가 자여라는 견해를 가지고 있으므로 실제적으로는 여전히 왕숙의 오류를 그대로 따르고 있다. 따라서 맹자의 자가 자거(子車) 또는 자여라는 견해는 전적으로 왕숙에게서 비롯되었다. 그러나 이 이후로 "가의 자는 자거(子車)"라는 견해는 이리저리 와전되고 답습하는 사이에 오래도록 거짓이 진실처럼 되었고 마침내 적지 않은 사람들이 믿게 되었다. 근대인 나근택은 『맹자 평전』에서 이 점에 대하여 탄식하여 말하였다. "왕 씨의 거짓이 사람들의 깊은 화근이 되었음이 심하구나."⁹

이 때문에 필자는 이런 문제에 대한 비교적 좋은 해결책은 아무래도 조기 같은 사람이 솔직하고 명백하게 맹자는 "이름은 가이고 자는 들어본 적이 없다."라 말해야 한다고 생각한다.

2. 맹자의 고향

『사기』 「맹자순경열전」에서는 "맹가는 추(鄒) 사람이다."라 하였다. 추는 지금의 산둥성(山東省) 쩌우현(鄒縣)이다. 맹자의 고향이 지금의 산둥성 쩌우현이라는 것은 이미 모두에게 받아들여졌다. 그러나 이 쩌우가 당시에 하나의 독립 국가였는지 아니면 노(魯)나라의 한 하읍(下邑, 곧 孔子의 출생지. 노나라의 읍)인지에 대하여 혹자는 말하기를 맹자가 결국 추나라 사람인

---

9 나근택 『맹자평전』, 상무인서관, 1932, 2쪽.

지 아니면 노나라 사람인지는 사마천이 분명히 명시하지 않아 후인들이 상이한 견해를 갖게 되었다고 하였다.

동한 허신(許愼)은 『설문해자(說文解字)』에서 '추(鄒)'와 '추(邾)'에 대하여 구분하여 말하였다. "추(鄒)는 노나라의 현으로 옛 주국(邾國)이며 제(帝) 전욱(顓頊)의 후손이 봉하여진 곳이다. 읍(邑의 뜻)을 따르고 추(芻)의 음이다." "추(邾)는 노의 하읍으로 공자의 고향이다. 읍(邑)을 따르고 취(取)의 음이다."

얼마 후 조기는 「맹자제사(孟子題辭)」에서 말하였다. "맹자는 추(鄒) 사람이다. …… 추는 본래 춘추시대 주자(邾子)의 나라였는데 맹자 때에 이르러서는 추(鄒)로 고쳐 불렀을 것이다. 노에 가까우며 나중에 노에 합병되었다. 또 말하기를 주(邾)는 초(楚)에 합병되었으며 노가 아니다. 곧 지금의 추현(鄒縣)이다." 이곳의 말뜻은 비교적 모호하여 직접 추나라인지 노읍인지는 답하지 않았다.

원대(元代)의 정복심(程復心)은 맹자는 노나라 사람이라고 생각하였으며, 『맹자연보(孟子年譜)』에서 말하였다. 맹자는 "추읍(鄒邑) 사람이다. 공자는 노의 창평향(昌平鄕) 추읍(邾邑)에서 났다. 숙량흘(叔梁紇)이 다스리던 곳으로 옛 추성(鄒城)이며 맹자의 거처는 옛 추성에서 50리 떨어졌다. 맹자는 말하기를 '성인의 거처와 가깝기가 이렇게 심하구나.'라 하였다."[10]

염약거(閻若璩)는 맹자가 노나라 사람이라는 견해에 동의하지 않았는데, 그의 증거는 매우 간단하면서도 효력이 있다. "'나는 노후(魯侯)를 만나지 못하였다'라 하였으니 어찌 본국의 신민(臣民)이 감히 그 나라와 작위를 물리쳐서 말하겠는가? 아이 때 말한 것은 바야흐로 10세로 전날 다만 '성인의 거처에 가깝다'라 하였지 '성인의 고향에서 났다'라고는 말한

---

10 원 정복심의 『맹자연보』. 『공자의 논어 및 기타 일종(孔子論語及其他一種)』, 상무인서관, 1929, 2쪽에 보인다.

적이 없으니 거의 모두 증명하였다 하겠다." 또 말하였다. "맹자는 아마 노나라의 공족(公族) 맹손(孟孫)의 후손일 것인데 어느 때 추로 가서 추 사람이 되었는지는 알지 못하겠다. 노로 귀장(歸葬)한 것은 대공(大公)의 자손은 주(周)로 반장(反葬)하는 뜻이다."[11] 맹자는 분명히 "노후(魯侯)"라 하였고, 또 분명히 "성인의 거처(聖人之居)와 가깝다" 하였지 "성인의 고향(聖人之鄕)에서 태어났다"라 하지 않았으니 맹자는 결코 노나라 사람이 아님을 알 수 있다.

주광업(周廣業)은 염약거와 관점이 같지만 더욱 상세하게 고증하였다. "『사기』의 맹자와 함께 전에 실린 자로 순우곤(淳于髡)은 제(齊) 사람이고, 순경(荀卿)은 조(趙) 사람으로 다 나라별로 엮지는 않았고, 곧 공문(孔門)의 제자로 단목사(端木賜) 같은 사람은 위(衛) 사람이고 언언(言偃)은 오(吳) 사람으로 국(國)자와 연결시키지 않은 예로부터 보건대 어찌 추(鄒)만 노의 하읍이라고 보겠는가?" 또 말하였다. "추국(鄒國)과 추읍(陬邑)은 글자가 판이하게 다르다. 『설문』에서는 '추(鄒)는 노의 현이며, 옛 주국(邾國)으로 제 순욱의 후손이 봉하여진 나라이며 읍(邑)을 따르고 추(芻)의 소리이다.' '추(陬)는 노의 하읍으로 공자의 고향이며 읍(邑)을 따르고 취(取)의 소리이다.'라 하였다. 두 자는 모양과 뜻이 판연히 다른데 허숙중(許叔重: 허신의 자)은 함께 기록하였으니 다시 고찰할 만하다. 추(鄒) 자는 『맹자』에 10번 보이며 다른 책에는 혹 추(騶)로도 되어 있다. 『사기』에는 '추인(鄒人)'으로 되어 있고 어떤 판본에는 '추인(騶人)'이라 되어 있다. 「시황기(始皇紀)」의 '추역산봉선(鄒嶧山封禪)'이 「서(書)」에는 '추역산(騶嶧山)'으로 되어 있다. 『한서』「지리지(地理志)」의 노나라 추(騶)의 주에서는 '옛 주(邾)나라'라 하였다. 『속한서(續漢書)』「군국지(郡國志)」에서는 '추(騶)는 바로 주국(邾國)이

---

[11] 청 염약거의 「맹자생졸연월고(孟子生卒年月考)」, 『청경해(清經解)』 제1책 권24, 상해서점(上海書店), 1988, 121쪽.

다. 세속에서는 추(鄒)와 통용된다.'라 하였다. 추(陬) 자는 『좌전(左傳)』에 '추 사람 흘(陬人紇)'이라는 말이 보이는데 '추(鄒)'와 통하여 쓴다. 『논어』의 '추(鄹) 사람의 아들'과 『공총자』의 '추(鄹)로 돌아와 쉬었다'의 경우에 또한 '추(陬)'라고도 하였는데 「공자세가(孔子世家)」에서 '창평향(昌平鄉) 추읍(陬邑)에서 났다'라 한 것이 바로 이것이다. 추(鄒)와 추(陬) 같은 글자는 옛 책을 고찰하면 통가(通假)한 경우가 없다. …… 그래서 나필(羅泌)의 『국명기(國名紀)』 '추(陬)' 아래에서는 특별히 밝혀 말하기를 '공자가 태어난 곳은 맹자의 추(鄒)와는 다르다.' 또한 주에서는 말하기를 '어떤 곳에서는 추(鄒)라고도 하였는데 틀렸다.'라 한 것은 매우 타당하다." 또 말하였다. "추읍에서 살았다고 한다면 곧 노에서 살았다는 것이니 저 조교(曹交)가 뵙고자 하여 관사를 빌린 곳은 과연 어떤 군인가? 추군(鄒君)은 곧 목공(穆公)이다. 맹자는 그와 이야기할 때 반드시 군(君)이라 하였으므로 조교는 비록 공이 있는 곳에 있지는 않지만 또한 반드시 군이라 일컬었다. 평공(平公)에 이르면 우리 임금과 노후(魯侯)를 나란히 들었으니 본국의 신민(臣民)이 아님을 알 것이다. 또한 추와 노가 싸운 후에 목공이 기꺼이 다시 원수국의 나라와 화친을 도모했겠는가?"[12]

위의 말을 종합하면 맹자는 추(鄒)나라 사람으로 노나라 사람이 아니라는 고증은 주로 두 방면의 증거에 의지하고 있다.

첫째는 자의(字義)를 증거로 하였다. 고대의 맹자가 있었던 '추(鄒)'와 공자가 있었던 '추(陬)'는 다른 두 자로 통가할 수 없다. 허신의 『설문해자』는 여기에 대해 전문적으로 설명을 하였다. 단옥재(段玉裁)의 『설문해자주(說文解字注)』에서도 말하였다. "노나라의 추(鶅)는 두 「지(志)」가 같아 두 「지」에서는 추(騶)라 하였는데 허신은 추(鄒)라 한 것은 허 씨가 본 판본에는 노

---

[12] 청 주광업의 『맹자사고(孟子四考)』 4 「맹자출처시지고(孟子出處時地考)」, 『청경해속편(淸經解續編)』 제1책 권230, 상해서점, 1988, 1076쪽.

의 추현(騶縣)으로 되어 있었을 것이다. 이를테면 지금의 여남(汝南) 신식(新息)을 지금의 남양(南陽) 양현(穰縣)이라 하는 것에 비견된다. 식견이 얕은 자가 곧 추(騶)자를 산삭해 버린 것일 따름이다. 주나라 때 혹 추(邾)라고도 하고 혹 주루(邾婁)라고도 한 것은 언어의 완급이 달라서이다. 주나라 때는 추(邾)라 하고 한나라 때는 추(騶)라 한 것은 예와 지금의 글자가 달라서이다. 주(邾)는 각 판본에 루(婁) 자가 없는데 지금 『운회(韻會)』에 의거하여 바로잡는다. 『좌전(左)』과 『곡량전(穀)』에는 주(邾)로 되어 있고, 『공양전(公羊)』과 (『예기』) 「단궁(檀弓)」에는 주루(邾婁)로 되어 있다. …… 주루의 소리를 합하면 추(鄒)가 되는데 이어(夷語)이다. 『국어(國語)』와 『맹자』에는 추(鄒)로 되어 있다. 세 가지 추(鄒)는 정자이고 주(邾)는 생략한 문자이다."[13] 두 개의 완전히 다른 글자가 고문에서의 함의(含意)가 특정적이기 때문에 맹자가 있었던 추(鄒)는 결코 공자가 있었던 추읍(陬邑)이 아니며, 맹자는 당연히 또한 노나라 사람이 아니다. 그러나 북위(北魏)의 역도원(酈道元)이 『수경주(水經注)』를 지으면서부터 이 다른 두 글자는 함께 뒤섞이기 시작하였다. 그는 말하였다. "곽수(漷水)는 또 노나라 추산(鄒山)의 동남쪽을 거쳐 서남쪽으로 흘러가는데, 『춘추좌전(春秋左傳)』에서 이른바 역산(嶧山)으로 주문공(邾文公)이 옮긴 곳이며 지금의 성은 추산(鄒山)의 남쪽[陽]에 있으며 암석의 험함에 기대어 견고하다. 옛 나라는 조성(曹姓)이었으며, 숙량흘의 읍으로 공자가 이곳에서 태어났다. 나중에 곧 현으로 삼아 이에 추산이라는 이름에 따라 현의 이름으로 삼았다."[14] 여기서는 이미 공자가 출생한 곳의 읍을 옛 주국(邾國)의 봉지로 잘못 생각하였다. 육덕명(陸德明)의 「춘추서석문(春秋序釋文)」에서도 "추(鄒)"를 "추(陬)"로 잘못 알아 "맹자는 추읍(鄒邑) 사람"이라고 하였다. 이에 당나라 사마정(司馬貞)의 『사기색은(史記索隱)』에

---

[13] 청 단옥재 『설문해자주(說文解字注)』, 상해고적출판사(上海古籍出版社), 1988, 296쪽.
[14] 「사수(泗水)」『수경주(水經注)』권25, 문연각 『사고전서』권573, 대만상무인서관, 1986, 390쪽.

서도 와전된 것을 와전되게 전하여 "추(鄒)는 노나라의 지명이다."라 하였다. 맹자의 고향은 이제야 오래도록 논쟁이 끊이지 않는 문제가 되었다.

둘째는 (『맹자』의) 본문을 증거로 삼은 것이다. 먼저 『맹자』에는 "추가 노와 싸웠다.(鄒與魯鬨)"(2.12), "제[曹交]가 추의 군주를 뵙게 되면(交得見於鄒君)"(12.2)이라는 기록이 있다. 하나의 독립된 국가이지 노나라의 하읍이 아니라는 것을 설명하고 있다. 그렇지 않다면 어떻게 추나라의 임금이 있는가 하는 문제를 해석할 방법이 없게 된다. 다음으로 전서(全書)에서 맹자가 노나라에 있을 때의 일을 기록한 것은 두 차례뿐이다. 한 번은 장창(臧倉)이 (맹자가 임금을 만나려는 것을) 막은 것이고, 한 번은 모친이 죽어서 장례를 치르는 것으로 나라에서의 일을 기록한 것이 상당히 많아 "옥려자가 대답할 수 없어서 다음날 추나라에 가서 맹자께 아뢰었다(屋廬子不能對, 明日之鄒, 以告孟子)"(12.1), "연우가 추로 가서 맹자에게 물었다(然友之鄒問于孟子)"(5.2), "맹자가 추에 거하실 때 계임이 임의 처수[留守]였는데, 폐백을 가지고 사귀자, 폐백을 받기만 하고 답례하지 않으셨고, 평륙에 처하실 적에 저자가 상이었는데, 폐백을 가지고 사귀자, 폐백을 받기만 하고 답례하지 않으셨다. 훗날 추에서 임에 가셔서는 계자를 만나보시고, 평륙에서 제에 가셔서는 저자를 만나보지 않으셨다.(孟子居鄒, 季任爲任處守, 以幣交, 受之而不報, 處於平陸, 儲子爲相, 以幣交, 受之而不報. 他日, 由鄒之任, 見季子, 由平陸之齊, 不見儲子)"(12.5) 게다가 앞에서 인증한 적이 있는 "추가 노와 싸웠다."한 것과 "제[曹交]가 추의 군주를 뵙게 되면"까지 모두 다섯 차례나 되는데, 이는 맹자가 추나라에 있었던 시간이 노나라에 있었던 시간보다 길었으리라는 것을 설명해준다. 맹자가 노나라 사람이고 추나라 사람이 아니었다고 한다면 이런 상황을 해석할 길이 없다. 다시 맹자가 "성인이 거주하신 곳과 가까움이 이같이 심하다(近聖人之居, 若此其甚也)"(14.38)라 하였는데 이는 다만 공자의 고향과 매우 가깝다는 말이지 공자와 함께 노나라 사람이라는 것을 말하지는 않는다. 맹자는 공자를 가장 공경하여 그가 진짜로 노나라 사람이고 공자와 동향의 사람이라면 반드시 분명하게 말하였을 것이고 다만 매우 가깝다고는 말할 수 없다.

요컨대 내가 보기에 맹자의 고향은 지금의 산동성(山東省) 쩌우현으로, 당시에는 추국(鄒國)이었으며, 맹자는 추나라 사람이지 노나라 사람이 아니니 이 결론은 그리 큰 문제는 없을 것이다.

3. 맹자의 선대

맹자의 선대에 대하여서는 검토가 필요한 몇몇 문제가 있다. 이들은 곧 맹자의 선조와 맹자의 부모, 맹자의 부친을 여읨, 맹모의 가르침 등이다.

(1) 맹자의 선조

조기의 「맹자제사」에서는 말하였다. "혹자는 말하였다. 맹자는 노나라 공족 맹손(孟孫)의 후손이기 때문에 맹자는 제나라에서 벼슬을 하다가 모친을 여의고 노나라로 귀장(歸葬)하였다. 삼환(三桓)의 자손은 이미 쇠미해져서 타국으로 흩어져 갔다." 그 후 각가의 설명이 있긴 한데 모두 이의를 제기하지 않았다. 원대의 정복심은 『맹자연보』에서 맹자는 "노나라의 삼환(三桓 중의 하나)인 맹손 씨의 후손이다."[15]라 하였다. 청대의 염약거는 「맹자생졸연월고」에서 또한 "맹자는 아마 노나라 공족인 맹손의 후손일 것이다."[16]라 하였다. 초순의 『맹자정의』에서는 여기에 대하여 더 상세

---

15 원 정복심의 『맹자연보』, 『공자의 논어 및 기타 일종』, 상무인서관, 1929, 1쪽에 보인다.
16 청 염약거의 「맹자생졸연월고」, 『청경해』 제1책 권24, 상해서점, 1988, 121쪽.

하게 설명하였다. "노환공(魯桓公)은 동(同)을 낳았는데 장공(莊公)이다. 차자 경보(慶父)는 중손씨(仲孫氏)이고, 다음 숙아(叔牙)는 숙손씨(叔孫氏)이며, 다음 계우(季友)는 계손씨(季孫氏)로 이들이 삼환(三桓)이다. 중손씨는 곧 맹손씨(孟孫氏)이다. 경보가 공숙오(公叔敖)를 낳으니 곧 맹목백(孟穆伯)이다. 목백은 문백혜숙(文伯惠叔)을 낳았으며, 문백은 중손멸(仲孫蔑)을 낳으니 곧 맹헌자(孟獻子)이다. 헌자는 중손속(仲孫速)을 낳았는데 곧 맹장자(孟莊子)이다. 장자는 유자질(儒子秩)을 낳았으며, 질은 중손루(仲孫縷)를 낳았는데 곧 맹희자(孟僖子)이다. 희자는 중손하기(仲孫何忌)를 낳았는데 곧 맹의자(孟懿子)이다. 의자는 맹유자설(孟儒子洩)을 낳았는데 곧 맹무백(孟武伯)이다. 무백은 중손첩(仲孫捷)을 낳았는데 곧 맹경자(孟敬子)이다. 춘추로 들어선 후에 헌자의 차자 의백(懿伯)이 중손갈(仲孫羯)을 낳았다. 두예(杜預)의 『세족보(世族譜)』에서는 의백 곧 자복중숙타(子服仲叔它)가 맹초(孟椒)를 낳고 초는 자복회(子服回)를 낳았으며, 회는 자복하(子服何)를 낳았는데, 곧 자복경백(子服景伯)으로 따로 자복 씨(子服氏)가 되었다." 초순은 마지막에 결론적으로 말하였다. "맹자는 이미 맹(孟)을 씨로 삼았으니 맹손의 후손이긴 하겠지만 세계(世系)가 상세하지 못하였으므로 조 씨는 '혹왈(或曰)'이라 하여 의심했을 따름이다."

명료하게 보여주기 위하여 조 씨가 말한 것을 근거로 『중찬삼천지』를 참고하여 맹자의 세계를 아래와 같이 열거하여 대강을 살펴보도록 한다.[17]

---

[17] 『중찬삼천지』에서는 맹장자가 효백(孝伯)을 낳았고, 다음으로 유자질(儒子秩)을 낳았다고 하였는데 『맹자정의』에서는 다만 장자가 유자질을 낳았다고 하였다. 또한 『중찬삼천지』에서는 맹헌자가 의백을 낳고 다음으로 자복타를 낳았으며, 다음으로 장자를 낳았다고 하였는데 『맹자정의』에서는 의백과 자복타를 한 사람으로 합쳤다. 이상 두 사람은 본 표에서 모두 『맹자정의』를 따른다. 또한 『중찬삼천지』에서는 맹경자에서 맹자의 사이에 3대를 열거하였는데 그 가운데 양대는 상세하지 않고 일대는 맹자의 부친으로 이름이 격(激, 公宜)인데 근거가 상세하지 않아 본 표에서는 다만 두루뭉술하게 처리하고 대수와 성명은 열거하지 않았다.

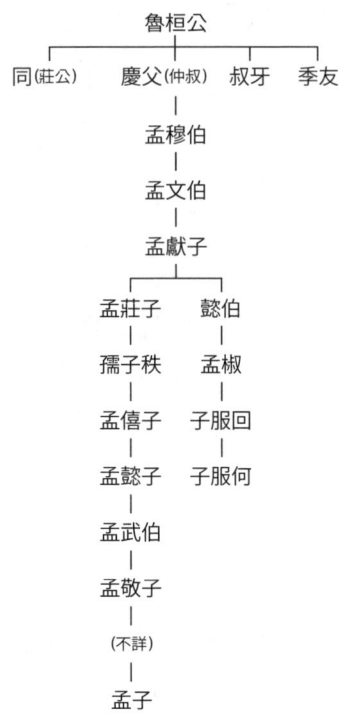

(2) 맹자의 부모

『사기』「공자세가」에서는 공자의 선대와 자손에 관하여 매우 상세하게 기록하였지만 「맹자순경열전」에는 맹자 부모의 성자와 명씨에 대한 어떠한 기록도 없는데, 이는 곧 후인들의 연구에 어려움을 가중시켰다.

명대 진사원(陳土元)의 『맹자잡기(孟子雜記)』에는 맹자 부모의 명자에 관한 기록이 있는데 다음과 같이 논하여 말하였다. "내가 생각건대『맹씨보(孟氏譜)』에서는 '가의 부친은 맹손 격공 의(孟孫激公宜)이다.'라 하였다. 맹손은 성이고, 격공은 자이며, 의는 이름이다. 혹자는 격이 이름이고 공의가 자라고 한다. …… 가의 모친은 장 씨(仉氏)이다."[18] 나중에 이런 견해는 비교적 보편화했으며, 어떤 것은 신화적인 색채까지 띠고 있다. 임춘부(林春溥)의 『맹씨열전찬(孟子列傳纂)』에서는 "부친은 격(激: 이름이다) 공의(公宜: 자이다)이고, 모친은 장 씨(『風俗通』에 보인다)이다."[19]라 하였다. 시언사(施彦士)의 『독맹질의(讀孟質疑)』에서는 말하였다. "『궐리지(闕里志)』에서는 '맹자의 부친은 (이름이) 격(激) (자는) 공의(公宜)이며 장 씨(仉氏)를 아내로 맞았다.'라 하였다." "장 씨가 꿈을 꾸었는데 신인(神人)이 구름을 타고 용과 봉에 기어올라 태산에서 와 역(嶧)에서 멈추려고 하였다. 한참을 응시하는데 갑자기 조각구름이 떨어지는 것이 보이고 잠에서 깼다. 그때 여항(閭巷)에는 모두 오색구름이 맹 씨의 집을 덮고 있는 것이 보였고 맹자가 태어났다."[20] 그러나 맹자 모친의 성은 이 씨(李氏)라고도 한다. 『중찬삼천지』의 기록에 의하면 원대의 장수(張頙)가 지은 맹모의 묘비문에서는 "옛 비석에서는 맹자의 모친은 이 씨라고 하였다. 옛 비석은 곧 손필(孫弼)의 「추국공분묘비(鄒國公墳廟碑)」이다. 비석에서는 '공은 일찍 부친을 여의었으며 모친인 이 씨는 현덕(賢德)으로 일컬어졌다.'라 하였다. 뚜렷하게 말하였고 이 비석은 무덤 곁에 갖추어졌으니 억측으로 지은 것은 아닌 것 같다. 다만 후인이 이(李)자를 갈아내어 장(仉)자로 바꾸었을 따름이다."[21]

그러나 주광업의 태도는 비교적 조심스러워 이 설은 취할 만하지 못하다고 생각하였다. 그는 말하였다. "맹자 부친의 명자는 고찰할 길이 없으며(『맹씨보』에서는 이름은 激, 자는 公宜라 하였다), 맹자 모친의 씨(氏) 또한 확실하지 않다(장수의 「孟母墓記」에서는 옛 비석 조각에서 鄒公의 墓碑에서는 말하기를 모친의 氏는 李라

---

18 문연각 『사고전서』 권207, 대만상무인서관, 1986, 290~291쪽.
19 나근택의 『맹자평전』, 상무인서관, 1932, 7쪽에 보인다.
20 청 시언사의 『독맹질의』, 『총서집성속편(叢書集成續編)』 제15책, 상해서점, 1994, 186쪽.
21 『중찬삼천지』 권3, 광서(光緒) 13년 각본.

고 하였다. 무슨 근거인지 알지 못하겠다. 集語에 실려 있는 金 孫彌의 謁廟記에는 李氏라는 설이 있으며, 비석은 金에 의해 세워졌다. 혹자는 말하기를 仉氏의 음은 掌이라고 한다)."²² 주광업이 이미 당시 맹자 부모의 성명에 관한 각종 견해에 주의하고 있었지만 결코 믿을 만하다고는 생각지 않았다는 말이다.

근인 나근택은 사서(史書)를 상세히 고찰하고 문제의 소재지를 발견했다. 그는 『맹자 평전』에서 말했다. "『풍속통』과 『열녀전』을 자세히 읽어보면 맹자 부친의 이름과 모친의 씨가 없는데 부실(不悉)과 진림(陳林) 두 사람은 무슨 근거로 그렇게 말하였는지 여러 차례나 검열을 하게 하였다. 손(孫)과 장(張) 두 사람의 기(記) 및 『궐리지』·『맹씨보』는 후세에 나온 책으로 근거한 설이 확실치 않은데 어떻게 믿을 수 있겠는가?『춘추연공도(春秋演孔圖)』는 위서(緯書)의 무리로 말할 것이 없다. 또한 맹자 부친의 이름이 격(激)이라면 어째서 맹자가 격(激)자를 피휘하지 않았는가?(「告子篇」에 '격하여 흘러가게 하면 산에 있게 할 수 있다.'[激而行之可使在山]라는 말이 있다.) 주 씨는 믿지 않았으니 엄격하게 삼간 견해가 있다고 하겠다. 꿈이며 신인이 어쩌고저쩌고 한 것은 동서의 각국을 막론하고 조금 옛 전기에는 성철과 호걸에 대하여 모두 이런 부회가 있기 마련이니 오늘날 보면 웃을 만한 가치도 없다."²³

이는 곧 맹자 부모의 명자에 관한 기록은 진사원과 임춘부 모두 『풍속통』과 『열녀전』에 근거하여 말하였지만 이 두 책에는 실제로 이 방면의 기록은 전혀 없다. 그들은 모두 이 책을 근거로 맹자 부모의 성자와 명씨를 확정지었으니 그 사이의 문제가 어디에서 나왔는지를 알지 못하겠다는 말이다. 『궐리지』와 『맹씨보』는 모두 후세에서 나와 근거가 이미 상세하지 않아 믿을 만한 것이 못 된다. 사료가 부족하면 견강해서는 안 된다.

---

22 청 주광업 『맹자사고』 4 「맹자출처시지고」, 『청경해속편』 제1책 권230, 1077쪽.
23 나근택 『맹자평전』, 상무인서관 1932, 8쪽.

따라서 맹자 부모의 성자와 명씨에 대한 문제는 새로운 사료가 발견되지 않는 한 철저히 해결되기 어려울 것이며 지금은 실사구시의 입장을 취해 의심스러운 사안으로 부쳐두는 것이 옳을 것이다.

(3) 맹자가 부친을 여읨

사마천의 「맹자순경열전」에서는 맹자 부친의 이름을 말하지 않았으며, 맹자가 부친을 여읜 시간에 대한 문제도 제기하지 않았다. 조기의 「맹자제사」에서는 말하였다. "맹자는 나면서부터 훌륭한 자질을 갖고 있었으며 일찍 부친을 여의어 자모(慈母)의 삼천지교(三遷之敎)를 받았다." 여기서는 결코 부친을 여읜 구체적인 연수를 언급하지 않았는데 나중에 점차 맹자 출생 3년이라는 견해가 부연되어 나와 매우 광범위하게 유전되었다. 진호(陳鎬)의 『궐리지』와 설응기(薛應旂)의 『사서인물고(四書人物考)』가 모두 이 설을 견지하고 있다.

그러나 또한 적지 않은 사람들이 이 설을 믿지 않았으며 아울러 사적(史籍)과 『맹자』 본문에서 몇몇 근거를 찾아내어 반박을 진행하였다. 그 가운데 주광업이 논한 것이 가장 상세하다. "「제사(題辭)」에서는 '맹자는 나면서부터 훌륭한 자질을 갖고 있었으며 일찍 부친을 여의어 자모의 삼천지교를 받았다.'라 하였다. '뒤 초상이 앞 초상을 능가했다(後喪逾前喪)'는 말의 주에서 말하기를 '맹자는 앞의 부친의 초상은 간략하게 치렀고 나중에 치른 모친의 초상은 사치스러웠다.'라 하였다. 앞뒤로 비록 정해진 때는 없지만 사대부의 삼정(三鼎)과 오정(五鼎)이라는 말로 추정하여 서로의 시차가 반드시 그리 멀지 않을 것이라 하였다. 『예(禮)』에서는 말하기를 '상(喪)은 죽은 자를 따르고 제사는 산 자를 따른다.'라 하였다. 제사를 삼정으로 하였으니 맹자가 사(士)가 된 뒤임이 분명할 것이다. 그때의 나이는 이미 40여 세였을 것이다. 「제사」에서 이른바 부친을 일찍 여의었다는 것은 다만 부친이 모친보다 먼저 죽었다는 것일 따름이지 어렸을 때가 아니다. 설응기의 『사서인물고』와 『사서직해(四書直解)』, 『집어(集語)』・『속문헌통고(續文獻通考)』・『궐리지』・『삼천지(三遷志)』에서는 마침내 말하였다. '맹자는 3세에 부친을 여의었다.' 『한시외전(韓詩外傳)』과 『열녀전(列女傳)』을 고찰해 보면 모두 이런 설이 없다. 또한 『열녀전』에는 맹모단기(孟母斷機)의 고사가 기록되어 있다. '베를 짜고 길쌈을 하여 생업으로 삼다가 중도에 베 짜는 일을 그만두고 하지 않는다면 어찌 남편과 자식을 입히고 오래도록 양식이 떨어지지 않게 할 수 있겠느냐?' 이는 반드시 과부의 근심스러운 말이 아니었다. 사(士)가 삼정(三鼎)에 미쳤다면 실로 강보에 있을 때의 일은 아니다. 또한 모친을 여읜 때와는 5, 60년이나 되었으니 노나라 사람 또한 어떻게 전후로 풍요하고 검소함이 현격한 차이가 있다는 것을 알 길이 있었겠으며 장창(臧倉)이 저지하는 일을 행할 수 있었겠는가? 왕복례(王復禮)는 말하였다. '앞의 상이 3세 때 있었다면 풍색(豊嗇·厚薄)을 스스로 주관하지 못하였을 것인데 장창이 어찌 참소하였겠는가? 평안공(平安公)이 어찌 믿었겠는가? 악정(樂正)이 또한 어찌 분별하였겠는가? 대체로 공의(맹자 부친의 자)는 실제로 죽은 적이 없으며, 세 번 베를 자른 것은 아마 공의가 출유하여 자모가 엄부를 대신한 것일 따름이다.' 내가 생각건대 원 인종(仁宗) 연우(延祐) 3년 7월에 맹자의 부모를 추봉(追封)하면서 다만 그 부친이 일찍 죽었다고만 하였고 장수의 묘비에서도 그렇게 하였으니 3세 때 부친을 여의었다는 설은 망령되다."[24]

여기서는 네 가지 근거를 나열하여 맹자는 절대 3세 때 부친을 여읜 것이 아님을 설명하겠다. 첫째, 여러 책에서 이른바 "3세에 부친을 여의었

---

[24] 청 주광업 『맹자사고』 4 「맹자출처시지고」, 『청경해속편』 제1책 권230, 상해서점, 1988, 1077쪽.

다"는 설은 모두 『한시외전』과 『열녀전』에서 기원하지만 주광업이 고찰한 바에 따르면 두 책에는 결코 이 설이 없다. 둘째, 『열녀전』에서 맹모가 단기로 아들을 가르친 고사를 기록할 때 "베를 짜고 길쌈을 하여 생업으로 삼다가 중도에 베 짜는 일을 그만두고 하지 않는다면 어찌 남편과 자식을 입히고 오래도록 양식이 떨어지지 않게 할 수 있겠느냐?"라 하였는데, 이는 당시 맹자의 부친이 여전히 살아 있었다는 것을 설명한다. 셋째, 악정자(樂正子)가 "앞에서는 삼정으로 하고 뒤에서는 오정으로 하였다"(2.16)라 한 말에 근거하여 추론하면 맹자가 부친을 여의었을 때 쓴 예는 삼정이었고 삼정은 사(士)가 상을 치를 때의 규정으로, 이는 당시 맹자가 이미 사였음을 설명하니 이미 사였다면 절대로 3세에 그치지 않았을 것이다. 넷째, 3세에 부친을 여의었다면 모친의 상 때와는 이미 수십 년이라는 오랜 시간이 걸렸을 텐데 장창이 어떻게 전후를 알 수 있었겠는가? 앞의 상은 검소하고 뒤의 상은 사치스러웠던 것이 사실이었다 하더라도 맹자가 당시 겨우 3세였다면 이 책임을 감당할 수 없었을 것이다. 이는 하나의 매우 간단한 도리인데 악정자가 어째서 그 스승을 위해 해명해주지 않았는가? 이 네 가지 증거 중 앞의 두 조목은 사적에서 가져왔고 뒤의 두 조목은 『맹자』에서 가져왔다. 두 번째 조목을 『열녀전』에서 가져온 것이 믿을 만한 사실(史實)이 아니고 좀 빈약하다는 것을 제외하면 나머지 세 조목에서 말한 것은 근거가 있고 논술이 합리적이어서 "3세에 부친을 여의었다"는 설은 성립될 수 없다는 것을 충분히 알 수 있다.

(4) 맹자 모친의 가르침

맹자의 선대라는 이 제목 하에서는 맹자 모친의 가르침이란 의의가 가장 크다. 이는 맹자의 선조와 맹자의 부모, 맹자가 부친을 여읨 등의 문제는 토론을 거쳐야 하는 것이긴 하지만 맹자의 사상을 연구하는 데 대하여서는 그리 큰 실제적인 의의가 없기 때문이다. 맹자 모친의 가르침은 달라서 맹자의 성장에 직접적인 영향을 끼쳐 맹자의 사상을 연구하는 데 깊이 들어가려면 이 문제에 대해서는 한번 검토를 해보아야 한다.

맹자 모친의 가르침에 관하여서는 『한시외전』과 『열녀전』에 적지 않은 기록이 있다. 가장 유명한 것으로는 삼천(三遷: 세 번 거처를 옮김)과 단기(斷機: 베틀의 베를 자름), 살돈(殺豚: 돼지를 잡음), 거처(去妻: 아내를 버림)의 네 가지 고사가 있다.

다음은 삼천의 고사이다.

> 추나라 맹가의 어머니로 맹모라 하는데, 집이 묘지와 가까웠다. 맹자가 어렸을 때 즐기는 놀이는 묘지에서 일어나는 일로, (죽음을 슬퍼하며) 발을 구르고 시신을 매장하는 것이었다. 맹모가 말하기를 "이곳은 자식이 거처할 곳이 아니다." 하고는 곧 떠났다. 집이 시장 곁에 있었는데 상인들이 물건을 선전하며 파는 일을 흉내 내며 놀았다. 맹모가 또 말하기를 "이곳은 자식이 거처할 곳이 아니다."라 하고는 다시 학교 근처로 집을 옮겼다. 제기를 진설하고 예를 갖추어 나아가고 물러나는 의식을 흉내 내며 놀았다. 맹모는 말하기를 "실로 아들이 거처할 만한 곳이다."라 하고 마침내 그곳에서 살았다. 맹자는 성장하여 육예(六藝)를 배워 마침내 대유라는 명성을 이루었다. 군자가 말하였다. "맹모는 조금씩 변화시키는 것을 잘하였다." 『시경』에 "저 훌륭한 이에게, 무엇을 줄 것인가?"라 하였는데 이를 이른다.[25]

---

[25] 『열녀전』「모의전·추맹가모(母儀傳·鄒孟軻母)」.

단기의 고사이다.

> 맹자가 어릴 때 책을 읽는데 그 어머니는 바야흐로 베를 짜고 있었다. 맹자는 갑자기 (읽기를) 중단하였다가 곧 다시 나아갔다. 그 어머니는 그가 잊었다는 것을 알고는 불러서 물었다. "무엇 때문에 중지하였느냐?" 대답하기를 "잊었던 곳이 있어서 다시 읽었습니다."라 하였다. 그 어머니는 칼을 당겨 베를 찢어 이로써 훈계하였다. 이 이후로 맹자는 다시는 잊지 않았다.[26]

살돈의 고사이다.

> 맹자가 어렸을 때 동쪽 집에서 돼지를 잡았다. 맹자가 그 어머니에게 물었다. "동쪽 집에서 돼지를 잡은 것은 어째서인가요?" 어머니가 말하였다. "네게 먹이려는 것이다." 그 어머니는 실언을 한 것을 스스로 뉘우쳤다. 이에 말하기를 "내가 이 아이를 가졌을 때 자리가 바르지 않으면 앉지를 않았고 자른 것이 바르지 않으면 먹지 않은 것은 태교를 위함이었다. 지금 마침 알고서도 속였으니 이는 가르침이 신의가 없는 것이다." 이에 동쪽 집의 돼지고기를 사서 먹였는데 속이지 않음을 밝히기 위함이었다.[27]

거처의 고사이다.

> 맹자의 처는 홀로 거처할 때면 양다리를 쭉 펴고 앉았다. 맹자가 방

---

[26] 『한시외전』 권9 제1장.
[27] 『한시외전』 권9 제1장.

으로 들어가 보고 어머니에게 말하였다. "아내가 예의가 없으니 청컨대 버렸으면 합니다." 어머니가 말하였다. "어째서냐?" 말하기를 "다리를 펴고 앉았습니다." 어머니가 말하였다. "어떻게 알았느냐?" 맹자가 말하였다. "내가 직접 보았습니다." 어머니가 말하였다. "네가 무례한 것이지 아내가 무례한 것이 아니다.『예』에서 말하지 않았느냐. '문에 들어가려 할 때는 누가 있느냐고 묻는다. 대청에 올라가려 할 때는 반드시 인기척을 낸다. 방에 들어가려 할 때는 반드시 시선을 낮춘다.' 사람이 준비가 되지 않았음을 가리지 못하였기 때문이다. 지금 너는 사사로이 거처하는 곳에 가면서 방에 들어서면서도 인기척을 내지 않아 사람이 다리를 펴고 앉은 것을 보도록 하였으니 이는 네가 무례한 것이지 아내가 무례한 것이 아니다." 이에 맹자는 자책을 하고 감히 아내를 버리지 않았다.[28]

『한시외전』과 『열녀전』에서 기록한 이런 고사는 거의 민간전설에 근사하여 다 진실한 역사로 볼 수는 없다. 그러나 이러한 고사를 통하여 우리는 최소한 이러한 결론을 내릴 수 있다. 맹자는 성장 과정에서 모친으로부터 훌륭한 교육을 받았으며 이런 교육은 맹자의 사상을 형성하고 낳음에 중요한 영향을 끼쳤다.

4. 맹자의 사승(師承)

전통적인 견해에 의하면 맹자는 자사에게서 배웠으며, 자사는 증자에

---

28 『한시외전』 권9 제17장.

게 배웠는데, 이로 말미암아 유학의 발전에 정종의 경로를 이루었다. 그러나 또한 적지 않은 사람들이 이 견해에 대하여 회의를 나타내었다. 여기에는 맹자의 사승에 관한 두 가지 중요한 문제가 있으니 많은 글을 써서 명확히 변별을 하지 않을 수 없다.

(1) 자사는 결코 증자를 사승하지 않았다

장태염(章太炎)은 자사는 절대로 증자를 사사한 적이 없다고 생각하였다. 『장태염문록(章太炎文錄)』 「징신론(徵信論)」에서는 말하였다. "송인(宋人)은 자사의 학문을 멀리까지 추적하여 위로 증삼(曾參)에까지 이르렀는데, 「제언(制言)」과 「천원(天圓)」 등 여러 편을 찾아보면 자사가 논술한 것과는 다르다. 「단궁(檀弓)」편에는 증자가 급(伋)이라 부른 것을 기록하였다. 옛날에는 언어가 질박하여 장자(長者)가 후생을 부를 때 그 이름을 물리쳤다. 미생묘(微生畝)도 공자를 구(丘)라 하였는데, 스승과 제자가 아님을 증명한다. 「단궁」에서는 또한 자사가 말한 것을 기록하였다. 정군(鄭君)은 증자의 말을 잇기 어려워서 예로 눌렀으니 그 제자가 아님이 분명하다고 하였다."[29]

비록 「제언」과 「천원」이 반드시 진짜 증자가 지은 것은 아니어서 장태염의 이 논거는 결코 충분치 않지만 그가 말한 「단궁」 1편에서 기록한 증자와 자사의 말은 확실히 중시할 만하다.

> 증자가 자사에게 말하였다. "급아. 나는 어버이 상을 당했을 때 물을 입에 대지 않은 것이 이레였다." 자사가 말하였다. "선왕이 예를 제정할

---

[29] 『장태염전집(章太炎全集)』 제4권, 상해인민출판사, 1986, 56쪽.

때에 지나친 것은 억제하여 중도에 맞게 하고, 미치지 못하는 것은 노력해서 중도에 맞게 하였습니다. 그러므로 군자가 부모상을 치를 때에 3일간 물을 입에 대지 않고 지팡이를 짚고서 일어나는 것입니다."

자사는 증자가 어버이의 상을 치르면서 "물을 입에 대지 않은 것이 이레"라고 한 방법에 대하여 그렇지 않다고 생각하였다. 지나친 것 같다고 생각하여 거기에 반박을 하는데 어기의 측면에서 볼 때 이곳의 증자는 사장(師長)이 아닌 것 같으며 자사 또한 결코 제자 같지 않다. 자사가 실제 증자를 스승으로 받들었다면 자사는 좋은 예로 하여 말이 결코 이렇게 무례하지 않았을 것이다. 이는 최소한 「단궁」의 작자의 심목에서 증자와 자사는 결코 사승 관계가 없다는 것을 설명한다. 장태염은 이를 가지고 자사는 결코 증자를 사사하지 않았다고 단정하였는데 설득력이 있다.

 첸무(錢穆) 또한 자사가 결코 증자를 사승한 것이 아니라는 것에 동의하면서 한 가지 증거를 추가하였다. 『선진제자계년고변(先秦諸子繫年考辨)』「자사생졸고(子思生卒考)」에서는 말하였다. "『한지(漢志)』에서는 증자와 복자(宓子)는 모두 공자의 제자라 밝혔다. 이극(李克)은 자하(子夏)의 제자이며, 세자(世子)와 공손자(公孫子)는 칠십자(七十子)의 제자라 하였다. 자사에 대해서만은 "공자의 손자로 노목공(魯繆公)의 스승이다"라 하였고, 증자를 사사하였다고는 하지 않았다. 비록 장 씨(章氏)가 근거로 한 「제언」과 「천원」 등 여러 편은 반드시 진짜 증자가 지은 책은 아닐 것이지만, 「단궁」 또한 그대로 다 믿기가 어렵다. 그러나 자사가 증자를 사사하였다는 설은 선진의 고적에는 보이지 않으니 실로 의심스럽다."[30] 이는 곧 최소한 『한지』이전에는 결코 자사가 증자를 사승하였다는 설이 없었다는 것을 말한다.

---

[30] 첸무, 『선진제자계년고변』「자사생몰고」, 상해서점, 1992, 161쪽.

이 외에 『맹자』 자체에서도 자사가 증자를 사승하였다는 자취를 찾을 수 없다. 『맹자』에는 증자와 자사의 사승 관계에 관한 견해가 결코 없으며 유일하게 한 곳에서 증자와 자사의 관계를 언급한 논술이 「이루(離婁)하」 제31장에 보이는데 원문은 다음과 같다.

> 증자가 무성에서 기거하실 때 월나라가 침략하였다. 혹자가 말하였다. "적도가 이르는데, 어찌하여 떠나시지 않습니까?" 증자가 말하였다. "내 방에 사람을 붙여두어 섶과 나무가 상하지 않게 하라." 적도가 물러나자 "나의 담장과 지붕을 수선하라. 내 돌아갈 것이다."라 하였다. 적도가 물러나자 증자가 돌아왔다. 좌우에서 말하였다. "(武城의 大夫가) 선생을 대하기를 이렇게 충성스럽고 또 공경히 하는데 적도가 이르자 먼저 떠나시어 백성들이 바라보게 하고, 적도가 물러나자 돌아오시니 옳지 않을 듯합니다." 심유행이 말하였다. "이는 너희가 알 것이 아니다. 옛날 우리 심유 씨에게 부추의 화가 있었는데 선생을 따른 자 70명이 거기에 끼지 않았다."
>
> 자사가 위(衛)에서 기거하실 때 제나라가 침략하였다. 혹자가 말하였다. "적도가 이르는데 어찌 떠나지 않습니까?" 자사가 말하였다. "내[伋]가 떠난다면 임금이 누구와 함께 지키겠는가?"
>
> 맹자가 말하였다. "증자와 자사는 도가 같다. 증자는 스승이며 부형이었고, 자사는 신하이며 미천하였으니, 증자와 자사께서 처지를 바꾸었다면 다 그러했을 것이다."
>
> 曾子居武城, 有越寇. 或曰: "寇至, 盍去諸?" 曰: "無寓人於我室, 毀傷其薪木." 寇退, 則曰: "修我牆屋, 我將反." 寇退, 曾子反. 左右曰: "待先生如此其忠且敬也, 寇至則先去以爲民望; 寇退, 則反, 殆於不可." 沈猶行曰: "是非汝所知也. 昔沈猶有負芻之禍, 從先生者七十人, 未有與焉."

子思居於衛, 有齊寇. 或曰: "寇至, 盍去諸?" 子思曰: "如伋去, 君誰與守?"

孟子曰: "曾子子思同道. 曾子, 師也, 父兄也; 子思, 臣也, 微也. 曾子子思易地則皆然."(8.31)

증자는 무성에 거주할 때 월나라 군대의 침범을 당하여 곧 그곳을 떠났다. 자사는 위나라에 거주할 때 제나라 군대의 침범을 당하였어도 결코 떠나지 않았다. 이 두 가지 대처 방법이 같지 않은 것은 증자와 자사의 지위가 같지 않기 때문이긴 하지만 그 사이에 놓인 기본 도리는 서로 같다. 서로 입장을 바꾼다면 대처 방법 또한 반드시 같을 것이다. 이 때문에 맹자는 비로소 말하기를 "증자와 자사는 도가 같다."라 하였다.

누구와 누구의 '도가 같고' 누구와 누구의 '처지를 바꾸면 모두 그렇다'는 것은 『맹자』에서 비교적 자주 보이는 화법이다. 「이루 하」 제29장에서 말한 것처럼 우와 직 그리고 안회는 일에 대하여 대처 방법이 상이하다. 이는 우와 직은 태평한 시대를 만났고 안자는 난세를 만나 조건이 같지 않아서이지만 그들이 문제를 처리하는 도리는 오히려 마찬가지여서 서로 위치를 바꾼다고 한다면 세 사람의 대처 방법 또한 반드시 서로 같을 것이다. 이는 "우와 직·안회가 도가 같다"라는 것이고, "우와 직·안자가 처지를 바꾸면 모두 그렇다."는 것이다. 이로부터 『맹자』에서 누구와 누구의 "도가 같다"고 한 것은 다만 문제를 처리하는 도리가 서로 같거나 간 길이 서로 같다는 의미이지 그 사이에 사승 관계가 존재한다는 것을 가리키는 것이 아님을 알 수 있다. 후인들이 겨우 "증자와 자사는 도가 같다"라 한 논법에 의지하여 증자와 자사가 사승 관계가 있다는 것을 증명하려 한다면 근거가 부족하다.

(2) 맹자는 결코 자사를 사승하지 않았다

사마천은 맹자는 자사의 문인에게서 학업을 배웠을 것이라고 생각하였다. 『사기』「맹자순경열전」에서는 말하기를 "맹가는 추 사람으로 자사의 문인에게서 학업을 배웠다."라 하였다.

문인은 결국 제자 아니면 재전제자(再傳弟子)를 가리킬 것이라 하여 견해를 달리 한다. 『논어』에는 "공자께서 나가시자, 문인들이 묻기를(子出, 門人問曰)"(『논어』4.15)이라는 말이 있는데, 주이존(朱彝尊)은 『폭서정집(曝書亭集)』에서 구양자(歐陽子)의 "학업을 배운 자는 제자이고 제자에게서 학업을 배운 자는 문인이다"라 한 말을 인용하여 말하였다. "『논어』는 공자를 위하여 지은 것으로 말한 문인은 모두 제자에게서 학업을 배웠다." 아울러 이 '문인'은 '증자의 제자'라 인정하였다. 금악(金鶚)의 『구고록(求古錄)』에서는 "이 설은 그릇되었다. 고인들이 책을 지을 때는 나름대로 체례가 있으니, 『논어』라는 책은 모든 공자의 제자를 모두 문인이라 일컫고, 공자의 제자가 아니라면 말을 달리했다. '자하의 문인이 자장에게 벗 사귀는 것을 물었다(子夏之門人問交于子張)', '증자가 병이 위중하자, 문제자들을 불러 말씀하였다.(曾子有疾, 召門弟子)'와 같이 직접 문인들을 칭하지는 않았으므로 공자의 제자들과 구별된다. 부자가 일관(一貫)을 말하였는데 이때 증자는 부자의 문하에 있어서 문인들과 함께 모시지 못하였으니 증자에게 물은 자는 반드시 부자의 문인이다."라 생각하였다. 근인 정수덕(程樹德)은 『논어집석(論語集釋)』에서 말하였다. "주 씨(朱氏)의 설은 형병(邢昺)의 『소(疏)』에 근거를 두고 있지만 증자가 부자와 문답을 주고받을 때는 아직 어려서 필시 문인이 있지는 않았을 것이고 이 문인은 여전히 부자의 문인으로 금 씨의 설에서 말한 뜻이 비교적 뛰어나다."[31] 내가 보건대 금 씨와 정 씨가 말한 것이 이치에 가깝다. 공자의 고제(高第) 제자 가운데서는 증자가 가장 어려서 공자가 생존해 있을 때는 증자가 반드시 자기의 제자를 가지지 못하였을 것이기 때문에 문인이라는 말은 제자를 가리키지 재전제자(再傳弟子)가 아니다. 사마천은 서한 사람으로 그가 쓴 문인이라는 단어의 함의는 『논어』와 근사할 것이다. 따라서 '자사의 문인에게서 학업을 배웠다'는 것은 자사의 제자를 가리킬 것이며 자사의 재전제자는 아닐 것이다.[32]

이는 곧 사마천이 볼 때 맹자는 자사의 제자에게서 학업을 배웠다는 것을 말한다. 그러나 같은 서한 사람인 유향(劉向)은 오히려 맹자는 직접 자사에게서 학업을 배웠다고 생각하였다. 그는 『열녀전』에서 말하였다. "맹자는 아침저녁으로 학문에 힘써 쉬지를 않고 자사를 사사하여 마침내 천하의 명유가 되었다." 직접 자사에게서 학업을 배웠다는 것이 자사의 문인에게서 학업을 배웠다는 것보다 더욱 힘이 실릴 것이기 때문에 시간이 흘러감에 따라 이런 견해를 가진 사람이 갈수록 많아졌을 것이다.

반고의 『한서』 「예문지」에서는 말하였다. "『맹자』 11편. 이름은 가이고 추 사람으로 자사의 제자이며 「열전」이 있다."[33]

조기의 「맹자제사」에서는 말하였다. "오래도록 공자의 손자 자사를 스승으로 섬겨 유술의 도를 닦았다." 조기는 『맹자』의 주(注)로 유명하여 이런 견해는 매우 큰 영향을 끼쳤다.

---

31 위에서 인용한 주이존과 금악, 정수덕의 말은 모두 정수덕의 『논어집석』, 중화서국(中華書局), 1990, 263~264쪽에 보인다.

32 이 외에 『맹자』에는 '제자(弟子)'라는 말이 두 차례 보이는데, 한 번은 "문인들이 짐을 챙겨 장차 돌아가려 하다(門人治任將歸)"(5.4)이고, 한 번은 "문인이 묻기를(門人問曰)"(14.29)인데, 그 뜻은 모두 직전제자를 가리키지 재전제자를 가리키는 것이 아니라 상술한 관점의 증좌로 삼을 만하다. 쑨카이타이(孫開泰)의 「맹자사승고(孟子師承考)」에서는 말하기를 맹자가 자사의 문인에게서 학업을 배웠다는 것은 "곧 자사의 재전제자이지 자사의 (직전)제자가 아니다."(謝皓가 엮은 『孟子思想硏究』, 山東大學出版社, 1986, 389~393쪽)라 하였다. 상술한 근거와 합치되지 않아 취하지 않는다.

33 『한서』 권30, 중화서국, 1962, 1728쪽.

응소(應劭)의 『풍속통』 「궁통편(窮通篇)」에서는 말하였다. "맹자는 자사에게서 학업을 배워 통달하자 제후들을 유세했다."[34]

『공총자』에서는 한 걸음 더 나아가 자사와 맹자의 대화를 가탁해냈다. "맹가가 목민은 무엇을 우선해야 하는가 물었다. 자사가 말하였다. '먼저 이롭게 해주어야 한다!' 말하였다. '군자가 백성을 가르치는 것은 인의인데 굳이 이롭게 해 주어야 합니까?' 자사가 말하였다. '윗사람이 인하지 못하면 아랫사람이 있을 곳을 얻지 못하고, 윗사람이 의롭지 못하면 난을 일으키기를 좋아한다. 이는 이롭지 못한 것으로 큰 것일 것이다. 『역』에서 말하기를 이(利)는 의(義)의 화(和)한 것이라 하였다. 또 말하기를 씀을 이롭게 하여 몸을 편안히 함은 덕을 높이기 위해서라고 하였다. 이는 모두 이 가운데 큰 것이다.'"[35]

사마정의 『사기색은』에서는 말하였다. "왕소(王劭)는 '인(人)'자를 연문으로 보았으니 맹가가 친히 공급의 문하에서 배웠다고 생각한 것이다. 지금 '문인(門人)'이라 한 것은 곧 자사의 제자에게서 배운 것이다."[36]

사마광(司馬光)의 『자치통감(資治通鑑)』에서는 말하였다. "처음에 맹자는 자사를 사사하면서 목민의 도는 무엇을 우선해야 하는지 물어본 적이 있다." 모두 위에서 인용한 『공총자』에 기록된 자사와 맹자의 대화를 한 번 더 말하면서 다만 어구에 조금 변화를 주었을 뿐이다.[37]

그러나 이러한 견해는 나중에 의심을 받았는데 주로 맹자와 자사가 시기적으로 이어지지 못한다는 데 기인한다. 명대 초횡(焦竑)의 『초씨필승(焦氏筆乘)』 권3의 '맹자는 자사에게서 학업을 배우지 않았다(孟子非受業子思)'

---

[34] 한 응소 『풍속통』 「궁통편」, 문연각 『사고전서』 권862, 대만상무인서관, 1986, 392쪽.
[35] 『공총자』 문연각 『사고전서』 권695, 대만상무인서관, 1986, 322쪽.
[36] 「맹자순경열전」, 『사기』 권74, 중화서국, 1959, 2344쪽.
[37] 『자치통감』 권2, 중화서국, 1956, 64쪽.

조목에서는 말하였다. "『사기』에서는 맹자가 자사의 문인에게서 학업을 배웠다고 기록하였으며 제대로 살피지 못한 자들은 마침내 자사에게 친히 학업을 배웠다고 생각하였는데 틀렸다. 고찰해보면 공자는 20세에 백어(伯魚, 孔鯉)를 낳았고, 백어는 공자보다 5년 먼저 죽었다. 공자가 죽은 해는 경왕(敬王) 41년으로 자사가 실로 상주였으며 사방에서 와서 예를 구경하였다. 자사의 생년은 비록 알 수 없지만 공자가 죽었을 때 자사는 이미 장성하였을 것이다. 맹자는 현왕(顯王) 23년에 위(魏)에 이르렀고, 난왕(赧王) 원년에 제나라를 떠났으며, 그 책에서 장의와 소진을 논급하였으니 5년 후의 일일 것이며 공자의 죽음과는 170여 년의 시차가 있다. 맹자는 이미 기애(耆艾: 5~60세의 늙은이)일 테니 어떻게 자사의 문하에 들어 서로 가르치고 배우고 하겠는가!"[38]

주광업은 『맹자사고』 4 「맹자출처시지고」에서 『첨씨성리소변(詹氏性理小辨)』 「자사맹자고(子思孟子考)」를 인용하여 말하였다. "백어는 공자보다 5년 먼저 죽어 공자가 죽자 자사가 상주가 되었으니 그때 나이가 이미 많았음을 알겠다. 『맹자』에서는 장의(張儀)와 공손연(公孫衍)을 논급하였으니 난왕(赧王) 5년 신해년 이후의 일일 것이며, 신해년부터 역으로 경왕 임술년까지 추산해나가면 공자가 죽은 지 170년으로 백어가 죽은 지 174년이 되는데 180, 190년간 산 인물이며 스승으로 처하였다고 하였으니 어찌 이렇게 오래 살 수 있단 말인가? 혹자는 안왕(安王) 25년 갑진년에 자사가 위(衛)에서 변고를 당했다고 하였는데 맹자는 위혜왕(魏惠王) 때 이미 늙은이[叟]라 일컬었으니 그가 산 것을 계산해보면 안왕의 즉위 때와 가까우니 맹자가 친히 학업을 배운 것이 어찌 옳지 않겠는가? 안왕 갑진년은 백어로부터 107년의 시차가 있고 공자가 죽은 때로부터

---

[38] 명 초횡 『초씨필승』 권3, 상해고적출판사, 1986, 92쪽.

102년이 되니 자사가 여전히 생존했다고 하겠는가? 맹자가 어렸을 때 그 어머니가 세 번 거처를 옮긴 후에 학문을 알았고, 다시 베를 자른 일도 있었다. 장가가서는 아내가 다리를 뻗고 앉아 있었다고 쫓아내려 하였다. 당시 그가 몇 살이었는지는 내 알지 못하지만 아직 자사에게 배우지 않은 것은 확실하다. 이를 지나면 또한 자사가 아직 살아 있다고 말할 수 있겠는가? 또한 목공이 즉위한 것은 위열왕(威烈王) 19년 갑술년으로 맹자의 책에서 목공이 자사에게 예를 높였다고 자주 말하였는데 이때 자사의 나이는 이미 90세의 늙은이일 것이다. 그가 위(衛)에 있을 때 제의 침공이 있었으니 필시 젊고 한창 벼슬을 할 때의 일일 것이니 실로 위나라에서 변고가 있었다는 것은 또한 반드시 도(悼)·경(敬)·소공(昭公) 때일 것이다." 주광업은 이 때문에 인신하여 말하였다. "자사와 맹자의 생몰년은 일치하지 않을 뿐만 아니라 맹자가 자사를 칭한 자(字)가 하나가 아니고 또한 '옛날 노목공(魯繆公)'이라고도 하였으니 소급하여 올라간 것임에 의심의 여지가 없다." 그가 내린 총결론은 다음과 같다. 맹자가 자사에게서 학업을 배웠다는 설은 "사실 틀렸다."[39]

조자승(曹子升)의 『사서척여설(四書摭餘說)』과 양옥승의 『사기지의』의 견해는 모두 이와 근사한데 문장이 번다하여 인용하지 않는다.

이런 고증은 비록 차이는 있지만 하나의 공통점이 있다. 시기적으로 맹자와 자사가 이어질 수 없다는 것을 증명하였기 때문에 맹자는 직접 자사에게서 학업을 배우는 것이 불가능했다. 『맹자』의 기록에 의하면 노목공(魯穆公: 곧 魯繆公으로 '繆'과 '穆'은 서로 통하여 쓴다)이 자사를 예로 높인 적이 있으니 자사가 노목공 때의 사람이라는 것을 알 수 있다. 공자는 주로 노애공(魯哀公) 시기에 활동하였고 또한 노애공 16년(B.C. 479)에 죽었으며 그

---

39 청 주광업 『맹자사고』 4 「맹자출처시지고」, 『청경해속편』 제1책 권230, 상해서점, 1988, 1077쪽.

후 11년이 지나 노애공이 죽었다. 노도공(魯悼公) 31년과 노원공(魯元公) 21년을 거쳐 모두 63년이다. 그 후에야 비로소 노목공 원년(B.C. 415)인데, 백어는 공자보다 5년 먼저 죽었으니 자사는 백어가 죽던 해(B.C. 483)에 태어났고,[40] 노목공이 자사를 목공 원년에 예로 높였다고 하더라도 자사는 이때 이미 69세가 되었을 것이니,『사기』「공자세가」의 "자사의 나이는 62세"라 한 설과 일치하지 않는다. 자사의 '나이 62세'를 82세로 오인하였을 것이라고 의심한 것은 자못 믿을 만하다. 맹자가 B.C. 372년(아래에 상세히 보인다)에 태어났다고 잠정하고 15세 때 학업을 배웠다고 계산한다면 이 사이에는 이미 126년이 있게 되어 자사가 '82세'라고 계산을 한다 하더라도 나이가 꽤 많이 초과하게 된다. 이 때문에 연표의 배열에서 맹자가 자사에게서 직접 학업을 배울 수 없었으리라고 하는 것은 단연코 의심의 여지가 없다. 설명의 편의를 도모하기 위하여 위에서 말한 것을 근거로 아래의 연표를 만들었다.[41]

B.C.	노계년(魯計年)	재위 연수	공자(孔子)	공리(孔鯉)	공급(孔伋)	맹자(孟子)
483	哀公 12년	27		공리 사망	공급 출생	
479	哀公 16년		공자 사망			
467	悼公 1년	31				
436	元公 1년	21				
415	穆公 1년	33			69세	
402	穆公 14년				82세	
382	共公 1년	32				
372	共公 11년				112세	맹자 출생
358	共公 25년				126세	志于學
350	康公 1년	9				

40 공급(孔伋, 子思)의 생년은 확정하기가 매우 어려워 일단 첸무의『선진제자계년고변』의 설을 취하였다. 공급의 생년이 이보다 이르다면 본문의 입론에 이점이 있지만 여기서는 상세히 논하지 않는다.

사실 맹자는 결코 자사에게서 직접 학업을 배우지 않았다. 하나의 유력한 증거가 있으니 곧 맹자가 분명히 "나는 공자의 문도가 되지는 못하였으나, 내 남에게서 사사로이 선하게 하였다.(予未得爲孔子徒也, 予私淑諸人也)"라 말한 적이 있다. 그가 공자의 손자에게서 직접 학업을 배웠던 적이 있었으면 생각건대 필시 분명히 말하여 자신의 역량을 증강시킬 수 있었을 것인데 그렇게 하지 못하고 다만 "남에게서 사사로이 선하게 하였을" 뿐이다. 이런 견해는 완전히 주관적인 추측이 아니라 『맹자』에서도 방증을 찾을 수 있다. 『맹자』에서는 자사를 직접 부른 것이 16차례가 있는데 이런 곳에서는 모두 자사를 부자(夫子)라 일컫지 않았다. 맹자가 직접 자사에게서 학업을 배웠다면 그 스승을 이렇게 무례하게 대할 수는 없었을 것이다. 요컨대 시기적으로 고증을 하든 『맹자』의 언어로 분석을 하든 간에 모두 맹자는 결코 직접 자사에게서 학업을 배우지 않았음을 단정할 수 있다.

맹자가 직접 자사에게서 학업을 배울 수 없었기 때문에 호사가들은 또 맹자가 자사의 아들 자상(子上)에게서 학업을 배웠다고 말한다. 『맹자외서(孟子外書)』에서는 말하였다. "만수불택(曼殊不擇)이 맹자에게 물었다. '선생님께서는 어떻게 배웠습니까?' 맹자가 말하였다. '노나라에는 성인이 있는데 공자라고 한다. 증자는 공자에게서 배웠고 자사는 증자에게서 배웠다. 자사는 공자의 손자이며, 백어의 아들이다. 자사의 아들은 자상인데 나[軻]는 거기서 배웠으므로 성인이 전한 것을 얻게 되었다.'"[42] 『맹자』

---

41 근래에 궈리위(郭立煜) 등이 『노국사(魯國史)』(인민출판사, 1994)를 지었는데, 그 가운데 열거한 세계의 이 시기는 주로 「육국연표(六國年表)」에 의거하여 본 표와는 조금 같지 않다. 이 책의 관점은 여전히 학술계의 보편적인 인정을 받지 못하였으므로 본서에서는 일단 채택하지 않는다. 그러나 「육국연표」에 의거하더라도 노목공 원년은 B.C. 407년이며, 목공이 자사를 높였을 때는 자사의 나이가 더욱 많았을 것이므로 본서의 입론에 더욱 이점이 있지만 여기서는 상세히 논하지 않는다.

42 『맹자외서』, 「성선변(性善辨)」, 광서 7년 『함해(函海)』 본.

에서 분명히 "내 남에게서 사사로이 선하게 하였다."라 말한 적이 있는데 『맹자외서』에서는 오히려 "나[軻]는 거기서 배웠으므로 성인이 전한 것을 얻게 되었다."라 하여 전후로 모순이 이렇게 심하니 『맹자외서』는 실로 '거짓 중의 거짓'임을 알 수 있다. 옛사람들은 맹자의 학문에 유래가 있기를 바라 이 책을 믿어 정상을 참작하려 하였지만 바람만 좋을 뿐 유력한 증거를 찾을 수가 없어 다만 "자상에게서 배웠다는 것이 믿을 만할 것이다"라는 한마디밖에 할 수 없었는데 아무래도 설득력이 떨어진다.

요컨대 『맹자』 본서 및 노국 세계(世系)를 가지고 고증해보면 맹자의 사승에 관하여서는 세 가지 서로 다른 견해가 있다. 그 가운데 자사의 문인에게서 학업을 배웠다는 견해가 비교적 합리적이다. 직접 자사에게서 학업을 배웠다거나 자사의 아들 자상에게서 학업을 배웠다는 두 가지 견해는 모두 믿음성이 떨어진다.

(3) 증자와 자사가 맹자에게 끼친 영향

맹자가 자사로부터 친자(親炙)를 받을 수는 없었지만 증자와 자사에게서 받은 영향은 아무래도 상당히 현저한데 이는 두 방면에서 증명할 수 있다.

먼저 양적으로 본다면 『맹자』에는 공자의 제자 가운데 증자 및 자사가 출현 빈도가 가장 높다. 다시 증자와 자사 그리고 공자의 기타 제자 가운데 『맹자』에 출현하는 횟수를 가지고 비교를 진행한다면 공자의 수많은 제자 가운데 증자와 자사가 출현 횟수가 가장 많다는 것을 발견하게 될 것이다. 이제 공자의 주요 제자 및 자사가 『맹자』에 보이는 상황을 아래와 같이 표로 정리한다.

공자의 주요 제자 및 자사가 『맹자』에 보이는 상황

子夏	子游	子貢	子張	子路	顔子	冉求	冉牛	閔子	曾子	子思
3	2	7	2	6	7	1	2	2	22	16

한 개인은 성장과정 중에 다른 사람의 영향을 받게 마련이다. 그 가운데서도 어떤 사람의 영향은 특별히 커서 성인이 된 후에도 언제나 부지불식중에 그들을 이야기하는 것이 일반적인 생활상식이다. 우리는 이 상식을 이용하여 어떤 사람들이 맹자에게 끼친 영향이 비교적 컸던가 하는 것을 분석할 수 있다. 위의 표로부터 『맹자』에서는 증자와 자사가 출현한 횟수가 22회와 16회로 나뉘어 자하와 자유, 자공 등 기타 제자들을 멀찌감치 따돌렸음을 알 수 있다. 이는 증자와 자사가 맹자에게 끼친 영향이 공자의 다른 제자들보다 컸다는 것을 설명한다.

다음으로 내용적인 면에서 보면 『맹자』에서 인용한 증자와 자사의 언행과 사적은 맹자의 사상과 밀접한 연관이 있다. 『맹자』에서 증자의 언행을 인용한 것은 9장(章)으로 다음과 같다.

『맹자』에서 인용한 증자의 언행과 사적 상황

순서	내 용	출처
1	曾子曰: "戒之戒之! 出乎爾者, 反乎爾者也."	2.12
2	昔者, 曾子謂子襄曰: "子好勇乎? 吾嘗聞大勇於夫子矣: 自反而不縮, 雖褐寬博, 吾不惴焉; 自反而縮. 雖千萬人. 吾往矣."	3.2
3	曾子曰: "晉楚之富, 不可及也; 彼以其富, 我以吾仁; 彼以其爵, 我以吾義. 吾何慊乎哉?"	4.2
4	曾子曰: "生, 事之以禮; 死, 葬之以禮, 祭之以禮, 可謂孝矣."	5.2
5	曾子曰: " 不可; 江漢以濯之, 秋陽以暴之, 皜皜乎不可尙已."	5.4
6	曾子曰: "脅肩諂笑, 病于夏畦."	6.7
7	曾子養曾晳, 必有酒肉; 將徹, 必請所與; 問有餘, 必曰, "有." …… 事親若曾子者, 可也.	7.19
8	曾子居武城, 有越寇. 或曰: "寇至, 盍去諸?" 曰: "無寓人於我室, 毁傷其薪木." …… 寇退, 曾子反.	8.31
9	曾晳嗜羊棗, 而曾子不忍食羊棗.	14.36

『맹자』에서 자사의 언행을 인용한 것은 6장(章)인데 다음과 같다.

『맹자』에서 인용한 자사의 언행과 사적 상황

순서	내 용	출처
1	昔者魯繆公無人乎子思之側, 則不能安子思; 泄柳·申詳無人乎繆公之側, 則不能安其身. 子爲長者慮而不及子思; 子絶長者乎? 長者絶子乎?	4.11
2	子思居於衛, 有齊寇, 或曰: "寇至, 盍去諸?" 子思曰: "如伋去, 君誰與守?"	8.31
3	費惠公曰: "吾於子思, 則師之矣; 吾於顔般, 則友之矣; 王順長息則事我者也."	10.3
4	繆公之於子思也, 亟問, 亟餽鼎肉, 子思不悅. 於卒也, 標使者出諸大門之外, 北面稽首再拜而不受, 曰: "今而後知君之犬馬畜伋." 蓋自是臺無餽也. 悅賢不能擧, 又不能養也, 可謂悅賢乎?	10.6
5	繆公亟見於子思, 曰: "古千乘之國以友士, 何如?" 子思不悅曰: "古之人有言曰, 事之云乎, 豈曰友之云乎?" 子思之不悅也, 豈不曰, "以位, 則子, 君也; 我, 臣也; 何敢與君友也? 以德, 則子事我者也, 奚可以與我友?" 千乘之君求與之友而不可得也, 而況可召與?	10.7
6	(淳于髡): "魯繆公之時, 公儀子爲政, 子柳子思爲臣, 魯之削也滋甚; 若是乎, 賢者之無益於國也!" (孟子)曰: "虞不用百里奚而亡, 秦穆公用之而霸, 不用賢則亡, 削何可得與?"	12.6

위의 두 표에서 『맹자』가 인용한 증자의 언행은 주로 도덕 방면인 효와 기절(氣節)의 문제 등등에 집중되어 있고, 자사의 언행은 주로 존사(尊士) 방면에 집중되어 있음을 어렵지 않게 볼 수 있다. 이런 것들은 맹자의 사상에서 모두 찾을 수 있는 뚜렷한 궤적을 가지고 있다. 맹자의 인의에 뜻을 둠, 맹자의 웅대한 지향, 맹자의 호연지기, 맹자의 독립자존 등등 후인들에 의해 추숭되는 지극한 인격 정신은 모두 증자와 자사의 언행에서 그 원형을 찾을 수 있다. 이는 증자와 자사가 맹자의 사상에 매우 강한 영향력을 행사했다는 것을 충분히 설명하고 있다.

요컨대 증자와 자사 사이에 사생 관계가 있든 말든, 맹자가 정말로 자사를 사사했건 말건 증자와 자사는 맹자에게 중요한 영향을 끼친 적이 있고, 아울러 이런 영향은 공자의 기타 제자를 크게 뛰어넘어 모두 논쟁이 되지 않는 사실이다.

증자와 자사가 맹자의 사상에 영향을 끼친 상황은 이미 위에서 말한 것과 같다. 이런 영향이 매우 중요하기는 하지만 공자가 맹자의 사상에 끼친 영향에는 까마득히 미치지 못한 다는 것을 지적해야 한다. 숫자를 가지고 입증해보건대 『맹자』에서 인용한 증자와 자사의 언행은 각각 9장과 6장으로, "공자왈(孔子曰)"로 인용되는 것이 26조목이나 되는 것만으로도 공자가 맹자에게 끼친 영향이 얼마나 큰가를 설명한다. 맹자는 스스로 "공자의 문도가 되지는 못하였으나, 내 남에게서 사사로이 선하게 하였다."(8.22)라 하였으며, 조기는 『주』에서 "내가 공자의 문도가 되지 못한 것이다. 숙(淑)은 선(善)하게 하는 것이다. 내가 사사로이 성인을 선하게 여긴 것일 따름이다. 대성인에게서 배우지 못하게 된 것을 유감스럽게 생각하는 것일 것이다." 주희(朱熹)의 『맹자집주(孟子集注)』에서는 말하였다. "맹자가 말하기를 '내 비록 공자의 문하에서 친히 수학하지는 못하였으나, 성인의 유택이 아직 남아 있어서 오히려 그 학문을 전수한 자가 있었다. 그러므로 내가 공자의 도를 남에게서 얻어들어 사사로이 그 몸을 선하게 할 수 있었다.'라 하였다." 후위환(胡毓寰)의 『맹자사적고략(孟子事迹考略)』에서는 말했다. "맹자의 뜻을 미루어보면 비록 공자의 문하에서 친히 배우지는 못하였지만 그 사람을 마음으로 흠모하여 본받고 간혹 그 도를 듣고 사숙하였으니 다만 한 사람의 공자의 문도에 그칠 뿐만이 아닐 것이다. 공자는 거의 맹자가 이상적으로 학업을 배운 스승이라 할 수 있다."[43] 이는 매우 옳은 말이다. 맹자의 사상에 끼친 영향을 가지고 말한다면 공자를 뛰어넘을 사람은 없다. 다만 이 문제는 이미 이 절의 주제를 뛰어넘어 여기서 토론을 전개하기에는 곤란하고 『맹자』에서 인용한 공자의 말에 대한 상세한 상황은 이 장 끝의 부록을 보기 바란다.

---

[43] 후위환의 『맹자사적고략』, 정중서국(正中書局), 1936, 24쪽.

(4) 『중용』의 작자 고증

자사가 맹자의 사상에 끼친 영향을 이야기할 때는 반드시 『중용(中庸)』의 작자 문제를 언급해야 하는데, 이 문제를 해결하지 않으면 맹자의 사승은 여전히 진정 분명하다고 말할 수 없다. 『중용』의 작자 문제는 유학 연구에서 유명한 학술 사안으로 대대로 정론이 없었으며 이 때문에 부득불 편폭을 좀 할애해서 아래와 같이 고증한다.

1) 『중용』의 작자에 관한 세 가지 견해

『중용』의 작자에 관하여서는 역사상 세 가지의 상이한 견해가 있다.

첫 번째 견해는 『중용』은 자사가 지었다는 것이다. 이의 가장 전통적인 견해는 사마천에게서 비롯되었다. 『사기』 「공자세가」에서는 말하였다. "백어는 급을 낳았는데 자가 자사이며 향년 62세였다. 송(宋)에서 곤경을 겪은 적이 있으며 자사는 『중용』을 지었다."

주희는 이런 견해를 계승하여 「중용장구서(中庸章句序)」에서 상세히 논하였다. "우리 부자[孔子] 같은 분은 비록 그 지위를 얻지는 못하였으나, 가신 성인을 잇고 오는 후학들을 열어 주신 공은 도리어 요순보다 낫다. 그러나 이때 보고 안 자는 오직 안 씨와 증 씨가 전한 것이 그 종통을 얻었는데, 증 씨가 두 번째 전하여 다시 부자의 손자 자사를 얻었을 때는 성인과 거리가 멀어져 이단이 일어나게 되었다. 자사는 오랠수록 그 참됨을 더 잃게 될까 두려워하여, 이에 요순 이래로 서로 전해 온 뜻을 미루어 본원을 찾고, 평소에 부사(父師)에게 들은 말씀으로 질정하여, 다시 연역해서 이 책을 지어 후세의 배우는 자들을 가르쳤다. …… 이로부터 또다시 전하여 맹 씨를 얻어 능히 이 책을 미루어 밝혀 선성의 전통을 이었는데, 돌아가시자 마침내 그 전함을 잃게 되었다." 주희의 이 말은 완전히 도통에서 출발하였다. 안회와 증삼이 공자의 참된 전함을 얻었고, 자사가 다시 그 전함을 얻었으며, 부사의 말에 근거하여 『중용』을 지어 후학을 가르쳤다. 이후에 맹자가 그 참뜻을 얻어 선성의 도통을 승계하였다. 주희는 또한 특별히 『중용』을 『예기(禮記)』에서 떼어내 『대학』·『논어』·『맹자』와 함께 『사서(四書)』로 합쳤다. 주희가 특수한 지위를 차지하였기 때문에 이 이후로 자사가 『중용』을 지었다는 것은 거의 정론(定論)이 되었다.

이 견해가 기세등등하기는 하지만 그 가운데 내포하고 있는 문제를 일소하지는 못하였다. 『중용』은 전후의 문장에 명백한 불일치가 존재하며, 어떤 구절은 진한(秦漢) 시기에나 나올 수 있는 등등으로, 이에 상술한 견해와는 완전히 상반되는 두 번째 견해가 나오게 되었으니 곧 『중용』은 자사가 지은 것이 아니라 후인이 지은 데서 나왔다는 것이다.

이런 관점의 대표자라고 할 수 있는 최술(崔述)은 『수사고신여록(洙泗考信餘錄)』에서 세 가지 근거를 열거하였다. "공자와 맹자의 말은 모두 평범하며 일용하는데 절실하여 높고 깊으며 넓고 원대한 말은 없다. 『중용』은 다만 탐색색은(探賾索隱: 심오한 것을 탐구하고 숨은 뜻을 찾음)하여 미묘한 이치를 다 파헤치려 하여 공자와 맹자의 말과 전혀 다르다. 이것이 첫 번째 의심스러운 점이다. 『논어』의 글은 간명하고, 『맹자』의 글은 곡진하다. 『논어』는 유자(有子)와 증자의 문인들이 기록한 것이므로 바로 자사와 같은 시대인데 어찌하여 『중용』의 글은 유독 번거롭고 어려워 위로는 『논어』와 현저히 멀고, 아래로는 오히려 『맹자』에도 미치지 못하는가? 이것이 두 번째 의심스러운 점이다. '재하위(在下位)' 이하 열여섯 글자로 이루어진 구절은 『맹자』에 보이는데 문장이 대동소이하여 논자들은 자사가 맹자에게 전해준 것이라고 한다. 그러나 공자와 자사의 명언이 많을 것인데, 맹자는 어찌하여 유독 이 말만 기술하였을까? 맹자가 공자의 말을 서술할 때는 모두 '공자왈(孔子曰)'이라 했는데, 빼앗아 자신의 말로 삼지 않았

것이다. 이것이 세 번째 의심스러운 점이다." 최술은 이로 말미암아 결국 결론을 내어 말하였다. "이로 말미암아 말하건대 『중용』은 필시 자사가 지은 것이 아니다. 대체로 자사 이후에 자사를 종주로 받들던 사람이 지은 책이므로 자사의 이름을 가탁하였으며, 혹은 오래도록 전하여지다가 자사가 지은 것으로 오인하였을 것이다. 그 속에 들어있는 훌륭한 말이나 뛰어난 논의는 아마 모두 공자와 자사가 전해준 말이며, 그 가운데 혹 지나치게 높고 유심(幽深)한 것과 논란의 여지가 있는 것은 여기저기에서 주워 모아 사사롭게 덧붙인 것일 것이다."[44]

상술한 세 가지 의문점 외에 논자들의 담론이 비교적 많은 곳은 아무래도 시간과 지점의 문제이다. 시간 문제는 『중용』 제28장에 "지금 천하에는, 수레는 수레바퀴의 치수가 같으며, 글은 문자가 같으며, 행동은 차례가 같다.(今天下車同軌, 書同文, 行同倫)"란 말이 있는 것을 가리킨다. 모두 주지하다시피 이는 진(秦)이 통일한 후의 광경으로, 『중용』에서 이런 어구가 출현한 것은 이미 명백하게 이 책이 전국시대 후에 나왔다는 것을 설명한다. 지점 문제는 제26장에 "화악을 싣고 있으면서도 무겁게 여기지 않고, 하해를 거두어 있으면서도 새지 않는다(載華嶽而不重, 振河海而不洩)"는 말이 있는 것을 가리킨다. 『주례(周禮)』에 의하면 화와 악은 예(豫)와 옹(雍) 두 주의 진산이다. 청대의 섭유(葉酉)는 말했다. "거처하는 땅에서 거기 있는 산을 가리키는 것은 인지상정이다. 한의 도읍 장안(長安)에는 화산이 있다. 『중용』에서 산을 인용하고 '화악을 싣고 있으면서도 무겁게 여기지 않는다.' 하였으니 분명히 장안 사람이 장안의 산을 인용한 것으로 이는 자사를 가탁하였다는 명백한 증거이다."[45]

두 번째 견해에서 지적한 이런 문제들은 일부 진일보한 토론도 있지만

---

44 청 최술의 『수사고신여록』, 『최동벽유서(崔東壁遺書)』, 상해고적출판사, 1983, 397~398쪽.

전반적으로 말한다면 말에 근거가 있어 결코 완전히 주관적인 추측은 아니며, 최소한 진위의 각도에서 본다면 이미 목적을 이루었다. 곧 두 번째 견해는 첫 번째 견해가 완전히 성립할 수 없다는 것을 충분히 증명하였다 하겠다.

방법론적인 의의에서 보면 진위는 다만 일종의 이론이 완전히 성립될 수 없다는 것을 증명할 수 있지만 이 이론이 완전히 잘못이라는 것도 증명할 수 없다. 이 때문에 두 번째 견해에서 취할 만한 곳이 적지 않기는 하지만 그래도 첫 번째 견해를 완전히 배제할 수는 없다. 이렇게 하여 세 번째 견해가 나오게 되었다. 세 번째 견해의 주요 특징은 앞의 두 설을 가지고 종합적으로 진행하여 쌍방의 장점을 취하여 이를 가지고 모두가 받아들일 수 있는 관점을 제기하기를 바랐다.

이 방면에서 비교적 대표적인 인물은 펑유란(馮友蘭)으로, 그가 20년대에 지은 『중국철학사(中國哲學史)』 상책(上冊)에서는 말하였다. "지금 『소대예기(小戴禮記)』의 「중용」에서 말한 의리는 또한 실은 맹자의 학설과 유(類)를 함께 한다. 곧 이 편은 실은 자사가 지은 것 같다. 그러나 『소대예기』 중의 「중용」에는 '지금 천하에는, 수레는 수레바퀴의 치수가 같으며, 글은 문자가 같고, 행동은 차례가 같다.'는 말이 있는데, 말한 것은 곧 진한이 중국을 통일한 후의 경상이다. 「중용」에는 또한 '화악을 싣고 있으면

---

45 원매(袁枚)의 『소창산방척독(小倉山房尺牘)』 권8 「우답섭서산서자(又答葉書山庶子)」, 『원매전집(袁枚全集)』 제5권, 강소고적출판사(江蘇古籍出版社), 1993, 163쪽에 보임. 이외에도 섭유는 또한 지적하였다. "『중용』은 벽돌을 쌓은 듯 간결하지 않고 부연하여 문장을 이루어 수필(手筆)이 『논어』· 『대학』보다 한참 멀고 『맹자』보다도 못하다. 이는 한유(漢儒)가 지은 것이지 자사가 지은 것이 아니다." 이는 두 번째 견해의 방증으로 삼을 수 있으며 문장이 많으니 군더더기가 없다. 또한 근인 쉬푸관(徐復觀)은 화악(華嶽)은 원래 제나라 경계와 이어진 두 산의 이름이며 두 산의 거리는 멀지 않아 모두 지금의 산동 리청현(歷城縣) 안에 있다고 고증하였지만(徐復觀의 『中國人性論史先秦篇』 제5장 제12절을 참고하여 보라.) 이 설은 여전히 학술계의 보편적인 인정을 얻지 못하였다.

서도 무겁게 여기지 않는다'는 말이 있는데 또한 노나라 사람의 말이 아닌 것 같다. 논한 명(命)·성(性)·성(誠)·명(明) 등 여러 관점이 모두 맹자에 비해 상세하고 분명하여 맹자의 학설을 더욱 발휘한 것 같다. 그러니 이 편은 또한 진한 때 맹자 일파의 유자가 지은 것 같다. ……『중용』에서 말한 의리를 자세히 살펴보면 첫 단의 '하늘이 명한 것을 성이라 한다(天命之謂性)'에서부터 '천지가 제자리를 편안히 하고, 만물이 잘 생육될 것이다(天地位焉, 萬物育焉)'까지, 끝 단의 '아래의 지위에 있으면서 윗사람에게 신임을 얻지 못한다(在下位不獲乎上)'에서부터, '소리도 없고 냄새도 없어야 지극할 것이다(無聲無臭至矣)'까지 사람과 우주의 관계를 많이 이야기하여 맹자 철학 중의 신비주의적 경향을 더욱 발휘한 것 같다. 그 문체 또한 대개 논저(論著)의 체재이다. 중단(中段)의 '중니가 말하였다. 군자는 중용을 한다(仲尼曰, 君子中庸)'에서부터 '도를 미리 정하면 궁하지 않다(道前定則不窮)'까지는 인사(人事)를 많이 말하였는데 공자의 학설을 더욱 발휘한 것 같다. 그 문체 또한 대개 기언(記言)의 체재이다. 이 다른 점에서 추측을 하면 이 중단은 자사가 원래 지은 『중용』, 곧 『한서』「예문지」 유가(儒家) 중의 『자사(子思)』 20편의 무리인 것 같다. 처음과 끝 두 단은 곧 나중의 유자가 더한 것으로 곧 『한서』「예문지」의 '범례(凡禮) 13가' 중의 『중용설(中庸說)』 2편의 무리이다. '지금 천하에는, 수레는 수레바퀴의 치수가 같다' 등의 말은 모두 후단에 있어 더욱 잘 알 수 있다. 『중용설』의 작자가 그 책의 이름을 『중용설』이라고 하였으니 '자사지유(子思之儒)' 계열일 것이지만 그 가운데서 맹자의 학설을 발휘한 것은 '맹씨지유(孟氏之儒)'이다. 대체로 두 파는 본래 서로 가깝기 때문에 『순자』「비십이자」 편에서는 한 파로 생각하였다."[46]

---

[46] 평유란의 『중국철학사』, 중화서국, 1961, 446~448쪽.

펑유란의 이 설은 이미『중용』이 맹자의 학문과 무리가 같으며 자사가 지은 것 같다고 인정하였으며 또한『중용』에 수레가 수레바퀴의 치수가 같고 화악과 문기(文氣) 등등과 같은 문제를 지적하였다. 엄격하게 말해서 이 두 방면은 모두 전인의 범위를 벗어나지 못하였다. 그러나 펑유란은 교묘하게 이 두 방면을 한 데 섞어『중용』은 이 두 같지 않은 부분으로 조성되었을 것이다. 그중의 하나는『예기』「중용」의 원문으로 자사가 지은 것이며, 다른 한 부분은『한서』「예문지」에서 열거한『중용설』로 진한의 인사가 지은 것이라고 생각하였다. 펑유란의 이런 종합적인 관점은 양가의 장점을 비교적 받아들이고 양가의 단점을 피하였으며 매우 높은 학술 가치를 가지고 있다. 그러나 유감스러운 점은 펑유란의 이 설은 구체적인 논증이 결핍되어 있다. 다만 사람들에게 일종의 추측이라는 인상을 남겼으며 결코 사람들의 충분한 주의를 끌지 못하였다.

2)『중용』의 작자를 새로 논함

사실상 고인들은 매우 일찍부터『중용』의 앞뒤 문장에 큰 차이점이 존재하고 있다는 것을 주의했다.『송사(宋史)』「왕백전(王柏傳)」에서는 말하였다. 왕백은 "『중용』은 옛날에 2편이 있었으며 성명(誠明)을 강(綱)으로 삼을 수 있고 목(目)으로 삼을 수 없다.'라 하였다.『중용』과『성명(誠明)』은 각기 11장으로 그 탁월한 식견은 다만 이 무리에 많이 보인다."[47] 여기서 말한 "『중용』은 옛날에 2편이 있었다"는 것은『한서』「예문지」에 실려 있는『중용설』이다. 왕백은 금본(今本)『중용』1편은 내용이 실제적으로 상하 두 부분으로 나뉘어 "자성명위지성(自誠明謂之性)"을 경계로 위 11장은 전적으로 중용을 말하여『중용편』이 되어야 하고 아래 11장은 전적으로 성

---

[47]『왕백전』「송사」권438, 중화서국, 1977, 12982쪽. 이곳의 표점은 이 책과 대략 같지 않다.

명(誠明)을 말하여 『성명편』이 되어야 한다고 생각하였다.

최술은 『중용』은 1편이 아니라고 생각했을 뿐만 아니라 한 걸음 더 나아가 『중용』은 한 사람의 손에서 나온 것이 아니라고 단정지었다. 그는 말하였다. "『중용』은 한 편이 아닐 뿐만 아니라, 한 사람 손에서 나온 것도 아닌 듯하다. 『중용』에는 의미가 지극히 정수(精粹)한 곳이 있는가 하면, 평범하여 아무런 특징이 없는 곳도 있다. 그리고 간간이 의심스러운 곳도 있으며, 공자의 말을 인용한 것도 적절치 않다. 어찌 이토록 들쭉날쭉할 수 있단 말인가? 한 사람이 지은 게 아님이 매우 분명하다. 자세히 살피면 이를 알 수 것이다."[48] 이는 문풍에 현저한 차이가 존재한다는 것으로부터 『중용』이 한 사람이 지은 것이 아니라는 것을 증명하였다.

금본 『중용』을 고찰해보면 위에서 말한 의견이 틀리지 않았다는 것을 알 수 있다. 금본 『중용』은 주희가 정한 제20장을 경계로 첫 장을 빼고 앞의 19장이 하나의 단원이 된다. 첫 장에 뒤의 13장을 더하여 다른 하나의 단원으로 생각하였는데, 두 단원은 내용과 문체·풍격·성질·용사(用詞) 등 여러 방면에서 확실히 큰 차이가 존재하고 있다. 이는 아래의 몇 방면으로부터 증명할 수 있다.

내용 방면에서 금본 『중용』은 앞 19장 가운데 제2장부터 제12장까지는 주로 중용의 문제를 논술하였다. 제13장부터 제20장까지는 주희의 견해에 따르면 "공자의 말씀을 여럿 인용하여 밝힌 것으로" 논술이 앞의 11장과 직접 이어지지는 않지만 기본적으로는 중용이라는 이 주제를 떠나지 않았다. 첫 장에 뒤의 13장을 더하여 천도와 성명(性命)·성명(誠明) 등의 문제를 논술하였는데, 모두 중용의 주제와 직접적인 관련이 없어 눈이 밝은 사람은 한 번만 보면 알 수 있어서 완전히 따로 시작하여 다른 주

---

[48] 청 최술의 『수사고신여록』, 『최동벽유서』, 상해고적출판사, 1983, 399쪽.

제를 세웠다.

문체 방면에서 앞의 19장에는 주희의 분류에 의하면 공자의 말을 인용하여 말한 곳이 18장이며 자사의 말이 1장으로[49] 전형적인 어록체이다. 첫 장과 뒤의 13장 모두 14장은 제28장에 두 군데 공자의 말을 인용한 곳이 있긴 하지만 자수가 많지 않다. 그 나머지는 모두 작자의 대략적인 논술이며 전형적인 논술체이다.

성질 방면에서 앞의 19장에서 논한 것은 중용의 문제로 일상의 정치생활과 사회생활에서 출발하여 구체적이고 실재적으로 형이하의 성질에 속한다. 첫 장과 뒤의 13장에서 논한 천도와 성명(誠明)의 문제는 성(誠)을 만물의 본원으로 생각하여 성실하지 않으면 사물이 없음을 강조하여 형이상의 성질에 속한다. 제20장의 "오직 천하에 지극히 성실한 분이라야 능히 그 성을 다할 수 있으니, 그 성을 다하면 능히 사람의 성을 다할 것이고, 사람의 성을 다하면 능히 물건의 성을 다할 것이며, 물건의 성을 다하면 천지의 화육을 도울 것이고, 천지의 화육을 도우면 천지와 함께 참여하게 될 것이다."라 한 것과 제25장의 "성(誠)은 물건[사물]의 끝과 처음이니, 성실하지 못하면 사물이 없게 된다. 그러므로 군자는 성실히 함을 귀하게 여기는 것이다. 성은 스스로 자기만을 이룰 뿐이 아니며 남을 이루어 주는 것이다." 같은 것은 형상과 기식(氣息)이 매우 농후하여 앞의 19장과는 절대로 같은 류가 아니다.

풍격 방면에서 앞 19장은 공자가 중용(의 도)을 논술한 말이 많고 문풍이 소박하고 화려하지 않아 조금도 현묘(玄妙)한 뜻이 없어 『논어』의 풍격과 매우 가깝다. 그러나 첫 장과 뒤의 13장에 논한 천도와 성명(性命)·중화(中和)·성명(誠明)은 언어가 매우 심도 있고 의경이 미묘하여 앞의 19장

---

[49] 주희의 『중용장구』에서는 제12장은 "자사의 말로 첫 장의 도는 떠날 수 없다는 뜻을 거듭 밝힌 것이다."라 생각하였다.

과는 판이하게 다르며 『논어』와도 매우 큰 차이가 있다.

용사 방면에서는 상대적으로 말하여 앞의 19장은 『논어』와 서로 가까워 복사(複詞)가 비교적 적고 첫 장과 뒤의 13장에는 복사가 비교적 많다. 그 가운데 상당 부분은 앞 9장에서 출현한 적이 없는 것이다. 화육(化育)과 경륜(經綸)·양일(洋溢)·성기(成己)·성물(成物)·중화(中和)·온유(溫柔)·요얼(妖孽)·유구(悠久)·고명(高明) 등의 복사는 첫 장과 뒤의 13장에 여러 번 출현하는데 앞의 19장에는 오히려 한 차례도 사용한 적이 없다.(아래에 상세히 보인다.)

금본 『중용』이 내용과 문체·성질·풍격·용사 등 여러 방면에서 큰 차이가 존재하여 분명히 두 개의 다른 부분으로 나눌 수 있다면 이 두 다른 부분의 관계를 구체적으로 분석하여야 할 것이다.

한어(漢語) 사회(詞滙: 어휘)의 발전에는 하나의 규율이 있다. 이는 곧 먼저 단자(單字)가 출현하고 사회생활의 발전에 따라 점진적으로 복사가 출현한다는 것이다. 전체 상고어(上古語)에서 비교적 많은 단자를 사용하기는 하지만 역사의 진보에 따라 복사의 사용은 줄곧 점진적으로 증가하여 사용범위가 줄곧 점진적으로 확대되었다. "이는 몇 가지 다른 시기의 문자 재료에서는 모든 재료가 다 충분한 대표성을 띠기만 하면 복사의 사용이 비교적 적은 류는 반드시 일찍 나온 것이고 복합사의 사용이 비교적 많은 류는 반드시 늦게 나온 것이라는 것을 설명한다."[50]

이런 방법은 『중용』의 작자를 밝히는데도 적용되었다. 위에서 언급했듯이 금본 『중용』은 전후의 두 부분이 복사를 사용하는 방면에서 매우 다

---

[50] 류샤오간(劉笑敢)의 『장자 철학 및 그 연변(莊子哲學及其演變)』, 중국사회과학출판사(中國社會科學出版社), 1988, 8쪽. 이 책은 이런 방법을 사용하여 『장자』의 내편은 일찍 나왔고 외편은 늦게 나왔다고 단정하였는데 그 성과는 이미 학술계의 인정을 받았다. 이는 이런 방법과 전통적인 고증 방법을 서로 결합하여 고적이 나온 시간의 전후를 검증하는데 기본적으로 시행할 만하다는 것을 설명한다.

르다. 상대적으로 말하여 앞의 19장에는 비교적 적고 첫 장과 뒤의 13장에는 비교적 많아 그 가운데 적지 않은 복사가 앞의 19장에서는 출현한 적이 없다. 문제의 설명을 편하게 하기 위해 화육(化育)과 경륜(經綸)·양일(洋溢)·성기(成己)·성물(成物)·중화(中和)·온유(溫柔)·요얼(妖孽)·유구(悠久)·고명(高明) 등 10개의 복사를 가려 뽑아 분석을 진행하겠다.

지금 이 10개 복사의 금본『중용』앞의 19장 및 첫 장과 뒤의 13장에서의 상황을 다음의 표로 열거한다.

복사	앞 19장의 상황	첫 장과 뒤 13장의 상황		
		횟수	내 용	출처
化育	0	3	能盡物之性,則可以贊天地之化育;可以贊天地之化育,則可以與天地參矣. 立天下之大本,知天地之化育.	22장 32장
經綸	0	1	唯天下至誠,爲能經綸天下之大經.	32장
洋溢	0	1	是以聲名洋溢乎中國,施及蠻貊.	31장
成己	0	2	誠者非自成己而已也,所以成物也.成己,仁也;成物,知也.	25장
成物	0	3	誠者非自成己而已也,所以成物也.成己,仁也;成物,知也. 悠久,所以成物也.	25장 25장
中和	0	1	中也者,天下之大本也,和也者,天下之達道也.致中和,天地位焉,萬物育焉.	1장
溫柔	0	1	寬裕溫柔足以有容也.	31장
妖孽	0	1	國家將興,必有禎祥;國家將亡,必有妖孽;見乎蓍龜,動乎四體.	24장
悠久	0	2	悠久,所以成物也.博厚配地,高明配天,悠久無疆.	26장
高明	0	4	博厚則高明. 高明,所以覆物也. 高明配天. 極高明而道中庸.	26장 27장

주의할 만한 점은 이 10개의 복사가 모두 첫 장과 뒤의 13장에만 나오고 앞의 19장에는 한 번도 나온 적이 없다는 것이다. 이런 상황은 최소한 다음의 세 가지 문제로 설명할 수 있다. 첫째, 위에서 말했듯이 금본『중

용』은 전후의 두 부분이 큰 차이가 있다. 이는 두 같지 않은 부분이 조합되어서 이루어졌기 때문이다. 둘째, 금본『중용』의 전후 두 부분은 결코 동일한 시기의 작품이 아니며 앞의 19장이 첫 장과 뒤의 13장보다 일러야 한다. 셋째, 금본『중용』의 전후 두 부분은 동일한 작가일 수가 없고 또한 동일한 연대의 작자일 수가 없다.

금본『중용』의 전후 두 부분이 동일한 시대의 작자에게서 나올 수 없었다면 그들은 대체 누구인가?

나는 앞의 19장은 자사가 지은 것이라고 보는 것이 비교적 합리적이라고 생각한다. 그 이유로는 세 가지가 있다. 사마천은 명확하게 "자사는『중용』을 지었다"라 말한 적이 있다. 그 말에는 반드시 근거가 있을 것이며, 금인에게 완전히 확고한 증거가 없다면 경솔하게 고인의 언론을 부정해서는 안 된다. 이것이 첫 번째 이유이다.

복사를 사용한 정황으로 볼 때 앞에서 언급한 19장의 용사 정황은『논어』와 매우 가까운데(아래에 상세함) 이는 둘이 시간적으로 격차가 그리 멀지 않다는 것을 설명한다. 이 시기에서 열거할 수 있는 후보자는 많지 않다. 두 번째 이유이다.

송명 이래 자사가『중용』을 지었다는데 의심을 품고 있는 사람이 적지 않았다. 자세히 분석하면 발견할 수 있다. 그들이 들 수 있는 근거는 일반적으로 모두 첫 장과 뒤의 13장에 집중되어 있지만 이런 것들이 결코 앞의 19장이 자사가 지은 것이라는 결론에 지장을 주지는 않는다. 세 번째 이유이다.

첫 장과 뒤의 13장에는 매우 큰 정도 진한의 인사가 지었을 가능성이 있다. 근거로는 두 가지가 있다.

먼저 첫 장과 뒤의 13장은 뚜렷하게 몇몇 진한 시대의 역사적 흔적을 띠고 있다. "지금 천하에는, 수레는 수레바퀴의 치수가 같으며, 글은 문자가 같으며, 행동은 차례가 같다."(제28장) 같은 것은 역사 현상을 가지고 말한 것으로 이는 단지 진이 통일한 이후라야 나올 수 있으며 진이 통일을 하기 전에는 나올 수가 없다. 다시 예를 들어 "이 때문에 성명이 중국에 넘쳐 만맥까지 뻗쳐서, 배와 수레가 이름과 인력이 통함과 하늘이 덮어줌과 땅이 실어줌과 일월이 비춤과 서리와 이슬이 내림에 모든 혈기를 가지고 있는 것들이 존경하고 친애하지 않음이 없다. 그러므로 하늘을 배합한다고 말한 것이다."(제31장)와 같은 것은 그 정신을 체득하면 또한 진이 통일한 이후의 어기이다. 이런 것들은 전인들이 이미 상세히 논술하였으므로 더는 중언부언하지 않는다.

다음으로 복사를 사용한 정황으로 보면 첫 장과 뒤의 13장의 연대는 진한의 전보다 이를 수 없다. 나는 선진 및 조금 뒤의 기타 중요한 전적들, 이를테면 『논어』와 『묵자(墨子)』・『맹자』・『순자』・『한비자(韓非子)』・『여씨춘추(呂氏春秋)』 및 자사가 지은 것으로 전하여지는 「표기(表記)」와 「방기(坊記)」[51]에서 사용한 위에서 말한 10개의 복사의 정황을 가지고 하나씩 비교 분석을 진행하였다. 결과는 다음과 같다.

『논어』와 『묵자』에는 이 10개의 복사가 나오지 않는다. 이 두 책의 저작 연대가 모두 자사보다 이르기 때문에 이런 정황은 매우 잘 이해된다.

「방기」와 「표기」에는 이 10개의 복사가 나오지 않는다. 이런 정황이 나오게 된 것은 이 두 편의 작품과 『중용』의 앞 19장의 시간이 매우 가까워 당시에는 이 10개의 복사가 아직 출현하지 않았거나 아직 관용사가 되지 않았을 가능성이 있다.

『맹자』에는 이 10개의 복사가 나오지 않는다. 맹자의 몰년은 공자보다

---

51 일반적인 견해에 따르면 「방기」와 「표기」・「치의(緇衣)」 또한 자사의 작품이지만 후자에 대하여서는 논쟁이 비교적 크므로 「치의」는 잠시 넣지 않는다. 『장자』는 조사하지 않았는데 이는 『장자』는 내·외편이 있어서 연대를 확정하기가 쉽지 않아서이다.

대략 190년 가량 늦으며 『논어』는 후인이 편찬하였다. 『맹자』는 맹자와 제자가 함께 완성한 것으로 맹자 생전에 이미 기본적으로 완성되었기(아래에 상세히 보임) 때문에 『맹자』는 『논어』보다 최소한 100여 년은 늦어야 한다. 이 100여 년의 시간 동안에는 이런 복사가 여전히 형성되지 않았다.

『순자』에는 '성물(成物)'이 한 차례 출현한다. 원문은 "마침내 만물을 이루었다(遂成萬物)"(『荀子』「哀公」)로 아직 복사로 이루어지지는 않았으나 『중용』 성물(成物)의 함의와 서로 가까워 이런 정황은 주의를 기울일 만하다. '중화(中和)'는 네 차례 출현한다. 차례대로 "음악의 중화이다(樂之中和也)"(『荀子』「勸學」)와 "중화는 (일을) 듣는 법도이다(中和者聽之繩)"(『荀子』「王制」), "그런 다음에 중화로 살피고 결단하여 그들을 돕는다(然後中和察斷以輔之)"(『荀子』「致士」), "중화의 벼리이다(中和之紀也)"(『荀子』「樂論」)이다. 그 가운데 부분적으로 음악과 상관이 있어 『중용』의 '중화'의 함의와는 여전히 어느 정도 거리가 있다. 나머지는 보이지 않는다. 일반적인 견해에 따르면 순자는 대략 B.C. 313년에 태어나 B.C. 238년에 죽었다. 『순자』는 순자 본인이 지은 것이기 때문에 『순자』는 『맹자』보다 또 대략 40년 전후가 늦게 이루어졌다. 이 시기에 화(化)와 육(育)·경(經)과 륜(綸)·양(洋)과 일(溢) 등의 단자는 여전히 복사로 발전하지 않았지만 '중화(中和)'는 이미 복사가 되었고, '성물(成物)' 또한 이미 대략 복사의 초기 형태를 갖추었다.

『한비자』에는 '성물(成物)'이 한 차례 나타난다. 원문은 "성물의 문이다(成物之文也)"이다. 나머지는 보이지 않는다.

『여씨춘추』에는 '요얼(妖孼)'이 한 차례 나타난다. 원문은 "난세에는 요얼이 많다(亂世多妖孼)"로 『중용』의 '요얼(妖孼)'과 함의가 같으며, 이미 복사화했음이 분명하다. '고명(高明)'이 한 차례 나타나는데, 원문은 "고명하여 중하에 거처할 만하다(高明, 仲夏可以居)"로 『중용』의 '고명'과는 함의가 다르지만 기본적으로 이미 복사가 되었다. 나머지는 보이지 않는다.

지금 위에서 말한 것을 종합하여 다음과 같은 표로 제시한다.

	化育	經綸	洋溢	成己	成物	中和	溫柔	妖孽	悠久	高明
『논어』	0	0	0	0	0	0	0	0	0	0
『묵자』	0	0	0	0	0	0	0	0	0	0
「방기」와 「표기」	0	0	0	0	0	0	0	0	0	0
『맹자』	0	0	0	0	0	0	0	0	0	0
『순자』	0	0	0	0	1	4	0	0	0	0
『한비자』	0	0	0	0	1	0	0	0	0	0
『여씨춘추』	0	0	0	0	0	0	0	1	0	0
「중용」 앞19장	0	0	0	0	0	0	0	0	0	0
「중용」 첫 장과 뒤 13장	3	1	1	2	3	1	1	1	2	4

위의 표로부터 『맹자』의 앞에는 위에서 말한 10개의 복사가 아직 나타나지 않았기 때문에 첫 장과 뒤에 나오는 13장의 작자는 『맹자』보다 이를 수 없다는 것을 명백히 알 수 있다. 『순자』에 이른 후 『한비자』를 거쳐 다시 『여씨춘추』에 이르러 위에서 말한 몇몇 복사가 이미 단서를 나타냈지만 범위와 빈도는 모두 여전히 금본 『중용』 첫 장과 뒤의 13장을 따라가지 못하기 때문에 첫 장 및 뒤 13장 작자의 연대는 진한보다 이를 수 없다. 그러나 이 연대는 또한 『소대예기』가 이루어진 시간보다 늦을 수 없을 것이다. 그렇지 않으면 금본 『중용』은 없게 될 것이다. 이에 비추어 첫 장과 뒤의 13장을 진한 인사(人士)가 지은 것으로 정하는 것이 비교적 합리적이다.

금본 『중용』이 한때 한 사람의 작품이 아니라면 무엇 때문에 나중에 또 하나로 합쳐 하나의 책으로 만들었는가? 자료의 부족으로 말미암아 몇몇 추측만 가능하다.

『중용』은 원래 『소대예기』의 한 편이었다. 서한의 예가(禮家) 사제(師弟)

들이 『사례(土禮)』를 전하는 동시에 전하여 익힌 몇몇 예제와 관련한 자료를 덧붙였는데 이것이 바로 『기(記)』이다. 당시 『기』에 관한 각종 취합본은 매우 많았다. "이런 취합본은 각자 모은 문장이 모두 다 한 시기에 나온 것이 아니었고 작자가 한 사람이 아니어서 학파 또한 일가(一家)가 아니게 되었다. 모든 취합본의 선집자(選輯者)는 시작은 한때 한 사람의 손에서 나왔을지라도 『사례』에 덧붙이고 전하여 익힌 자료로 말미암아 형태를 정하여 단독으로 책을 이루지 못했다. 사제가 전하여 베껴 자연스레 시간의 추이와 풍기의 영향 그리고 개인의 호오에 따라 빼고 더함을 면치 못하였다."[52] 『한서』「예문지」에는 『중용설』 2권이 기록되어 있다. 그 문장은 일찍감치 실전되었지만 한대(漢代) 때는 반드시 볼 수 있었을 것이다. 사제 간에 서로 전하고 베끼면서 첨삭하고 각종 『기』를 정리하는 과정에 어떤 사람이 『중용설』과 『중용』이 가깝다는 것을 보고 둘을 하나로 합쳐 한 편으로 하여 합하여 명칭을 『중용』으로 하였을 것이다. 시간의 추이에 따라 대다수의 "기"는 전후로 도태되어 85편 본의 『대대예기』와 49편 본의 『소대예기』를 형성하고 남겨 합병본 『중용』이 곧 『소대예기』에 남게 되었을 것이다.

최술은 이에 대하여 전문적으로 연구를 하였으며 그는 이렇게 말했다. "『한서』「예문지」에서는 『예기』가 23편이라 일컬었는데 지금의 『대기(戴記)』는 또한 1편에 그친다. 그러나 『사기』 및 전인의 설을 가지고 고증해 보면 지금의 『악기(樂記)』는 실은 13편인데, 『대기』에서 그 가운데 10편을 산삭하고 이 13편을 하나로 합쳤을 따름이다. 그렇다면 『중용』 또한 이와 같을 것이다. 대체로 대 씨(戴氏)는 30여 편을 산삭하고 산삭되지 않은 것을 취하여 한 편으로 합쳤을 것이다. 첫 편을 '중용'이라 하였으므로

---

[52] 청 왕빙진(王聘珍)의 『대대예기(大戴禮記)』 「전언(前言)」, 중화서국, 1983, 6쪽.

『중용』이라 일컬었다. 첫 장을 '단궁(檀弓)'이라 말한 것을 마침내 「단궁」이라 통칭하고, 첫 장을 '문왕세자(文王世子)'라 한 것을 마침내 「문왕세자」라 통칭한 것과 같다. 옛날에는 대나무로 간독을 만들어 써 형편상 많을 수가 없었으며, 후세에 종이로 바꾸었으므로 합하여 기록하였다. 이 때문에 더는 옛 항목은 존속하지 못하게 되었을 따름이다."[53]

당연히 이상의 금본 『중용』이 이루어진 과정에 관한 분석은 일종의 추측이거나 가설일 뿐 한정된 조건으로 아무래도 실재의 증거를 끄집어내지 못하고 후인들에게 검증을 남겨놓는 수밖에 없다.

3) 『중용』의 작자를 고증하는 의의

금본 『중용』의 작자를 거듭 고증하는 것은 중요한 의의가 있다.

첫째, 중용의 사상에 대한 오해들을 일소하는데 이롭다. 중용은 공자 사상의 중요한 구성 부분이지만 후인들의 중용에 대한 이해는 오히려 매우 큰 차이가 있다. 이러한 상황이 출현하게 된 까닭은 주로 다음의 두 원인이 있다.

첫째 『논어』에는 중용에 관한 논술이 매우 적다. 다만 "중용의 덕이 지극하구나! 사람들이 (이 덕을 소유한 이가) 적어진 지 오래되었다.(中庸之爲德也, 其至矣乎! 民鮮久矣)"(『논어』 6.29) 등 매우 적은 말뿐이고 중용에 대하여 명확한 해설을 하지 않았다. 이에 무엇이 중용인가에 관해서는 각종 다른 견해가 있게 되었다.

둘째 금본 『중용』에는 중용에 대하여 많은 해설이 있고 그 가운데 적지 않은 것이 다른 기치를 세워 『논어』의 논술과 부합하지 않는다. 『중용』의 첫 장에서는 말하였다. "하늘이 명하신 것을 성이라 이르고, 성을 따름을

---

[53] 청 최술의 『수사고신여록』, 『최동벽유서』, 상해고적출판사, 1983, 398쪽.

도라 이르고, 도를 품절해 놓음을 교라 이른다.(天命之謂性, 率性之謂道, 修道之謂敎)" 또 말하였다. "기뻐하고 노하고 슬퍼하고 즐거워하는 정이 아직 발하여지지 않은 것을 중이라 이르고, 발하여져 모두 절도에 맞는 것을 화라 이른다. 중은 천하의 큰 근본이고, 화는 천하의 공통된 도이다.(喜怒哀樂之未發, 謂之中; 發而皆中節,謂之和. 中也者, 天下之大本也; 和也者, 天下之達道也)" 또 말하였다. "중과 화를 지극히 하면 천지가 제자리를 편안히 하고, 만물이 잘 생육될 것이다.(致中和, 天地位焉, 萬物育焉)" 21장에서는 또 말하였다. "성으로 말미암아 밝아짐을 성이라 이르고, 명으로 말미암아 성실해짐을 교라 이르니, 성실해지면 밝아지고, 밝아지면 성실해진다.(自誠明, 謂之性; 自明誠, 謂之敎. 誠則明矣, 明則誠矣)" 이런 논술은 중용을 전에 없던 범위까지 밀어 올렸다. 중용과 천도 그리고 성명은 무슨 관계인가? 중화와는 무슨 관계인가? 만물과는 무슨 관계인가? 성(誠)과는 또 무슨 관계인가? 자사가 『중용』을 지은 견해가 상당한 권위성을 띠고 있기 때문에 사람들은 이런 문제에 대답하지 않을 수가 없었고 이렇게 하여 곧 중용 문제를 더욱 복잡하게 만들었다. 위 『중용』의 작자에 대한 고증에 따르면 역사상 이런 논쟁은 거의 오해에서 나왔음을 알 수 있다.

위에서 말했듯이 금본 『중용』은 실제로는 두 부분으로 구성되어 앞의 19장이 한 부분이고 첫 장과 뒤의 13장이 다른 한 부분이다. 앞의 19장은 기본적으로 자사가 지은 것이며, 그 논술이 『논어』와 일치하여 기본적으로 공자의 중용에 관한 사상을 대표할 수 있다. 이 부분의 핵심 논술은 주로 아래의 몇몇 장구에 있다.

군자가 중용을 함은 군자이면서 때에 맞게 하기 때문이고, 소인이 중용에 반대로 함은 소인이면서 꺼림이 없기 때문이다.(君子之中庸也, 君子而時中; 小人之中庸也, 小人而無忌憚也)(제2장)

도가 행해지지 못함을 내 알겠으니, 지혜로운 자는 과하고 어리석은 자는 미치지 못하기 때문이다. 도가 밝지 못함을 내 알겠으니, 어진 자는 과하고 어질지 못한 자는 미치지 못하기 때문이다.(道之不行也, 我知之矣: 知者過之, 愚者不及也. 道之不明也, 我知之矣: 賢者過之, 不肖者不及也)(제4장)

순은 크게 지혜로우신 분이실 것이다. 순은 묻기를 좋아하고, 천근한 말씀을 살피기 좋아하되, 악을 숨겨 주고 선을 드날리며, 두 끝을 잡아 그 중을 백성에게 썼으니, 그 때문에 순이 된 것이다.(舜其大知也與! 舜好問而好察邇言, 隱惡揚善, 執其兩端, 用其中於民, 其斯以謂舜乎!)(제6장)

군자는 화하되 흐르지 않으니, 강하다, 꿋꿋함이여! 중립하여 치우치지 않으니, 강하다, 꿋꿋함이여! 나라에 도가 있을 때에는 궁할 적의 의지를 변치 않으니, 강하다, 꿋꿋함이여! 나라에 도가 없을 때에는 죽음에 이르러도 지조를 변치 않으니, 강하다, 꿋꿋함이여!(故君子和而不流, 強哉! 中立而不倚, 強哉矯! 國有道, 不變塞焉, 強哉! 國無道, 至死不變, 強哉矯!)(제10장)

이런 논술은 『논어』 제20장에서 말한 "아! 너 순아, 하늘의 역수가 너의 몸에 있으니, 진실로 그 중을 잡도록 하라. 사해가 곤궁하면 천록이 영원히 끊어질 것이다.(咨! 爾舜! 天之歷數在爾躬, 允執其中. 四海困窮, 天祿永終)"의 말뜻과 같은데 모두 대립하는 양단을 강조하는 가운데 시의의 변화에 근거하여 그 가운데 적합한 점을 선택하여 쓴 것이다. 『설문해자』에서는 "용(庸)은 용(用)이다"라 하였고, 공영달(孔穎達)의 『예기정의(禮記正義)』에서 정현의 목록을 인용하여 "용(庸)은 용(用)이다"라 하였는데, 모두 일리가 있다. 따라서 중용의 함의는 본래 매우 간단하여 곧 하나의 용(用)에 천도와 인연이 없을 뿐만 아니라 중화와도 관계가 없고 더욱이 성물(成物)과는 무관하다.

그리고 『중용』 첫 장과 뒤의 13장은 진한의 인사가 지은 것이라 하였는데, 그 중용을 논한 것은 완전히 맥락을 달리한다. 그 핵심적인 논술은 주로 다음 몇 장에 있다.

> 하늘이 명한 것을 성이라 이르고, 성을 따름을 도라 이르고, 도를 품절해 놓음을 교라 이른다. 도란 것은 잠시도 떠날 수 없으니, 떠날 수 있으면 도가 아니다. …… 기뻐하고 노하고 슬퍼하고 즐거워하는 정이 아직 발하여지지 않은 것을 중이라 이르고, 발하여져 모두 절도에 맞는 것을 화라 이르니, 중은 천하의 큰 근본이고, 화는 천하의 공통된 도이다. 중과 화를 지극히 하면 천지가 제자리를 편안히 하고, 만물이 잘 생육될 것이다.(天命之謂性, 率性之謂道, 修道之謂敎. 道也者, 不可須臾離也, 可離非道也. …… 喜怒哀樂之未發, 謂之中; 發而皆中節, 謂之和. 中也者, 天下之大本也; 和也者, 天下之道也. 致中和, 天地位焉, 萬物育焉)(제1장)

> 오직 천하에 지극히 성실한 분이라야 그 성을 다할 수 있으니, 그 성을 다할 수 있으면 사람의 성을 다할 수 있을 것이고, 사람의 성을 다할 수 있으면 물건의 성을 다할 수 있을 것이며, 물건의 성을 다할 수 있으면 천지의 화육을 도울 것이고, 천지의 화육을 도우면 천지와 함께 참여하게 될 것이다.(唯天下至誠, 謂能盡其性; 能盡其性, 則能盡人之性; 能盡人之性, 則能盡物之性; 能盡物之性, 則可以贊天地之化育; 可以贊天地之化育, 則可以與天地參矣)(제20장)

> 위대하다, 성인의 도여! 양양히 만물을 발육하여 높음이 하늘에 다하였다. 넉넉히 크다. 예의가 3백 가지요, 위의가 3천 가지이다. 그 사람[훌륭한 사람]을 기다린 뒤에 행해진다. 그러므로 '만일 지극한 덕이 아니면 지극한 도가 모이지 않는다.'고 말한 것이다. 그러므로 군자는 덕성을

높이고 문학[學問]을 말미암으니, 광대함을 지극히 하고 정미함을 다하며, 고명을 다하고 중용을 따른다.(大哉聖人之道! 洋洋乎! 發育萬物, 峻極于天. 優優大哉! 禮儀三百, 威儀三千. 待其人而後行. 故日苟不至德, 至道不凝焉. 故君子尊德性而道問學, 致廣大而盡精微, 極高明而道中庸)(제27장)

확연하게 이런 논술은 앞 19장과는 판연히 다르지만 사람들이 『중용』의 전후 부분의 작자가 다르다는 것을 알지 못하여 이 부분도 자사가 지은 것이고, 또한 공자의 중용에 관한 사상을 대표한다고 생각하였기 때문에 송명의 유자들로부터 시작하여 중용과 천도의 관계며 중화와의 관계, 성물과의 관계, 고명과의 관계를 크게 떠벌렸다. 그 결과 공자의 중용사상의 주제와는 완전히 동떨어져 터럭 하나의 차이가 천리의 차가 나게 되었으며 문제가 갈수록 복잡해져 중용의 본의는 오히려 안개 속에 빠져 빛을 잃었다. 이로부터 중용을 이해하는 방면의 일련의 난제를 해결하려면 『중용』의 작자를 다시 확정하여 금본 『중용』을 앞뒤 두 부분으로 나누어 작자의 명분을 각기 그 주인에게 돌려주어 근본을 바로잡고 근원을 맑게 하는 것이 매우 필요하다는 것을 알 수 있다.

둘째, 사맹학파(思孟學派)에 대한 인식을 심화하는데 이롭다. 사맹학파는 공자 이후 유학의 중요한 학파로 역사상 중요한 영향을 끼쳤지만 "자사가 『중용』을 지었다"는 데 대한 다른 의견이 존재한다. 이 때문에 사맹학파의 학술사상과 역사적 지위에 대하여 또한 논쟁이 많다. 『중용』의 작자를 고증하면 그 안의 수수께끼를 푸는데 유익한 점이 매우 많다.

우선 우리가 자사라는 사람을 이해하는 데 도움을 줄 수 있다.

지난날에는 자사에 대하여 지나치게 치켜세우는 경향이 있었다. 송명의 유자들은 일반적으로 모두 『중용』은 자사가 지었으며, 거기에서 논한 천도와 성명·중화·성물은 도리가 정미하고 의경이 심원하여 직접적으로 송명 이학의 형상적인 측면을 열어주었다고 생각했기 때문에 자사를 매우 추숭하였다. 그러나 이 견해는 왕왕 이런 사실을 주의하지 못하였다. 자사는 공자와의 연대가 멀지 않아 공자가 평화(平和)에 대하여 입론한 언론이 실재하는데 자사가 어떻게 기이한 봉우리가 갑자기 불쑥 솟은 것처럼 곧장 현묘한 형상의 측면에 이를 수 있었겠는가? "중과 화를 지극히 하면 천지가 제자리를 편안히 하고, 만물이 잘 생육될 것이다", "성(誠)은 사물의 끝과 처음이니, 성실하지 못하면 사물이 없게 된다."는 사상 같은 것은 어째서 갑자기 불쑥 튀어나왔는가? 사상사의 긴 흐름에서는 각종 사상이 모두 하나의 변화해온 과정이 있어서 절대로 한달음에 이루어지고 하루아침에 이루어질 수가 없다. 『중용』의 작자를 고증하는 것은 우리로 하여금 이런 현묘한 형상 사상이 모두 첫 장 및 뒤의 13장에서 나온 것으로 원래 진한의 사인이 지은 것이라는 것을 알게 한다. 1~2백 년 뒤에야 나올 수 있는 사상을 자사의 신상에 놓았으니 자사의 지위는 당연히 갑자기 매우 높아질 수밖에 없었다. 송명의 유자들은 진실을 이해하지 못하고 자기들이 좋아하는 데 의지하여 과분하게 『중용』을 높이고 자사를 높였으니 그 잘못은 이미 스스로 변명하지 못하게 되었다.[54]

이와는 반대로 자사에게는 지나치게 깎아내린 경향도 있다. 어떤 학자들은 자사가 『중용』을 지었으며 혹은 금본 『중용』의 일부분이 자사에 의해 지어졌다는 것을 완전히 인정하지 않아 자사의 유학발전사에서의 지위를 부인하였다. 어떤 논자는 이렇게 지적하였다. "맹자 본인은 당시 수

---

[54] 현대 신유가 제2대의 몇몇 중요한 대표적 인물들은 왕왕 또한 무의식중에 그 가운데로 빠진다. 필자는 머우쭝싼(牟宗三)의 저작을 읽을 때 그 박학하고 정심함에 매우 탄복하였지만 동시에 또한 선진 유학의 형상 지혜, 이를테면 성기성물(成己成物)과 불성무물(不誠無物) 등을 지나치게 강조하는 것에 대해 시종 이해하기 어려움을 느꼈다. 『중용』의 작자를 고증한 후에야 마침내 머우쭝산도 『중용』의 작자를 밝히는데 주의를 기울이지 않았고 『중용』이 이루어지는 과정에 주의를 기울이지 않아 송명의 유자들과 마찬가지의 과실을 가지고 있음이 명백해졌다.

많은 유가학파 가운데서 자기의 '정통' 지위를 확정하려는 바람을 매우 강하게 가졌기 때문에 먼저 '증자와 자사는 도가 같다'는 이래도 좋고 저래도 좋은 말을 이용하여 증자와 자사의 관계를 암시하고 다시 자사를 드는 것을 통하여 자기와 자사의 관계를 동일시하였다. 이 때문에 그렇게 말을 하였는데 이는 맹자가 일방적인 바람으로 자기를 자신이 설정한 발전 선상으로 엮은 것일 따름이다." "우리는 비록 자사라는 사람의 존재에 대하여 회의적인 시각을 갖기에는 충분치 않지만 그의 유학발전사 전기(前期)에서의 지위는 충분히 회의를 가질 수 있다."⁵⁵ 우리는 금본『중용』에 대한 분석을 근거로 자사에게 비록 송명의 유자들이 말한 것 같은 높은 지위를 부여하지는 못하지만 그가 유학발전사상 기본적인 작용을 하였다는 것은 모두 알고 있다.『중용』앞 19장에서 보건대 자사는 기본적으로 공자의 말을 다시 말하여 맹자와 순자처럼 매우 강한 이론 창조성을 가지지는 못한다. 다만 그는 필경 공자의 중용에 관한 몇몇 중요한 언론을 수집하고 정리하였으며, 이는 곧 그의 이런 수집과 정리가 나중에 맹자에게 중요한 영향을 끼쳤기 때문이다. 자사라는 연결 고리가 없었다면 공자에서 맹자 사이는 이렇게 매끄럽게 연결되지 못하였을 것이며 적지 않은 물음표를 찍어야 할 것이다.

다음으로 자사가 맹자에게 끼친 영향을 명백히 하는데 도움을 줄 수 있다. 금본『중용』제20장에서는 말하였다. "아랫자리에 있으면서 윗사람에게 신임을 얻지 못하면 백성을 다스리지 못할 것이다. 윗사람에게 신임을 얻는 데 방법이 있으니, 붕우에게 믿음을 받지 못하면 윗사람에게 신임을 얻지 못할 것이다. 붕우에게 믿음을 받는 데도 방법이 있으니, 어버이에게 순하지 못하면 붕우에게 믿음을 받지 못할 것이다. 어버이에

---

55 가오주안청(高專誠)의『공자』「공자제자(孔子弟子)」, 산서인민출판사(山西人民出版社), 1991, 189~194쪽.

게 순함에도 방법이 있으니, 자기 몸에 돌이켜보아 성실하지 못하면 어버이에게 순하지 못할 것이다. 몸을 성실히 함이 방법이 있으니, 선을 밝게 알지 못하면 몸을 성실히 하지 못할 것이다. 성실한 자는 하늘의 도요, 성실히 하려는 자는 사람의 도이다.(在下位不獲乎上, 民不可得而治矣, 獲乎上有道: 不信乎朋友, 不獲乎上矣; 信乎朋友有道: 不順乎親, 不信乎朋友矣; 順乎親有道: 反諸身不誠, 不順乎親矣; 誠身有道: 不明乎善, 不誠乎身矣. 誠者, 天之道也; 誠之者, 人之道也)"이 장은 또『맹자』「이루 상」제12장에도 보이는데 어구의 차이만 약간 있을 뿐이다. 본장이『중용』이『맹자』를 인용한 것이라느니『맹자』가『중용』을 인용한 것이라느니 다른 관점이 있기는 하지만[56] 위의 분석으로 이 장은『중용』의 전반 부분에 있어『중용』의 고본에 속하여 자사가 지은 것임을 알 수 있다. 이렇게 우리는 충분한 이유를 가지고 맹자가 성을 논한 것은 자사의 사상 영향을 받은 결과로 간주하며 또한 본장은『맹자』가『중용』을 인용한 것은 상반된 것이 아니라고 말한다.[57] 또 예를 들어 자사가 공자의 중용에 관한 사상을 다시 말하였는데 중요한 조목은 "군자가 중용을 함은 군자이면서 때에 맞게 하기 때문이다.(君子之中庸也, 君子而時中)"이다. 시중(時中: 때에 맞게 한다)은 중용 사상의 중요 구성 부분으로 의미는 부단히 시간과 환경의 변화에 따라 달라져 대립적인 양단의 가운데서 알맞은 점을 가려 취해야 한다는 것을 말한다. 이후에 맹자 또한 시중(時中)을 이야기하면서 공자는 "성인 가운데 시의적절한(聖之時)" 분이라고 칭찬하였다. 환경의 변화에 근거하여 부단히 시의적절한 방법을 선택할 수 있어서 "속히 떠날 만하면 속히 떠나고, 오래 머무를 만하면 오래 머물며, 은둔할 만하면

---

[56] 청 최술의『맹자사실록(孟子事實錄)』에는 전적으로 "『중용』이『맹자』를 이은 것이며『맹자』가『중용』을 이은 것이 아님"을 논술한 절을 배정하였다.(최술의『崔東壁遺書』, 437쪽에 보임) 양계초(梁啓超)의『고서의 진위 및 그 연대(古書眞僞及其年代)』에서는 이것을 인용한 적이 있어서 찬동하는 태도를 가졌다.(張岱年의『中國哲學史方法論發凡』, 중화서국, 1983, 174쪽).

은둔하고, 벼슬할 만하면 벼슬하였다.(可以速而速, 可以久而久, 可以處而處, 可以仕而仕)"(10,1) 그러나 중시해야 할 것은 시중(時中)의 사상은 『논어』에서는 결코 명확한 설명이 없으며, 『중용』을 제외하면 맹자 전 선진의 기타 전적에는 또한 상세한 기록이 없다. 이 때문에 이것을 자사가 맹자의 사상에 끼친 영향으로 간주하는 것은 정리상 합리적이다.

이로 말미암아 말하건대 사상 발전사의 각도에서 출발하여 사승의 문제를 떠나 일종의 사상 주장으로 이야기하면 사맹학파의 존재는 의심스러운 구석이 없다. 이 학파의 유학발전사에서의 지위와 작용을 가벼이 부정하는 것은 현명한 방법이 아니다. 이 문제를 철저하게 해결하려면 금본 『중용』의 작자를 거듭 고증하는 것이 중요하고도 불가피한 접근방식이다.

요컨대 금본 『중용』은 두 개의 상이한 부분으로 구성되어 있으며, 앞 19장이 한 부분이고 첫 장과 뒤의 13장이 다른 한 부분이다. 앞의 19장은 언어가 소박하고 복사가 비교적 적으며 어록체로 중용의 논설이 주가 되어 형상적인 분위기가 담박하다. 첫 장과 뒤 13장의 언어는 높고 깊으며

---

57 이는 내가 거듭 생각한 후에 도출한 결론으로 두 가지 근거가 있다. 첫째, 시간적으로 말하면 앞에서 이야기하였듯이 금본 『중용』의 일부분은 전국시기에 지어졌고 일부분은 진한의 사이에 지어졌다. 진한 사이의 『중용』이 『맹자』를 인용하였다면 시대적 특징을 띰을 피할 수 없다.(이는 뒤의 13장에서 誠과 物의 관계를 강조하는 것만 봐도 알 수 있을 것이다.) 다만 금본 『중용』의 제20장에서는 성(誠)을 이야기하면서 어떤 진한시기의 사유적 특징도 띠지 않아 『맹자』와 마찬가지로 소박하고 화려하지 않다. 이는 곧, 『중용』 제20장에서 논한 성(誠)은 전국시기에 나왔으며, 전국시기에서 나온 『중용』은 자연히 『중용』의 고본이고, 이렇게 맹자가 성을 논한 것은 자사의 말을 인용한 것임이 자명하다는 것을 증명할 수 없다는 것을 설명한다. 둘째, 용사의 방면에서 말하면 『중용』이 '성지자(誠之者)'를 이야기한 것과 『맹자』가 '사성자(思誠者)'를 이야기한 것은 용사 대략 같지 않다. 사(思)는 성선론(性善論)의 중요한 개념으로 이 의의에서 '사(思)'자를 사용한 것은 맹자의 특징이다. '성지자(誠之者)'를 이야기하는 것은 다만 성을 말한 데 이른 것으로 어떤 방법을 사용하였는지는 설이 없다. '사성자(思誠者)'를 말한 것은 성을 말하려 할 뿐만 아니라 구체적으로 성에 도달하는 방법을 지적하였다. 이는 곧 '사성자(思誠者)'는 '성지자(誠之者)'의 발전에 대하여 발전했을 뿐만 아니라 누가 누구를 인용했는가 하는 문제 또한 명료해졌다는 것을 설명한다.

복사가 비교적 많고 논저체이며 성명의 논술이 주가 되어 형상적인 분위기가 농후하다. 앞 19장은 시간적으로 조금 일러 『예기』「중용」의 원문으로 자사가 지었을 것이다. 첫 장과 뒤 13장은 시간적으로 조금 늦으며 『한서』「예문지」에 들어 있는 『중용설』로 진한의 인사가 지었을 것이다. 금본 『중용』의 작자를 거듭 고증하여 중용의 사상에 대한 오해를 일소하여 특히 사맹학파에 대한 인식을 깊게 하는 것은 중요한 의의가 있다. 이것이 곧 우리가 『중용』의 작자를 고증하여 얻은 종합적인 결론이다.

5. 맹자의 제자

『사기』에는 「중니제자열전(仲尼弟子列傳)」이 있는데, 후인이 공자의 제자를 고증하는데 비교적 근거할 만하다. 「맹자순경열전」 자체는 매우 간략하고, 제자와 관련된 전문적인 기록도 없어 후인들이 맹자의 제자를 고증하는 데는 『맹자』 본문에 근거하여 추측을 진행할 수 있을 뿐이다.

조기는 『맹자』에 주를 달면서 맹자의 제자에 대하여 이미 주의를 기울였으며, 관련이 있는 인물을 언급할 때 모두 '맹자 제자'나 혹은 '맹자에게서 배운 자'라고 주에서 밝혀 후인이 연구하는데 편의를 제공했다. 조기의 주에서 '맹자 제자'로 밝힌 자는 모두 15명인데, 악정자(樂正子)와 공손추(公孫丑)·만장(萬章)·진진(陳臻)·공도자(公都子)·충우(充虞)·계손(季孫)·자숙(子叔, 疑)·고자(高子)·서벽(徐辟)·함구몽(咸丘蒙)·진대(陳代)·팽경(彭更)·옥려자(屋廬子) 그리고 도응(桃應)이다. 주에서 '맹자에게서 배운 자'로 밝힌 사람은 모두 4명으로, 맹중자(孟仲子)와 고자(告子)·등경(滕更) 그리고 분성괄(盆成括)이다. 송대 정화(政和) 5년에 18명에게 봉작을 내리고 맹묘(孟廟)에 종사하였다. 그들은 이국후 악정자 극(利國侯樂正子克)과 수광백 공손추(壽光伯公孫丑)·박홍백 만장(博興伯萬章)·동아백 고자 불해(東阿伯告子不害)·신태백 맹중자(新泰伯孟仲子)·봉래백 진진(蓬萊伯陳臻)·창락백 충우(昌樂伯充虞)·봉부백 옥려련(奉符伯屋廬連)·선원백 서벽(仙源伯徐辟)·기수백 진대(沂水伯陳代)·뇌택백 팽경(雷澤伯彭更)·평음백 공도자(平陰伯公都子)·수성백 함구몽(須城伯咸丘蒙)·사수백 고자(泗水伯高子)·교수백 도응(膠水伯桃應)·내양백 분성괄(萊陽伯盆成括)·풍성백 계손(豐城伯季孫)·승양백 자숙(承陽伯子叔)이다.[58] 이 18명 가운데 등경이 빠지고[59] 호생불해와 고자를 한 사람으로 섞은 것(告子 不害라 일컬었다)을 제외하면 나머지는 조기의 주와 같다. 원대의 오래(吳萊)는 『맹자제자열전(孟子弟子列傳)』 2권(지금은 전하여지지 않음)을 짓고 맹자의 제자가 19명이라 하였는데 조기의 주와 같다.

청대의 전조망(全祖望)은 여기에 상세한 고증을 가하였는데 그의 『경사문답(經史問答)』에서는 말하였다. "악정자와 만장·공손추·맹중자·진진·충우·서벽·진대·팽경·공도자·함구몽·옥려자·도응은 조기의 『주』와 손(孫, 奭)의 『소(疏)』 그리고 주(朱, 熹)의 『주』와 같다. 계손과 자숙·고자는 조『주』와 손『소』는 같으나 주『주』는 그렇지 않다고 하였다. 호생불해와 분성괄은 조『주』에는 보이지 않고 손『소』에만 보이며 주『주』 또한 그렇지 않다고 하였다. 주『주』의 취사가 옳다. 계손과 자숙은 본래 당시 사람이 아니며 계손이 맹자의 말 만종(萬鍾)을 듣고 기이하게 여겼다고 하였는데 자숙 또한 따라서 의심하였으며 조『주』의 오류는 이보다 심하다. 그러므

---

58 『송사』, 「지(志) 58·예(禮) 8」 권105, 중화서국, 1977, 2551쪽.
59 왕쉬엔(王軒)의 『맹자 일생의 중요 활동(孟子一生的重要活動)』에서는 말하였다. "『송사』 「예기(禮記)」에서는 맹묘에 종사한 사람이 모두 18명이라 하여 조기(趙岐: '趙岐'가 되어야 한다-인용자 주) 주와 대략 같으며 분성괄만 없다."(『孟子家世』에 보임, 中國文史出版社, 1991, 7쪽) 린한스(林漢仕)도 말하였다. "송 휘종(徽宗) 때 맹자를 따르던 사람은 분성괄이 죽임을 당하여 제명된 것을 빼면 모두 18명이다."(林氏가 지은 『孟子探微』에 보인다. 臺灣文史出版社, 1978, 158쪽) 지금 조사한 바에 따르면 송 정화 5년 맹묘에 종사된 사람에 분성괄이 있으며 내양백(萊陽伯)에 봉하여졌고, 등경은 없다. 두 사람의 이 설은 무슨 근거인지 모르겠다.

로 전하기를 명대에 제사를 멈춘 적이 있는데 지금 맹묘에서 그대로 열입하였으니 그대로 따름이 바르지 않은 것 아닌가? 고자(高子)를 제자로 하였는데, 대체로 산경모색(山徑茅塞)이라는 말로 스승이 제자를 훈계한 것 같은데 다른 학술을 배워 끝내지 못하였다. 그러나 '소반(小弁)'을 말하면서 맹자가 그를 늙은이라 했으니 제자가 아닐 것이다. 『경전서록(經典序錄)』에는 고행자(高行子)가 있는데 곧 자하(子夏)의 제자이다. 후재(厚齋) 왕씨(王氏)는 곧 고자라고 생각했는데 또한 제자가 아닐 것이다. 고자의 이름은 불해인데 조『주』에서는 맹자에게서 배운 적이 있는 자라고 생각하였다. 호생불해 같은 사람은 조『주』본에서는 '제의 사람(齊人)'이라고 하였으며 고자라 생각한 적이 없다. 손『소』에서는 고자일 것이라 하였으며 호생은 자이고 불해는 이름이라고 하였다. 호생불해는 실로 고자가 아니니 곧 고자 또한 맹씨의 제자가 아닐 것이다. 손『소』에서는 특히 함부로 말하여 사전(祀典)도 모르고 어떻게 끝내 하나로 합쳤는지 오류 가운데서도 심한 경우이다. 분성괄 같은 경우는 손『소』에서 또한 다만 맹자에게서 배우려 했다고만 말하고 급문하였다고 바로 말하지 않았다. 원의 오래가 지은 『맹씨제자열전』의 19인은 정화 사전 목록을 그대로 따르고 등경을 추가한 것 같다. 추가한 것은 괜찮은데 또 자(子)의 5인에 넣은 것은 옛것을 답습한 과실이다. 지금 맹묘에는 또한 자숙(子叔)을 자숙의(子叔疑)라 하였으니 이는 주『주』에 의거하여 조『주』에 더한 것이니 또한 잘못 중의 잘못이다."[60]

조금 늦은 시기의 최술은 여기에 대하여 또한 잘못된 고증을 하였다. 그는 『맹자사실록』에서 말하였다. 『맹자』에서 맹자의 제자에 관하여 뽑을 수 있는 대상에는 "자(子)로 일컬은 사람이 세 사람인데 악정자와 공

---

[60] 청 전조망의 『경사문답』, 『청경해』 제2책 권308, 상해서점, 1988, 522~523쪽.

도자, 옥려자이다. 악정자의 현명함은 공손추와 호생불해의 질문에 답한 데 나타나니 말을 기다릴 필요가 없을 것이다. 공도자의 '변론하기를 좋아함(好辯)'과 '성선(性善)'의 질문은 그 관계된 것이 또한 크며, '끓는 물을 마시고 찬물을 마심(飮湯飮水)'의 답은 그 얻은 것이 또한 깊다. 곧 옥려자의 '틈을 얻음(得間)' 또한 마음을 학문에 둔 자이다. 모두 고제(高第) 제자이다. 이름으로 일컬은 세 사람은 만장과 공손추·충우이다. 만장과 공손추가 문답이 많고 저술한 공은 앞에서 이미 다 말하였다. 충우는 문답이 비록 적긴 하지만 '제나라를 떠날(去齊)' 때의 질문으로 맹자의 세상을 구원하는 괴로운 마음을 보았고, '영에 머무름(止嬴)' 때의 질문으로 사람이 어버이를 사랑하는 지극한 정을 보았으니 우뚝하여 무리를 이루지 않는 자로 그 사람 또한 고제 제자로 생각하였다. 자(子)로 일컫거나 이름으로 일컬은 사람이 둘인데 진진은 진자(陳子)라고도 하였으며, 서벽은 서자(徐子)라고도 하였다. 이 두 사람은 7편 중에 겉으로 드러난 것이 특히 적다. 그러나 '어떡하면 벼슬을 하는가(何如則仕)'하는 질문은 곧 성현의 거취(去就)의 큰 절개이며, '좋은 금(兼金)'의 질문 또한 그대로 사양하고 받음에 구차하지 않음을 보여준다. 아마 악정과 만장 등인의 다음일 것이다. 제자인지의 여부를 모르는 사람이 네 명인데 진대와 팽경·함구몽과 도응이다. 이 네 사람은 『집주(集注)』에서는 모두 맹자의 제자라고 하였지만 모두 한번 질문하고 달리 드러난 것이 없으니 반드시 제자라고는 감히 결정을 하지 못한다. 그러므로 제자의 뒤에 덧붙여둔다."[61]

위에서 말한 것을 종합하여 말하면 악정자와 만장·공손추·공도자·진진·충우·함구몽·진대·팽경·옥려자·도응·서벽·맹중자 등 13명은 맹자의 제자로 보기에 기본적으로 논쟁이 없으므로 여기서는 더 이상 토론

---

[61] 청 최술의 『맹자사실록』, 『최동벽유서』, 상해고적출판사, 1983, 433~434쪽.

하지 않는다. 논쟁이 있는 자는 계손과 자숙(의)·고자·분성괄·호생불해·고자·등경 7명뿐이다. 아래에서는 이 7명의 상황에 대해서만 조금 분석하기로 한다.

계손과 자숙(의)은 「공손추 하」 제10장에 보이는데 원문은 이렇다. "그렇다. 저 시자가 어찌 그 불가함을 알겠는가? 가령 내가 부자가 되고 싶었다면 십만 종을 사양하고 만 종을 받는 것이 부자가 되고자 하는 것이겠는가? 계손 씨가 말하기를 '괴이하다, 자숙의여! 자기에게 정사를 하게 하다가 쓰이지 않으면 또한 그만두어야 할 것인데, 또 그 자제가 경이 되게 하였으니, 사람들이 또한 누구인들 부귀하고자 하지 않겠는가마는, 홀로 부귀 가운데에도 농단을 독점하는 이가 있구나.' 하였다.(然; 夫時子惡知其不可也? 如使予欲富, 辭十萬而受萬, 是爲欲富乎? 季孫曰: '異哉子叔疑! 使己爲政, 不用, 則亦已矣, 又使其子弟爲卿. 人亦孰不欲富貴? 而獨于富貴之中有私壟斷焉.')(4.10) 조기의 『주』에서는 말하였다. "두 사람은 맹자의 제자이다. 계손은 맹자가 (부자가) 되고 싶어 하지 않는 것을 알고 맹자로 하여금 나아가게 하고자 하였으므로 '괴이하구나 제자가 들은 것이'라 하였다. 자숙은 마음속으로 의심하여 또한 나갈 수 있다고 생각하였다." "맹자는 두 사람이 기이하게 여기는 뜻과 의심하는 마음을 해명하여 말하기를 제왕이 나에게 정치를 시키게 하다가 쓰이지 않으면 또한 스스로 그만두어야 할 것이라고 하였다. 지금 또한 그 자제 때문에 나를 경으로 삼아 나에게 만종(萬鍾)의 녹봉을 주려고 한다. 사람이 또한 누가 부귀하게 되고자 하지 않겠는가? 이는 오히려 홀로 부귀한 가운데서도 여기서 농단하는 따위이다. 나는 그것을 부끄러워한다." 이는 명확히 계손과 자숙을 맹자의 제자로 여긴 것이다. 그러나 나중에 이 견해는 의심을 받았다. 주희는 『맹자집주』에서 "계손과 자숙의는 어느 때 사람인지 알 수 없다."라 하였다. 조우(趙佑)의 『온고록(溫故錄)』에서는 더욱 상세하게 논술하였다. "계손과 자숙을 맹자의 제자로 생각하는 것은 씨(氏)만 기록하고 이름은 절대 일컫지 않아서는 안 되니 합치되지 않는 첫 번째 이유이다. '기이하구나'라는 말이 끝나지도 않아 '의(疑)'자가 더 말이 없는데 갑자기 맹자가 스스로 해명하는 말을 이어 위의 절과 이어지지 않으니 합치되지 않는 두 번째 이유이다. 주의 '제왕이 나에게 정치를 시키게 하다가 쓰이지 않으면 또한 스스로 그만두어야 할 것이다. 지금 또한 그 자제 때문에 나를 경으로 삼는다.' ……라 한 것을 가지고 맹자는 바로 왕이 정치를 하게 하지 않았으므로 떠난 것인데 어찌 갑자기 그렇게 말하였는가. 본문에서는 그 자제가 경이 되게 한다고 하고 갑자기 태세를 바꾸어 '나를 경이 되게 하였다' 하였다. 위의 '만종으로 제자를 기른다'한 것은 스스로 마땅히 맹자의 제자를 가리킨 것인데 갑자기 제왕의 자제로 바꾸었으니 합치되지 않는 세 번째 이유이다."[62] 초순의 『맹자정의』에서도 말하였다. "여기서는 이것을 가지고 계손이 자숙의를 나무라는 말을 통틀어 해석하였다." 이는 곧 『조주』에는 이 문제에 두 개의 잘못이 있다는 것을 말한다. 첫째는 구두의 잘못으로 자숙의를 자숙으로 잘못 읽었다. 둘째, 이해를 잘못한 것으로 계손과 자숙의는 맹자의 제자가 되어야 하는데, 두 사람이 맹자와 한 시대에 있지 않았다는 것은 사생관계를 맺는 것이 불가능하다는 것이다. 특히 후자의 과실은 더욱 온당치 못하다. 실로 전조망이 말한 "『조주』의 오류도 이것보다 심하지 않다."라 한대로이다. 이후로 사람들은 보편적으로 이 두 잘못을 바로잡아 계손과 자숙의는 맹자의 제자가 아니라고 한 것이 이미 정론이 된 것 같다.

고자는 『맹자』에 모두 네 번 보이며 조기의 『주』에는 또한 일치하지 않는 점이 있다. 「공손추 하」 제12장에서는 "고자는 제나라 사람으로 맹자

---

[62] 초순의 『맹자정의』, 중화서국, 1987, 300쪽에 보인다.(이 주는 뒤 초순의 말 뒤로 가야 할 것 같다.-역자)

의 제자이며 윤사(尹士)의 말을 맹자에게 일렀다.",「고자 하」제3장의 주에서는 "고자는 제나라 사람이다."라 하였다.「진심 하」제21장의 주에서는 "고자는 제나라 사람이다. 맹자에게서 배운 적이 있는데 길을 이끎에 밝아지지 않아 떠나서 다른 학술을 배웠다."라 하였다. 같은 편의 제22장 고자의 이름 아래에는 주를 달지 않았다. 조기 『주』의 근거가 어디에 있는지 지금은 이미 알지 못하게 되었다. 그가 어떻게 이렇게 다를 수 있었는지에 대하여 성실하게 원문을 대조하여 파헤친 후 나는 이는 조기가 원문의 구음(口音)을 근거로 진행한 추측일 것이라 추리했다. 예를 들어 「공손추 하」제12장의 고자는 단지 다른 사람의 말을 맹자에게 전하고 자기는 아무 말도 하지 않았으나 그 구음이 제자가 스승에게 모아서 알려준 정황일 것이기 때문에 주에서는 '맹자의 제자'라 하였을 것이다. 예를 들어 「고자 하」제3장은 맹자가 고자가 시를 논하는 것을 말하였고 문장에서는 그대로 칭하였는데도 이와 같으니 제자일 수가 없기 때문에 주에서는 '제나라 사람'이라고만 말하고 아무런 설명도 하지 않은 것이다. 다시 예를 들어 「진심 하」의 제21장에서는 고자를 비평하면서 "띠가 그대의 마음을 막았다(茅塞子之心)"라 하였다. 이는 제자에게 만족하지 못하여 그를 질책하면서 제자의 잘못이 스승을 완전히 그르칠 수 없다고 하는 것 같으며 주에서는 "맹자에게서 배운 적이 있는데 길을 이끎에 밝아지지 않아 떠나서 다른 학술을 배웠다."라 하였다. 이 세 예 가운데 첫 번째 예의 내용에는 실증도 없이 고자가 맹자의 제자인지 아닌지를 설명하였다. 셋째 예에서는 비록 고자에 대하여 비평은 하지만 비평은 결코 제자로 삼을 수 있는 필연적인 이유가 아니다. 맹자는 어떤 사람을 대하든, 심지어 임금을 포함하여서도 비평을 진행할 수가 있는데 유독 두 번째 예에서는 일컬음이 맹자의 제자가 아니라는 분명한 증거로 삼을 수 있다. 이 때문에 본서에서는 고자를 맹자의 제자로 분류하여 넣지 않았다.

분성괄의 명자(名字)는 『맹자』에서 1장에만 나타난다. 「진심 하」 제29장이며, 원문은 다음과 같다. "분성괄이 제나라에서 벼슬하였는데, 맹자가 '죽겠구나, 분성괄은!' 하셨다. 분성괄이 죽임을 당하자, 문인이 물었다. '부자께서는 어찌하여 그가 죽임을 당하리라는 것을 아셨습니까?' 맹자가 대답하였다. '그 사람됨이 조금 재주가 있고, 군자의 대도를 듣지 못했으니, 족히 그 몸을 죽일 뿐인 것이다.'(盆成括仕於齊, 孟子曰: '死矣盆成括!' 盆成括見殺, 門人問曰: '夫子何以知其將見殺?' 曰: '其爲人也小有才, 未聞君子之大道也, 則足以殺其軀而已矣.')"(14.29) 조기의 『주』에서는 말하였다. "분성은 성이다. 괄은 이름이다. 맹자에게서 배우려 했었는데 도를 물었으나 통달하지 못하여 떠났다.(嘗欲學於孟子, 問道未達而去)" '맹자에게서 배우려 했다'는 것은 배울 생각이 있었다는 말이며 '도를 물었으나 통달하지 못하여 떠났다'는 것은 학문을 이루지 못하고 떠났다는 말이니, 당연히 맹자의 입문제자로 칠 수 없다. 그러나 『손소』에서는 '욕(欲)'자를 떼어내고, "맹자에게서 배웠었는데 도에 통달하지 못하여 떠났다.(嘗學於孟子, 未達其道而去)"로 고쳤다. 이는 확실히 그를 제자의 반열에 넣은 것이다. 주희의 『맹자집주』에서는 그렇게 생각하지 않았다. 이 이후로 곧 적지 않은 사람들이 분성괄을 맹자의 제자로 여겼다.

  호생불해는 「진심 하」에 보인다. "호생불해가 물었다. '악정자는 어떤 사람입니까?'(浩生不害問曰: '樂正子何人也?')"(14.25) 조기의 『주』에서는 "호생은 성이고, 불해는 이름이다. 제나라 사람이다."라 하고 맹자의 제자인지는 밝히지 않았다. 그러나 『손소』에서는 말하였다. "고자불해(告子不害)는 「진심」편에 호생불해가 있는데, 고자일 것이며, 성은 고이고 이름은 불해인데 호생을 자로 하였다."[63] 『손소』에서 호생불해와 고자를 섞고 또 고자

---

63 『십삼경주소』 「맹자·고자 상」 제1장에 보인다.

를 맹자의 제자로 알았으므로 또한 호생불해로 증보(增補)하였다. 주희의 『집주』에서도 그렇지 않다고 생각하였다. 바로 앞에서 인용한 전조망의 『경사문답』에서 말한 것과 같다. "호생불해는 실로 고자가 아니니 곧 고자는 맹씨의 제자가 아닐 것이다. 『손소』는 특히 함부로 말하였고, 사전(祀典)에서 어찌하여 마침내 하나로 합쳤는지를 알지 못하였으니 오류 중에서도 심한 것이다." 호생불해 또한 맹자 제자의 반열에 넣지 말아야 할 것임을 알겠다.

고자는 "고자도 나보다 먼저 마음을 동요하지 않았다.(告子先我不動心)"(3.2) 및 「고자」 편의 맹자와 성(性)을 논한 곳 등에 보인다. 조기의 『주』에서는 말하였다. "고자는 고가 성이다. 자는 남자의 통칭이다. 이름은 불해이다. 유묵(儒墨)의 도를 함께 연구하였다. 맹자에게서 배운 적이 있으며 성명(性命)의 이치를 순수하게 관찰할 수 없었다." 『묵자』 「공맹(公孟)」 편에서도 고자를 이야기하였다. "몇몇 제자가 말하였다. '고자는 의(義)를 말하면서도 행실이 매우 악하니 내치시길 바랍니다.' 묵자가 말하였다. '안 된다. 고자는 변론이 뛰어나 인의를 말하면서도 나를 헐뜯지 않는다.'" 이에 고자에 관하여서는 두 가지 문제가 출현하게 되었다. 첫째, 『묵자』와 『맹자』에서 이야기한 고자는 동일한 인물인가? 둘째, 고자는 과연 맹자의 제자인가? 양계초는 『묵자연대고(墨子年代考)』에서 여기에 대하여 상세히 고증하였다. 그는 말하였다. "「공맹」 편에서는 묵자와 고자의 말을 기록하였으며, 고자는 맹자와 성에 대하여 논한 적이 있다. 두 책의 언론을 종합적으로 관찰하면 한 사람임에는 의심의 여지가 없다. 손 씨는 조기의 『맹자주』에 근거하여 고자는 맹자에게서 배운 적이 있다고 하였다. 연대가 서로 미치지 못하는 것을 의심하여 두 사람이어야 한다고 하였다. 『맹자』의 본문에 의하면 고자가 맹자의 제자임을 증명할 길이 없으며 제자가 아닐 뿐만이 아니라 곧 맹자의 전배일 것이다. 손 씨의 추정에 의하면 묵자는 제강공(齊康公)의 죽음을 보았으니 아래로 맹자가 태어난 해와 3년에 불과하며, 고자가 두 사람을 모두 보게 된 것이 아주 기이하지는 않다. 곧 나의 추정대로라면 묵자는 아래로 맹자가 태어난 해와는 10여 년을 지나지 않으니 약관의 고자가 만년의 묵자를 만나보았을 것이다. 노숙한 고자로 아래의 중년의 맹자를 만났을 것이니 연대가 결코 서로 미치지 않는 것은 아니다."[64] 첸무는 양 씨의 주장에 동의하여 말하였다. "내가 고찰해 보건대 묵자는 안왕(安王) 10년 무렵에 죽었으며, 맹자는 안왕 13, 4년 이후에 태어났다. 맹자의 출생은 결국 묵자가 죽기 전일 수도 있으니 『묵』 『맹』의 책에 있는 고자는 한 사람임이 더욱 의심의 여지가 없다."[65] 이렇게 첫 번째 문제는 명확해졌다. 『묵자』와 『맹자』에서 말한 고자는 실로 한 사람으로 두 사람이 아니다. 젊었을 때 묵자의 제자가 되었었고 만년에는 또한 중년의 맹자와 성을 논하였다. 첫 번째 문제는 분명해졌는데 두 번째 문제는 이것 가지고는 확실하게 증명을 하지 못한다. 고자는 한 사람뿐이고 나이가 맹자보다 많으니 맹자의 제자일 가능성이 그리 없다.

마지막으로 등경이다. 등경의 상황은 비교적 간단하다. "공도자가 말하였다. '등경이 문하에 있을 적에 예우해줄 곳에 있을 듯한데도 (선생께서) 그의 물음에 대답하지 않으신 것은 어째서였습니까?' 맹자가 말하였다. '귀한 신분을 믿고 물으며, 현명함을 믿고 물으며, 나이 많음을 믿고 물으며, 공로가 있음을 믿고 물으며, 저의를 가지고 묻는 것은 모두 대답하지 않는 것이니, 등경은 이 가운데 두 가지를 가지고 있었다.'(公都子曰: '滕更之在門也, 若在所禮, 而不答, 何也?' 孟子曰: '挾貴而問, 挾賢而問, 挾長而問, 挾有勳勞而問, 故而問, 皆所不答也. 滕更有二焉.')"(13.43) 조기의 『주』에서는 말하였다. "등경은 등군(滕君)의 아우로 맹자에게 와서 배운 자이다." 등경은 등나라 임금(滕

---

64 양계초의 『음빙실전집(飮冰室專集)』 39, 『음빙실합집』 제8책, 중화서국, 1989, 82쪽에 보인다.
65 첸무의 『선진제자계년고변』·「묵자제자고(墨子弟子考)」, 상해서점, 1992, 171~172쪽.

君)의 동생으로 맹자에게 와서 배웠지만 귀함을 끼고 현명함을 끼고 있었기 때문에 맹자가 "모두 대답하지 않았다." 매우 분명하게 등경은 맹자의 제자로 칠 수 없으며 맹묘에서도 이 사람은 종사하지 않는다. 오래와 전조망은 그 사람을 맹자의 제자로 추가하여야 한다고 하였지만 답 없는 메아리다.

    이상의 20명 외에 맹자의 제자에 관하여 각종 서적에서 끊임없이 몇몇 인명을 제기하고 있다. 주광업의 『맹자사고』 4 「맹자출처시지고」에서 매우 상세하게 말하였다. "장구소(張九韶)의 『군언습타(群言拾唾)』에는 맹문 17제자를 수록하고 있는데 계손과 자숙·등경·분성괄을 빼고 맹계자(孟季子)와 주소(周霄)를 더하였다. 『경의고(經義考)』에서도 계손과 자숙을 빼고 고자와 호생불해는 두 사람이라 하여 이에 고자를 빼고, 호생불해를 넣었으며 나머지는 모두 조 씨를 따랐다. 궁몽인(宮夢仁)의 『독서기수략(讀書記數略)』에서는 등경과 호생불해·분성괄을 맹계자와 고자·주소로 바꾸었다. 세 책은 숫자는 같으나 사람이 다르다. 생각건대 계자는 『집주』에서 중자(仲子)의 아우일 것이라 하였다. 그 형은 책을 짓고 시를 논하였지만 아우는 사숙도 하지 않았다. 주소는 특히 취할 것이 없다. 고유(高誘)는 『여씨춘추』에 주석을 달고 말하였다. "광장(匡章)은 맹자의 제자이다. 『예문유취(藝文類聚)』에도 그렇다. 장(章)은 맹문에서 예가 등경과 달라 자(子)라 하여 악정(樂正)과 같은 취급을 받았으니 저록함이 타당할 것이나 『조주』에서는 다만 제나라 사람이라고만 말하였다. 이자(夷子)는 묵가에서 탈피 후 유가로 귀의하여 무연히 명을 받아들여 떨어지지 않는 과(科)에 있어야 하나 조 씨는 밝힌 글이 없다. 다른 고주(高注) 『회남자(淮南子)』 같은 데는 진중자(陳仲子)가 있고, 『사기색은』에는 공명고(公明高)가 있으며, 『광운(廣韻)』에는 이루(離婁)가 있고, 등명세(鄧名世)의 『고금성씨서변증(古今姓氏書辨證)』에는 공명의(公明儀)와 고수(高叟)가 있으며, 『집어(集語)』에서는 함부로 순우곤(淳于髡)과 추연(鄒衍) 등을 언급하였으니 그 잘못은 실로 변별할 필요가 없다."[66]

주 씨가 말한 것에서 같은 것은 빼고 다른 것은 남기고 또 맹계자와 주소·광장·이자·진중자·공명고·이루·공명의·고수·순우곤·추연 등 11명을 언급하였다. 이 11명 가운데 공명고(趙岐의『注』에서는 '曾子의 弟子'라 하였다)와 이루(黃帝 때의 사람으로 전하여지며『莊子』에는 '離朱'로 되어 있다)·공명의(『禮記』「檀弓」 및「祭義」에도 보이며, 鄭玄의『注』에서는 '曾子의 弟子'라 하였다)·고수(곧 高子로 위에서 상세히 설명하였다)·순우곤(戰國時代의 유명한 辯士로 齊威王과 齊宣王·梁惠王에게서 벼슬한 적이 있으며 孟子와 過辯論을 폈다)·추연(『맹자』에는 절대 이 사람의 名字가 출현하지 않는다) 등 6명은 변별하여 밝히지 않아도 맹자의 제자가 아님이 자명하므로 여기서 토론하지 않는다. 조금 논의할 만한 사람으로는 맹계자와 주소·광장·진중자·이자 다섯 명뿐으로 아래에서 대략 변별한다.

맹계자는「고자 상」에 보인다. "맹계자가 공도자에게 물었다. '어찌하여 의가 내면에 있다 이르는가?'(孟季子問公都子曰: '何謂義內也?')"(11.5) 그 사람에 대해서는 상세하지 않으며 주석가들에게 세 가지 다른 견해가 있다. 첫째, '맹계자'의 앞에는 원래 '맹' 자가 없으며, 계자는 곧 "추나라에서 임나라에 가서는 계자를 만나보았다(由鄒之任, 見季子)"(12.5)라 한 '계자'일 것이라 하였다. 둘째, 곧「공손추 하」의 맹중자(4.2)의 아우일 것이라 하였다. 셋째, 다른 사람일 것이라 하였다.(焦循의『孟子正義』를 참고하여 보라) 첫 번째 상황인 "계임이 임나라의 처수[留守]가 되었었는데, 폐백을 가지고 사귀자, 폐백을 받기만 하고 답례하지 않았다(季任爲任處守, 以幣交, 受之而不報)"(12.5)라 한 말의 뜻으로부터 맹자의 제자가 아닐 것임을 알 수 있다. 그렇지 않다면 '폐백으로 사귀는' 일이 있을 수 없다. 두 번째 상황대로 맹중자가 맹

---

[66] 청 주광업의『맹자사고』4「맹자출처시지고」,『청경해속편』, 제1책 권230, 상해서점 1988, 1077쪽.

자의 아우라면 맹계자 또한 맹중자의 아우이니 그렇다면 맹자의 아우이면서 어떻게 고자의 말을 독실히 믿었으며 또한 어떻게 공도자에게 돌려 묻고 직접 맹자에게 묻지 않는가? 따라서 그가 맹자의 제자일 가능성 또한 크지 않다.[67] 세 번째 상황대로라면 "어찌하여 의가 내면에 있다 이르는가?"라 한 것 및 공도자를 통하여 전달하고 직접 맹자에게 묻지 않는 것으로부터 그 맹자의 학문에 대하여 하나도 통하지 않는다. 다만 맹문에 이를 까닭이 없음을 알 수 있으므로 맹자의 제자일 가능성은 또한 매우 미미하며 이로 인하여 본서에서는 맹자의 제자로 보지 않았다.

주소는 「등문공 하」에 보인다. "주소가 물었다. '옛 군자는 벼슬을 하였습니까?'(周霄問曰: '古之君子仕乎?')"(6.3) 『전국책』 「위(魏) 2」에 이 사람이 보이는데 말하였다. "위문자(魏文子)와 전수(田需)·주소는 서로 친하여 서수(犀首)에게 형을 내리려 하였다."[68] 주기는 다만 "위(魏)나라 사람으로 군자의 도로 벼슬을 해야 하는가를 물었다."고만 주를 달고 그가 맹자의 제자인지는 말하지 않았다. 주희의 『맹자집주』에서도 다만 '위나라 사람'이라고 주석을 달았을 뿐이다. 주소를 맹자의 제자로 삼기에는 유력한 근거가 매우 결핍되어 있음을 알 수 있다.

광장. 맹자가 위왕(威王) 때에 제나라에서 유세할 때 광장에게는 불효하다는 평판이 있었다. 맹자는 여전히 그와 교유를 하면서 이야기를 하는 가운데 어기가 매우 존경스러웠다. 나중에 광장이 연나라를 친 일도 있는데 이러한 것들은 광장이 맹자의 제자일 수가 없다는 것을 충분히 설

---

[67] 『온고록』에서는 말하였다. "맹중자는 맹자의 종형제로 맹자에게서 배웠으니 맹계자는 또한 그 무리가 아닐 것인데 어찌하여 고자의 말을 가지고 뒤섞어 논란을 일으키고 완전히 맹자를 등지는가? 아마 별도의 사람일 것이므로 주에 글이 없지 않겠는가?"(초순의 『맹자정의』 「고자 상」 제5장을 보라)
[68] 제의경(諸宜耿)의 『전국책집주회고(戰國策集注滙考)』 하권, 강소고적출판사(江蘇古籍出版社), 1985, 1217쪽.

명해주며 많은 말이 필요 없다.

　진중자. 이 사람은 제나라 종족의 대가이며 청렴한 사로 알려졌다. 광장이 이 일을 제기하였을 때 맹자는 그렇지 않다고 하면서 그가 "중자와 같은 자는 지렁이가 된 뒤에야 그 지조를 채울 수 있을 것이다.(若仲子者, 蚓而後充其操者也)"(6.10)라 평하였다. 맹자의 제자라면 광장이 질문하는 어기에 드러나야 할 것이다. 맹자의 비판 또한 이런 어기가 되어서는 안 될 것이다. 이는 맹자가 악정자를 비평한 "관사를 정한 뒤에 어른을 찾아본다 하던가?(舍館定, 然後求見長者)"(7.24)라 한 말과 서로 비교되며 뚜렷한 차이점이 있으니 맹자의 제자가 아님은 이미 매우 분명하다.

　이자는 「등문공 상」에 보인다. "묵자학파인 이자가 서벽을 통하여 맹자를 뵙기를 청하였다.(墨者夷子因徐辟而求見孟子)"(5.5) 여기서 이자를 '묵자학파(墨者)'라 일컬은 것은 이 장의 마지막에 "이자가 멍하니 한동안 있다가 말하기를 '나를 가르쳐 주셨다.'(夷子憮然爲間曰: 命之矣)"라는 구절이 있기는 하지만 이 구절의 말뜻은 모호하여 주광업은 "떨어지지 않은 과(科)에 있어야 한다."라 하여 맹자의 제자로 삼았지만 이유는 결코 충분치 않다. 후세에서도 맹자의 제자로 보는 시각이 극히 드물기 때문에 본서에서도 맹자 제자의 열에 집어넣지 않는다.

　맹자 제자 가운데 논쟁이 있는 사람에 관하여 이미 위와 같이 변별하였다. 마지막으로 설명할 필요가 있는 것은 위에서 말한 맹자의 제자 13명은 『맹자』에 고찰할 수 있는 이름이 있는 자일 뿐이다. 결코 맹자의 모든 제자가 아니어서 맹자의 제자는 실제로는 절대로 이 정도에 그치지 않을 것이다. 이는 '따른 사람이 수백 명(從者數百人)'이라는 말에서 알 수 있으며 책에 빠지고 틈이 있어 고증할 길이 없으므로 여기서는 다만 생략할 따름이다.

　요컨대 조기가 '맹자의 제자'라 주를 단 사람이 15명이라 하였고, 주희는 계손과 자숙(의)을 빼고 13명만 취하였다. 조기가 "맹자에게서 배웠다"라 주를 단 사람은 4명인데 주희는 취하지 않았다. 조기는 나중에 계속하여 첨가하였는데 주희는 모두 취하지 않았다. 본서에서는 고증을 거쳐 관련 있는 상황을 다음의 표와 같이 정리하였다.[69]

순서	성명	설명	송의 봉호	청의 봉호	의견
1	樂正子	趙注:孟子弟子(2.16)	利國侯	先賢樂正子	제자
2	公孫丑	趙注:孟子弟子(6.5)	壽光伯	先賢公孫子	제자
3	萬章	趙注:孟子弟子(3.1)	博興伯	先賢萬子	제자
4	公都子	趙注:孟子弟子(4.5)	平陰伯	先賢公都子	제자
5	陳臻	趙注:孟子弟子(4.3)	蓬萊伯	先儒陳氏	제자
6	充虞	趙注:孟子弟子(4.7)	昌樂伯	先儒充氏	제자
7	咸丘蒙	趙注:孟子弟子(9.4)	須城伯	先儒丘氏	제자
8	陳代	趙注:孟子弟子(6.1)	沂水伯	先儒陳氏	제자
9	彭更	趙注:孟子弟子(6.4)	雷澤伯	先儒彭氏	제자
10	屋廬子	趙注:孟子弟子(12.1)	奉符伯	先儒屋廬氏	제자
11	桃應	趙注:孟子弟子(13.35)	膠水伯	先儒桃氏	제자
12	徐辟	趙注:孟子弟子(3.5)	仙源伯	先儒徐氏	제자
13	孟仲子	趙注:孟子之從昆弟學於孟子者也(4.2)	新泰伯	先儒孟氏	제자
14	季孫	趙注:孟子弟子(4.10)	豐城伯	先儒季孫氏	제자 아님
15	子叔疑	趙注:孟子弟子(4.10)	承陽伯	先儒子叔氏	제자 아님
16	高子	趙注:高子齊人孟子弟子(4.12)	泗水伯	先儒高氏	제자 아님
17	盆成括	趙注:嘗欲學於孟子問道未達而去(14.29)	萊陽伯	先儒盆成氏	제자 아님
18	浩生不害	趙注:齊人也(14.25)	東阿伯 (宋將此二人合爲告子不害)	先儒浩生氏	제자 아님
19	告子	趙注:嘗學於孟子而不能純性命之理(11.1)		(清封號中無告子其人)	제자 아님
20	滕更	趙注:滕君之弟來學於孟子者也(13.43)			제자 아님
21	孟季子	張九韶等人增補			제자 아님
22	周韶	張九韶等人增補			제자 아님
23	匡章	高誘增補			제자 아님
24	陳仲子	高誘增補			제자 아님
25	夷子	周廣業增補			제자 아님

6. 맹자의 유력

맹자의 유력은 선현들이 매우 많이 변별하였으며 상이한 견해도 비교적 많다.[70] 근인 첸무의 『선진제자계년고변』은 전인을 초월하여 공력이 더욱 깊으며, 전인이 해결하기 어려웠던 문제를 해결하여 매우 높은 학술적 가치를 지니고 있다.[71] 나는 전인이 다져놓은 기초에 나의 뜻을 반영하여 맹자의 유력을 아래와 같이 정리한다.

(1) 추(鄒)에서의 출사(B.C. 333년에서 B.C. 330년까지)

맹자의 정치생활은 당연히 추(鄒)에서의 출사로 시작되었다.

주광업은 『맹자사고』 4 「맹자출처시지고」에서 상세하게 변별하였다. "맹자의 벼슬살이는 추에서 시작되었다. 당시 바야흐로 은거하면서 도를 즐기고 있었는데 목공(穆公)이 사(士)로 천거하였다. 맹자는 곧 폐백을 전달하고 신하가 되어 공을 뵙게 되었다. 마침 노에서 다툼이 일어나 유사가 많이 죽자 공이 어떻겠느냐고 물어 괜찮다고 하였다. 맹자는 인정을 행할 것을 권하였다. 부친상을 당하여 사의 예로 장례를 치렀으며 제사는 삼정(三鼎)을 썼고 관렴(棺斂)이 재산에 어울리게 한 것은 가난했기

---

69 표에서 송의 봉호는 휘종(徽宗) 정화 5년(1115) 봉하여진 것이며, 청의 봉호는 건륭 21년(1756) 봉하여진 것이다. 『송사』 「지 58·예 8」 권105 및 『중찬삼천지』(光緒 13년 刻本)에 상세히 보인다.
70 린한스의 『맹자탐미』 제5편에서는 『사기』와 정복심·진사원·최술·염약거·주광업·나근택·무천수(繆天綬)·첸무·우치노 다이레이(內野台嶺) 등의 견해를 일일이 배열하여 참고할 만하다. 그러나 이 책은 잘못되고 소략한 곳이 너무 많아 읽으면 신뢰감이 떨어질지도 모른다.
71 쑨카이타이는 주로 첸무의 관점에 의거하여 「맹자사적고변(孟子事迹考辨)」(『中國哲學』 제15집, 岳麓書社, 1992에 수록)을 지었는데 매우 상세하게 논하여 참고할 만하다. 이 책에서 취한 자료가 많지만 또한 몇몇 의견에는 동의하지 않는다.

때문이다. 당시 천하는 영토와 덕이 그만그만하여 사는 유세를 숭상하였다. 맹자는 제후에게 알려졌으나 예폐(禮幣)로 교제하는 자가 많아 맹자는 신하답지 못하다고 하여 대체로 가서 만나보지를 못하였다. 유일하게 임(任)으로 가서 계자(季子)를 만나보았다. 그가 유수[處守]로 추에 갈 수 없었기 때문이다. 나중에 추에서 등용할 수가 없어 제나라에서 유세하였다. 당시 50여세였을 것이다."[72]

주광업의 이 설은 두 가지를 근거로 한다. 첫째, "맹자는 서인(庶人: 일반 백성)은 폐백을 전달하여 신하가 되지 않으면 감히 제후를 만나보지 못한다. 7편 가운데 임금과 신하에게 묻고 답한 것은 제와 양·추·등 뿐이었다. 양과 등에서는 빙문을 해서이고, 제에서는 벼슬을 해서이다. 폐백을 바치지 않게 하여 목공은 사의 예로 서인을 불렀으니 서인이 어찌 감히 가겠는가?" 둘째, "악정자가 말하기를 앞서서는 (부친의 장례를) 사의 예로 하고 나중에는 (모친의 장례를) 대부의 예로 하였다고 하였다. 조기의 주에서는 맹자가 부친의 초상 때는 사였고 모친의 상 때는 대부였다고 하였다. 예에 의하면 사는 제사 때 삼정으로 하고 대부는 제사 때 오정으로 한다. 맹자가 추에서 벼슬을 하지 않았는데 어찌 사로 제사 때 삼정을 썼겠는가? 평공(平公)과 장창(臧倉)이 모두 앞의 상이라고 하였으니 부친의 상은 제에서 벼슬하던 때가 아님이 분명하다."[73]

이 설은 매우 옳다. 당시의 법에 의하면 서인은 폐백을 바치고 신하가 될 수 없으며 감히 제후를 뵙지 못한다. 그러나 7편 중에 맹자와 목공의 대화를 분명하게 기록하여 놓았는데 이는 맹자가 당시 이미 출사하였다는 것을 설명한다. 더욱 중요한 것은 맹자가 부친상 때는 삼정(三鼎)으로

---

[72] 청 주광업의 『맹자사고』 4 「맹자출처시지고」, 『청경해속편』 제1책 권230, 상해서점, 1988, 1082쪽.
[73] 위와 같음.

한 것이다. 삼정은 사인이 제사를 지내는 예이며, 7편에서 보면 맹자의 부친상은 제나라에 유세하기 전이다. 이는 맹자가 제나라를 유세하기 전에 추에서 이미 출사하였다는 것을 설명한다. 그렇지 않다면 "맹자는 어버이가 늙고 집이 가난하며 나이가 40이 지나도록 부모의 나라에서 녹훈되지 못하였는데 문득 초망(草莽)의 신하로 제와 양에서 유세하여 섬기는 이치가 있겠는가?"[74]

맹자는 추에서 출사한 후 추와 노의 일을 당하였다. 추목공이 맹자에게 말하였다. "내 유사로서 죽은 자가 33명이나 되지만 백성들은 죽은 자가 없으니, 이들을 죽이려면 이루 다 죽일 수 없고, 죽이지 않는다면 장상들이 죽는 것을 질시하면서 구원하지 않은 것이니, 이를 어찌하면 좋겠습니까?(吾有司死者三十三人, 而民莫之死也. 誅之, 則不可勝誅; 不誅, 則疾視其長上之死而不救, 如之何則可也?)" 맹자는 추목공이 이렇게 묻는 말에 매우 불만을 가지고 비판하여 말하였다. "흉년과 기세에 군주의 백성들이 노약자들은 시신이 구학에 뒹굴고, 장성한 자들은 흩어져서 사방으로 간 자가 몇천 명이나 되는데도 군주의 미곡창고는 곡식이 꽉 차 있으며 부고에는 재화가 충만한데도 유사 중에 아뢴 자가 없었으니, 이것은 윗사람들이 태만해서 아랫사람을 해친 것입니다.(凶年饑歲, 君之民老弱轉乎溝壑, 壯者散而之四方者, 幾千人矣; 而君之倉廩實, 府庫充, 有司莫以告, 是上慢而殘下也)" 아울러 추목공에게 권고했다. "군주께서 인한 정치를 행하시면 이 백성들이 그 윗사람을 가까이하여 어른[官長]을 위해 죽을 것입니다.(君行仁政, 斯民親其上, 死其長矣)"(2.12) 맹자와 추목공의 대화는 7편 가운데 한 차례밖에 보이지 않는다. 출사 후에 추나라에서 무슨 일이 벌어졌는지는 자료가 부족하여 확정하기가 쉽지 않다.[75] 아마 맹자의 주장이 끝내 추나라에서 쓰이지 않아 정치적 포부를

---

[74] 위와 같음.

펼칠 길이 없었기 때문에 맹자는 부모의 나라를 떠나 멀리 타향을 유력하면서 기나긴 유력의 생애를 시작하였을 것이다.

맹자가 어느 때 출사했고, 어느 때 추나라를 떠났는지는 알 수가 없다. 여기서는 임의로 일단 "40세에 비로소 벼슬을 시작했다"[76]는 설에 의거하여 맹자가 출사한 것을 B.C. 333년으로, 추나라를 떠난 것은 B.C. 330년으로 정한다.

(2) 위왕 때 처음으로 제를 유세하다(B.C. 330년에서 B.C. 324년까지)

맹자는 추를 떠난 후 제나라에 이르렀다. 곧 맹자가 제위왕 때 이미 제에서 유세했다는 것을 말한다.

예로부터 지금까지 맹자의 유력 과정에 관한 논쟁은 매우 많았다. 이런 논쟁은 주로 세 방면으로 나눌 수 있다. 하나는 제에 먼저 갔고 양에는 나중에 갔다는 주장, 하나는 양에 먼저 갔고 제에는 나중에 갔다는 주장이다. 하나는 제에 먼저 갔고 양에는 나중에 갔으며 다시 제로 갔다는 주장이다.

제에 먼저 갔다가 양에는 나중에 갔다는 주장은 사마천이 대표적이다. 『사기』 「맹자순경열전」에서는 말하였다. "도가 통하게 되자 제선왕을 유세하였으나 선왕은 쓸 수 없었다. 양으로 갔는데 양혜왕도 말하는 것을 실행하지 않았으니 사정에 우활하고 멀다고 보았기 때문이었다. …… 물러나 만장의 무리와 함께 『시』와 『서』의 차서를 정하고 중니의 뜻을 말하여 『맹자』 7편을 지었다." 원대의 정복심 또한 "맹자는 노에 머물렀고 한

---

75 주광업은 맹자가 임으로 가서 계자를 만난 것 또한 추나라에서 출사한 뒤로 오래지 않은 때에 넣었지만 나는 이 설은 논의를 거쳐야 할 것 같다고 생각한다. 근거는 셋째 항목 "송으로 가면서 지나는 길에 추로 돌아가 유력하다"에 상세히 보인다.
76 주광업의 『맹자사고』 4 「맹자출처시지고」, 『청경해속편』 제1책 권230, 상해서점 1988, 1082쪽을 참고하여 보라.

참이 지나 제선왕이 문학지사를 좋아하여 추연과 순우곤·전변(田騈)·접여(接予)·환연(環淵)의 무리 76인에게 모두 등위를 내려 상대부로 삼아 다스리지 않고 의논을 했다. 그래서 제의 직하(稷下)에는 학사가 더욱 성하여져 거의 수백 천 명이나 되었다. 맹자를 부르자 맹자는 제로 가서 선왕의 객경이 되었다. 당시 맹자의 나이는 40세였을 것이다." "맹자는 선왕이 등용할 수 없다는 것을 알고 제나라를 떠났는데 당시 양혜왕(梁惠王) 즉위 35년이었을 것이다."[77]

양에 먼저 갔다가 제에는 나중에 갔다고 주장하는 사람은 매우 많다. 청대의 최술 같은 사람은 말했다. "『맹자』「양혜왕」편은 모두 시간의 선후에 따라 순서를 정하였다. 양에 이른 것이 첫 편에 있고 양왕을 만나본 후에 다음에 제선왕으로 하였으니 양혜왕을 본 것이 앞이고 제선왕을 본 것은 나중의 일이다."[78] 청대의 염약거는 말하였다. 양혜왕은 "35년 을유에 예를 낮추고 폐백을 두터이 하여 현자들을 초치하였고 맹가 등이 양에 이르렀다. …… 평생토록 다시 양에 이른 적이 없다."[79] 이외에 명대 진사원의 『맹자잡기』와 청대 최술의 『맹자사실록』, 근인 나근택의 『맹자평전』은 모두 이렇게 주장하고 있다.

제가 먼저이고 양이 나중이라든가, 양이 먼저이고 제가 나중이라고 주장하든 모두 얼마간 해결하기 쉽지 않은 문제가 있다. 제가 먼저이고 양이 나중이라는 주장의 주요 근거는 『사기』「육국연표」이다. 이 표에서는 제선왕 원년을 B.C. 342년으로 정하였으니 양혜왕은 B.C. 335년에 죽었다. 그렇다면 맹자는 제에서 활동한 수년 후 양혜왕이 죽기 전에 양에서

---

[77] 원 정복심의 『맹자연보』, 왕원우(王雲五)가 주편한 『총서집성초편(叢書集成初編)』본, 상무인서관, 1939, 3과 8쪽.
[78] 청 최술의 『맹자사실록』, 『최동벽유서』, 상해고적출판사, 1983, 414쪽.
[79] 청 염약거의 『맹자생졸연월고』, 『청경해』 제1책 권24, 상해서점, 1988, 121쪽.

활동한 것이 된다. 그러나 『죽서기년(竹書紀年)』을 근거로 하면 양혜왕은 결코 36년에 죽은 것이 아니라 같은 해에 개원을 하였으며 16년 후에 죽었다. 『죽서기년』의 발견은 「육국연표」를 흔들어놓았으며 또한 근본적으로 제가 먼저이고 양이 나중이라는 설을 흔들었다. 그러나 양이 먼저이고 제가 나중이라는 주장도 결코 원만하지는 않다. 이 견해에 따르면 맹자는 양에서 벼슬을 시작한 것이 된다. 양에 이르자마자 늙은이[叟]로 일컬어졌다면 최소한 50세 이상이거나 심지어 65세에서 70세가 되었을 가능성도 있다. 맹자의 출유가 어떻게 해서 이렇게 늦어졌는가를 설명하면 이 설은 해결할 방법이 없다.[80]

혹자는 제가 먼저이고 양이 나중이라고 하고, 혹자는 양이 먼저이고 제가 나중이라고 하는데 두 설의 논증에는 모두 어려움이 있다. 이에 어떤 사람은 세 번째 견해를 제기하였다. 곧 맹자는 제에 먼저 갔다가 양에는 나중에 갔으며 다시 제나라로 갔다는 것이다. 장종태(張宗泰)의 『맹자칠편제국연표(孟子七篇諸國年表)』가 이와 같다. 장종태는 말하였다. "「맹자열전」에서는 맹자는 제선왕을 유세하였는데 선왕은 쓸 수 없었다. 양으로 갔다고 하였다. 『고사(古史)』에서는 맹자가 먼저 제선왕을 섬긴 후에 곧 양혜왕과 양왕(襄王)·제민왕(齊湣王)을 섬겼다고 하였다. 『사기』에 의하면 맹자는 먼저 제에서 활동한 후에 양에서 활동하였다. 『고사』에 의하면 맹자는 전후로 두 번 제에 갔다. …… 지금 생각건대 세 설 가운데 『고사』가

---

[80] 이를테면 우리는 위원(魏源)의 『맹자연표』(『魏源集』, 中華書局, 1976, 275~297쪽)를 보면 이런 문제점이 존재하는 것을 분명히 알 수 있다. 이 표에서는 맹자가 양에 먼저 가고 제에 나중에 갔다는 주장을 펴면서 맹자가 65세에 양에 이르렀다고 하였는데 이 앞의 맹자의 경력은 거의 공백이다시피 하다. 독자들은 자연히 맹자는 그 연간에 무엇을 하였는가 물을 것이다. 『예』에 "40세에 비로소 벼슬을 한다"는 설이 있는데(周廣業의 『孟子四考』 4 「孟子出處時地考」에서 인용), 맹자는 그렇게 자신이 있는 사람으로 천하를 평정하려는 위대한 포부를 품었는데 출유가 이렇게 늦은 것은 정리상 부합되지 않는 것이 아닌가? 양이 먼저이고 제가 나중이라고 주장하는 연표는 대다수 이런 문제가 있다.

사실에 가깝다."[81] 이는 곧 맹자가 제에서 활동한 것은 제로 먼저 갔다가 나중에 양으로 갔고 다시 제로 갔다는 것을 말한다. 이런 견해는 양이 먼저이고 제가 나중이거나 제가 먼저이고 양이 먼저라는 모순을 해결하는 데 중요한 작용을 한다. 그러나 장 씨는 전통적인 옛 설의 제한을 받아 제위왕과 제선왕의 연세(年世)를 충분히 바로잡을 수 없었다. 이로 인하여 맹자가 처음에 제에서 활동한 것이 제선왕의 시대였다고 생각하여 "맹자가 양을 떠나 제로 간 것은 두 차례여야 한다"고 생각하여, 한번은 선왕 말년이고 한번은 민왕 즉위 초년이라고 하였다. 이렇게 하면 맹자가 제에서 활동한 것이 "합하면 실제로는 3번이니" 오히려 문제를 더 복잡하게 만들었다.

근인 첸무도 두 차례 제에 이른 것이라 주장하였다. 곧 먼저 제로 갔다가 뒤에 양으로 갔으며 다시 제로 갔는데, 양에서 활동한 것이 두 차례 제에 이른 사이의 일이라고 하였다. 다만 맹자가 첫 번째 제에서 활동한 것은 제선왕 때가 아니라 제위왕 때라고 하였다. 그렇다면 맹자가 위왕 때 곧 이미 제에서 활동했다는 것은 모든 관심의 핵심이 된다. 이 때문에 첸무는 전문적으로 「맹자는 제위왕 때 먼저 이미 제에서 활동했음을 고찰함(孟子在齊威王時先已游齊考)」을 지어 매우 상세한 고증을 진행하였다.

『맹자』「공손추 하」에서는 말하였다. "진진이 물었다. '전날 제에서 왕이 겸금 일백 일을 주자 받지 않았고, 송에서는 칠십 일을 주자 받았고, 설에서는 오십 일을 주자 받았습니다.'(陳臻問曰: '前日於齊, 王饋兼金一百, 而不受; 於宋, 饋七十鎰而受; 於薛, 饋五十鎰而受.')"(4.3) 이 장의 어기로 분석하면 맹자가 송에 이른 것은 제를 떠난 후이다. 첸무는 전사산(全謝山)의 말을 인용하여 말하였다. "송에서의 유력에도 문제가 있었다. 대체로 강왕(康王)은 처음

---

81 청 장종태의 『맹자칠편제국연표』, 『적학재총서(積學齋叢書)』 제6책.

에는 인의의 정치를 행할 것을 이야기한 적이 있어 맹자는 가서 70일(鎰)의 예물을 받았다."82 고증을 거쳐 첸무는 송 원년은 주현왕(周顯王) 31년이라 정하였다.83 『여씨춘추』「금새(禁塞)」에서는 말하였다. "언(偃)은 즉위 11년에 왕을 칭하였다." 송이 왕을 칭한 것이 주현왕 41년(B.C. 328)임을 알 수 있는데, 『사기』에서는 잘못 10년 후라고 하였다. 『맹자』「등문공 하」에는 "송은 작은 나라이다. 이제 왕정을 행하려 한다.(宋, 小國也; 今將行王政)"(6.5)라는 말이 있다. 이는 확실히 막 왕을 칭하여 왕정을 행하려 한다는 말이다. 이것을 가지고 맹자가 송에서 유력한 것이 비록 '강왕이 막 왕이 된 해'라고 확정 지을 길은 없지만 '강왕이 막 왕이 된 즈음'이라고 하는 것은 아무 문제가 없다. 이로 말미암아 첸무는 마지막으로 결론을 지어 말하였다. "이미 송 강왕이 막 왕이 된 즈음이라고 한다면 양혜왕과 제선왕을 만난 것은 확실히 송에 이른 후이다. 떠나서 송으로 간 것은 반드시 제위왕 때일 것이며 단언컨대 의심의 여지가 없다."84

이 토대 위에 첸무는 또한 다른 네 가지 증거를 열거하였다.

제왕(齊王)이 겸금(兼金) 1백을 내렸는데 맹자는 마음을 두지 않아 받지 않았다는 것은 반드시 위왕 때 있었던 일임을 설명한다. 선왕 때의 일이

---

82 첸무의 『선진제자계년고변』「맹자는 제위왕 때 먼저 이미 제에서 활동했음을 고찰함」, 상해서점, 1992, 282쪽.
83 첸무의 『선진제자계년고변』「송 임금 언 원년은 곧 주현왕 31년으로 41년이 아니며 곧 유년 때 왕위를 이어 형을 죽이고 스스로 즉위한 것이 아님을 변별함(宋君偃元年乃周顯王三十一年非四十一年乃幼年嗣位非弒兄自立辨)」, 상해서점, 1992, 258쪽. 첸무는 글에서 말하기를 주현왕 31년에 "송군 언이 이어서 즉위하였다"라 하였다. 그러나 나는 즉위 2년에 원년이라 칭하였다면 송군 언 원년은 주현왕 32년이 돼야 하며 이 책에서 덧붙인「통표(通表)제3」은 송군 원년은 주현왕 32년(B.C. 337)이라 한 것에 주목한다. 이로부터 말하건대 고변(考辨) 가운데 "송군 언 원년은 곧 주현왕 31년"이라는 설은 정확성이 떨어지는 것 같다. 본서는「통표 제3」을 따르며 이 책의 정문을 따르지 않는다.
84 첸무의 『선진제자계년고변』「맹자는 제위왕 때 먼저 이미 제에서 활동했음을 고찰함」, 상해서점, 1992, 282쪽.

라고 한다면 맹자는 신하가 되었는데도 돌아온 것으로 선왕이 금을 내려 전송한 것이 된다. 이는 마음을 둘 곳이 없어서 받지 않았다는 말에 해당하지 않기 때문이다. 이것이 맹자가 위왕 때 먼저 제를 한번 유력했다는 첫 번째 증거이다.

『맹자』「공손추 하」에서는 말하였다. "맹자가 제에서 경이 되어 등에 가서 조문하였다.(孟子爲卿於齊, 出弔于滕)"(4.6) 계본(季本)의 『맹자사적도보(孟子事迹圖譜)』에서는 말하였다. "그가 왕의 사신으로 등에 가게 된 것은 문공의 상 때문이었다. 대국의 임금이 아니면 귀경(貴卿) 및 개(介: 補佐)로 하여금 조문을 가게 하는 예가 없다. 이는 실로 문공의 현명함을 중히 여긴 것이고 또한 맹자가 친히 조문을 가서 존몰(存沒)과 시종(始終)의 예를 다하고자 한 것이다." 이로써 추론컨대 맹자는 제에서 벼슬을 하기 전에 이미 등문공을 본 적이 있다. 송에서 유력한 것은 등문공을 보기 전이며 제를 유력한 것은 또한 송을 유력하기 전이다. 이는 맹자가 위왕 때 이미 제를 유력하였다는 두 번째 증거이다.

『맹자』「이루 하」에서는 말하였다. "공도자가 말하였다. '광장을 온 나라 사람들이 모두 효성스럽지 못하다 칭하거늘 부자께서 그와 더불어 교유하시고 또 따라서 예우하시니, 감히 묻겠습니다. 어째서입니까?'(公都子曰: '匡章, 通國皆稱不孝焉, 夫子與之游, 又從而禮貌之, 敢問何也?')"(8.30) 광장의 일은 『전국책』「제(齊) 1」에도 보인다. 위왕(威王)이 장자(章子)를 장수로 임명하여 진(秦)에 맞서게 하자 어떤 사람이 장자가 군사를 거느리고 진에 항복하였다고 세 번이나 말했으나 위왕이 믿지 않아 좌우에서 그 까닭을 물었다. 제왕이 말하였다. "장자의 어머니 계(啓)가 장자의 아비에게 죄를 지어 그 아비가 죽여서, 마구간 밑에 매장하였다. 내가 장자를 장군으로 삼아 보내면서 면려하기를 '선생의 강함으로써 군대를 온전히 하여 돌아오면 반드시 장군의 어미를 개장(改葬)하게 하겠소.'라고 하였더니, 대답하기를 '제가 어머니의 시신을 개장할 줄 모르는 것이 아닙니다. 제 어머니 계가 저의 부친께 죄를 지은 후, 저의 부친께서 용서하지 않았는데 돌아 가셨습니다. 아비가 용서하지 않았는데도 어미를 개장하는 것은 이는 돌아가신 아비를 속이는 것입니다. 그래서 감히 옮기지 못하고 있는 것입니다.'라고 하였다. 사람의 아들로 돌아가신 아비도 속이지 않는 자가 어찌 신하로 살아 있는 임금을 속이겠는가?"[85] 결과적으로 광장은 과연 진에 승리를 거두고 돌아왔다. 첸무는 분석하여 말하였다. "온 나라에서 모두 광장이 불효하다 일컬은 것은 반드시 장자가 진을 이기기 전일 것이다. 그 어미를 장사지내지 못하고 아내를 내쫓고 자식을 막았으니 감히 스스로 안일하지 못하여 제의 사람들이 곧 그가 불효하다고 평한 것이다. 맹자만 그 사람을 제대로 알고 예우한 것이다. 진의 군사에게 대승을 거두자 심사(心事)가 명백해졌으며 위왕 또한 필시 그 어미를 개장해준 것이다. 그가 제에 있을 때는 명성과 지위가 다 높아져서 결코 온 나라에서 불효하다고 일컬었을 리가 없다. 맹자가 그와 교유함에 공도자 또한 더는 이를 의심하지 않았다. 이 절은 맹자가 제위왕 때 이미 제에서 유력하였다는 것을 충분히 증명한다."[86] 이것이 맹자가 위왕 때 먼저 이미 제를 유력하였다는 세 번째 증거이다.

『맹자』「진심 하」에서는 말하였다. "맹자가 말하였다. '인하지 못하다, 양혜왕이여! 인자는 그 사랑하는 것으로 사랑하지 않는 것에 미치고, 인하지 못한 자는 사랑하지 않는 것으로 사랑하는 것에 미친다.' 공손추가 말하였다. '무슨 말씀입니까?' '양혜왕이 토지 때문에 그 백성을 썩어문드러지게 하여 싸우게 하였다가 대패했다. 장차 다시 싸우려 하되, 이기지 못할까 두려워하였으므로 그 사랑하는 자제를 내몰아서 여기에 희생

---

[85] 제의경의 『전국책집주회고』 상권, 강소고적출판사, 1985, 510쪽.
[86] 첸무의 『맹자요략(孟子要略)』, 『사서석의(四書釋義)』본, 대만 학생서국(學生書局), 1978, 164쪽.

시켰다. 이것을 사랑하지 않는 것으로 사랑하는 것에 미친다고 하는 것이다.'(孟子曰: "不仁哉梁惠王也! 仁者以其所愛及其所不愛, 不仁者以其所愛及其所愛." 公孫丑問曰: "何謂也?" "梁惠王以土地之故, 糜爛其民而戰之, 大敗, 將復之, 恐不能勝, 故其所愛子弟以之, 是之謂以其所不愛及其所愛也.")(14.1) 첸무는 이 말은 양이 마릉(馬陵)에서 패하였을 때 말하였을 것이라고 생각하였다. 공손추는 제의 사람으로 이때 맹자는 이미 제에서 유력하고 있었으며 공손추가 당시 막 문하에 들었기 때문에 이때의 문답을 기록한 것이다. 이것이 맹자가 위왕 때 먼저 이미 제를 유력하였다는 네 번째 증거이다.[87]

첸무의 「맹자는 제위왕 때 먼저 이미 제에서 활동했음을 고찰함」은 매우 정밀하고 상세하여 검토가 필요한 네 번째 증거 외에[88] 나머지는 모두 매우 가치가 있다. 특히 광장을 증거로 삼은 것은 전인들이 거의 정식으로 이야기한 적이 없어서 작자의 저명한 역사가로서의 안광의 기민함과 예리함을 충분히 알 수 있다. 이 설은 매우 정리에 들어맞고 말이 확실해서 매우 반박하기 어렵다. '맹자가 제에 유력한 것은 위왕 때 비롯되었다'는 것이 곧 기본적으로 이미 정론이 되었다.

비록 이와 같지만 맹자가 첫 번째로 제를 유력한 구체적인 연도가 언제인지는 오히려 확정하기가 쉽지 않다. 첸무의 『선진제자계년고변』에

---

[87] 이상 네 증거는 모두 첸무의 『선진제자계년고변』 「맹자는 제위왕 때 먼저 이미 제에서 활동했음을 고찰함」, 상해서점, 1992, 282~285쪽에 보인다.

[88] 첸무의 네 번째 증거는 『맹자요략』의 견해와 일치한다. 『맹자요략』에서는 맹자가 첫 번째 제나라에 유력한 것을 B.C. 347년으로 정하였는데 마릉의 전투는 B.C. 341년에 있었다. 그렇다면 맹자가 제에 있었어야 양혜왕이 인하지 못하다는 것을 비평할 수 있다. 그러나 나중에 『선진제자계년고변』에서는 이 점을 수정하여 "맹자가 제에 유력하면서 광장과 교유한 것을" B.C. 335년 조금 전의 일로 수정하였다. 이 설이 맞다면 맹자가 양혜왕이 인하지 못하다는 것을 비평한 것은 마릉의 전투로 견주어서는 안 되며 마릉의 전투에 견준다 하더라도 당시의 말일 수는 없으며 만년에 이때의 일을 추억하면서 한 비평이 제자의 기술로 말미암아 이루어졌을 것이다. 『맹자요략』과 『선진제자계년고변』의 이 문제에 관한 모순은 본장 제7절 셋째 항목 "첸무의 관점에 대한 몇 가지 수정"을 참고하여 보라.

서는 광장과 함께 유력한 것을 근거로 이 해를 B.C. 335년 조금 전으로 정했지만 본서는 맹자의 출사가 추에서 비롯되었으므로 이 해를 뒤로 미루어 B.C. 330년에 이른 것으로 추정한다. 이때 맹자는 제위왕이 직하의 학궁에서 현자들을 초치한다는 말을 듣고 추에서 제나라에 이르렀다.[89]

『맹자』에는 전편에 걸쳐 맹자와 제왕 사이에 오간 대화가 없다. 맹자가 처음으로 제나라에 도착하였을 때는 대개 사람이 미천하고 말이 가벼워 혹 추진하고 있는 인정의 주장이 상대방의 비위에 맞지 않았거나 혹 기타 무슨 원인으로 제위왕의 중시를 받지 못하였을 것이라는 것을 설명한다. 이 방면의 기록이 없어서 맹자가 이번 제나라 유력에서 국가의 최고 층에서 어떤 활동을 하였는지 무슨 사상을 표현하였는지 모두 알 수가 없다. 우리는 다만 『맹자』의 글을 분석하는 것으로 이 시기 맹자의 사적 실마리를 찾을 수 있다.

맹자의 이번 제나라 유력은 매우 오랜 시간 관직이 있었던 적이 없다. "만장이 말하였다. '감히 묻겠습니다. (사들이) 제후를 만나보지 않는 것은 무슨 의(義)입니까?' 맹자가 말하였다. '도성에 있는 자는 시정지신이라 하고, 초야에 있는 자를 초망지신이라 하는데, 이것은 모두 서인을 이른다. 서인은 폐백을 올려 신하가 되지 않으면 감히 제후를 만나보지 않는 것이 예이다.' …… 만장이 말하였다. '공자께서는 군자가 명하여 부르면 말에 멍에 씌우기를 기다리지 않고 가셨으니, 그렇다면 공자는 잘못하신 것입니까?' 맹자가 말하였다. '공자는 벼슬을 맡아 관직이 있어 그 관직으로 불렀기 때문이었다.'(萬章曰: "敢問不見諸侯, 何義也?" 孟子曰: "在國曰市井之臣, 在野曰草莽之臣, 皆謂庶人. 庶人不傳質爲臣, 不敢見於諸侯, 禮也. …… 萬章曰: "孔子, 君命

---

[89] 첸무는 「맹자불열직하고(孟子不列稷下考)」를 써서 맹자는 직하의 학궁에 서지 않아 직하의 인물이 아니라고 하였다. 쑨카이타이는 『맹자사적고변』에서 이를 상세히 고증하여 각종 증거를 열거하여 첸무의 오류를 설명하였는데 참고하여 볼 만하다.

召, 不俟駕而行, 然則孔子非與?" 曰: "孔子當仕有官職, 而以其官召之也.")(10.7) 이 말은 만장이 어느 때 기록하였든 간에 내용으로 분석을 해 보면 확실히 첫 번째 제에 유력했을 때의 일이다. 제자가 맹자가 '제후를 만나보지 않는 것'을 이해하지 못하자 맹자가 서인은 제후를 만나보지 않는 것이 예에 합당하다고 말하였다. 맹자가 이때 아직 관직이 없었음을 알 수 있다. "맹자께서 지와에게 이르기를 '그대가 영구의 읍재를 사양하고 사사가 되기를 청한 것이 그럴 듯함은 (士師가) 말을 할 수 있기 때문이다. 그런데 이제 이미 몇 개월이 지났는데 아직도 말할 수 없단 말인가?'라 하였다. 지와가 왕에게 간했으나 쓰이지 않자, 신하 됨을 내놓고 떠나갔다. 제의 사람들이 말하였다. '지와를 위해서 한 것은 좋으나, 맹자 자신이 하는 것은 내 이해할 수 없다.' 공도자가 이것을 아뢰자, 맹자가 말하였다. '내 듣자 하니, 관리의 직책이 있는 자가 그 직책을 수행할 수 없으면 떠나고, 진언할 책임을 지고 있는 자가 그 말을 할 수 없으면 떠난다 하였다. 나는 관리의 직책이 없어서 내 진언할 책임이 없으니, 그렇다면 나의 진퇴가 어찌 느긋하게 여유가 있지 않겠는가?'(孟子謂蚳鼃曰: "子之辭靈丘而請士師, 似也, 爲其可以言也. 今旣數月矣, 未可以言與?" 蚳鼃諫於王而不用, 致爲臣而去. 齊人曰: "所以爲蚳鼃則善矣; 所以自爲, 則吾不知也." 公都子以告. 曰: "吾聞之也: 有官守者, 不得其職則去; 有言責者, 不得其言則去. 我無官守, 我無言責也, 則吾進退, 豈不綽綽然有餘裕哉?")(4.5) 맹자는 다른 사람에게는 제왕에게 나아가 간언하라고 권하면서도 자기는 "나는 관리의 직책이 없으며 나는 진언할 책임이 없다"면서 벗어났는데 이는 한 걸음 더 나아가 맹자가 이때까지도 관직이 없었음을 설명한다.

맹자는 장기간 관직을 가지지는 못하였어도 몇몇 정치 활동에는 참여하였다. 그 가운데 가장 중요한 것은 광장과의 교유일 것이다. 당시 광장은 평판이 좋지 않아 온 나라에서 불효하다고 일컬었다. 맹자는 오히려 말하였다. "세속에서 이른바 불효라는 것이 다섯 가지인데, 그 사지를 게을리 하여 부모를 봉양하지 않음이 첫 번째 불효요, 장기 두고 바둑 두며 술 마시기를 좋아하여 부모를 돌보지 않음이 두 번째 불효요, 재물을 좋아하며 처자를 사사로이 하여 부모의 봉양을 하지 않음이 세 번째 불효다. 귀와 눈의 하고자 함을 따라 부모를 욕되게 함이 네 번째 불효요, 용맹을 좋아하고 싸우며 사나워서 부모를 위태롭게 함이 다섯 번째 불효다. 장자가 이 중에 한 가지라도 해당되는가.(世俗所謂不孝者五: 惰其四支, 不顧父母之養, 一不孝也; 博弈好飮酒, 不顧父母之養, 二不孝也; 好貨財, 私妻子, 不顧父母之養, 三不孝也; 從耳目之欲, 以爲父母戮, 四不孝也; 好勇鬪狠, 以危父母, 五不孝也. 章子有一於是乎?)"(8.30) 맹자는 세상 사람들의 풍문은 아랑곳하지 않고 그와의 교유를 견지하였다. 제위왕은 광장의 사람됨을 믿어 그를 장수로 명하여 진나라 군사에 맞서 대승을 거두고 돌아왔다.[90]

 맹자는 비록 장기간 관직이 없었지만 그래도 경대부의 지위는 얻었다. 이는 맹자가 모친의 장례를 치른 규모를 가지고 입증할 수 있다. 맹자는 노나라서 유력할 때 장창의 저지를 받아서 노평공을 만나지 못하였다. 중요한 이유는 바로 "나중의 상례가 앞의 상례를 능가했기" 때문이었다. 악정자는 이를 해석하여 말하였다. "무엇입니까? 임금께서 이른바 지나쳤다는 것이 앞에서는 사의 예로써 하고 뒤에서는 대부의 예로써 하며, 앞에서는 삼정을 쓰고 뒤에서는 오정을 쓴 것을 말씀하십니까?(何哉, 君所謂逾者? 前以士, 後以大夫; 前以三鼎, 而後以五鼎與?"(2.16) 『공양전(公羊傳)』 환공(桓公) 2년조 하휴(何休)의 『주』에서는 말하였다. "제례(祭禮)는 천자는 구정이고, 제

---

[90] 학계에서는 종종 광장이 출사하여 장수가 된 원인을 맹자에게로 돌려 맹자가 그를 변호해준 결과로 생각하곤 한다. 이 견해의 신뢰도는 매우 회의적이다. 맹자와 광장의 교유는 제를 유력하던 초창기로 당시 맹자는 명성과 지위가 전무하여 사람이 미친하고 말이 가벼워 위왕의 면전에서 변호를 해주었다고 하더라도 역량에 또한 일정한 한계가 있어 어떠한 경우라도 이 일의 주요 원인이 될 수 없음이 물론이다. 후인이 성현에 광채를 더하고자 하는 심정은 이해가 가지만 이치상으로도 반드시 통하여야 한다.

후는 칠정, 경대부는 오정, 원사(元士)는 삼정이다." 맹자는 모친의 장례 때 오정을 썼다. "나중의 상례를 대부(의 예)로" 했다는 말과 부합하며 맹자가 처음으로 제나라에 유력한 후기에 모친상을 치르기 전에 이미 경대부였다는 것을 설명한다. 즉 앞의 "관리의 직책이 없고", "진언할 책임이 없는" 상황과는 다르다.

맹자가 처음으로 제를 유력한 시간은 비교적 긴데 두 가지 원인이 있을 수 있다.

첫째, 제는 국력이 강대하고 기초가 든든하여 하루아침에 임금의 지지를 얻어 인정을 추진하면 천하를 다스림은 손바닥 뒤집듯 할 것이다. 따라서 맹자는 당시 뜻을 얻지는 못하였지만 늘 한 가닥 희망을 걸고 오래도록 떠나려 하지 않았다. 이는 두 번째 제를 유력할 때 말한 "제에 오래 머무르는 것은 나의 뜻이 아니다.(久於齊, 非我志也)"(4.14)라는 것과는 확연히 다르다.

두 번째, 모친의 상을 당하여 삼년상을 치러야 했기 때문이다. 맹자 모친의 장례에 관한 시간은 학술계에서 이전까지만 하더라도 대부분 맹자가 제선왕을 유세하던 기간이었을 것으로 생각했다. 그러나 이런 견해는 납득하기가 어렵다. 맹자가 두 번째 제를 유력한 시간은 길지 않다. B.C. 319년에 제에 이르렀는데 B.C. 316년에 연왕 쾌(噲)가 나라를 자지(子之)에게 양보한 사건이 발생했다. 제선왕은 광장을 보내어 자지를 정벌하였고, 연나라 사람들이 반란을 일으켜 나라 안이 매우 어지러웠다. 제왕은 맹자에게 매우 부끄러워하여 맹자는 더 머무르며 제나라를 유력할 뜻이 없어 B.C. 311년에 "신하가 되는 것을 내려놓고 돌아갔다." B.C. 319에서 B.C. 316년까지는 겨우 3년으로 이 기간에 맹자는 노나라로 돌아가 삼년상을 행할 시간이 있을 수 없었다.[91] 그래서 맹자는 "제나라에서 노나라로 돌아가 장례를 지내고 제나라로 돌아왔는데(自齊歸葬於魯, 反

於齊)"(4.7), 첫 번째 제나라를 유력했을 시기라야 일어날 수 있었다. 쑨카이타이의 『맹자사적고변』에서는 "맹자가 노로 돌아가 모친의 장례를 치른 것은 대략 B.C. 327년에서 B.C. 324년까지일 것"이라 하였는데 비교적 믿을 만하다. 맹자는 "맹손의 뒤를 이었으니 조상의 무덤은 노나라에 있을 것이다."[92] 이 때문에 맹자는 노에서 모친의 장례를 치르고 삼년상을 행하였다.

맹자는 삼년상을 치른 후 제로 돌아가 제를 떠나기로 결심하였다. 떠나기에 앞서 "왕이 겸금 1백 일을 내렸지만" 맹자는 "해당이 되지 않는다(未有處)"(4.3)라 하여 받지 않았다.

(3) 송으로 가면서 설을 거쳐 추로 돌아왔다가 노로 가서 등을 유력하다
(B.C. 324년에서 B.C. 320년까지)

"진진이 물었다. '전일에 제에서 왕이 겸금 1백 일을 주시자 받지 않으셨고, 송에서는 칠십 일을 주시자 받으셨다. 설에서도 오십 일을 주시자 받으셨다. 전일에 받지 않은 것이 옳다면 오늘날 받은 것이 잘못일 것이며, 오늘날 받은 것이 옳다면 전일에 받지 않은 것이 잘못일 것입니다.'(陳臻問曰: "前日於齊, 王饋兼金一百, 而不受; 於宋, 饋七十鎰而受; 於薛, 饋五十鎰而受. 前日之不受是, 則今日之受非也; 今日之受是, 則前日之不受非也.")"(4.3) 최술의 『맹자사실록』에서는 이 장(章)으로 추측하여 말하였다. "제는 전날이라 하고 송과 설은 금

---

91 학계에서는 이에 대해 적지 않은 골머리를 썩여가며 맹자 대신 제선왕 때 모친상을 당한 이유를 찾았는데 삼년상을 마치지 못했다는 주장이 있고, 제로 돌아온 후 비로소 삼년상을 치렀다는 주장이 있으며, 노에서 개장을 해주었다는 주장이 있고, '돌아와 곡을 하고 돌아갔다'는 주장이 있지만 모두 원만하게 문제를 해결할 수 없었다.
92 청 주광업의 『맹자사고』 4 「맹자출처시지고」, 『청경해속편(淸經解續編)』 제1책 권230, 상해 서점, 1988, 1076쪽.

일이라 하였으니 송과 설에 이른 것은 제에 이른 후일 것이다. 그렇다면 맹자는 떠난 후에 먼저 송과 설에 이른 후에 등에 이르렀을 것이다. 그래서 「등문장(滕文章)」에서 '(등의 세자가) 송을 지나면서 맹자를 만나보았다'라 한 것이다. 송과 설을 떠난 후 추로 돌아간 적이 있는데 추와 노가 다툰 것이 이때였을 것이기 때문에 「등정장(滕定章)」에서 연우(然友)가 추로 가서 맹자에게 물어보았다."[93] 최술의 분석은 일리가 있다. 이 분석으로부터 맹자가 제를 떠난 후 첫 번째 도달한 나라가 송이었음을 알 수 있다.

맹자가 송에 간 것은 B.C. 324년이어야 한다. 위에서 말했듯이 송의 임금 언의 원년은 B.C. 337년으로 송이 왕을 칭한 것은 B.C. 328년이다. 맹자가 대불승(戴不勝)에게 "그대는 그대의 왕이 선해지기를 바라는가?(子欲子之王之善與)"(6.6)라 한 말에 의하면 이때 송은 이미 왕을 칭하였음을 알 수 있다. 또한 "송은 작은 나라인데. 이제 장차 왕정을 행하려 한다"(6.5)라 한 말에 의하면 송이 왕을 칭한 지가 오래지 않았음을 알 수 있다. 『맹자』에 맹자와 송왕의 담화가 보이지 않는 것은 맹자가 송에 있은 시간이 오래지 않다는 것을 설명한다. 그래서 첸무는 맹자가 송에 이른 시간을 송왕 언 13, 4년으로 정하였는데, 대략 B.C. 324년이다.

맹자는 송에 이른 초기에 자신감이 넘쳤다. "만장이 물었다. '송은 작은 나라입니다. 이제 장차 왕정을 행하려 하니, 제와 초가 그를 미워하여 정벌하면 어떻습니까?'(萬章問曰: '宋, 小國也; 今將行王政, 齊楚惡而伐之, 則如之何?')" 어투로 볼 때 (만장은) 송 같은 작은 나라에는 그다지 큰 믿음을 갖지 않은 것 같다. 그러나 맹자는 그렇게 생각하지 않았다. 나라는 크기에 있지 않고 관건은 도의 유무에 있다고 생각하여 말하였다. "왕정을 행하기만 한다면 사해의 안이 모두 머리를 들고 (오기를) 바라서 군주를 삼고자 할 것이

---

[93] 청 최술의 『맹자사실록』, 『최동벽유서』, 상해고적출판사, 1983, 428~429쪽.

니, 제와 초가 비록 크나 어찌 두려워하겠는가?(苟行王政, 四海之內皆擧首而望之, 欲以爲君; 齊楚雖大, 何畏焉?)"(6.5)

  그러나 송의 실제 상황은 결코 이상적이지 않았다. 그는 대영지(戴盈之)에게 10분의 1의 세제를 행하고 관문과 시장의 징세를 없애라고 권하였다. 상대방은 오히려 "금년에는 능히 할 수 없으니, 청컨대 세금을 경감하고 내년이 된 뒤에 그만두려고 한다.(今未能, 請輕之, 以待來年, 然後已)"라 하며 핑계를 대며 둘러댔다. 맹자는 조금도 기뻐하지 않으며 풍자하여 말하였다. "이제 어떤 사람이 날마다 이웃집의 닭을 훔치는 자가 있거늘 혹자가 그에게 '이는 군자의 도리가 아니다.'라고 하자, 대답하기를 '그 수를 줄여서 매달 닭 한 마리를 훔치고 내년이 되면 그만두겠다.'고 하는 것이로다. 만일 의(義)가 아님을 안다면 속히 그만두어야 할 것이니 어찌 내년을 기다리겠는가?'(今有人日攘其隣之鷄者, 或告之曰: '是非君子之道.' 曰: '請損之, 月攘一鷄, 以待來年, 然後已. 如知其非義, 斯速已矣, 何待來年?')"(6.8) 맹자는 송의 가장 큰 문제를 송왕 주위에 훌륭한 사람이 너무 적어 송왕에게 미치는 영향이 불리하다고 느낀 것이다. 마치 초의 사람만 있는 환경에서 제의 말을 배우려고 하는 경우와 같았으며 이는 매우 어려운 것이다. "그대는 설거주를 선한 선비라 하여 그로 하여금 왕의 처소에 거처하게 하였다. 왕의 처소에 있는 자들로 나이가 많고 어리고 신분이 낮고 높은 사람이 모두 설거주와 같은 사람이라면 왕이 누구와 더불어 불선한 짓을 할 것이며, 왕의 처소에 있는 자가 장유와 비존이 모두 설거주와 같은 사람이 아니라면 왕이 누구와 더불어 선한 일을 하겠는가. 한 명의 설거주가 홀로 송왕에게 어찌하겠는가?(子謂薛居州, 善士也, 使之居于王所. 在於王所者, 長幼卑尊皆薛居州也, 王誰與爲不善? 在王所者, 長幼卑尊皆非薛居州也, 王誰與爲善? 一薛居州, 獨如宋王何?)"(6.6)

  맹자가 송에 있을 때의 한 가지 일은 매우 분명한데 바로 등의 세자와 만난 것이다. "등문공이 세자였을 때 초나라로 가려고 송나라를 지나다가 맹자를 만나 뵈었다. 맹자가 성의 선함을 말씀하시되, 말씀마다 반드시 요순을 칭하셨다. 세자가 초나라에서 돌아와 다시 맹자를 뵙자, 맹자가 말하였다. '세자께서는 제 말을 의심하십니까? 도는 하나일 뿐입니다. …… 이제 등을 긴 곳을 잘라 짧은 곳을 보충하면, 거의 50리 가까이 될 것이나, 오히려 선한 나라가 될 수 있습니다.'(滕文公爲世子, 將之楚, 過宋而見孟子. 孟子道性善, 言必稱堯舜. 世子自楚反, 復見孟子. 孟子曰: "世子疑吾言乎? 夫道一而已矣. …… 今滕, 絶長補短, 將五十里也, 猶可以爲善國.")"(5.1) 당시 송은 도읍을 이미 상구(商邱)에서 팽성(彭城: 지금의 徐州市)으로 옮겼다. 등은 서주 북쪽 190리 지점에 있어서 등에서 초로 가려면 반드시 남행하여 송을 거쳐야 했다. 등의 세자는 도읍으로 돌아오면서 맹자와 만났다. 첫째는 맹자가 첫 번째 제를 유력한 후에 이미 명망이 있었다는 것을 설명하는데 그렇지 않다면 등의 세자는 "송을 지나면서 맹자를 만나지" 못하였을 것이다. 둘째로는 맹자와 등의 세자는 "성의 선함을 말씀하되, 말마다 반드시 요순을 칭하셨다"는 담화는 비교적 효과가 있었다. 그렇지 않다면 등의 세자는 "초에서 돌아와 다시 맹자를 볼" 수 없었을 것이라는 설명이다. 이 두 번의 만남은 나중에 맹자가 등을 유력하는데 아주 좋은 기초를 다져주었다.

맹자는 송에서는 자기의 정치 이상을 실현할 수 없음을 보고 오래 머물지 않고 즉시 송을 떠났다. 송왕은 70일을 주었으며 맹자는 "먼 길을 가게 되었는데, 먼 길을 가는 자에게는 반드시 노자를 주는 것이다.(將有遠行, 行者必以贐)"(4.3)라 생각하여 받았다.

맹자가 송을 떠난 후 지나는 길에 설에 들르자 설왕은 50일을 내려주었다. 맹자는 노상에는 위험이 있어서 경계에 대비함이 있어야 한다는 말을 듣고 받았다.

설에 들른 후 맹자는 자신의 고향인 추로 돌아갔다. 이때가 대략 B.C.

323년이었다. 추에서의 맹자 사적은 명확하게 고증할 수 있는데 아래와 같은 몇 가지가 있다.

① 어떤 임나라 사람이 옥려자에게 예와 음식 가운데 무엇이 더 중요한가 하는 문제를 물었다. 급소를 묻자 옥려자는 대답을 할 수가 없었다. "다음날 추에 가서 맹자에게 알렸다.(明日之鄒, 以告孟子)" 맹자가 말하였다. "이것을 답함에 무슨 어려움이 있겠는가? 그 근본을 헤아리지 않고 그 끝만을 가지런히 한다면, 한 치 되는 나무를 잠루보다 높게 할 수 있다. 쇠가 깃털보다 무겁다는 것은 어찌 한 갈고리의 쇠와 한 수레의 깃털을 말함이겠는가? 음식이 중하고 예가 가벼운 것을 취하여 비교한다면 어찌 다만 음식이 중할 것이며, 색의 중한 것과 예의 가벼운 것을 취하여 비교한다면 어찌 다만 색이 중하겠는가? 가서 대답하기를 '형의 팔을 비틀고 밥을 빼앗아 먹으면 음식을 먹을 수 있고, 형의 팔을 비틀지 않으면 음식을 먹지 못할지라도 장차 비틀겠는가? 동쪽 집의 담장을 뛰어넘어 처자를 끌어오면 아내를 얻고, 끌어오지 않으면 아내를 얻지 못할지라도 장차 끌어오겠는가?'라고 하라.(於答是也, 何有? 不揣其本, 而齊其末, 方寸之木可使高於岑樓. 金重於羽者, 豈謂一鉤金與一輿羽之謂哉? 取食之重者與禮之輕者而比之, 奚翅食重? 取色之重者與禮之輕者而比之, 奚翅色重? 往應之曰: '紾兄之臂而奪之食, 則得食; 不紾, 則不得食, 則將紾之乎? 逾東家墻而摟其處子, 則得妻; 不摟, 則不得妻, 則將摟之乎?')"(12.1) "다음날 추에 가서 맹자에게 알렸다"라는 말로 보건대 이 일은 맹자가 추에 있을 때 발생하였음을 알 수 있다.

② 조교(曹交)가 맹자에게 묻기를 모든 사람이 다 요순이 될 수 있다 하니 그렇습니까? 라 하였다. 맹자는 옳다고 하였다. 그러나 조교는 이를 이해할 수가 없어 마침내 키를 가지고 요순이 될 수 있는가, 하는 조건을 따져보았다. 맹자는 그를 가르쳐 말하였다. "어찌 이에 상관이 있겠는가? 또한 그것을 할 뿐이다. 여기에 어떤 사람이 있는데, 힘이 집오리 한 마리

를 이길 수 없다고 한다면 힘이 없는 사람이고, 여기서 백 균을 든다고 한다면 힘이 있는 사람이다. 그렇다면 오획이 드는 짐을 든다면 이 또한 오획이 될 뿐이니, 사람이 어찌 이기지 못함을 걱정하는가. 그것을 하지 않을 뿐이다. 천천히 걸어서 장자보다 뒤에 감을 '공경한다' 이르고, 빨리 걸어서 장자보다 앞서 감을 '공경하지 않는다' 이르니, 천천히 걸어가는 것이 어찌 사람들이 할 수 없는 것이겠는가? 하지 않는 것이니, 요순의 도는 효제일 뿐이다. 그대가 요의 옷을 입으며, 요의 말씀을 외우며, 요의 행실을 행한다면 요일 뿐이요, 그대가 걸의 옷을 입으며, 걸의 말을 외우며, 걸의 행실을 행한다면 걸왕일 뿐이다.(奚有於是? 亦爲之而已矣. 有人於此, 力能不勝一匹雛, 則爲無力人矣; 今日擧百鈞, 則爲有力人矣. 然則擧烏獲之任, 是亦爲烏獲而已矣. 夫人豈以不勝爲患哉? 弗爲耳. 徐行後長者謂謂之弟, 疾行先長者謂之弟. 夫徐行者, 豈人所不能哉? 所不爲也. 堯舜之道, 孝弟而已矣. 子服堯之服, 誦堯之言, 行堯之行, 是堯而已矣. 子服桀之服, 誦桀之言, 行桀之行, 是桀而已矣.)" 조교는 "제[交]가 추의 군주를 뵙게 되면 관사를 빌릴 수 있을 것이니, 여기에 머물면서 문하에서 수업하기를 원합니다.(交得見於鄒君, 可以假館, 願留而受業於門)"라는 뜻을 드러냈다. 그러나 맹자는 동의하지 않았다. "제[交]가 추의 군주를 뵙게 되면 관사를 빌릴 수 있을 것입니다.(交得見於鄒君, 可以假館)"(12.2)란 말로부터 맹자가 이때 추에 있었음을 알 수 있다.

③ "맹자가 추에 거할 때 계임이 임의 처수[留守]가 되었는데, 폐백을 가지고 사귀자, 폐백을 받기만 하고 답례하지 않았고, …… 훗날 추에서 임으로 가서는 계자를 만나 보았다.(孟子居鄒, 季任爲任處守, 以幣交, 受之而不報. …… 他日, 由鄒之任, 見季子)"(12.5) 맹자가 추나라에 거주할 때 계임이 임의 국정을 대리하여 예물을 보내와 맹자와 교왕하였다. 맹자는 예물은 받았지만 답례를 하지 않고, 어느 정도 시간이 흐른 후에 맹자가 추에서 임으로 가서야 계자를 찾아보았다. "맹자가 추에 거할 때"라는 말로 이때 맹자는 추

에 있었다고 정할 수 있다.⁹⁴

④ 등정공(滕定公)이 세상을 뜬 후 등의 세자는 줄곧 이전에 송에서 맹자와 이야기를 나누던 상황을 잊지 않아 맹자에게 연우를 보내어 상사를 어떻게 처리할까를 물었다. "연우가 추에 가서 맹자에게 물었다(然友之鄒問於孟子)", "연우가 다시 추로 가서 맹자에게 물었다.(然友復之鄒問孟子)" 두 차례 반복을 거쳐 그 결과 "5개월 동안 여막에 거처하여 명령과 경계함을 내리지 않았다. 이에 백관과 종족들이 다 말하기를 '예를 안다.' 하였다. 장례 때에 이르러 사방에서 와 구경하였는데, 얼굴빛의 슬퍼함과 울기를 슬피 함에 조문하는 자들이 크게 흡족해하였다.(五月居廬, 未有命戒. 百官族人可, 謂曰知. 及至葬, 四方來觀之, 顔色之戚, 哭泣之哀, 吊者大悅)"(5.2)

이상 이런 일이 비록 맹자가 추에 있을 때라는 것을 정할 수는 있지만 B.C. 323년 맹자가 추로 돌아간 기간에 발생하지 않았으리라는 것에 대해서는 설명이 필요하다. 맹자는 추 사람으로 출사를 추에서 했다. 중도에 추로 돌아왔고 만년에 추로 돌아와 일생 중 추에 있었던 시간이 비교적 길다. 이런 사정이 결국 어느 시간에 발생하였는지는 이미 상고하기가 쉽지 않게 되었으며 이로 인하여 잠시 위와 같이 나란히 열거할 수 있을 뿐이다.

맹자가 추에서 노로 간 것은 B.C. 322년일 것이다. 『사기』 「육국연표』

---

94 주광업은 이 장을 맹자가 위왕 때 유력하기 전이라고 정하였다. 이 견해는 논의할 만한 것 같다. 맹자가 비록 추에 있을 때 이미 출사하기는 하였지만 첫 번째 제를 유력하기 전에는 지위가 높지 않았다. 계임이 임의 국정을 대리하였는데 임이 비록 작은 나라이기는 하지만 또한 지위를 떨쳤는데 어떻게 "폐백으로 사귐"을 주동할 수 있겠는가? 이 외에 본장의 아래에서 "평륙에 거처할 때 저자가 상이 되었었는데, 폐백을 가지고 사귀자, 폐백을 받기만 하고 답례하지 않았다"라는 일이 있으니 맹자가 두 번째 제를 유력할 때의 노상에서 발생하였을 가능성이 매우 높다.(아래에 상세하게 보임) 이 두 일은 한 장에 합쳐져서 나타나는데 이는 시간 간격이 길지 않을 것임을 설명하기 때문에 본서에서는 이 장을 맹자가 위왕 때 제를 유력하기 전이라고 정하지 않았다.

에서는 노평공 원년은 주난왕(周赧王) 원년이며, 진혜왕(秦惠王) 11년 곧 B.C. 314년이라고 하였다. 다만 『사기』 「노세가(魯世家)」에서는 또 말하였다. "경공이 29년에 죽고 아들 숙(叔)이 즉위하니 바로 평공이다. 이때 6국이 모두 왕을 칭하였다. 평공 12년에 진혜왕이 죽었다."[95] 진혜왕은 주난왕 4년 곧 B.C. 311년으로 앞으로 12년을 미루어 가면 주현왕 47년 곧 B.C. 322년이다. 「육국연표」에 의하면 이는 노평공 원년은 B.C. 314년이다. 「노세가」에 의하면 노평공 원년은 B.C. 322년임을 말하는데 둘은 서로 어긋난다. 『사기』 「주본기(周本紀)」에 의하면 "현왕 44년에 진혜왕이 왕을 일컬었을 것이며 그 후로 제후들이 모두 왕을 일컬었으니"[96] B.C. 325년 후에 곧 이미 "육국이 모두 왕을 일컬었음을 알 수 있다." 이로부터 「노세가」의 견해가 비교적 정확하다는 것을 알 수 있으며 쳰무도 노평공 원년을 B.C. 322년으로 정하였다.

맹자가 노로 간 직접적 원인은 노평공이 악정자를 등용하여 정치를 했기 때문이다. 맹자는 이 소식을 들은 후 "기뻐서 잠을 이루지 못하였는데", 그는 악정자가 "그 사람됨이 선을 좋아한다"는 것을 알았기 때문이다. 제자가 "선을 좋아하는 것으로 충분합니까?"라고 물었을 때 맹자는 "선을 좋아함은 천하(를 다스리는데)도 충분하거늘, 하물며 노나라이겠는가! 만일 선을 좋아하면 사해의 안에서 장차 천리를 가벼이 여기고 찾아와 선을 말해준다.(好善優於于天下, 而況魯國乎? 夫苟好善, 則四海之內皆將輕千里而來告之以善)"(12.13)라 하여 악정자가 정치에 종사하는 것에 대한 믿음이 충만했다. 호생불해가 "악정자는 어떤 사람인가" 묻자 맹자가 답하기를 "선인이며, 신인이다.(善人也, 信人也)", "두 가지의 중간이요, 네 가지의 아래이다.(二之中·四之下也)"(14.25)라 하였다. 이 장이 당시의 말인지 만년에 돌아온 후의

---

[95] 『사기』 권33, 중화서국, 1959, 1546쪽.
[96] 『사기』 권4, 중화서국, 1959, 160쪽.

말인지는 이미 확정하기가 쉽지 않지만 이 일은 맹자가 노로 간 것과 상관이 있다는 것이 오히려 긍정적이다. 악정자의 적극적인 추천을 통하여 노평공은 맹자를 만나보려고 하였지만 떠나기 전에 장창이 "뒤의 초상이 앞의 초상을 능가하였다"는 것을 이유로 저지하였다. 맹자는 알게 된 후에 탄식하여 말하였다. "길을 감은 누가 혹 시켜서이며, 멈춤은 혹 저지해서이다. 그러나 감과 그침은 사람이 능히 시킬 수 있는 것이 아니다. 내가 노나라 임금을 만나지 못함은 천운이니, 장 씨의 아들이 어찌 나로 하여금 만나지 못하게 할 수 있겠는가?(行, 或使之; 止, 或尼之. 行止, 非人所能也. 吾之不遇魯侯, 天也. 臧氏之子焉能使予不遇哉?)"(2.16)

맹자가 노에 간 기간에 또한 "노에서 신자(愼子)를 장군으로 삼으려는" 일이 발생했다. 맹자가 비평하여 말하였다. "백성을 가르치지 않고 전쟁에 쓰는 것을 백성에게 재앙을 입힌다고 이르니, 백성에게 재앙을 입히는 자는 요순의 세상에는 용납되지 못하였다. 한 번 싸워 제나라를 이겨서 마침내 남양을 차지한다 하더라도 이것은 불가하다.(不敎民而用之, 謂之殃民. 殃民者, 不容於堯舜之世. 一戰勝齊, 遂有南陽, 然且不可)" 이런 비평은 신자의 심기를 건드렸다. 맹자가 해석하여 말하였다. "…… 지금 노나라는 백 평방 리 되는 것이 다섯이니, 그대가 생각하건대, 왕자가 나온다면 노나라는 덜 곳에 있겠는가? 보탤 곳에 있겠는가? 한갓 저기서 취하여 여기에 준다 하더라도 이것도 인자는 하지 않는데, 하물며 사람을 죽이면서 구한단 말인가? 군자가 군주를 섬김은 그 군주를 이끌어 도에 합하게 하여 인에 뜻을 두게 힘쓸 뿐이다.(今魯方百里者五, 子以爲有王者作, 則魯在所損乎, 在所益乎? 徒取諸彼以與此, 然且仁者不爲, 況於殺人以求之乎? 君子之事君也, 務引其君以當道, 志於仁而已)"(12.8)

노에 가서 평공을 만나지 못하게 된 후 맹자는 등으로 왔다. 「양혜왕하」에서는 말하였다. "등문공이 물었다. '제나라 사람이 설에 성을 쌓으려 하여 내 매우 두려우니, 그것을 어찌하면 좋겠습니까?'(滕文公問曰: "齊人將築薛, 吾甚恐, 如之何則可?")"(2.14) "제나라 사람이 설에 성을 쌓으려 하는" 것은 제위왕(齊威王) 때 전영(田嬰)이 설에 성을 쌓으려 했는데 이 일은 전인이 상세하게 변별하였다. 따라서 전영이 어느 때 설에 성을 쌓았느냐 하는 것은 맹자가 등에 유력한 것을 확정 짓는 관건이다. 『사기』 「맹상군열전(孟嘗君列傳)」 사마정(司馬貞)의 『색은(索隱)』에서는 말하였다. "『기년(紀年)』에서는 양혜왕 후원 13년 4월에 제위왕(齊威王)이 전영을 설에 봉하였다고 하였다. 10월에 제나라는 설에 성을 쌓았다."[97] 양혜왕 후원 13년은 B.C. 322년으로 "설에 성을 쌓으려 하는 것"은 성을 쌓으려 하면서 아직 쌓지 않은 기간을 말한다. 이로써 맹자가 등에서 유력한 것은 B.C. 322년 4월보다는 뒤이고 10월의 앞임을 알 수 있다.

등문공이 세자였을 때 두 차례 송에 들러 맹자와 만났다. 두 차례 연우를 보내어 맹자에게 상사(喪事)의 가르침을 청하자 등에 유력하는 데 좋은 기초를 다져주었다. 맹자는 등에 이른 후에 자못 등문공의 공경과 중시를 받아 이때가 되어서야 비로소 충분히 자기의 이상을 펼칠 기회를 갖게 되었다. 『맹자』에 기록된 등문공과의 대화는 비교적 많다. 이는 맹자가 출유한 이래 전에 없던 것이다. 앞서 전에 제에서 유력할 때 송으로 가면서 설에 들렀다가 추로 돌아가고 노로 가던 상황과는 큰 차이가 있다. 등의 유력은 맹자가 양에서의 유력과 제(선왕)를 유력한 것 바로 다음가는 매우 중요한 곳이라고 말할 수 있다.

맹자가 선양한 정치적 주장은 주로 「등문공 상」 제3장에 보인다. 그 가운데 주요한 내용은 다음을 포괄한다. ① "백성들이 살아가는 방법은 떳떳한 재산이 있는 자는 떳떳한 마음을 갖고, 떳떳한 재산이 없는 자

---

[97] 『사기』 권75, 중화서국, 1959, 2352쪽.

는 떳떳한 마음이 없는 것이다. 만일 떳떳한 마음이 없으면 방벽함과 사치함을 하지 않음이 없을 것이다.(民之爲道也, 有恒産者有恒心, 無恒産者無恒心. 苟無恒心, 放辟邪侈, 無不爲己.)" ② "하후씨는 50묘에 공법(貢法)을 썼고, 은의 사람은 70묘에 조법(助法)을 썼고, 주의 사람은 백묘에 철법(徹法)을 썼으니, 그 실제는 모두 10분의 1이다.(夏后氏五十而貢, 殷人七十而助, 周人百畝而徹, 其實皆什一也)" ③ "하나라에서는 교라 하였고, 은나라에서는 서라 하였다. 주나라에서는 상이라 하였으며, 학[太學]은 삼대가 이름을 함께 하였으니, 이는 모두 인륜을 밝히는 것이었다.(夏曰校, 殷曰序, 周曰庠; 學則三代共之, 皆所以明人倫也)" ④ "인정은 반드시 경계를 다스림으로부터 시작되는 것이다. 경계를 다스림이 바르지 못하면 정지가 균등하지 못하며, 곡록이 공평하지 못하게 된다. 그러므로 폭군과 오리들은 반드시 그 경계를 다스리는 일을 태만하게 한다. 경계를 다스리는 것이 이미 바르게 되면 토지를 나누어주고 곡록을 제정해주는 일은 가만히 앉아서도 정해질 수 있는 것이다.(夫仁政, 必自經界始. 經界不正, 井地不鈞, 穀祿不平, 是故暴君汚吏必慢其經界. 經界旣正, 分田制祿可坐而定也)" ⑤ "1평방 리가 정이니, 정은 9백 묘이며, 그 가운데가 공전이다. 여덟 집에서 모두 백 묘를 사전으로 받아서 함께 공전을 가꾸어, 공전의 일을 끝마친 다음에 감히 사전의 일을 다스리니, 이는 야인을 구별한 것이다.(方里而井, 井九百畝, 其中爲公田. 八家皆私百畝, 同養公田. 公事畢, 然後敢治私事, 所以別野人也)"(5.3)

이 외에 또한 등문공이 "등은 작은 나라로, 제와 초 사이에 끼어 있습니다. 제나라를 섬겨야 합니까? 초나라를 섬겨야 합니까?(滕, 小國也, 間于齊·楚. 事齊乎? 事楚乎?)"(2.13)라 한 질문 및 "등은 작은 나라라, 힘을 다하여 대국을 섬기더라도 화를 면할 수 없으니, 어찌하면 좋겠습니까?(滕, 小國也; 竭力以事大國, 則不得免焉, 如之何則可)"(2.15)라 한 질문에 답한 것이 있다. 주의를 요하는 것은 맹자의 이 두 곳의 대답은 다만 "못을 깊이 파고 성을 높이 쌓아 백성과 함께 지키면 목숨을 바치도록 백성이 떠나지 않는다(鑿斯池也, 築斯城 也, 與民守之, 效死而民弗去)" 및 "옛날 태왕이 빈에 거주할 때 …… 따르는 자가 시장에 돌아가듯 하였다.(昔者大王居邠, …… 從之者如歸市)"라 하였을 뿐이다. 이런 이론만 힘쓰고 실질적이지 못한 말은 상당히 큰 작용을 일으켜 매우 큰 의심을 불러왔으며 나중에 맹자가 끝내 등에서 등용되지 못한 일의 복선이 되었을 것이다.[98]

농가(農家) 허행(許行)이 초에서 등에 이르자 진상(陳相)이 "그가 배운 것을 다 버리고 그에게 배우고(盡棄其學而學焉)" 아울러 맹자에게 허행의 말을 하여 맹자의 강한 비판을 일으켰는데 맹자가 등에 유력하던 기간에 발생하였다. 맹자는 허행의 임금과 신하가 함께 경작을 해야 한다는 학설에 반대하고 사회의 분업에 찬성하여 "대인[政治家]의 일이 있고 소인[百姓]의 일이 있다. …… 마음을 수고롭게 하는 자는 남을 다스리고, 힘을 수고롭게 하는 자는 남에게 다스려지며, 남에게 다스려지는 자는 남을 먹여주고, 남을 다스리는 자는 남에게서 얻어먹는다.(有大人之事, 有小人之事. …… 勞心者治人, 勞力者治於人; 治於人者食人, 治人者食於人)"(5.4)라 주장하였다. 「진심 하」에서 맹자는 공손추의 "군자가 밭을 갈지 않고 먹는다(君子之不耕而食)"라는 질문에 "군자가 이 나라에 거함에 그 군주가 등용하면 나라가 편안하고 부유해지고 높아지고 영화로우며, 자제들이 따르면 자제들이 효·제·충·신을 한다.(君子居是國也, 其君用之, 則安富尊榮; 其子弟從之, 則孝悌忠

---

[98] 남양(南梁) 유협(劉勰)의 『신론(新論)』 「수시(隨時)」에 참고할 만한 말이 있다. "옛날에 진이 양을 공격하자 혜왕이 맹가에게 말하였다. '선생께서 천리를 멀다 않고 저희 나라에 오셨는데 지금 진이 양을 공격하니 선생께서는 어떻게 막겠습니까?' 맹가가 대답하였다. '옛날에 태왕(太王)이 빈(邠)에 계실 때 적인(狄人)이 공격하였는데 옥백(玉帛)으로 섬겼는데도 안 되었습니다. 태왕은 백성을 다치지 않게 하고자 빈을 떠나 기(岐)로 갔습니다. 지금 왕께서는 어찌하여 양을 떠나지 않습니까?' 혜왕은 기뻐하지 않았다." 『중찬삼천지』와 『맹자사고』에서는 모두 이를 맹자의 일문(佚文)으로 거두었다. 정말로 맹자의 일문인가를 떠나서 모두 어느 정도 당시 맹자의 사상이 실용에 적절하지 않다는 특성을 반영하였을 것이다.

信)"(13.32)라 답하였다. 내용은 이와 비슷하지만 등에 유력하면서 진상과 변론한 전후에 일어났는지는 확정하기가 쉽지 않다.

등에 유력한 기간에는 몇몇 기분을 상한 일도 있었다. 하나는 등경이 귀한 신분을 끼고 물은 것이다. 등경은 등군(滕君)의 아우로 맹자에게 와서 배웠지만 맹자는 "답하지 않았다." 제자가 그 까닭을 묻자 맹자는 말하였다. "귀한 신분을 믿고 물으며, 현명함을 믿고 물으며, 나이 많음을 믿고 물으며, 공로가 있음을 믿고 물으며, 저의를 가지고 묻는 것은 모두 대답하지 않는 것이니, 등경이 이 가운데 두 가지를 가지고 있었다.(挾貴而問, 挾賢而問, 挾長而問, 挾有勳勞而問, 挾故而問, 皆所不答也. 滕更有二焉)"(13.43) 둘째는 창가에서 신을 잃은 것이다. "맹자가 등에 가서 상궁에 머물고 있었다. 작업하던 신이 창문 가에 있었는데, 여관주인이 찾아도 얻지 못하였다. 혹자가 물었다. '이처럼 종자들이 숨기고 있습니다.' 맹자가 '그대는 이 때문에 (우리가) 신을 훔치러 왔다고 여기는가?' 하시자, 대답하기를 '아닐 것입니다. 부자께서 교과를 설치함은 가는 자를 쫓지 않고 오는 자를 막지 아니하여, 만일 이 (배우려는) 마음을 가지고 오면 받아주실 뿐입니다.' 하였다.(孟子之滕, 館於上宮. 有業屨於牖上, 館人求之弗得. 或問之曰: '若是乎從者之也?' 曰: '子以是爲竊屨來與?' 曰: '殆非也. 夫子之設科也, 往者不追, 來者不拒. 苟以是心至, 斯受之而已矣.')"(14.30) 인정을 시행하고 천하를 다스리려는 지향을 품었지만 남들에게 "신을 훔친다"는 의심을 갖게 하였으니 그 심정이 편치 않았으리라는 것은 생각하면 알 수 있을 것이다.

염약거는 말하였다. "등문공이 삼년상을 정하고 5개월 동안 여막에 거처하면서 명령과 경계함을 내리지 않았으니 현자를 초치하는 일에 예가 없었음을 알 수 있다. 장례에 이른 후에야 비로소 예를 갖추어 맹자를 등으로 초빙해 와서 국사를 물었기 때문에 맹자는 여전히 그를 자(子)라 일컬었다. 해를 넘겨 개원을 한 후에야 두 번 군(君)이라 일컬었는데, '군께서는 저들을 어찌하시겠습니까?(君如彼何哉)'라 한 것과 '군께서는 이 두 가지 중에서 선택하소서,(君請擇於斯二者)'라 한 일이다. 그렇다면 맹자가 등에서 지낸 행적과 세월을 대략 살필 수 있을 것이다."[99] 첸무는 『선진제자계년고변』에서 말했다. "대체로 5개월 만에 장례를 마치고 맹자가 등에 이른 것은 등정공이 죽은 해이다. 등문공 원년인 이듬해까지도 맹자는 그대로 등에 있었다. 지금 일단 이 해가 곧 양혜왕 후원 13년으로 4월에는 전영이 설에 봉하여지고 10월에는 설에 성을 쌓았다고 가정해본다. 문공의 '그것을 어찌합니까?'라 한 물음은 4월 후 10월 전에 있었다. 맹자가 양에 유력한 것은 혜왕 후원 15년이다. 맹자가 등에 있었던 것은 전후로 3년이 된다."[100] 맹자가 등에 온 것은 B.C. 322년이고 등을 떠나 양에 이른 것은 B.C. 320년이다. 맹자가 등에서 유력한 것은 확실히 3년 내외의 시간이 있었다.

  맹자가 이렇게 오래 등에 머물렀으니 등문공은 비교적 상당히 개명한 군주일 것이다. 무엇보다도 그는 그래도 비교적 맹자의 말을 듣기를 바랐다. 이는 연우를 보내어 상사를 묻고 필전을 보내어 정전(井田)을 물은 것에서 알 수 있다. 다음으로, 맹자를 후대하여 푸대접하지 않았다. "상궁(上宮)에 머물게 한 것"으로부터 이를 알 수 있다. 맹자가 출유할 때 "뒤따르는 수레가 수십 대이고 따르는 자가 수백 명"이라는 규모는 등에서 유력한 뒤에서야 시작된 것이다. 그러나 등은 어디까지나 소국이다. 등문공도 반드시 진심으로 맹자의 건의를 따른 것이 아니라 맹자의 정치 이상은 결국 등에서 실현될 도리가 없었다. 마침 양혜왕이 "예를 낮추고 예물을 두터이 하여 현자를 초치하자" 맹자는 대량에 이르게 되었다. 때는 B.C. 320년이었다.

---

[99] 청 염약거의 『맹자생졸연월고』, 『청경해』 제1책 권24, 상해서점, 1988, 122쪽.
[100] 첸무의 『선진제자계년고변』, 「맹자유등고(孟子游滕考)」, 상해서점, 1992, 316쪽.

(4) 양에서의 유력(B.C. 320년~B.C. 319년)

맹자가 양에서 유력한 것은 맹자의 평생을 고증하는데 있어서 가장 문제가 많은 사안 중의 하나다. 논쟁의 초점은 맹자가 양에 유력한 것이 양혜왕 35년인가 아니면 후원 15년인가 하는 것이다.

사마천은 전자를 주장하였다. 『사기』「육국연표」양혜왕 35년의 주에서는 말하였다. "맹자가 오자 왕이 나라를 이롭게 하는 것을 물었는데 대답하기를 '임금은 이로움을 말해서는 안 됩니다.'라 하였다."[101] 이는 맹자가 양혜왕 35년 양을 유력한 가장 이른 출처로 이후로 이 설을 주장하는 자가 적지 않았다. 이를테면 초순은 『맹자정의』에서 주병중(周柄中)의 『변정(辨正)』을 인용하여 말하였다. "맹자의 제와 양의 선후 문제는 「육국연표」 및 「위세가(魏世家)」를 근거로 하여야 하며 「맹자열전」을 근거로 해서는 안 된다. 「연표」의 위혜왕 35년은 제선왕 7년이다. 이 해에는 특별히 '맹자가 왔다(孟子來)'라 기록하였다. 맹자가 제선왕 7년 이전에 먼저 제에서 유력하였다면 어째서 「연표」에 기록하지 않았겠는가? 곧 「맹자전」에서 이른바 '제선왕을 유세하며 섬겼는데 선왕이 쓸 수가 없어 나중에 양으로 갔다'라 한 것은 곧 사공(史公: 司馬遷)의 엇섞인 글이지 사실이 아니다. 본서로 살펴보건대 첫 편에는 양혜왕을 만난 여러 장 및 양왕을 만나 꺼낸 이야기와 이런저런 말을 수록하였다. 그다음 십수 장은 모두 제에서 선왕과 묻고 답한 일이다. 이 그 선후의 종적은 분명히 알 수가 있어서 『통감』처럼 선왕 10년으로 옮겨서 연나라를 쳐서 쾌(噲)를 죽인 일과 합치시킨 다음 맹자가 먼저 양을 유력한 후에 제에 이르렀다고 볼 필요가 없다."

---

[101] 『사기』 권15, 중화서국, 1959, 727쪽.

이런 견해는 비교적 큰 여론을 형성하고 있지만 다음과 같은 어려움이 존재한다.

첫째, 사실(史實) 문제이다. 최술은 『맹자사실록』에서 말하였다. "『사기』의 양이 진(秦)에게 하서(河西)의 땅을 준 것은 양왕 5년이며, 상군(上郡)을 진에 모두 편입한 것은 양왕 7년이고, 초가 위(魏)를 양릉(襄陵)에서 패배시킨 것은 모두 혜왕이 죽은 후의 일이다. 그런데 혜왕이 맹자에게 이르기를 '서쪽으로는 진나라에게 땅을 7백 리를 잃었고, 남쪽으로는 초나라에 모욕을 당했다.' 하였다. 미래의 일을 혜왕이 무슨 도리로 미리 알고 예언하였겠는가?"[102]

둘째, 늙은이라 일컬은 문제. 맹자는 양혜왕을 만났을 때 이미 늙은이라 일컬었다. 조기의 주에서는 말하였다. "수(叟)는 장로(長老)를 일컫는 것으로 부(父)와 같다." 일반적으로 양혜왕 35년은 B.C. 335년으로 생각한다. 전통적인 견해에 따르면 맹자는 B.C. 372년에 난 것으로 추산하는데 양을 유력할 때는 겨우 38세로 여하를 막론하고 늙은이라 일컬어서는 안 된다.

진(晉) 태강(太康) 2년에 급군(汲郡) 사람이 위국(魏國)의 국사 『죽서기년』을 발견했는데 그 중 적지 않은 곳의 기록이 「육국연표」와 같지 않았다. 이 문제를 해결하기 위한 새로운 희망을 가져와 이에 사람들의 시선은 『죽서기년』으로 옮아갔다. 『기년』에서는 양혜왕 36년을 1로 고쳤으며 개원 후 16년에 죽었다. 이는 곧 양혜왕 35년에 혜왕은 결코 죽지 않았으며 개원만 하고 개원 후 또 16년이 지나서야 죽었음을 설명한다. 맹자가 양혜왕이 죽기 전에 도착한 대량이라고 한다면 양혜왕 35년이 아니라 후원 15년이나 16년이다. 이렇게 하여 사실 문제는 기본적으로 해결될 수

---

[102] 청 최술의 『맹자사실록』, 『최동벽유서』, 상해고적출판사, 1983, 413쪽.

있었다. 하서를 주고 상군에 편입하고 양릉에서 패한 등의 일이 모두 후원 연간에 발생하였기 때문에 양혜왕은 당연히 알 수가 있었으며 결코 무슨 '예지력'을 가진 것이 아니다. 그리고 '늙은이로 일컬은 것' 또한 무슨 큰 문제가 아니다. 양혜왕 후원 연간에 양에 유력하였다면 연수에서 또한 반드시 15, 6세를 더하여 맹자가 B.C. 372년에 태어난 것으로 계산을 하면 이때 이미 53세가 되기 때문에 그렇게 칭할 수 있다.

『죽서기년』에서 기록한 해가 『맹자』와 서로 맞아떨어지기 때문에 받아들이는 사람들이 갈수록 많아졌다. 최술의 『맹자사실록』에서 말한 것을 두예의 「좌전후서(左傳後序)」에서는 말하였다. 고서 『기년』 편에서는 혜왕 36년에 개원하였다고 하였으며, 1년부터 시작하여 16년에 이르러 혜성왕(惠成王)이 죽었다고 하였다. 곧 혜왕이다. 『사기』에서는 혜성왕 이후로 왕의 해를 잘못 나눈 것 같다. "그렇다면 『사기』에서 일컬은 '서주(徐州)에서 만나 서로 왕을 일컬은' 것은 혜왕이며 양왕이 아닐 것이다. 일컬은 양왕 원년은 곧 혜왕 후원년이며 하서를 주고 상군에 넣고 양릉에서 패한 것은 모두 혜왕 때의 일로 양왕 때의 일이 아닐 것이다. …… 맹자가 양에 이른 것은 혜왕 25년이 아니라 후원 12년 양릉이 패한 후이다. 곧 맹자와 혜왕이 말한 것이 한 마디도 부합되지 않음이 없을 것이다. 맹자와 제선왕의 문답은 매우 많다. 양혜왕과는 특히 적어 양에서도 다른 일이 없었을 것이니 맹자가 양에 거처한 기간은 오래지 않다. 그러나 그래도 양왕을 만나본 후에 떠났으니 맹자가 양에 이른 것은 혜왕 전 12년이어야 하며 신축년과 임인년 두 해 가운데 『연표』에서는 주 신정왕(愼靚王) 원년 2년이다."[103] 강영(江永)의 『군경보의(群經補義)』에서는 말했다. "맹자가 양혜왕을 본 것은 주신왕(周愼王) 원년 신축일 것이며 이 해는

---

[103] 청 최술의 『맹자사실록』, 『최동벽유서』, 상해고적출판사, 1983, 413쪽.

혜왕 후원 15년이다. 이듬해인 임인년에 혜왕이 죽고 아들인 양왕이 즉위하였는데 맹자는 한번 만나보고는 곧 양을 떠났을 것이다."[104] 첸무 또한 말하였다. "『연표』에 의하면 맹자가 양에 이른 것은 혜왕 35년에 기록되어 있는데, 아마 후원 15년으로 사공(史公)이 후원을 오인하여 양왕이라 하고 곧 35년으로 옮겼을 따름이다. 지금 『연표』에서 오인한 자취를 미루어 강영의 설대로 맹자가 양에 이른 것은 신정왕 원년이다."[105]

맹자가 양에 이른 후의 활동은 주로 「양혜왕 상」과 「고자 하」에 보인다. 그 가운데 가장 유명한 것은 「양혜왕 상」의 제1장일 것이다. "맹자가 양혜왕을 뵈었다. 왕이 말하였다. '노인께서 천 리를 멀다 않고 오셨으니, 또한 내 나라를 이롭게 함이 있겠지요?' 맹자가 대답하였다. '왕께서는 하필 이를 말씀하십니까? 또한 인의가 있을 뿐입니다.'(孟子見梁惠王. 王曰: '叟! 不遠千里而來, 亦將有以利吾國乎?' 孟子對曰: '王何必曰利? 亦有仁義而已矣.')" 양혜왕은 잇달아 패전하여 땅으로 배상하고 아들을 잃어 마음속 깊이 분노하였다. 복수심이 절박하여 맹자가 오는 것을 보고 서둘러 전쟁을 벌여 땅을 빼앗으려는 위급한 상황을 타개할 좋은 방법이 있을까 타진했다. 나라를 신속히 강성하게 만들고자 하였기 때문에 "또한 나라를 이롭게 함이 있겠는가?"라 말하였다. 맹자는 양혜왕이 말하는 '이(利)'가 이른바 전쟁을 벌여 땅을 빼앗는 따위임을 간파했다. 전쟁을 벌여 땅을 빼앗은 것은 맹자의 입장에서 보면 절대로 나라를 다스리는 가장 좋은 방법이 아니었다. 따라서 양혜왕에게 이 방법으로는 나라를 다스릴 수 없으며 적극적인 인정의 시행만이 상책이라고 하였다. 그러나 어구에 모호함이 있다. 게다가 후인의 선입견 때문에 이 장에는 주로 이를 따져서는 안 되고 오직 의만을 말해야 한다고 해석하였다. 마침내 이 장이 맹자에 대해 오

---

[104] 청 강영의 『군경보의』, 『청경해』 권29, 상해서점, 1988, 272쪽.
[105] 첸무의 『선진제자계년고변』, 『맹자유양고』, 상해서점, 1992, 323쪽.

해의 소지가 가장 많은 문제 중의 하나가 되었다.[106]

이 외에 맹자와 양혜왕이 이야기를 나눈 문제로는 현자가 오락을 어떻게 봐야 하는가이다. "현자가 된 뒤라야 이것을 즐기는 것이니, 현명하지 못한 자는 비록 이것을 가지고 있다 하더라도 즐기지 못한다.(賢者而後樂此, 不賢者雖有此, 不樂也)"라 생각하였다.(1.2) 50보로 100보를 비웃는 문제가 있었는데 나라 다스림은 근본적인 곳에서부터 손을 대어 철저히 인정을 시행하고 5묘의 집과 농사철을 어기지 않음, 상서(庠序)와 학교 등 일련의 조치를 수행할 것을 주장하였다. "그러고서도 다스리지 못한 경우는 아직까지 없었다.(然而不王者, 未之有也)"(1.3)라 하였다. 사람을 죽이는데 "칼과 정치로 하는 것이 다른가" 하는 문제도 있었다. "짐승끼리 서로 잡아먹는 것도 사람들은 미워하는데, 백성의 부모가 되어 정사를 행하되 짐승을 몰아 사람을 먹게 함을 면치 못한다면 백성의 부모 됨이 어디에 있겠는가?(獸相食, 且人惡之; 爲民父母, 行政, 不免於率獸而食人, 惡在其爲民父母也)"(1.4)라 하였다. 어떻게 해야 국가가 진정 강대해지는가 하는 문제에 대하여서는 "왕이 인정을 백성에게 베풀어, 형벌을 살펴하며, 부세를 경감한다면, 백성들은 밭을 깊이 갈고 김을 잘 매고, 장성한 자들은 여가를 이용하여 효제와 충신을 닦아서, 들어가서는 부형을 섬긴다. 나아가서는 장상을 섬길 것이니, 이들이 몽둥이를 만들어 진나라와 초나라의 견고한 갑옷과 날카로운 병기를 치게 할 수 있을 것이다.(王如施仁政於民, 省刑罰, 薄稅斂, 深耕易耨; 壯者以暇日修其孝悌忠信, 入以事其父兄, 出以事其長上, 可使制梃以撻秦楚堅甲利兵矣)"(1.5)라 강조하였다. 이러한 내용들은 모두 양혜왕이 묻는 응하여 말에 제기한 것이니 구체적인 제목이 다르기는 하지만 중심에는 하나만 있을 뿐이다. 바로 양혜왕에게 인정을 시행하도록 권하는 것이다.

---

[106] 본서 제3장 "왕패지변(王霸之辨)"에 상세히 보인다.

인정 사상과 관련하여 맹자는 종횡가(縱橫家)의 방법을 극도로 멸시하여 경춘(景春)과 논쟁을 벌인 적이 있다. 경춘은 공손연과 장의는 "한번 노하면 제후들이 두려워하고, 편안히 거함에 천하가 잠잠하다.(一怒而諸侯懼, 安居而天下熄)"고 생각하여 대장부라 부르기에 족하다고 하였다. 맹자는 그렇지 않다고 하여 진정한 대장부는 "천하의 넓은 집[仁]에 거처하며, 천하의 바른 자리[禮]에 서며, 천하의 대도[義]를 행하여, 뜻을 얻으면 백성과 함께 도를 행하고, 뜻을 얻지 못하면 홀로 그 도를 행하여, 부귀가 마음을 방탕하게 하지 못하며, 빈천이 절개를 옮겨 놓지 못하며, 위무가 지조를 굽히게 할 수 없어야 한다.(居天下之廣居, 立天下之正位, 行天下之大道; 得志, 與民由之; 不得志, 獨行其道. 富貴不能淫, 貧賤不能移, 威武不能屈)"라 생각하였다. 공손연과 장의 같은 무리는 다만 아녀자의 도일 뿐이라 "순종함을 정도로 삼는 자(以順爲正者)"(6.2)라 하였다. 이번 대화는 내용적인 측면에서 봤을 때 맹자가 양에 거처할 때 일어났을 것이다.[107]

맹자는 양에 거처할 때 백규(白圭)와 세제 및 치수(治水)에 관하여 두 차례 논쟁을 하였다. 백규는 위(魏)의 상(相)으로 세율을 낮추어 20분의 1을 취하고자 하였다. 맹자가 반박하여 말하였다. "그대의 방법은 오랑캐의 도이다.(子之道, 貉道也)" 위는 큰 나라여서 20분의 1의 세법을 행하면 국가의 소비가 충분치 못하게 되어 반드시 "인륜을 버리고 군자가 없게 된다.(去人倫, 無君子)" 따라서 "(세금을) 요순의 도보다 가벼이 하고자 하는 자는 큰 맥국에 작은 맥국이요, 요순의 도보다 무겁게 하고자 하는 자는 큰

---

[107] 공손연과 장의·소진은 모두 종횡가이지만 경춘은 공손연과 장의만 들고 소진은 들지 않았는데 주광업과 첸무·양보쥔은 모두 "이때 소진은 이미 죽었기 때문일 것"(楊伯峻의 『孟子譯注』 141쪽의 주 3을 참고하여 보라)이라고 생각하였다. 그러나 쑨카이타이의 『맹자사적고변』은 1973년 창사(長沙) 마왕퇴(馬王堆)에서 출토된 『전국종횡가서(戰國縱橫家書)』에 근거하여 이 설에는 오류가 있다고 단정하였다. 『전국종횡가서』에 의거하면 장의는 소진보다 이르기 때문에 장의가 활약할 때 소진은 여전히 명성을 이루지 못하였다. 참고하여 볼 만하다.

걸왕에 작은 걸왕이다.(欲輕之於堯舜之道者, 大貉小貉也; 欲重之於堯舜之道者, 大桀小桀也)"(12.10)라 하였다. 백규는 물을 잘 다스린다고 자부하여 "우보다 낫다(愈於禹)"고 생각하였다. 그러나 맹자는, 대우의 치수는 물이 정도로 돌아가게 하여 사해를 골짜기로 삼아 백성을 유익하게 하였으나 백규의 치수는 "이웃 나라를 골짜기로 삼아(以隣國爲壑)"(12.11) 백성에게 무익하여 취할 것이 없다고 지적하였다.

맹자와 여러 차례 대화를 거치는 동안 양혜왕의 태도에는 큰 변화가 생겼다. 이는 "과인은 마음을 편안히 해서 가르침을 받들기 원한다.(寡人願安承敎)"(1.4)라 한 말로 알 수 있다. 그러나 정말 공교롭게도 맹자가 양에 이른 이듬해 곧 B.C. 319년에 양혜왕은 죽고 말았다. 양양왕(梁襄王)이 즉위한 후 맹자의 그에 대한 인상은 매우 좋지 않아 "바라보아도 임금 같지 않고, 그 앞으로 나아가도 두려워할 만한 것이 보이지 않았다.(望之不似人君, 就之而不見所畏焉)"(1.6)는 탄식을 하였다. 양왕이 묻기를 "천하가 어디로 정하여 질 것인가?(天下惡乎定)"라 묻자 맹자가 답하기를 "하나로 정하여 질 것이다.(定於一)"라 하였다. 양왕은 맹자가 한 말을 정확하게 이해할 수가 없어서 또 묻기를 "누가 하나로 정할 수 있겠는가?(孰能一之)"라 하였다. 맹자는 더 이상 양에 머물러봤자 유익할 것이 없으리라 느꼈다. 이때는 마침 제선왕이 막 즉위한 때였다. 직하의 학문을 부흥시키려는 노력을 하여 맹자에게 새로운 희망을 가져다주자 그는 대량을 떠나 재차 제로 갔다. 때는 B.C. 319년이었다.

(5) 선왕 때의 두 번째 제나라 유력(B.C. 319년~B.C. 312년)

맹자의 두 번째 제의 유력은 마침 제위왕이 즉위한 후 오래지 않아서였다. 두 가지 근거가 있다. 「진심 상」 제36장에서는 말하였다. "맹자가 범에서 제로 가 제왕의 아들을 바라보시고는 아! 하고 감탄하였다. '거처 가 기운을 옮기고, 봉양함이 몸을 바꾸니, 크도다, 거처함이여! 모두 사람 의 자식이 아니겠는가?'(孟子自范之齊, 望見齊王之子, 喟然歎曰: '居移氣, 養移體, 大哉居 乎! 夫非盡人之子與?')"(13.36) 제왕의 아들을 일컬은 것은 위왕이 막 죽고 선왕 이 막 즉위했다는 것을 설명한다. 맹자는 이때 범에서 제에 이르러 마침 위왕이 죽고 오래지 않은 때를 만났음이 매우 분명한데 이것이 첫째 근 거이다.「진심 상」제39장에서는 말하였다. "제선왕이 상기를 줄이려고 하였다. 공손추가 말하였다. '기년상이 그만두는 것보다는 나을 것이다.' 맹자가 말하였다. '이는 혹자가 그 형의 팔뚝을 비틀거든 그대가 그에게 이르기를 일단 좀 살살 하자고 말하는 것과 같다. 또한 그에게 효제를 가 르칠 뿐이다.'(齊宣王欲短喪. 公孫丑曰: '爲朞之喪, 猶愈於已乎?' 孟子曰: '是猶或紾其兄之臂, 子謂之姑徐徐云爾, 亦敎之孝悌而已矣')"(13.39) 선왕이 상기를 줄이려고 한다는 것 은 위왕의 상이 아직 시작되지 않았거나 이제 막 시작되어 오래지 않다 는 것을 설명한다. 맹자는 이때 제에 이르렀고 위왕이 죽은 것이 오래지 않음이 분명하니 이것이 두 번째 근거이다.

『사기』「전경중완세가(田敬仲完世家)」사마정의 『색은』에서는 『죽서기년』 을 인용하여 말하였다. "양혜왕 12년은 제환공 18년에 해당하며, 나중에 위왕이 비로소 보이니 환공은 19년에 죽었다."[108] 『죽서기년』에서는 또 말하였다. "양혜왕 후원 15년에 제위왕이 죽었다." 이에 따르면 제위왕 의 몰년은 B.C. 320년임을 미루어 알 수 있다.[109] 맹자가 제나라에 간 초 창기에 위왕이 막 죽은 상황을 만나 선왕이 상기를 줄이려 하였으니 맹 자가 두 번째 제에 유력한 것은 B.C. 320년 후 B.C. 318년 전이어야 한다. 첸무가 이 해를 B.C. 319년으로 정한 것은 이치에 맞다.[110]

---

[108] 『사기』권46, 중화서국, 1959, 1888쪽.

맹자가 양에서 제에 이른 것은 『맹자』의 본문으로 보면 범(范)과 평륙(平陸) 두 곳에서 머문 적이 있었던 것으로 알 수 있다. 「진심 상」에서는 말했다. "맹자가 범에서 제로 가시어 제왕의 아들을 바라보았다.(孟子自范之齊, 望見齊王之子)"(13.36) 범은 지금의 하남(河南) 범현(范縣) 동남쪽 20리 지점에 있다. 양에서 제에 이르는 요로이기[111] 때문에 반드시 범을 경유하여야 "제왕의 아들을 바라보는" 일을 이룰 수 있다. 「고자 하」에서는 또 말하기를 맹자는 "평륙에서 제로 갔다(由平陸之齊)"라 하였다. 염약거의 고증에 의하면 "평륙은 지금의 문상현(汶上縣)으로 제의 도읍인 임치(臨淄)와는 6백 리 떨어져 있다."[112] 이는 곧 평륙은 제나라의 변읍 가운데 하나이기 때문에 맹자는 범에서 평륙을 경유하여 다시 임치에 이르렀다는 것을 설명한다. 평륙에 있을 때 맹자는 평륙의 대부 공거심(孔距心)과 변론을 한 적이 있는데 그가 인정을 행하지 않아 "흉년에 그대의 백성 중에 노약자들은 구렁에 전전하고, 장성한 자들이 흩어져 사방으로 간 자가 수천 명은 됨직한(凶年饑歲, 子之民, 老羸轉於溝壑, 壯者散而之四方者, 幾千人矣)"(4.4) 상황을 초래했다고 비판했다. 이외에 평륙에 있을 때 맹자는 또한 제의 상인 저자(儲子)가 사람을 보내 보내온 예물을 받아들였지만 임치에 이른 후에는 결코 자발적

---

109 쳰무와 양콴(楊寬)의 『전국사(戰國史)』(上海人民出版社, 1980)에서는 이에 대한 계산이 조금 차이가 있다. 쳰무는 전화(田和)는 개원 후 2년에 죽었다고 하여 제후(齊侯) 섬(剡) 원년은 B.C. 384이고, 제위왕 원년은 B.C. 357년, 제위왕은 모두 38년이라고 생각했다. 『전국사』에서는 전화는 제후로 칭하기 전이 18년이고 개원 후 3년으로 모두 21년이며, 제후 섬(剡) 원년은 B.C. 383년, 제위왕 원년은 B.C. 356년, 제위왕은 모두 37년이라고 하였다. 다만 쳰무든 양콴이든 모두 제위왕이 죽은 것은 B.C. 320년이라 정하였는데 본절의 주제와 어긋나지 않으므로 여기서는 상세히 논하지 않는다.
110 쳰무의 『선진제자계년고변』 「맹자가 양에서 제로 돌아옴을 고찰함(孟子自梁返齊考)」, 상해서점, 1992, 325~326쪽.
111 위원의 『맹자연표고(孟子年表考)』 제1과 송상봉(宋翔鳳)의 『과정록(過庭錄)』은 모두 이 설을 지지하고 있다.
112 청 염약거의 『석지속(釋地續)』, 문연각 『사고전서』 권210, 대만상무인서관, 1986, 352쪽.

으로 저자를 만나러 가지 않아 제자들을 어리둥절하게 하기도 했다.(12.5)

여러 제후국에서의 주유를 거쳐 맹자가 제나라에 이르렀을 때 "뒤따르는 수레가 수십 대이고 종자가 수백 명(後車數十乘, 從者數百人)"일 정도로 명성이 이미 상당히 커졌다. 제선왕은 아직 맹자를 만나보지 않았기에 맹자에 대하여 일종의 신비감을 가지고 있었다. 심지어 사람을 보내어 몰래 관찰하기도 하면서 맹자가 과연 다른 사람과 다른 점이 있는지 살펴보았다. 맹자는 이 일을 들은 후에 말하기를 "어찌 남과 다르겠는가? 요순도 남과 같을 따름이다.(何以異於人哉? 堯舜與人同耳)"(8.32)라 하였다. 최술은 말하였다. "맹자는 제에서 곧 객경으로 관직에 있으면서 직책을 맡은 자와는 같지 않았다."[113] "맹자가 제에서 경으로 등에 조문하러 갔다(孟子爲卿於齊, 出弔於滕)"(4.6)한 한 마디로부터 맹자가 제나라에서 확실히 경의 직위를 얻었음을 알 수 있다. 최술의 이 말은 틀리지 않았다.

맹자가 두 번째로 제에 유력할 때의 사적은 비교적 많다. 『맹자』 본문에서 고증하면 주로 다음의 다섯 가지이다.

1) 임금과 정치를 논하다

맹자는 제에서 유력하면서 주로 제나라에서 인정을 실현하기를 희망하여 제선왕과 정치를 논한 것은 자연히 맹자의 가장 주요한 일이었다. 맹자와 모든 제후의 대화 가운데 제선왕과의 대화가 가장 많다. 게다가 이때는 맹자도 이미 만년에 가까워 추로 돌아가 강학하고 책을 저술할 때와 멀지 않아 제자들의 기록이 특별히 풍부하고 매우 상세하다. 이런 대화 중에 맹자는 선왕이 제기한 문제에 교묘하게 대답하여 자기의 인정 사상을 상세히 천술하였다. 그중에는 다음과 같은 것을 포괄한다. (1)

---

113 청 최술의 『맹자사실록』, 『최동벽유서』, 상해고적출판사, 1983, 417쪽.

"중니의 문도들은 제환공과 진문공의 일을 말한 자가 없다.(仲尼之徒無道桓文之事者)", "백성을 보호하고 다스리면 아무도 막을 수가 없다.(保民而王, 莫之能御)"(1.7) (2) "지금 왕이 백성과 함께 즐거워한다면 다스리게 될 것이다.(今王與百姓同樂, 則王矣)"(2.1) (3) 문왕(文王)의 동산은 70평방 리인데 "백성이 작다고 생각했고(民以爲小)" 선왕의 동산은 40평방 리인데 "백성이 크다고 생각했다.(民以爲大)"(2.2) (4) "대국을 가지고 소국을 섬기는 자는 천리를 즐거워하는 자이고, 소국을 가지고 대국을 섬기는 자는 천리를 두려워하는 자이니, 천리를 즐거워하는 자는 온 천하를 보전하고, 천리를 두려워하는 자는 자기 나라를 보전한다.(以大事小者, 樂天者也; 以小事大者, 畏天者也. 樂天者保天下, 畏天者保其國)"(2.3) (5) "백성이 즐거워함을 즐거워하는 자는 백성들 또한 그(君主의) 즐거워함을 즐거워하고, 백성들의 근심을 근심하는 자는 백성들 또한 그 근심을 근심한다. 즐거워하기를 온 천하로써 하며, 근심하기를 온 천하로써 하고 이렇게 하고도 잘 다스리지 못하는 자는 아직 없었다.(樂民之樂者, 民亦樂其樂; 憂民之憂者, 民亦憂其憂. 樂以天下, 憂以天下, 然而不王者, 未之有也)"(2.4) (6) "늙어서 아내가 없는 것을 환(홀아비)이라 하고, 늙어서 남편이 없는 것을 과(과부)라 하고, 늙어서 자식이 없는 것을 독(무의탁자)이라 하고, 어려서 아비가 없는 것을 고(고아)라 하니, 이 네 가지는 천하의 곤궁한 백성으로서 하소연할 곳이 없는 자들이다. 문왕은 정사를 펴고 인을 베푸시되 반드시 이 네 사람들을 먼저 하였다.(老而無妻曰鰥, 老而無夫曰寡, 老而無子曰獨, 幼而無父曰孤. 此四者, 天下之窮民而無告者. 文王發政施仁, 必先斯四者)"(2.5) (7) "좌우의 신하들이 모두 죽여야 한다고 말하더라도 듣지 말 것이며, 대부들이 모두 죽여야 한다고 하더라도 듣지 말 것이고, 국인이 모두 죽일 만하다고 말한 뒤에 살펴보아서 죽일 만한 점을 발견한 뒤에 죽여야 한다. 그러므로 국인이 죽였다고 말하는 것이다. 이같이 한 뒤에야 백성의 부모라 할 수 있다.(左右皆曰可殺, 勿聽; 諸大夫皆曰可殺, 勿聽; 國人皆曰可殺, 然

後察之, 見可殺焉, 然後殺之. 故曰, 國人殺之也. 如此, 然後可以爲民父母)"(2.7) (8) "인을 해치는 자를 적이라 이르고, 의를 해치는 자를 잔이라 이르고, 잔적한 사람을 일부라 이르니, 일부인 주를 베었다는 말은 들었으나, 군주를 죽였다는 말은 들은 적이 없다.(賊仁者謂之賊, 賊義者謂之殘. 殘賊之人謂之一夫. 聞誅一夫紂矣, 未聞弑君也)"(2.8) (9) "지금 여기에 박옥이 있으면 비록 만 일이라도 반드시 옥공으로 하여금 쪼아서 아로새기게 할 것이다. 국가를 다스림에 있어서는 우선 네가 배운 것을 버리고 나를 따르라 하신다면, 옥공으로 하여금 옥을 쪼아서 아로새기게 하는 것과는 왜 다르게 하는가?(今有璞玉於此, 雖萬鎰, 必使玉人雕琢之. 至於治國家, 則曰'姑舍女所學而從我', 則何以異於敎玉人雕琢玉哉)"(2.9) 맹자의 대화는 언어가 날카롭고 몰인정하여 이따금 제선왕을 화나게도 하여 "발끈하여 안색이 바뀌었고(勃然變乎色)"(10.9), 어떤 때는 제선왕으로 하여금 말없이 대답하도록 하기도 해 "좌우를 돌아보면서 딴말을 하였다.(顧左右而言他)"(2.6) 이런 대화는 맹자의 인정사상을 상세히 표현하였으며, 맹자의 정치사상을 분석하는 중요한 자료이다.

2) 등으로 출사하다

맹자가 등에 출사한 일은 「공손추 하」 제6장에 보인다. "맹자가 제나라에서 경이 되어 등나라에 가서 조문할 때 왕이 갑의 대부 왕환을 보행[副使]으로 삼았다. 왕환이 아침저녁으로 뵈었는데, (孟子께서는) 제와 등의 길을 왕복하도록 그와 행사를 말한 적이 없다.(孟子爲卿於齊, 出弔於滕, 王使蓋大夫王驩爲輔行. 王驩朝暮見, 反齊滕之路, 未嘗與之言行事也)"(4.6) 이 일은 맹자가 두 번째 제에 유력한 기간 중의 일일 것이다. (1) 맹자가 첫 번째 제를 유력할 때는 결코 제위왕에게 중용되지 않았으므로 위왕이 맹자를 제의 경으로 명하여 등으로 조문을 보냈다고 한다면 다소 억지스럽다. (2) 맹자가 송에 있을 때 두 차례 등의 세자와 이야기를 나누었으며 등의 세자가 계위한 후에 또 등에서 2~3년을 거주하여 등문공과 교유가 있어서 등문공이 막 상을 당하였을 때라야 맹자가 문상을 하러 갈 수 있었기 때문이다. 등문 공은 맹자가 첫 번째 등을 유력하던 기간과는 계위가 아직 까마득하였으 므로 등문공을 조문한 것은 맹자가 두 번째 제를 유력할 때라야 발생할 수 있었을 것이다.

이번에 출행한 후로 맹자는 줄곧 왕환과 사이가 좋지 못했다. 이와 관 련된 두 가지 일이 있다. 첫째는 공항자(公行子)가 아들의 상을 당하여 맹 자와 왕환이 모두 앞으로 나아가 상례를 행하였다. "군자들이 모두 나와 말하는데, 맹자만이 홀로 나와 말하지 않고(諸君子皆與驩言, 孟子獨不與驩言)" 이렇게 대답하였다. "나는 이 예를 행하고자 하였는데, 자오[王驩의 字]는 나더러 소홀히 한다고 말하니, 이상하지 아니한가?(我欲行禮, 子敖以我爲簡, 不 亦異乎)"(8.27) 둘째 "악정자가 자오를 따라 제에 가서(樂正子從於子敖之齊)" 맹 자의 비판을 받았다. 표면상으로 보면 맹자는 "관사를 정한 뒤에 어른을 찾아보는(舍館定, 然後求見長者)"(7.24) 방법을 비평한 것이지만, 실제상으로는 악정자와 왕환의 교유에 대해 크게 불만을 가졌다.

3) 사람들과 대화하다

맹자가 제에서 유력하던 기간에 얼마나 많은 사람과 이야기를 나누었 는지 고찰할 수 있는 증거가 있는데 아래와 같은 것들이다. 장포(莊暴)와 제선왕이 "음악을 좋아하는 것이 어떤가(好樂何如)"를 논하면서 "왕이 음 악을 매우 좋아하면 제나라는 거의 다스려질 것이다.(王之好樂甚, 則齊國其庶 幾乎)"(2.1)라 하였다. 공손추와 "제에서 요로를 담당한다면 관중과 안자의 공적을 다시 기대할 수 있겠는가?(當路於齊, 管仲·晏子之功, 可復許乎)"(3.1)를 논 하였다. 공손추와 "40세에 마음을 동요하지 않았다(四十不動心)"와 "호연 지기(浩然之氣)"(3.2)를 기르는 것을 논하였다. 공손추와 "제선왕이 상기를 단축하려는 것(齊宣王欲短喪)"(13.39)을 논하였다. 광장과 "진중자가 어찌 참으로 청렴한 선비가 아니겠는가?(陳仲子豈不誠廉士哉)"(6.10)를 논하였다. 지적할 만한 것은 이런 대화가 첫 번째 제를 유력할 때인지 두 번째 제를 유력할 때인지 확정하기가 쉽지 않다. 여기서는 기록이 지극히 상세함을 근거로 두 번째 제를 유력할 때로 잠정할 뿐이다.

4) 임금이 연을 취하는 것을 제지하다

B.C. 316년 연에서 연왕이 자지(子之)에게 양위하는 사건이 발생하여 연이 크게 어지러워지자 제의 신하 심동(沈同)이 몰래 맹자에게 연을 칠 수 있는가를 묻자 맹자는 칠 수 있다고 하였다. 그 이유는 "자쾌도 남에게 연을 줄 수 없으며, 자지도 자쾌에게 연을 받을 수 없기(子噲不得與人燕, 子之不得受燕於子噲)"때문이었다. 제가 연을 벌한 후에 맹자는 또한 반대의 뜻을 나타내었다. 이유는 "천리라면 정벌할 수 있는데(爲天吏, 則可以伐之)", "지금은 연으로 연을 치는 것이니, 내 어찌하여 권하였겠는가?(今以燕伐燕, 何爲勸之哉)"(4.8)라는 것이다. B.C. 315년 제는 연을 정벌하여 매우 빠르게 승리를 거두었다. 제선왕이 맹자에게 연을 취할 수 있겠는가 물었다. 맹자는 "취해서 연의 백성들이 기뻐하면 취하고(取之而燕民悅, 則取之)", "취해서 연의 백성들이 기뻐하지 않으면 취하지 말라(取之而燕民不悅, 則勿取)"(2.10)고 하였다. B.C. 314년 제의 사람이 연을 취하여 각국의 불만을 일으켰다. 맹자는 제선왕에게 권하였다. "속히 명령을 내려 노약자들을 돌려보내시며 중기를 (수송해오던 것을) 중지하고 연의 민중들과 도모해서 군주를 세워준 뒤에 떠나면, 오히려 (전란이 일어나기 전에) 중지시킬 수 있을 것이다.(速出令, 反其旄倪, 止其重器, 謀於燕衆, 置君而後去之, 則猶可及止也)"(2.11) 제선왕이 듣지 않아 "연의 사람이 반기를 들어(燕人叛)" 제군(齊軍)이 대패하여 제선왕은 "맹자에게 몹시 부끄러워했다.(甚慙於孟子)"(4.9) 이 일은 맹자와 제선

왕의 관계를 날로 긴장하게 하였다. 제선왕이 맹자를 불러 보려 했는데 맹자는 병을 칭탁하고 조회를 하지 않고 오히려 동곽 씨(東郭氏)를 조문하러 갔는데 난처함을 피하고자 어쩔 수 없이 경추(景丑)의 집으로 가 유숙하였다. 경추가 그 이유를 묻자 맹자는 "관작이 하나요, 연치가 하나요, 덕이 하나이다. …… 어찌 그 한 가지를 가지고서 둘을 가진 사람을 경만히 하겠는가?(爵一, 齒一, 德一, …… 惡得有其一以慢其二哉)"(4.2)라 대답하였다.

5) 제를 떠나 추로 돌아가다

임금이 연을 취하는 것을 막은 일은 맹자가 제나라에서 인정을 행하려던 이상을 완전히 무너뜨렸다. 맹자는 경의 지위를 버리고 제를 떠날 심산이었다. 제선왕이 "내 서울에 맹자의 집을 지어주고 제자들을 만종의 녹으로 길러 대부들과 백성으로 하여금 모두 공경하고 본받게 해주려 한다.(欲中國而授孟子室, 養弟子以萬鍾, 使諸大夫國人皆有所矜式)"라 하였다. 맹자는 "내가 부자가 되고 싶었다면 십만 종을 사양하고 만 종을 받는 것이 이것이 부자가 되고자 하는 것이겠는가?(如使予欲富, 辭十萬而受萬, 是爲欲富乎)"(4.10)라 대답하고 굳이 사양하여 받지 않았다. 경의 지위를 사양하고 떠난 후에 때마침 제는 기근이 들어 진진(陳臻)이 다시 제선왕에게 창고를 열어 곡식을 풀 것을 건의하려 하지 않느냐고 물었다. 맹자는 이미 그 지위에 있지 않아 다시 "풍부(馮婦)"가 될 수 없다(14.23)는 뜻을 나타냈다.

맹자는 제를 떠나 제의 서남쪽에 있는 주읍(晝邑)에서 밤을 보냈다. 어떤 사람이 제선왕을 위하여 맹자를 만류하려고 하였는데 맹자는 "누워서 듣지 않았으며(臥而不聽)" 결국 사람들에게 설명하였다. "옛날 노목공은 자사의 곁에 (자기의 誠意를 전달할) 사람이 없으면 (子思가 떠날까 염려하여) 자사를 편안히 하지 못하였고, 설류와 신상은 목공의 곁에 (보좌할 만한) 사람이 없으면 그 몸을 편안히 할 수 없었다. 그대가 장자를 생각해 주되, 자사에게 미치지 못하니, 자네가 장자를 끊은 것인가? 장자가 자네를 끊은 것인가?(昔者, 魯繆公無人乎子思之側, 則不能安子思; 柳·申詳無人乎繆公之側, 則不能安其身. 子爲長者慮, 而不及子思; 子絶長者乎? 長者絶子乎?)"(4.11) 맹자는 주에서 사흘 밤을 머물러 사람들의 오해를 사자 말하였다. "내 사흘을 유숙한 뒤에 주를 나서는데 내 마음에는 오히려 빠르다고 여겼다. 나는 왕이 고치시기를 바라니, 왕이 고친다면 반드시 나를 돌아오게 하였을 것이다. 주를 나가는데도 왕이 나를 (만류하기 위하여) 쫓아오지 않기에, 내가 그런 뒤에야 호연히 돌아갈 뜻을 가졌다. 내 비록 그러하나 어찌 왕을 버리겠는가. 왕은 그래도 충분히 선을 행할 수 있을 것이다. 왕이 만일 나를 등용한다면, 어찌 한갓 제나라 백성만이 편안해지겠는가. 천하의 백성이 모두 편안해질 것이다. 왕이 고쳤으면 하는 것을 나는 날마다 바란다.(予三宿而出晝, 於予心猶以爲速, 王庶幾改之! 王如改諸, 則必反予. 夫出晝, 而王不予追也, 予然後浩然有歸志. 予雖然, 豈舍王哉! 王由足用爲善; 王如用予, 則豈徒齊民安, 天下之民擧安. 王庶幾改之! 予日望之!)"(4.12) 제를 떠나는 과정에서 맹자는 또한 휴(休)에서 머무른 적이 있다. 염약거는 "옛 휴성(休城)은 지금의 연주부(兗州府) 등현(滕縣) 북쪽 15리 지점에 있으며 맹자의 집과는 백 리 떨어져 있다."[114]라 하였다. 맹자는 이곳에서 공손추와 제를 떠난 원인을 이야기하였다. "숭에서 내 왕을 만나 뵙고 물러 나와 떠날 마음을 두었으니, 이 마음을 변하고자 하지 않았으므로, 녹을 받지 않은 것이다. 뒤이어 군대의 출동명령이 있었다. (그리하여 떠나갈 것을) 청할 수 없었을 뿐이었지, 제에 오랫동안 머무름은 나의 뜻이 아니었다.(於崇, 吾得見於王, 退而有去志, 不欲變, 故不受也. 繼而有師命, 不可以請. 久於齊, 非我志也)"(4.14)

맹자는 추로 돌아오는 도중에 석구(石丘)에서 송경(宋牼)이 초에 가서 진과 초가 전쟁을 그치도록 유세하러 가려는 상황과 맞닥뜨려 "하필 이를

---

[114] 청 염약거의 『사서석지속』, 문연각 『사고전서』 제1책 권210, 대만상무인서관, 1986, 352쪽.

말하는가?(何必曰利)"(12.4)라고 권하였다. 장종태의 『맹자칠편제국연표』에서는 말하였다. "맹자 때 제와 진이 다툰 것은 위(魏) 뿐이니 위가 천하의 중앙에 처해 있기 때문이다. 초가 비록 진과 가까웠지만 당시 강성하였다면 진이 여전히 감히 함께 다투지 못했을 것이다. …… 양양왕(梁襄王) 원년 계묘년에 초가 다섯 나라와 함께 진을 공격했다가 이기지 못한 일이 있었다. 단독으로 진과 싸운 것은 회왕(懷王) 17년의 일이다. …… 이 일은 공교롭게 맹자 때 일어났다. 맹자는 이 해에 연 사람 때문에 제를 떠났으니 맹자가 혹 일이 있어서 송에서 설(薛)로 갔을 것이다. 이에 송경과 석구에서 만났을 것이니 『맹자』 제6편 하에서 송경이 진과 초가 병란에 얽혔다고 한 것은 필시 이때의 일일 것이다." "진진이 제와 송, 설에서 연달아 일컬은 것은 비록 제에서 송으로 이르는 것이 추로 돌아가는데 반드시 거쳐야 할 길은 아니지만 초회왕은 단양(丹陽)의 패배로 진과 남전(藍田)에서 싸운 것이 마침 이 해인데 맹자가 송이 이르지 않았으면 어떻게 송경과 석구에서 만났겠는가?"[115]

장 씨는 진·초의 분쟁이 B.C. 312년(楚懷王 17년)이라고 정하였는데 일리가 있다. 다만 석구가 송의 땅이라고 정하였는데 확실한 근거가 없다. 조기는 『주』에서 "석구는 지명이다."라 하고 송의 땅이라고는 하지 않았다. 초순의 『맹자정의』에서는 말하였다. "석구는 조 씨는 지명이라고만 하였으며 혹자는 송의 땅이라고 하였는데 아마 경이 송 사람이기 때문일 것이다." 양보쥔도 석구가 송의 지명이라는 설에 "반드시 근거가 없을 것이다."라 하였다. 석구가 송의 땅이라는 것은 결코 아무런 실재적인 근거가

---

[115] 청 장종태의 『맹자칠편제국연표』, 『적학재총서』 제6책. 장 씨는 맹자는 모두 두 차례 송에 갔다고 생각하였는데, 한 번은 척성군(剔成君) 때이며, 한 번은 신하가 된 후라고 하였다. 나는 맹자가 송에 간 것은 한 번뿐으로 두 번이 아니라고 생각한다. 곧 위왕(威王) 때 제에 간 후와 양에 가기 전의 그때 한번 송에 갔다. 장 씨는 맹자가 처음으로 제에 갔을 때가 위왕 때임을 알지 못하여 이 오해가 있게 된 것이다.

없다는 것을 알 수 있다. 이치대로 말하면 맹자가 연의 사람이 반란을 결의하여 돌아온 후로 자기의 정치 주장은 실현될 길이 없음을 알고 더는 주유할 뜻이 없었으니 다시 송의 석구로 먼 길을 돌아갈 어떤 이유도 없다. 내 추측건대 석구는 제에서 추에 이르는 노상의 한 지방이나 혹은 동명의 두 석구일 것이다. 그 가운데 하나는 제에서 추에 이르는 노선상에 있어서 맹자는 돌아오던 중에 이곳을 들러 송경을 만나 그와 이야기하다가 "하필 이를 말하느냐?"라 하였을 것이다. 이런 견해는 실증이 결핍되었기는 하지만 이치상으로는 비교적 합리적이다.[116] 반드시 석구를 송의 땅으로 생각한다면 송은 제에서 추로 돌아가는데 반드시 거쳐야 할 곳이 아니어서 맹자가 송경과 만나려면 반드시 길을 돌아 송에 이르러야 하거나 아니면 별도의 전적으로 멀리 송으로 가야 한다. 맹자의 정치 이상이 제와 양 등 대국에서 모두 실현될 길이 없어진 상황에서 다시 송이라는 소국으로 간다는 것은 이치상 통하기가 어렵다.

맹자는 제를 떠나면서 "기쁘지 않은 기색이 있는 것 같아(若有不豫色然)" 기분이 매우 좋지 않았다. 충우가 질문하였을 때 맹자는 탄식하여 말하였다. "5백 년이면 반드시 왕자가 나오니, 그 사이에 반드시 세상에 유명한 자가 있다. 주 이래로 7백여 년째이니, 연수를 가지고 보면 지났고, 시

---

116 이런 견해는 쑨카이타이의 관점과 조금 다르다. 쑨의 『맹자사적고변』에서는 맹자가 추로 돌아온 후 다시 송으로 갔다가 진·초의 싸움을 만났다고 생각하였다. 나는 이 장을 쓸 때 이 관점을 채택하지 않았으며 아울러 쑨의 의견을 구하였다. 그의 회신은 본서의 제1, 2장에 귀중한 의견을 제기하였고 아울러 그의 맹자가 석구에서 송경을 만난 일에 대한 견해에 변경이 있었다. 대만 국문천지출판사(國文天地出版社)에서 출판될 『맹자』라는 책에서 이에 대하여 이렇게 묘사하였다. "맹자는 주난왕 3년(B.C. 312년)에 고국인 추나라로 돌아갔다. 맹자는 매듭짓지 못한 무슨 일이 있어서인지 추로 돌아가서 오래지 않아 송의 땅인 석구(지금 河南 汲縣 동남쪽의 胙城 동쪽)로 갔다. 이때 마침 진나라와 초나라의 전쟁이 발생하여 '진과 초가 단양(丹陽)에서 싸웠는데' 직하(稷下) 선생 송경이 초나라로 가서 유세하여 두 나라의 전쟁을 중지시키려고 하여 맹자가 송경과 석구에서 만나게 되었다. …… 맹자는 석구에서 추로 돌아온 이후 더 이상 출유하지 않았다." 본서의 관점은 이와 여전히 차이가 있는데 독자들이 참고할 만하다.

기로 살펴보면 지금이 가하다. 하늘이 천하를 다스리고자 하지 않는 것이다. 만일 천하를 다스리고자 하신다면, 지금 세상에 나를 버리고 그 누가 하겠는가? 내 어찌하여 기뻐하지 않겠는가?(五百年必有王者興, 其間必有名世者. 由周以來, 七百有餘歲矣. 以其數, 則過矣; 以其時考之, 則可矣. 夫天未欲平治天下也; 如欲平治天下, 當今之世, 舍我其誰也? 吾何爲不豫哉?)"(4.13)

(6) 추로 돌아오다(B.C. 312년~맹자 몰년)

B.C. 312년 맹자는 추로 돌아왔다. 근 30년간 동분서주하면서 맹자는 이미 자기의 왕도주의의 위대한 이상은 실현할 길이 없다는 것을 명백히 알았다. 그러나 그는 자기의 사상 주장이 세상에 전하여질 수 없다는 것을 달가워하지 않았다. 이에 『논어』를 모방하여 공손추 및 만장 등과 함께 『맹자』를 저술하여 자기의 주장을 천명하고 자기의 일생을 기술하였다. 이 기간에 제자들은 늘 새로운 문제를 제기하였으며 그때마다 맹자는 이에 대해 대답을 하였다. 시간이 넉넉하고 여건도 충분하여 이 부분의 내용이 풍부하며, 기록 또한 비교적 상세한데 주로 『등문공』과 『이루』 등 편에 집중되어 있다.

이런 생활은 맹자가 서거할 때까지 쭉 이어졌다.

7. 맹자의 생몰

맹자의 명자와 고향, 선대, 문도, 사승 그리고 유력을 나누어 토론하였는데 아직 마지막으로 맹자의 생몰이라는 문제가 남아 있다.

(1) 맹자의 생몰에 관한 각종 견해

역사상 맹자의 생몰 연도(특히 生年)에 관해서는 여러 가지 설이 분분하여 일치된 결론을 내릴 수 없다. 개략적으로 말하면 최소한 아래의 몇 가지 다른 견해가 있다.

① B.C. 444년 출생

원 장수의 「맹모묘비기(孟母墓碑記)」에서는 말하였다. "「추공분묘비(鄒公墳廟碑)」에 의하면 "맹자는 공자(가 죽은 해)보다 35년 뒤에 태어났다.""117 『사기』「십이제후연표」에 의하면 공자는 주경왕(周敬王) 41년(B.C. 479)에 죽었으며 35년 뒤는 주정왕(周定王) 25년(B.C. 444)이다.

② B.C. 438년 출생

나근택의 『맹자평전』에서는 반미(潘眉)의 『맹자유력고(孟子游歷考)』「생(生)」을 인용하여 말하였다. "『사기색은』에서는 말하였다. "맹자는 주정왕 31년에 나서 난왕 26년에 죽어 향년 84세이다." 나근택은 지적하였다. "시언사의 『독맹질의』와 위원의 『맹자연표』에서는 모두 『색은』을 인용하여 말하였다. …… 그러나 금본 『색은』에는 이 설이 절대 없는데 다 무슨 까닭인지 모르겠다.""118 주정왕은 재위 기간이 28년이라 31년은 없다. 31년으로 계산한다면 실제로는 고왕(考王) 3년(B.C.438)이 된다.

③ B.C. 401년 출생

명대 진사원의 『맹자잡기』「생(生)」에서는 말했다. "맹자는 아마 안왕(安王) 초년에 나서 난왕(赧王) 초년에 죽었을 것이다."119 주안왕 원년은 B.C. 401년이며, 초년은 또한 그 후 오래지 않아서일 것이다.

---

117 주광업의 『맹자사고』 4 「맹자출처시지고」, 『청경해속편』 제1책 권230, 상해서점, 1988, 1075쪽.
118 나근택의 『맹자평전』, 상무인서관, 1932, 9쪽.
119 문연각 『사고전서』 권207, 대만상무인서관, 1986, 298쪽.

④ B.C. 397년 출생

명말 황종희(黃宗羲)의 『맹자사설(孟子師說)』에서는 맹자가 주안왕 5년 (B.C.397)에 났다고 정하였다. "「사기표(史記表)」에 의하면 맹자가 양혜왕을 만난 것은 35년이다. 이때 이미 늙은이(叟)라 일컬었으니 60세를 넘었을 것이다. 이 23년 후에 노평공(魯平公)이 비로소 즉위하였다. 그가 만나려 한 연도는 비록 정할 수 없지만 맹자는 90세에 가까웠을 것이다. 『맹씨가보(孟氏家譜)』에서는 말하였다. '맹자는 주정왕 37년 4월 2일에 나서 난왕 26년 정월 15일에 죽었는데 나이가 84세였다.' 『사기』에 의하면 정왕은 28년에 죽어 37년은 없으니 삼(三)은 잘못 베껴 쓴 것일 듯하다. 고왕은 15년, 위열왕은 24년, 안왕은 26년, 열왕(烈王)은 4년, 현왕은 48년, 신정왕은 6년이다. 또한 난왕 26년을 더하면 정왕 27년 기해년에서 난왕 27년 임신년까지는 모두 154년으로 증거로 삼기 충분치 못하며, 나이가 84세라는 것은 오류가 없을 것이다. 일단 노평공 원년에서 위로 올라가 주안왕 5년 갑신까지가 84년이 된다. 그 생몰년은 그 전후의 기간을 넘지 않을 것이며 양혜왕을 만났을 때는 곧 60세일 것이다."[120]

⑤ B.C. 390년 출생

근인 첸무가 지은 『맹자요략』에는 『맹자연보』가 있다. 이 연보에서는 맹자의 생애에서 큰일이 일어난 해만 열거해놓았으며 맹자의 생몰 시기에 대해서는 결코 말하지 않았다. "맹자의 큰일의 기록"에만 해당한다. 그러나 『선진제자계년고변』 「제자가 생졸한 연세의 약수(諸子生卒年世約數)」에서 첸무는 맹자의 생몰년을 B.C. 390년에서 B.C. 305년으로 정하였는데, 86세이다.[121] 이후 이 견해를 채택하는 사람이 차츰차츰 증가하는 추세다. 허우와이루(侯外廬)의 『중국사상통사(中國思想通史)』와 쑨카이타

---
120 위와 같음, 838~839쪽.
121 첸무 『선진제자계년고변』 「부록(附錄)」, 상해서점, 1992, 101쪽.

이의 『맹자연보』 그리고 차오야오더(曹堯德)가 문학체로 지은 『맹자전』에서는 모두 이 설을 채택했다.

⑥ B.C. 385년 출생

청대 위원의 『맹자연표』에서는 말하였다. "주안왕(周安王) 17년(B.C. 385년-인용자 注)에 맹자가 태어났다." "난왕 26년 임신년에 맹자가 죽었다."[122] 근인 양보쥔의 『맹자역주』에서도 이 설을 지지했다.

⑦ B.C. 382년 출생

나근택의 『맹자평전』에서는 송상봉의 『맹자사적고변』「맹자보지오(孟子譜之誤)」에서 말하였다. "난왕 2년에 맹자는 70여 세였으니 주안왕 20년(B.C. 382년-인용자 注) 전에 났을 것이며, …… 난왕 20년 후에 죽었을 것이니 맹자 90여 세일 것이다."[123]

⑧ B.C. 376년 출생

청대 장용(臧庸)의 『배경일기(拜經日記)』에서는 말하기를 맹자는 "주안왕 26년(B.C. 376년-인용자 注) 을사년에 나서 난왕 22년 무진년에 죽었을 것이다."[124]라 하였다.

⑨ B.C. 372년 출생

진사원의 『맹자잡기』에서는 『맹씨보(孟氏譜)』를 인용하여 말하였다. "맹자는 주정왕 37년 4월 2일에 났는데 곧 지금의 2월 2일이다. 난왕 26년 정월 15일에 죽었으니 곧 지금의 11월 15일로 향년 84세다. 무덤은 추현 사기산(四基山)에 있다."[125] 그러나 주정왕은 재위 기간이 28년뿐으로 37년은 없기 때문에 논자들은 온갖 추측을 하여 '정(定)'은 '안(安)'자가 와전된 것일 것이라고 하였다. 안왕은 재위 26년 만에 죽었으며, 안왕 26년

---

122 청 위원의 『위원집』「맹자연표」, 중화서국 1976, 275, 296쪽.
123 나근택의 『맹자평전』, 상무인서관. 1932, 21쪽.
124 청 장웅의 『배경일기』, 『청경해』 제6책 권1175, 상해서점. 1988, 734쪽.

을사에서 난왕 26년 임신년까지는 88년이다. 이는 『맹씨보』에서 맹자의 연수가 84세라 한 설과 부합하지 않는다. 이에 난왕 임신년부터 역으로 추산하여 맹자는 열왕 4년 기유년(B.C. 372)에 나서 난왕 26년 임신년(B.C. 289)에 죽었다고 정하였다. 이 견해를 주장하는 사람은 매우 많아 상술한 각종 상이한 견해 가운데서 주도적인 지위를 점하고 있다.[126]

  이상 아홉 가지 견해는 시간적으로 나눈 것으로 세 부류로 귀납될 수 있다. 첫째에서 셋째까지가 하나로 맹자는 B.C. 400년 전에 태어났다고 생각하였다. 넷째에서 일곱째까지가 하나로 맹자는 B.C. 400년 후 B.C. 380년의 전에 났을 것이라 하였다. 나머지 하나는 여덟째와 아홉째로 맹자는 B.C. 376년 후에 났을 것이라고 생각하였다. 이런 상이한 견해는 각자 나름의 근거를 가지고 있지만 동시에 각자의 문제점도 가지고 있다. 『죽서기년』에 근거하면 맹자가 양혜왕을 만난 것은 B.C. 320년(周慎靚王 元年)이라고 하였다. 맹자가 과연 B.C. 400년의 앞에 태어났다면 양혜왕을 만났을 때는 이미 80여세였을 것이다. 늙은이라 칭하기에는 충분하지만 맹자가 이렇게 많은 나이로 양혜왕을 처음 만나고 이후에도 일련의 활동을 하였다는 것은 분명히 어려웠을 것이다. 첫 번째 부류의 견해는 성립하기 어려울 것임을 알 수 있다. 둘째 부류의 견해는 원만치 못한 곳이 몇 군데 보인다. 맹자가 양혜왕을 만났을 때가 대략 60세에서 77세의 사이

---

[125] 『맹씨보』의 각종 판본은 견해가 다르다. 나근택은 말하였다. "『맹씨보』는 진사원이 본 판본에서는 정왕 37년에 났다고 하였고, 만사동(萬斯同)이 본 판본에서는 열왕 4년에 났다고 하였다."(『孟子評傳』 22쪽) 본서에서 인용한 것은 명대 진사원의 『맹자잡기』이다.(문연각 『사고전서』 권207, 298쪽)

[126] 이 외에 또한 뭉뚱그려서 맹자는 열왕 초년에 났다고 하는 사람도 있는데 이를테면 나근택은 맹자는 "열왕 초년에 나서 난왕 23년에 죽었는데, 서기로 B.C. 370년 내외에서 290년 내외까지이다."(『孟子評傳』 23쪽에 보임)라 하였다. B.C. 370은 372년과 멀지 않은데도 이곳에서 명확하게 약수로 표명하여 이 때문에 본서에서는 이를 아홉째 견해(곧 B.C. 372에 남)와 합쳐서 더 이상 나누지 않는다.

이니 늙은이라 일컬을 수 있다. 하지만 맹자가 제에서 체류한 시간과 광장과 교유한 연령, 『맹자』의 글에서 본래 시호를 일컬은 점 등에서 보면 모두(아래에 상세히 보임)가 그렇다. 세 번째 견해의 어려움은 주로 늙은이라 일컬은 곳에 문제가 있다. 이 견해를 따른다면 맹자가 양혜왕을 만났을 때는 겨우 54세 전후일 것으로 호칭에 약간 억지가 있다.

맹자의 생몰년에는 이렇게 많은 상이한 견해가 있다. B.C. 444년에서 B.C. 372년까지는 전후로 72년이나 차이가 나 이 문제를 설명하는 데는 상당히 큰 어려움이 존재한다. 이런 어려움은 주로 세 방면에서 온다.

첫째, 『사기』의 기록이 지나치게 간략해서다. 선진 제자의 생몰 연월이 최초로 기록된 것은 주로 『사기』에 기대고 있다. 사마천의 기술이 상세한 것은 후세의 논쟁이 적고 그 반대의 경우에는 논쟁이 많다. 공자의 생몰년은 『사기』의 「공자세가」와 「제후연표(諸侯年表)」 그리고 「노주공세가(魯周公世家)」 등 몇 군데에 걸쳐 모두 기록이 있어서 상대적으로 논쟁이 비교적 적다. 그러나 『사기』 「맹자순경열전」에는 맹자의 생몰에 관한 기록이 없는데 당시 사마천이 이미 분명히 몰라서일 가능성이 크다. 사마천은 맹자와 시간상 그리 멀지 않은데 기록이 이렇게 간략할 뿐이니 후인들이 이 방면에 대하여 논쟁이 많은 것도 괴이하지 않을 것이다.

다음으로, 『맹자』 자체가 보다 상세한 자료를 제공하지 못해서다. 『사기』의 기술이 간략하여 맹자의 생몰년을 확정할 방도가 없어 사람들은 『맹자』 자체에서 증거를 찾을 수밖에 없었다. 『맹자』에서는 확실히 몇몇 맹자의 활동 연대에 관한 자료를 찾아낼 수 있다. 설에 성을 쌓은 것이라든가 장창이 맹자를 헐뜯은 것, 양혜왕을 만나자 늙은이라고 한 것, 양양왕이 임금 같지 않다는 것, 제왕의 아들이 거처가 기운을 옮기고, 봉양이 몸을 바꾼다는 것, 공손연과 장의가 어찌 대장부가 되겠는가 한 것, 제의 사람이 연을 친 것 등등이다. 사람들이 이런 자료들로부터 맹자의 생몰

방면의 단서를 찾아낼 수 있기는 하였지만 이런 자료들은 모두 지나치게 간단하여 강력하고 확실한 증거를 제공할 길이 없었다.

마지막으로, 관련된 사료의 착오가 너무 크다. 『맹자』 자체에서 착수하는 것 외에도 사람들은 또한 관련된 역사 자료에서 몇몇 증거를 찾았다. 그러나 관련된 역사 자료에 부족한 곳이 너무 많이 존재하여 이 방면의 정황 또한 낙관적이지 않다.

『사기』에서는 맹자가 양혜왕을 만난 것이 위혜왕 35년이라고 기록하였다. 이어서 36년에 혜왕이 죽고 양왕이 즉위하였다. 『죽서기년』에서는 오히려 36년에 혜왕은 결코 죽지 않았으며 혜성왕으로 개원하고 다시 16년이 지나서 죽었으며 양양왕은 결코 없었고 혜왕이 직접 애왕(哀王)에게 왕위를 전해주었다고 하였다. 그러나 『맹자』에는 명백하게 "맹자가 양양왕을 만났다(孟子見梁襄王)"라 씌어 있으니 확실히 양왕이 있었음을 알 수 있다. 결국 『사기』가 정확한가 아니면 『죽서기년』이나 『맹자』가 정확한가는 모두 한번 변별을 거쳐야 한다.

맹자가 제에 먼저 가고 양은 나중에 갔는지 아니면 양에 먼저 가고 제에 나중에 갔는가 하는 문제는 현존 사료에 근거하면 한시라도 분명하게 말하기 어렵다. 위에서 말한 대로라면 사마천은 제에 먼저 갔고 양은 나중이라고 주장했다. 『사기』가 가진 권위성 때문에 이 견해를 지지하는 사람이 많다. 그러나 사마천이 말한 제가 먼저라고 할 때의 '제(齊)'는 제선왕이지 제위왕이 아니다. 문제는 어디에서 나왔는가? 연구가 필요하다. 당연히 적지 않은 사람들이 사마천의 견해에 동의하지 않고 맹자는 양에 먼저 갔고 제는 나중에 갔다는 설을 주장한다. 이 문제는 표면상으로 보면 맹자의 기술이 유력한 순서이긴 하지만 사실은 또한 『사기』 제국(齊國) 연표의 정확성이라는 문제도 있다.

다시 예컨대 장창이 맹자를 헐뜯어 노평공을 만나지 못하게 된 것은 언제인가? 『사기』 「노주공세가」에 근거하면 노평공 원년은 B.C. 314년으로 그 후에야 맹자를 만나려고 한 일이 있을 수 있다. 맹자가 양혜왕을 본 것은 B.C. 320년이다. 이는 곧 현존 사료에 의하면 노평공이 맹자를 만나려고 한 것은 반드시 맹자가 양을 유력한 후여야 한다는 것을 말한다. 우리가 위에서 고증한 것에 따르면 이는 불가능하다. 사서의 이런 사건의 시간에 대한 기록에는 이렇게 큰 차이가 있어서 이를 근거로 삼아 맹자의 생몰년을 확정하려는 것은 당연히 곤란한 일일 것이다.

(2) 첸무의 맹자 생몰년 문제에 대한 관점

이런 어려움이 존재하기 때문에 비교적 현명한 사람이 이미 파악한 자료를 가지고 정확하게 맹자의 생몰년을 확정하고자 해도 거의 불가능하다는 것을 알고 있다. 그들은 맹자의 생몰년을 확정하려는 노력을 버려두고 맹자의 유력 과정을 고증하는데 정력을 쏟았다. 『중찬삼천지』 같은 연표는 안왕 원년에서부터 시작하여 난왕 33년에 이르러 끝이 난다. 무릇 120년으로 다만 유력 과정만 열거하고 생몰년은 정하지 않았다.[127] 첸무 또한 이와 같다. 첸무는 『선진제자계년고변』 「맹자생년고」에서 지적하였다. "사람을 알고 세상을 논함은 동시대의 사업을 구할 수 있음을 귀하게 여기며 그 생몰 연수(年壽)를 상세하게 파헤치는 것은 힘쓰지 않는다. 지금 맹자는 열왕 4년에 태어났다고 하고 혹은 안왕 17년에 태어났

---

[127] 『중찬삼천지』 권1에서 이에 대하여 설명하였다. "생몰에 대해서는 여전히 들어 있지 않다. 생몰을 논함에 경을 가지고 판단하면 양에서 장로(長老)라는 일컬음이 있었고, 제에서는 주(周) 이래 7백여 년이라는 말이 있으며 권말에 다시 공자 이래 지금까지 백여 년이라는 말이 있으니 또한 이미 대강을 얻었다 하겠다. 지금 『지(志)』 「맹자연표」에서 감히 안왕 때 태어났다고 말하지 않고 해를 기록하였으니 안왕에서 시작하였으며, 감히 난왕 때 죽었다고 말하지 않고 해를 기록하였으니 난왕에 이르러 그쳤으니, 더욱 갈라진 설에 근거하여 내가 천착한 것을 후세의 작자들은 양찰하기 바란다."

다고도 한다. 앞뒤 간의 거리가 15년을 넘지 않으니 이는 한 사람이 누린 연수의 다과의 차이에 불과하며 동시대의 큰 국면과는 무관하다. 실로 이미 맹자가 유력하며 벼슬하여 이른 곳과 동시대의 정세 및 열국의 임금과 경대부가 왕래하며 학사들과 교유한 것을 상고하였으니 맹자 한 사람의 당시 관계는 이미 모두 드러나 그 연수가 70인지 80인지는 논할 것이 없다고 하겠다. 증거가 없으면 믿지 않아야 하겠지만 반드시 천착하고자 하여 괜히 스스로 수고롭고 서투르다는 비평에 빠지니 또 무엇을 하겠는가?"[128]

  이런 인식에 근거하여 쳰무는 주요 정력을 맹자와 당시 사회의 대사와의 관계에 쏟아 맹자가 유력한 몇 가지 관건이 되는 문제에서 새로운 탐색을 하였다. 먼저 『사기』에서 제위왕 B.C. 378년, 재위 36년, 선왕 B.C. 342년으로 세운 견해를 개정하였다. 『죽서기년』에 근거하여 제위왕 B.C. 357년 재위 38년으로 설정하고, 제선왕 B.C. 319년 재위 19년으로 설정하여 제위왕의 활동 시기를 20여 년 뒤로 미루었다. 다음으로 맹자가 제위왕 때 먼저 이미 제에 유력하였음을 고증하였다. 위에서 말했듯이 쳰무는 「맹자는 제위왕 때 먼저 이미 제에서 활동했음을 고찰함」을 지어 네 방면의 증거를 열거하여 맹자가 제위왕 때 이미 제에서의 유력을 시작하였다고 확정하였다. 다음으로 노평공이 맹자를 보려한 시간을 개정하였다. 쳰무는 고증에 근거하여 노평공 원년 B.C. 322년으로 확정하여 『사기』의 연한을 8년 앞당겼다. 마지막으로 맹자가 양을 유력한 것이 B.C. 320년이라고 확정하였다. 쳰무는 『죽서기년』을 근거로 맹자가 양을 유력한 것은 후원 15년이며 혜왕 35년이 아니라고 확정하여 「육국연표」에 수정을 가하였다.

---

[128] 쳰무의 『선진제자계년고변』 「맹자생년고」, 상해서점, 1992, 173쪽.

상술한 여러 사항에 의탁하여 첸무는 새로운 맹자가 제에서 유력한 시간의 대략적인 표를 배열하였다.[129]

제위왕 30 송의 언(偃)이 비로소 왕이 되다.
      31 맹자가 모친상을 당하여 제에서 귀장하고 제로 돌아간 일이 이후 몇 년 내에 있었을 것이다.
      32
      33
      34 맹자가 송을 유력한 것이 이때 혹은 조금 전에 있었을 것이다. 등의 세자가 초로 가면서 송에 들러 맹자를 만나다. 초에서 돌아오면서 다시 맹자를 만나다.
      35 맹자가 송에서 설에 들르고 추에 들렀다가 노에 이른 것이 이 해이거나 전해일 것이다. 노평공이 즉위하여 맹자를 만나고자 하였는데 장창의 저지를 당하다. 등정공이 죽어 연우가 추로 가서 맹자에게 (상례를) 물었으며 이해 겨울에 맹자가 등에 이르다.
      36 노평공 원년.
         4월에 제에서 전영을 설에 봉하여 10월에 설에 성을 쌓다. 맹자가 등에 있었는데 등문공이 제 사람이 설에 성을 쌓으려는 것을 묻다.
      38 제위왕이 죽다.
         맹자가 양을 유력하다.

---

[129] 첸무의『선진제자계년고변』「노평공이 맹자를 만나려 함을 고찰함(魯平公欲見孟子考)」, 상해서점, 1992, 318~319쪽.

이상의 각 조목이 결코 완전히 첸무가 창시한 것이 아니지만 첸무의 특성은 그것을 하나로 관철하여 "상산(常山)의 뱀이 머리를 치면 꼬리가 반응하고 꼬리를 치면 머리가 반응하며 중간을 치면 머리와 꼬리가 다 같이 반응하는 것과 같다."[130] 전체의 국면을 통괄하였기 때문에 맹자 한 사람에게만 국한되지 않았을 뿐만 아니라 관점의 신뢰성 또한 대대적으로 증강되었다.

맹자가 유력한 대사를 순리대로 배열하면 맹자와 그 시대의 관계가 이미 명료해진다. 남은 맹자의 생몰년은 맹자 한 사람의 일로만 연관되어 전후의 차이가 몇 년에서 몇십 년일 뿐이고 대세와는 무관하게 된다. 이렇게 하여 몇몇 유감은 면하지 못했지만 최소한 불필요한 논쟁은 면할 수 있었다. 확정하지 않으면 안 된다면 맹자가 양혜왕을 만났을 때 늙은이라 칭한 것을 근거로 하여 당시의 연세를 정할 수 있으며 그런 다음에 앞뒤로 밀고 당기면 될 것이다. 늙은이로 칭하는 것이 반드시 70세가 되어야 한다면 이 해를 기준으로 하여(B.C. 320) 70년을 거슬러 올라가면 맹자는 B.C. 390년에 났다고 정할 수 있을 것이다.[131] 53세로 생각한다면 53년을 거슬러 올라 맹자의 생년을 B.C. 372년으로 정할 수 있을 것이다.

(3) 첸무의 관점에 대한 몇 가지 수정

나는 유력을 중시하고 생몰을 가볍게 보는 방법을 찬성한다. 바로 첸무가 이런 방법을 견지하기 때문에 방법적인 측면에서 전인의 전철을 밟지 않아야 맹자의 유력을 고증하는데 성과를 낼 수 있다. 시간의 추이에 따라 첸무는 맹자의 몇몇 구체적인 관점에 관하여 갈수록 사람들의 중시

---

130 첸무의 『선진제자년고변』「자서(自序)」, 상해서점, 1992, 1쪽.
131 첸무는 맹자의 생년을 정하는데 바로 이 방법을 기초로 했다.

를 받았다. 영향 또한 갈수록 커져서 지금 이미 학술계에서 주도적 지위를 차지하는 관점 중의 하나가 되었다.

비록 첸무가 구체적인 맹자의 생몰 연도를 중시하지는 않았지만 그 또한 얼마간 추측에 의존하였다. 『선진제자계년고변』 뒤에 첨부한 「제자가 생몰한 연세의 약수」에서 첸무는 맹자의 생몰년을 B.C. 390년에서 B.C. 305까지로 정하여 연수가 86세라 하였다.[132] 그러나 나는 반복하여 미루어 배치해보고 진지하게 비교한 후에 그 중의 어떤 문제들은 여전히 재검토를 거쳐야 할 필요성을 발견했다.

1) 생년에 관하여

맹자의 생년 방면에서 첸무의 『선진제자계년고변』에는 두 가지 상호 모순되는 견해를 가지고 있다. 고변 63 「맹자생년고」에서는 말하였다. "맹자의 생년은 가장 이르게는 안왕 13년이고 가장 늦게는 안왕 20년일 것이다."[133] 고변 98 「맹자는 제위왕 때 먼저 이미 제에서 활동했음을 고찰함」에서도 말하였다. "맹자의 출생은 가장 이르게 보면 주안왕 13, 4년이다."[134] 「통표 제2(通表第二)」 주안왕 13년의 한 난(欄)에서는 또한 특별히 주를 달고 "맹자는 이때의 조금 뒤에 태어났을 것이다."[135]라 밝혔다. 주안왕 13년은 B.C. 389년이고 주안왕 20년은 B.C. 382년이다. 첸무는 위 세 곳의 견해에서 모두 맹자가 B.C. 389년에서 B.C. 382년 사이에 출생했다고 표명하였다. 이는 가장 이른 생년은 B.C. 389년을 넘지 않을 것임을 말한다. 그러나 「제자가 생몰한 연세의 약수」에서 첸무는 오히려 맹자

---

132 첸무의 『선진제자년고변』 「부록」, 상해서점, 1992, 101쪽.
133 첸무의 『선진제자년고변』, 상해서점, 1992, 173쪽.
134 위와 같음. 285쪽.
135 첸무의 『선진제자년고변』 「부록」, 상해서점, 1992, 27쪽.

의 생년을 B.C. 390년으로 정하여 상술한 가장 이른 시기인 B.C. 389년을 넘지 않는다는 논법과는 1년의 격차가 있다.

이와 같은 편차가 나타나게 된 것은 추측컨대 소홀함에서 나왔을 것이다. 첸무는 유력을 중시했고 생몰은 가볍게 여겼다. 이 때문에 그는 『선진제자계년고변』 「맹자생년고」 및 관련이 있는 고증에 맹자 연표가 없다. 다만 전서(全書)의 마지막에 「제자가 생몰한 연세의 약수」를 배열할 때 사람마다 모두 열거하고 또 명확히 다만 '약수'라 표명하였기 때문에 늙은이라 일컬은 것을 근거로 맹자의 생몰년(아래에 상세히 보임)을 정했다. 전서에서 다룬 인물이 매우 많고 맹자(의 생몰년)만 늘어놓은 것이 아니기 때문에 추후에 심혈을 기울여 검토하지 않았고 표에서 열거한 해가 정문의 논술과 서로 모순되었는데도 스스로 알지 못하는 상황이 나타나게 되었다.

첸무가 맹자의 생몰 연도를 정하는 데는 주로 세 방면의 근거가 있다. 먼저 제와 양·송·등 여러 나라 세계(世系)의 새로운 정립 및 맹자가 제에 먼저 가고 양에는 나중에 갔다는 성실한 검토이다. 첸무는 이 방면에 대하여 큰 공부를 하여 중요한 공헌을 하여 지금까지도 뛰어넘는 사람이 없다. 이는 앞에서 이미 여러 번 언급하여 중언부언하지 않는다.

두 번째는 곧 맹자가 양에 유력할 때 늙은이라 일컬은 것이다. 「맹자는 제위왕 때 먼저 이미 제에서 활동했음을 고찰함」에서는 말하였다. "당시 혜왕은 재위한 지 이미 50년이며 그 연수를 계산해보면 70세거나 혹은 이미 지났을 것이다. 그런데 맹자를 수(叟)라 일컬었으며 수는 장로를 일컫는 것이니 맹자의 나이는 결코 60 아래로 내려가지 않을 것이며 혹은 또한 마침내 70에 미칠 것이다."[136] 맹자가 양혜왕을 만난 것은 B.C. 320년으로 이때를 70세로 계산하면 곧 B.C. 390년에 출생하였다. 앞에서 이

---

[136] 첸무의 『선진제자년고변』 「부록」, 상해서점, 1992, 285쪽.

미 말했듯이 맹자의 생몰은 개인의 연수에만 상관이 있을 뿐 사회의 주된 취지와는 무관하다. 논자가 스스로 설이 충분히 원만하다고 생각하면 될 뿐이기 때문에 여기에는 많은 논쟁의 여지가 없다.

마지막은 광장과의 교유이다. 광장과의 교유를 가지고 맹자가 제를 먼저 양을 나중에 유력한 것으로 정한 것은 쳰무의 발명이지만 구체적인 시간에는 문제가 없지 않다. 맹자가 광장과 교유한 시간 방면에는 쳰무의 『맹자요략』과 『선진제자계년고변』 두 종의 상호 모순된 견해가 있다. 『맹자요략』 제1장에 부기한 「맹자연보」 B.C. 347년 난에 주를 달고 말하였다. "맹자는 제에서 광장과 교유하였다."[137] 그리고 『선진제자계년고변』에 부기한 「통표 3(通表之三)」에서는 오히려 "맹자가 제에서 유력하면서 광장과 교유한 것은 이보다 조금 전이어야 한다"라 하여 B.C. 335년으로 정하였다.[138] 하나는 B.C. 347년이고 하나는 B.C. 335년으로 둘은 12년이라는 시차가 있다. 맹자가 B.C. 390년에 출생하여 처음 제에 간 것이 B.C. 324년으로 계산하였다. 첫 번째 견해가 정확하다면 맹자가 광장과 교유한 때는 44세이지만 제에서 약 23년을 체류해야 한다. 두 번째 견해가 정확하다면 맹자가 제에서 있었던 시간은 좀 짧아 대략 11년이 될 것이다.[139] 그러나 광장과 교유한 연령은 대동소이하여 56세가 된다.

이 두 가지 견해 가운데 어느 것이 보다 더 정확할까? 『선진제자계년고

---

[137] 쳰무의 『맹자요략』, 『사서석의』본, 대만학생서국, 1978, 177쪽.
[138] 쳰무의 『선진제자계년고변』「부록」, 상해서점, 1992, 38쪽.
[139] 「맹자는 제위왕 때 먼저 이미 제에서 활동했음을 고찰함」에서는 말하였다. "지금 광장의 일에 의거하여 맹자가 제를 유력한 것은 제위왕 24년 전일 것으로 정하였다. 송언(宋偃)이 왕을 일컬은 것에 의거하여 맹자가 제를 떠난 것은 제위왕 34년 후일 것으로 정하였다. 곧 맹자는 위왕 때에 제에 머물러 최소한 또한 18년은 되었을 것이며 이는 아마 추론일 따름이다."(『先秦諸子系年考辨』 284~285쪽) 지금 쳰무가 『선진제자계년고변』「통표 3(通表之三)」에서 열거한 것에 따르면 맹자는 위왕 23년(B.C. 335) 제를 유력하였으며, 위왕 23년(B.C. 324)제를 떠나 송으로 가 맹자가 위왕 때에 유력한 것이 다만 11년 내외로 18년은 없으니 쳰무의 설은 무엇 때문에 이런 오류가 있는지 알지 못하였다.

변」「발(跋)」을 조사해보면 이 책은 1923년에 초고가 완성되었고 추후에 『논어요략(論語要略)』과 『맹자요략』이 편집되었다. 1930년에 이르러 "묵은 원고를 정리하여 『통표(通表)』 4권을 고쳐 쓰고 이에 소략한 것을 바로잡았다."는 것을 알 수 있다. 이는 곧 『맹자요략』이 먼저 나왔고 『선진제자계년고변』의 완정한 원고가 뒤에 나왔기 때문에 『고변』의 견해(곧 B.C. 335년 제에 유력하고, B.C. 324년에 제를 떠나 송으로 갔다)가 조금 더 정확할 것이라는 것을 말한다.[140]

그러나 맹자가 광장과 교유한 것을 B.C. 335년으로 계산한다 하더라도 몇몇 문제가 존재한다.

문제 중 하나는 맹자가 광장과 교유했을 때의 연세이다. 『선진제자계년고변』 「제자가 생몰한 연세의 약수」에서는 광장의 생몰년을 B.C. 360에서 B.C. 290년까지라 하였다. 『선진제자계년고변』 94 「광장고(匡章考)」에서는 말하였다. "일단 제와 위가 서주(徐州)에서 서로 왕을 칭한 해에 장자의 나이를 25세 이상 30세 이하로 정하면 거의 그 연세를 얻을 수 있을 것이다."[141] 제와 위가 서로 왕을 일컬은 것은 B.C. 334년으

---

[140] 쑨카이타이의 『맹자연보』는 『맹자요략』을 기준으로 하여 맹자가 광장과 교유한 것을 B.C. 347년으로 정하여(曹堯德이 이 연보에 의거하여 지은 문학체 『孟子傳』은 기본적으로 이 설을 따랐지만 B.C. 346년으로 고쳤다) 맹자가 위왕 때에 제에서 유력한 것이 '부득불' 장장 24년에 달한다고 하였는데, 이는 『맹자요략』과 『선진제자계년고변』의 격차를 주의하지 못했기 때문일 것이다.

[141] 첸무의 『선진제자계년고변』 267쪽. 광장의 생년은 또한 너무 이를 수 없다. 사서의 광장에 관한 마지막 기록은 초를 공격했을 때의 일이다. 『사기』 「진본기(秦本紀)」 소양왕(昭襄王) "8년에 장군 미융(羋戎)에게 초를 공격하여 신시(新市)를 빼앗게 했다. 제는 장자, 위(魏)는 공손희(公孫喜), 한은 폭연(暴鳶)으로 하여금 함께 초의 방성(方城)을 공격하게 하여 당말(唐眛)을 빼앗게 하였다."(『史記』,中華書局, 1959, 210쪽) 『여씨춘추』 「사순론·처방편(似順論·處方篇)」에서도 말하였다. "제는 장자를 장수로 삼아 한·위와 함께 형(荊·楚)을 공격하였다. …… 병사를 뽑아 밤에 형인이 집중적으로 지키는 곳을 기습하여 결국 당말(唐蔑)을 죽였다." 이 일은 제선왕 19년(B.C. 301)에 발생하였으며, 광장이 B.C. 360년에 출생한 것으로 계산하면 이때는 이미 60세에 가까웠으며 생년이 더 이르다면 초를 공격한 전역은 60세 이상 때여야 할 것이므로 이미 불가능에 가깝다.

로 약 25년을 더하면 B.C. 360년으로 확정된다. B.C. 360년에 출생한 것으로 계산하면 광장과 맹자가 서로 교유한 것은 B.C. 335년으로 이때는 광장의 나이가 25세 내외이다. 맹자가 B.C. 390년에 출생하였으면 이때 이미 56세가 된다. 맹자가 공도자에게 어째서 광장과 교유하느냐는 물음에 답할 때 세 번 장자(章子)라 일컬었으니 매우 존중을 표하는 어기이다.[142] 맹자와 광장은 약 30여 년의 차이가 난다. 심지어 세대의 구별이 있다고 할 수 있으니, 서로 사귀지 않았을 뿐만 아니라 그를 매우 존경하기까지 하였으니 맹자의 '연치를 중시힘'을 가지고 말한다면 합리적이겠는가? 양보쥔은 광장은 "연세가 대체로 맹자에 상당하다"[143]고 말하였다. 비록 증거는 나열하지 못하였지만 도리상 분석을 해 보면 그래도 비교적 믿을 만하다. 정말 그렇다면 맹자가 B.C. 390년에 태어났다는 설은 큰 물음표를 찍어야 할 것이다.

두 번째 문제는 맹자가 출유한 시간이다. 맹자가 제를 유력하고 오래지 않아 광장과 교유하였으며 그때를 B.C. 347년이라고 한다면 맹자가 첫 번째 제에 유력한 것은 44세 내외의 연세(나이)가 비교적 합리적이지만 B.C. 324년 제를 떠나 송으로 가려면 23년이나 되어야 한다. 이 기간에는 모친상 3년을 모시는 것 외에는 별다른 일이 없는데 제에서 체류한 것이 이렇게 오래이니 합리적인 해석이 결핍되었다. 앞에서 말한 적이 있듯이 쳰무는 나중에 이 설을 수정하였기 때문에 여기서는 더 이상

---

[142] 맹자는 말하였다. "세속에서 이른바 불효라는 것이 다섯 가지이다. …… 장자가 이 중에 한 가지라도 가지고 있는가? 저 장자는 부자간에 선을 책하다가 뜻이 서로 맞지 못한 것이다. …… 그 마음에 생각하기를, '이와 같이 하지 않는다면 이는 죄가 크다.'고 여겼으니, 이것이 바로 장자일 따름일 것이다."(8.30) 이 장이 당시의 기록이 아니라 만년에 한 말일지라도 문장의 어기를 잠시 따지지 않고 그와 교유를 했으며 광장을 존중했다는 것만은 확실히 긍정적으로 볼 수 있다.

[143] 양보쥔의 『맹자역주』, 6.10의 주 1)을 참고하여 보라. 중화서국, 1960.

토론하지 않는다. 맹자가 광장과 교유한 것이 B.C. 335년이라면 첫 번째 제를 유력한 시간은 좀 줄어 대략 11년일 것이다. 하지만 맹자는 이때 이미 56세이니 광장과 교유하기 전에 이미 제에서 유력했다고 하더라도 다만 너무 이르다고는 할 수 없다. 맹자는 뒤늦게 50여 세가 되어서야 비로소 출유하여, 이 전의 제자들을 가르치고 강학하며 추에서 출사한 것을 빼면 다른 중요한 일이라고는 없어 그다지 합리적이지 않다는 것은 쉽게 알 수 있다.[144]

이런 것들은 모두 우리가 새로 맹자의 생년 문제를 고려할 것을 요한다.

2) 몰년에 관하여

첸무의 「제자가 생몰한 연세의 약수」에서는 맹자 몰년을 B.C. 305년으로 정하였다. 여기에는 또한 그다지 원만하지 못한 곳이 있다. 국군이 죽은 후에야 시호로 칭할 수 있는데 시호를 가지고 맹자의 연수를 판정하는 것은 고증에서 가장 상용하는 방법의 하나이다. 『맹자』에는 양혜왕과 양양왕·제선왕·추목공·등문공 그리고 노평공을 모두 시호로 칭하였다. 송군 언(偃)만은 시호로 칭하지 않았으며 송언이 나라를 망하게 한 기록도 없다. 양혜왕과 등문공은 일찍 죽어 여기서는 거론하지 않는다. 첸무의 고증에 의하면 노평공은 B.C. 303년에 죽었다. 제선왕은 B.C. 301년에 죽었으며 양양왕은 B.C. 296년에 죽었다. 맹자가 B.C. 305년에 죽었다면 어째서 『맹자』에서는 노평공과 제선왕, 양양왕을 전부 시호로 일컫는가? 이는 당연히 제자가 맹자의 사후에 원고를 다시 정리하는 과정 중에 원래의 호칭을 바꾼 것이라 말할 수 있다. 역사상 이 설을 주장하는 사람 또한 적지 않다.[145] 그러나 아래 제2장에서 말한 대로라면 『맹자』가 이

---

[144] 주광업의 설을 따른다 해도 맹자는 40세에 추에서 처음 벼슬을 시작하였으며 출생으로부터 제에 유력한 때까지는 또한 10여 년으로 마찬가지로 충분히 합리적이지 못하다.

루어진 것은 맹자 본인이 직접 참여하였다는 뚜렷한 흔적이 있으며 맹자가 자기의 사상이 후세에 전하여지게 하려고 『논어』를 모방하여 의도적으로 지었을 가능성이 있다. 이외에 맹자가 추로 돌아와 죽기까지의 시간은 비교적 길다. B.C. 372년에 출생한 것으로 계산하면 20여 년이 있어야 하는데, B.C. 390년에 출생하였다 하더라도 5, 6년이 있어야 한다. 이 시기에는 다른 일은 없고 죽기 전까지 기본적으로 『맹자』를 완성하는 데는 별문제가 없었을 것이다. 완성되지 않았다 하더라도 나중에 제자들의 정리를 거쳐 이루어졌을 것이니 제자가 혹 충분히 칭호를 바꾸어 부를 뜻의 가능성 여부가 또한 문제가 된다. 요컨대 맹자가 B.C. 305년에 죽었다고 정하는 것은 결국 원만치 못한 곳이 있다.

3) 연세에 관하여

「제자가 생몰한 연세의 약수」에서 첸무는 맹자의 연세를 86세로 정하였다.[146] 역사상 맹자의 수명에 관하여서는 각종 상이한 추측이 있어서 74세와 84세, 94세, 97세 등의 설이 모두 있다.[147] 그 가운데 『맹자가보(孟子家譜)』에서 84세라 한 견해가 가장 보편적이다.[148] 86세설은 최소한 내가 접한 자료 가운데서는 제기한 사람이 없다. 내가 보건대 생몰 연세를 고증하는 이런 문제는 충분한 근거가 없고 대세에 상관이 없으며 원칙

---

145 염약거는 맹자가 "죽은 후 책은 문인들에 의해 서술되어 정하여졌으므로 제후들에게 모두 시호를 더하였다."(『孟子生卒年月考』, 『淸經解』 제1책 권24, 상해서점, 1988, 121쪽)고 주장했다.
146 첸무의 『선진제자계년고변』 「부록」 101쪽. 쑨카이타이의 『맹자연보』는 전목이 말한 것에 근거하여 지은 것으로 또한 맹자의 생몰을 B.C. 390년에서 305년이라 하였지만 맹자의 연수를 85라 하였는데 계산 방법이 달라서일 것이다.
147 왕쉬엔의 『맹자신세(孟子身世)』와 『맹자가세(孟子家世)』를 참고하여 보라. 중국문사출판사(中國文史出版社), 1991, 3쪽.
148 양보쥔의 『맹자역주』(中華書局, 1960) 역시 맹자의 연수가 84세라 주장하여 주안왕 17년(B.C. 385)에 출생하였으니 주난왕 11년(B.C. 304) 전후일 것이다. 그러나 B.C. 385년에서 B.C. 304년까지는 겨우 82세로 연수 84와는 부합하지 않는다.

을 건드리지 않는 상황에서라면 달리 새로운 설을 세워 사단이 일어나는 것을 면하는 것이 가장 좋다. 첸무는 전통적인 연세가 84세라는 설을 쓰지 않고 버렸으며 연세가 86세라고 새로 정하였는데 무슨 근거인지 모르겠다. 맹자의 나이를 2세 증가시킨다면 맹자를 고증하는 것 가운데 몇몇 문제를 해결할 수 있어 이런 해법도 옳지 않은 적은 없었지만 첸무의 이 일은 어떠한 실제적인 작용도 일으키지 못하였다. 이렇게 하여 첸무의 독창적인 맹자 86세 설은 결국 가치도 없고 의의도 없어 또한 토론할 가치조차 없게 되었다.

이에 비추어 나는 신중한 사고를 거쳐 반복하여 배열해보고 맹자의 생몰은 아무래도 B.C. 372년에서 B.C. 289년까지로 정하여 수명이 84세라는 이런 전통적인 견해가 비교적 좋다고 생각한다. 앞에서 말했듯이 첸무는 맹자가 유력했던 과정을 밝히는데 노력을 기울여 많은 문제를 해결하여 그다지 큰 병폐는 없었지만 생몰은 중시하지 않았기 때문에 생몰년을 정할 때 몇몇 문제를 낳았다. 다시 전통적인 통설로 돌아간다면 첸무가 맹자의 유력을 고증한 성과를 흡수할 수 있을 뿐만 아니라 어느 정도 첸무의 견해가 조성한 어려움도 해결할 수 있을 것이다.

예를 들어 맹자가 광장과 교유한 것은 맹자가 위왕(威王) 때 제를 유력한 큰 사건이다. 그러나 첸무의 설에 따르면 맹자가 광장과 교유했을 때 이미 56세였고 막 30세가 되는 사람과 '망년지교'를 행한 것이다. 아울러 그것을 매우 존중하는 것은 결코 사람을 납득시킬 수 없다. 맹자가 B.C. 372년에 출생한 것으로 계산한다면 B.C. 330년이 되어 두 사람이 제에 이르러 교유한 것으로 맹자는 43세, 광장은 30여 세로 나이가 서로 엇비슷하여 이 문제를 해결할 수 있다.

시호를 칭한 문제도 마찬가지이다. 위에서 말했듯이 노평공과 제선왕 그리고 양양왕의 몰년은 각각 B.C. 303년과 B.C. 301년, B.C. 296년으로 맹자의 몰년을 B.C. 289년으로 계산한다면 당연히 칭할 수 있다. 그러나 송군이 나라를 망하게 한 것은 B.C. 286년으로 맹자는 시호를 칭하지 않았다. 나라가 망한 일도 말하지 않았으니 이는 매우 자연스러운 일이다. 이렇게 하여 시호를 칭한 문제 또한 해결되었다.

  이 견해의 유일한 결점은 늙은이[叟]라 일컬은 문제이다. 이런 견해로 계산을 해 보면 맹자가 양을 유력한 때는 53세다. 반드시 70세가 되어야 늙은이로 일컬을 수 있다면 약간 억지스럽지만 청대의 만사동이 「맹자 생몰연월변」에서 말한 것과 똑같다. 수(叟)는 장로를 일컫는 말이기는 하지만 대대로 그 사람을 높여 존칭으로 더한 적이 있어 반드시 그 나이가 기준이 되는 것은 아니다. 한고제(漢高帝)는 진인(秦人)을 부로(父老)라 일컬었는데 그 사람이 정말로 부로였겠는가! 혜왕이 맹자를 일컬은 것도 바로 이와 같은 뜻이다.[149] 이 설에 의하면 늙은이라 일컬은 것도 그리 큰 문제가 존재하지 않는다.

  당연히 위에서 말한 이런 견해는 다만 맹자의 생몰을 가리킨 문화적 의의이지 그 역사적 의의를 가리키는 것이 아님을 지적하여야 한다. 이른바 '문화적 의의'는 한 인물이나 한 사건이 문화 영역에서 상징하는 의의를 가리킨다. 한 인물과 한 조직은 시간이 오래되었기 때문에 그 출생이나 창립한 날짜를 이미 확정할 길이 없어 후인들은 인위적으로 한 날짜를 지정하여 사람들이 기념하기 편하게 하였으며, 지정한 이 날짜는 사실상 결코 서로 부합하지 않을 수 있으며 다만 서로 간의 거리가 멀지 않으면 그뿐이다. '역사적 의의'라는 것은 역사 본래의 면목을 가리키는 것으로 완전히 사실과 부합한다. 책에 빠진 것이 있어서 틈이 있고 자료가 부족한 상황에서 사람들은 부단히 이 방면의 문제를 향하여 노력할

---

149 란한스의 『맹자탐미(孟子探微)』에서 인용, 대만 문사철출판사(文史哲出版社), 1978, 49쪽.

수는 있지만 완전히 '실사구시'를 이루려는 것은 결코 쉬운 일이 아니다. 단 한 번의 고증으로 '절대진리'를 발견할 수 있기를 바란다는 것은 일종의 지나친 욕망일 뿐 결코 현명한 견해가 아니다. 이럴 바에야 전통적인 구설이 여전히 문제를 해결할 수 있는 상황에서 신설을 세우느라 큰 힘을 소모하느니 (아울러 이런 새로운 설 자체에도 또한 많은 문제가 존재하여 결코 구설이 다소간 좋은 것이 비할 바 아니다) 아무래도 구설을 채택하여 실질을 얻는 것이 더 쓸모 있을 것이다.

위에서 말한 생각을 바탕으로 나는 맹자의 생몰년을 B.C. 372년에서 B.C. 289년 연수 84세로 정하고, 아울러 이에 의거하여 맹자의 생몰 간의 대사를 간략하게 다음과 같은 표로 정리하였다.[150]

  1세 B.C. 372년 맹자가 대략 이 해에 태어나다
15세 B.C. 358년 자사의 문인에게 학업을 배우다
30세 B.C. 343년 추에서 학도들에게 강학하다
40세 B.C. 333년 추에서 처음으로 벼슬하다
43세 B.C. 330년 처음으로 제를 유력하면서 광장과 교유하다
46세 B.C. 327년 모친상을 당하여 노로 귀장하다
49세 B.C. 324년 제를 떠나 송으로 가다
50세 B.C. 323년 송을 떠나 설을 거쳐 추로 돌아가다
51세 B.C. 322년 노나라로 가서 등을 유력하다
53세 B.C. 320년 양을 유력하였는데 혜왕이 늙은이라 하다
54세 B.C. 319년 양을 떠나 두 번째로 제를 유력하다
57세 B.C. 316년 심동이 연을 치는 것을 몰래 물어 답하다

---

[150] 이는 다만 하나의 간략한 표로 본 절(節)의 소결(小結)로 삼고 상세한 표는 책의 뒤쪽에 있는 『맹자연표』를 보라.

59세 B.C. 314년 임금이 연을 취하려는 것을 말리다
61세 B.C. 312년 두 번째로 제를 떠나며 길에서 송경을 만나다
62세 B.C. 311년 추로 돌아와 강학하고 저술하며 더 이상 출유하지 않다
84세 B.C. 289년 맹자가 대략 이 해에 세상을 떠나다

부록 『맹자』에서 공자의 말을 인용한 상황

① 공자가 말하였다. "덕의 유행이 파발마로 명을 전하는 것보다 빠르다.(德之流行, 速於置郵而傳命)"(3.1)

② 공자는 이것(言語와 德行)을 겸하였는데도 말하였다. "나는 사명에 있어서는 능하지 못하다.(我於辭命, 則不能也)"(3.2)

③ 공자가 말하였다. "성인은 내 능하지 못하거니와 나는 배우기를 싫어하지 않고 가르치기를 게을리 하지 않았노라.(聖則吾不能, 我學不厭而敎不倦也)"(3.2)

④ 공자가 말하였다. "이 시를 지은 자는 도를 알 것이다. 능히 자기 국가를 다스린다면 누가 감히 업신여기겠는가?(爲此詩者, 其知道乎! 能治其國家, 誰敢侮之)"(3.4)

⑤ 공자가 말하였다. "마을에 인후한 풍속이 있는 것이 아름다우니, (살 곳을 가리되) 인에 처하지 않는다면 어떻게 지혜롭게 되겠는가?(里仁爲美, 擇不處仁, 焉得智?)"(3.7)

⑥ 공자가 말하였다. "임금이 죽으면 (世子는 정사를 총재에게 위임하여 百官들이) 명령을 총재에게 듣는다. 죽을 먹고 얼굴이 짙은 흑색이 되어 자리에 나아가 곡을 하면 백관과 유사들이 감히 슬퍼하지 않음이 없는 것은 윗사람이 솔선수범하였기 때문이다.(君薨, 聽於冢宰, 歠粥, 面深墨, 卽位而哭, 百官有司莫敢

不哀, 先之也)"(5.2)

⑦ 공자가 말하였다. "위대하다, 요가 임금이 되심이여! 오직 하늘이 위대하거늘 요임금이 이것을 본받으셨으니, 탕탕하여 백성들이 능히 덕을 명명[形容]할 수가 없도다. 인군답다, 순이여! 외외하여 천하를 소유하고도 관여하지 않았다.(大哉堯之爲君! 惟天爲大, 惟堯則之, 蕩蕩乎民無能名焉! 君哉舜也! 巍巍乎有天下而不與焉!)"(5.4)

⑧ 공자가 말하였다. "나를 알아주는 것도 오직 『춘추』이며 나를 죄주는 것도 오직 『춘추』이다.(知我者其惟春秋乎! 罪我者其惟春秋乎!)"(6.9)

⑨ 공자가 말하였다. "길은 둘이니, 인과 불인일 뿐이다.(道二, 仁與不仁而已矣)"(7.2)

⑩. 공자가 말하였다. "인자에게는 많은 무리가 될 수 없으니, 나라의 군주가 인을 좋아하면 천하에 대적할 이가 없다.(仁不可爲衆也. 夫國君好仁, 天下無敵)"(7.7)

⑪ 공자가 말하였다. "소자들아 저 노래를 들어보라. '물이 맑으면 갓끈을 빨고, 물이 흐리면 발을 씻는다.'하니, 이는 물이 스스로 취하는 것이다.(小子聽之, 清斯濯纓, 濁斯濯足矣. 自取之也)"(7.8)

⑫ 공자가 말하였다. "구는 나의 무리가 아니니, 소자들아 북을 울리면서 성토하는 것이 옳겠다.(求非我徒也, 小子鳴鼓而攻之可也)"(7.14)

⑬ 공자가 말하였다. "그 의는 내가 저으기 취했다.(其義則丘竊取之矣)"(8.21)

⑭ 공자가 말하였다. "이 때에 천하가 매우 위태로웠다.(於斯時也, 天下殆哉, 岌岌乎!)"(9.4)

⑮ 공자가 말하였다. "하늘에는 두 태양이 없고, 백성에게는 두 왕이 없다.(天無二日, 民無二王)"(9.4)

⑯ 공자가 말하였다. "당·우는 선양하였고, 하후와 은·주는 계승하였

으니, 그 의가 똑같다.(唐虞禪, 夏后殷周繼, 其義一也)"(9.6)

⑰ 공자가 말하였다. "천명에 달려 있다.(有命)"(9.8)

⑱ (孔子가) 노(魯)를 떠나면서 말하였다. "더디고 더디다, 내 걸음이여! 이는 부모의 나라를 떠나는 도리이다.(遲遲吾行也, 去父母國之道也)"(10.1)

⑲ 공자가 말하였다. "회계를 마땅하게 할 뿐일 것이다.(會計當而已矣)" "소와 양을 잘 키울 뿐일 것이다.(牛羊茁壯長而已矣)"(10.5)

⑳ 공자가 말하였다. "이 시를 지은 자는 도를 알 것이다.(爲此詩者, 其知道乎!)"(11.6)

㉑ 공자가 말하였다. "잡으면 보존되고 놓으면 잃어서, 나가고 들어옴이 정한 때가 없으며, 그 방향을 알 수 없다.(操則存, 舍則亡; 出入無時, 莫知其鄕)"(11.8)

㉒ 공자가 말하였다. "순임금은 지극한 효이실 것이다. 50세까지 사모했다.(舜其至孝矣, 五十而慕)"(12.3)

㉓ 공자가 노를 떠나면서 말하였다. "더디고 더디다, 내 걸음이여! 이는 부모의 나라를 떠나는 도리이다.(遲遲吾行也, 去父母國之道也)"(14.17)

㉔ 공자가 진(陳)에 있으면서 말하였다. "어찌 돌아가지 않겠는가. 오당의 선비가 광간하여 진취적이되, 그 처음을 버리지 못한다.(盍歸乎來! 吾黨之小子狂簡, 進取, 不忘其初)"(14.37)

㉕ 공자가 말하였다. "내 문 앞을 지나면서 내 집에 들어오지 않더라도 내 유감으로 여기지 않을 자는 오직 향원일 것이다. 향원은 덕의 적이다.(過我門而不入我室, 我不憾焉者, 其惟鄕原乎! 鄕原, 德之賊也)"(14.37)

㉖ 공자가 말하였다. "같으면서 아닌 것을 미워하니, 가라지를 미워함은 모를 어지럽힐까 두려워해서요, 말재주가 있는 자를 미워함은 의를 어지럽힐까 두려워해서요, 말 잘하는 입을 가진 자를 미워함은 신을 어지럽힐까 두려워해서요, 정나라 음악을 미워함은 정악을 어지럽힐까 두

려워해서요, 자주색을 미워함은 붉은색을 어지럽힐까 두려워해서요, 향원을 미워함은 덕을 어지럽힐까 두려워해서이다.(惡似而非者: 惡, 恐其亂苗也; 惡佞, 恐其亂義也; 惡利口, 恐其亂信也; 惡鄭聲, 恐其亂樂也; 惡紫, 恐其亂朱也; 惡鄕原, 恐其亂德也)"(14.37)

제2장

『맹자』의 작자 고증

1. 『맹자』의 작자

(1) 『맹자』의 작자에 관한 몇 가지 상이한 관점

『맹자』의 작자에 관하여서는 역사상 세 가지 상이한 관점이 있다.

첫째, '맹자와 제자의 합저설(合著說)'이다. 사마천(司馬遷)의 『사기(史記)』 「맹자순경열전(孟子荀卿列傳)」에서는 말하였다. "맹가(孟軻)는 이에 당(唐)·우(虞)·삼대(三代)의 덕치를 이야기하여 이 때문에 가는 곳마다 맞지 않았다. 물러나 만장(萬章)의 무리와 함께 『시(詩)』와 『서(書)』의 차서를 정하고 중니(仲尼)의 뜻을 말하여 『맹자』 7편을 지었다."[1] 이 말은 문자가 간략해서 이하의 몇 가지로 달리 이해할 수 있다. 맹자와 만장의 무리가 공동으

---

[1] 『사기』 권74, 중화서국(中華書局), 1959, 2343쪽.

로 초안을 잡고 집필했다. 맹자가 일부를 집필하고 만장의 무리가 일부를 기록했다. 맹자가 구술하고 만장의 무리가 기록했다. 만장의 무리가 맹자의 구술에 근거하여 기록을 진행하고 다시 맹자의 수정을 거쳤다. 그러나 어떤 식으로 이해를 했든지 간에 어느 정도는 공동작업이 이루어졌을 것이다. 곧 『맹자』는 맹자와 그의 제자들이 공동으로 노력한 결과로 이루어진 것이며 맹자가 독자적으로 완성한 것은 아니다.

청대의 주광업(周廣業)은 이 설에 찬동하였으며 논술이 자못 상세하다. "이 책의 편차(編次)는 수십 년간 진행된 일로 수십 명의 문답을 종합하여 서술하였다. 결단코 한때에 한 사람의 손에서 나온 것이 아니다. 처음에 만장과 공손추의 무리가 좌우로 따르는데 따르지 않는 일이 없으며, 맹자의 언동을 익숙하게 살펴 상세히 기록하지 않음이 없다. 모든 장을 '맹자왈(孟子曰)'로 시작한 것은 스승의 가르침을 중시하고 주고받은 것을 삼간 것으로 모두 『논어(論語)』를 본받은 것이다. 공손추가 미인과 대인(美大)이라 일컫고, 거의 부지런함에 미쳤다 한 말, 옥려자(屋廬子)가 좋은 틈을 얻었다고 기뻐한 등의 여러 절을 살펴보면 당시 사제지간의 정의가 다 보인다. 동쪽 제에서 돌아와서는 이미 반드시 도가 행하여지기가 어렵게 되자 맹자 또한 후세에 가르침을 남기고자 지난번에 나아가 말할 때 제자들에게 전수한 왕도를 취하여 윤색한 뒤 산정하고 왕자(王者)가 일어나도 반드시 법도로 취할 것이다. 빈말을 실으려 하는 것보다는 이미 일어났던 일이 아주 절실하게 드러나는 걸 보여주느니보다 못한 것이라 여겼다. 늙어서 양과 노에 유력한 것도 그 예가 같다. 어찌 마침내 맹자가 스스로 지었겠는가?"[2]

둘째는 '맹자 자저설(自著說)'이다. 조기(趙岐)의 「맹자제사(孟子題辭)」에서

---

2   청 주광업의 『맹자사고(孟子四考)』 4 「맹자출처시지고(孟子出處時地考)」, 『청경해속편(淸經解續編)』 제1책 권230, 상해서점(上海書店), 1988, 1078쪽.

는 사마천의 견해를 바꾸어 『맹자』는 맹자가 스스로 지은 것이라고 단정하였다. "이 책은 맹자가 지은 것이므로 통틀어 맹자라고 하였다." 그는 심지어 맹자가 이 책을 쓴 동기를 추측하기도 했다. "맹자 또한 스스로 창희(蒼姬: 곧 주나라)가 명이 다하였으나 아직 염류(炎劉: 곧 한나라)가 떨치지 못하고, 나아가 요순의 화락하고 태평함을 일으킴을 돕지 못하게 되었고 물러나 삼대의 여풍을 믿을 수 없음을 알고 죽을 때까지 알려지지 못함을 부끄러워하였다. 그런 까닭에 후인들에게 예법에 부합하는 말을 드리워 후인에게 남겨주기로 했다. 중니는 말했다. '내가 빈말을 실으려는 것보다는 이미 일어났던 일이 아주 절실하게 드러남을 보여줌만 못하였다.' 이에 물러나 고제 제자인 공손추와 만장의 무리와 어렵고 의심스러운 것을 묻고 답한 것을 모으고 또 스스로 법도가 될 만한 말을 지어서 칠편(七篇)을 지었다." 조기의 이 견해는 후세에 매우 큰 영향을 끼쳤다.

후인들은 두 방면에서 '맹자자저설'을 증명하였다. 첫째는 문풍으로 증명하였다. 왕응린(王應麟)의 『곤학기문(困學記文)』에서는 주희(朱熹)의 말을 인용하여 말하였다. "칠편을 익히 읽고 그 필세를 살피면 쇳물을 부어서 만든 것 같으며 이어 붙여 이룬 것이 아니다." 옹원기(翁元圻)의 『곤학기문』 주(注)에서도 주희의 말을 인용하여 말하였다. "『논어』는 문하의 제자들이 수집한 것이 많아 언어가 때로 장단이 고르지 않은 곳이 있다. 『맹자』는 스스로 지은 책이므로 처음과 끝의 문자가 한결같아 조금도 하자가 없는 것 같다. 스스로 착수한 것이 아니라면, 어찌 이처럼 좋을 수가 있겠는가!"[3] 둘째는 용모(에 대한 묘사)로 증명하였다. 청대 염약거(閻若璩)는 『맹자』에는 맹자의 용모에 대한 기록이 없는데 이는 『맹자』가 확실히 스스로 지은 책임을 설명한다고 하였다. "『논어』는 문인의 손에서 이루어

---

3   송 왕응린의 『곤학기문』 권8, 상무인서관(商務印書館), 1959, 699쪽.

졌으므로 성인의 용모를 매우 상세하게 기록하였으며, 칠편은 자신의 손에서 이루어졌으므로 언어나 출처만 기록하였을 따름이다."⁴ 위원(魏源) 또한 "칠편에는 맹자의 용모와 언동을 기록한 것이 없어서 『논어』가 제자들이 그 스승을 기록한 것과는 다르니 스스로 지었음에 의심의 여지가 없다."⁵라 생각하였다.

셋째는 '제자추술설(弟子追述說)'이다. 이 견해를 가장 이르게 제기한 사람은 당대의 한유(韓愈)이다. 왕응린의 『곤학기문』 권8에서는 한유의 말을 인용하여 말하였다. "가(軻)의 책은 스스로 지은 것이 아니다."⁶ 당대의 임신사(林慎思)도 『속맹자(續孟子)』에서 말하였다. "『맹자』는 먼저 그 무리가 말을 기록한 것에서 지어졌다."⁷ 그러나 모두 구체적인 논증으로 이어지지는 않았다.

송대의 조공무(晁公武)는 이에 대해 더욱 깊이 천명하기 시작하였는데 핵심적인 이유는 시호 문제였다. "이 책을 한유는 제자들이 모은 것으로 가가 직접 지은 것이 아니라고 하였는데, 지금 가의 책을 고찰해보니 유의 말이 망발이 아님을 알았다. 그 책에는 맹자가 만난 제후가 실려 있으며 모두 시호로 일컬었는데, 제선왕(齊宣王)이니 양혜왕(梁惠王)・양양왕(梁襄王)・등정공(滕定公) 그리고 노평공(魯平公) 등이다. 죽은 다음이라야 시호가 있으니 가가 책을 지을 때 만난 제후는 모두 죽지 않았어야 한다. 혜왕 원년에서 평공이 죽은 해까지는 모두 77년이다. 맹자가 양혜왕을 만났을 때 그를 보고 늙은이라 하였으니 이미 늙었을 것이며 평공의 죽음은 결코 보지 못하였다. 그러므로 내 유의 말이 옳다고 생각한다."⁸

---

4 청 염약거의 『맹자생졸연월고(孟子生卒年月考)』, 『청경해(清經解)』 제1책 권24, 상해서점, 1988, 122쪽.
5 청 위원의 『맹자연표(孟子年表)』, 『위원집(魏源集)』, 중화서국, 1976, 313쪽.
6 송 왕응린의 『곤학기문』 권8, 상무인서관, 1959, 699쪽.
7 당 임신사의 『맹자(孟子)』, 소엽산방(掃葉山房) 『백자전서(百子全書)』본.

청대의 최술(崔述)은 이것 외에도 두 개의 증거를 추가시켰다. 먼저 "『맹자』 칠편의 글은 왕왕 논의할 만한 것이 있으니 '우(禹)가 여수와 한수를 트고 회수와 사수를 배수하여 강(양자강)으로 흘려보냈다(禹決汝·漢, 排淮·泗而注之江)", "이윤이 다섯 번 탕을 찾아가고 다섯 번 걸을 찾아갔다(伊尹五就湯, 五就桀)'라 한 것 같은 따위는 모두 사리에 부합하지 않는다. 과연 맹자가 직접 지은 것이라면 이렇게 소략할 리가 없다." 다음으로 "칠편에는 맹자의 문인을 거의 자(子)로 일컬었다. 악정자(樂正子)와 공도자(公都子)·옥려자·서자(徐子) 그리고 진자(陳子)가 모두 그렇다. 자로 일컫지 않은 경우는 거의 없다. 과연 맹자가 직접 지은 것이라면 필시 스스로 그 문인을 모두 일컬어 자라고 하지는 않았을 것이다." 그는 이로 말미암아 결론을 내려 말하였다. "이 책을 자세히 완상하면 대체로 맹자의 문인 만장과 공손추 등이 추후에 서술한 것이므로 두 사람이 문답한 말이 칠편 가운데 가장 많고, 두 사람 모두 책에서 '자(子)'로 일컫지 않는다."[9]

근인 나근택(羅根澤)은 한 걸음 더 나아가 스스로 자(子)로 일컬은 문제를 제기하였다. 그는 말하였다. "『맹자』에서는 모두 맹자라 일컬었는데, 옛날에는 자기를 자라고 일컬은 예가 없다.(墨子 莊子에서 자를 칭하여 墨子 莊子라 한 것은 모두 문인 제자나 후인이 기록한 것이다) 문제자에게도 이따금 자라 일컬었는데, 더욱 이치에 맞지 않으므로 주자의 자저설(自著說)은 성립될 수 없다."[10]

근인 장태염(章太炎)은 시호를 일컬은 것과 자를 일컬은 두 조목에 근거하여 심지어 『맹자』는 곧 "맹자의 재전제자가 지었다."[11]라 단정하였다.

---

8 『군재독서지교증(郡齋讀書志校證)』「자류·유가류(子類·儒家類)」, 상해고적출판사(上海古籍出版社), 1990, 415쪽.
9 청 최술의 『맹자사실록(孟子事實錄)』, 『최동벽유서(崔東壁遺書)』, 상해고적출판사, 1983, 433쪽.
10 나근택 『맹자평전(孟子評傳)』, 상무인서관, 1932, 81쪽.
11 『장태염전집(章太炎全集)』 제5권, 상해인민출판사(上海人民出版社), 1986, 58쪽.

(2) 『맹자』의 행문(行文) 특징

위로부터 논자들이 『맹자』의 작자를 고증하는데 하나의 중요한 방법은 『맹자』 본문으로부터 착수하여 자의 행간에서 행문의 모종의 특징을 찾아내는 것을 시도함으로써 자기의 관점을 증명하였다는 것을 알 수 있다. 이런 특징을 개괄하면 주로 아래의 몇 가지 방면이 있다. ① 문자가 하나의 문체. ② 문장을 길게 펼치고 문풍이 호연(浩然)함. ③ 맹자의 용모에 관한 기록이 없음. ④ 스스로 자(子)라 일컬음. ⑤ 만장과 공손추를 제외하면 문인들을 모두 자라 일컬음. ⑥ 만난 제후를 시호로 일컬음. ⑦ 문장에 역사적 사실의 오류가 있음.

이 일곱 가지 특징 가운데 첫째는 곧 "문자가 하나의 문체(文字一體)"로 조금의 수정이 필요한데 『맹자』의 문체가 기본적으로는 일치하지만 자세히 분석해 보면 그 사이에 존재하는 몇몇 미세한 차이를 발견할 수 있다. 이 차이는 주로 두 방면으로 표현된다.

먼저 「이루(離婁)」편을 경계로 이전의 여러 장은 맹자가 각국을 유력한 사실(史實)이 주가 되어 주로 당시 맹자와 왕의 대화, 양혜왕과 제선왕, 등문공과의 대화 등등을 기록하였으며, 이후의 여러 장에서는 맹자가 제자의 문제 제기에 답하는 것이 주를 이룬다. 만장이 순이 부모에게 알리지도 않고 아내를 취한 문제와 공도자가 광장의 불효에 관하여 물은 문제, 공손추가 악정자가 어떤 사람인가에 관하여 물은 문제 등등에 대답한 것이다.

다음으로 어떤 장구의 어기에는 약간의 차이가 존재한다. 이런 차이는 비교적 미세하여 천천히 체회해야 발견할 수 있다. 아래의 두 장 같은 것이 좋은 예가 된다.

양혜왕이 말하였다. "과인은 마음을 편안히 해서 가르침을 받들기 원하옵니다." 맹자가 대답하였다. "사람을 죽임에 몽둥이와 칼을 쓰는 것이 차이가 있습니까?"……

梁惠王曰: "寡人願安承敎." 孟子對曰: "殺人以梃與刃, 有以異乎?"……(1.4)

맹자가 양양왕을 만나보고, 나와서 사람들에게 말하였다. "바라보아도 임금 같지 않고, 그 앞으로 나아가도 두려워할 만한 바를 발견할 수 없었는데, 갑자기 묻기를 '천하가 어디에 정해지겠습니까?' 하기에, 내 대답하기를 '한 곳으로 정해질 것입니다.' 하였다. ……"

孟子見梁襄王, 出, 語人曰: "望之不似人君, 就之而不見所畏焉. 卒然問曰: '天下惡乎定?' 對曰: '定於一.' ……"(1.6)

앞장은 맹자가 양혜왕과 대화할 때의 실제 내용을 반영하였다. 비교적 객관적인 기술이기 때문에 문장에서 '맹자대왈(孟子對曰)'이라는 말을 썼다. 뒷장은 맹자가 양양왕을 만났을 때의 느낌을 반영하였다. 제자는 맹자가 당시에 말한 언어의 충실한 기록이기 때문에 문장에서 '오대왈(吾對曰)'이라는 말을 썼다. '맹자대왈(孟子對曰)'과 '오대왈(吾對曰)'은 현대 문법 용어로 표현하면 하나는 '간접 인용'이고 하나는 '직접 인용'으로 행문(行文) 상 같지 않다. 다시 예를 들어 '제의 사람이 아내 하나와 첩 하나를 가지고 있었다(齊人有一妻一妾)'장(8.33) 같은 것은 앞에 '맹자왈(孟子曰)' 석 자가 없다.[12] 문체 방면에서 볼 때 이는 하나의 상당히 완정한 우언 고사로 알묘조장(揠苗助長)의 고사와 가깝다. 「고자(告子)」편이나 「진심(盡心)」편에서 제자들이 제기한 물음에 대답하는 것과는 뚜렷한 차이가 있다.

---

12 주희(朱熹)의 『맹자집주(孟子集注)』에서는 "장구의 첫머리에 '맹자왈(孟子曰)'이란 글자가 있어야 하는데 궐문(闕文)이다."라 하였다.

이 외에 일곱째 특징은 "문장 중에 역사 사실의 오류가 있다"는 조목인데, 자체는 결코 문제로 칠 수가 없다. "우가 여수와 한수를 트고 회수와 사수를 배수하여 강[양자강]으로 흘려보냈다(禹決汝·漢, 排淮·泗而注之江)", "이윤이 다섯 번 탕을 찾아가고 다섯 번 걸을 찾아갔다(伊尹五就湯, 五就桀)"한 것은 실로 검토할 만한 곳이 있지만 여한(汝漢)의 일은 맹자가 빌려서 대우(大禹)가 치수한 공적을 설명한 것일 뿐 결코 지리적 지식을 염두에 둔 것이 아니다. 이윤의 일은 다만 이윤의 품덕을 설명한 것이며 (다섯이란) 수는 곧 가상으로 설정한 것이지 실제 가리켜 말한 것이 아니다. 한발 물러서서 말하면 명백히 역사적 사실에 어긋난다고 하더라도 또한 『맹자』의 작자를 부정하는 증거로 쓸 수는 없다. 성인도 사람이고 사람이라면 잘못이 있을 수도 있는데 어떻게 맹자의 지위가 높다고 해서 그의 말이 완전히 정확하다고 생각하여 한번 잘못이 있다고 하여 하찮은 일로 크게 놀랄 수 있겠는가?[13] 이곳의 잘못이 어떻게 나오게 되었든 간에 모두 『맹자』의 작자와는 직접적인 관련이 없으므로 이 특징은 제외해야 한다.

선현이 열거한 일곱 특징 외에도 나는 대량으로 『시(詩)』와 『서(書)』를 인용한 것 또한 맹자가 문장을 구사하는 한 특징으로 쳐야 한다고 생각한다. 조기는 「맹자제사(孟子題辭)」에서 말하였다. "맹자는 오경에 통달하였고 특히 『시』와 『서』에 뛰어났다." 『맹자』 전체에서 보면 조기의 이 말은 일리가 있다.

『맹자』에서 『시』와 『서』를 인용한 데는 이런 몇몇 주목할 만한 곳이 있

---

[13] 최술은 이를 증거로 『맹자』를 직접 저술하였다는 것을 부정하였는데 이는 그의 의고(疑古) 정신과 관련이 있다. 최술은 의고에 큰 공헌을 하였으며 구제강(顧頡剛)은 그를 매우 추숭하였다. 그러나 최술의 의고 또한 지나친 경향이 있어서 "여한회사(汝漢淮泗)"를 가지고 『맹자』를 스스로 지은 것에 의심을 품은 것이 한 예이다. 바로 나근택이 말한 "최술의 의고는 너무 심하여 이 때문에 이런 나아가고 물러남에 근거를 잃고 의심을 품음이 있었다."(『맹자평전』, 상무인서관, 1932, 83쪽)

다. 첫째는 분량이 많아서『시』를 인용한 곳이 33곳(본장의 부록1에 상세히 보인다)이고,『서』를 인용한 곳이 25곳이다.(그 가운데 한 곳은 중복되었으며 본 장의 부록2에 상세히 보인다) 비록 선진 유가의 전적에서 모두 습관적으로『시』와『서』를 인용하기는 하였지만 수량의 많음을 가지고 말한다면『맹자』는 상당히 두드러졌다. 둘째는 인용문이 긴 것이다. "하늘이 하민을 내리자 그 군주를 삼아주고 스승을 삼아줌은……(天降下民, 作之君, 作之師……)"의 절은 모두 35자이고, "영대를 처음으로 경영하여 이것을 헤아리고 도모하시니, 백성들이 와서 일하는지라 하루가 못 되어 완성되었도다.……(經始靈臺, 經之營之, 庶民攻之, 不日成之……)"절은 모두 48자이다. 셋째는 오류가 적은 것이다.『맹자』에는『시』와『서』를 인용한 것이 매우 많기는 하지만 오류는 오히려 아주 적다. "영대를 처음으로 경영하여 이것을 헤아리고 도모하시니(經始靈臺, 經之營之)"1장은 글자 수가 매우 많긴 하지만 가차자(假借字) 하나가 다른 것을 제외하면 지금 판본『시경』과 완전히 일치한다. "순이 공공을 유주로 유배했다(舜流共工於幽州)"라는 조목 금본『상서(尙書)』「순전(舜典)」의 "사람을 재화 때문에 죽이고 쓰러뜨린다(殺越人于貨)"1조목은 금본『상서』「강고(康誥)」와 모두 기본적으로 서로 같다.

이런 상황을『논어』와 비교하는 것은 매우 흥미롭다.『논어』에서는 명확하게 "『시』에서 이르기를" 하고 인용한 것은 겨우 두 곳뿐이다. 인용한 말도 매우 짧으며 모두 제자의 입에서 나왔다. 하나는 "자른 듯하며, 다듬은 듯하며, 쫀 듯하며, 간 듯하다.(如切如磋, 如琢如磨)"(『논어』1.15)이고, 둘째는 "벌벌 떨고 조심조심하여, 깊은 못에 임한 듯이 하고, 얇은 얼음을 밟는 듯이 하라.(戰戰兢兢, 如臨深淵, 如履薄冰)"(『논어』8.3)이다. 이와 대조적으로『맹자』에서 인용한『시』와『서』의 이 세 특징은 매우 뚜렷하게 바뀌었다.

이상의 상황을 종합적으로 고려한 후에『맹자』에서 문장을 구사하는 주요 특징을 다음과 같이 고칠 수 있다. ① 문체가 기본적으로 일치하지만 미세한 차이가 있다. ② 문장을 길게 펼치고 문풍이 호연하다. ③ 대량으로 『시』와 『서』를 끌어다 증명하였다. ④ 맹자의 용모에 관한 기록이 없다. ⑤ 스스로 자(子)라 일컬었다. ⑥ 만장과 공손추를 제외하면 문인들을 거의 자라 일컬었다. ⑦ 만난 제후를 시호로 일컬었다. 『맹자』의 작자를 고증하는 데는 반드시 전면적으로 이런 특징에 주의해야 하며 아울러 자기의 관점을 이것과 서로 일치시켜야 한다.

(3) 『맹자』의 작자에 대한 분석

'맹자자저설'은 첫째와 다섯째 특징과 서로 일치되지 않아 성립되기 어렵다.

먼저 정말 맹자가 직접 지은 것이라면 『맹자』 전체에는 문체상의 미세한 차이가 있어서는 안 되는데 이런 차이가 위에서 말했듯이 확실하게 존재하고 있다. 다음으로 더욱 중요한 것은 정말로 맹자가 직접 지었다면 『맹자』에서는 스스로를 자(子)로 일컬을 수 없다. 일반적으로 말하여 옛사람들은 자기에게는 이름을 일컫고 스승에게는 자(子)를 일컬었다. 명확한 예로 『논어』에서 볼 수 있는 "공자가 말하였다. '나는 다행이다. 만일 잘못이 있으면 남들이 반드시 아는구나.'(子曰: '丘也幸, 苟有過, 人必知之')"(『논어』 7.31) 같은 경우이다. 또 "공자가 말하였다. '내 기도한 지 오래되었다.'(子曰: '丘之禱久矣')"(『논어』 7.35) '구(丘)'는 직접 공자의 말을 인용한 것으로 스스로를 일컬은 것이다. '자왈(子曰)'은 제자의 존칭이니 객관적인 서술이다. 『맹자』에 이와 비슷한 곳이 있는 것은 책에서 무릇 직접 맹자의 말을 인용한 것이다. 모두 자신을 일컬어 '가(軻)'라 한 것으로, "내 일찍이 그 대략을 들었다.(軻也嘗聞其略也)"(10.2) 같은 것이다. 무릇 객관적인 서술은 모두 맹자라 일컬었는데, "맹자가 양혜왕을 뵈었다(孟子見梁惠王)", "맹자가 양양왕을 뵈었다(孟子見梁襄王)", "맹자가 제선왕에게 일러 말하였다(孟子謂齊宣王曰)" 같은 따위가 있다. 『논어』는 공자가 직접 지은 것이 아니어서 이런 상황이 있게 되었다. 『맹자』와 『논어』는 이 방면에서 기본적으로 일치하기 때문에 『맹자』 또한 직접 지은 것이 아닐 것이다. 최소한 어떤 부분은 직접 지은 것이 아니며 그렇지 않다면 이런 상황을 해석할 길이 없게 된다. 특히 "맹자께서 성의 선함을 말씀하시되, 말씀마다 반드시 요순을 칭하셨다.(孟子道性善, 言必稱堯舜)"(5.1)라는 구절은 맹자가 전통적인 관습을 깨뜨릴 수가 있어서 스스로를 맹자라 일컬은 것이 아니라면 이 구절은 어떤 경우라도 맹자의 손에서 나올 수가 없다.

'제자추술설'은 둘째, 셋째, 넷째 특징과 서로 들어맞지 않아 성립되기 어렵다.

무엇보다 『맹자』의 어떤 구절은 매우 길어서 완전히 제자가 죽은 후에 추술한 것이라 하기에는 매우 어렵다. 「양혜왕」편 제7장 같은 경우 모두 1,311자로 문답이 17차례 반복된다. 시간상으로 말하면 맹자와 제선왕이 만난 지 오래지 않은 시점의 대화일 것이다. 대략 B.C. 318년 내외로 맹자가 세상을 떠난 때와는 이미 30년의 간격이 있다. 문장의 내용이 이렇게 풍부하고 시간상 격차도 이렇게 오랜데 제자가 맹자가 죽은 후에 추기한 것에서 나왔다고 하는 것은 실제로 사람들을 믿게 하기가 어렵다. 다음으로 『맹자』에서 『시』와 『서』를 대량으로 인용하여 증명한 특징은 '제자추술설'과 서로 맞지 않는다. 옛사람이 『시』와 『서』를 잘 외기는 하였지만 『맹자』에서 『시』와 『서』를 인용하여 증명한 것이 이렇게 많고 인용문이 이렇게 길며 오차가 이렇게 작으니 완전히 제자의 추술에서 나왔다면 추술할 때 원문을 일일이 대조하지 않은 다음에야 어찌 기적이 아니겠는가? 이외에 『맹자』와 『논어』에는 매우 큰 차이점이 있는데 이는 곧 『논어』에는 공자의 용모와 어조를 기록한 것이 많다. 특히 「향당(鄕黨)」

편은 묘사가 세밀하고도 미묘하여 한번 보기만 하면 제자의 손에서 나온 것임을 알게 된다. 그러나 『맹자』에는 이 방면의 기록이 전혀 없다. 『맹자』가 『논어』와 마찬가지로 제자가 추술한 데서 나왔다고 한다면 『맹자』에는 적든 많든 이 방면의 내용이 있게 마련이다. 그렇지 않다면 완전히 제자의 추술에서 이루어진 것이 아니라는 의심을 품을 만한 이유가 있다. 우리는 당연히 이것을 『맹자』의 작자를 판단하는 필요조건으로 삼을 수는 없지만 이것을 하나의 중요한 참고 요소로 삼을 수는 있다.

'맹자와 제자의 합작설'은 위에서 말한 특징과 완전히 부합하여 세 가지 다른 견해 가운데서 성립 가능성이 가장 크다.

첫째, 『맹자』는 맹자와 제자가 합작하여 이룬 것이기 때문에 문체가 기본적으로 일치한다. 바로 합작하여 이룬 것은 결코 한 사람의 손에서 나온 것이 아니기 때문에 문체에서 미세한 차이가 있다. 둘째, 맹자와 제자가 합작하여 이룬 것으로 맹자의 참여가 있었기 때문에 문장의 내용이 상세하고 충실할 수 있었으며 문장이 길게 펼쳐질 수 있었다. 문풍이 호연해질 수 있었으며, '문장은 그 사람과 같다'는 규율을 인증할 수 있었다. 셋째, 맹자와 제자가 합작하여 이루어 맹자의 참여가 있었기에 문장에 대량의 『시』와 『서』에서 인용한 글이 있을 수 있었다. 넷째, 맹자와 제자가 합작하여 이루느라 맹자가 여전히 살아 있어서 살아 있는 사람의 용모를 묘사하는 것이 일상과 반대되는 일이었기 때문에 글에 맹자의 용모에 대한 기록은 없었다. 대신 맹자가 출행한 경과와 제후와의 대화 및 제자의 질문에 대한 대답만 있을 수 있었다. 다섯째, 맹자와 제자가 합작하면서 저술의 대부분이 제자의 기록에서 나왔기 때문에 글에서 자연히 맹자를 자(子)로 높여 객관적인 서술을 할 때마저도 '맹자왈(孟子曰)', '맹자대왈(孟子對曰)'이라 일컬었다. 심지어 "맹자께서 성의 선함을 말씀하시되, 말씀마다 반드시 요순을 칭하셨다.(孟子道性善, 言必稱堯舜)" 같은 구절까지

나타나게 되었다. 여섯째, 맹자와 제자가 합작하면서 제자 가운데 주로 만장과 공손추 이 두 사람은 스스로 자라고 일컬을 수가 없었다. 오히려 동문을 제자라 일컬었기 때문에 책에 문인을 자라 일컬은 경우는 많이 출현하고 만장과 공손추는 그 예에 들지 못하는 기현상이 일어나게 되었다. 일곱째, 만난 제후를 시호로 일컬었으니 '맹자와 제자의 합작설'의 정확성을 증명하는데 더욱 도움이 된다. 맹자가 만난 제후 가운데 몰년이 비교적 늦은 노평공과 제선왕, 양양왕은 B.C. 303년과 B.C. 301년, B.C. 296년으로 나누어진다. 맹자는 B.C. 289년에 죽어 가장 늦은 양양왕의 졸년 또한 7년이라는 시간이 있으니 맹자와 제자가 합작하여 책을 짓는 과정에 시호로 일컬었다고 하는 것이 정리상 합리적일 것이다. 송은 B.C. 286년에 망하였는데 맹자의 몰년과는 3년의 간격이 있기 때문에 『맹자』에서 시호로 일컫지 않은 것이다. 이 문제는 위의 장에서 이미 상세하게 논하였으니 되풀이하지 않겠다.

　결론적으로 나는 『맹자』가 기타 제자들이 평상시에 기록한 것을 모았을 가능성이 농후하다고 생각한다. 물론 맹자가 자기의 사상과 사적이 감히 실전되지 않게 하기 위하여 의식적으로 『논어』를 본받아 만장 공손추 등과 함께 강학하던 과정에서 자기의 경력과 관점을 구술하고 아울러 제자들에게 기록하게 한 다음에 스스로 정리하고 산정한 결과 당연히 그 사이에는 맹자 자신이 쓴 부분을 배제하지는 않았을 것이다.[14]

---

[14] 천구위엔(陳顧遠)이 참고가 될 만한 말을 했다. "맹자가 당시 자신이 써낸 것은 대략 모두 사실 방면에 중점을 두었기 때문에 양혜왕과 공손추, 등문공의 몇 장은 사실 기록이 많으며 모두 앞쪽에 놓여 있어 사실을 언급한 기록이고 확실히 맹자의 수필이라고 한다면 왕공들의 시호를 일컬은 것은 모두 맹자 기록한 것에서 나왔을 것이며 더욱이 맹자가 죽은 해를 증명할 수 있다. 만약에 문인들이 시호를 더하였다고 한다면 이는 또한 맹자가 기록한 것과 합치되지 않는다. 하물며 맹자가 이미 이루어 놓은 책을 문인들은 절대 산개(刪改)하는 것을 좋아하지 않았으니 곧 산개 또한 긴요함과 관계없는 일로 문인들은 반드시 이렇게 하지 않았을 것이다."(陳顧遠의 『孟子政治哲學』, 國華書局, 1947, 33쪽)

2.『맹자』의 외서 문제

사마천의『사기』「맹자순경열전」에서는 "『맹자』7편을 지었다"고 하였으며, 외서(外書) 문제는 제기하지 않았다.

유흠(劉歆)의『칠략(七略)』에서는『맹자』는 11편이 있다고 하였으니 분명히 4편의 외서를 포함하였다. 반고(班固)의『한서(漢書)』「예문지(藝文志)」도 마찬가지의 견해를 가졌다. 응소(應劭)의『풍속통(風俗通)』「궁통편(窮通篇)」에서는 말하였다. "물러나 만장의 무리와 함께『시』와『서』, 중니의 뜻의 차서를 정하고 책을 지었는데 중외(中外) 11편이다."[15]

응소와 동시대인인 조기는 4편의 외서에 대하여 고증하고「맹자제사」에서 말하였다. "또한「외서」4편이 있는데「성선변(性善辨)」과「문설(文說)」,「효경(孝經)」,「위정(爲政)」이다. 그 문장은 크고 심원할 수가 없어서 내편과 비슷하지 않다. 맹자의 본진(本眞) 같지만 아니며 후세에서 모방하여 가탁한 것이다." 조기는 여전히 사마천의『맹자』는 7편이라는 견해를 견지하여『맹자』에 주를 달 때 외서를 거두어들이지 않았다. 이후로 외서는 천천히 실전되었다.

후인은 한정된 자료에 근거하여 실전된「외서」에 대하여 고증을 한 적이 있는데 진짜라고 생각하는 사람과 가짜라고 생각하는 사람이 모두 있었다.

진짜라고 생각하는 것에는 주로 두 방면의 증거가 있다.

한인(漢人)의 저작에서는 종종 맹자의 말을 인증하였다. 이런 말은『맹자』7편에는 보이지 않아「외서」에서 왔을 가능성이 있으므로「외서」를 진짜로 볼 수 있다. 이것이 첫 번째이다.

---

[15] 한 응소의『풍속통』「궁통편」문연각(文淵閣)『사고전서(四庫全書)』권862, 대만상무인서관(臺灣商務印書館), 1986, 393쪽.

4편이 민간에서 온 것으로 「외서」가 진짜라는 것을 증명했다. 천구위 엔의 『맹자정치철학(孟子政治哲學)』에서는 한극균(韓克均)의 말을 인용하여 말하였다. "그렇다면 이른바 중(中)이라고 하는 것은 안사고(顏師古)의 주에서 중서(中書)는 천자가 소장한 책이라고 하였다. 내(內)는 곧 『칠략』에서 일컬은 안에는 연각(延閣)과 광내(廣內), 비실(秘室)의 부(府)가 있다 한 것이다. 여기서 말한 외(外)란 것은 어디에 있는가? 맹자 7편은 무제(武帝) 때 이미 대내(大內)에 들어갔기 때문에 중(中)이라 하며 또한 내(內)라고도 한다. 성제(成帝) 때에 이르러 진농(陳農)이 구한 유향 부자가 교정한 것을 이어서 민간에서 4편을 얻었는데 중비(中秘)에 없는 것이었으므로 외(外)라 일렀다. 그때 빈경(邠卿, 곧 趙岐)은 내부(內府)의 7편만 알고 민간에서 얻은 4편은 알지 못하였으므로 후인이 의탁한 것으로 의심하여 주석을 달지 않았을 따름이다."[16] 이것이 둘째이다.

거짓으로 생각하는 것으로는 주로 네 방면의 증거가 있다.

첫째, 사마천은 맹자의 시대와 비교적 가까워 맹자는 책 7편을 지었다고만 말하고 결코 11편을 지었다고는 하지 않았다. 더욱이 외서의 편목을 언급하지 않았다. 그러나 8, 90년이 지난 후에 유흠이 「외서」를 찾아내고 아울러 「외서」의 편목을 나타내었으니 이는 본래 의심을 품을 만한 것이다.

둘째, 내외편을 사용하는 것은 선진제자가 책을 짓는 습관이 아니다. 『한서』 「예문지」에 내외편으로 편목을 표명한 것은 『회남자(淮南子)』 하나뿐인데, 『회남자』는 한대의 서적이다. "내외편으로 편명을 삼은 것을 알 수 있으니 실은 한인(漢人)이 거짓으로 지은 특징이다."[17]

---

16 천구위엔의 『맹자정치철학』, 국화서국 1947, 21쪽.
17 위와 같음. 『장자(莊子)』에는 내외편이 있기는 하지만 류샤오간(劉笑敢)이 이미 그 외서는 주로 후인이 지은 것임을 증명하였다.

셋째, 조기는 『맹자』에 주를 달 때 육안으로 「외서」를 본 적이 있는데, 여기서 문풍의 특징에 대하여 비교하였다. 그는 말하였다. "맹자는 비유에 뛰어나며 말이 박절하지 않은데 뜻이 이미 홀로 이르렀다." 「외서」는 "그 문장은 크고 심원할 수가 없어서 내편과 비슷하지 않으며, 맹자의 본진(本眞) 같지만 아니다." 조기는 『맹자』의 주에 큰 공을 들여 『맹자』의 문풍에 체회가 있을 것이며 이로 인해 그의 이 비교는 신임도가 매우 높은 것이다.

마지막으로 내외편의 내원은 같지 않고 아울러 한인(漢人)의 저작에서 인용한 맹자에는 7편이 보이지 않는다는 것을 가지고 「외서」가 진짜인 두 가지 이유를 증명하였는데 결코 성립될 수 없다. 이는 7편은 이미 대내에 들어갔는데 무엇 때문에 4편만 민간에 남아 있었는가? 하는 이유 때문이다. 내원이 같지 않다는 것은 단지 책의 보관된 장소가 다르다는 것만 설명할 뿐인데 어째서 문풍상의 차이를 끌어냈는가? 한인의 저작에서 인용한 맹자에 7편이 보이지 않는다는 것은 맹자의 생각만 썼거나 아니면 판본이 같지 않았거나 잘못 인용하였기 때문일 것이다. 결코 이런 말들을 「외서」에서 왔을 필요조건으로 삼을 수 없다.

요컨대, 역사적으로 볼 때 비록 「외서」에는 진짜라거나 가짜라는 사람이 모두 있지만 일반적으로 말하여 아무래도 사마천과 조기의 설을 찬성하는 것이 주가 되어야 한다고 생각한다. 유흠과 반고, 응소 그리고 조기가 본 「외서」는 이미 실전되어 후인들은 볼 길이 없고 구체적으로 고증할 길이 없다. 또한 고증이 현실적 의의를 잃게 하였으므로 나도 다수의 의견을 따라 『맹자』는 7편이며 「외서」는 위작이라 주장하고 달리 새로 증명하지 않는다. 조기가 본 「외서」가 나중에 실전되기는 하였지만 송대에 와서 또 새로 발견되기도 하였다. 송대에 유창시(劉昌詩)라 불리는 사람이 『노포필기(蘆蒲筆記)』를 지었다. 책에서 신유(新喩) 사 씨(謝氏)에게 소장본이 있는데 「성선변」뿐이라고 하였다. 나머지 「문설」과 「효경」, 「위정」은 모두 없다. 청대에 이르러 요숙상(姚叔詳)이 제남(濟南)에서 타향살이 하면서 홀연히 맹자 외서 4편을 얻었다. 「성선변」이 유 씨의 소장본과 같은지 같지 않은지는 알 수 없다. 이에 요숙상이 얻은 「외서」의 진위를 둘러싸고도 한 차례 논쟁이 있었다. 적호(翟灝)의 『사서고이(四書考異)』에서는 8개의 검증을 설정하여 진짜가 아니라고 판정하였다. 3개 조목을 설정하여 추측하기를 청인의 위조에서 나온 것이라고 생각하였다.[18] 천구위엔은 제가의 설을 종합하여 10개의 증거를 나열하여 「외서」가 위조임을 증명하였는데 말한 것이 매우 상세하여 여기에 다음과 같이 인용한다.

① 『곤학기문』과 『구경변이(九經辨異)』에서는 모두 「외서」는 망실된 지 오래라고 하였다. 『노포필기』도 또한 신유 사 씨가 「성선변」 1권을 가지고 있다고 말한 것일 뿐 결코 써낸 글이 없다. 어째서 근대인 원·명 양대를 지나쳐 청조에 와서야 또한 찾아냈는가? 찾아낸 사람이 다른 사람이 아니라 공교롭게 또한 위서를 만들어내기 좋아하는 요숙상이라 더욱 의심스럽다.

② 정걸(丁杰)은 『맹자외서소증(孟子外書疏證)』에서 말하였다. "이 책은 …… 이어 붙여 부연한 것으로 왕왕 기(氣)가 통하지 않는다." 적 씨(翟氏)는 말하였다. "내서 7편은 매 편이 5천여 자로 편내에 길게 펼친 장이 많아 열고 닫히는 변화가 끝을 알 수 없다. 지금 이 4편은 편마다 천 자에도 미치지 못한다. 장 가운데 길게 펼친 것은 『한시외전(韓詩外傳)』의 '순우곤(淳于髡)'을 이은 한 조뿐이다. 억지로 이어 붙여 약하여 생기가 없으니 그 근본이 아득히 달라 넓고 클 수 없을 뿐만이 아니다." 『맹

---

[18] 천구위엔의 『맹자정치철학』, 국화서국, 1947, 19쪽.

자』의 중간에 '제환진문(齊桓晉文)'장과 '양기(養氣)'장, '호변(好辯)'장, '허행(許行)'장 같은 것은 실로 「외서」에서 찾아낼 수 없는 것 같은 문장이며, 7편 안의 '백성이 귀하다(民爲貴)'장, '추와 노가 다툼(鄒與魯鬨)'장……의 문세의 종횡무진한 기세 또한 없다.

③ 정걸은 말하였다. "이 책의 인명과 사적은 거짓과 오류가 매우 많다. 후인의 인용은 혹 전하여 들은 것이 진실을 잃기도 하였으니, 어찌 직접 그 사람을 접하고 그 사실을 목격하여 그 무리와 책을 지으면서 기록이 진실되지 못함이 있겠는가? …… 유공보(劉貢父, 攽)는 박학하기로 그 형에게도 양보하지 않는데 이 주(注)의 지학(地學)은 아득하니 그 또한 거짓으로 가탁한 것임을 알 수 있다." 이곳에는 자석(子石)에게 알에 털이 있는 것을 묻는 것 같은 단락이 있다. 말을 묻는 것을 논한 것으로는 자석은 견백이동(堅白異同)의 공손룡(公孫龍)을 가리키는 것 같지만 그의 자는 오히려 자병(子秉)이다. 명자(名字)를 논한 것은 또한 공자의 제자인 공손룡을 가리키는데 그의 자가 자석이기 때문이지만 사실은 또한 같지 않다. 또한 한 사람은 맹자 전에 태어나 맹자는 볼 수 없었으며, 한 사람은 맹자보다 나이가 많이 어려 아마 맹자를 볼 수 없었을 것이다. 이 이외에 맹자와 그가 죽었을 때 아직 어렸던 순자는 뜻밖에 변별성이 있는데, 그가 죽은 후에야 연에서 벼슬한 악간(樂閒)이 마침내 연왕의 명령을 받들고 맞으러 온 것은 더욱 황당무계하다.

④ "맹자는 제환(齊桓)과 관중(管仲)을 매우 경시하였는데 여기서는 지극한 덕이라 일컬었으며(「性善辨」에 보인다), 맹자는 거듭 진중(陳仲)을 배척하였는데 여기서는 천고의 고상한 선비(高士)라 하며 애도하였다.(「文說」에 보인다) …… 이는 모두 맹자의 뜻과 배치된다."(翟의 說)

⑤ 맹자는 자사의 문인에게 배웠으며, 문인은 재전제자로 해석되는 것은 위의 문장에서 이미 말하였는데 여기서는 자상(子上)에게서 배웠

다 하고 또한 맹자가 스스로 말한 것이라 하니 위작이라는 증거의 하나이다.

⑥ "조씨는 다만 「외서」의 장구를 짓지 않았을 뿐 「외서」를 보지 않은 것은 아니다. …… 조 씨의 주에서 서벽(徐辟)에 대하여 어느 나라 사람인가 말하지 않았다. 이는 서벽의 조상이 남주(南州)에서 겹심(郟鄩)으로 옮겼으며 지금 오세가 되었다는 것을 이른다. 만약에 옛 「외서」가 이 글과 같았다면 조 씨가 어찌하여 절취하지 않았는가?"(翟의 설)

⑦ 맹자는 늘 "5백 년이면 반드시 왕자가 나온다.(五百年必有王者興)"라 하였다. 또 말하기를 "요순으로부터 탕에 이르기까지가 5백여 년이다. …… 탕으로부터 문왕에 이르기까지가 5백여 년이다. …… 문왕으로부터 공자에 이르기까지가 5백여 년이다.(由堯舜至於湯, 五百有餘歲. …… 由湯至於文王, 五百有餘歲. …… 由文王至於孔子, 五百有餘歲)"라 하였다. 여기서는 이렇게 말했다. "순은 요허(姚墟)에서 났고, 우는 석뉴(石紐)에서 났으며, 탕은 포남(蒲南)에서 났고, 문왕은 대강(臺疆)에서 났으며, 천 년에 하나의 성인이니 아침저녁과 같다." 두 설은 같지 않은데 그 거짓이 또한 잘못되었다. 「이루」장에 비록 천여 년이라는 말이 있지만 순을 비교하여 문왕과 합하여 말하였는데 또한 따로 논하여야 한다.

⑧ "『열녀전(列女傳)』에 실려 있는 세 번 이사하고 아내를 내쫓는 등의 일은 본래 맹자의 말을 이른 것이 아니며 대체로 그 일은 다만 다른 사람의 기록일 것인데 맹자가 책을 지어 가르쳤다는 것은 반드시 스스로 말하였을 리가 없다. 지금 편 가운데 섞어 넣었다. 저 책의 글에서는 전(田)을 일컬어 맹전(孟田)이라 하고('三遷'章), 기맹(其孟)이라 하니('出妻'章) 잘못되고 어그러짐이 더욱 심하다."(翟의 說)

⑨ 책 안에 원서를 베껴 쓴 착오가 매우 많으며 특히 '위정'장이 심하다. 몇 가지 예를 대략 들어본다. 첫째 "맹자가 말하였다. 바름은 마음

으로 하고 사악함은 기필로 하며, 마음이 가면 사정(邪正)이 따른다. 그러므로 군자는 마음을 간직하여 잃지 않는다." 7편의 '구방심(求放心)' 장과 서로 같다. 둘째 "진(秦)이 양(梁)을 공격하자 혜왕에게 양을 떠날 것을 권하였다." 등에게 국도를 옮기라 한 옛 방법으로 확실히 베껴 쓴 것이다. 셋째 주루공(邾婁公)이 정치를 묻자 형벌을 줄이고 세금을 경감시키라고 답하였는데, 양혜왕의 땅이 백 평방 리라고 답한 장과 같다. 넷째 "담(郯)을 지나며 정장공(鄭莊公)을 만났는데, 맹자는 성선(性善)을 말하면서 말을 하면 반드시 문왕을 일컬었다." 등문공이 세자였을 때의 장과 같으며 다만 사람의 명자(名字)만 차이가 있다. 다섯째 "맹자가 말하였다. 지금의 사대부는 모두 죄인이다. 임금의 악을 미리 맞아줌을 따르고 있다." "군주의 악을 조장함은 그 죄가 작고, 군주의 악을 미리 맞아줌은 그 죄가 크다"라 한 말과 같다. 적호가 말한 "비록 내외의 차이는 있지만 말한 언사는 중복되어서는 안 된다."라 한 것이 곧 이 뜻이다. 본래 4~5개의 증거만 들어 논하였으며 너무 많이 수록하지 않는다.

⑩ 맹자는 해락주의(偕樂主義)를 이야기하였기 때문에 남들은 나면서 재화를 좋아하고 여색을 좋아하며 용기를 좋아하는데 자신은 이미 병폐로 여겼다. 맹자는 오히려 말하기를 백성과 함께 좋아하기만 한다면 무슨 방해가 될 것이 없다고 하였다. 여기서 갑자기 또 말하였다. "맹자가 제선왕에게 말하였다. 왕께서는 지혜를 좋아하시지 말고 용기를 좋아하지 마십시오. 용기와 지혜가 지나친 것은 재화와 근심을 높이는 것이니 인의를 근본으로 삼아야 합니다." 맹자의 지난날 주장과 확연히 같지 않으니 필시 가탁한 글임에 의심의 여지가 없다. 맹자는 임금이 작은 지혜를 좋아하고 작은 용기를 좋아한다고 주장하지 않았으며, 미루어 크게 하고 높이어 이루면 곧 인의이므로 맹자는 절대 금지할 생각이 없었다.[19]

비록 이 열 가지 증거에 얼마간 새로 보충을 할 수도 있지만[20] 진 씨가 논한 자체가 이미 매우 상세하기 때문에 위증을 증명하는 목적을 충분히 달성하였다. 지금 「외서」가 위서라는 것은 이미 학술계의 정론이 되어 다시 새로운 노력을 기울일 필요가 없다.

부록 1 『맹자』에 인용된 『시경』

① "영대를 처음으로 경영하여 이것을 헤아리고 도모하시니, 백성들이 와서 일하는지라 하루가 못 되어 완성되었도다. 처음 경영하기를 급히 하지 말라고 하셨으나 백성들은 아들이 (아버지 일인 듯) 오도다. 왕이 영유에 계시니, 사슴들이 그곳에 가만히 엎드려 있도다. 사슴들은 반지르르하거늘 백조는 희디희도다. 왕이 영소에 계시니, 아! (연못에) 가득히 고기들이 뛰논다.(經始靈臺, 經之營之, 庶民攻之, 不日成之. 經始勿亟, 庶民子來. 王在靈囿, 鹿鹿攸伏, 麀鹿濯濯, 白鳥鶴鶴. 王在靈臺, 於牣魚躍)"(1,2,「大雅·靈臺」)

② "타인이 가지고 있는 마음을 내가 헤아린다.(他人有心, 予忖度之)"(1,7,「小雅·巧言」)

③ "과처에게 모범이 되어서 형제에 이르러 집과 나라를 다스린다.(刑于寡妻, 至于兄弟, 以御于家邦)"(1,7,「大雅·思齊」)

---

19 이상 열 가지 증거는 모두 천구위엔의 『맹자정치철학』, 국화서국, 1947, 23~29쪽에 보인다. 이 책은 1922년에 초판이 나왔는데 판본이 오래되고 인쇄의 착오가 비교적 많아 본서에서 인용할 때는 다만 개별 표점만 조정하고 정문은 더 고치지 않았다.

20 '인심유위(人心惟危)' 16자 심전(心傳) 같은 것은 위 『고문상서』 및 진덕수(眞德秀)의 『대학연의(大學衍義)』가 성행한 후에야 사람들의 관심을 끌었는데 「외서」의 작자가 이것을 열입하였으니 작자가 분명히 그 영향을 받았음을 설명하며, 위서임에 의심이 없음을 알 수 있다.

④ "하늘의 위엄을 두려워하여 이에 보전한다.(畏天之威, 于時保之)"(2.3, 「周頌·我將」)

⑤ "왕께서 혁연(赫然)히 노하사 이에 그 군대를 정돈하여 침략하러 가는 무리를 막아서 주나라의 복을 돈독히 하여 천하에 보답하였다.(王赫斯怒, 爰整其旅, 以遏徂莒, 以篤周祜, 以對于天下)"(2.3, 「大雅·皇矣」)

⑥ "부자들이야 괜찮겠지만 이 외로운 무의탁자들이 불쌍하다.(哿矣富人, 哀此煢獨)"(2.5, 「小雅·正月」)

⑦ "노적을 쌓고 창고에 쌓거늘 마른 양식을 싸되, 전대에다 넣고 자루에다 넣고서 백성을 편안히 하여 이로써 국가를 빛낼 것을 생각하여 활과 화살을 펴놓으며 [준비하며] 창과 방패와 도끼를 가지고 이에 비로소 길을 떠났다.(乃積乃倉, 乃裹餱糧, 于橐于囊, 思戢用光. 弓矢斯張, 干戈戚揚, 爰方啓行)"(2.5, 「大雅·公劉」)

⑧ "고공단보가 아침에 말을 달려와서 서쪽 물가를 따라 기산 아래에 이르러 이에 강녀와 더불어 와서 집터를 보았다.(古公亶父, 來朝走馬, 率西水滸, 至于岐下, 爰及姜女, 聿來胥宇)"(2.5, 「大雅·綿」)

⑨ "서쪽에서 동쪽에서 남쪽에서 북쪽에서 복종할 생각이 없는 이가 없었다.(自西自東, 自南自北, 無思不服)"(3.3, 「大雅·文王有聲」)

⑩ "하늘 아직 흐려져 비 내리지 않을 때, 저 뽕나무 뿌리를 거두어다가, 창문을 칭칭 감는다면 지금 이 백성들이 혹시라도 감히 나를 업신여기겠는가?(迨天之未陰雨, 徹彼桑土, 綢繆牖戶. 今此下民, 或敢侮予?)"(3.4, 「豳風·鴟鴞」)

⑪ "길이 천명에 배합하기를 생각함이 스스로 많은 복을 구하는 것이다.(永言配命, 自求多福)"(3.4, 7.4, 「大雅·文王」)

⑫ "낮이면 가서 띠[풀]를 베어 오고 밤이면 새끼 꼬아서, 빨리 그 지붕에 올라가 지붕을 이어야 다음 해에 비로소 백곡을 파종할 수 있다.(晝爾于茅, 宵爾索綯; 亟其乘屋, 其始播百穀)"(5.3, 「豳風·七月」)

⑬ "우리 공전에 비를 내려 마침내 우리 사전에 미친다.(雨我公田, 遂及我私)"(5.3, 「小雅·大田」)

⑭ "주나라가 비록 오래된 나라이나, 그 명은 새롭다.(周雖舊邦, 其命惟新)"(5.3, 「大雅·文王」)

⑮ 「노송(魯頌)」에서 말하였다. "융적 정벌하고, 형서 다스린다.(戎狄是膺, 荊舒是懲)"(5.4, 「魯頌·閟宮」)

⑯ "말몰이꾼이 말 모는 법도를 잃지 않거늘, 사수가 화살을 쏨에 깨뜨리는 것과 같이 명중한다.(不失其馳, 舍矢如破)"(6.1, 「小雅·車攻」)

⑰ "융적 정벌하고, 형서 다스려지니 나를 감히 대적할 자가 없다.(戎狄是膺, 荊舒是懲, 則莫我敢承)"(6.9, 「魯頌·閟宮」)

⑱ "잘못되지 않고 잊어버리지 않음은 옛 법을 따르기 때문이다.(不愆不忘, 率由舊章)"(7.1, 「大雅·假樂」)

⑲ "하늘이 바야흐로 (周나라 王室을) 쓰러뜨리려 하니, 그렇게 예예하지 말라.(天之方蹶, 無然泄泄)"(7.1, 「大雅·板」)

⑳ "은나라의 귀감이 멀리 있지 않아, 하후의 세대에 있다.(殷鑑不遠, 在夏后之世)"(7.2, 「大雅·蕩」)

㉑ "상나라의 자손이 그 수가 억이 아니지만, 상제가 이미 (天命을 周나라에) 명한지라, 주나라에 복종하는구나! 주나라에 복종하니, 천명은 항상 하지 않는다. 은나라 선비로서 부대(膚大)하고 통달한 자들이 (周나라) 서울에서 술을 부어 제사를 돕는다.(商之孫子, 其麗不億. 上帝旣命, 侯于周服. 侯服于周, 天命靡常, 殷士膚敏, 祼將于京)"(7.7, 「大雅·文王」)

㉒ "누가 뜨거운 물건을 쥐고도 물로 씻지 않겠는가.(誰能執熱, 逝不以濯)"(7.7, 「大雅·桑柔」)

㉓ "어찌 능히 선할 수 있으리오, 곧 서로 빠짐에 미친다.(其何能淑, 載胥及溺)"(7.9, 「大雅·桑柔」)

㉔ "장가들려면 어떻게 하여야 하는가? 반드시 부모에게 아뢰어야 한다.(娶妻如之何, 必告父母)"(9.2,「齊風·南山」)

㉕ "온 하늘의 아래가 왕의 토지가 아님이 없고, 온 땅 안이 왕의 신하 아닌 자가 없다.(普天之下, 莫非王土; 率土之濱, 莫非王臣)"(9.4,「小雅·北山」)

㉖ 「운한(雲漢)」의 시에서 말하였다. "주나라의 남은 백성들이 혈유가 없다.(周餘黎民, 靡有孑遺)"(9.4,「大雅·雲漢」)

㉗ "길이 효도하며 사모한다. 효도하며 사모함이 법칙이 된다.(永言孝思, 孝思維則)"(9.4,「大雅·下武」)

㉘ "주도[큰길]가 평탄함이 숫돌과 같으니, 그 곧음이 화살과 같도다. 군자[爲政者]가 밟는 바요, 소인[백성]들이 우러러보는 바이다.(周道如底, 其直如矢; 君子所履, 小人所視)"(10.7,「小雅·大東」)

㉙ "『시경』에 이르기를 '하늘이 여러 백성[사람]을 내시니, 사물이 있으면 법이 있도다. 사람들이 마음에 떳떳한 본성을 가지고 있는지라, 이 아름다운 덕을 좋아한다.(天生蒸民, 有物有則. 民之秉彛, 好是懿德)"(11.6,「大雅·烝民」)

㉚ "이미 술로 취하고 이미 덕으로 충족했다.(旣醉以酒, 旣飽以德)"(11.17,「大雅·旣醉」)

㉛ "공밥을 먹지 않음이여!(不素餐兮)"(13.32,「魏風·伐檀」)

㉜ "마음에 걱정하기를 초초히 하거늘, 소인들에게 노여움을 받는다.(憂心悄悄, 慍于群小)"(14.19,「邶風·柏舟」)

㉝ "이러므로 오랑캐들 성냄 끊지 못하셨으나 또한 그 명성 실추하지 않으셨다.(肆不殄厥慍, 亦不殞厥問)"(14.19,「大雅·綿」)

부록 2 『맹자』에 인용된 『상서』

① 「탕서(湯誓)」에서 말하였다. "이 해는 어느 때나 없어질까? (만일 없어진다면) 내 차라리 너와 함께 모두 망하겠다.(時日害喪, 予及女偕亡)"(1.2,『尚書』「湯誓」)

② "하늘이 하민을 내리사 그 군주를 삼아주고 스승을 삼아줌은 상제를 돕기 때문에 그를 사방에 특별히 총애해서이다. 죄가 있건 죄가 없건 내가 있으니, 천하에 어찌 감히 그 뜻을 지나치는 자가 있겠는가(天降下民, 作之君, 作之師, 惟其助上帝寵之. 四方有罪無惟我在, 天下曷敢有越志?"(2.3, 趙岐의 『주』에서는 말하였다. "『상서』의 逸篇이다.")

③ "탕왕이 첫 번째 정벌을 갈로부터 시작하였다.(湯一征, 自葛始.)"(2.11, 趙岐의 『주』에서는 말하였다. "『尚書』 逸篇의 글이다.")

④ "우리 임금님을 기다렸더니, 임금님이 오시면, 소생하리라!(我后, 後來其蘇)"(2.11, 趙岐의 『주』에서는 말하였다. "『尚書』 逸篇의 글이다.")

⑤ 「태갑(太甲)」에서 말하였다. "하늘이 지은 재앙은 오히려 피할 수 있으나, 스스로 지은 재앙은 살 길이 없다.(天作孽, 猶可違; 自作孽, 不可活)"(3.4, 7.8, 지금 『尚書』 「太甲」은 僞古文이다)

⑥ "만일 약이 (독하여) 정신이 어지럽지 않으면 그 병이 낫지 않는다.(若藥不瞑眩, 疾不瘳)"(5.1, 지금 『尚書』 「說命」은 僞古文이다)

⑦ "갈백이 밥을 먹이는 자를 원수로 여겼다.(葛伯仇餉)"(6.5, 조기의 『注』에서는 말하였다. "『상서』 逸篇이다.")

⑧ "탕왕이 첫 번째 정벌을 갈부터 시작하였다.(湯始征, 自葛載)"(6.5, 楊伯峻은 이 역시 『상서』의 글이라 하였다.)

⑨ "우리 임금님을 기다리니, 우리 임금님이 오시면 형벌이 없으시겠지?(徯我后, 后來其無罰)"(6.5, 趙岐는 『尚書』의 일문이라고 생각하였다)

⑩ "신하로 복종하지 않는 자가 있거늘 동쪽을 정벌하여 사녀들을 편안하게 하시자, 사녀들이 검은 비단과 황색 비단을 광주리에 담아 가지고 와서 우리 주왕을 섬겨 아름다움을 받아서 큰 도읍인 주나라에 신하로 복종한다."(有攸不爲臣, 東征, 綏厥士女, 篚厥玄黃, 紹我周王見休, 惟臣附于大邑周)"(6.5, 趙岐의『주』에서는 말하였다. "『尙書』는 逸篇의 글이다.")

⑪「태서(太誓)」에서는 말하였다. "우리의 위엄을 떨쳐 저들의 국경을 침략하여 잔학한 자를 취함으로써 살벌의 공이 크게 베풀어지니, 탕보다 빛나도다.(我武惟揚, 侵于之疆, 則取于殘, 殺伐用張, 于湯有光)"(6.5, 趙岐는 옛「太誓」의 문장이라고 생각하였다)

⑫ "홍수(洚水)가 나를 경계하였다.(洚水警余)"(6.9, 趙岐의『주』에서는 말하였다. "『尙書』逸篇이다.")

⑬ "크게 드러나셨다. 문왕의 계책이여! 크게 계승하셨다, 무왕의 공렬이여! 우리 후인들을 도와 계도해 주시되 모두 정도로써 하고 결함이 없게 하셨다.(丕顯哉, 文王謨! 不承哉, 武王烈! 佑啓我後人, 咸以正無缺)"(6.9, 趙岐의『주』에서는 말하였다. "『尙書』逸篇이다.")

⑭ 만장(萬章)이 물었다. "순임금이 밭에 가서 하늘을 부르며 우셨다.(舜往于田, 號泣于昊天)"(9.1, 江聲의『尙書集注音疏』에서는 "문장이『尙書』인 것 같은데 '『書』曰'이라 하지 않았다.")

⑮ "(요)제가 자식인 9남 2녀로 하여금 백관과 우양과 창름을 갖추어 순을 견묘의 가운데에서 섬기게 하였다.(帝使其子九男二女, 百官牛羊倉廩備, 以事舜于畎畝之中)"(9.1, 趙岐의『주』에서는 말하였다. "맹자가 말한 여러 舜의 일은 모두「堯典」및 逸「書」에 실려 있는 것이다.")

⑯ 만장이 말하였다. "순이 공공을 유주에 유배하시고, 환도를 숭산으로 추방하시고, 삼묘를 삼위에서 죽이시고, 곤을 우산에서 죽이시어 네 사람을 처벌하시자, 천하가 다 복종하였다.(舜流共工于幽州, 放驩兜于崇山,

殺三苗于三危, 殛鯀于羽山, 四罪而天下咸服)"(9.3, 焦循의 『孟子正義』에서는 "이는 「虞書」 「堯典」의 글이다."라 하였다)

⑰ "조공할 시기에 미치지 아니하여 정사로 유비의 군주를 접견했다.(不及貢, 以政接于有庳)"(9.3, 趙岐의 『주』에서는 말하였다. "모두 『尙書』 逸篇의 말이다.")

⑱ 「요전」에서는 말하였다. "(순이 섭정한 지) 28년 만에 방훈[堯]이 마침내 별세하니, 백성들은 부모를 잃은 듯이 삼년상을 하였고, 사해에서는 팔음(의 음악)을 연주하는 것을 그쳤다.(二十有八載, 放勳乃徂落, 百姓如喪考妣, 三年, 四海遏密八音)"(9.4, 금본 『尙書』「堯典」에 보인다)

⑲ "일을 공경히 하여 고수를 뵐 적에 공경하고 두려워하셨는데, 고수 또한 믿고 따랐다.(祇載見瞽瞍, 夔夔齊栗, 瞽瞍亦允若)"(9.4, 趙岐의 『주』에서는 말하였다. "『尙書』 逸篇이다.")

⑳ 「태서(太誓)」에서 말하였다. "하늘이 봄을 우리 백성이 봄으로부터 하며, 하늘의 들음이 우리 백성의 들음으로부터 한다.(天視自我民視, 天聽自我民聽)"(9.5, 지금의 『尙書』「泰誓」는 위고문이다)

㉑ 「이훈(伊訓)」에서 말하였다. "하늘의 토벌이 처음 내려져 목궁으로부터 공격함은 내 박읍으로부터 시작했다.(天誅造攻自牧宮, 朕載自亳)"(9.7, 趙岐의 『주』에서는 말하였다. "『尙書』 逸篇의 이름이다.")

㉒ 「강고(康誥)」에서 말하였다. "사람을 재화 때문에 죽여 쓰러뜨려서 완강하여 죽음을 두려워하지 않는 자를 모든 사람들이 원망하지 않는 이가 없다.(殺越人于貨, 閔不畏死, 凡民罔不譈)"(10.4, 『尙書』「康誥」에 보인다)

㉓ "향은 예의를 중시하니 예의가 물건에 미치지 못하면 이를 불향이라 하니, 이는 향에 마음을 쓰지 않았기 때문이다.(享多儀, 儀不及物曰不享, 惟不役志于享)"(12.5, 금본 『尙書』「洛誥篇」에 보인다)

㉔ 이윤(伊尹)이 말하였다. "나는 (의리에) 순하지 못한 것을 익히 볼 수 없다 하고, 태갑을 동땅으로 추방하자, 백성들이 크게 기뻐하였고, 태

갑이 현명해져서 다시 그를 돌아오게 하자, 백성들이 크게 기뻐하였다.(予不狎于不順, 放太甲于桐, 民大悅. 太甲賢, 又反之, 民大悅."(13.31, 江聲은『尙書集注音疏』에서 말하였다. "분명히『尙書』의 글인데 '書曰'이라 하지 않았다.")

사상편

제3장

왕패지변(王霸之辨)

　맹자에게는 '변론하기를 좋아한다(好辯)'는 이름이 있다. "공도자가 말했다. '외인들이 모두 부자가 변론하기를 좋아한다고 칭하니, 감히 묻겠습니다. 어째서입니까?' 맹자가 말하였다. '내 어찌 변론하기를 좋아하겠는가? 내 부득이 해서이다.'(公都子曰: '外人皆稱夫子好辯, 敢問何也?' 孟子曰: '予豈好辯哉? 予不得已也.')"(6.9) '부득이(不得已)'는 맹자가 강렬한 역사적 책임감을 추진해 나가면서 공자의 학설을 지키고 자기의 이상을 지키기 위하여 어쩔 수 없이 이렇게 한다는 것을 말한다. 변론하기를 좋아하는 것은 맹자의 가장 두드러진 특징 중의 하나라고 말할 수 있다. 일반적인 법칙에 따르면 쌍방이 변론하는 주제는 왕왕 쌍방의 사상적 차이에 초점을 맞추며, 사회적 변론의 주제는 종종 사회 사조의 핫이슈이다. 이 때문에 우리는 맹자의 '변론하기를 좋아하는' 특징에 근거하여 맹자의 주요 사상을 파악할 수 있다. 내가 보기에 맹자가 '변론하기를 좋아한' 주제는 주로 왕패(王霸: 왕도정치와 패도정치)와 경권(經權: 經法과 權道), 의리(義理), 순척(舜跖: 虞舜과 盜

跖), 그리고 인성(人性) 등 다섯 방면에 집중되어 있다. 이런 방면을 제대로 파악하기만 하면 기본적으로 맹자 사상의 혈맥을 제대로 파악하게 되고, 당시의 시대정신을 제대로 파악하게 된다. 이 때문에 본서에서는 주로 왕패지변과 경권지변, 의리지변, 순척지변 그리고 인성지변에서 착수하여 맹자의 사상을 연구하도록 하겠다.[1] 먼저 왕패지변부터 이야기한다.

1. 왕패지변의 기인(起因)

(1) 왕패지변의 시대적 정신

"천하에 인간이 살아온 지 오래되었는데, 한 번은 잘 다스려지고 한 번은 혼란하였다.(天下之生久矣, 一治一亂)"(6.9) 이는 맹자가 역사를 관찰하여 얻어낸 결론이다. 「등문공(滕文公) 하」에서 맹자는 공도자에게 그의 역사에 대한 견해를 상세하게 이야기하기 시작하였다.

> 요 때에 물이 역류하여 중국에 범람하여 뱀과 용이 차지하니, 사람들이 정처가 없어, 낮은 지역에 사는 자들은 둥지를 만들었고, 높은 지역에 사는 자들은 굴을 파고 살았다. 『서경』에 '홍수(洚水)가 나를 경계하였다.' 하였으니, 홍수(洚水)란 홍수(洪水)이다. 우에게 홍수를 다스리게

---

[1] 이 외에 맹자가 '변론하기를 좋아한' 내용은 또한 천인지변(天人之辨)과 이하지변(夷夏之辨), 군기지변(群己之辨)을 포괄한다. 그러나 전체적으로 보면 이 세 방면의 내용은 대체로 모두 위에서 말한 다섯 방면에 포함될 수 있고 아울러 그 가운데 중요성은 또한 위에서 말한 다섯 방면을 따라갈 수 없다. 하나씩 변별과 분석을 진행해 나간다면 주제가 분산될 가능성이 있어서 본서에서는 관련이 있는 장절에서만 그 내용을 언급할 것이며 전문적인 토론을 부여하지 않는다.

하니, 우가 땅을 파서 바다로 흘려보내고 뱀과 용을 몰아내어 수초가 우거진 곳으로 쫓아내자, 물이 땅을 따라 흐르게 되었으니, 강·회·하·한이 이것이다. 험함이 이미 멀어지고, 사람을 해치는 새와 짐승들이 사라진 뒤에야 사람들이 평지를 얻어 살게 되었다.

　　當堯之時, 水逆行, 氾濫於中國, 蛇龍龍居之, 民無所定; 下者爲巢, 上者爲營窟。書曰: "洚水警余." 洚水者, 洪水也. 使禹治之. 禹掘地而注之海, 驅蛇龍而放之菹; 水由地中行, 江·淮·河·漢是也. 險阻旣遠, 鳥獸之害人者消, 然後人得平土而居之.(6.9)

당요(唐堯) 때에 홍수가 재난이 되어 용과 뱀이 횡행하여 백성은 정처가 없었다. 우가 홍수를 다스려 바다로 끌어들이고 맹수들을 몰아내어 백성을 거처할 곳을 안전하게 하니 천하는 안정되었다. 이는 첫 번째 어지러움에서 잘 다스려진 것이다.

　　요순이 돌아가시자 성인의 도가 쇠하여 폭군이 번갈아 나와서 (백성들의) 집을 허물어 웅덩이와 못을 만들어서 백성들이 편안히 쉴 곳이 없었다. 농지를 버려 동산을 만들어서 백성들이 의식도 얻을 수 없었다. 부정한 학설과 포학한 행동이 또 일어나 원유와 웅덩이와 못, 패택이 많아짐에 금수가 이르렀는데, 주왕 때에 천하가 또 크게 어지러워졌다. 주공이 무왕을 도와 주왕을 주벌하고, 엄을 정벌한 지 3년 만에 그 군주를 토벌하고, 비렴을 바다 모퉁이로 몰아내어 죽이셨다. 나라를 멸망시킨 것이 50개국이었고, 범과 표범, 코뿔소와 코끼리를 몰아내어 멀리 쫓으시니, 천하가 크게 기뻐하였다. 『서경』에 이르기를 '크게 드러나셨다. 문왕의 계책이여! 크게 계승하셨다, 무왕의 공렬이여! 우리 후인들을 도와 계도해 주시되 모두 정도로써 하고 결함이 없게 하셨다.' 하였다.

堯舜旣沒, 聖人之道衰, 暴君代作, 壞宮室以爲汚池, 民無所安息; 棄田以爲園囿, 使民不得衣食. 邪說暴行又作, 園囿汚池沛澤多而禽獸至. 及紂之身, 天下又大亂. 周公相武王誅紂, 伐奄三年討其君, 驅飛廉於海隅而戮之, 滅國者五十, 驅虎豹犀象而遠之, 天下大悅. 書曰: "丕顯哉, 文王謨! 丕承哉, 武王烈! 佑啓我後人, 咸以正無缺."(6.9)

요순의 후로 성도(聖道)가 쇠미해져 폭군이 횡행하여 백성이 편안한 곳을 얻지 못하였다. 상주(商紂)가 왕위에 있을 때 폭정을 시행하여 살아갈 수가 없어 천하는 또 크게 어지러워졌다. 주공이 무왕을 보좌하여 상주를 주멸하고 범과 표범을 몰아내자 백성들은 편안하게 거처하면서 생업을 즐기고 태평성세를 누리게 되었다. 이것이 또 한 차례 어지러움에서 잘 다스려진 것이다.

세상이 쇠하고 도가 미약해져서 부정한 학설과 포학한 행동이 일어나 신하로 군주를 죽이는 자가 있었으며, 자식으로 아비를 죽이는 자가 있었다. 공자가 이를 두려워하여 『춘추』를 지으니, 『춘추』는 천자의 일이다. 이 때문에 공자가 말하기를 "나를 알아주는 것도 오직 『춘추』이며 나를 죄주는 것도 오직 『춘추』이다."라 하였다.

世衰道微, 邪說暴行有作, 臣弑其君者有之, 子弑其父者有之. 孔子懼, 作春秋. 春秋, 天子之事也; 是故孔子曰: "知我者其惟春秋乎! 罪我者其惟春秋乎!"(6.9)

이 이후 태평지세와 인의지도가 다시 한 차례 쇠락하여 터무니없는 학설과 잔포한 행위가 또 한 차례 덩달아 일어나 신하가 임금을 죽이고 자식이 아비를 죽여 윤리강상이 허물어지고 도덕이 존재하지 않게 되었다. "공자가 『춘추』를 완성하자 난신적자들이 두려워하긴 하였지만(孔子成春秋而亂臣賊子懼)"(6.9) 공자의 노력은 결코 성공을 거두지 못하였고 치세(治世)는 여전히 진정으로 도래하지 못하였다. 한번 잘 다스려지고 한번 어지러워지는 발전의 궤도에서 공자는 어지러운 세상에 처하였으며, 공자와의 시간적 거리가 백여 년인 맹자도 마찬가지로 어지러운 세상에 처하였다.

이런 어지러운 세상에 대하여 맹자는 상세히 묘사하였다.

사상 영역:

> 성왕이 나오지 않아 제후가 방자하며 초야의 선비들이 멋대로 의논하여 양주·묵적의 말이 천하에 가득하여, 천하의 말이 양주에게 돌아가지 않으면 묵적에게 돌아간다. 양 씨는 자신만을 위하니, 이는 군주가 없는 것이요, 묵 씨는 똑같이 사랑하니, 이는 아버지가 없는 것이니, 아버지가 없고 군주가 없으면 이는 금수이다. …… 양주·묵적의 도가 종식되지 않으면 공자의 도가 드러나지 못할 것이니, 이는 부정한 학설이 백성을 속여 인의의 정도를 꽉 막는 것이다. 인의가 꽉 막히면 짐승을 내몰아 사람을 잡아먹게 하다가 사람들이 서로 잡아먹게 될 것이다.
> 聖王不作, 諸侯放恣, 處士橫議, 楊朱墨翟之言盈天下. 天下之言不歸楊, 則歸墨. 楊氏爲我, 是無君也; 墨氏兼愛, 是無父也. 無父無君, 是禽獸也. …… 楊墨之道不息, 孔子之道不著, 是邪說誣民, 充塞仁義也. 仁義充塞, 則率獸食人, 人將相食.(6.9)

사회 질서:

> 땅을 다투어 싸움에 사람을 죽인 것이 들에 가득하며, 성을 다투어

싸움에 사람을 죽인 것이 성에 가득함이겠는가! 이는 이른바 토지를 따라[위하여] 사람의 고기를 먹는다는 것이니, 죄가 죽음을 받아도 용납되지 못할 것이다.

爭地以戰, 殺人盈野; 爭城以戰, 殺人盈城, 此所謂率土地而食人肉, 罪不容於死.(7.14)

민중 생활:

개와 돼지가 사람이 먹을 양식을 먹되 절제할 줄 모르며, 길에 굶어 죽은 시체가 있어도 창고를 열 줄 모르고, 사람들이 굶어 죽으면 말하기를 "내가 그렇게 한 것이 아니요, 연사 때문이다."하니, 이 어찌 사람을 찔러 죽이고 말하기를 "내가 그렇게 한 것이 아니요, 병기 때문이다."라고 말하는 것과 다르겠는가?

狗彘食人食而不知檢, 涂有餓莩而不知發; 人死, 則曰, "非我也, 歲也." 是何異於刺人而殺之, 曰, "非我也, 兵也."(1.3)

지금 백성의 생업을 제정해주면서 위로는 부모를 충분히 섬기지 못하고 아래로는 처자를 충분히 기르지 못하여 풍년에는 1년 내내 고생하고, 흉년에는 사망을 면치 못한다.

今也制民之産, 仰不足以事父母, 俯不足以畜妻子; 樂歲終身苦, 凶年不免於死亡.(1.7)

어지러움이 극에 달하면 다스려지며 큰 어지러움은 크게 다스려짐을 요구한다. 당시 각국 제후들의 전쟁이 그치지 않는 상황에서 크게 다스려지는데 이르려면 통일이 필수였다.

(양양왕이) 갑자기 물었다. "천하가 어떻게 정해지겠습니까?"
"내가 대답하기를 '하나로 정해질 것입니다.'라 하였다."
(梁襄王)卒然問曰: "天下惡乎定?"
"吾對曰: '定于一.'"(1.6)

맹자가 보기에 "하나로 정하여지는" 것만이 사회를 통일시키고 그래야 천하를 잘 다스려지게 할 수 있었다. 맹자뿐만 아니라 실제로 기타 각 가(家) 또한 자기의 국가가 신속하게 강성해져서 천하를 통일하여 사회가 태평하게 되기를 바라지 않음이 없었다. 이로부터 치세가 출현하기를 바라고 천하가 통일되기를 추구하는 것이 당시의 시대정신이었다는 것을 알 수 있다.

문제는 언제나 치세가 출현할 수 있겠는가? 어떤 사람이라야 치세를 출현시킬 수 있을까, 하는 데 있었다. 맹자는 자기의 역사 관찰에 근거하여 당시 치세가 이미 출현할 것이라 인정하였다. 그가 내세운 근거를 보자.

> 5백 년이면 반드시 왕자가 나오며, 그 사이에 반드시 세상에 유명한 자가 있다. 주나라 이래로 7백여 년째이니, 연수를 가지고 보면 지났고, 시기로 살펴보면 지금이 가할 것이다.
> 五百年必有王者興, 其間必有名世者. 由周以來, 七百餘歲矣. 以其數, 則過矣; 以其時考之, 則可矣. (4.13)

'왕자'는 요와 순·탕·문·무 등 고대의 성왕을 가리킨다. '세상에 유명한 자'는 고요(皐陶)와 직(稷)·설(契)·이윤(伊尹)·내주(萊朱)·태공망(太公望) 그리고 산의생(散宜生) 등 덕업과 명망이 일세에 명성을 떨칠 수 있는 현인이다. '5백 년'은 요·순에서 탕까지, 탕에서 문·무까지가 모두 5백여 년이다.[2] 맹자가 보기에 '왕자'와 '세상에 유명한 자'의 출현 여부는 사회의 치란과 직접적인 관계가 있다. 그들이 나오면 사회가 다스려지고, 그들이 자취를 감추면 사회는 어지러워진다. 그 주기가 약 500년이다. 맹자 때에 이르러 주 왕조는 개국한 지가 이미 700여 년으로 연수가 일찌감치 5백 년을 초과하였다. '왕자'와 '세상에 유명한 자'는 출현하게 되어 있고 그에 뒤따라 어지러운 세상 또한 치세로 바뀌게 될 것이다.

시간적 조건이 충족되었고 맹자는 이런 '왕자'가 빨리 출현하기를 희망하였으며 동시에 또한 자신이 충분히 이런 '세상에 유명한 자'가 될 수 있기를 희망했다. 맹자는 '하늘이 큰 임무를 이 사람에게 내리려는(天將降大任於是人)' 역사적 책임감을 가지고 사회가 어지러움에서 다스려지는 역사의 중임을 맡을 것을 자각하였다.

옛적에 우가 홍수를 억제하자 천하가 평해졌고, 주공이 이적을 겸병하고 맹수를 몰아내자 백성들이 편안하였고, 공자가 『춘추』를 완성하자 난신적자들이 두려워하였다. 『시경』에 이르기를 "융적 정벌하고, 형서 다스려지니 나를 감히 대적할 자가 없다." 하였으니, 아비가 없고 군주가 없는 것은 주공께서도 응징한 것이다. 내 또한 인심을 바로잡아 사설을 종식하며 잘못된 행실을 막으며 음탕한 말을 추방하여 세 성인을 계승하려고 한다.

昔者禹抑洪水而天下平, 周公兼夷狄·驅猛獸而百姓寧, 孔子成春

---

[2] 주희(朱熹)의 『맹자집주(孟子集注)』에서는 말했다. "요·순에서 탕왕까지, 탕왕에서 문왕·무왕까지 모두 5백여 년 만에 성인이 나왔다. 명세(名世)란 그 사람의 덕업과 명망이 한 세대에 이름날 만한 자가 그[王者]를 보좌함을 이르니, 고요와 직과 설, 이윤과 내주, 태공망과 산의생 따위이다."

秋而亂臣賊子懼. 詩云:"戎狄是膺, 荊舒是懲, 則莫我敢承."無父無君, 是周公所膺也. 我亦欲正人心, 息邪說, 距詖行, 放淫辭, 以承 三聖者.(6.9)

　　왕이 만일 나를 등용하신다면, 어찌 한갓 제의 백성만이 편안해지겠는가. 천하의 백성이 모두 편안해질 것이다.
　　王如用予, 則豈徒齊民安, 天下之民擧安.(4.12)

사람의 마음을 바르게 하고 사악한 설을 소멸시키며 대우와 주공·공자 세 성인의 사업을 계승하는 것이 바로 천하를 고르게 다스리고 어지러운 세상에서 치세에 이르게 하기 위함이다. 위에서 인용한 마지막 장은 맹자가 제나라를 떠날 때 한 말로 담담하고 어찌할 수 없는 애탄이 깃들어 있기는 하지만 이때에도 맹자는 여전히 명군을 만나기만 한다면 제나라뿐만 아니라 천하의 백성들도 모두 태평하게 될 수 있다고 굳게 믿고 있었다.

(2) 두 가지 다른 평치(平治)의 방략(方略)

　　어지러움이 극에 달하면 다스려진다고는 하였지만 사회는 어떻게 해야 잘 다스려질 수 있는가, 하는 데는 방법적인 문제가 있다. 맹자는 당시의 상이하게 잘 다스리는 방법에 대하여 엄격한 구분을 가지고 있었다. 맹자가 양양왕과 '하나로 정하여지는 것을 이야기한' 후에 바로 이어 또 말하였다.

　　(梁襄王이 물었다.) "누가 통일시킬 수 있겠습니까?"

(맹자가) 대답하였다. "사람 죽이는 것을 좋아하지 않는 자가 통일할 수 있습니다."

(梁襄王問) "孰能一之?"

(孟子) 對曰: "不嗜殺人者能一之." (1,6)

통일만이 천하를 안정시킬 수 있지만 사람 죽이는 것을 좋아하지 않는 사람이라야 천하를 통일시킬 수 있다. 그러나 당시에는 '사람 죽이는 것을 좋아하지 않는 자'는 결코 많지 않았고, '사람 죽이는 것을 좋아하는 자'는 도처에 있었다. "지금 천하의 인목[人君]이 사람 죽이는 것을 좋아하지 않는 자가 없으니, 만일 사람 죽이는 것을 좋아하지 않는 자가 있으면 천하의 백성들이 모두 목을 늘이고 바랄 것이다.(今夫天下之人牧, 未有不嗜殺人者也. 如有不嗜殺人者, 則天下之民皆引領而望之矣.)"(1,6)

이로부터 당시에 두 가지 상이한 천하를 고르게 다스리는 방법이 있음을 알 수 있는데, 하나는 '사람 죽이는 것을 좋아하지 않는' 방법이고 하나는 '사람 죽이는 것을 좋아하는' 방법이다. 「공손추 상」에는 이 두 방법의 상이한 결과에 대하여 묘사하였다.

힘으로 인을 빌리는 자는 패자이니 패자는 반드시 대국을 소유하여야 하고, 덕으로 인을 행하는 자는 왕자이니 왕자는 대국을 필요로 하지 않는다. 탕은 70리를 가지고 하였고, 문왕은 백리를 가지고 하였다. 힘으로 남을 복종시키는 자는 진심으로 복종하는 것이 아니라, 힘이 부족해서이며, 덕으로 남을 복종시키는 자는 마음속으로 기뻐하여 진실로 복종함이니, 70제자가 공자에게 심복함과 같은 것이다. 『시경』에 이르기를 "서쪽에서 동쪽에서 남쪽에서 북쪽에서 복종할 생각이 없는 이가 없다." 하였으니 이를 이른 것이다.

以力假仁者霸, 霸必有大國; 以德行仁者王, 王不待大. 湯以七十里,
文王以百里. 以力服人者, 非心服也, 力不贍也; 以德服人者, 中心悅誠
服也, 如七十子之服孔子也. 詩云: "自西自東, 自南自北, 無思不服."
此之謂也.(3.3)

주희의 『맹자집주』에서는 말하였다. "역(力)이란 토지와 군사력을 이른
다. 인을 빌린다는 것은 본래 이 마음이 없으면서 그 일을 빌려 공으로 삼
은 자이다. 패(霸)는 바로 제환공과 진문공 같은 이들이다. 덕으로 인을 행
하면, 내가 마음에서 얻은 것으로 미루어 나가서 가는 곳마다 인이 아님
이 없을 것이다." '힘으로 인을 빌리는 자'는 위의 글 '사람 죽이는 것을
좋아하는 자'와 비슷한 곳이 있다. 토지와 군사력을 믿고 밖으로 강탈하
고 전쟁으로 땅을 빼앗는 것이다. '덕으로 인을 행하는 자'는 위의 글 '사
람 죽이는 것을 좋아하지 않는 자'와 서로 가까운 곳이 있으며, 안으로 인
의를 실행하여 덕으로 사람을 복종시키는 것이다. '힘으로 인을 빌리는
자'는 잠시 동안은 패업을 이루고 한때는 무위를 뽐낼 수 있겠지만 결코
피정복자가 마음속으로 기뻐하고 복종하며 진심으로 복응하게 할 수가
없다. '덕으로 인을 행하는 자'는 다르다. 잠시 동안은 역량이 약소하겠지
만 이웃 나라 사람들의 마음이 향하여 가고 사해에서 마음이 귀의하여
마침내 천하를 다스리게 될 것이다. '힘으로 인을 빌리는 자'는 패도로 우
리는 오늘날 패도주의라 일컫는다. '덕으로 인을 행하는 자'는 왕도로 우
리는 오늘날 왕도주의라 일컫는다. 패도와 왕도의 차별성은 또한 오패(五
霸)와 삼왕(三王)의 차별성으로 표현된다.

천자가 제후국에 가는 것을 순수라 하고, 제후가 천자에게 조회하
러 가는 것을 술직이라 한다. 봄에는 교외에 나가 경작하는 상태를 살

펴 부족한 자를 보조해주고, 가을에는 수확하는 상태를 살펴 부족한 자를 보조해 준다. 그 경내에 들어감에 토지가 잘 개척되었다. 전야가 잘 다스려졌으며, 노인을 봉양하고 어진 이를 높이며, 준걸스러운 자가 지위에 있으면 상을 내린다. 상은 땅으로 주고, 그 경내에 들어감에 토지가 황폐하며, 노인을 버리고 어진 이를 잃으며, 취렴하는 자들이 지위에 있으면 꾸짖음이 있으니, 한 번 조회하지 않으면 그 관작을 깎는다. 두 번 조회하지 않으면 그 땅을 깎아내고, 세 번 조회하지 않으면 육군(六軍)을 동원하여 군주를 바꿔놓는다. 그러므로 천자는 죄를 성토만 하고 정벌하지 않으며, 제후는 정벌하기만 하고, 성토하지 않는다. 그런데 오패는 제후를 이끌어 제후를 정벌하였다. 그러므로 내가 오패는 삼왕의 죄인이라고 하는 것이다.

天子適諸侯曰巡狩, 諸侯朝於天子曰述職. 春省耕而補不足, 秋省斂而助不給. 入其疆, 土地辟, 田野治, 養老尊賢, 俊傑在位, 則有慶; 慶以地. 入其疆, 土地荒蕪, 遺老失賢, 掊克在位, 則有讓. 一不朝, 則貶其爵; 再不朝, 則削其地; 三不朝, 則六師移之. 是故天子討而不伐, 諸侯伐而不討. 五霸者, 摟諸侯以伐諸侯者也, 故曰, 五霸者, 三王之罪人也. (12,7)

삼왕의 시기에는 천자가 덕을 가지고 있었으며 도를 행하여 밖으로 나가 순수하며 정적(政績)을 고찰하여 공을 세운 자는 상을 내렸고 죄를 지은 자는 벌을 내렸다. 제후가 한 차례 조회를 하지 않으면 그 작위를 낮추었고 두 차례 조회를 하지 않으면 그 봉지를 깎았다. 세 차례 조회하지 않으면 천자의 군대를 출동시켜 나아가 그 임금을 바꾸었다. 후래의 오패는 무력에 기대어 몇몇 제후를 끼고 다른 몇몇 제후를 정벌한다. 삼왕이 행한 것은 덕을 근본으로 하는 왕도이고, 오패가 행한 것은 힘을 근본으로 한 패도이다. 패도는 왕도에 배치되기 때문에 오패는 삼왕의 죄인이다. 바로 이 의의에서 맹자는 "중니의 문도 중에는 제환공과 진문공의 일을 말한 자가 없습니다. 이 때문에 후세에 전해진 것이 없어, 신은 아직 듣지 못하였습니다.(仲尼之徒無道桓文之事者, 是以後世無傳焉, 臣未之聞也)"(1.7)[3]라 하여, 오패에 대하여 강하게 깎아내리는 태도를 지녔다.

패도와 왕도의 차별은 일정한 의의에서 국가를 얻는 것과 천하를 얻는 차별로 표현된다. 맹자에게 천하와 국가는 함의에서 엄격한 구별을 가지고 있으며, 이런 구별은 이하 몇 장에서 매우 분명하게 표현된다.

> 대국을 가지고 소국을 섬기는 자는 천리를 즐거워하는 자이고, 소국을 가지고 대국을 섬기는 자는 천리를 두려워하는 자이니, 천리를 즐거워하는 자는 온 천하를 보전하고, 천리를 두려워하는 자는 자기 나라를 보전한다.
>
> 以大事小者, 樂天者也; 以小事大者, 畏天者也. 樂天者得天下, 畏天者保其國.(2.3)

> 천자가 인하지 못하면 사해를 보전하지 못하고 제후가 인하지 못하면 사직을 보전하지 못하며, 경대부가 인하지 못하면 종묘를 보전하지 못하고 사와 서인이 인하지 못하면 사지를 보전하지 못한다.
>
> 天子不仁, 不保四海; 諸侯不仁, 不保社稷; 卿大夫不仁, 不保宗廟; 士庶人不仁, 不保四體.(7.3)

사람들이 항상 말하기를 '천하·국·가'라 한다. 천하의 근본은 나라

---

3 맹자의 이 말은 다만 제선왕에 대한 당부하는 말이며, 이유는 본서의 제8장 제4절에 상세히 보인다.

에 있고, 나라의 근본은 집에 있고, 집의 근본은 몸에 있다.
　人有恒言, 皆曰 '天下國家'. 天下之本在國, 國之本在家, 家之本在身.(7.5)

　대신의 집안이 사모하는 것을 온 나라가 사모하고, 온 나라가 사모하는 것을 천하가 사모한다. 그러므로 패연한 덕교가 사해에 넘치는 것이다.
　巨室之所慕, 一國慕之; 一國之所慕, 天下慕之; 故沛然德敎溢乎四海.(7.6)

　일국의 선사라야 일국의 선사와 벗할 수 있고, 천하의 선사라야 천하의 선사와 벗할 수 있다.
　一國之善士斯友一國之善士, 天下之善士斯友天下之善士.(10.8)

천하와 국가의 구별은 다음과 같이 표현된다. 성질 면에서 국가는 다만 제후국이고, 천하는 각 제후국의 위에 있는 중앙 정권이다. 범위 면에서 국가는 다만 천하의 한 조성 부분이고, 천하는 국가보다 많이 커서 각 국가의 집합체로 사해라는 말의 함의와 서로 일치한다고 말할 수 있다. 관리 면에서 국가는 제후의 세력 범위에 속하여 있고, 천하는 중앙 정권에 속하여 천자의 직권 범위가 된다.
　천하와 국가의 구별은 역사적으로 보면 서주의 봉건제도와 밀접한 관계가 있다. 천자는 일부의 토지와 인민을 부하에게 분봉하는데 이것이 곧 제후이다. 그가 있는 곳의 기반이 되는 것을 또한 제후국이라고 한다. 제후국의 위에서 각 제후국을 총괄하는 것은 전체 주왕조(周王朝)로 또한 천하라고도 부른다. 『논어(論語)』에서는 천하와 국가가 이미 두 개의 다른 개념이 되었다.[4] 맹자는 이 두 개의 구별을 특별히 분명히 드러내어 두 가지 다른 천하를 고르게 다스리는 방법으로 강조하였다. 맹자는 이렇게 말하였다.

> 선을 좋아함은 천하(를 다스리는데)도 충분하거늘, 하물며 노나라이겠는가!
> 好善優於天下, 而況魯國乎?(12.13)

> 인하지 못하고서 나라를 얻은 자는 있거니와, 인하지 못하고서 천하를 얻은 자는 있지 않다.
> 不仁而得國者, 有之矣; 不仁而得天下者, 未之有也.(14.13)

노나라에서는 악정자(樂正子)에게 나라를 다스리게 할 심산이었다. 맹자는 잠도 이루지 못할 정도로 기뻐했다. 악정자가 '그 사람됨이 선을 좋아함(其爲人也好善)'을 알았기 때문인데 선을 좋아하면 천하도 충분히 다스릴 만한데 하물며 노나라 하나이겠는가? 이는 곧 선을 좋아하고 인을 행하는 것은 나라를 잘 다스릴 수 있을 뿐만 아니라 또한 민심을 얻을 수가 있어서 가까이 있는 자는 기뻐하고 멀리 있는 자는 오게 하여 이웃 나라에까지 영향을 미쳐 따라서 천하를 잘 다스린다는 것을 말한다. 역설적으로 말하여 선을 좋아하고 인을 행하기를 좋아하지 않고 무력을 남용하고

---

4 공자는 말하였다. "관중이 환공을 도와 제후의 패자가 되어 한 번 천하를 바로잡아, 백성들이 지금까지 그 혜택을 받고 있다.(管仲相桓公, 霸諸侯, 一匡天下, 民到于今受其賜)"(『논어』 14.17) "멸망한 나라를 일으켜 주고, 끊어진 세대를 이어주고, 숨은 사람을 등용하시니, 천하의 백성이 마음을 그리로 귀의하였다.(興滅國, 繼絶世, 擧逸民, 天下之民歸心焉)"(『논어』 20.1) 이 두 곳의 천하는 모두 국가로 이해될 수 없어서 공자에게는 천하와 국가가 이미 두 개의 상이한 개념임을 알 수 있다.

전쟁 일으키기를 좋아하면 일시적으로는 세력을 얻어 제후국들 사이에서 패권을 잡을 수 있겠지만 반드시 다른 국가의 두려움을 일으켜 천하의 반발을 불러올 것이다. 따라서 인하지 못하고 나라를 얻은 자는 있지만 천하를 얻은 사람은 오히려 여태 없었다.

(3) 맹자가 패도는 물리치고 왕도를 올리다

맹자는 패도를 물리쳤다.
한번은 제선왕이 맹자와 함께 그의 가장 큰 욕망을 이야기하였다.

(맹자가 말하였다.) "왕께서 크게 하셨으면 하는 것을 들어볼 수 있겠습니까?"

왕이 웃으면서 말하지 않았다.

말하였다. "살지고 단 음식이 입에 부족해서입니까? 가볍고 따뜻한 옷이 몸에 부족해서입니까? 아니면 채색이 눈으로 보기에 부족해서입니까? 아름다운 음악이 귀로 듣기에 부족해서입니까? 친숙하고 총애하는 사람들을 앞에서 부림이 부족해서입니까? 왕의 여러 신하가 모두 충분히 이것을 공급하니, 왕은 어찌 이것 때문이겠습니까?"

말하였다. "아니오. 내 이것 때문이 아니오."

말하였다. "그렇다면 왕이 크게 하고자 하시는 바를 알 수 있겠습니다. 토지를 개척하며, 진나라와 초나라에게 조회를 받아 중국에 임하여 사방의 오랑캐들을 어루만지고자 하시는 것입니다. 이와 같은 소행으로써 이와 같은 소원을 구하신다면 나무에 올라가서 물고기를 구하는 것과 같습니다." 왕이 말하였다. "이토록 심합니까?"

말하였다. "이보다 더 심하리니, 나무에 올라가 물고기를 구하면 비록 고기를 얻지 못하더라도 뒤에 재앙은 없거니와, 이와 같은 소행으로 이와 같은 소원을 구한다면 마음과 힘을 다하더라도 뒤에 반드시 재앙이 있을 것입니다."

(孟子)曰: "王之所大欲可得聞與?"

王笑而不言.

曰: "爲肥甘不足於口與? 輕煖不足於體與? 抑爲采色不足視於目與? 聲音不足聽於耳與? 便嬖不足使令于於與? 王之諸臣皆足以供之, 而王豈爲是哉?"

曰: "否; 吾不爲是也."

曰: "然則王之所大欲可知已, 欲辟土地, 朝秦楚, 在中國而撫四夷也. 以若所爲求若所欲, 猶緣木而求魚也."

王曰: "若是其甚與?"

曰: "殆有甚焉. 緣木求魚, 緣不得魚, 無後災. 以若所爲求若所欲, 盡心力而爲之, 后必有災."(1.7)

맹자는 제선왕의 가장 큰 욕망은 결코 먹고 입고 시중을 받는 등등이 아니라 영토를 넓히고 진과 초를 신하로 복속시키며 해내를 어루만지고 팔방에 위세를 떨치는 것이라고 한 마디로 설파했다. 아울러 이는 나무에 올라 물고기를 구하는 것보다 더욱 해로운 방법이어서 맹목적으로 실행하다가는 반드시 엄중한 화해(禍害)를 입을 것이라고 호되게 비판하였다. 그러나 맹자는 이 화해가 무엇인지는 이곳에서 직접 밝히지 않았다. 다른 두 장에서 맹자는 간접적으로 이 문제를 이야기하였다.

흉년과 기근이 든 해에 군주의 백성들이 노약자들은 시신이 도랑과 골짜기에 뒹굴고, 장성한 자들은 흩어져서 사방으로 간 자가 몇 천 명이나 되는데도 군주의 미곡 창고에는 곡식이 꽉 차 있으며 곳간에는 재화가 충만하거늘 유사 중에 아뢴 자가 없었으니, 이것은 윗사람들이 태만해서 아랫사람을 해친 것이다. 증자가 말하기를 "경계하고 경계하라. 너에게서 나온 것이 너에게로 돌아간다." 하였으니, 백성들이 지금에야 앙갚음을 한 것이다.

凶年饑歲, 君之民老弱轉乎溝壑, 壯者散而之四方者, 幾千人矣; 而君之倉廩實, 府庫充, 有司莫以告, 是上慢而殘下也. 曾子曰: "戒之戒之! 出乎爾者, 反乎爾者也." 夫民今而後得反之也.(2.12)

그런데 만일 그 부형을 죽이고 자제들을 구속하며 종묘를 부수고 중요한 기물들을 옮겨간다면 어찌 옳겠는가? 천하가 진실로 제나라의 강함을 두려워하고 있는데, 지금 또다시 땅을 배로 확장하고 인정을 행하지 않는다면 이것은 천하의 군대를 움직이게 하는 것이다.

若殺其父兄, 係累其子弟, 毀其宗廟, 其重器, 如之何其可也? 天下固畏齊之强也, 今又倍地而不行仁政, 是動天下之兵也.(2.11)

맹자가 보기에 '토지를 넓히고 진과 초를 조회하게' 하느라 내적으로 인정을 행하지 않으면 필연적으로 백성의 반대를 초래할 것이다. 외적으로 패권을 전행(專行)하면 필연적으로 이웃 나라의 반발을 야기할 것이다. 추 목공은 인정을 행하지 않고 자기의 미곡 창고는 넘쳐나고 곳간은 꽉 찼는데 백성들은 도리어 사방으로 난을 피해 달아나 버려진 시체가 황폐한 들판에 널브려져 있으니 그 결과 노나라와 충돌이 발생했을 때 아무도 그를 도와주지 않는다. '너에게서 나온 것이 너에게로 돌아간' 것으로 백성들은 지금 보복한 기회를 얻은 것이니 어떻게 와서 너를 도와줄 수 있겠는가? 제선왕은 맹자의 권고를 듣지 않고 연나라를 친 후 인정을 행하지 않아 연나라 백성의 태평을 가져가고 도리어 '그 부형을 죽이고', '그 자제를 구속하여' 그 결과 '천하의 군사를 움직여' 제후의 연합 공격을 끌어들였을 뿐만 아니라 연 사람들의 반란을 초래하여 결국 대패하고 돌아왔다. 맹자는 패도를 행하면 '반드시 후환이 있을 것'이라고 말하였는데, 이 두 실례가 가장 좋은 인증일 것이다.

패도를 행하면 '반드시 후환이 있어서' 천하를 다스리는 좋은 방법이 아니다. 그 때문에 맹자는 한사코 반대하였으며, 태도의 강렬함과 언사의 엄격함이 사람의 심령을 흔든다.

> 이것을 가지고 본다면 군주가 인정을 행하지 않는데 그 군주를 부유하게 하면 모두 공자에게 버림을 받을 자인 것이다. 하물며 군주를 위하여 억지로 싸워서, 땅을 다투어 싸움에 사람을 죽인 것이 들에 가득하며, 성을 다투어 싸움에 사람을 죽인 것이 성에 가득함이겠는가! 이는 이른바 토지를 따라[위하여] 사람의 고기를 먹는다는 것이니, 죄가 죽음을 받아도 용서되지 못할 것이다. 그러므로 전투를 잘하는 자는 상형[극형]을 받아야 하고, 제후들과 (外交를 잘하여) 연합하는 자는 다음의 형을 받아야 하고, 풀밭과 쑥밭을 개간하여 (백성들에게) 토지를 맡기는 자는 다음의 형을 받아야 한다.

> 由此觀之, 君不行仁政而富之, 皆棄於孔子者也, 況於爲之強戰? 爭地以戰, 殺人盈野; 爭城以戰, 殺人盈城, 此所謂率土地而食人肉, 罪不容於死. 故善戰者服上刑, 連諸侯者次之, 辟草萊任土地者次之. (7.14)

염구(冉求)는 계씨(季氏)의 총관(總管)이 되어 계씨의 덕행을 충분히 개변시키지도 못했을 뿐만 아니라 도리어 세금으로 곡식을 더 징수하여 공자는 그를 자신의 제자로 인정하지 않았다. 당시는 걸핏하면 땅을 다투어 전쟁을 하고 성을 다투어 전쟁을 하느라 죽인 사람이 들에 가득하고 죽인 사람이 성에 가득하였다. 이는 토지를 이끌고 사람의 고기를 먹는 것과 같으니 더욱 공자의 도를 이반한 것이다. 이 때문에 무릇 싸움을 좋아하는 사람과 합종 연횡에 종사하는 사람, 황무지를 개간하여 백성의 세금을 증가시키는 사람은 모두 형벌로 징계를 받아야 한다.

지금 군주를 섬기는 자들이 모두 말하기를 "내 능히 군주를 위하여 토지를 개간하며, 부고를 채울 수 있다." 하니, 지금 말하는 훌륭한 신하요, 옛날에 말하는 백성의 적이라는 것이다. 군주가 도를 향하지 않아 인에 뜻을 두지 않는데도 그를 부하게 하기를 구하니, 이는 걸왕을 부하게 하는 것이다. "내 능히 군주를 위하여 여국[동맹국]과 맹약하여 전쟁을 하면 반드시 승리한다." 하니, 지금 말하는 훌륭한 신하요, 옛날에 말하는 백성의 적이라는 것이다. 군주가 도를 향하지 않아 인에 뜻을 두지 않는데도 그를 위하여 억지로 전쟁하기를 구하니, 이는 걸왕을 돕는 것이다. 지금의 도를 따라 지금의 풍속을 바꾸지 않는다면, 비록 천하를 준다 하더라도 하루아침도 차지할 수 없을 것이다.

今之事君者皆曰: "我能爲君辟土地, 充府庫." 今之所謂良臣, 古之所謂民賊也. 君不鄕道, 不志於仁, 而求富之, 是富桀也. "我能爲君約與國, 戰必克." 今之所謂良臣, 古之所謂民賊也. 君不鄕道, 不志於仁, 而求爲之强戰, 是輔桀也. 由今之道, 無變今之俗, 緣與之天下, 不能一朝居也.(12.9)

지금 군주를 섬기는 사람들은 결코 군주가 인의의 대도로 향하여가도록 이끌지 않는다. 다만 임금을 위하여 토지를 개척하고 부고를 채워주며 동맹국과 결탁하는 것만 잘하여 전쟁 때마다 반드시 이기는 근본으로 삼는다. 이는 하걸을 보좌하고 하걸이 부유하게 되도록 돕는 것과 다름이 없으니 이런 일을 훌륭한 신하는 고대의 백성의 적일 뿐이다. 이런 방법을 따른다면 그에게 온 천하를 준들 단 하루도 온전하지 못할 것이다.

맹자가 왕도를 높이다.

맹자는 왕도를 실행하는 것이야말로 천하를 다스리는 가장 좋은 방법이라고 생각하였으며 그의 말대로라면 이는 "인자무적(仁者無敵)"(1.5)이라고 하는 것이다. 맹자의 해석을 보도록 하자.

> 지금 왕이 훌륭한 정치를 펴고 인을 베풀어 천하에 벼슬하는 자들이 모두 왕의 조정에서 벼슬하고자 하게 하며, 경작하는 자들이 모두 왕의 들에서 경작하고자 하게 하고, 장사꾼들이 모두 왕의 시장에 물건을 저장하고자 하게 하며, 여행하는 자들이 모두 왕의 길에 나아가고자 하게 한다면, 천하에 그 임금을 미워하는 자들이 모두 왕에게 달려와 하소연하고자 할 것입니다. 이와 같으면 누가 이것을 막겠습니까?
> 今王發政施仁, 使天下仕者皆欲立于王之朝, 耕者皆欲耕於王之野, 商賈皆欲藏於王之市, 行旅皆欲出於王之塗, 天下之欲其君者皆欲赴訴於王. 其若是, 孰能御之?(1.7)

하루아침에 인정을 시행하고 왕도를 행할 수 있으면 천하의 사인(仕人)과 경작자, 장사치, 여행자들이 모두 대왕의 국가로 달려가고 천하의 자기 임금에게 불만을 가진 사람들이 모두 대왕의 신변으로 달려가기를 바랄 것이다. 이런 국면은 아무도 막을 수 없을 것이니 "그렇게 하고서도 다스리지 못한 자는 아직 없었다.(然而不王者, 未之有也)"(1.7) 이런 상황은 맹자가 또한 "인화(人和)" 혹은 "도를 얻은 자는 돕는 이가 많다(得道者多助)"고 하였다.

천시는 지리보다 못하고, 지리는 인화보다 못하다. 3리의 성과 7리의 외성을 포위 공격하여도 이기지 못하는 경우가 있다. 포위 공격하면 반드시 천시를 얻을 때가 있겠지만 그런데도 이기지 못함은, 천시가 지리만 못함이다. 성이 높지 않은 것도 아니며, 못이 깊지 않은 것도 아니며, 병기와 갑옷이 견고하고 예리하지 않은 것도 아니며, 쌀과 곡식이 많지 않은 것도 아니지만 이것을 버리고 떠나가니, 이는 지리가 인화만 못한 것이다. 그러므로 옛말에 이르기를 "백성을 한계 짓되 국경의 경계로 하지 않으며, 국가를 견고히 하되 산과 강의 험고함으로 하지 않으며, 천하를 두렵게 하되 병기의 예리함으로 하지 않는다." 한 것이다. 도를 얻은 자는 도와주는 이가 많고, 도를 잃은 자는 도와주는 이가 적다. 도와주는 이가 적음의 지극함에는 친척이 배반하고, 도와주는 이가 많음의 지극함에는 천하가 순종하는 것이다. 천하가 순종하는 것으로 친척이 배반하는 것을 공격한다. 그러므로 군자는 싸우지 않을지언정 싸우면 반드시 승리할 것이다.

　天時不如地利, 地利不如人和. 三里之城, 七里之郭, 環而攻之而不勝. 夫環而攻之, 必有得天時者矣; 然而不勝者, 是天時不如地利也. 城非不高也, 池非不深也, 兵革非不堅利也, 米粟非不多也; 委而去之, 是地利不如人和也. 故曰: 域民不以封疆之界, 固國不以山谷之險, 威天下不以兵革之利. 得道者多助, 失道者寡助. 寡助之至, 親戚畔之; 多助之至, 天下順之. 以天下之所順, 攻親戚之所畔, 故君子有不戰, 戰必勝矣.(4.1)

전쟁의 각 조건 중에 천시는 지리를 따라잡지 못하고 지리는 또 인화를 따라잡지 못한다. 인화는 주로 내부의 단결과 인심의 향방을 가리킨다. 인화가 있으면 도를 얻어 지지하는 사람이 많아져 천하가 귀순하기에 이른다. 인화가 없으면 도를 잃어 지지하는 사람이 줄어들어 곧 친척까지도 반기를 들게 된다. 천하가 귀순하는 것으로 친척까지도 반기를 드는 사람을 공격해나가면 싸우지 않으면 몰라도 싸우면 반드시 이긴다. 이 도리를 설명하려고 맹자는 탕이 갈백을 정벌하고 무왕이 주를 정벌한 역사적 실례를 증거로 들었다.

"탕왕이 첫 번째 정벌을 갈부터 시작하여" 11개 나라를 정벌하였는데, 천하에 대적한 이가 없었다. 동쪽을 향하여 정벌하면 서쪽의 오랑캐가 원망하였으며, 남쪽을 향하여 정벌하면 북쪽의 오랑캐가 원망하여 말하기를 "어찌하여 우리나라를 뒤에 정벌하시는가." 하여, 백성들이 (湯王의 정벌을) 바라기를 큰 가뭄에 비를 바라듯이 하였다.
"湯始征, 自葛載", 十一征而無敵於天下. 東面而征, 西夷怨; 南面而征, 北狄怨, 曰: "奚爲後我?" 民之望之, 若大旱之望雨也.(6.5)

무왕이 은나라를 정벌할 때에 병거가 3백 량이었고, 호분(같은 용사)이 3천 명이었다. 왕이 말하기를 "두려워하지 말라, 너희들을 편안히 하려는 것이요, 백성들을 대적하려는 것이 아니다."라 하니 (商나라 사람들이) 마치 짐승이 그 뿔을 땅에 대듯이 머리를 조아렸다.
武王之伐殷也, 革車三百輛, 虎賁三千人. 王曰: "無畏! 寧爾也, 非敵百姓也." 若崩厥角稽首.(14.4)

탕이 박(亳)에 거주할 때 갈나라와 이웃이었다. 갈백은 예법을 준수하지 않고 귀신에게 제사를 지내지 않았다. 심지어 그에게 밥을 보내준 아이까지 죽였다. 탕은 백성의 복수를 해주고자 갈백과 전쟁을 하여 11차례 출정하였다. 저항할 수 있는 사람이 없었고 백성들은 마치 큰 가뭄에 비를 바라듯이 탕이 오기를 바랐으며 심지어 그들에게 너무 늦게 왔다고 원망을 품기까지 했다. 무왕의 은 정벌도 백성의 환영을 받아 백성들이 머리를 땅에 대고 이마를 조아렸는데 소리가 마치 산이 무너지고 땅이 꺼지는 것 같았다. 맹자는 여기에서 결론적으로 말했다. "국군이 인을 좋아하면 천하에 대적할 자가 없다.(國君好仁, 天下無敵焉)"(14.4)

흥미로운 것은 이런 신념이 심지어 맹자의 사서에 대한 태도까지 결정하였다. 그는 말하였다.

> 『서경』(의 내용)을 모두 믿는다면 『서경』이 없는 것만 못하다. 나는 「무성」편에서 두세 쪽을 취할 뿐이다. 인인은 천하에 대적할 사람이 없다. 지극한 인으로 지극히 불인한 사람을 정벌하였으니, 어찌 그 피가 절굿공이를 표류하게 하는 일이 있었겠는가?
> 盡信書, 則不如無書. 吾於武成, 取二三策而已矣. 仁人無敵於天下, 以至仁伐至不仁, 而何其血之流杵也?(14.3)

「무성」은 『상서(尙書)』의 한 편이다. 이미 일실되었으며,[5] 구설에 의하면 무왕이 주(紂)를 정벌한 일을 기록하였다 한다. 맹자는 「무성」의 기록에 대하여 온전히 믿을 수 없다고 생각하였다. 인인은 천하에 적수가 없어 무왕이 주를 정벌한 것은 지극히 인함으로 지극히 불인함을 정벌한 것이어서 '아무도 막지 못하여야' 하는데 어떻게 흐르는 피가 나무망치까지 떠다니게 할 수 있겠는가? 해서이다.

왕도를 실행하는 것은 천하를 다스리는 가장 좋은 방법일 뿐만 아니라 당시의 조건 하에서 가장 쉽게 효과를 발생시키는 것이다. 이는 당시의

---

[5] 지금 『상서』에 있는 「무성」편은 위고문이다.

특정한 사회 배경에서 결정된 것이다.

    왕자가 나오지 않음이 지금보다 더 드물었던 적이 있지 않았으며, 백성들이 학정에 시달림이 지금보다 더 심한 적이 있지 않았다.
    王者之不作, 未有疏於此時者也; 民之憔悴於虐政, 未有甚於此時者也.(3.1)

    지금 천하의 인목[人君]이 사람 죽이는 것을 좋아하지 않는 자가 있지 않으니, 만일 사람 죽이는 것을 좋아하지 않는 자가 있으면 천하의 백성들이 모두 목을 늘이고 바랄 것이다. 실로 이와 같다면 백성들이 그에게 돌아감이 물이 아래로 내려가는 것과 같을 것이니, 흠뻑 내려감을 누가 막을 수 있겠는가?
    今夫天下之人牧, 未有不嗜殺人者也. 如有不嗜殺人者, 則天下之民皆引領而望之矣. 誠如是也, 民歸之, 由水之就下, 沛然誰能御之?(1.6)

    저들이 백성들의 농사철을 빼앗아 백성들로 하여금 밭 갈고 김매어 그 부모를 봉양하지 못하게 하면, 부모가 (추위에) 얼고 굶주리며, 형제와 처자가 흩어지게 될 것이다. 저들이 그 백성을 함정에 빠뜨리고 도탄에 빠뜨리거든 왕께서 가서 바로잡으신다면 누가 왕과 대적하겠는가?
    彼奪其民時, 使不得耕耨以養其父母. 父母凍餓, 兄弟妻子離散. 彼陷溺其民, 王往而征之, 夫誰與王敵?(1.5)

당시의 군주가 땅을 다투어 악전고투하기를 좋아하지 않음이 없어 백성을 함정에 빠뜨리고 도탄에 빠뜨렸다. 사람을 죽이는 것이 습성이 되어 왕도를 실행하기를 바라는 사람이 하나도 없었다. "굶주린 자에게 밥 되기가 쉽고, 목마른 자에게 음료 되기가 쉽다.(飢者易爲食, 渴者易爲飲)"(3.1) 이때 천하의 백성은 모두 왕도를 실행하는 사람을 학수고대하였다. 정말 이런 사람이 있다면 반드시 환영을 받아 민심이 귀의하기를 오랜 가뭄 끝에 벼 싹이 마침 쏟아지는 빗물을 맞아 왕성하게 우뚝 솟고 무럭무럭 자라는 것과 같고, 홍수가 아래를 향하여 흐르듯이 일사천리로 콸콸 앞을 향하여 흘러 막을 수 없는 형세와 같을 것이다.

왕도를 실행하고 천하를 다스림을 맹자는 가장 먼저 제나라 같은 큰 나라에 희망을 걸었다.

제 사람의 말에 이르기를 "비록 지혜가 있으나 형세를 탐만 못하며, 비록 농기구가 있으나 때를 기다림만 못하다." 하였으니, 지금 때는 그렇게 하기가 쉽다. 하후와 은·주의 전성기에 땅이 천리를 넘은 자가 있지 않았는데, 지금 제는 그만한 땅을 가지고 있다. 닭 울음과 개 짖는 소리가 서로 들려서 사경에 이르고 있으니, 제는 그만한 백성을 가지고 있다. 땅을 다시 더 개척하지 않으며 백성을 더 모으지 않더라도 인정을 행하고서 다스린다면 이것을 막을 자가 없을 것이다. …… 지금 만승의 나라가 인정을 행한다면 백성들의 기뻐하는 것이 거꾸로 매달린 것을 풀어주는 것과 같을 것이다. 그러므로 일은 옛사람의 반만 하고서 효과는 반드시 옛사람의 곱절이 되는 것은 오직 지금만이 그러할 것이다.

齊人有言曰: "雖有智慧, 不如乘勢; 雖有鎡基, 不如待時." 今時則易然也: 夏后·殷·周之盛, 地未有過千里者也, 而齊有其地矣; 雞鳴狗吠相聞, 而達乎四境, 而齊有其民矣. 地不改辟矣, 民不改聚矣, 行仁政而王, 莫之能御也. …… 當今之時, 萬乘之國行仁政, 民之悅之, 猶解倒懸也. 故事半古之人, 功半倍之, 惟此時爲然.(3.1)

비록 맹자가 "덕으로 인을 행하는 자는 왕자이니 왕자는 큰 영토를 필요로 하지 않는다. 탕은 70리를 가지고 하였고, 문왕은 백리를 가지고 하였다.(以德行仁者王, 王不待大. 湯以七十里, 文王以百里)"(3.3)라 말한 적이 있지만, 이는 다만 기초가 아무리 약소하다고 하더라도 덕으로 인을 행하기만 하면 결국은 천하를 왕도로 다스릴 수 있다는 말이다. 맹자는 천하를 태평하게 다스리는 데는 반드시 일정한 물질적 기초가 있어야 한다는 것을 부인한 적이 없으며, 거기에는 주로 넓은 토지와 많은 인구를 포괄하며 그렇지 않으면 성공을 거두기가 어렵다고 생각하였다. 맹자는 문왕이 은을 멸하는 것을 손수 완성할 수 없었던 역사를 총결할 때 명확하게 "문왕은 백 평방 리를 가지고 일어났으니, 이 때문에 어려웠던 것이다.(文王猶方百里起, 是以難也)"(3.1)라 말한 적이 있다. 그러나 맹자 때에 이르러 제나라의 상황은 매우 좋아졌다. 토지가 천리를 초과하였으니⁶ 토지의 기초를 가졌으며, 국내에 닭이 울고 개가 짖는 소리가 곳곳에서 들리어 인구가 조밀하니 인구의 기초도 가졌다. 이런 기초에서 마침 '천하의 인목[人君]이 사람 죽이는 것을 좋아하지 않는 자가 있지 않은(天下人牧, 未有不嗜殺人者)' 배경을 만나 제나라에서 왕도를 추진하여 천하를 태평하게 다스리면 반드시 일은 반으로 줄고 공은 곱절이 될 것이기 때문에 맹자는 "제나라를 가지고 다스림은 손을 뒤집는 것과 같이 쉬운 것이다.(以齊王, 由反手也)"(3.1)라 하여 적극적으로 제왕에게 왕도를 행할 것을 권하였다. 맹자가 이렇게 한 것은 곧 제왕이 이 좋은 기초를 토대로 신속하게 천하를 통일하여 분란과

---

6 「양혜왕 상」 맹자와 제선왕의 대화 가운데 "해내의 땅이 천 평방 리가 되는 것이 아홉인데, 제나라가 (땅을) 다 합하면 그 하나를 차지한다(海內之地方千里者九, 齊集有其一)"는 견해가 있어서 비록 당시에 주로 "작은 나라는 진실로 큰 나라를 대적할 수 없으며, 적은 사람은 진실로 많은 사람을 대적할 수 없으며, 약한 자는 진실로 강한 자를 대적할 수 없다.(小固不可以敵大, 寡固不可以敵衆, 弱固不可以敵强)"(1.7)는 도리를 이야기한 것이지만 또한 제나라의 영토가 이미 천 (평방) 리를 초과하여 제후국 가운데 중요한 대국임을 설명하였다.

전쟁을 끝낼 수 있기를 바라서였다.

대국에 대해서 이렇게 했을 뿐만 아니라 등 같은 이렇게 작은 나라에도 맹자는 왕도를 선양하는 노력을 버려두지 않았다.

> 등문공이 물었다. "등은 작은 나라로, 제와 초 사이에 끼어 있으니, 제를 섬겨야 합니까? 초를 섬겨야 합니까?" 맹자께서 대답하였다. "이 계책은 제가 미칠 수 있는 것이 아닙니다. 그만두지 않게 하신다면 한 가지 방법이 있으니, 못을 깊이 파며 성을 높이 쌓아 백성과 더불어 지켜서 백성들이 죽음[목숨]을 바치도록 떠나지 않는다면 이것은 해볼 만한 일입니다."
>
> 滕文公問曰: "滕, 小國也, 間於齊·楚. 事齊乎? 事楚乎?" 孟子對曰: "是謀非吾所能及也. 無已, 則有一焉: 鑿斯池也, 築斯城也, 與民守之, 效死而民弗去, 則是可爲也." (2.13)

> 등문공이 물었다. "제 사람이 설에 성을 쌓으려 하여, 내 매우 두려우니, 그것을 어찌하면 좋겠습니까?" 맹자가 대답하였다. "옛날 태왕이 빈에 거주할 때 적인이 침략하자, 그곳을 떠나 기산 아래에 가서 거주하였으니, 이곳을 가려서 취한 것이 아니라, 부득이해서였습니다. 만일 선행을 하면 후세의 자손 중에 반드시 다스리는 자가 있을 것입니다."
>
> 滕文公問曰: "齊人將築薛, 吾甚恐, 如之何則可?" 孟子對曰: "昔者大王居邠, 狄人侵之, 去之岐山之下居焉. 非擇而取之, 不得已也. 苟爲善, 後世子孫必有王者矣." (2.14)

등나라는 제와 초 사이에 끼인 탄환만 한 나라로 제나라를 섬겨야 할지 아니면 초나라를 섬겨야 할지에 대하여 결정을 내리지 못하고 맹자에게 물었다. 맹자는 "이제 등을 긴 곳을 잘라 짧은 곳을 보충하면, 거의 50리 가까이 될 것이니, 오히려 선한 나라가 될 수 있다.(今滕, 絶長補短, 將五十里, 猶可以爲善國)"(5.1)라 하여 비굴하게 무릎을 꿇고 외교적 수단을 이용하여 생존을 도모하느니 내적으로 시행함만 못하다. 이렇게만 할 수 있다면 후세의 자손들이 반드시 천하를 왕도로 다스렸다고 일컬을 수 있을 것이라 생각하였다. 등나라 같은 약소한 국가라도 맹자는 여전히 왕도를 실행하기를 권하여 "선행을 행하기를 힘쓸 뿐일 것이다.(彊爲善而已矣)"(2.14) 역량이 잠시 부족하다고 하여 왕도의 이상을 팽개쳐서는 안 된다고 한 것을 알 수 있다.

2. 성왕(聖王): 왕도주의의 전제

(1) 임금

왕도주의로 천하를 통일시키고 시대적인 정신의 요구를 충족시키고자 한다면 각 제후국의 경쟁이 매우 격렬한 상황에서 무턱대고 일을 벌일 수 없다. 반드시 어느 제후국을 매개체로 삼아야 하며, 당시 제후국 내부의 정치를 결정하는 것은 국군(國君)이어서 국군은 왕도주의를 실현하는 전제가 되었다. 맹자는 이 도리를 분명히 알고 있었다. 그가 제위왕(齊威王)과 등문공, 양혜왕, 제선왕 등등을 만난 것은 바로 그들을 충분히 설복시켜 내적으로 인정을 시행하여 하나의 확실한 본보기를 만들어 이웃 나라 백성이 부모처럼 바라게 하여 마치 때맞춰 내리는 비를 구하듯 분분히 앞으로 와서 일거에 천하를 왕도로 다스리는 사명을 완성하기를 희망한 것이다. 그 때문에 맹자는 국군에게 매우 높은 요구를 하였다. 이런 요구는 매우 간단한데, 국군은 반드시 인자라야 한다는 것이다.

맹자가 보기에 인자가 되는 것은 결코 어렵지 않다. 당시의 국군은 모두 인자가 될 잠재적 능력을 가지고 있었기 때문이다. 제선왕이 좋은 예이다.

"신이 호흘에게 듣자니 왕께서 대청에 앉아 계시는데, 소를 끌고 대청 아래로 지나가는 자가 있어서 왕께서 보시고 '소가 어디로 가는가?' 하고 묻자, 대답하기를 '종의 (갈라진) 틈을 바르는 데 쓰려고 해서입니다.' 하였습니다. 왕께서 '놓아주어라. 내가 그 두려워 벌벌 떨며 죄 없이 사지로 나아감을 차마 볼 수 없다.' 하시니, 대답하기를 '그렇다면 흔종(종의 갈라진 틈에 피를 바르는 것)을 폐지하오리까?' '어찌 폐지할 수 있겠는가? 양으로 바꾸어 쓰라.' 하셨다 합니다. 알지 못하겠습니다. 이러한 일이 있었습니까?" "그러한 일이 있었습니다." "이 마음이 족히 잘 다스리실 수 있습니다. 백성들은 모두 왕더러 재물을 아꼈다고 하거니와, 신은 실로 왕께서 차마 못하셨음을 알고 있습니다."

"臣聞之胡齕曰, 王坐於堂上, 有牽牛而過堂下者, 王見之, 曰: '牛何之?' 對曰: '將以釁鍾.' 王曰: '舍之! 吾不忍其觳觫, 若無罪而就死地.' 對曰: '然則廢釁鍾與?' 曰: '何可廢也? 以羊易之!' 不識有諸?" 曰: "有之." 曰: "是心足以王矣. 百姓皆以王爲愛也, 臣固知王之不忍也."(1.7)

소 한 마리를 종(이 완성된 것)을 알리는 제사를 지내는 제물로 쓰려고 하자 제선왕이 그 소가 벌벌 떠는 모습을 차마 보지 못하여 양으로 바꾸라 하였다. 백성들은 그 까닭을 분명히 알지 못하여 제선왕이 인색하다고 생각하였다. 거기서 제선왕이 차마 하지 못하는 마음을 맹자만 읽어냈다. 다른 곳에서도 맹자는 한 번 더 모든 사람은 차마 하지 못하는 마음을 갖고 있다고 제기하고 아울러 자기가 그렇게 말하는 근거를 명확하게 들었다. 아이가 우물로 떨어지려는 것이 갑자기 눈에 들어오게 되면 모두 두려워하고 동정하는 마음을 갖게 될 것인데 이는 결코 아이의 부모와 모종의 관계를 맺으려는 것이 아니다. 이웃의 벗들 사이에서 훌륭한 평판을 얻으려는 것도 아니며, 오명을 싫어해서도 아니다. 이런 두려워하고 동정하는 마음은 차마 (남을) 해치지 못하는 마음이다. 차마 하지 못하는 마음을 확충시키고 발전시켜 나가는 것은 차마 해치지 못하는 정치이다.

> 사람들은 모두 사람을 해치지 못하는 마음을 가지고 있다. 선왕이 사람을 해치지 못하는 마음을 가지고 이에 사람을 해치지 못하는 정사[仁政]를 행하였다. 사람을 해치지 못하는 마음으로 사람을 해치지 못하는 정사를 행한다면, 천하를 다스림은 손바닥 위에 놓고 움직일 수 있을 것이다.
> 人皆有不忍人之心. 先王有不忍人之心, 斯有不忍人之政矣. 以不忍人之心, 行不忍人之政, 治天下可運之掌上. (3.6)

모든 사람은 차마 남을 해치지 못하는 마음을 가지고 있다. 남을 해치지 못하는 마음을 기초로 하면 남을 해치지 못하는 정치를 행할 수 있어서 천하를 다스리는 것을 손바닥 위에서 움직이듯이 할 수 있을 것이다. 제선왕이 남을 해치지 못하는 마음을 가지고 있는 것을 맹자는 '이 마음이면 충분히 다스릴 수 있을 것이다.(是心足以王矣)'고 단정하여 이 참된 마음을 따라가기만 하면 될 것이라고 하였다. 맹자는 이것을 '추은(推恩: 은혜를 미루어감)'이라 하였다.

태산을 끼고 북해를 뛰어넘는 것을 사람들에게 말하기를, "내 할 수 없다." 한다면 이는 실로 할 수 없는 것이지만 어른에게 나뭇가지를 꺾어주는 것을 남에게 말하기를 "내 할 수 없다."고 한다면 이것은 하지 않는 것일지언정 할 수 없는 것은 아닙니다. 그러므로 왕께서 다스리시지 못하심은 태산을 끼고 북해를 뛰어넘는 종류가 아니라, 왕께서 다스리시지 못하심은 바로 나뭇가지를 꺾는 것과 같은 종류입니다. 내 노인을 노인으로 섬겨서 남의 노인에게까지 미치며, 내 어린이를 어린이로 사랑해서 남의 어린이에게까지 미친다면 천하를 손바닥에 놓고 움직일 수 있습니다. 『시경』에 이르기를 "과처에게 모범이 되어서 형제에 이르러 집과 나라를 다스린다." 하였으니, 이 마음을 들어서 저기에 가할 뿐임을 말한 것입니다. 그러므로 은혜를 미루면 족히 사해를 보호할 수 있고 은혜를 미루지 못하면 처자도 보호할 수 없는 것입니다. 옛사람이 일반인보다 크게 뛰어난 까닭은 딴 것이 없으니, 그 하는 바를 잘 미루었을 뿐입니다.

挾太山以超北海, 語人曰, "我不能." 是誠不能也. 爲長者折枝, 語人曰, "我不能." 是不爲也, 非不能也. 故王之王, 非挾太山以超北海之類也; 王之不王, 是折枝之類也. 老吾老, 以及人之老; 幼吾幼, 以及人之幼. 天下可運於掌. 詩云: "刑于寡妻, 至于兄弟, 以御于家邦." 言擧斯心加諸彼而已. 故推恩足以保四海, 不推恩無以保妻子. 古之人所以大過人者, 無他焉, 善推其所爲而已矣. (1.7)

태산을 끼고 북해를 건너가는 것은 정말로 할 수 없는 것이다. 노인에게 나뭇가지를 꺾어주는 것은 모든 사람이 할 수 있는 것이지만 그렇게 하기를 원하지 않는 것일 뿐이다. 나의 노인을 노인으로 대우함을 다른 사람의 노인에게까지 미치고, 나의 어린아이를 어린아이로 대우함을 다른 사람의 어린아이에게까지 미치게 하면 천하를 충분히 다스릴 수 있다. 따라서 관건은 '추은'에 있다. '추은'은 곧 '이 마음을 들어서 저기에 가하는 것이고', 또한 곧 이런 선한 마음을 다른 방면으로 확대하여 나가는 것이다. 고대의 성인은 결코 무슨 현묘한 곳이 없었고 자기가 한 것을 다른 사람에게 미침을 잘하는 것일 따름이다. "그러므로 왕이 다스리지 못하는 것은 하지 않는 것이지 할 수 없는 것이 아니다.(故王之不王, 不爲也, 非不能也)" 현재의 국군이 기꺼이 '추은'을 할 용의만 있으면 또한 완전히 인군이 될 수 있고 천하에서 왕으로 일컬어질 것이다.

비록 '내 노인을 노인으로 섬겨서 남의 노인에게까지 미치며, 내 어린이를 어린이로 사랑해서 남의 어린이에게까지 미친다면' 충분히 천하를 다스릴 수 있지만 이는 국군이 이 마음을 가져야 충족될 수 있다. 사실상 이런 선심을 가지고 있는 것 외에 이에 상응하는 제도가 뒷받침되어야 한다는 것을 말한다. 맹자는 이 도리를 아주 명백하게 말하였다.

> 선심만 가지고는 정사를 할 수 없으며, 법[制度]만 가지고는 스스로 행해질 수 없다.
> 徒善不足以爲政, 徒法不能以自行.(7.1)

선심만 가지고 있어서는 충분히 국정을 다스릴 수 없다. 이 도리는 시사하는 바가 깊다. 선심은 다만 일종의 도덕의식이자 도덕품질, 도덕특성으로 도덕범위에 속하며 천하를 태평하게 다스리는 것은 정치활동과 정치운용, 정치건설에 속하기 때문에 국군이 왕도주의로 천하를 태평하게 다스리려 한다면 반드시 그에 상응하는 정치제도가 있어야 한다. 맹자는 이 제도는 이미 이루어진 것으로 성실하게 본받기만 하면 된다고 생각하였다. 이것이 곧 '선왕의 도' 혹은 '선왕의 법'으로, '선왕의 도'를 본받는 것은 곧 '선왕의 도를 따르거나' 혹은 '선왕의 도를 행하는 것'이다.

> 성인이 이미 시력을 다하고 규·구·준·승으로 이으니 네모·원·수평·직선을 만듦에 이루 다 쓸 수 없으며, 이미 청력을 다하고 육률로 이으니 오음을 바로잡음에 이루 다 쓸 수 없으며, 이미 심사를 다 하고 사람을 차마 하지 못하는 정사로 이으니 인이 천하를 덮었다. 그러므로 "높은 것을 만들되 반드시 구릉을 이용하고, 낮은 것을 만들되 반드시 내와 늪을 이용하라." 하였으니, 정사를 하면서 선왕의 도를 이용하지 않는다면 지혜롭다 이를 수 있겠는가?
> 聖人旣竭目力焉, 繼之以規矩準繩, 以爲方員平直, 不可勝用也; 旣竭耳力焉, 繼之以六律正五音, 不可勝用也; 旣竭心思焉, 繼之以不忍人之政, 而仁覆天下矣. 故曰, 爲高必因丘陵, 爲下必因川澤. 爲政不因先王之道, 可謂智乎?(7.1)

모든 일에는 하나의 표준이 있어야 한다. 규구는 네모와 원의 표준이며, 육률은 오음의 표준이고 선왕의 도는 정치의 표준이다. 국군이 선왕의 도를 행하면 천하를 태평하게 다스릴 수 있고, 선왕의 도를 행하지 않으면 천하를 태평하게 다스릴 수 없다. 따라서 선왕의 도를 행하는 것이 위정의 가장 밝고 지혜로운 선택이며 국군에게도 가장 기본적으로 요구되는 조건이다.

(2) 임금과 신하

신하는 임금의 보필이 되어 나라를 다스리는 과정에서 중요한 작용을 한다. 이 때문에 본래의 상황이 어떻든 간에 하나의 무시할 수 없는 문제가 되었다. 맹자는 인신(人臣)이 된 자는 무엇보다 선인이어야 한다고 생각했다. 노나라에서 악정자에게 국정을 다스리게 하려 하자 맹자는 매우 기뻐하였다. 공손추가 악정자는 굳세고 힘이 있는지, 총명하고 원대한 생각이 있는지, 식견이 많은지 물었는데 맹자는 모두 아니라고 말하였다. 그렇다면 맹자는 무엇 때문에 기뻐하였는가? 맹자는 말하기를 이는 악정자가 '그 사람됨이 선을 좋아하기' 때문이라고 하였다.

선을 좋아함은 천하(를 다스리는데)도 충분할 것이니, 하물며 노나라이겠는가! 만일 선을 좋아하면 사해의 안에서 장차 천리를 가벼이 여기고 찾아와 선을 말해주고, 만일 선을 좋아하지 않으면 사람들이 장차 말하기를 "자만해 함을 내 이미 안다." 할 것이니, 자만한 음성과 얼굴빛이 사람을 천 리 밖에서 막는다. 그리하여 선비가 천 리 밖에서 발걸음을 멈춘다면 아첨하고 비위 맞추는 사람들이 올 것이니, 아첨하고 비위 맞추는 사람들과 더불어 거처한다면 나라가 다스려지기를 바란들 될 수 있겠는가?

好善優於天下, 而況魯國乎? 夫苟好善, 則四海之內皆將輕千里而來告之以善; 夫苟不好善, 則人將曰: "訑訑, 予旣已知之矣." 訑訑之聲音顏色距人於千里之外. 士止於千里之外, 則讒諂諛之人至矣. 與讒諂面諛之人居, 國欲治, 可得乎?(12.13)

선을 좋아하는 것은 신하가 되는 가장 기본적인 요구이긴 하지만 선을 좋아하는 것만으로는 안 되고 신하가 되려면 또한 반드시 순이 요를 대할 때와 같이 '그 임금을 공경해야' 한다.

성인은 인륜의 지극함이다. 군주가 되고자 하려면 군주의 도리를 다할 것이요, 신하가 되고자 하려면 신하의 도리를 다해야 하니, 두 가지 모두 요·순을 본받을 뿐이다. 순이 요를 섬기던 것으로 군주를 섬기지 않는다면, 그 군주에게 불경하는 자요, 요가 백성을 다스리던 것으로 백성을 다스리지 않는다면, 그 백성을 해치는 자이다.

聖人, 人倫之至也. 欲爲君, 盡君道; 欲爲臣, 盡臣道. 二者皆法堯舜而已矣. 不以舜之所以事堯事君, 不敬其君者也; 不以堯之所以治民治民, 賊其民者也.(7.2)

대순은 성인으로 사람들의 표양이 되며 또한 신하의 표양이 되기 때문에 현명한 신하는 신의의 도리를 다하여 대순을 법도로 삼아야 하며 그렇지 않으면 그 임금을 공경하지 않는 것이다.

임금을 공경하는 것 외에 맹자는 신하에게 또한 하나의 특별한 요구를 제기하였는데 이는 곧 임금을 바로잡는 것이다.

인군을 섬기는 자가 있으니, 이 임금을 섬기면 용납되고 기쁘게 되는 자이다. 사직을 편안히 하려는 신하가 있으니, 사직을 편안히 함을 기쁨으로 삼는 자이다. 천민인 자가 있으니, 영달하여 온 천하에 행할 수 있은 뒤에야 행하는 자이다. 대인인 자가 있으니, 자기 몸을 바르게 함에 남이 바르게 되는 자이다.

有事君人者, 事是君則爲容悅者也; 有安社稷臣者, 以安社稷爲悅者也; 有天民者, 達可行於天下而後行之者也; 有大人者, 正己而物正者也.(13.19)

맹자는 여기에서 신하를 네 등급으로 구분하였다. 가장 낮은 등급은 다만 군주를 섬기기만 하여 모든 것을 군주의 안색과 환심을 사려는 이들이다. 그 위는 사직을 안정시키는 것인데 사직을 안정시키는 것을 기쁨으로 생각한다. 그 위는 천민(天民)으로 앞의 두 경우가 다만 한 제후국을 위하는 것과는 달리 천민의 목표는 온 천하에 있으며 그들의 대도가 천하에서 시행될 수 있기를 바란다. 가장 높은 것은 대인(大人)이다. 자기 몸을 바르게 함을 통하여 천하가 모두 바르게 하는 사람에게 돌아가게 하는 것이다. 이 장은 「이루(離婁)」 제12장과 함께 참고하여 읽어볼 만하다.

(등용한) 인물을 군주와 더불어 (일일이 다) 허물[지적]할 수 없으며, (잘못된) 정사를 (일일이 다) 흠잡을 수 없다. 오직 대인이라야 군주의 나쁜 마음을 바로잡을 수 있으니, 군주가 인해지면 (모든 일이) 인하지 않음이 없고, 군주가 의로워지면 (모든 일이) 의롭지 않음이 없고, 군주가 바르게 되면 (모든 일이) 바르지 않음이 없으니, 한 번 군주의 마음을 바르게 하면 나라가 안정된다.

人不足與適也, 政不足間也; 唯大人爲能格君心之非. 君仁, 莫不仁; 君義, 莫不義; 君正, 莫不正. 正君而國定矣. (7.20)

적(適)은 '적(謫)'과 같으며 질책한다는 뜻이다. 간(間)은 비난한다는 뜻이다. 맹자는 이렇게 생각하였다. 인사는 지나치게 질책할 만한 것이 없고 정사는 지나치게 비난할 것이 없으며 가장 중요한 것은 대인을 가져야 하는 것이다. 대인만이 국군의 마음속 잘못을 바로잡아 국군이 인을 하게 하고 의를 하게 하며 바르게 할 수가 있으니 이렇게 해야 다른 사람이 또한 모두 충분히 인을 하고 의를 하며 바르게 할 수가 있다. 따라서 국군만 단정하게 하면 국가도 안정된다.

공자에 있어서 임금은 신하가 봉사해야 할 대상이었다. 신하는 임금의 아랫사람으로 주차(主次)와 상하 관계가 매우 명확하였다. 그러나 맹자에 이르러 군신관계는 평등한 색채가 가일층하여 임금이 신하에게 잘 봉사하기를 요구하려면 먼저 신하를 존중하고 애호해야 한다.

> 군주가 신하 보기를 수족과 같이하면 신하가 군주 보기를 복심과 같이 여기고, 군주가 신하 보기를 개와 말처럼 하면 신하가 군주 보기를 국인(國人)과 같이 여기고, 군주가 신하 보기를 진흙이나 지푸라기와 같이하면 신하가 군주 보기를 원수 대하듯 한다.
> 君之視臣如手足, 則臣視君如腹心; 君之視臣如犬馬, 則臣視君如國人; 君之視臣如土芥, 則臣視君如寇讐.(8.3)

신하가 어떻게 임금을 대하는가 하는 것은 임금이 신하를 어떻게 대하느냐에 따라 정해진다. 임금이 신하를 잘 대한다면 신하도 임금을 잘 대할 것이고, 임금이 신하를 잘 대하지 않는다면 신하도 임금을 잘 대하지 않을 것이다. 맹자는 아래의 예를 들어 이 문제를 설명한 적이 있다. 예제(禮制)의 규정에 따르면 신하는 이왕에 섬긴 적이 있는 군주를 위하여 복상해야 하지만 이렇게 하려면 군주가 먼저 잘해야 한다.

> 간언이 행하여지고 말이 받아들여져 은택이 백성들에게 내려지고, 연고가 있어 떠나면, 군주가 사람으로 하여금 인도하여 국경을 나가게 한다. 또 그가 가는 곳에 먼저 기별하며, 떠난 지 3년이 되어도 돌아오지 않은 뒤에야 그의 전리[토지와 주택]를 환수한다. 이를 일러 세 번 예가 있다 하니, 이처럼 하면 그 복을 입는 것이다. 지금엔 신하가 되어 간하면 행하지 않으며, 말하면 들어주지 아니하여, 은택이 백성들에게 내려지지 못한다. 연고가 있어 떠나면, 군주가 그를 속박하며, 또 그가 가는 곳을 궁하게 하고, 떠나는 날에 마침내 그의 전리를 환수하면, 이것을

원수라 이르니, 원수에게 무슨 복을 입겠는가?

諫行言聽, 膏澤下於民; 有故而去, 則君使人導之出疆, 又先於其所往; 去三年不反, 然後收其田里. 此之謂三有禮焉. 如此, 則爲之服矣. 今也爲臣, 諫則不行, 言則不聽; 膏澤不下於民; 有故而去, 則君搏執之, 又極之於其所往; 去之日, 遂收其田里. 此之謂寇讐. 寇讐, 何服之有?(8.3)

임금이 신하에게 자기의 복상을 하게 하려면 첫째, 신하의 간언을 잘 듣고 취하여 백성에게 혜택을 주어야 한다. 둘째, 신하가 떠날 때 사람을 보내어 사전에 노정과 묵을 곳을 잘 마련해주어야 한다. 셋째, 신하가 3년이 되어도 돌아오지 않으면 그제야 그의 토지와 집을 환수한다. 이를 일러 "세 번 예가 있다고 한다." 현재 이 세 조목은 한 가지도 시행될 수 있는 것이 없고 임금과 신하는 곧 원수이니 어떻게 그를 위해 복상을 하겠는가?

맹자는 또한 임금이 현자를 초치하려면 반드시 공경과 예를 지극히 다할 것을 요구했다.

옛날 현명한 왕들은 선을 좋아하고 세력을 잊었으니, 옛 현사가 어찌 홀로 그렇지 않았겠는가. 그 도를 즐거워하고 남의 세력을 잊었기 때문에 왕공이 경을 지극히 하고 예를 다하지 않으면, 자주 그를 만나지 못하였다. 만나보는 것도 오히려 자주 할 수 없는데, 하물며 그를 얻어서 신하로 삼음이겠는가!

古之賢王好善而忘勢; 古之賢士何獨不然? 樂其道而忘人之勢, 故王公不致敬盡禮, 則不得亟見之. 見且猶不得亟, 而況得而臣之乎?(13.8)

고대의 현군과 현사들은 모두 선덕(善德)을 좋아하여 권세를 잊을 수 있었다. 때문에 왕공과 귀족들이 공경하고 예를 다하지 않으면 그들을 자주 만날 수가 없었다. 더욱이 그들을 신하로 불러서는 안 되었다. 맹자는 결론을 도출하여 말하였다.

> 현인을 만나보려고 하면서 그 도로 하지 않는다면, 마치 문으로 들어가려고 하면서 문을 닫는 것과 같다. 의는 사람이 걸어가야 할 길이요, 예는 사람이 출입하는 문이니, 오직 군자만이 이 길을 따를 수 있으며 이 문으로 출입한다.
>
> 欲見賢人而不以其道, 猶欲其入而閉之門也. 夫義, 路也; 禮, 門也. 惟君子能由是路, 出入是門也. (10.7)

뿐만 아니라 맹자는 국군이 신하를 진심과 성의로 대해야 하며 단지 그들을 잘 기르기만 하고 등용할 수가 없어서는 안 된다고 생각하였다. 그는 예를 하나 들어 이 도리를 설명하였다.

> 목공이 자사에 대해서 자주 문안하시고 자주 삶은 고기를 주시자, 자사는 기뻐하지 아니하여 맨 마지막에는 사자에게 손을 저어 대문 밖으로 내보내시고, 북면하여 머리를 조아려 재배하고 받지 않으시고 말씀하시기를 "이제야 군주께서 개와 말로 나(伋)을 기름을 알았습니다." 하셨으니, 이 뒤로부터 하인들이 물건을 갖다 줌이 없었으니, 현자를 좋아하되, 능히 들어 쓰지 못하고 또 봉양도 못한다면, 현자를 좋아한다고 이를 수 있겠는가?
>
> 繆公之於子思也, 亟問, 亟餽鼎肉. 子思不悅. 於卒也, 摽使者出諸大門之外, 北面稽首再拜而不受, 曰: "今而後知君之犬馬畜;" 蓋自是臺

無餽也. 悅賢不能擧, 又不能養也, 可謂悅賢乎?(10.6)

노목공은 자사에게 여러 차례 문후하고 아울러 먹을 고기도 내려주었지만 자사는 그다지 기뻐하지 않았다. 아울러 그것을 받지 않았는데 이는 국군이 그를 기르는 개나 말로 취급하는 것이며 진심으로 그를 등용하는 것이 아니라고 생각하였다. 맹자는 진정코 현자를 높이는 것은 요가 순을 대하는 것처럼 해야 한다고 생각하였다. "요는 순에게 자식인 아홉 아들에게 섬기게 하였으며, 두 딸을 시집을 보내고, 백관과 소와 양, 미곡창고를 갖추어 순임금을 밭두렁의 가운데에서 봉양하게 하더니, 뒤에 들어서 윗자리에 올려놓았다. 그러므로 이것을 왕공이 현자를 높인 것이라고 말하는 것이다.(堯之於舜也, 使其子九男事之, 二女女焉, 百官牛羊倉廩備, 以養舜于畎畝之中, 後擧而加諸上位, 故曰, 王公之尊賢者也)"(10.6)

맹자는 심지어 군주는 신하를 스승으로 삼아 열심히 신하에게 배워야 한다고 생각하였다. 그는 말하였다.

> 그러므로 크게 훌륭한 일을 하려는 군주는 반드시 함부로 부르지 못하는 신하가 있었다. 그리하여 모의(相議)하고자 하는 일이 있으면 찾아갔으니, 덕을 높이고 도를 즐거워함이 이와 같지 않으면, 더불어 훌륭한 일을 할 수 없는 것이다. 그러므로 탕은 이윤에게 배운 뒤에 그를 신하로 삼았기 때문에 수고롭지 않게 다스리셨고, 환공은 관중에게 배운 뒤에 그를 신하로 삼았기 때문에 수고롭지 않고 패자가 된 것이다. 지금 천하가 영토가 비슷하고 덕도 비슷해서 서로 뛰어나지 못함은 다름이 아니다. 자기가 가르칠 수 있는 사람을 신하로 삼기를 좋아하고 자기가 가르침을 받을 수 있는 사람을 신하로 삼기를 좋아하지 않기 때문이다.

故將大有爲之君, 必有所不召之臣; 欲有謀焉, 則就之. 其尊德樂道, 不如是, 不足與有爲也. 故湯之於伊尹, 學焉而後臣之, 故不勞而王; 桓公之於管仲, 學焉而後臣之, 故不勞而霸. 今天下地醜德齊, 莫能相尙, 無他, 好臣其所教, 而不好臣其所受教.(4.2)

사(士)가 왕자(王者)의 스승이라는 것은 맹자의 중요한 사상이다. 한 역사 이야기에서 그는 자사의 입을 빌려 이 문제를 제기했다. 이전에 목공은 여러 차례 자사를 만나 고대에 천승을 보유한 국군이 어떻게 사인을 사귀었느냐고 물었다. 자사는 이런 문제에 대하여 매우 기뻐하지 않았으니 자사가 보기에 "지위로 보면 그대는 군주요, 나는 신하이니, 내 어찌 감히 군주와 벗할 수 있으며, 덕으로 보면 그대는 나를 섬기는 자이니, 어찌 나와 더불어 벗할 수 있겠는가?(以位, 則子, 君也; 我, 臣也; 何敢與君友也? 以德, 則子事我者也, 奚可以與我友?)"(10.7) 이는 곧 지위로 따져보면 너는 임금이고 나는 신하이니 내가 감히 임금과 교유를 맺지 못하고, 덕으로 따져보면 너는 나를 사사하는 사람이니 어떻게 나랑 교유를 맺겠느냐 하는 것을 말한다. 이곳의 '그대는 나를 섬기는 자(子事我者)'는 명백히 임금이 응당 스승으로 삼아야 한다는 사상을 말한 것이다. 이 때문에 크게 훌륭한 일을 하는 군주는 반드시 신하를 부를 수가 없으며 일이 있어서 상의를 해야 한다면 친히 신하가 있는 곳으로 가서 그들에게 배우고 가르침을 구하여야 한다는 것이다. 지금처럼 자기의 말을 따르기를 좋아하는 사람을 신하로 삼고 그를 가르칠 수 있는 사람을 신하로 삼기를 좋아하지 않는다면 그건 결코 크게 훌륭한 일을 할 수 없을 것이다. 나아가 심지어 신하는 임금에게 '왕위를 바꾸는(易位)' 권력을 가져야 한다는 것이 맹자의 생각이다.

제선왕이 경(의 기능)을 묻자, 맹자가 "왕은 어떤 경을 물으시는지요?" 하였다. 왕이 말하기를 "경이 같지 않소?" 하자, "같지 않습니다. 귀척의 경이 있으며 이성의 경이 있습니다." 왕이 말하였다. "귀척의 경을 묻습니다." 맹자가 말하였다. "군주가 큰 잘못이 있으면 간하고, 반복하여도 듣지 않으면 군주의 자리를 바꿉니다." 왕이 발끈하여 얼굴빛이 변하자, "왕은 괴이하게 여기지 마소서. 왕께서 신에게 물으셨기에 신이 감히 올바름으로써 대답하지 않을 수 없었습니다." 왕이 얼굴빛이 안정된 뒤에 이성의 경에 대해 묻자, 맹자가 말하였다. "군주가 과실이 있으면 간하고, 반복하여도 듣지 않으면 떠나가는 것입니다."

齊宣王問卿. 孟子曰: "王何卿之間也?" 王曰: "卿不同乎?" 曰: "不同. 有貴戚之卿, 有異姓之卿." 王曰: "請問貴戚之卿." 曰: "君有大過則諫; 反復之而不聽, 則易位." 王勃然變乎色. 曰: "王勿異也. 王問臣, 臣不敢不以正對." 王色定, 然後請問異姓之卿. 曰: "君有過則諫; 反復之而不聽, 則去."(10.9)

친소(親疏)가 같지 않기 때문에 신하의 직책 또한 서로 같지 않다. 왕실 종족의 경은 국군과 혈연관계가 있고 국군의 조상이 또한 그들의 조상이어서 국군이 큰 잘못을 저지를 경우 좌시하여 정권이 멸망하도록 할 수 없다. 국군이 간언을 듣지 않는다면 그들은 부득이한 상황일 경우 달리 새 임금을 세울 수밖에 없다. 그런데 이성의 경은 국군이 잘못을 저지른 상황에서 되풀이하여 간언을 올려야 하며 국군이 듣지 않는다면 떠나야 한다. 여기서 '왕위를 바꾸는' 권력은 그래도 귀척의 경에 해당하고 이성의 경에는 해당하지 않지만 임금의 권력의 지상성(至上性) 또한 이미 크게 깎였으며 군신 관계는 이로 인하여 새로운 내용을 갖게 되었다.

(3) 임금과 백성

임금과 백성의 관계에서 맹자는 매우 중요한 사상을 제기하였다. 이는 곧 백성은 귀하고 임금은 가볍다는 것이다. 그는 말하였다.

> 백성이 가장 귀하고, 사직이 그 다음이고, 군주는 가볍다. 그러므로 구민의 마음을 얻은 이는 천자가 되고, 천자에게 신임을 얻은 이는 제후가 되고, 제후에게 신임을 얻은 이는 대부가 된다. 제후가 사직을 위태롭게 하면 바꾸어 둔다. 희생이 이미 이루어지며 자성이 이미 정결하여, 제사를 제 때에 지내되, 그런데도 가뭄이 들고 홍수가 넘치면 사직을 바꾸어 설치한다.
> 民爲貴, 社稷次之, 君爲輕. 是故得乎丘民而爲天子, 得乎天子爲諸侯, 得乎諸侯爲大夫. 諸侯危社稷, 則變置. 犧牲旣成, 粢盛旣潔, 祭祀以時, 然而旱乾水溢, 則變置社稷.(14.14)

이는 맹자의 임금과 백성의 관계에 대한 사상을 가장 잘 대변한 논술이다. 조기의 『주』에서는 말하였다. "임금은 사직보다 가볍고 사직은 백성보다 가볍다. 구(丘)는 16정(井)이다. 천하의 구민이 모두 그 정치를 즐기면 천자가 되는데 은탕(殷湯)과 주문(周文)이 이들이다." 초순(焦循)의 『맹자정의(孟子正義)』에서는 '구십육정(丘十六井)'이 있는 구절을 해석하여 말하였다. "『주례(周禮)』「지관·소사도(地官·小司徒)」에서는 '9부(夫)가 정이며 4정은 읍(邑)이고 4읍은 구이다.'라 하였다. 1읍이 4정이므로 4읍은 16정이 된다. 그렇다면 구민은 읍민(邑民)과 향민(鄕民) 그리고 국민(國民)이라고 하는 것과 같다." 또 왕념손(王念孫)의 『광아소증(廣雅疏證)』을 인용하여 말하였다. "구는 중(衆)이다. 『맹자』「진심(盡心)」편에서는 '구민을 얻으면 천자가 된다.(得乎丘民而爲天子)'라 하였다. 『장자(莊子)』「칙양(則陽)」편에서는 '구리(丘里)는 10성(姓)과 100명(名)을 합하여 풍속이 된 것이다.'라 하였다. 『석명(釋名)』에서는 말하였다. '4읍이 구이며, 구(丘)는 모인다는 뜻이다'. 모두 무리라는 뜻이다." 구민은 곧 많은 백성이라는 것임을 알 수 있다. 『맹자』에서 민(民)은 또 두 부분으로 나뉜다. 하나는 '국인(國人)'인데 성안에 거주하는 '민(民)'을 가리킨다. 하나는 '야인(野人)'으로 전야에 거주하면서 농업생산에 종사하는 '민'을 가리킨다. 맹자가 보기에 제후의 환심을 얻으면 대부가 될 수 있고, 천자의 환심을 얻으면 제후가 될 수 있으며, 구민의 환심을 얻으면 천자가 될 수 있다. 제후가 토지신과 곡식신을 위태롭게 하면 제후를 바꿔 세워야 하며, 제사를 지내는 일이 모두 다 아주 잘 되었는데도 흉작이라면 토지신과 곡식신을 바꿔 세워야 한다.

이로부터 '구민을 얻는 것'은 주로 '민심을 얻는다'는 뜻임을 어렵지 않게 알 수 있다. 민심은 맹자의 정치사상 가운데서 극히 중요한 지위를 차지하고 있다. 이 사상은 아래의 논술에서 매우 명료하게 말하였다.

> 걸과 주가 천하를 잃은 것은 백성을 잃었기 때문이니, 백성을 잃었다는 것은 그 마음을 잃은 것이다. 천하를 얻음에 길이 있으니, 백성을 얻으면 천하를 얻을 것이다. 백성을 얻음에 길이 있으니, 그 마음을 얻으면 백성을 얻을 것이다. 마음을 얻음에 길이 있으니, 원하는 바를 주어서 모이게 하고, 싫어하는 바를 베풀지 말아야 한다. 백성이 인자에게 돌아감은 물이 아래로 내려가며 짐승이 들로 달아나는 것과 같다. 그러므로 못에 고기를 몰아주는 것은 수달이고, 나무숲에 참새를 몰아주는 것은 새매이며, 탕과 무왕에게 백성을 몰아준 자는 걸과 주이다. 이제 천하의 군주 중에 인을 좋아하는 자가 있으면 제후들이 모두 그에게 (백성을) 몰아줄 것이니, 비록 다스리려 하지 않으려 하더라도 될 수 없을

것이다. 지금 다스리려는 자는 7년 된 병에 3년 묵은 약쑥을 구하는 것과 같으니, 만일 (지금 약쑥을 뜯어) 비축해 두지 않으면 종신토록 얻지 못할 것이다. (이와 마찬가지로) 만일 인정에 뜻을 두지 않으면 종신토록 근심하고 치욕을 받아 죽고 망함에 이를 것이다.

　桀紂之失天下也, 失其民也; 失其民者, 失其心也. 得天下有道: 得其民, 斯得天下矣; 得其民有道: 得其心, 斯得民矣; 得其心有道: 所欲與之聚之, 所惡勿施, 爾也. 民之歸仁也, 猶水之就下獸之走壙也. 故爲淵敺魚者, 獺也; 爲叢敺爵者, 鸇也; 爲湯武敺民者, 桀與紂也. 今天下之君有好仁者, 則諸侯皆爲之敺矣. 雖欲無王, 不可得已. 今之欲王者, 猶七年之病求三年之艾也. 苟爲不畜, 終身不得. 苟不志於仁, 終身憂辱, 以陷于死亡. (7.9)

탕과 무왕이 천하를 얻은 것은 민심을 얻었기 때문이며, 걸과 주가 천하를 잃은 것은 민심을 잃었기 때문이다. 민심을 얻는 가장 좋은 방법은 백성이 원하는 것을 그들을 위해 축적하게 하고 백성이 미워하는 것을 그들의 신상에 가하지 않는 것이다. 이 효과는 결코 즉각 얻을 수 있는 것이 아니라 부단히 축적되어야 한다. 오랜 병을 고치는데 3년 묵은 약쑥이 필요한 것과 같아서 준비하지 않으면 평생 얻을 수 없는 것과 마찬가지이다. 그러나 그렇게 하지 않으면 종신토록 그간 받은 혜택이 욕을 입어 몸이 사지에 빠지게 될 것이다.

　민심을 얻기 위해서는 반드시 백성의 기본적인 생활문제를 해결해야 한다.

　그러므로 현명한 군주는 백성의 생업을 제정해 주되 반드시 위로는 족히 부모를 섬길 만하며, 아래로는 족히 처자를 기를 만하여 풍년에는

1년 내내 배부르고, 흉년에는 사망에서 면하게 하나니, 그런 뒤에야 백성들을 몰아서 선에 가게 한다. 그러므로 백성들이 (명령을) 따르기가 가뿐할 것이다.

  是故明君制民之產, 必使仰足以事父母, 俯足以畜妻子, 樂歲終身飽, 凶年免於死亡; 然後驅而之善, 故民之從之也輕.(1.7)

백성의 생업을 제정해주어 백성의 생활이 보장된 다음이라야 그들이 선을 행하고 선을 따르도록 이끌 수 있고 백성들도 비교적 쉽게 따를 것이다.
 민심을 얻기 위해서는 반드시 일을 당하였을 때 백성의 의견을 따라야 한다.

  나라의 군주는 어진 이를 등용하되 부득이한 것처럼 해야 한다. 지위가 낮은 자가 높은 이를 넘고, 소원한 자가 친한 이를 넘게 하려는 것이니, 신중히 하지 않을 수 있겠는가? 좌우의 신하가 모두 현명하다고 말하더라도 허락하지 말며, 대부들이 모두 현명하다고 말하더라도 허락하지 말고, 국인이 모두 현명하다고 말한 뒤에 살펴보아서 현명함을 발견한 뒤에 등용한다. 좌우의 신하들이 모두 불가하다고 말하더라도 듣지 말며, 대부들이 모두 불가하다고 말하더라도 듣지 말고, 국인이 모두 불가하다고 말한 뒤에 살펴보아서 불가한 점을 발견한 뒤에 버려야 한다. 좌우의 신하들이 모두 죽여야 한다고 말하더라도 듣지 말며, 대부들이 모두 죽여야 한다고 하더라도 듣지 말고, 국인이 모두 죽일 만하다고 말한 뒤에 살펴보아서 죽일 만한 점을 발견한 뒤에 죽여야 한다. 그러므로 국인이 죽였다고 말하는 것이다. 이같이 한 뒤에야 백성의 부모라 할 수 있다.

國君進賢, 如不得已, 將使卑逾尊, 疏逾戚, 可不愼與? 左右皆曰賢, 未可也; 諸大夫皆曰賢, 未可也; 國人皆曰賢, 然後察之; 見賢焉, 然後用之. 左右皆曰不可, 勿聽; 諸大夫皆曰不可, 勿聽; 國人皆曰不可, 然後察之; 見不可焉, 然後去之. 左右皆曰可殺, 勿聽; 諸大夫皆曰可殺, 勿聽; 國人皆曰可殺, 然後察之; 見可殺之焉, 然後殺之. 故曰, 國人殺之也. 如此, 然後可以爲民父母.(2.7)

현인을 선발함에 현명하지 못함을 식별하는 것은 국가를 다스리는 큰일로 신중하게 처리하여야 한다. 이 과정에서 좌우의 친근한 사람과 대부들의 의견은 마음대로 듣고 믿을 수가 없으며 응당 국인의 의견을 구하여야 하는데 국인이 모두 현명하다고 하면 기용을 하고 국인이 모두 죽여야 한다고 하면 죽이는 것이다.

민심을 얻기 위해서는 반드시 백성과 동고동락해야 한다.

지금 왕께서 이곳에서 음악을 타시면 백성들이 왕의 종소리, 북소리와 피리소리, 젓대소리를 듣고는 모두 머리를 아파하고 이마를 찌푸리며 서로 말하기를 "우리 왕께서 음악을 타시기 좋아하심이여! 어찌 우리로 하여금 이 곤궁함에 이르게 해서 부자간이 서로 만나보지 못하며, 형제처자가 흩어지게 하는가?" 하며, 지금 왕께서 이곳에서 사냥을 하시면 백성들은 왕의 수레소리, 말소리를 들으며 깃과 들소꼬리로 만든 깃발의 아름다움을 보고는 모두 머리를 아파하고 이마를 찌푸리며 서로 말하기를 "우리 왕께서 사냥을 좋아하심이여! 어찌 우리들로 하여금 이 곤궁함에 이르게 해서 부자간이 서로 만나보지 못하며 형제처자가 서로 흩어지게 하는가?" 한다면, 이것은 다름이 아니라 임금께서 백성과 함께 즐기시지 않기 때문입니다. 지금 왕이 이곳에서 음악을 타시면 백성들이 왕의 종소리, 북소리와 피리소리, 젓대소리를 듣고는 모두 흔연히 기뻐하는 기색이 있으면서 서로 말하기를 "우리 왕께서 행여 질병이 없으신가, 어떻게 음악을 타시는가." 하며, 지금 이곳에서 사냥을 하시면 백성들이 왕의 수레며 말소리를 들으며 깃발의 아름다움을 보고는 모두 흔연히 기뻐하는 기색이 있으면서 서로 말하기를 "우리 왕이 행여 질병이 없으신가. 어떻게 사냥을 하시는가." 한다면, 이것은 다름이 아니라 백성과 함께 즐거워하시기 때문입니다. 지금 왕께서 백성과 함께 즐거워하신다면 다스리게 될 것입니다.

今王鼓樂於此, 百姓聞王鍾鼓之聲, 管籥之音, 擧欣欣然有喜色而相告曰:"吾王庶幾無疾病與, 何以能鼓樂也?"今王田獵於此, 百姓聞王車馬之音, 見羽旄之美, 擧欣欣然有色而相告曰:"吾王庶幾無疾病與, 何以能田獵也?"此無他, 與民同樂也. 今王與百姓同樂, 則王矣.(2.1)

국군이 음악을 좋아하고 사냥을 좋아하여도 충분히 백성과 함께 즐길 수만 있다면 결코 나빠할 것이 없다. 이는 일단 이렇게 되어 백성도 그 즐거움을 즐기고 그 근심을 근심하여 상하가 일치하고 임금과 백성이 마음을 함께 하게 되면 천하에 적이 없게 되기 때문이다. 맹자의 말로 하면 이렇다. "백성이 즐거워함을 즐거워하는 자는 백성들 또한 그 (君主의) 즐거워함을 즐거워하고, 백성들의 근심을 근심하는 자는 백성들 또한 그 근심을 근심한다. 즐거워하기를 온 천하로 하며, 근심하기를 온 천하로 하고 이렇게 하고도 잘 다스리지 못하는 자는 아직 없었다.(樂民之樂者, 民亦樂其樂; 憂民之憂者, 民亦憂其憂. 樂天下, 憂以天下, 然而不王者, 未之有也)"(2.4)

민심을 얻기 위해서는 반드시 백성을 도탄에서 구원해야 한다.

　　취하여서 연나라 백성들이 기뻐할 것 같으면 취하십시오. 옛사람 중에 행하신 분이 있으니, 바로 무왕입니다. 취하여서 연나라 백성들이 기뻐하지 않을 것 같으면 취하지 마십시오. 옛사람 중에 행하신 분이 있으니, 바로 문왕입니다. 만승의 나라를 가지고 만승의 나라를 정벌하였는데 바구니에 밥을 담고 병에 마실 것을 담아 와서 왕의 군대를 환영함은 어찌 딴 이유가 있어서이겠습니까. 물과 불을 피하기 위해서입니다. 그런데 만일 물이 더욱 깊어지고 불이 더욱 뜨거워진다면 또한 딴 곳으로 옮길 뿐입니다.

取之而燕民悅, 則取之. 古之人有行之者, 武王是也. 取之而燕民不悅, 則勿取. 古之人有行之者, 文王是也. 以萬乘之國伐萬乘之國, 簞食壺漿以迎王師, 豈有他哉? 避水火也. 如水益深, 如火益熱, 亦運而已矣.(2.10)

연나라에 내란이 발생한 후에 제나라에서는 연을 쳐야 할지 말아야 할지 의견이 엇갈렸다. 맹자는 연나라는 자국의 백성을 박해하여 그들을 깊은 도탄의 구렁텅이에 빠뜨렸다고 생각하였다. 이런 상황에서 연의 백성들이 기뻐한다면 제나라는 정벌을 하러 갈 수 있고 연의 백성들이 기뻐하지 않는다면 갈 수 없으며 그렇지 않으면 백성들이 더욱 고난을 당하게 할 수 있을 뿐이다.

민심을 얻기 위해서는 또한 최고의 정권 이양을 진행할 수 있어야 한다.

그(순)에게 제사를 주관하게 하여 온갖 신들이 흠향하였으니, 이는 하늘이 받아주신 것이요, 일을 주관하게 하여 일이 잘 다스려져 백성들이 편안하였으니, 이는 백성들이 받아준 것이다. 하늘이 받아주셨으며 백성들이 받아주었기 때문에, 천자가 천하를 남에게 줄 수 없다고 말하는 것이다. 순이 요를 돕기를 28년 동안 하셨으니, 이는 인력으로 할 수 있는 것이 아니요, 천운이다. 요가 붕어하자 삼년상을 마치고 순이 요의 아들을 피하여 남하의 남쪽으로 가 있었는데, 천하의 제후로 조회하는 자들이 요의 아들에게 가지 않고 순에게 갔으며, 옥사를 송사하는 자들이 요의 아들에게 가지 않고 순에게 갔으며, 덕을 구가하는 자들이 요의 아들을 구가하지 않고 순을 구가하였다. 그러므로 천운이라고 말한 것이다. 그런 뒤에야 중국[서울]에 가서 천자의 지위에 올랐다. 요의 궁궐에 거하여 요의 아들을 핍박하였다면, 이는 찬탈이요, 하늘이 주신 것이 아니다. 「태서」에 이르기를 "하늘이 봄을 우리 백성이 봄으로부터 하며, 하늘의 들음이 우리 백성의 들음으로부터 한다." 하였으니, 이를 이른다.

　使之主祭, 而百神享之, 是天受之; 使之主事, 而事治, 百姓安之, 是民受之也. 天與之, 人與之, 故曰, 天子不能以天下與人. 舜相堯二十有八載, 非人之所能爲也, 天也. 堯崩, 三年之喪畢, 舜避堯之子於南河之南, 天下諸侯朝覲者, 不之堯之子而之舜; 訟獄者, 不之堯之子而之舜; 謳歌者, 不謳歌堯之子而謳歌舜, 故曰, 天也. 夫然後之中國, 踐天子位焉. 而居堯之官, 逼堯之子, 是簒也, 非天與也.「太誓」曰: "天視自我民視, 天聽自我民聽." 此之謂也.(9.5)

순은 요를 도와 천하를 28년간 다스렸다. 요가 죽은 후에 순은 요의 아들이 천하를 계승할 수 있도록 스스로 아주 먼 곳으로 피하였지만 천하의 제후들 가운데 천자를 조현하고 소송을 거는 자들이 모두 요의 아들이 있는 곳으로 가지 않고 이곳으로 왔다. 이렇게 해서 순이 돌아와 조정에 앉았다. 맹자는 이런 것들을 모두 하늘의 뜻으로 상승시켜 『상서』의 말을 인용하여 말하였다. "하늘이 봄을 우리 백성이 봄으로부터 하며, 하늘의 들음이 우리 백성의 들음으로부터 한다." 민심에 순종하는 것이 곧 하늘의 뜻에 순종하는 것으로 민심이 얼마나 중요한가를 알 수 있다.

요컨대 맹자의 정치사상에서 민심은 지극히 중요한 작용을 발휘하고 있다. "민심을 얻는 자는 천하를 얻고, 민심을 잃는 자는 천하를 잃는다"는 말로 개괄하였는데, 적절하다.

3. 백성을 보호함(保民): 왕도주의의 시행

'백성을 보호하는' 견해는 「양혜왕 상」에 나타나는데 원문은 이렇다. "백성을 보호하고 다스리면 아무도 막을 수 없다.(保民而王, 莫之能御也)" "과인 같은 자도 백성을 보호할 수 있겠습니까?(若寡人者, 可以保民乎哉?)"(1.7) 조기의 『주』에서는 말하였다. "보(保)는 편안하게 하는 것이다."[7] 그러나 "백성들이 보호를 받지 못함은 은혜로 하지 않기 때문이다.(百姓之不見保, 爲不用恩焉)", "그러므로 은혜를 미루면 족히 사해를 보호할 수 있고 은혜를 미루지 못하면 처자도 보호할 수 없다.(故推恩足以保四海, 不推恩不足以保妻子)"(1.7), "천리를 즐거워하는 자는 온 천하를 보전하고, 천리를 두려워하는 자는 자기 나라를 보전합니다.(樂天者保天下, 畏天者保其國)"(2.3), "유자의 도에 '옛사람이 적자를 보호하듯이 한다.' 하였다.(儒者之道, 古之人若保赤子)"(5.5) 등의 논술과 참고하여 보면 『맹자』의 '보민(保民)'이란 단어에는 협의와 광의의 구별이 있음을 알 수 있다. 협의의 '보민'은 다만 안민(安民: 백성을 편안히 함)이고, 광의의 '보민'은 양민(養民: 백성을 기름)과 교민(敎民: 백성을 가르침)을 포괄한다. 양보쥔(楊伯峻)의 『맹자역주(孟子譯注)』에서는 '보(保)' 자를 '안민(安定)'과 '보호(保護)', '보지(保持)'로 해석했는데 일리가 있다. 이 때문에 본절의

---

7   주희의 『맹자집주』에서는 "보(保)는 애호하는 것이다."라 말했는데, 함의가 간략하고 좁아 취하지 않는다.

제목 '백성을 보호함: 왕도주의의 시행'의 '보민(保民)'은 광의의 '보민'을 가리키며, 구체적으로 안민과 양민, 교민 세 항의 내용을 포함한다.

(1) 백성을 편안하게 함(安民)

안민(협의의 保民)은 맹자 왕도주의의 중요한 시행 방법 중 하나이다. 이 시행은 주로 두 가지로 표현된다. 먼저 인민이 자연의 재화로부터 벗어나도록 보호하는 것이고, 다음으로는 인민이 인위적인 화근으로부터 벗어나도록 보호하는 것이다.

인민이 자연의 재화에서 벗어나도록 보호하는 것은 맹자가 매우 중요시한 문제이다.

> 요의 때에는 천하가 아직 평정되지 못하여, 홍수가 멋대로 흘러 천하에 범람하여, 초목이 번창하고 무성하며 금수가 번식하였다. 오곡이 성숙하지 못하며 금수가 사람을 핍박하여, 짐승의 발자국과 새 발자국의 길[흔적]이 중국에 교차하거늘, 요가 홀로 이를 걱정하여 순을 기용하여 다스림을 펴게 하니, 순이 익으로 하여금 불을 맡게 하였는데, 익이 산택에 불을 질러 태우자, 금수가 도망하여 숨었다. 우가 구하를 소통하고 제수와 탑수를 소통하여 바다로 주입하며, 여수와 한수를 트고 회수와 사수를 배수하여 강[양자강]으로 들어가게 하니, 그런 뒤에 중국이 곡식을 먹을 수가 있었다.
>
> 當堯之時, 天下猶未平, 洪水橫流, 氾濫於天下, 草木暢茂, 禽獸繁殖, 五穀不登, 禽獸逼人, 獸蹄鳥迹之道交於中國. 堯獨憂之, 擧舜而敷治焉. 舜使益掌火, 益烈山澤而焚之, 禽獸逃匿. 禹疏九河, 瀹濟漯而注諸海, 決汝漢, 排淮泗而注之江, 然後中國可得而食也. (5.4)

요의 때에는 천하가 아직 태평하지 못하여 홍수가 범람하고 금수가 사람을 잡아먹는 등 자연재해가 매우 엄중했다. 요는 순을 선발하여 다스려 금수를 쫓아냈으며 이어서 우가 또 장강과 황하를 소통시켜 인민은 그제야 중원의 대지에서 번식할 수 있었다. 삼왕시대가 이상적인 성대가 된 중요한 원인은 곧 요·순·우가 인민들을 위해 자연 재화를 없애주었기 때문이다. 중국은 농업사회로 전국시기의 생산력 수준은 한정적이어서 농업생산은 주로 하늘에 의지해 먹고살았다. 자연재해가 인민의 생활에 끼친 영향은 특히 중요했으며 맹자는 이 문제에 대하여 특별히 중시했다. 추목공과의 대화에서 맹자는 추목공이 흉년에 농민의 생활에 주의하지 않는 문제에 대하여 "흉년과 기세에 군주의 백성들이 노약자들은 시신이 구학에 뒹굴고, 장성한 자들은 흩어져서 사방으로 간 자가 수천 명이 됨직한(凶年饑歲, 君之民老弱轉乎溝壑, 壯者散而之四方者, 幾千人矣)"(2.12) 참상이 나타나게 되었다면서 준엄한 질책을 제기했다. 심지어 양혜왕이 자화자찬하는 "하내에 흉년이 들면 그 백성을 하동으로 이주시키고, 그 곡식을 하내로 옮긴다(河內凶, 則移其民於河東, 移其粟於河內)"(1.3)는 방법에 대해서도 그렇지 않다고 했다. 그것은 "오십 보(도망간 것으)로 백 보(도망간 것)를 비웃는 것(五十步笑百步)"에 지나지 않을 따름이라고 비판하고 인정(仁政)을 행하는 것만이 근본적으로 자연재해가 백성의 생활에 끼치는 영향을 해결할 수 있다고 강조했다.

인민이 인위적인 화근에서 벗어나게끔 보호하는 것은 주로 군사적으로 무력의 남용을 반대하는 것을 가리킨다. 군사적인 무력의 남용은 종종 백성의 불안을 조성하는 직접적인 요소이다. 맹자의 전쟁에 대한 태도는 비교적 복잡하다. 맹자의 신상에는 공자의 춘추필법으로 정벌에 도가 있음을 견지하는 흔적이 남아 있다. 맹자는 이상적인 군사질서에 대하여 이렇게 말했다. "천자는 죄를 성토만 하고 정벌하지 않으며, 제후는 정벌하기만 하고, 성토하지 않아야 한다.(天子討而不伐, 諸侯伐而不討)"(12.7) 이어 "『춘추』에 의로운 전쟁이 없었으니, 그중에 저것이 이것보다 나은 것은 있다. 정은 윗사람이 아랫사람을 정벌하는 것이니, 대등한 나라끼리는 서로 정벌하지 못하는 것이다.(春秋無義戰. 彼善於此, 則有之矣. 征者, 上伐下也, 敵國不相征也)"(14.2)라 생각하였다. 이는 곧 정벌하는 일은 다만 천자가 죄를 지은 제후를 토벌하는 것에 한하여야 하며 제후 사이에는 서로 정벌하지 않아야 함을 말한다. 그러나 전국시대에는 천자의 힘이 쇠약해져 걷잡을 수 없었으며, 힘이 대등한 나라끼리 서로 전쟁이 끊이지 않았다. 이런 상황에서 앞의 그런 '정벌에는 도가 있다'는 원칙을 재차 견지하는 것이 실제적으로 이미 통하지 않기 때문에 맹자 또한 어쩔 수 없이 현실에 당면하여 당시의 전쟁에 대해 얼마간 분별하였다. 한편으로 그는 적국 사이의 원칙 없는 전쟁을 반대하였다. 이런 전쟁은 사람을 죽여 들에 가득하고 사람을 죽여 성에 가득하며 병사와 말이 어지러이 날뛰어, 유리하여 있을 곳을 잃고 불운을 당하는 것은 백성일 수밖에 없다고 생각하였다. 맹자가 양혜왕이 불인하다고 통렬하게 배척했던 것은 곧 이런 이치에서 나왔다.

> 인하지 못하구나, 양혜왕은! 인자는 그 사랑하는 것으로 사랑하지 않는 것에 미치고, 인하지 못한 자는 사랑하지 않는 것으로 사랑하는 것에 미친다. …… 양혜왕이 토지 때문에 그 백성을 미란시켜 싸우게 하였다가 대패하고는, 장차 다시 싸우려 하되, 이기지 못할까 두려우므로 그 사랑하는 자제를 내몰아서 여기에 희생시켰으니, 이를 일러 사랑하지 않는 것으로 사랑하는 것에 미친다고 하는 것이다.
>
> 不仁哉梁惠王也! 仁者以其所愛及其所不愛, 不仁者以其所不愛及其所愛. …… 梁惠王以土地之故, 糜爛其民而戰之, 大敗, 將復之, 恐不

能勝, 故驅其所愛子弟以殉之, 是之謂以其所不愛及其所愛也.(14.1)

그러나 달리 맹자는 또한 일률적으로 전쟁을 반대하지는 않았다. 잔학무도하고 시대착오적인 집정자를 만난다면 백성을 도탄에서 피하게 하기 위하여 "왕이 가서 바로잡는다면 누가 왕과 대적하겠는가?(王往而征之, 夫誰與王敵?)"(1.5) 이런 토벌은 인으로 불인함을 치는 것이며 거꾸로 매달린 백성을 풀어주는 것으로 또한 좋은 일이 아닌 적이 없었다. 연나라에 내란이 발생하여 제나라 대신 심동(沈同)이 문의하였을 때 맹자는 연을 정벌할 수 있다고 말하였다. 다만 "천리만이 정벌할 수 있다(唯天吏, 可以伐之)"고 하여, 불인한 임금에 대한 토벌은 반드시 인의의 군사에서 나와 하늘을 대신하여 도를 행하여야 한다. 그렇지 않다면 "연으로 연을 치는 것(以燕伐燕)"(4.8)으로 백성에게 여전히 어떤 좋은 점도 없을 것이다. 따라서 백성을 편안하게 해 주려면 군사력의 남용을 반대하는데 주의를 기울여야 한다.

인민이 인위적인 화근을 벗어나도록 보호하는 것은 정치에서의 부당행위를 방지하는데 주의하여야 한다. 정치에서의 부당행위는 백성에게 해를 끼치는 중요한 원인이다. 맹자는 당시 추나라의 정국을 비판하여 말한 적이 있다. 흉년을 만나 백성 가운데 노약자들은 산의 도랑과 황야에 시신이 버려지고 젊고 건장한 사람은 사방팔방으로 난리를 피하여 달아나는데도 "군주의 미곡 창고는 곡식이 꽉 차 있으며 부고에는 재화가 충만하거늘 유사 중에 아뢴 자가 없었으니, 이는 윗사람들이 태만해서 아랫사람을 해친 것이다.(而君之倉廩實, 府庫充, 有司莫以告, 是上慢而殘下也)"(2.12) 이는 "유사 중에 아뢴 자가 없어" 창고를 개방하여 양식을 풀어 이재민을 구휼할 수 없어서 "윗사람들이 태만해서 아랫사람을 해치는" 국면이 형성되기에 이른 것으로, 곧 정치에서의 부당한 행위가 조성한 것이다. 백성을 편안하게 해 주려면 확실히 이런 상황을 방지해야 한다.

(2) 양민(養民)

　공자는 백성을 '부유하게 해 주고(富之)', '가르쳐 준다(敎之)'는 말을 하였으며[8], 무엇보다 인민의 자연 생명의 수요를 만족시켜주고 난 다음에 다시 교육을 진행할 것을 강조하였다. 맹자는 이 사상을 계승하여 양혜왕과 대화 중에 말하였다. 백성이 기본적인 산업을 가지고 풍년에는 배불리 먹을 수 있고 흉년에는 굶어 죽지 않은 "그런 뒤에야 백성들을 몰아서 선으로 가게 합니다. 그러므로 백성들이 (명령을) 따르기가 가뿐할 것입니다.(然後驅而之善, 故民之宗之也輕)" 그렇지 않다면 기본생활을 보장받지 못하게 되어 "죽음을 구제하기에도 부족할 것이니, 어느 겨를에 예의를 차리겠는가?(救死而恐不贍, 奚暇治禮義哉?)"(1.7) "콩과 곡식이 물과 불 같다면 백성들이 어찌 인하지 못한 자가 있겠는가?(菽粟如水火, 而民焉有不仁者乎?)"(13.23) 이는 『관자(管子)』의 "미곡 창고가 차야 예절을 알고 의식이 족해야 영욕을 안다(倉廩實, 知禮節; 衣食足, 知榮辱)"고 표현한 기본사상과 매우 일치한다. 이는 유가 철학은 시종 백성의 기본적인 생활의 수요를 보장하는 것이 첫째 의무이며, 인류의 교육과 덕성의 제고는 그다음이라는 것을 설명한다. 이 방면의 태도는 실제 대단히 높고 멀거나 현묘한 곳도 없다.

　백성의 기본적인 생활의 수요를 보장하려면 맹자가 보기에 중요한 네 가지 조목이 있었다. 첫째 백성의 재산을 제정해줌, 둘째 백성을 때에 맞게 부림, 셋째 백성에게서 취함에 제한이 있음, 넷째 고아와 과부를 잘 기름이다.

---

[8] "공자가 위나라에 갈 때 염유가 수레를 몰았다. 공자가 말하였다. '(백성들이) 많기도 하구나.' 염유가 '이미 백성들이 많으면 또 무엇을 더하여야 합니까?' 하고 묻자, '부유하게 해 주어야 한다.' 하셨다. '이미 부유해졌으면 또 무엇을 더하여야 합니까?' 하고 묻자, '가르쳐야 한다.' 하셨다.(子適衛. 冉有僕. 子曰: '庶矣哉!' 冉有曰: '旣庶矣, 又何加焉?' 曰: '富之.' 曰: '旣富矣, 又何加焉?' 曰: '敎之.')"(『논어』 13.9)

1) 백성의 재산을 제정해줌

　백성의 재산을 제정해주는 것은 곧 백성에게 하나의 고정된 산업을 주어야 하는 것이다. 맹자는 말하였다.

> 　백성들이 살아가는 방법은 다 같지 않아 떳떳한 재산이 있는 자는 떳떳한 마음을 갖고, 떳떳한 재산이 없는 자는 떳떳한 마음이 없는 것이니, 만일 떳떳한 마음이 없으면 거리낌 없이 제멋대로 하거나 사치함을 하지 않음이 없을 것이다. 급기야 죄에 빠진 다음에 따라서 그들에게 형벌을 내린다면, 이는 백성을 그물질하는 것이다. 인인이 지위에 있으면서 백성을 그물질하는 일을 하는 것을 할 수 있음이 어디에 있겠는가?
> 　民之爲道也, 有恒産者有恒心, 無恒産者無恒心. 苟無恒心, 放辟邪侈, 無不爲已. 及陷乎罪, 然後從而刑之, 是罔民也. 焉有仁人在位, 罔民而可爲也?(5.3)

　백성에 있어서 고정된 산업이 없으면 안정된 사상이 있을 수 없을 것이고, 안정된 사상이 없으면 방탕하고 함부로 해서 하지 않는 일이 없을 것이다. 따라서 백성이 안정된 사상을 갖게 하려면 반드시 고정된 산업을 갖도록 해야 한다. 이 고정된 산업은 농민으로 말하면 토지이다. 이렇게 토지 문제를 해결하면 매우 중요한 임무를 이루게 된다. 맹자는 말했다.

> 　인정은 반드시 경계를 다스림으로부터 시작되는 것이니, 경계를 다스림이 바르지 못하면 정지가 균등하지 못하며, 곡록이 공평하지 못하게 된다. 이러므로 폭군과 오리들은 반드시 그 경계를 다스리는 일을 태만히 하나니. 경계를 다스리는 것이 이미 바루어지면 토지를 나누어

주고 곡록을 제정해주는 일은 가만히 앉아서도 정해질 수 있는 것이다. …… 죽거나 이사함에 시골을 벗어남이 없으니, 향전에 정을 함께 한 자들이 나가고 들어 올 때 서로 벗하며, 지키고 망볼 때 서로 도우며, 질병이 있을 때 서로 붙들어 주고 잡아준다면 백성들이 친목하게 될 것이다. 1평방 리가 정이니, 정은 9백 묘이니, 그 가운데가 공전이다. 여덟 집에서 모두 백 묘를 사전으로 받아서 함께 공전을 가꾸어, 공전의 일을 끝마친 다음에 감히 사전의 일을 다스리니, 이는 야인을 구별한 것이다.

夫仁政, 必自經界始. 經界不正, 井地不鈞, 穀祿不平, 是故暴君汚吏必慢其經界. 經界旣正, 分田制祿可坐而定也. …… 死徙無出鄕, 鄕田同井, 出入相友, 守望相助, 疾病相扶持, 則百姓親睦. 方里而井, 井九百畝, 其中爲公田. 八家皆私百畝, 同養公田; 公事畢, 然後敢治私事, 所以別野人也.(5.3)

농지를 아홉 구획으로 고르게 나누는데 매 구획은 100묘(畝)이다. 중간의 한 구획은 공전이며 사방을 두르고 있는 여덟 구획은 사전이다. 사전은 여덟 농가에 나누어주어 경작하게 하고 여덟 농가는 먼저 100묘의 공전을 공동으로 경작한 다음에 다시 각자 자기의 사전을 경작하는데 이것이 이른바 정전제도(井田制度)이다.

정전제에 관하여서는 대대로 많은 논쟁이 있어왔다. 『맹자』에서 말한 정전제는 맹자가 당시의 폐단을 보완하기 위하여 설정한 일종의 이상적인 제도일 것이며 옛 제도의 원형은 아닐 가능성이 크리라는 것이 나의 생각이다. 내가 이렇게 이야기하는 것은 주로 세 방면의 증거 때문이다. 첫째 근거가 부족하고, 둘째 말에 오류가 있으며, 셋째 말투가 굳세지 않다. 다음에서 상세히 논하여 본다.

맹자가 정전제를 선양하려고 인용한 전적은 주로 『시경(詩經)』 중의 「국풍(國風)」과 「소아(小雅)」의 일부 편장(篇章)이다. 이런 편장들은 서주 말기와 동주 초기의 사람들이 농업생산에 관심을 가졌던 선왕들의 아름다운 추억에서 기원하였다.[9] 사료 가치가 특별나게 크지는 않아서 이것을 가지고 정전제를 증명하기에는 근거가 매우 부족하다. 맹자는 이렇게 말했다. "『시경』에서 이르기를 '우리 공전에 비를 내려 마침내 우리 사전에 미친다.' 하였으니, 오직 조법에 공전이 있는 것으로, 이로 말미암아 관찰한다면 비록 주나라도 조법을 쓴 것이다.(詩云: 雨我公田, 遂及我私. 惟助爲有公田. 由此觀之, 雖周亦助也)"(5.3) 맹자의 사고 방향은 이런 것 같다. 조법(助法)이 있어야 공전이 있으며, 『시경』이 주나라 때 공전이 있음을 증명하므로 주나라 때 시행한 것은 조법이라는 것이다. 맹자가 정전제를 선양하면서 확실한 증거를 가졌다면 완전히 명확하게 말할 수 있었을 텐데 하필이면 이렇게 크게 빙 돌려 말하는가? 근거가 부족하기 때문이다.

맹자는 말하였다. "하후 씨는 50묘에 공법(貢法)을 썼고, 은나라 사람은 70묘에 조법(助法)을 썼으며, 주나라 사람은 100묘에 철법(徹法)을 썼으니, 그 실제는 모두 10분의 1이다.(夏后氏五十而貢, 殷人七十而助, 周人百畝而徹, 其實皆什一也)"(5.3) 하나라 때는 매 1부(夫)당 50묘의 전지를 주었다. 50묘의 수확에서 1/10을 취하여 세금으로 바쳤는데, 비율이 10에서 1을 취하였다. 은나라 때는 매 1부당 70묘의 전지를 주었다. 동시에 여덟 농가가 공전 70묘를 도와서 경작하여 별도의 세금은 바치지 않았다. 평균적으로 매 1부당 78.75묘를 경작하고 그 가운데 8.75묘(에서 나온 수확)가 세금이었으니 비율은 9에서 1을 취하였다. 주나라 때는 매 1부당 100묘의 전지를 주었다. 100묘에서 10묘를 취하여 임금을 위해 경작하였으니 비율이

---

[9] 자이팅진(翟廷晉)의 『맹자 사상의 평석과 탐원(孟子思想評析與探源)』, 상해사회과학원출판사(上海社會科學院出版社), 1992, 190쪽을 참고하여 보라.

10에서 1을 취하였다. 하와 주에서는 10에서 1을 취하였고, 은은 9에서 1을 취하였다. 맹자는 말하기를 하·은·주가 모두 마찬가지여서 "모두 10분의 1이다"라 하였으니 명백한 오류이다. 맹자가 말한 정전제가 확실히 옛 제도의 모습이라면 맹자의 말에는 이런 오류가 있어서는 안 된다. 이는 말에 오류가 있는 것이다.

맹자가 필전(畢戰: 滕의 신하)이 묻는 말에 대답할 때 정전제의 좋은 점을 대대적으로 이야기하였지만 구체적인 방법을 논할 때는 오히려 '청(請)' 자를 써서 말하였다. "청컨대, 들에는 9분의 1 세법을 하여 조법을 쓰고, 국중[서울]에서는 10분의 1 세법을 써서 알아서 세금을 바치게 하도록 하라.(請野九一而助, 國中什一使自賦)" 여기에 대하여 천구위엔(陳顧遠)은 임계운(任啓雲)의 말을 인용하여 말하였다. "청(請)이라고 한 것은 맹자가 등을 가지고 등을 말한 것이다. 계책으로 말한 것은 이러해야 한다는 것일 따름이다. 주나라에 원래 정해진 법이 있었던 것은 아니다."[10] 이 말은 매우 옳다. 이야기를 마칠 때 맹자는 말했다. "이것이 그 대략이니, 이것을 윤택하는 것으로 말하면, 임금과 그대에게 달려 있다.(此其大略也, 若夫潤澤之, 則在君與子矣)"(5.3) 이는 맹자가 정전제에 대하여 그 대강만 말하였을 뿐 세목에 대하여서는 결코 충분히 이해하지 못하였기 때문에 말의 어투가 비교적 부드럽다는 것을 설명하고 있다. 이는 어투가 굳세지 못한 것이다.

맹자가 선양한 정전제가 결코 옛 제도의 원형은 아니었지만 그렇다고 완전히 맹자가 허구로 지어낸 날조라고 말하는 것은 좀 지나친 면이 있다. 맹자는 분명히 하공(夏貢), 은조(殷助), 주철(周徹)이라 말하고 그 구체적인 내용을 말한 것은 상세하지 않아 후인들에게 많은 논쟁거리를 남겨놓았다. 하지만 아무런 근거가 없다면 맹자가 어떻게 하에서 주까지 이야

---

[10] 천구위엔의 『맹자정치철학(孟子政治哲學)』, 국화서국(國華書局), 1947, 94쪽.

기하였을 뿐만 아니라 태도 또한 그렇게 긍정적일 수 있겠는가?

요컨대 나는 당시의 토지 겸병과 부세가 과중되는 상황을 구제하고자 맹자가 자기의 해결 방법을 제기하려 함으로써 옛날을 높이는 전통에 근거하여 단지 역사의 자료에서 자원을 찾을 수 있었다고 생각한다. 고대의 조법과 정전제도에 대하여 맹자는 귀로 듣고 그 훌륭한 점을 알았을 수 있었지만 시간이 오래되어 거기에 대한 세세한 부분까지는 확실하게 이해할 수가 없었다. 그런 까닭에 그가 선양한 정전제도는 한정된 역사 자료에 근거하여 새롭게 구축한 일종의 이상으로 봐야 하며 고대 토지제도의 원형으로 보아서는 안 된다.[11]

맹자가 정전제를 극구 선양한 것은 이런 제도가 왕도주의에 대해 매우 많은 장점을 가지고 있기 때문이다. 위에서 인용한 장구에 근거하여 분석해보면 이런 장점은 최소한 아래의 다섯 방면이 있다. ① 전지를 나누고 녹봉을 제정하는 데 편하다. 정전의 획분은 먼저 전지의 분계로부터 시작되어야 하며 분계가 획분되고 나면 전지를 분배하여 봉록을 제정하는 데 매우 편하다. ② 행정관리에 편하다. 정전의 기초에서 상장(喪葬)과 이사가 향리를 벗어나지 않는데 한 향리는 곧 하나의 작은 행정관리 단위로 유효한 행정관리가 편리함을 가져오기 때문이다. ③ 향풍의 순화(純和)에 편하다. 향리가 정전에서 함께 경작하여 출입과 노동이 상호 수반되고 도둑을 막는 데 서로 도우며 의외의 병고는 서로 돌보아 백성의 우애와 화목에 유리하다. ④ 야인(野人)과 구별되는 데 편하다. 국인(國人)과 상대적으로 야인은 전야(田野)의 사람을 가리키며, 군자와 상대적으로 야인은 노동자를 가리킨다. 농민은 정전에서 공전을 먼저 경작하고 사전은 나중에 경작하여야 하는데 공전은 세금이 되고 사전은 양식이 되는데,

---

[11] 천구위엔이 바로 이런 견해를 가졌다. 그의 『맹자정치철학』, 국화서국, 1947, 94~95쪽을 참고하여 보라.

이렇게 하면 또한 군자와 야인을 구분하는 데 도움이 된다. ⑤ 가장 중요한 것은 항산(恒産)과 항심(恒心)에 편하다. 정전제도의 실행은 모든 농민에게 고정된 토지를 보유하게 하고 '항산'을 가지게 하며, '항산이 있는 자는 항심이 있게 되어' 심정과 사상도 안정이 되고 이렇게 하면 전 사회 또한 안정될 것이다.

이상의 다섯 방면이 말한 것은 결국 다음 두 조목이다. 첫째는 경계를 바르게 하는 것으로 백성의 산업을 제정하여 정착됨을 보장하여 토지의 겸병을 방지한다. 둘째는 조법을 행하여 백성에게서 취함에 제한이 있음을 보장하여 부세가 무도해짐을 방지한다.(아래에 상세히 보인다) 이는 맹자가 정전제를 추진한 초심이다.

정전제를 실행하는 동시에 맹자는 또한 농민에게 원택(園宅)을 건립하도록 하는 조치를 제기했다.

> 5묘의 집 가장자리에 뽕나무를 심으면 50세 된 자가 비단옷을 입을 수 있게 될 것이며, 개와 돼지와 닭과 큰 돼지의 가축을 기름에 (새끼 칠) 때를 잃지 않게 하면 70세 된 자가 고기를 먹을 수 있게 될 것이다.
> 五畝之宅, 樹之以桑, 五十者可以衣帛矣. 鷄豚狗彘之畜, 無失其時, 七十者可以食肉矣.(1.3)

유사한 견해가 『맹자』에 세 차례나 되풀이하여 나타난 적이 있는데 이것 외에 「양혜왕 상」의 제7장과 「진심 상」의 제22장으로, 이는 곧 맹자가 이 문제를 얼마나 중시하였는가를 설명한다. 맹자는 매 호(戶)의 주민에게 5묘의 원택을 나누어주고 집 주변에는 뽕나무를 심어 부녀가 누에를 치고 비단을 짜게 하고 원택의 공터에는 닭과 돼지 등의 가축을 길러 육식을 제공할 것을 주장했다. 이로부터 맹자에게 원택은 정전의 일종의 보충임을 알 수 있다. 정전은 양식의 공급을 보장하기 위함이어서 곧 "몇 식구의 집안이 굶주리지 않게 될 수 있다.(數口之家可以無飢)" 원택은 비단을 입고 식육을 보장하기 위함으로 곧 "50세 된 자가 비단옷을 입을 수 있고(五十者可以衣帛)", "70세 된 자가 고기를 먹을 수 있다.(七十者可以食肉)" 두 가지가 서로 어우러져야 농민의 의식 등 가장 기본적인 생활 수요를 해결할 수 있다. 이 문제에서 맹자의 생각은 확실히 매우 상세하다.

2) 백성을 때에 맞게 부림

백성을 때에 맞게 부리는 것은 백성을 동원함에 계절에 비추어가며 해야 하고 농번기를 그르쳐서는 안 된다는 것을 말한다.

> 백 묘의 토지에 농사철을 빼앗지 않는다면 여덟 식구의 집안이 굶주림이 없게 될 것이다.
> 百畝之田, 勿奪其時, 八口之家可以無飢矣.(1.7)

> 도끼와 자귀를 때에 따라 산림에 들어가게 하면 재목을 이루 다 쓸 수 없다.
> 斧斤以時入山林, 材木不可勝用也.(1.3)

> 개와 돼지와 닭과 큰 돼지의 가축을 기름에 (새끼 칠) 때를 잃지 않게 하면 70세 된 자가 고기를 먹을 수 있게 될 것이다.
> 鷄豚狗彘之畜, 無失其時, 七十者可以食肉矣.(1.7)

> 촘촘한 그물을 웅덩이와 연못에 넣지 않으면 고기와 자라를 이루 다 먹을 수 없다.

數罟不入洿池, 魚鼈不可勝食也.(1.3)

제때에 먹이고, 쓰기를 예대로 하면, 재물을 이루 다 쓸 수 없다.
食之以時, 用之以禮, 財不可勝用也.(13.23)

맹자가 시령과 계절의 문제를 다룸은 그야말로 세심한 경지에 이르렀다고 말할 수 있다. 농업생산은 "때를 빼앗지 않아야 하며", 임업생산은 "때맞춰 산림에 들어가야 하고", 목축업은 "그때를 잃지 않아야 한다."(가장 넓은 의미에서 어업생산은 "촘촘한 그물을 웅덩이와 연못에 넣지 않아야 하는" 것 또한 시령과 계절의 문제에 넣을 수 있다) 선진 각 가의 대사상가 가운데 이를 이렇게 중시한 사람으로는 맹자를 뛰어넘을 수 없다. 당시는 전쟁이 끊이지 않았다. 농업과 임업, 목축업, 어업의 생산은 계절성이 강한데 전쟁으로 빈번하게 농민을 징집하다 보니 필연적으로 농사철을 그르치고 생산에 영향을 끼쳤기 때문이다. 맹자는 패도를 반대하고 왕도를 선양하기 위해 이 문제를 강조하지 않을 수 없었다.[12]

3) 백성에게서 취함에 제한이 있음

백성에게서 취함에 제한이 있다는 것은 부세는 합리적으로 운용하여야 하고 가렴주구를 반대함을 가리킨다.

---

[12] 현재 생태 평형이라는 관점에서 맹자 사상의 현대적 의의를 발굴하는 몇몇 학자가 늘 있어 왔는데 이는 아직 옳다고는 할 수 없지만 부인할 수 없다. 맹자가 생산 시절 문제를 강조한 것은 주로 또한 당시의 당권자들이 백성을 때맞춰 부리도록 권유하여 양민(養民)에 주의하여 왕도를 행하는 것으로, 이는 단지 '그 때를 빼앗지 않는(勿奪其時)' 것의 '탈(奪)' 자를 가지고 증명하려 한다면 문제를 설명하기에 족하다. 단순히 생태 평형의 각도에서만 문제를 분석한다면 맹자 사상의 본의를 체회하기가 그리 쉽지 않을 것이니 조금 신중히 접근하는 것이 옳다.

백성에게 인정을 베풀어 형벌을 살피고 부세를 경감한다.
王如施仁政於民, 省刑罰, 薄稅斂.(1.5)

전주[農地]를 잘 다스리며, 세금을 거두기를 적게 한다면 백성들을 부유하게 할 수 있다.
易其田疇, 薄其稅斂, 民可使富也.(13.23)

부세의 경감은 백성을 부유하게 하는 방법의 하나로 백성이 생활하는 필요 수단을 보장하는 것이기 때문에 맹자는 전반적인 원칙에서 부세의 경감을 주장하였다. 단 과분한 징수의 경감은 국가의 정상적인 소비를 보장할 수 없기 때문에 반드시 합리적으로 헤아려야 한다. 맹자는 세율 문제에 매우 주의를 기울였으며, 아울러 하(夏)의 공(貢)과 상(商)의 조(助), 주(周)의 철(徹)이라는 세 가지 부세에 대하여 진지하게 비교하였다. 그는 말하였다.

철(徹)은 통한다는 뜻이며, 조(助)는 빌린다는 뜻이다. 용자가 말하기를 "토지를 다스림은 조법보다 좋은 것이 없고, 공법보다 좋지 못한 것이 없다."라 하였다. 공이란 몇 년의 중간치를 비교하여 일정한 수를 내게 하는 것이다. 풍년에는 곡식이 흐드러져서 많이 취하여도 가혹함이 되지 않을지라도 적게 취하고, 흉년에는 그 토지에 시비(施肥)하기에도 부족한데 반드시 (일정액을) 가득히 채움을 취한다.
徹者, 徹也; 助者, 藉也. 龍子曰: "治地莫善于助, 莫不善于貢." 貢者, 校數歲之中以爲常, 樂歲, 粒米狼戾, 多取之而不爲虐, 則寡取之; 凶年, 糞其田而不足, 則必取盈焉.(5.3)

'철(徹)'은 통(通)의 뜻이니 상이한 상황의 전반을 통하여 계산하여 10분의 1의 세율을 추출하는 것을 실행하는 것이다. '조(助)'는 도움을 빌린다는 뜻이니 농민의 노력을 빌려서 공유한 토지를 경작하고 또한 곧 노역의 지세를 실행하는 것이다. '공(貢)'은 몇 년간 거둔 수확을 비교하여 평균을 내어 얻은 정수를 가지고 풍·흉년과는 상관없이 일률적으로 이 정수에 따라 징수하는 것이다. 맹자는 '조'법이 비교적 합리적이며, '공'법은 가장 취할 수 없다고 생각하였다. '공'법을 따르면 풍년에는 곡물이 넘쳐나 많이 거두어도 가혹하게 여기지 않지만 결코 많이 거두지 않는다. 흉년에는 거두는 것이 농토에 시비하는 비용에도 미치지 못하지만 오히려 만족할 만한 수만큼 거두지 않으면 안 되니 농민들은 세금을 내고 나면 이미 생활을 유지할 길이 없게 되기 때문이다.[13] 이 때문에 맹자는 "들에는 9분의 1 세법을 하여 조법을 쓰고, 국중[서울]에서는 10분의 1 세법을 써서 알아서 세금을 바치게 하는(野九一而助, 國中什一使自賦)"(5.3) 세율을 실행할 것을 건의했다. 맹자가 10분의 1의 세금을 실행하는 태도는 매우 굳건하였다. 송의 대부 대영(戴盈)은 입으로만 10분의 1의 세금을 찬성하고 오히려 여건이 부족하다는 이유로 즉시 실행을 하지 않았다. 이런 핑계는 맹자의 준엄한 비판을 받았다. "이제 어떤 사람이 날마다 이웃집의 닭을 훔치는 자가 있거늘 혹자가 그에게 '이는 군자의 도리가 아니다.'라고 하자, 대답하기를 '그 수를 줄여서 매달 닭 한 마리를 훔치고 내년이 되면 그만두겠다.'고 하는 것이다. 의가 아님을 안다면 속히 그만두어야 할 것이지 어찌 내년을 기다리겠는가?(今有人日攘其隣之鷄者, 或告之曰: '是非君子之道.' 曰: '請損之, 月攘一鷄, 以待來年, 然後已. 如知其非義, 斯速已矣, 何待來年?)"(6.8) 맹자

---

[13] 친구위엔은 용자(龍子)가 말한 것은 당시의 공법(貢法)이며 하나라 때의 공법이 아니라고 생각하였다. 이 설에는 어느 정도 일리가 있다. 『맹자의 정치 철학』, 국화서국, 1947, 88~89쪽을 보라.

는 부세의 경감을 주장하였을 뿐만 아니라 또한 모종의 방면에서 세금을 면하여줄 것을 주장하였다.

> 시장에 자릿세만 받고 세금을 거두지 않으며, 법대로 처리하기만 하고 자릿세도 받지 않으면 천하의 장사꾼들이 모두 기뻐하여 그 시장에 화물을 보관하기를 원할 것이다. 관문에 기찰(譏察)만 하고 세금을 징수하지 않으면 천하의 여행자들이 모두 기뻐하여 그 길로 나가기를 원할 것이다. 농사짓는 자들을 (公田을) 도와서 경작하게만 하고 세금을 걷지 않으면 천하의 농부들이 모두 기뻐하여 그 들에서 경작하기를 원할 것이다. 전에 부와 리에서 내는 베를 없애면 천하의 백성들이 모두 기뻐하여 그의 백성이 되기를 원할 것이다.
>
> 市, 廛而不征, 法而不廛, 則天下之商皆悅, 而願藏於其市矣; 關, 譏而不征, 則天下之旅皆悅, 而願出於其路矣; 耕者, 助而不稅, 則天下之農皆悅, 而願耕於其野矣; 廛, 無夫里之布, 則天下之民皆悅, 而願爲之氓矣.(3.5)

시장에서 상인들에게 공지를 주어 화물을 저장하게 하고 징세를 하지 않으며, 관문에서 기찰만 하고 징세를 하지 않으며, 경작자들에게 공전을 도와 경작하게만 하고 세금을 교부하지 않으며, 사람들이 거주하는 곳에 가외의 지세와 고용전(雇傭錢)을 징수하지 않는다. 이런 면세 방법은 백성의 부담을 크게 경감시켜 각자 생업을 행하는 인사들이 안심하고 생산하고 경영하도록 하여 확실히 백성을 기르는 중요한 조치이다.

4) 고아와 과부를 잘 기름

고아와 과부를 잘 기르는 것은 맹자의 양민(養民) 사상에서 하나의 특수한 내용으로, 맹자는 이에 대해 묘사하였다.

> 늙어서 아내가 없는 것을 환(鰥: 홀아비)이라 하고, 늙어서 남편이 없는 것을 과(寡: 과부)라 하고, 늙어서 자식이 없는 것을 독(獨: 무의탁자)이라 하고, 어려서 부모가 없는 것을 고(孤: 고아)라 하니, 이 네 가지는 천하의 곤궁한 백성으로서 하소연할 곳이 없는 자들이다. 문왕은 정사를 펴고 인을 베풀되 반드시 이 네 부류를 우선으로 하였다.
> 老而無妻曰鰥, 老而無夫曰寡, 老而無子曰獨, 幼而無父曰孤. 此四者, 天下之窮民而無告者. 文王發政施仁, 必先斯四者. (2.5)

환과고독(鰥寡孤獨)은 사회의 최빈곤층으로 의탁할 곳이 없는 사람이다. 왕도와 인정을 실행하려면 반드시 이들을 최우선으로 고려해야 하며 이런 사람들을 잘 돌봐야 왕도와 인정의 우월성이 충분히 드러나게 된다. 주의해야 할 점은 환과고독 가운데 셋은 노인인데 이렇게 노인을 잘 봉양하면 왕도와 인정의 중요한 내용이 이루어진다. 맹자의 이 방면에서의 가장 유명한 논술은 다음 장(章)이다.

> 백이는 주왕을 피하여 북해의 가에 처하였는데, 문왕이 일어났다는 말을 듣고 분발하여 말하기를 "내 어찌 돌아가지 않겠는가? 내 들으니, 서백은 늙은이를 잘 봉양한다." 하였으며, 태공[太公]은 주왕을 피하여 동해의 가에 처하였는데, 문왕이 일어났다는 말을 듣고 분발하여 말씀하기를 "어찌 돌아가지 않겠는가? 내 들으니, 서백은 늙은이를 잘 봉양한다." 하였으니, 천하에 늙은이를 잘 봉양하는 자가 있으면 인인들이 자기가 돌아갈 곳으로 삼을 것이다. …… 이른바 서백이 늙은이를 잘 봉양했다는 것은 그 전리를 제정해 주어, 심고 기름을 가르치며, 그 처

자를 인도하여 그들로 하여금 노인을 봉양하게 한 것이다. 50세에는 비단이 아니면 따뜻하지 못하며, 70세에는 고기가 아니면 배부르지 못하니, 따뜻하지 못하고 배부르지 못함을 동뇌(凍餒)라 이른다. 문왕의 백성 가운데 동뇌의 늙은이가 없다는 것은 이를 말한다.

伯夷辟紂, 居北海之濱, 聞文王作, 興曰:"盍歸來乎, 吾聞西伯善養老者." 太公辟紂, 居東海之濱, 聞文王作, 興曰:"盍歸來乎, 吾聞西伯善養老者." 天下有善養老, 則仁人以爲己歸矣. …… 所謂西伯善養老者, 制其田里, 敎之樹畜, 導其妻子使養其老. 五十非帛不暖, 七十非肉不飽. 不暖不飽, 謂之凍餒. 文王之民無凍餒之老者, 此之謂也.(13.22)

이 말의 전반은 「이루 상」 제13장에도 보이는데, 문자만 약간 이동이 있을 뿐이다. 맹자가 노인을 중시한 것은 유명하며 이렇게 말한 적이 있다. "천하에는 달존이 세 가지가 있으니, 관작이 하나요, 연치가 하나요, 덕이 하나이다. 조정에는 관작만 한 것이 없고, 향당에는 연치만 한 것이 없고, 세상을 돕고 백성을 자라게 하는 데는 덕만 한 것이 없다.(天下有達尊三: 爵一, 齒一, 德一. 朝廷莫如爵, 鄕黨莫如齒, 輔世長民莫如德."(4.2) 노인을 존중하는 방법은 한편으로는 추로(鄒魯) 문화전통의 유풍으로 봐야 하고 다른 한편으로는 맹자가 왕도정치를 위하여 제정한 하나의 표준으로 봐야 한다. 왕도정치의 중요한 내용은 양민이다. 양민의 과정에는 일반 백성을 봉양해야 할 뿐만 아니라 사회의 고독하여 의탁할 곳이 없는 노인을 더욱 잘 봉양해야 한다. 이렇게 하는 것만이 왕도의 양광(陽光)을 모든 구석까지 향하여 뿌릴 수 있는 길이다. 맹자는 말하였다. "두 노인은 천하의 대로인데 문왕에게 돌아갔으니, 이는 천하의 아비가 문왕에게 돌아간 것이다. 천하의 아비가 돌아갔으니, 그 자제들이 어디로 가겠는가? 제후가 문왕의 정사를 행하면 7년 내에 반드시 천하에서 정사를 할 것이다.(二老者, 天下之大老也,

而歸之, 是天下之父歸之也. 天下之父歸之, 其子焉往? 諸侯有行文王之政者, 七年之內, 必爲政于 天下矣)"(7.13) 이로써 이미 의사를 분명히 말하였다. 이 각도에서 출발하여 노인을 잘 봉양하는 것이 어째서 왕도주의에서 한 자리를 차지하는지 이해하기에 어렵지 않을 것이다.

(3) 백성을 가르침

백성의 기본생활이 보장된 후에는 또한 그들에게 교육을 진행하여야 한다. 그렇지 않으면 "배불리 먹고 따뜻이 옷을 입어서 편안히 거처하기만 하고 가르침이 없으면 금수와 가까워진다.(飽食暖衣逸居而無敎, 則近於禽獸)"(5.4) 개인의 각도에서 보면 교육은 사람들이 금수와 구별되는 것을 보장하는 중요한 수단이다. 사회의 각도에서 보면 교육은 또한 사회가 화해(和諧)롭고 질서가 있는 것을 보장하는 중요한 조치이다. 이러한 것 때문에 맹자는 백성의 교육을 매우 중시하였으며 백성의 교육 또한 왕도주의의 중요한 내용이 되었다.

1) 백성을 가르치는 목적

백성을 가르치는 목적은 '인륜을 밝히는' 데 있다. 고대 그리스를 근원으로 하는 서구문명은 외부세계에 대한 탐구에서 기원하였다. 이런 탐구를 완성하기 위해서는 반드시 풍부한 지식을 가져야 하기 때문에 그들의 교육에서는 자연과학의 요소가 매우 크다. 그중에서도 수학과 역학(力學) 그리고 기하학 등등이 매우 큰 비율을 차지하고 있다. 이와는 달리 공자를 근원으로 하는 유가문명은 인류 자체에 대한 탐구에서 기원한다. 그들이 주목하는 핫이슈는 사람들이 어떻게 해야 도덕을 가질 수 있고, 인류사회가 어떻게 해야 화해롭고 안정될 수 있는가 등의 문제이기 때문에 그들의 교육에는 윤리도덕 문제가 큰 분량을 차지하고 있다. 맹자는 유가라는 이 사상의 중요한 대표로 그는 학습문제에서 하·상·주는 구별이 있기는 하지만 학습의 목적은 오히려 같아 곧 "모두 인륜을 밝히는 것(所以明人倫)"(5.3)이라고 명확하게 지적하였다.

2) 백성을 가르치는 내용

'인륜을 밝히는' 목적에 도달하기 위하여 맹자는 공자의 "임금은 임금다워야 하고 신하는 신하다워야 하며 아비는 아비다워야 하고 자식은 자식다워야 하는(君君, 臣臣, 父父, 子子)" 사상을 계승하였다. 옛 사람의 입을 빌려 인륜을 다섯 방면으로 구분하고 내용상에서도 이 다섯 방면에 구체적인 요구를 제기하였다. 이것이 곧 "부자간에는 친함이 있으며, 군신간에는 의리가 있으며, 부부간에는 분별이 있으며, 장유간에는 차례가 있으며, 붕우간에는 믿음이 있는 것이다.(父子有親, 君臣有義, 夫婦有別, 長幼有序, 朋友有信)"(5.4) 맹자는 이 다섯 방면을 이루면 사람이 금수보다 높은 자리를 차지할 것이며 전 사회가 또한 화해롭고 안정될 것이라 생각하였다.

부자에 대한 인륜은 맹자가 논한 것이 가장 상세하다. '부자유친'의 이 '친(親)'은 혈연의 친정을 가리킨다. 아비는 자식에게 생명을 주었는데 이렇게 줌이 없으면 자식은 세계에 올 방법이 없다. 아비는 자식에게 교육을 진행하는데 이런 교육이 없으면 자식은 세상에 존재할 방법이 없다. 이와 같은 양육한 은혜를 마주하고 자식은 아비에게 반드시 감격하고 보답함이 있어야 한다. 이런 감격과 보답이 곧 유가에서 이야기하는 효이다. 바로 이러한 것 때문에 맹자는 효를 매우 중시하였다. 그는 말하였다. "섬기는 일 중에 무엇이 큰가? 어버이를 섬김이 크다. 지키는 일 중에 무엇이 큰가? 몸[몸의 지조]을 지킴이 크다. 몸의 지조를 잃지 않고서 그 어버이를 잘 섬긴 자는 내가 들었고, 몸을 잃고서 그 어버이를 잘 섬긴 자는 들어보지 못하였다. 무엇인들 섬김이 아니겠는가마는 어버이를 섬김이 섬김의 근본이요 무엇인들 지킴이 아니겠는가는 몸을 지킴이 지킴의 근본이다.(事, 孰爲大? 事親爲大; 守, 孰爲大? 守身爲大. 不失其身而能事其親者, 吾聞之矣; 失其身而能事其親者, 吾未之聞也. 孰不爲事? 事親, 事之本也; 孰不爲守? 守身, 守之本也)"(7.19) 다른 사람을 섬기는 것과 비교해서 부모를 섬기는 것이 가장 중요하며, 부모를 섬기는 것이 섬기는 것의 근본이다. 이렇게 맹자는 효를 매우 중요한 높이까지 끌어올렸다.

맹자의 효에 관한 논술에 근거하여 효를 세 가지의 다른 등급으로 나눌 수 있는데, 이것이 곧 양구지효(養口之孝)와 양지지효(養志之孝) 그리고 대효(大孝)이다.

증원이 증자를 봉양하였는데, 반드시 술과 고기가 있었다. 그러나 밥상을 치울 때 (曾元은) "누구에게 주시겠습니까?" 하고 청하지 않았으며, (曾子가) "남은 것이 있느냐?" 하고 물으면, 반드시 "없습니다." 하고 대답하였으니, 이는 그 음식을 다시 올리려고 해서였다. 이것은 이른바 '구체만을 봉양한다.'는 것이다.

曾元養曾子, 必有酒肉; 將徹, 不請所與; 問有餘, 曰, "亡矣." 將以復進也. 此所謂養口體者也.(7.19)

증원은 증자를 섬기는데 비록 매 끼니 술과 고기를 차려내었지만 치우려 할 때 누구에게 드릴 거냐고 묻지 않았다. 많아서 남아도 결코 설명을 하지 않고 다음에 올리려고 남겨두었다. 이런 봉양은 다만 부모의 입과 신체적 요구만 만족시키는 것으로 가장 낮은 층차의 효이다.

증자가 증석을 봉양할 때 반드시 술과 고기가 있었는데, 밥상을 치우려 할 적에 (曾子는) 반드시 "누구에게 주시겠습니까?" 하고 청하였으며, (曾晳이) "남은 것이 있느냐?" 하고 물으면 반드시 "있습니다." 하고 대답하셨다. …… 증자와 같이 하면 '뜻을 봉양한다.'고 이를 만하다.

曾子養曾晳, 必有酒肉; 將徹, 必請所與; 問有餘, 必曰, "有." …… 若曾子, 則可謂養志也.(7.19)

증자가 증석을 섬기는 것은 달라서 매 끼니 술과 고기가 있었으며 치울 때는 언제나 많아서 남은 것이 있다고 말하고 아울러 반드시 그것을 누구에게 줄 거냐고 물었다. 이런 섬김은 부모를 섬기는 마음의 바람으로 곧 양지지효(養志之孝)이며, 양구지효(養口之孝)와 비교하면 이미 한 등급이 높다.

천하 사람들이 크게 좋아하면서 장차 자신에게 돌아오려 하였는데, 천하 사람들이 좋아하면서 자신에게 돌아옴을 보기를 초개와 같이 여기신 것은 오직 순만 그러하였다. 어버이에게 기쁨을 얻지 못하면 사람이랄 수 없고, 어버이를 (道에) 순하게 하지 못하면 자식이랄 수 없다고 여기셨다. 순이 어버이 섬기는 도리를 다함에 고수가 기쁨을 이루었으니, 고수가 기쁨을 이룸에 천하가 교화되었으며, 고수가 기쁨을 이룸에 천하의 부자간이 된 자들이 안정되었으니, 이것을 일러 대효라 하는 것이다.

天下大悅而將歸己, 視天下悅而歸己, 猶草芥也, 惟舜爲然. 不得乎親, 不可以爲人; 不順乎親, 不可以爲子. 舜盡事親之道而瞽瞍底豫, 瞽瞍底豫而天下化, 瞽瞍底豫而天下之爲父子者定, 此之謂大孝.(7.28)

순은 온 천하가 자기에게 귀의하는 것을 초개와 같이 여겼으며 부모의 환심을 얻지 못하면 사람이 되기에 충분치 못하다고 생각하였으며, 부모에게 순종하지 못하면 자식이 되기에 충분치 못하다고 생각하였다. 자기가 부모를 섬겨 부모의 마음을 열게 하였으므로 "군자는 지나는 곳마다 교화가 된다(君子所過者化)"(13.13)라 하였다. 따라서 온 천하를 감화시켰으며 천하의 모든 아비와 자식을 안정시켰는데, 이것이 최고 등급의 효로, 곧 대효이다.

부부에 대한 인륜에서 맹자는 '별(別)' 자를 부각시켰다. 이 '별(別)' 자는 주로 남녀의 신분적 차별을 가리킨다. 맹자는 부권제의 시대에 처하여 아비가 전체 사회에서 통치지위를 차지하였으며, 이에 상응하여 남편은 가정에서 또한 지배적인 지위에 처하였는데 이런 관념은 맹자에게 자연히 영향을 끼쳤다. 맹자가 이야기한 부부유별은 곧 가정생활에서 부부는 주종관계에 속하며 아내는 남편에게 복종해야 함을 강조하였다. 이 사상은 "아래로는 족히 처자를 기를 만하고(俯足以畜妻子)"(1.7), "남편이란 우러러 바라보면서 일생을 마쳐야 할 사람이다(良人者, 所仰望而終身也)"(8.33)라는 등의 논술에서 이미 표현되었지만 가장 명백하게 이야기한 것은 아무래도 다음의 말일 것이다.

> 여자가 시집갈 때 어머니가 명하니, 시집감에 문에서 전송할 적에 경계하기를 "네 집에 가서 반드시 공경하고 반드시 경계하여 남편을 어기지 말라." 하니, 순종함을 정도로 삼는 것은 아녀자의 도이다.
> 女子之嫁也, 母命之, 往送之門, 戒之曰: "往之女家, 必敬必戒, 無違夫子." 以順爲正者, 妾婦之道也.(6.2)

순종을 원칙으로 함이 곧 아내가 되는 도이다. 몸이 남의 아내가 되었으면 공경하고 근신하여 남편을 어기지 말아야 하는데 이렇게 해야만 가정이 화해롭게 되고 사회가 안정된다.

형제에 대한 인륜에서 맹자는 '장유유서'를 강조했다. '장유유서'는 당연히 연장자와 연하자와의 관계를 포함하고 있지만 주로 아무래도 형제 간의 관계를 이야기하며, 아우는 형장(兄長)을 존경하고 복종해야 하는 것을 강조한 것은 제(悌)해야 한다는 것이다. 맹자는 "의의 실제는 형을 따르는 것이다.(義之實, 從兄是也)"(7.27), "들어가서는 부형을 섬기고 나가서는 장상을 섬긴다(入以事其父兄, 出以事其長上)"(1.5), "천천히 걸어서 장자보다 뒤에 가는 것을 일러 '공경한다' 하고, 빨리 걸어서 장자보다 앞서 가는 것을 '공경하지 않는다'라 하였다.(徐行後長者謂之弟, 疾行先長者謂之不弟)"(12.2) 이는 모두 아우 된 자는 반드시 형장을 존경하며 중시하며 형장에게 순종한다는 것을 설명한다.[14]

붕우에 대한 인륜에서 맹자는 '신(信)'을 이야기하였다. '붕우유신'은 붕우 사이의 왕래는 신의를 지킴을 원칙으로 삼아야 함을 강조하였다. 맹자는 사람의 기본적인 표준의 하나는 곧 신(信)이라 가늠하여 "인의충신(仁義忠信)"(11.16), "효제충신(孝悌忠信)"(13.32)은 그가 늘 이야기한 화제였다. 그는 민중이 다스림을 얻게 하려면 신하 된 사람은 반드시 군주의 신임을 얻어야 한다고 생각하였지만 "벗에게 믿음을 받지 못하면 윗사람에

---

14 주의해야 할 점은 부자와 부부 그리고 형제간의 관계는 엄격하게 말하여 모두 쌍방적이다. 아들의 아비에 대한 효도 있고 아비의 자식에 대한 자(慈)도 있다. 아내의 남편에 대한 순(順)도 있고 또한 남편의 아내에 대한 양(養)도 있다. 아우의 형에 대한 공경도 있고 형의 아우에 대한 사랑도 있다. 그러나 실제상 전체적으로 보면 맹자는 전자에 대하여서는 비교적 중시하였고 후자에 대한 강조는 충분치 못하였다. 또한 이 삼륜(三倫) 가운데서 맹자는 자식의 부친에 대한, 아내의 남편에 대한, 형제의 의무 방면에 비교적 관심을 기울이고 부자와 부부, 형제의 책임에 대하여서는 그대지 주의를 기울이지 않았음을 말한다. 예를 들자면 맹자는 자식은 아비에게 효도를 해야 한다는데 매우 주의하였지만 부친에 대하여 다해야 할 책임 방면에서는 "옛날에는 아들을 서로 바꾸어 가르쳤다. 부자간에는 선으로 책하지 않는다.(古者易子而敎之, 父子之間不責善)"(7.18)라 말한 적이 있는 것 외에는 많이 언급하지 않았다. 부부관계도 마찬가지이다. 맹자는 아내는 남편에게 순종해야 한다는 데 대해 매우 강구하였지만 남편의 아내에 대한 책임은 "처자를 기른다(畜妻子)"(1.7)의 "기르는(畜)" 것 외에는 매우 적게 말하였다. 맹자의 상대적으로 온화한 오륜은 나중에 비교적 강화된 오상(五常)으로 발전하는데 너무 가볍거나 너무 무거워 편중된 경향과 관계가 없지 않다.

게 (신임을) 얻지 못할 것이다.(不信於友, 弗獲於上矣)"(7.12)라 하였다. 그는 제자인 악정자를 '신인(信人)'(14.25)이라 일컬었으니 이미 매우 높이 평가하였다. 이로부터 신의가 붕우에게 얼마나 중요한지 알 수 있다.

군신에 대한 윤리는 위에서 왕도주의의 군신 관계를 이야기할 때 이미 상세히 논술한 적이 있으므로 여기서는 다시 논급하지 않는다.

3) 교육의 방법

교육은 반드시 적당한 방법이 있어야 소기의 목적에 다다를 수 있으며 맹자는 이 방면에의 논술이 매우 많다. 그러나 한 번 제기할 만한 것은 이런 논술 가운데 상당 부분은 맹자가 교육가로서의 학생에 대하여 교육을 진행한 경험의 총결로 백성을 가르치는 것과는 얼마간의 격차가 있기 때문에 여기서는 관련이 있는 요점만 아래와 같이 열거하며 많은 편폭을 차지하지는 않는다.

① 자기를 바르게 하고 남을 바르게 함. 맹자는 교육자 본인에 대하여 매우 높은 것을 요구하였다. 그는 말하였다. "인한 자는 활쏘기 하는 것과 같다. 활을 쏘는 자는 자신을 바로잡은 뒤에야 발사한다.(仁者如射: 射者正己而後發)"(3.7) 인을 행하는 사람을 활 쏘는 자와 잘 비교하였는데 무엇보다 자기의 신체를 단정하게 해야 화살을 날릴 수 있다는 것이다. 이 도리를 교육 방면에 인신시킨 것으로 교육자는 반드시 자신을 단정히 해야 하며 그렇지 않으면 다른 사람을 교육할 수 없다는 말이다. 맹자는 또한 말하였다. "현자는 그 밝음으로써 남을 밝게 하는데, 지금에는 그 어둠으로써 남을 밝게 하려 하는구나.(賢者以其昭昭使人昭昭, 今以其昏昏使人昭昭)"(14.20) 교육자는 무엇보다도 자기를 맑고 깨끗하게 해야 피교육자가 맑고 깨끗하게 할 수 있다. 당시의 당권자들은 자기의 치국 태도에 대하여 흐리멍덩한데도 백성을 가르치는 책임을 지고 있으니 이렇게 되면 일을 그르치

지 않음이 없게 된다.

② 표준을 견지함. 교육은 높은 표준을 세워야 한다. 맹자는 학생을 가르치는 표준을 매우 중시하였다. "큰 목수는 서툴고 정밀함 때문에 먹줄과 먹통을 고치거나 폐하지 않으며, 예는 활쏘기가 서툴다 하여 활 당기는 율을 변경하지 않는다. 군자는 당기고 쏘지 않으나, 약여하여 중도에 서 있거든 능한 자가 따르는 것이다.(大匠不爲拙工改廢繩墨, 羿不爲拙射變其彀率, 君子引而不發, 躍如也. 中道而立, 能者從之)"(13.41) 마치 고명한 장인이 공인이 서툴다고 해서 법도를 바꾸고 폐기하지 않는 것과 같이 군자가 남을 가르침도 제자가 어리석다고 해서 기준을 낮추어서는 안 되는 것과 같다.

③ 자질에 따라 가르침을 베풂. 맹자는 비록 사람을 가르치는 표준을 낮출 수는 없지만 교육을 받는 사람의 구체적인 상황이 천차만별이기 때문에 가르치는 구체적인 방법 또한 달리해야 한다고 생각했다. "군자가 가르치는 것이 다섯 가지이다. 시우[단비]가 화[변화]하듯이 하는 경우가 있으며, 덕을 이루게 한 경우가 있다. 재질을 통달하게 한 경우가 있으며, 물음에 답한 경우가 있으며, 사사로이 선으로 다스린 경우도 있다. 이 다섯 가지는 군자가 가르치는 것이다.(君子之所以教者五: 有如時雨化之者, 有成德者, 有達財者, 有答問者, 有私淑艾者. 此五者, 君子之所以教也)"(13.40) 맹자는 여기에서 다섯 가지 상이한 교육방법을 열거하였다. 이 외에도 맹자는 또한 "내 달갑게 여기지 아니하여 (거절함으로써) 가르침 또한 그를 가르치는 것일 뿐이다.(予不屑之教誨也者, 是亦教誨之而已矣)"(12.16)라 하여 달갑게 여기지 않는 가르침 또한 실제로 일종의 가르침, 곧 일종의 특수한 가르침이다. 교육을 받는 자가 과연 이것으로 깨달음이 있을 수 있다면 또한 교육 작용을 일으킬 수 있다. 그렇지 않으면 아무리 이야기해도 보탬이 되지 않는다고 생각했다.

④ 널리 배우고 돌이켜 요약함. 이는 교육자의 교학 방법에 대하여 제

기한 요구다. 맹자는 말했다. "널리 배우고 상세히 말함은 돌이켜 요약함을 말하려는 것이다.(博學而詳說之, 將以反說約也)"(8.15) 교육자는 관련 있는 지식에 대하여 넓게 섭렵을 하고 깊이 음미하고 깊이 파악하여 요점을 잡아야 한다. 이렇게 하는 것만이 말이 번거롭지 않고 한마디로 요점을 꿰뚫어 피교육자로 하여금 요령을 얻게 하는데 일은 반으로 줄고 공은 배가 된다.

⑤ 스스로 구하여 스스로 터득함. 맹자는 모든 사람은 다 성실하고 선한 본성을 가지고 있으며 모두 도덕을 성취하는 근거를 가지고 있다고 여겼다. 이는 교육을 진행하는 내재된 기초이며, 교육은 별다른 것이 아니라 다만 이 내재된 기초를 파내는 것일 따름이라고 생각했다. 그는 말하였다. "군자가 깊이 나아가기를 도[방법]로 함은 자득하고자 해서이다.(君子深造之以道, 欲其自得之也)"(8.14) 이곳에서 말한 자득(自得)은 스스로 각성을 하고, 스스로 양심과 본심을 구한다는 의미이다. 이는 맹자 성선론의 기본 방법이며, 성선론이 맹자의 전체 사상체계의 초석이므로 이 도리를 교육 영역까지 연장하여 자연히 그 교육 사상의 기본적인 방법을 이루었다.

⑥ 환경을 중시함. 환경은 사람에게 큰 영향을 끼치므로 교육이 좋은 효과를 거두려면 반드시 환경의 영향을 고려해야 한다. "풍년에는 자제들의 의뢰함이 많고, 흉년에는 자제들의 포악함이 많으니, 하늘이 재주를 내림이 이같이 다른 것이 아니라, 그 마음을 빠뜨리는 것이 그렇게 만드는 것이다.(富歲, 子弟多賴; 凶歲, 子弟多暴, 非天之降才爾殊也, 其所以陷溺其心者然也)"(11.7) 이는 곧 수확의 풍흉(豊凶)이 사람의 사상 상태에 매우 큰 영향을 조성할 수 있다는 것을 설명한다. 이와 같을 뿐만 아니라 환경의 좋고 나쁨도 사람에게 영향을 조성할 수 있다. 이에 대해 맹자는 이런 비유를 한 적이 있다. "한 제의 사람이 그를 가르치거늘 초의 사람들이 떠들어댄다

면 비록 날마다 종아리를 치면서 제의 말을 하도록 요구하더라도 될 수 없을 것이다. 그러나 그를 끌어다가 장악의 사이에 수년 동안 둔다면 비록 날마다 종아리를 치면서 초나라 말을 하도록 요구한다 하더라도 될 수 없을 것이다.(一齊人傳之, 衆楚人咻之, 雖日撻而求其齊也, 不可得矣; 引而置之莊嶽之間 數年, 雖日撻而求其楚, 亦不可得矣)"(6.6) 초의 사람이 제의 말을 배우려면 제 사람에게 그를 가르치게 하는 것만으로는 충분치 못하며 또한 반드시 좋은 언어 환경이 있어야 한다. 다만 한 제 사람이 그를 가르치는데 주위의 많은 초 사람이 방해한다면 잘 배우지 못할 것이다. 이 비유는 주로 송나라 국군의 주위에 훌륭한 사람이 적은 것을 비평한 것이지만 매우 강한 보편성을 가지고 있다.

4. 왕도주의에 관한 이해의 세 가지 문제

위에서는 맹자의 왕도주의의 주요 내용에 대하여 필요한 분석을 진행하였다. 이어서 학술계에서 맹자의 왕도주의를 이해할 때 존재하는 몇몇 문제를 토론하겠다. 내가 보건대 사람들이 맹자의 왕도주의를 이해하는데 존재하는 문제는 주로 세 가지 방면으로 표현된다. 맹자의 학문을 심성의 학문으로만 한정 짓는 것과 왕도주의는 다만 인치(人治)라고 생각하는 것, 맹자의 왕도주의를 '백성이 정치의 주체임을 논하는 것'이다. 다음에 하나씩 토론을 진행한다.

(1) 유학은 본질상 심성의 학문인가

현재 학술계에는 하나의 견해가 있다. 유학은 본질상 심성의 학문이다.

이런 견해가 매우 유행하기는 하지만 엄격하게 말해서 충분히 정확하지 않다.

권위의 정의에 따르면 "심성의 학문은 중국 고대에서 이른바 의리지학(義理之學)의 또 한 방면인데 곧 사람의 당연한 의리의 본원이 있는 곳을 논한 것이다."[15] 바꾸어 말하면 심성의 학문은 곧 사람에게 이의(理義)가 있는 것은 도덕의 학문이 있기 때문이다. 혹은 좀 더 간단하게 또한 심성의 학문은 곧 도덕의 학문이라고 말할 수 있다. 이 정의에 따르면 "유학은 본질상 심성의 학문이며" 곧 "유학은 본질상 도덕의 학문이다"라 말하는 것과 같다.

이런 견해는 너무 편협하다는 데 과실이 있다. 공자는 동란의 세상에 태어나 왕실은 쇠약해졌고 권력은 아래로 이동하였으며 제후들은 패권을 다투어 윤상이 질서를 잃었다. 공자가 곤경에 처하여 유리하며 열국을 주유한 것은 주의 예를 회복하는 원대한 뜻을 실현하기 위함이었다. 맹자에 이르러 사회는 더욱 변화가 무상하여져 주의 예를 회복하는 것은 이미 완전히 불가능했다. 맹자는 이상을 인정에 기탁하여 군주가 충분히 그의 권고를 듣고 선한 마음을 확충시켜 백성을 윤택하게 하기를 바랐다. 일단 이렇게만 되면 천하를 태평하게 다스리는 것은 손바닥 뒤집는 것처럼 쉬울 것이다. 순자(荀子)의 학설은 맹자와는 달라 성악(性惡)을 주장하고 예법을 중시하였지만 그 목적은 여전히 바른 도리로 고르게 다스려 천하를 태평하게 하기 위함이었다. 이 과정에서 공자와 맹자 그리고 순자는 모두 심성을 중시하였으며,[16] 특히 공자와 맹자가 더욱 이러하다

---

[15] 「중국문화를 위해 세계 인사에게 선언함(爲中國文化敬告世界人士宣言)」,『당대신유가(當代新儒家)』, 삼련서점(三聯書店), 1989, 17쪽을 참고하여 보라.

[16] 공자는 비록 성(性)을 말한 것이 비교적 적어 제자들로 하여금 들을 수 없다는 탄식을 발하게 하였지만 이론적인 측면에서 분석을 하면 인(仁)은 하나의 양심(良心)이 아님이 없을 따름이니 맹자는 바로 이 기초에서 완정한 성선론으로 발전시켰다.

는 것을 부인할 수 없다. 그러나 주의해야 할 것은 그들이 심성을 논한 것은 심성을 위한 심성이 아니라 결국 정치 이론과 정치 목적을 하나로 연계시키는 것이었다.

이런 상황은 당송에 이른 후에 일정한 변화가 생겨났다. 당송 후로는 불교와 대항하기 위하여 유가 또한 심성을 크게 이야기하기 시작하여 심성의 학문을 크게 성하게 하여 전에 없는 수준에 다다르게 하였다. 당시에도 상당 부분의 사람이 『춘추』학의 연구를 매우 중시하고 왕패의 변별을 중시하였다. 왕안석(王安石)은 심지어 맹자를 근거로 과감한 개혁을 진행하기도 하였지만 정치체제의 제한으로 인하여 정치의 학문은 대대적으로 위축되었다. 그러나 이런 상황은 다만 당송 이후의 상황을 설명할 뿐이며 선진 유가의 본의를 표현할 수는 없다.

이로부터 본질적인 방면에서 말하면 유학, 특별히 선진유학은 정치의 학문이 첫째이며 심성의 학문은 그다음이다. 심성의 학문은 정치 학문의 기초이며 정치의 학문이 심성 학문의 목적임을 알 수 있다. 유가의 심성 학문 한 면만 보게 되면 정치 학문의 일면은 보지 못하게 된다. 심지어 "심성 학문에서 착수하는 것이라야 유가 철학을 연구하는 바른길이다"[17] 생각하기도 하였는데 이는 전면적이지 못하고 정확하지 못하다. 일찍이 60여 년 전에 나근택(羅根澤)은 이런 관점에 대해 날카로운 비평을 한 적이 있다. 그는 말하였다. "맹자의 학문은 수신과 치국, 경세치용의 학문이지 심성이나 헛되이 이야기하는 학문이 아니다. 그 심성의 본체와 형상을 논한 것은 수신제가 치국평천하에 보탬이 되기 위해서일 따름이다. 어떤 송의 제자(諸子)들은 음으로는 불학을 하고 양으로는 유학을 하여 맹

---

[17] 이 방면은 몇 년 전만 해도 나의 인식이 충분히 정확하지 못했다. 위에서 말한 인용은 곧 졸저 『맹자 성선론 연구(孟子性善論研究)』「전언(前言)」에서 나왔다. 중국사회과학출판사(中國社會科學出版社), 1995.

자에게 심성을 논한 말이 있는 것을 이롭게 여겨 복잡하게 부회하여 새로운 해석을 개창하였다. 자기를 위한 학문인데 실로 정묘하고 빼어나다고 하였으며, 맹자의 학문을 한다고 하였는데 반드시 그렇지는 않을 것이다."[18] 리쩌허우(李澤厚)도 "선진의 각 대학파의 대체와 마찬가지로 맹자 또한 정치론과 사회철학의 체계로, 『맹자』 7편의 주요 내용과 착안점은 여전히 정치경제 문제이다."[19]라 하였다. 이런 말들은 핵심을 정확하게 찔러 깊이 생각할 만한 가치가 있다.

(2) 유학은 법을 이야기하지 않았는가

법률사상사의 연구 방면에서는 종종 맹자의 왕도주의는 인치(人治)이며 법치(法治)가 아니라는 관점을 볼 수 있다.

인치와 법치의 논쟁은 유래가 이미 오래되었으며 처음으로 나쁜 선례를 만든 사람은 양계초(梁啓超)까지 거슬러 올라갈 수 있다. 양계초는 『선진정치사상사(先秦政治思想史)』에서 처음으로 유가에 '인치주의'라는 고깔을 씌우고 법가에 '법치주의'라는 고깔을 씌웠다.[20] 이 이후로 80년대까지 인치와 법치의 대립론은 그대로 따라 답습하면서 시종 바뀌지 않았다.

그러나 이런 견해는 매우 쉽게 혼란을 야기할 수 있다.

유가는 결코 법이 필요 없는 것이 아니다. 맹자의 왕도주의는 이 방면의 대표가 될 수 있다. 쉬푸관(徐復觀)은 이에 대하여 상세히 분석하여 말하였다. "유가에서 인치를 중시하고 법치를 중시하지 않는다고 말하는

---

18 나근택의 『맹자평전』, 상무인서관, 1932, 86~87쪽.
19 리쩌허우의 「공자의 재평가(孔子再評價)」, 『리쩌허우 십년집(李澤厚十年集)』 제3권 상, 안휘인민출판사(安徽人民出版社), 1994, 44쪽.
20 양계초의 『선진정치사상사』 「본론(本論)」 제2장, 동방출판사(東方出版社), 1996, 77~78쪽.

것은 먼저 법에 대한 해석으로 봐야 한다. 법을 오늘의 헌법으로 해석한다면 2천 년 이전에는 여전히 이 관념이 없었다. 당연히 과거에도 일종의 항상성이 있어 변하지 않는 법을 가지어 정치적 안정을 유지하고자 생각한 적이 있다. 이는 곧 맹자가 말한 '구장(舊章)'과 '선왕의 법(先王之法)'(「離婁」)이다. 여기에는 영국의 역사적 관례 같은 것이 있다. 그러나 그것은 현대적 헌법 관념과 따지고 보면 같지 않다. 법을 형법으로 해석한다면 유가는 확실히 형법을 중시하지 않았지만 결코 형법을 부정하지 않았다. 맹자는 분명히 '국가가 한가하거든 이때 그 정사와 형벌을 밝힌다(國家閒暇, 及是時, 明其政刑)'(「公孫丑」)라 말했다. 법을 정치 방면에서 응하는 공동으로 준수하는 약간 객관성 원칙으로 해석할 때 이런 원칙에서 말미암아 형체를 이루어 제도가 되어 조치를 취함을 보게 된다면 맹자는 곧 전체 유가의 어느 곳에서 법치를 중시하지 않는가?"[21] 이 말은 매우 일리가 있다. 『맹자』에서는 명확하게 "국가가 한가하거든 이때 그 정사와 형벌을 밝힌다"(3.4)라 말한 적이 있다. '정사와 형벌'은 곧 포괄적인 법이기 때문에 왕도주의를 말하고 법을 이야기하지는 않았다, 라 말할 수 없다.

이외에 법가의 법치에 대해서도 구체적인 분석을 해야 한다. 법치라는 이 개념에는 두 가지 함의가 있다. 하나는 양호한 법률의 다스림이고, 하나는 엄혹한 형법의 다스림이다. 법가의 법치는 위에서 말한 첫 번째 함의와 부합하지 않는다. 아리스토텔레스가 말한 데 의하면 "법치는 두 가지 의의를 포함해야 한다. 이미 성립된 법률은 보편적인 복종을 얻으며, 모두가 복종하는 법률은 또한 자체가 좋은 법률이어야 한다."[22] 아리스토텔레스가 보기에 인민은 좋은 법에 복종할 수 있을 뿐만 아니라 또한 악

---

[21] 쉬푸관의 『유가 정치사상과 민주자유 인권(儒家政治思想與民主自由人權)』 대만학생서국(臺灣學生書局), 1979, 128쪽.
[22] 옛 그리스 아리스토텔레스의 『정치학(政治學)』, 상무인서관, 1965, 199쪽.

법에도 복종할 수 있으며, 악법 자체는 곧 법치정신과 서로 위배되며 악법에 복종하는 것은 법치라 일컬을 수 없다. 법가에서는 "법이 훌륭하지 못하다 하더라도 법이 없는 것보다는 낫다"[23]라 생각하였다. 무슨 법이든 제정하기만 하면 반드시 무조건 복종할 경우 근본적으로 좋은 법이라는 관념이 없게 된다. 이 의의에서 법가는 법치라고 칠 수 없다. 실제로 법가의 법치는 두 번째 의의의 법치, 곧 엄혹한 형법으로 다스림이다. 이런 법치는 법치라는 이름을 쓰고는 있지만 근본적인 면에서 이야기하자면 오히려 전형적인 인치이다. 법가의 종지(宗旨)가 군주전제이기 때문에 군주의 의지가 법이 된다. 그들이 말하는 '법으로 나라를 다스린다'는 것은 "어의(語義) 상에서 말하면 곧 법(사실은 곧 형벌)을 써서 국가를 다스리는 것이다. 누가 '법으로 나라를 다스리는가?' 군주일 따름이다. 군주는 '법으로 나라를 다스리며', 아울러 법으로 백성을 다스리고 법으로 관리를 다스리며 법으로 신하를 통제하는 권력 주체이다. 법가의 뜻을 궁구하면 이렇다. 군주는 권세를 홀로 천단하여 흉중에 법술을 감추고 중형과 엄법으로 관리와 인민을 징벌한다." 따라서 "법가의 '법치'는 다만 군주가 형벌로 다스리는 것이며 또한 중형으로 다스리는 것이다."[24] 이는 실제로 사람을 법으로 삼은 것이며 법을 법으로 삼은 것이 아니다.

이런 의의에서 이야기하면 법가는 아무래도 유가만 못하다. 이는 법가는 군주를 법으로 삼고 군주는 최고 권력의 상징이며 어떠한 역량의 제한도 받지 않아 결과적으로 다만 폭군만이 정치를 맡을 수 있기 때문이다. 유가는 비록 군주제를 주장하기는 하지만 군주에 대하여 일련의 제한도 있다. 정 안되면 위치를 바꾸고 제위를 바꾸며 징벌하여 죽일 수 있

---

[23] 『신자(愼子)』「위덕(威德)」.
[24] 위롱건(兪榮根)의 『유가법사상통론(儒家法思想通論)』, 광서인민출판사(廣西人民出版社), 1992, 37쪽.

다. 같은 군주제라도 한 권력은 제한을 받고 한 권력은 제한을 받지 않아 '무법천지'여서 어떤 것이 낫고 어떤 것이 못한 지는 말을 하지 않아도 자명하다.

이상의 논술은 유가는 인치이고 법가는 법치라는 관점을 설명한다. 쉽게 혼동을 조성하여 분명하게 맹자 왕도주의의 진정한 함의를 표현하기에는 부족하며 맹자의 왕패의 변을 이해할 때 사용되어서는 안 된다. 쓰지 않으면 안 된다 하더라도 인치와 법치에 대한 개념을 경계 지어 정해야 한다. 법가가 법치의 주장을 말하는 것 때문에 인치의 본질을 보지 못해서는 안 된다. 또한 맹자가 인치를 주장한다고 하여 인도주의는 기본적인 법조차 필요 없다고 말하여서는 안 된다.[25]

(3) 민본론은 백성이 정치의 주체임을 말하는가

맹자의 왕도주의는 민본론으로 이해되어 이미 사람들의 공동 인식이 되었지만 민본론에 대한 이해는 문제가 없지 않다. 예를 들어 어떤 사람은 민본론은 곧 국가의 정치 주권이 인민에게 있으며 임금에게 있지 않다고 생각하며, 심지어 민본론은 서방의 민주사상과 매우 근접한다고 말할 수도 있다고 한다. 이런 견해의 기원은 매우 이르며 매우 보편적으로

---

[25] 지적하는 김에 여기에 비추어 나는 아무래도 예치와 법치의 견해를 좀 잘 사용하여야 한다고 생각한다. 예치는 유가의 주장이다. 유가는 덕치와 예화를 강구하여 예의제도가 국가를 다스리는데 있어서의 작용을 강조하였는데, 이런 예의제도는 도덕의 추구를 목적으로 하지만 그 자체는 일종의 제도이며 아울러 자체가 법을 포함하고 있다. 법치는 법가의 주장이다. 법가는 성악론을 기초로 하여 민중의 도덕적 역량을 믿지 않고 군주의 절대적인 권위만 중시하여 엄혹한 형법만이 사회를 일치시키고 국가를 강성하게 할 수 있다고 생각하였다. 예치와 법치로 유가와 법가의 정치를 개괄한 주장은 이 두 가지 상이한 정치학설에 구분을 진행하는데 유리하여 쉽사리 뒤섞임을 조성하지 않지만 이는 이미 본질의 범위를 뛰어넘어 여기서 세세히 논하기에는 편치 않다.

유행되었는데 아래에서 손에 잡히는 대로 몇 가지 예를 끄집어내어 증거로 보탠다.

강유위(康有爲)는 『맹자미(孟子微)』에서 말했다. "이는 맹자가 민주의 제도를 세운 태평법(太平法)이다. 대체로 나라가 나라인 것은 백성을 모아 이루며 하늘이 백성을 내어 이롭게 하고 즐겁게 한다. 백성이 모이면 공공이 안전한 일을 꾀하므로 일체의 예악과 정법은 모두 백성이 된다. 그러나 백성의 일이 많으면 모든 사람이 스스로 공공의 일을 할 수가 없어 반드시 공적으로 사람을 천거하여 맡긴다. 이른바 임금이라는 것은 민중을 대신하여 이 공공의 안락을 보전하는 일을 맡은 것이다. 민중의 공적인 천거를 받으면 곧 민중의 공적인 쓰임이 된다. 백성은 가게의 주인과 같고 임금은 곧 고용된 관리일 따름이다. 백성은 주인이고 임금은 손님이며, 백성은 주인이고 임금은 종이므로 백성이 귀하고 임금은 천함을 쉬 알게 된다."[26]

랑칭샤오(郞擎霄)의 『맹자학안(孟子學案)』에서는 말했다. "주권이 군주에게 속한다면 방국(邦國)은 군주의 소유이며, 주권이 귀족에게 속한다면 방국은 귀족의 소유이고, 주권이 인민에게 속한다면 방국은 인민의 소유이다. 방국이 인민의 소유가 된 다음에 인민은 그것을 사람에게 주고 사람에게서 취하게 된다. 지금 맹자는 백성은 천하를 사람에게 줄 수 있으며 천자는 천하를 사람에게 줄 수 없다고 하는데 방국을 백성이 가지고 주권이 백성에게 있는 것이다. 프랑스의 루소도 나라의 주권은 한 사람에게 있지 않으며 여러 사람에게 있다고 하였는데 맹자의 뜻과 서로 비슷하다."[27]

탄쉬엔우(譚煊吾)는 「맹자의 민본사상(孟子的民本思想)」에서 말했다. "맹자

---

[26] 강유위의 『맹자미』, 중화서국, 1987, 20~21쪽.
[27] 랑칭샤오의 『맹자학안』, 상무인서관, 1933, 67~68쪽.

의 민본사상을 총괄적으로 보면 실로 현대 민주사조의 일체, 곧 몽테스키외의 법의 뜻, 루소의 민약론(民約論), 프랑스 혁명에서 쟁취한 자유와 평등, 박애, 링컨이 남북전쟁을 불사하고 바꾼 민유(民有)와 민치(民治) 그리고 민향(民享), 국부(國父)가 중국의 국내외를 집대성하여 손수 창시한 삼민주의 곧 민족, 민권, 민생 및 플라톤의 이상국가(理想國家), 노자의 소국과민(小國寡民) 등등을 개괄하고 있다. 이상의 추구가 되었든 진보의 건설이 되었든 모두 맹자의 백성을 근본으로 하는 사상범주를 떠날 수 없다. 그러므로 맹자는 중국 민주정치의 보모일 뿐만 아니라 또한 세계 선지 선각자의 혁명의 스승이기도 하다. 맹자는 실로 천고의 위대한 철인이다."[28]

위엔바오신(袁保新)의 『맹자 삼변지학의 역사적 성찰과 현대적 해석(孟子三辨之學的歷史省察與現代詮釋)』에서는 말하였다. 맹자의 사고는 "주로 인성론에서 왔으며, 모든 사람이 도덕적 존재가 되며 마찬가지의 존귀함과 가치를 갖고 있다. 아울러 하나의 원칙을 따라 하나의 서방의 근대 '민주' 개념과 근사한 '민본' 학설을 제기하였다고 생각하였다."[29]

상술한 각종 견해에는 공통점이 있다. 민본은 모두 백성을 정치의 주체로 생각하는 것이다. 서술의 편의를 위해 본서에서는 이 관점을 '민위정치주체론(民爲政治主體論)'으로 약칭한다. 내가 보기에 '민위정치주체론'은 성립될 수 없다.

'민위정치주체론'의 주요 논거는 『맹자』 두 단락의 원문이지만 자세한 분석은 찾아내기 어렵지 않으며, 이 두 단락의 원문은 결코 이런 관점의

---

[28] 탄쉬엔우의 「맹자의 민본사상」, 우캉(吳康) 등의 『맹자사상연구론집(孟子思想研究論集)』, 대만여명문화사업공사(臺灣黎明文化事業公司), 1982, 257쪽.

[29] 위엔바오신(袁保新)의 『맹자 삼변지학의 역사적 성찰과 현대적 해석』, 대만문진출판사(臺灣文津出版社), 1992, 109쪽.

논거를 충당할 수 없다. 이 두 단락의 원문은 앞에서 이미 인용한 적이 있지만 문제를 설명하려면 번거로움을 마다하지 않고 다음처럼 다시 인용하여야 한다. 첫 번째 단락의 원문은 이렇다.

> 백성이 가장 귀중하고, 사직이 그다음이고, 군주는 가볍다. 그러므로 구민의 마음을 얻은 이는 천자가 되고, 천자에게 신임을 얻은 이는 제후가 되고, 제후에게 신임을 얻은 이는 대부가 된다. 제후가 사직을 위태롭게 하면 바꾸어 둔다. 희생이 이미 이루어지며 자성이 이미 정결하여, 제사를 제 때에 지내되, 그런데도 가뭄이 들고 홍수가 넘치면 사직을 바꾸어 설치한다.
>
> 民爲貴, 社稷次之, 君爲輕. 是故得乎丘民而爲天子, 得乎天子爲諸侯, 得乎諸侯爲大夫. 諸侯危社稷, 則變置. 犧牲旣成, 粢盛旣潔, 祭祀以時, 然而旱乾水溢, 則變置社稷.(14.14)

'민위정치주체론'을 가진 논자는 이 장을 이렇게 해석한다. "맹자에 대하여 말하면 정치의 주체는 인민이며 국군이 아니다. '구민을 얻으면 천자가 되기' 때문에 천자의 통치권이 모두 인민에게서 오는 것이라면 정치의 잣대에서도 백성은 귀하고 임금은 가벼우니 자연히 또한 의심을 품어서는 안 된다."[30]

그러나 맹자의 이 장에서 본의를 가지고 말하면 상술한 결론을 얻기는 매우 어렵다. 먼저 '구민을 얻으면 천자가 된다(得乎丘民而爲天子)'라는 구절을 보자. 이 구절을 "사람 죽이는 것을 좋아하지 않는 자가 통일할 수 있다.(不嗜殺人者能一之)"(1.6), "천하를 얻음에 길이 있으니, 백성을 얻으면 천

---

30 위와 같음, 110쪽.

하를 얻을 것이다.(得天下有道: 得其民, 斯得天下矣)"(7.9), "제후의 보배가 세 가지이니, 토지와 인민과 정사이다.(諸侯之寶三: 土地·人民·政事)"(14.28) 등의 장구와 참고하여 읽으면 군주가 충분히 인정을 시행할 수 있어야 서민의 추대를 얻을 수 있으며 제후가 서로 경쟁하는 과정에서 곧 적을 제압하여 승리할 수 있는 법보(法寶)를 가지게 되어 천하를 통일할 수 있다는 것을 의미한다는 것을 알 수 있다. 간단하게 말하여 '구민을 얻으면 천자가 된다'는 것은 '민심을 얻을 수 있어야 천하를 통일시키고 천자가 될 수 있다'는 의미이며, '천자의 통치권은 인민에게서 왔다'는 것으로 이해될 수 없다. 다시 '백성이 귀중하다(民爲貴)'는 구절을 보자. 맹자가 보기에 천하를 통일하는 과정에서 군주는 가장 부차적인데, 군주는 변환할 수 있는 것을 좋아하지 않기 때문이다. 이는 맹자가 말한 "제후가 사직을 위태롭게 하면 바꾸어 둔다."는 것이다. 사직(또한 곧 토지신과 곡식신인데 여기서는 국가를 대신하여 가리킨다) 또한 특별히 중요시되지 않았는데 한 국가를 잘 다스리지 못하면 천하를 통일하는 대임을 감당할 길이 없어 다른 국가로 바꿀 수 있기 때문에 그는 '사직을 바꾸어 둘' 수 있다고 하였다. 비교하여 말하면 가장 중요한 것은 '민'이다. 한 국가 백성의 생활이 무사태평하고 민심이 크게 따라 가까운 자는 기뻐하고, 멀리 있는 자는 절로 와서 일부러 앞으로 부르러 갈 필요가 없다. 스스로 달리기를 말달리듯 할 것이니 외적의 침입을 당하여도 "몽둥이를 만들어 진나라와 초나라의 견고한 갑옷과 날카로운 병기를 치게 할 수 있을 것이다.(可使制梃以秦楚之堅甲利兵)"(1.5) 그리고 적국이 인정을 행하지 않아 그 백성을 함정에 빠뜨리면 민심을 잃어 "왕이 가서 바로잡는다면 누가 왕과 대적하겠는가?(王往而征之, 夫誰與王敵?"(1.5) 이 때문에 '백성이 귀하다(民爲貴)'의 '귀(貴)' 자는 '임금은 가볍다(君爲輕)'의 '경(輕)'과 상대되어 존귀하고 주요하다는 뜻으로, 핵심은 '민심을 얻는 자는 천하를 얻고 민심을 잃는 자는 천하를 잃음'을 이야기하였다. 결코 국가 정권의 주체는 백성이며 임금이 아님을 말하는 것이 아니다. 본장을 구민은 정치의 주체이며 천자의 통치권은 인민에게서 오며 국가 정권에서 백성이 임금보다 더 중요하다고 해석한다면 지금을 가지고 옛것을 해석한 것으로 타당하지 못할 것이다. 두 번째 단락의 원문은 「양혜왕(梁惠王) 하」에 보인다.

    나라의 군주는 어진 이를 등용하되 부득이한 것처럼 해야 한다. 지위가 낮은 자가 높은 이를 넘고, 소원한 자가 친한 이를 넘게 하려는 것이니, 신중히 하지 않을 수 있겠는가? 좌우의 신하가 모두 현명하다고 말하더라도 허락하지 말며, 대부들이 모두 현명하다고 말하더라도 허락하지 말고, 국인이 모두 현명하다고 말한 뒤에 살펴보아서 현명함을 발견한 뒤에 등용하며, 좌우의 신하들이 모두 불가하다고 말하더라도 듣지 말며, 대부들이 모두 불가하다고 말하더라도 듣지 말고, 국인이 모두 불가하다고 말한 뒤에 살펴보아서 불가한 점을 발견한 뒤에 버려야 한다. 좌우의 신하들이 모두 죽여야 한다고 말하더라도 듣지 말며, 대부들이 모두 죽여야 한다고 하더라도 듣지 말고, 국인이 모두 죽일 만하다고 말한 뒤에 살펴보아서 죽일 만한 점을 발견한 뒤에 죽여야 한다. 그러므로 국인이 죽였다고 말하는 것이다. 이같이 한 뒤에야 백성의 부모라 할 수 있다.

    國君進賢, 如不得已, 將使卑逾尊, 疏逾戚, 可不愼與? 左右皆曰賢, 未可也; 諸大夫皆曰賢, 未可也; 國人皆曰賢, 然後察之; 見賢焉, 然後用之. 左右皆曰不可, 勿聽; 諸大夫皆曰不可, 勿聽; 國人皆曰不可, 然後察之; 見不可焉, 然後去之. 左右皆曰可殺, 勿聽; 諸大夫皆曰可殺, 勿聽; 國人皆曰可殺, 然後察之; 見可殺之焉, 然後殺之. 故曰, 國人殺之也. 如此, 然後可以爲民父母.(2.7)

사람들은 맹자가 '용인(用人)'과 '거인(去人)' 그리고 '살인(殺人)'의 문제에서 이렇게 국인(國人)의 작용을 중시한 것을 보고 곧 그리스 도시국가의 민주제도를 연상하였다. 이를 '맹자가 제기한 국군의 주체성을 해소하자는 주장'[31]으로 생각하였다. 이런 견해는 논의할 만하다. 국인의 고대사회에서의 작용에 관하여서는 두정성(杜正勝)이 체계적인 연구를 한 적이 있고 아울러 충분히 인정을 해주었다. 그는 국인은 당시 하나의 중요한 정치 역량이었으며 귀족정치에서 매우 중요한 작용을 하여 국군, 귀족과 함께 정족지세(鼎足之勢)를 이루었다고 생각하였다. 그러나 이와 동시에 두정성은 국인의 이런 작용이 그리스의 민주제도와는 상이하다는 것을 보았으며 명확하게 지적하여 말하였다. "안타깝게도 이 국인의 영광스러운 역사는 또한 도시국가의 몰락에 따라 종언을 고하였으며 광대한 도시 사람들을 주춧돌로 하는 '민주' 정치는 창조해낼 길이 없었다. 이는 국인이 정치에 관여하는 것 자체가 곧 근본적인 한도가 있고 그들이 평상시에 정치에 영향을 끼치는 행위는 거의 여론에서 나와 소극적이기 때문이다."[32] 이 판단은 상당히 객관적이면서 정확하다. 국인이 하나의 계층으로 정치 생활에서 활약한 것은 위로 서주시대까지 거슬러 올라갈 수 있다. 『좌전(左傳)』에는 국인의 활동이 특히 상세하게 기록되어 있는데 국인(國人)이라는 단어는 『좌전』에서 82차례나 출현한다. 당시 국인은 대내적으로는 국정을 관여할 수 있고 대외적으로는 외교에 관여할 수 있는 정치생활에서의 중요한 역량이었다. 그러나 국인이 정치에 관여하는 것은 여론적인 것뿐이었고 일반적으로는 공자가 말한 '서인들이 의논하지 않는다(庶人不議)'의 '의(議)'에 상당할 수 있으며, 결코 실제적인 권력이 없

---

[31] 황권제(黃俊杰)의 『맹학사상사론(孟學思想史論)』 권1, 대만동대도서공사(臺灣東大圖書公司), 1991, 164쪽.
[32] 두정성의 『주대성방(周代城邦)』, 대만연경출판공사(臺灣聯經出版公司), 1979, 132~133쪽.

었다. 또한 엄밀한 조직제도가 보장되지 않았으며 진정한 권력은 여전히 국군의 수중에 있었다. 맹자가 여기에서 말한 '용인(用人)'과 '거인(去人)' 그리고 '살인(殺人)'은 국인의 의견을 따라야 하고 기껏해야 여론에서 국인의 반영을 듣고 취하여 민의에 순응하고 민심에 부합하는 것에 지나지 않는다. 위에서 말한 '구민의 마음을 얻은 이는 천자가 된다'는 뜻과 서로 가깝지만 정치에 참여하는 실제적인 권력에 이르러서는 근본적으로 입에 올릴 수 없다. 정치에 참여하는 실제적인 권력이 보장될 길이 없다면 자연히 또한 무슨 백성이 정치의 주체라는 것은 입에 올릴 수 없다.

'민위정치주체론'이 발생한 원인은 비교적 복잡한데 대략 말해보면 최소한 두 방면이 있다. 첫째, 민본론 사료의 문의에 대하여 오해하였다. 둘째, 시대적인 특징으로 말미암아 감정으로 현실을 대체하였다.

중국은 예로부터 민본론의 전통을 가졌지만 민본론의 사료에 대하여서는 오히려 늘 오해가 있었다. 이는 『좌전』의 '백성은 신의 주인(民爲神主)'에 대한 이해 방면에서 더욱 두드러지게 표현된다. 『좌전』에는 백성과 신에 관하여 많은 다채로운 논술이 있는데, "대체로 백성은 신의 주인이다. 그런 까닭에 성왕은 먼저 백성을 편안하게 하고 난 후에 신에게 온 힘을 다 바칩니다.(夫民, 神之主也, 是以聖王先成民而後致力於神)"(桓公 6年), "옛날에는 육축을 서로 돌아가며 쓰지도 않았고 작은 제사에는 큰 희생도 쓰지 않았거늘 하물며 감히 사람을 쓴단 말인가? 제사는 사람을 위해서 지내는 것이다. 백성은 신의 주인이다.(古者六畜不相爲用, 小事不用大牲, 而況敢用人乎? 祭祀以爲人也. 民, 神之主也)"(僖公 19年) 같은 것은 몇몇 논자들이 '민위정치주체론'의 사상 연원으로 삼는 것이 흔히 보이지만 꼼꼼하게 고찰하면 어렵지 않게 『좌전』 중의 유관한 논술은 결코 이 뜻이 아님을 알 수 있다. 『설문해자(說文解字)』에서는 말하였다. "주(主)는 등자의 등심(燈心)이다." 단옥재(段玉裁)의 『설문해자주(說文解字注)』에서는 말하였다. "기물을 풀이하였다. 와두(瓦豆: 일종의 陶器 祭器)를 일러 등(登)이라 한다. 곽(郭, 璞)은 말하기를 곧 기름 등자라 하였다.『설문』금부(金部)의 등(鐙)과 정(錠) 두 자이다. 그 형태가 두(豆: 제기)와 같은데, 곧 지금의 등잔이다. 위의 주발에 기름을 담고 불을 붙이는 것이 주(主)이다." 이는 주(主) 자의 본의이며 여기에서 신령이 기탁하는 곳으로 인신되었다. 두예(杜預)의『춘추좌전집해(春秋左傳集解)』에서는 말하였다. "귀신의 정이 백성에 의하여 가는 것을 말한다." 이는 정확하다. 이는 곧『좌전』의 백성과 귀신에 관계된 논술은 주로 나라를 다스리는 것은 귀신에게서 듣고 믿을 수 없으며 백성에게서 듣고 믿어야 함을 강조한 것을 말한다. 이 사상은『좌전』의 다른 문자에서도 매우 명확히 표현된다. "나라가 흥하려면 백성에게서 듣고, 나라가 망하려면 귀신에게서 듣는다고 한다. 귀신은 총명하고 정직하며 한결같은 것으로 사람에 따라 행한다.(國將興, 聽於民; 將亡, 聽於神. 神, 聰明正直而壹者也, 依人而行)"(莊公 32年) 여기에서 '백성이 귀신의 주인이다' 라는 것은 주로 신권을 부정하고 인권을 긍정하며 신권에서 인권으로 향하는 과도기를 표현함을 알 수 있다. '백성은 귀신의 주인이다'를 백성은 귀신의 주재(主宰)라고 해석하고 아울러 한 걸음 더 나아가 이를 '민위정치주체론'을 부추기는 것이라고 생각한다면 곧 글을 바라보니 뜻이 생겨난 것이다.[33]

민본론의 사상 자원에 대해 논자들은 또한 종종『상서』를 인용하여 증명하는데 그 가운데 주요한 것은 아래의 두 가지가 있다. (1) "백성은 나라의 근본이니, 근본이 튼튼해야 나라가 평안하다.(民爲邦本, 本固邦寧)"(『尙書』「五子之歌」) (2) "하늘의 봄이 우리 백성의 봄으로부터 하며 하늘의 들음이 우리 백성의 들음으로부터 한다.(天視自我民視, 天聽自我民聽)"(『尙書』「泰誓」) 문제는「오자지가(五子之歌)」와「태서(泰誓)」두 편이 모두 위서로 시간상으로

---

[33] 장다이녠(張岱年)의『중국철학사방법론발범(中國哲學史方法論發凡)』, 중화서국(中華書局), 1983, 105쪽을 참고하여 보라.

맹자보다 늦다는 데 있다. "백성은 나라의 근본이니, 근본이 튼튼해야 나라가 평안하다."라는 구절은 『맹자』에 보이지 않아 그 내원을 알지 못한다. 위서의 작자가 맹자 사상의 영향을 받아 지은 것일 것이기 때문에 맹자 사상의 근원으로 삼을 수 없다.[34] "하늘의 봄이 우리 백성의 봄으로부터 하며 하늘의 들음이 우리 백성의 들음으로부터 한다"라는 구절은 학술계에서 이미 위서의 작자가 『맹자』에서 베껴간 것이라고 단정하였다. 그러나 맹자가 그 출처를 분명히 말한 이상 그 자체가 참임을 알 수 있어서 맹자 사상의 근원으로 삼을 수 있다. 그럼에도 불구하고 『좌전』의 "백성은 귀신의 주인이다(民,神之主也)"의 사상에 대한 분석에 근거하면 "하늘의 봄이 우리 백성의 봄으로부터 하며 하늘의 들음이 우리 백성의 들음으로부터 한다" 또한 다만 "신(神,天)은 백성을 귀의처로 삼는다"는 뜻을 이야기한 것이며 결코 백성이 정치의 주체라는 것을 말한 것이 아니다. 이것을 가지고 '민위정치주체론'의 근거로 삼았으나 역시 설 곳이 없다.

이로부터 『좌전』과 『상서』를 막론하고 모두 '민위정치주체론'의 근거를 채울 방법이 없다는 것을 알 수 있다. 이 관점을 지닌 학자들은 어의상에서든 시간상에서든 고대 민본론의 함의를 파악하는데 여전히 차이가 있다. 이는 민본론을 '민위정치주체론'으로 이해한 하나의 주요 원인이다.

민주는 서방 정치학의 중요 개념으로 그 본의에 따르면 다수인의 통치, 곧 통상 말하는 주권이 국민에게 있다는 것을 가리킨다. 고대 그리스에서 민주는 인민이 의회 선거 등등의 수단을 통하여 국가의 정권을 장악하고 운용하는 것을 가리킨다. 17, 18세기의 계몽사상가 몽테스키외

---

[34] 펑유란(馮友蘭)의 『중국철학사신편(中國哲學史新編)』 제2책 66~67쪽에서는 말하였다. "『서경(書經)』에는 두 구절이 있는데 '백성은 나라의 근본이니, 근본이 튼튼해야 나라가 평안하다.(民惟邦本, 本固邦寧)'라 하였다. 맹자가 말한 '백성이 귀하다(民爲貴)'란 말은 『서경』의 이 두 구절에서 근거한 것 같다." 이 설은 이 두 구절이 위서에서 나온 것을 분별하지 못한 것으로 일시적으로 소홀히 해서일 것이다.

와 루소 등은 또한 사유재산과 신성불가침을 기초로 '천부인권(天賦人權)'과 '주권재민(主權在民)', '법률 앞에 만인은 평등하다'는 등의 구호를 제기하여 봉건 등급의 특권과 군주전제제도에 반대하였으며, 인민은 국가정권의 주인이며 국가정치의 주체임을 강조했다. 시간의 추이에 따라 현대에 이르러 주권재민의 민주사상 또한 중국에 들어와 이 시점이 되어서야 사람들은 민주가 무엇인지 이해하게 되었다. 강한 군사적 모욕을 겪은 중국 학자들은 자신들이 낙후되었다는 것을 달가워하지 않아 서방의 사상을 열심히 배우는 동시에 또한 적극적으로 고인에게서 사상의 자원을 파내었다. 오래된 민본의 전통을 서방의 민주와 근사한 것으로 말하는 것은 바로 이런 상황에서 나오게 되었다.[35] 그러나 좋은 바람은 현실을 대체할 수가 없었고 민주는 서방의 것이었으며 중국의 정치제도 발전 역사에는 결코 민주의 전통이 없었다. 이 방면의 이탈리아 선교사 마태오 리치(利瑪竇)의 견해는 중시할 만하다. 그는 말하였다. "먼 옛날부터 군주정체(政體)는 곧 중국의 인민이 허락한 유일한 정체이다. 귀족정체와 민주정체, 부호정체나 혹은 어떤 기타의 이런 형식에 대하여 그들은 심지어 이름조차 듣고 말한 적이 없다."[36] 마태오 리치는 중국에서 수십 년간 생활하여 중국과 서방의 정치가 상이하다는 데 대하여 절실한 느낌을 가

---

35 이를테면 위엔바오신 같은 사람은 말했다. "대체로 말하여 우리는 2천여 년 전 맹자의 왕도와 인정의 사상이 이미 근대 서방의 민주 이론을 발전시켰다고 말할 수 없지만 맹자가 인성론에서 출발하여 주장한 '민본' 사상에는 확실히 "주권재민"의 요소가 있는데 또한 부인할 수 없는 사실이다. 유감인 것은 맹자는 민본사상을 높이 드는 동시에 한 걸음 더 나아가 법제의 층면으로 규획할 수가 없어서 진한 이후의 유자들이 또한 잇는 사람이 적어 그 결과 서양의 바람이 동양을 물들인 후에야 우리는 비로소 진정으로 맹자의 사상을 접할 수가 있어서 맹자의 민본 이념에 법제라는 틀의 사고를 주입하였다는 것이다." 위엔 씨가 지은 『맹자 삼변지학의 역사적 성찰과 현대적 해석』, 대만문진출판사(臺灣文津出版社), 1992, 117쪽을 보라.

36 『중국찰기(中國札記)』 제1권 제6장, 왕원량(王文亮)의 『중국성인론(中國聖人論)』에서 인용. 중국사회과학출판사, 1993, 215쪽.

지고 있었다. 그는 분명히 '민주정체'는 중국에서 "심지어 이름조차 듣고 말한 적이 없다"고 하였다. 우리는 오히려 오래된 민본 전통을 서방 민주주의와 근사한 것으로 간주하고 백성이 정치주체라고 주장하였으니 이는 실로 받아들이기 어렵다. 감정으로 현실을 대체하는 것은 민본론을 '민위정치주체론'으로 이해하는 다른 원인임을 어렵지 않게 볼 수 있다.

민본론을 '민위정치주체론'으로 해석할 수 없다면 그것을 어떻게 이해하여야 하는가? 나의 기본적인 견해는 민본론의 관건은 민심을 강조하며, 그것은 일종의 특수한 군본론(君本論)으로 조금 정확하게 말하면 일종의 '이상화한 군본론'이다.

무엇보다 민본론의 기초는 여전히 군본론이다. 이 방면의 가장 유력한 증거는 바로 맹자의 임금과 백성의 관계에 관한 논술이다. 『맹자』를 읽으면 이런 사실을 매우 쉽게 주의하게 되는데 이는 곧 맹자가 종종 군주와 백성의 관계를 부모와 자녀의 관계로 비유하고 있다는 것이다. 이 방면의 논술은 매우 많다.

> 짐승끼리 서로 잡아먹는 것도 사람들은 미워하는데, 백성의 부모가 되어 정사를 행하되 짐승을 몰아 사람을 먹게 함을 면치 못한다면 백성의 부모 됨이 어디에 있겠는가?
> 獸相食, 且人惡之; 爲民父母, 行政, 不免于率獸而食人, 惡在其爲民父母也?(1.4)

> 이와 같이 한 다음이라야 백성의 부모라 할 수 있다.
> 如此, 然後可以爲民父母.(2.7)

> 실로 이 다섯 가지를 시행할 수 있다면, 이웃나라 백성들이 그를 우

러러보기를 부모처럼 할 것이니, 그 자제를 거느리고서 그 부모를 공격함은 생민이 있은 이래로 능히 성사한 자가 있지 못하다.

信能行此五者, 則隣國之民仰之若父母矣. 率其子弟, 攻其父母, 自有生民以來未有能濟者也.(3.5)

백성의 부모가 되어서 백성으로 하여금 한스럽게 보아 장차 일 년 내내 부지런히 노동하여 그 부모를 봉양할 수 없게 하고, 또 빚을 내어 보태어서 세금을 내게 하여, 늙은이와 어린아이로 하여금 구학에서 전전하게 한다면, 백성의 부모 됨이 어디에 있겠는가?

爲民父母, 使民盻盻然, 將終歲勤動, 不得以養其父母, 又稱貸而益之, 使老稚轉乎溝壑, 惡在其爲民父母也?(5.3)

이런 논술의 주안점은 상이한 면이 있긴 하지만 모두 군주를 백성의 부모로 보는 것이다. 중국은 혈연관계가 매우 긴밀한 국가로 가정에서 부모는 지고무상의 지위에 처하여, '부모'라는 두 자는 결코 가벼이 남에게 허락될 수 없다. 사회는 가정의 확대로 군주도 마찬가지로 지고무상의 지위에 처하는데 이는 부모의 가정에서의 지위와 흡사하다. 중국에서 가정은 가장제이며, 사회는 군주제이며 이것은 가장 기본적인 상식이다. 맹자는 관리가 되는 것은 '백성의 부모가 되는' 것과 같아서 부모관(父母官)은 최고의 권력을 관장하고 있으며 백성은 다만 그 하수(下手)인 자민(子民)이라고 생각하였는데 이는 맹자가 명약관화하게 군본론을 주장한다는 것을 설명한다. 이 방면은 일본 근대 계몽사상가 후쿠자와 유키치(福澤諭吉)의 말을 참고할 만하다. 그는 말하였다. "아주(亞洲)의 각국에서는 국군을 백성의 부모라 일컫고 인민을 신자(臣子) 혹은 적자(赤子)라 하며, 정부에서 일하는 사람을 목민관이라 일컬으며, 중국에서는 이따금 지방관을 모주(某州)의 목(牧)이라고도 한다. 이 목(牧) 자는 동물을 사육한다는 의미에 비추어 해석한 것으로, 곧 한 주의 인민을 소와 양으로 간주하여 취급하는 것이다. 이 명칭을 공공연히 표방하는 것은 실로 무례함의 극치이다."37 후쿠자와 유키치의 말은 좀 지나친 듯하지만 부인할 수 없으며 그는 문제의 핵심을 제대로 짚었다. 맹자는 분명히 관리를 '백성의 부모'라고 말하였다. 그런데도 우리는 오히려 맹자는 정치의 주체가 백성에게 있으며 임금에게 있지 않다고 생각하였으니 실제로는 맹자의 사상을 현대화한 것이다.

  이는 이론상으로 말한 것이며 실제로도 마찬가지이다. 맹자는 열국을 주유하면서 제후를 유세하였는데, 곧 그들을 충분히 설복시켜 그들에게 수중의 권력을 운용하게 하여 호령을 발포하고 인정을 시행하여 이에 따라 천하를 태평하게 다스리는 역사의 중임을 완성하기를 바랐다. 이 과정에서 맹자의 중심은 시종 군주의 신상에 놓였으며 백성의 신상에 놓이지 않았다. 더욱이 백성의 중간에서 무슨 '주권재민'를 고무시키거나 백성을 동원하여 군주에게 모반을 하여 '자기 수중의 권력을 빼앗아 오는' 등등의 일을 하지 않았다. 맹자는 무왕이 주를 정벌하는 것은 신하가 임금을 죽이는 것이라 인정하지 않고 다만 "일부를 죽이는 것(誅一夫)"(2.8)이라 하였고 또한 "군주가 큰 잘못이 있으면 간하고, 반복하여도 듣지 않으면 군주의 자리를 바꾼다.(君有大過則諫; 反復之而不聽, 則易位)"(10.9)라고 이야기한 적이 있다. 그것은 다만 귀족계층 중에서 조금 더 명철한 군주로 바꾸는 것일 따름이다. 이런 것들은 모두 맹자는 결코 이 총체적인 한도인 근본을 돌파하지 못하였으며 본질상으로는 군본론을 주장하였음을 설명한다.

---

37 일본 후쿠자와 유키치의 『권학편(勸學篇)』 「명분이 낳은 가짜 군자에 대하여(論名分産生偽君子)」, 왕원량의 『중국성인론(中國聖人論)』에서 인용. 중국사회과학출판사, 1993, 265쪽.

다음으로, 민본론은 전형적인 군본론이 아니며 일종의 '이상화한 군본론'이다. 맹자가 주장한 군본론은 자기의 특징을 가지고 있는데 이 특징은 최소한 이래와 같은 내용을 포괄한다. ① 서민의 생활에 관심을 기울였다. ② 서민의 의견을 청취할 것을 강조하였다. ③ 서민의 사회적 작용을 비교적 중시하였다. ④ 군주에게 도덕적, 정치적으로 비교적 높은 요구를 하였다. ⑤ 군주의 권력에 적당한 제한을 진행하였다. 이런 특징들은 하나로 귀결되는데 곧 민심의 작용을 중시하는 것이었다. 따라서 대담하게 민본론은 본질적으로 일종의 '민심론'이라 단정할 수 있었다.[38] 이른바 '민심론'은 군본론의 기초 위에 민심의 작용을 중시하여 성패와 득실은 민심의 향배에서 결정되는 일종의 정치학설을 강조하였다. 비록 이런 정치학설의 기초가 여전히 군주제이긴 하지만 비교적 민심의 작용을 중시하고 일정 정도에서 서민과 백성의 이익을 반영하였다. 따라서 객관적인 면에서 군주 전제제도에 일정한 제한적인 작용을 일으켰는데 사회발전의 일반적인 규율에 부합하기 때문에 나는 또한 그것을 '이상화한 군본론'이라 일컫는다. 제한을 받지 않는 군주 전제정치와 비교하여 이런 정치는 매우 큰 진보임에 틀림없다. 바로 이러한 것 때문에 후세에서 현실정치에 대하여 조정을 진행할 때 맹자를 정신적 자원으로 생각하지 않음이 없었다. 이는 당 태종이 "물은 배를 띄울 수도 있고 배를 엎어버릴 수도 있다(水能載舟, 亦能覆舟)"한 것을 보고, 진덕수(眞德秀)의 『대학연의(大學演義)』를 한번 보기만 하면 명백히 알 수 있다.

---

[38] 본서를 집필할 초기에 나는 원래 '민심론'의 견해를 가지고 '민본론'의 개념을 대신하려고 생각하였다. 그러나 나중에 '민본론'의 개념에 장구한 역사가 있어서 사람의 마음속에서 이미 정식(定式)이 되었음을 고려하여 이런 상황에서 '민심론'이라는 새로운 용어를 만들어낸다는 것은 결코 관습과 전통을 바꾸기에 충분치 못하고 자칫하다가는 새로운 혼란을 야기할 수도 있었기 때문에 마지막으로 원고를 정할 때 본서의 원고를 심사한 장양하오(張樣浩) 선생의 의견을 따라 주로 '민심론'의 각도에서 민본론을 이해해야 한다고 강조하고 기존의 생각을 버렸다.

민본론을 '이상화한 군본론'으로 이해하는 것은 중요한 이론적 의의가 있다. 이왕의 민본론에 대한 이해는 비록 각기 차이가 있긴 하지만 언제나 민본론을 군본론과 절대적으로 대립하는 범주로 본다.[39] 이런 견해는 비록 중국 전통정치에 내재한 장력의 몇몇 규율로 효과적으로 해석할 수 있지만 몇몇 문제가 존재한다. 이는 민본론이 군본론과 절대적으로 대립할 때 군주전제의 중국에서는 극히 개별적인 상황을 제외하면(明 太祖가 孟子를 孔廟에 配享한 것 같은 것) 어째서 민본론이 생존할 수 있어서 군주전제의 정체과 장기적으로 '평화롭게 공존'하겠는가? 민본론을 '이상화한 군본론'으로 이해한다면 이 문제를 합리적으로 해결할 수 있다. 민본론의 기초가 여전히 군본론이고, 이 큰 한계는 결코 타파하지 못하였기 때문에 전제정체에서도 살아남았고 금하여 근절되지 않았다. 또한 민본론은 '이상화한 군본론'으로 현실의 군본론과 일단의 거리가 있어서 일정한 장력을 형성하였기 때문에 충분히 일종의 '이상정치'를 이룰 수 있었다. '현실정치'와 서로 맞섰기 때문에 2천 년 이내로 군주전제를 반대한 사상적 무기가 될 수 있었다.[40]

---

39 쉬푸관은 '이중주체성'의 이론을 중국의 전통정치에 대해 해설을 진행하였다. 쉬푸관의 『유가 정치사상과 민주자유 인권』, 대만학생서국, 1979, 218~219쪽을 보라.
40 '이상정치'와 '현실정치'가 서로 맞선다는 것에 관한 문제는 본서 제9장 제1절 '왕패지변이 후세에 끼친 영향'에서 상세히 논하였으니 참고하여 보기 바란다.

제4장

경권지변(經權之辨)

맹자의 정치 이상은 '이상화한 군본론(君本論)'을 기초로 왕도주의를 실현하고, 전란의 국면을 끝내며, 천하통일을 실현하는 것이었다. 이 과정에서 사회 환경과 정세에 부단히 발생하는 변화에 근거하여 자기의 정치 방안에 조정을 진행하고 아울러 조정을 진행해야 하는가에 대하여 권(權)의 문제를 언급하였다. 맹자가 여전히 분명하게 경과 권을 나란히 일컫지는 않았지만 이미 명확하게 예(藝)와 권을 마주 들고 아울러 이미 '반경(反經)'을 말하여 나중의 유자들이 경권의 문제를 토론할 때 맹자를 예로 들지 않음이 없었다. 이는 곧 예와 권은 경과 권과 같아 사상 면에서 일맥상통하여 결코 두 가지 일이 아니어서 개념의 일관성을 유지하기 위해서는 맹자의 예와 권의 사상을 또한 경권지변으로 통칭해야 한다는 것을 설명한다.

1. 이론의 선도

학술계에서는 일반적으로 모두 "칭추(秤錘: 저울추)를 권(權)이라고 한다"는 설에 동의한다. 근인인 딩산(丁山)과 마쉬룬(馬叙倫) 같은 사람은 모두 '권(權)' 자에 대해 연구를 한 적이 있다. '권(權)'과 '전(錢)'은 소리가 비슷하여 '전(錢)'의 연혁에서 '권(權)'의 형체와 중량을 미루어 알 수 있다고 생각하였다. 문헌의 기록과 기물의 형체가 서로 들어맞기 때문에 "칭추(秤錘)를 권(權)이라고 한다"는 설은 확실히 틀림이 없다.

그러나 자오지빈(趙紀彬)은 여기에 의혹을 품었다. 『한서(漢書)』「율력지(律曆志)」의 "권(權)은 본래 황종(黃鍾)의 중(重)에서 일어났다"는 설은 비록 모두 함께 받아들였지만 '권(權)'과 '종(鐘)' 두 자는 '목(木)'을 따르고 '금(金)'을 따르는 다름이 있을 뿐만 아니라 소리도 다르기 때문에 '칭추(秤錘)'를 어떻게 '권(權)'이라 이를 것이며 이 사이는 결코 분명치 않다고 생각했다. "이는 곧 「한지」에서 말한 '권(權)'의 역사의 기원이 단연 성립되기 어렵다는 것을 증명할 수 있다."[1]

자오지빈은 노동생산 중에 사용하는 공구가 모두 사람의 생리기관의 연장이라는 규율에 근거하여 다시 '권(權)' 자의 기원을 고증하였다. 그는 '권(權)' 자는 춘추 중엽 이전에 '손 수(手)' 자에서 '권(攉)' 자를 만들어 손으로 물건을 잡는 것을 본 떠 '권(拳)' 자와 서로 통하기 때문에 '권(權)' 자는 제일 처음에 '권(拳)' 자에서 기원하였으며, '주먹의 연장'이라고 하였다. 공자가 '당체지화(唐棣之華)'를 논하기에 이르러 황화목(黃花木)을 일명 '권(攉)'이라 하고 그 꽃이 '바람에 팔랑인다(偏其反而)'는 것은 바로 앞에서는 반하다가 뒤에서는 맞는 사상방법에 비유할 수 있으며, '권(權)'은 목

---

[1] 자오지빈의 『곤지이록(困知二錄)』, 중화서국(中華書局), 1991, 251쪽.

(木)을 따르게 되어 '권(權)'이 되었다. '권(權)' 자 개념의 발전은 논리적으로 이야기하면 모두 네 단계가 있다. "곧 '권력(拳力)'이나 '용력(勇力)'('拳術'과 '技術'을 포괄함)에서 '권력'이나 '능력' 및 '역량'으로, 또한 '표준'으로 갔다가 마지막으로 '권모'나 '권변'으로 바뀌었다."[2]

진정으로 '권(權)'이 철학의 범주가 되어서 방법론의 의의를 갖추게 된 것은 공자로부터 시작되었다. 『논어(論語)』에는 '권(權)' 자가 세 번 나온다. 첫 번째는 「자한(子罕)」 편의 "함께 권도를 행할 수는 없다.(未可與權)"이고, 두 번째는 「미자(微子)」 편의 "폐함[벼슬하지 않음]이 권도에 맞았다(廢中權)"이며, 세 번째는 「요왈(堯曰)」 편의 "권과 양을 삼간다(謹權量)"이다. 그중 세 번째 '권(權)' 자는 다만 도량형의 법도를 동일하게 하는 문제를 언급한 것으로 철학적 의의는 갖추지 않았다. 나머지 두 '권(權)' 자, 특히 첫 번째 '권(權)' 자는 이미 분명하게 철학적 의의를 갖추었으며, 실로 중국 경권지변(經權之辨)의 발단이다.

「자한」 편 "함께 권도를 행할 수는 없다.(未可與權)" 장의 전문은 아래와 같다.

> 공자가 말하였다. "더불어 배울 수는 있어도 함께 도에 나아갈 수는 없으며, 함께 도에 나아갈 수는 있어도 함께 설 수는 없으며, 함께 설 수는 있어도 함께 권도(權道)를 행할 수는 없다."
>
> 子曰: "可與共學, 未可與適道; 可與適道, 未可與立; 可與立, 未可與權."

"당체의 꽃이여! 바람에 펄럭이는구나. 어찌 그대를 생각하지 않겠

---

[2] 자오지빈의 『곤지이록』, 중화서국, 1991, 260쪽.

는가만 집이 멀기 때문이다." 공자가 말하였다. "생각하지 않을지언정 어찌 멂이 있겠는가?"

"唐棣之華, 偏其反而. 豈不爾思? 室是遠而." 子曰 "未之思也, 夫何遠之有?"

자오지빈은 적호(翟灝)의 『논어고이(論語考異)』와 완원(阮元)의 『논어교감기(論語校勘記)』 등의 책을 인용하여 이곳의 전반 장 '자왈(子曰)'의 뒤 6구절 모두 24자는 전사하면서 잘못 뒤바뀌어 실제 순서는 "可與共學, 未可與立; 可與立, 未可與適道; 可與適道, 未可與權"이 되어야 한다고 증명하였다. 이렇게 해야 바야흐로 『논어』 「위정(爲政)」에서 공자가 스스로 말한 "나는 열다섯 살에 학문에 뜻을 두었고, 서른 살에 자립하였고, 마흔 살에 (事理에) 의혹되지 않았고, 쉰 살에 천명을 알았고, 예순 살에 귀로 들으면 그대로 이해되었고, 일흔 살에 마음에 하고자 하는 것을 좇아도 법도를 넘지 않았다.(吾十有五而志于學, 三十而立, 四十而不惑, 五十而知天命, 六十而耳順, 七十而從心所欲, 不逾矩)"(『논어』 2.4)와 서로 맞아떨어진다. 그 외에 「미자」편의 "우중과 이일은 숨어 살면서 말을 함부로 하였으나 몸은 깨끗함에 맞았고, 폐함[벼슬하지 않음]은 권도에 맞았다.(虞仲夷逸, 隱居放言, 身中淸, 廢中權)"(『논어』 18.8)를 참고하여 읽어보면 "그 표시된 인식 발전과정에서 '학(學)'에서 '입(立)'으로, '적도(適道)'에서 '행권(行權)'을 하는 것이 공자의 본의이다."[3] 이는 곧 공자가 보기에 '학(學)'과 '입(立)', '적도(適道)' 그리고 '행권(行權)'의 네 가지 가운데 '행권'이 최고의 경지임을 표명한다.

자오지빈은 또한 왕약허(王若虛)의 『논어변혹(論語辨惑)』과 모기령(毛奇齡)의 『논어계구편(論語稽求篇)』, 초순(焦循)의 『맹자정의(孟子正義)』 등의 책을 인

---

[3] 이 문제에 대한 자오 씨의 논증은 자못 번다하여 다 인용할 수 없으며, 이 책 264~266쪽에 상세하다.

용하여 후반 장 7구절 모두 27자를 증명한다. 본래 하안(何晏)의 『집해(集解)』본을 근거로 삼아 "未可與權"을 한 장으로 합쳐야 하며, 주희(朱熹)의 『논어집주(論語集注)』에 의거하여 1장으로 독립시켜서는 안 된다고 하였다. 주희의 『논어집주』가 오래도록 세상에 유행하여 원·명·청 3대에 흠정 판본이 되어 공자의 '권(權)'에 관한 사상이 마침내 분명하지 못하게 하였다. 이 두 장을 합치면 분명히 볼 수 있으며 "실제 '미가여권(未可與權)' 위는 '권(權)'의 내원을 말하였고, '당체지화(唐棣之華)' 이하로는 '권(權)'의 방법론의 특징을 말하였다."[4] 이는 공자의 '권(權)'의 사상을 더욱 깊이 이해하는 데 장점이 있음은 의심의 여지가 없다.

공자는 '당체지화(唐棣之華)'로 '권(權)' 자를 해석하였는데, "'당체지화'는 정상적이거나 일반적인 '반'이 아니라 '편기반이(偏其反而)'이기 때문이다. 곧 정면을 따르지 않고 측면을 따르며, 곧장 앞으로 곧게 가는 것이 아니라 물러나는 것을 나아가는 것으로 하는 특수한 '반(反)'이며, 합하여진 데서 나누어지는 것이 아니고 철저히 결렬되었으며, 나누어진 데서 합하여져 화해(和諧)로 복귀하기 때문이다."[5] 한유(漢儒)는 반(反) 자에 대하여 대대로 '반귀(反歸)'와 '배반(背反)'이라는 두 가지 상이한 이해를 해왔다. 이상에서 말한 것에 근거하여 공자의 '편기반이(偏其反而)'의 '반(反)'은 주로 '반귀(反歸)'이며 '배반(背反)'이 아니다.

그러나 자오지빈은 또한 '반귀'와 '배반'을 절대적으로 대립시키는 것을 반대하였다. 그는 예를 들어 말하였다. "기하의 '원(圓)'은 그 일단만 자르면 직선인데 그 전체를 보면 원주가 된다. 같은 이치로 방법론에서 '반귀'의 요소를 실 끝만큼도 포함하지 않은 절대적인 '배반'은 다만 곧은길만 달리고 빙 둘러 앞으로 나아가는 유효한 방법을 거절하는 것은 종래

---

4 자오지빈의 『곤지이록』, 중화서국 1991, 266쪽.
5 위와 같음, 267쪽.

에 없었다. 반대로 한 바퀴를 다 돌고 나면 다시 시작하는 순환하는 '반귀' 운동의 전 과정에는 또한 일정한 '배반'의 성분이나 요소를 함유하고 있다. 이는 곧 '배반'과 '반귀' 두 가지는 다른 가운데 같음이 있는 것이다."6 "이렇게 보면 그 '복례(復禮)'는 곧은길로 갈 수 없고 모름지기 도로를 바꾸어 '권을 쓰는 것(用權)'으로 말해야 하는데, 이를 일러 '편기반이(偏其反而)'의 '반(反)' 자가 '배반'을 발생시키는 작용을 한다. '행권(行權)'을 가지고 '복례'를 하는 것으로 말하면 이는 '반이후합(反而后合)'의 '합(合)' 자가 마침내 '크게 순한 데 이르는(至于大順)' 것이다."7

자오지빈의 「석권(釋權)」과 「『논어』의 '권' 자 소증(論語權字疏證)」은 비록 비교적 뚜렷한 시대적 자취를 남겼지만 그 중요한 학술가치를 감출 수는 없다. 내가 보기에 이는 주로 아래의 네 가지 점을 포괄한다. 첫째, '권(權)' 자의 기원을 다시 고증하여 '권(權)' 자는 본래 '권(擢)'에서 기원하여 '권(拳)' 자와 서로 통하며, '당체지화(唐棣之華)' 장에 와서는 '목(木)'을 따라 '권(權)'이 되었다. 둘째, 「자한」편의 '가여공학(可與共學)' 장의 말의 순서를 다시 개정하여 '행권(行權)'이 '적도(適道)'의 층차 위에 있음을 명확히 했다. 셋째, '가여공학(可與共學)' 장과 '당체지화(唐棣之華)' 장을 새로 하나의 장으로 확정지어 공자의 '권(權)'의 사상을 이해하는데 유력한 자료를 찾아주었다. 넷째, 가장 중요한 것은 공자의 '편기반이(偏其反而)'의 '반(反)' 자가 주로 '반귀(反歸)'의 뜻이지만 '반귀'는 결코 '배반(背反)'과 절대 대립하지 않음을 명확히 지적해내어 후세의 상호 대립적인 권설에 모두 자칭 '공자(의 글)를 외고 따르는 데' 합리적인 해석을 제공하였다.

---

6 위와 같음, 268쪽.
7 위와 같음, 275~276쪽.

2. 맹자 경권을 논하다

(1) 맹자는 반경을 주장하고 또한 행권을 찬성하다

맹자는 '반경(反經)'을 주장하였다. '반경'의 설은 「진심(盡心) 하」에 보인다.

> 비난하려 하여도 들 것이 없으며, 풍자하려 하여도 풍자할 것이 없어서, 유속과 동화하며 더러운 세상에 영합하여, 거함에 충신과 같으며 행함에 청렴결백과 같아서, 여러 사람이 다 좋아하거든, 스스로 옳다 여기되 요순의 도에 들어갈 수 없다. 그러므로 '덕의 적'이라고 한 것이다. …… 군자는 떳떳한 도를 회복할 뿐이니, 경도가 올발라지면 서민이 (善에) 흥기하고, 서민이 흥기 하면 사특함이 없어질 것이다.
>
> 非之無擧也, 刺之無刺也, 同乎流俗, 合乎汚世, 居之似忠信, 行之似廉潔, 衆皆悅之, 自以爲是, 而不可與入堯舜之道, 故曰"德之賊"也. …… 君子反經而已矣. 經正, 則庶民興; 庶民興, 斯無邪慝矣.(14.37)

인용문으로 보면 맹자의 '반경(反經)'의 설은 가장 처음 인격을 품평할 때 이야기하였다. 만장(萬章)은 공자의 광자(狂者)와 견자(狷者) 그리고 향원(鄕愿)에 대한 견해를 가지고 맹자에게 가르침을 청하였다. 맹자는, 공자가 중용의 사(士)와 교유를 맺지 못하면 다만 물러나 차선책을 찾을 수 있는데 광자나 견자와 교유를 맺을 수 있을 거라 생각하였다고 말했다. 광자는 지향이 높고 크지만 행위는 부합할 수 없는 사람이며, 견자는 몸을 깨끗이 하기를 스스로 좋아하지만 어떤 일로 해나가길 원치 않는 자이다. 그러나 공자가 가장 경멸한 것은 향원이다. 공자는 말했다. "같으면서 아닌 것을 미워하니, 가라지를 미워함은 벼 싹을 어지럽힐까 두려워해서이고, 말재주가 있는 자를 미워함은 의를 어지럽힐까 두려워해서이다. 말 잘하는 입을 가진 자를 미워함은 신을 어지럽힐까 두려워해서이고, 정나라 음악을 미워함은 정악을 어지럽힐까 두려워해서이다. 자주색을 미워함은 붉은색을 어지럽힐까 두려워해서이고, 향원을 미워함은 덕을 어지럽힐까 두려워해서이다.(惡似而非者: 惡, 恐其亂苗也; 惡佞, 恐其亂義也; 惡利口, 恐其亂信也; 惡鄭聲, 恐其亂樂也; 惡紫, 恐其亂朱也; 惡鄕原, 恐其亂德也."(14.37) 이 때문에 군자는 사람이 되는 문제에서는 반드시 '반경(反經)'을 해야 한다. 『맹자』에는 모두 52자의 '반(反)' 자가 있다. 기본적인 함의는 돌아오다(返回), 보답하다(回報), 귀가하다(回家), 반성하다(反省)이다. 따라서 '반경(反經)'은 원칙으로 '돌아가다'의 뜻이며, 여기에 쓰인 것은 특별히 반드시 사람됨의 도덕적 표준을 견지하여 원칙을 버릴 수 없다는 것을 가리킨다. 양보쥔(楊伯峻)의 『맹자역주(孟子譯注)』에서는 말하였다. "이런 구조는 『논어』「안연(顔淵)」편의 '복례(復禮)'와 같다. '예법으로 돌아간다'는 것을 곧 '복례'라 하며, '경상으로 돌아간다(歸於經常)'는 것은 곧 '반경(反經)'이라고 한다. '반(反)'은 '반(返)'과 같다." 이 말은 틀리지 않았다. 이로부터 『맹자』의 '반경'은 곧 경으로 '돌아가는 것(反歸)'으로 공자의 '편기반이(偏其反而)'의 함의와 기본적으로 일치함을 알 수 있다.

이하 1장의 내용은 '반경'과 서로 가깝다.

진대가 말하였다. "제후왕을 만나보지 않는 것은 작은 일인 것 같습니다. 이제 한 번 만나보시면 크게는 왕자를 이루고, 작게는 패자를 이룰 것입니다. 또 옛 기록에 '한 자를 굽혀 여덟 자를 편다.' 하였으니, 할 만한 일일 듯합니다."

맹자가 말하였다. "옛날에 제경공이 사냥할 때 우인을 정[깃발]으로

부르자, 오지 않으니, 장차 그를 죽이려 했었다. (孔子께서 그를 칭찬하시기를) '지사는 (屍身이) 도랑에 버려질 것을 잊지 않고, 용사는 자기 머리를 잃을 것을 잊지 않는다.' 하셨으니, 공자는 어찌하여 그를 취하셨는가? (자기의 신분에 맞는) 부름이 아니면 가지 않은 것을 취하신 것이다. (그런데) 만일 부름을 기다리지 않고 간다면 어떠하겠는가. 또 한 자를 굽혀서 여덟 자를 편다는 것은 이를 가지고 말한 것이니, 만일 이를 가지고 한다면, 여덟 자를 굽혀서 한 자를 펴 이롭더라도 또한 하겠는가. 만일 도를 굽혀 저를 따른다면 어찌 하겠는가. 또한 자네가 잘못이다. 자기 몸을 굽힌 자가 능히 남을 곧게 펴는 경우는 없는 것이다."

陳代曰: "不見諸侯, 宜若小然; 今一見之, 大則以王, 小則以霸. 且志曰: "枉尺而直尋", 宜若可爲也."

孟子曰: "昔齊景公田, 招虞人以旌, 不至, 將殺之. 志士不忘在溝壑, 勇士不忘喪其元. 孔子奚取焉? 取非其招不往也. 如不待其招而往, 何哉? 且夫枉尺而直尋者, 以利言也. 如以利, 則枉尋直尺而利, 亦可爲與? …… 如枉道而從彼, 何也? 且子過矣: 枉己者, 未有能直人者也."(6.1)

어기상으로 볼 때 본장에서 말한 것은 맹자가 첫 번째 제를 유력했을 때의 일일 가능성이 크다. 제자인 진대가 맹자가 제후를 만나보지 않는 것을 이해하지 못하여 제후를 알현하면 크게는 왕천하(王天下)를 일컬을 수 있고, 작게는 또한 패제후를 일컬을 수 있을 것이라 생각하였다. 한 자를 굽혀 여덟 자를 편다면 어떻게 하지 않겠는가? 그러나 맹자는 그렇지 않다고 생각하여 사인(士人)은 무엇보다도 자기의 몸을 바로잡아야 하며 몸을 굽혀가며 벼슬을 구할 수는 없다고 하였다. 과거에 제경공이 정(旌이라는 깃발)을 가지고 산림을 관리하는 우인(虞人)을 불렀는데, 예법에 맞지 않아 인격을 욕보인다고 하여 우인은 또한 앞으로 가지 않았다. 내가 몸을 굽혀 예법을 어겨가며 가서 제후를 만난다면 무엇이 되겠는가? 자신은 정도를 행하지 않은 사람으로 다른 사람을 바로잡을 수 없을 것이다. 이는 매우 엄숙한 화두이다. 당시의 상황에서 왕도의 이상을 실현하려면 반드시 제후를 알현하여야 하지만 제후를 알현하는 데는 원칙이 있다. 맹자가 원칙을 견지하면 제후를 만나지 못하기 때문에 임용이 되지 못할 것이고 또한 인정이라는 이상을 실현할 길이 없을 것이다. 그러나 제후를 알현하면 임용이 될 수 있겠지만 원칙을 위배하는 것이다. 이런 곤경에 처하여 맹자는 한 자를 굽혀 여덟 자를 편다는 설에 반대하여[8], 시종 원칙을 견지하여 놓지 않았다. 이런 특수 상황에서 원칙을 견지하여 타협하지 않는 것은 곧 일종의 '반경(反經)'이며 혹자는 '반경'의 실천이라고 한다.

언급할 만한 것은 비록 '반경(反經)'이 원칙을 견지한다는 뜻이긴 하지만 원칙을 견지하는 것은 결코 허락된 범위 내에서 적당한 조정을 진행하는 것을 배척하지 않는다는 것이다. 이를테면 인격 방면에서는 반드시 '반경(反經)'을 해야 하는데, 가장 좋기는 중용의 사와 교유를 하는 것이지만 실제로 할 수 없다면 또한 물러나 그 차선책을 구하여 광자나 견자와 교유를 맺을 수도 있다. 명대의 고공(高拱)은 일은 크고 작은 것 없이 모두 '행권(行權: 권도를 행함)'[9]하여야 한다고 하였는데 곧 이 뜻을 포함하고 있다. 이는 기본상식으로 이론상 반대하는 사람이 없기 때문에 여기에서는 토론하지 않는다.

---

8 본장에서 '如以利, 則在尋直尺而利,亦可爲與'라 한 구절은 이치상 순조롭지 못하다. 이로움을 가지고 말한다면 '한 자를 굽혀서 여덟 자를 펴는 것'은 이로움이 있고, '여덟 자를 굽혀서 한 자를 펴는 것'은 분명히 이롭지 못하다. 맹자는 이것을 예로 들어 진대를 가르쳤는데 언어가 타당함을 잃은 것인데 문제를 설명하는데 도움이 되지 않는다. 이는 맹자의 논변(論辯)이 타당하지 못한 한 예라 볼 수 있다.

9 본서 제9장 제2절에 보인다.

다른 방면에서 맹자는 공자와 마찬가지로 '행권(行權)'을 찬성하였다. 「진심 상」에서는 말했다.

> 양자는 자신을 위함을 취하여, 털 하나를 뽑아서 천하가 이롭게 된다 하더라도 하지 않았다. 묵자는 겸애를 하여, 이마를 갈아 발꿈치에 이르더라도 천하에 이로우면 하였다. 자막은 이 중을 잡았으니, 중을 잡음이 도에 가까우나, 중을 잡고 저울질을 하지 않는 것은 한쪽을 잡는 것과 같다. 한쪽을 잡는 것을 미워하는 까닭은 도를 해치기 때문이니, 하나를 들고 백 가지를 폐하는 것이다.
> 楊子取爲我, 拔一毛而利天下, 不爲也. 墨子兼愛, 摩頂放踵利天下, 爲之. 子莫執中. 執中爲近之. 執中無權, 猶執一也. 所惡執一者, 爲其賊道也, 擧一而廢百也.(13.26)

여기서 세 개의 중요한 개념인 '집중(執中)'과 '권(權)', 그리고 '집일(執一)'을 제기하였다. 양주(楊朱)는 위아(爲我: 자신을 위함)를 주장하였는데, 극단적인 이기주의로 털 하나를 뽑아 천하가 이롭게 되는 것도 하려고 하지 않았다. 묵자는 겸애를 주장하였는데, 극단적인 이타주의로 이마를 갈아 발꿈치에 이르더라도 천하를 이롭게 한다면 또한 할 용의가 있었다. 이 두 이론은 모두 지나치게 편향적이어서 한쪽 끝으로 빠졌다. 자막은 유가로[10] 사랑에는 차등이 있다고 주장하였다. 양주 위아설의 극단적인 이

---

[10] 자막은 조기(趙岐)의 『주(注)』에서 "노(魯)의 현인이다."라 하였다. 황학(黃鶴)은 이 사람은 곧 '전손자막(顓孫子莫)'일 것이라 하였다. 근인 나근택(羅根澤)은 이 설을 찬성하였지만 상세한 고증은 하지 않았다. 첸무(錢穆)는 『선진제자계년고변(先秦諸子繫年考辨)』「자막고(子莫考)」에서 이에 대해 전문적인 고증을 하였지만 또한 같은 견해를 지녀 "나 씨가 전손자막이라 한 것이 타당하며 황학 씨의 설과 부합한다. 연세(年世)가 부합하고 또한 유자인데 아마 그럴 것이다."(『선진제자계년고변』 233쪽)라 하였다.

기주의와도 다르고 또한 묵자 겸애설의 극단적인 이타주의와도 달라 둘 사이에 처하였는데 이것이 곧 '집중'이다. '집중'이 소중한 것은 그것이 각종 다른 이론과 학설, 방안 등을 가지고 종합적인 비교를 진행하여 극단적인 것은 버리고 그 중을 취하여 비교적 합리적인 이론과 원칙을 얻었기 때문이다. 그러나 '집중'만 가지고는 여전히 안 되는데 '집중'은 다만 하나의 전체적인 이론이자 전체적인 원칙으로 환경과 조건은 언제나 부단히 변화한다. 그 때문에 환경과 조건의 변화에 따라 이런 이론과 원칙을 적당히 변통하고 조정해야 하는데 이것이 곧 '권'이다. 상황이 어떻게 변화하든 아랑곳하지 않고 이미 정하여진 이론 원칙만 고수하여 놓지 않는다면 새로운 환경과 새로운 상황에 잘 적응할 수 없으며 애초의 '집중'의 이론과 원칙 또한 효과를 잃어 좋은 결과를 얻을 수 없게 될 것인데 이것이 곧 '집일'이다. 이로부터 맹자는 '행권'을 찬성하고 '집일'을 반대하였음을 알 수 있기 때문에 맹자는 "중을 잡고 저울질을 하지 않는 것은 한쪽을 잡는 것과 같다. 한쪽을 잡는 것을 미워하는 까닭은 도를 해치기 때문이니, 하나를 들고 백 가지를 폐하는 것이다."라 말하였다. 이로부터 '행권'은 객관적인 상황의 변화에 근거하여 경에 대하여 조정과 변경을 진행하는 것임을 알 수 있다.

맹자는 '반경(反經)'을 주장하고 또한 '행권(行權)'을 찬성하였다. 이 방면의 가장 전면적이고 가장 대표성을 띤 논술은 아무래도 맹자와 순우곤(淳于髡)의 유명한 대화일 것이다.

순우곤이 말하였다. "남녀 간에 주고받기를 친히 하지 않는 것이 예입니까?"

맹자가 말하였다. "예이다."

(淳于髡이) 말하였다. "제수가 물에 빠지면 손으로써 구원하여야 합니까?"

(孟子가) 말하였다. "제수가 물에 빠졌는데도 구원하지 않는다면, 이는 시랑[승냥이]이니, 남녀 간에 주고받기를 친히 하지 않음은 예이고, 제수가 물에 빠졌으면 손으로써 구원함은 권도이다."

(淳于髡이) 말하였다.

"지금 천하가 도탄에 빠졌는데, 부자께서 구원하지 않으심은 어째서입니까?"

(孟子가) 말하였다. "천하가 도탄에 빠지거든 도로 구원하고, 제수가 물에 빠지거든 손으로 구원하는 것이니, 그대는 손으로 천하를 구원하고자 하는가."

淳于髡曰: "男女授受不親, 禮與?"

孟子曰: "禮也."

曰: "嫂溺, 則援之以手乎?"

曰: "嫂溺不援, 是豺狼也. 男女授受不親, 禮也; 嫂溺, 授之以手, 權也."

曰: "今天下溺矣, 夫子之不援, 何也?"

曰: "天下溺, 援之以道; 嫂溺, 援之以手. 子欲手援天下乎?"(7.17)

순우곤은 제나라의 유명한 변사로 『사기』「맹자순경열전(孟子荀卿列傳)」에서는 "견문이 넓고 기억력이 강하였으며 학문에 주된 것이 없었다. 간언하고 유세하는 것은 안영(晏嬰)의 사람됨을 흠모하였으나 뜻을 받들고 안색을 살피는 것에 힘썼다."[11]라 하였다. 순우곤의 정치적 관점은 맹자와 달라 맹자가 시종 왕도주의의 정치 이상을 견지하는 것에 대해 이해를 할 수 없었다. 당시 천하가 대란에 빠지자 필요한 경우에는 정치의 원칙에 또한 **변통**이 있어야 한다고 생각하였다. 이 대화에서 그는 먼저 맹자

---

11 『사기』 권74, 중화서국, 1959, 2347쪽.

에게 하나의 이러지도 저러지도 못할 어려운 문제를 제기한다. 맹자가 남녀 간에 직접 주고받는 것이 예가 아님을 인정한다면 제수가 물에 빠졌을 때 손을 내밀어야 한다고 말할 수 없다. 제수가 물에 빠졌을 때 손을 내밀어야 한다고 인정한다면 남녀가 직접 주고받는 것이 예가 아니라 말할 수 없다는 것이다. 다만 제수가 물에 빠졌을 때 손을 뻗는 것은 인지상정이고 맹자는 당연히 이렇게 대답할 수밖에 없었다. 이렇게 순우곤은 자기의 목적에 다다른 다음 자신의 참된 의도를 표명하기 시작했다. "오늘날 천하가 (도탄에) 빠졌는데 부자가 손을 내밀지 않는 것은 어째서인가?" 맹자에게 일을 하려면 변통을 강구하고 원칙만 고수해서는 안 된다는 것을 권할 의도였다.

그러나 맹자는 변론 중에 생각의 갈피를 분명히 하여 두 개의 다른 문제를 분리하여 우선 남녀가 주고받는 문제를 이야기하고 난 다음에 다시 정치 원칙의 문제를 이야기하였다. 물건을 주고받는 것은 쌍방의 손이 반드시 서로 접촉하는 것은 아니고 접근한 데 지나지 않을 뿐이며 예의가 따르는 요구는 허락할 수 없다. 제수가 물에 빠졌는데 손을 내미는 것은 반드시 쌍방의 접촉이 있어야 가능하며 이는 더욱 허락할 수 없는 것이다. 그러나 맹자는 남녀가 직접 주고받지 않는 것이 예라고는 하였지만 제수가 물에 빠진 것은 특수한 상황이라고 생각하여 이런 상황을 맞닥뜨리면 예에 변통을 진행할 수 있기 때문에 그의 대답은 매우 간단했다. "제수가 물에 빠졌는데도 구원하지 않는다면, 이는 승냥이와 이리(같은 짐승)이다." "남녀 간에 주고받기를 친히 하지 않음은 예이다."의 '예(禮)'는 전체적인 이론과 원칙을 가리키며 "제수가 물에 빠졌는데 손을 내밀어 구원하는 것은 권(權)이다" 할 때의 '권(權)'은 특수한 상황의 변통이다. 특수한 상황을 맞닥뜨렸을 때 변통을 알지 못하면 곧 승냥이와 이리의 행위로 곧 '집일(執一)'이다. 이는 '행권(行權)'을 이야기한 것이다.

정치 원칙상 양보를 할 수 있느냐 없느냐의 문제에 대하여 맹자의 대답은 매우 교묘하다. 그는 순우곤의 비유에 다시 비유를 더하여 "그대는 손으로 천하를 구원하고자 하는가?"라는 반문을 제기하였다. 이렇게 문제를 극단으로 미루어 향해 가고 아울러 공을 상대방에게 넘겼다. 상식대로라면 손으로는 천하를 구원할 수 없고 다만 도(道)로만 천하를 구원할 수 있다. 도는 맹자의 일관된 사상에 근거하면 곧 선왕의 도이자 왕도의 도이다. 이렇게 하여 맹자는 순우곤의 정치의 원칙을 변통해야 한다는 데 관한 설득에 대하여 자기의 힘찬 반응을 내고 원칙의 문제에 있어서는 양보할 수 없는 기본 입장을 견지하였다. 이런 방법이 '반경(反經)'이다.[12]

(2) 반경과 행권의 관계

'반경(反經)'도 해야 하고 '행권(行權)'도 해야 하는 이 두 가지는 확실히 모순적이니 어떻게 이 모순을 처리해야 하는가? 반복적으로 맹자의 유관한 논술을 헤아려본 후 나는 여기에는 최소한 네 가지의 해결해야 할 문제가 있음을 발견했다. 이는 곧 (1) 어느 때 '반경'을 하고, 어느 때 '행권'을 해야 하는가? (2) '행권'은 경(經)을 '배반(背反)'할 수 있는가? (3) 어떤 사람이 '행권'을 할 수 있는가? (4) '행권'의 표준은 무엇인가? 이다. 아래에서 하나씩 분석을 진행하겠다.

첫째, 어느 때 '반경'을 하고, 어느 때 '행권'을 해야 하는가? 이 문제의

---

[12] 학자는 이 장을 인용할 때 왕왕 전반부만 주의하고 후반부는 주의하지 않아 맹자의 권설의 윤리학적 의의만 보며 그 정치학적 의의는 보지 못한다. 이런 견해는 단편적이며 맹자의 사상을 전면적으로 이해하는 데 불리하다. 실제로 맹자의 '행권'에 관한 사상은 첫째가 정치적 의의이며, 그다음이 윤리적 의의이다. 이 문제는 중시되어야 한다.

답안은 비교적 간단하다. 일반적인 상황에서는 '반경'을, 특수한 상황에서는 '행권'을 행한다. 일반적인 상황에서는 '남녀가 친히 주고받지 않는' 예를 준수해야 하는데, 이것이 곧 '반경'이다. '제수가 빠진' 특수한 상황에서는 '손을 내밀어 구원해야 하는데' 이것이 곧 '행권'이다. 일반적으로 말하여 이 문제는 논자들에게 모두 신임을 받고 있어서 여기서는 다시 상세하게 논하지 않겠다.

둘째, '행권'은 경(經)을 '배반(背反)'할 수 있는가? 맹자는 이 문제에 명확하게 대답하지 않았지만 맹자가 열거한 '행권'의 실제 사례의 분석을 통하여 보면 '행권'은 확실히 경을 '배반'하는 것이다.

여전히 '남녀가 친히 주고받지 않는' 장을 예로 들어 남녀가 물건을 친히 주고받지 않는 것이 예로, 이 예는 곧 경이며, 제수가 물에 빠졌을 때 손을 내밀어 구원하는 것은 어떻게 해석을 하든 상황이 얼마나 특수하든 간에 그 구체적인 거동은 모두가 경에 대한 '배반'이다.[13]

사실 '행권'하는 과정에서 경을 '배반'하는 것에 관한 상황은 또한 매우 많은데 일단 다음의 장을 보도록 하자.

제선왕이 물었다. "탕이 걸을 유치(留置)하고 무왕이 주를 정벌하였다 하니, 그러한 일이 있습니까?"

맹자께서 대답하였다. "전에 있습니다."

(제선왕이) 말하였다. "신하가 그 군주를 죽이는 것이 가합니까?"

(맹자가) 말하였다. "인을 해치는 자를 적이라 이르고, 의를 해치는 자

---

[13] 웨이정통(韋政通) 또한 마찬가지의 견해를 가졌다. 그는 말하였다. "제수가 물에 빠졌을 때 손을 내밀어 구원하는 것은 인도의 원칙에 근거하여 한 도덕적 결정으로, 이 결정을 맹자는 '권(權)'이라 하였는데, 권은 명확하게 경(經, 禮)을 위반하였다." 웨이 씨가 지은 『유가와 현대 중국(儒家與現代中國)』, 대만동대도서유한공사(臺灣東大圖書有限公司), 1984, 79쪽을 보라.

를 잔이라 이르고, 잔적한 사람을 일부라 이르니, 일부인 주를 베었다
는 말은 들었으나, 군주를 죽였다는 말은 들은 적이 없습니다."

齊宣王問: "湯放桀, 武王伐紂, 有諸?"

孟子對曰: "於傳有之."

曰: "臣弑其君, 可乎?"

曰: "賊仁者謂之 '賊', 賊義者謂之 '殘'. 殘賊之人謂之 '一夫'. 聞誅一
夫紂矣, 未聞弑君也."(2.8)

걸과 주는 모두 임금이고, 탕과 무는 모두 신하이다. 예에 따르면 신하
는 신하의 도를 다하여야 하지만 걸과 주는 황음무도하고 탕과 무는 이
런 특수한 상황에서 '행권'을 하여 걸을 추방하고 주를 죽일 수밖에 없
었다. 이런 상황은 매우 특수한 경우이긴 하지만 형식적으로든 실질적
으로든 모두가 경을 '배반'한 것이다. '행권'이 경을 '배반'할 수 있음을
알 수 있다.

이로부터 맹자가 경과 권을 이야기함에 두 가지 다른 함의를 가지고
있음을 알 수 있다. 일반적인 상황에서는 '반경'만 할 수 있는데, 이때의
'반경'은 곧 원칙을 견지한다는 뜻이다. 특수한 상황에서는 '행권'을 할
수 있는데, 이때의 '행권'은 곧 원칙에 대하여 변통과 변경을 진행한다는
뜻이다. 곧 맹자의 사상은 원칙을 견지하는 '반경'(經으로 '反歸'함)과 원칙에
대해 변경을 진행하는 '행권'(經을 '背反'함) 두 가지를 겸하여 가지고 있으
며, 어느 때 '반경'을 해야 하고, 어느 때 '행권'을 해야 하는가는 구체적인
상황에 따라 정하여진다는 것을 말한다.

셋째, 어떤 사람이 '행권'을 할 수 있는가? '행권'은 경을 '배반'해야 한
다. 이는 하나의 매우 엄숙한 문제로 자칫하였다가는 문제가 생기기 쉬
우므로 맹자는 성현만이 행권할 수 있다고 주장했다. 다음 장은 탕이 걸

을 추방하고 무가 주를 정벌한 내용과 비슷하여 이 문제를 설명하는 데 도움이 된다.

> 공손추가 말하였다. "이윤이 이르기를 '나는 (의리에) 순하지 못한 것을 익히 볼 수 없다.' 하고, 태갑을 동으로 추방하자, 백성들이 크게 기뻐하였고, 태갑이 현명해져서 다시 그를 돌아오게 하자, 백성들이 크게 기뻐하였으니, 현자가 남의 신하가 되어 그 군주가 현명하지 못하면 진실로 추방할 수 있습니까?"
> 맹자가 말하였다. "이윤의 뜻이 있으면 가하거니와, 이윤의 뜻이 없으면 찬탈이다."
> 公孫丑曰: "伊尹曰: '予不狎于不順, 放太甲于桐, 民大悅. 太甲賢, 又反之, 民大悅. 賢者之爲人臣也, 其君不賢, 則固可放與?'"
> 孟子曰: "有伊尹之志, 則可; 無伊尹之志, 則篡也." (13.31)

이윤이 태갑을 추방한 일은 「만장(萬章) 상」 제6장에도 보인다. 이윤은 탕을 도와 천하를 통일시켰는데 탕이 죽은 후 태정(太丁)이 즉위도 하지 못하고 죽었다. 외병(外丙)이 2년간 재위에 있었고 중임(仲壬)이 4년간 재위에 있었으며 그런 다음에 태정의 아들 태갑이 또 돌아와서 왕위를 계승하였다. 그러나 태갑은 탕의 법도를 파괴하여 이윤이 그를 동읍(桐邑)으로 내쫓자 백성들이 매우 기뻐했다. 3년 후 태갑이 잘못을 뉘우치고 인(仁)을 마음에 두고 오직 의(義)만 좇자 이윤은 그제야 다시 그의 왕위를 회복시켜 주었는데 백성들이 또한 매우 기뻐했다. 이런 상황에 대하여 공손추는 잘 이해하지 못했다고 느끼고 맹자에게 묻기를 군주가 훌륭하지 못하다면 현자인 신하가 쫓아낼 수 있느냐고 하였다. 예에 의하면 이윤이 태갑을 동으로 추방한 것은 명확히 경을 '배반'하는 것이며, 일반적인 신하로 말할 것 같으면 이렇게 하는 것은 곧 권력과 지위를 찬탈하는 것이다. 다만 이윤이 한 것은 탕의 천하를 오래도록 안정시킨 것이므로 이렇게 할 수 있으며 결코 권력과 지위를 찬탈한 것으로 취급할 수 없다. 이는 곧 권도를 행하는 것은 어려운 일이고 파악하기가 매우 어려우며 성현만이 그 한도를 잘 파악하여 비로소 '행권'을 할 수 있다는 것을 설명한다.

성현만이 '행권'할 수 있다는 것은 풍부한 사상 내용을 함축하고 있다. 첫째, 성현만이 심지가 순정함을 보장할 수 있어 악한 목적에서 나오는 것이 아니어서 이윤 같은 경우는 천하를 오래도록 평안하게 다스리기 위해서이지 권력과 지위를 찬탈한 것이 아니다. 둘째, 성인만이 상황의 변화에 근거하여 부단히 자기의 행동 방안을 조정하고 경에 변경을 진행할 수 있어서 가장 이상적인 실제 효과에 다다르게 된다.

넷째, '행권'의 표준은 무엇인가? 성인만이 '행권'을 할 수 있는데 다만 성인이 '행권'할 때 의거하는 표준은 무엇인가? 맹자는 이 표준을 의(義)라고 생각했다. 맹자의 이 사상은 실질적으로 공자에게서 기원한다. 공자에서는 '사무(四毋)'의 설이 있으니 곧 "사사로운 뜻이 없었으며, 기필하는 마음과 집착하는 마음이 없었으며, 이기심이 없었다.(毋意, 毋必, 毋固, 毋我)"(『논어』 9.4) 또 말하였다. "나는 이와 달라서 가한 것도 없고 불가한 것도 없다.(我則異於是, 無可無不可)"(『논어』 18.8) "군자는 천하(의 일)에 있어서 오로지 주장함도 없으며, 그렇게 하지 않는다는 것도 없어서 의를 따를 뿐이다.(君子之於天下也, 無適也, 無莫也, 義之與比)"(『논어』 4.10) '의를 따를 뿐(義之與比)'이라는 것은 매우 중요한 사상이다. 공자가 보기에 일을 할 때 고집에 얽매일 수 없으며(毋固), 절대적으로 옳은 것도 없고 절대적으로 옳지 않은 것도 없으며(無可無不可), 오로지 주장하는 것도 없고(無適), 반드시 반대하는 것도 없으며(無莫) 의에 부합하기만 하면 의를 따를 수 있기(義之與比) 때문에 모든 행위의 최고 표준은 의이다.

맹자는 공자의 이 사상을 진일보시켜 '오직 의가 있는 데로 하는 것(惟義所在)'으로 개괄했다.

> 대인이란 자는 말은 믿게 하기를 기필하지 않으며, 행실은 과단성 있게 하기를 기필하지 않고, 오직 의가 있는 데로 하는 것이다.
> 大人者, 言不必信, 行不必果, 惟義所在. (8.11)

일반인으로 말하면 말은 반드시 신의가 있어야 하고 행실에는 반드시 결과가 있어야 한다는 것은 사람의 기본적인 도리이다. 그러나 특수한 상황에서 대인(大人: 聖賢)은 오직 의에만 의거하여 행하며 또한 "말은 신의를 기필하지 못하고 행실은 결과를 기필하지" 못할 수도 있다. 이로부터 '행권'의 과정에서 가장 중요한 것은 의를 최상으로 하여 성현만이 '의를 따를 수 있고', '오직 의가 있는 곳이기' 때문에 성현만이 '행권'을 할 수 있다는 것을 알 수 있다.

맹자는 공자를 '성인 가운데 시의적절한 자(聖之時者)'로 높이 평가하였으며, 상술한 사상과 직접적인 관계가 있다. 그는 말하였다.

> 백이는 성인 가운데 맑은 자이고, 이윤은 성인 가운데 자임한 자이며, 유하혜는 성인 가운데 화한 자이고, 공자는 성인 가운데 시의적절한 자이다. 공자를 집대성이라 이르는데, 집대성이란 금으로 소리를 퍼뜨리고, 옥으로 거두는 것이다. 금으로 소리를 퍼뜨린다는 것은 조리를 시작함이고, 옥으로 거둔다는 것은 조리를 끝내는 것이다. 조리를 시작하는 것은 지의 일이요, 조리를 끝내는 것은 성의 일이다. 지를 비유하면 공교함이고, 성을 비유하면 힘이니, 백 보의 밖에서 활을 쏘는 것과 같아,

(표적에) 이름은 너의 힘이지만 과녁에 맞는 것은 너의 힘이 아니다.

 伯夷, 聖之淸者也; 伊尹, 聖之任者也; 柳下惠, 聖之和者也; 孔子, 聖之時者也. 孔子之謂集大成. 集大成也者, 金聲玉振之也. 金聲也者, 始條理也; 玉振之也者, 終條理也. 始條理者, 智之事也; 終條理者, 聖之事也. 智, 譬則巧也; 聖, 譬則力也. 由射于百步之外也, 其至, 爾力也; 其中, 非爾力也.(10.1)

『맹자』의 많은 곳에 맹자의 백이와 이윤, 유하혜 그리고 공자에 대한 평론이 기록되어 있다. 대체로 백이는 성인 가운데 맑고 고상한 사람인데, 그는 눈으로 좋지 않은 사물은 보지 않고 귀로 좋지 않은 소리를 듣지 않았다. 이상적인 군주가 아니라면 섬기러 가지 않고 이상적인 백성이 아니라면 부리러 가지 않으며, 천하에 도가 있으면 나와서 일을 하고 천하가 혼란하면 전야로 물러나기 때문이다. 이윤은 성인 가운데 책임을 지는 사람인데 그는 스스로를 '천민(天民)의 선각자'라 생각하여 '이 도로 이 백성을 깨우치려고 하기 때문에' 모든 군주를 모두 가서 섬길 수 있고, 모든 백성을 모두 가서 부릴 수 있어서, 천하가 태평하면 나와서 벼슬을 하고 천하가 혼란해도 나와서 벼슬을 하니 이 때문에 천하의 중임을 질 수 있기 때문이다. 유하혜는 성인 가운데 화함을 따르는 사람이다. 그는 나쁜 임금을 섬기는 것을 수치와 욕으로 생각지 않으며 또한 관직이 작다고 직책을 떠나지 않으며 조정에 서면 자기의 재능을 숨기지 않았다. 다만 반드시 그의 원칙에 따라 일을 처리하여 버려져도 원한을 품지 않고 곤궁함을 만나도 근심하지 않는다. 공자는 그들과 모두 서로 같지 않으며 성인 가운데서 시의에 딱 들어맞는 사람이다. 이유는 다음과 같다.

 공자께서 제나라를 떠날 적에 (밥을 지으려고) 쌀을 담갔다가 건져서 떠나셨고, 노나라를 떠날 적에는 말씀하시기를 "더디고 더디다, 내 걸음이여!" 하셨으니, 이는 부모의 나라를 떠나는 도리이다. 속히 떠날 만하면 속히 떠나고, 오래 머무를 만하면 오래 머물며, 은둔할 만하면 은둔하고, 벼슬할 만하면 벼슬한 것은 공자이시다.

孔子之去齊, 接淅而行; 去魯, 曰: "遲遲吾行也, 去父母國之道也." 可以速而速, 可以久而久, 可以處而處, 可以仕而仕, 孔子也.(10.1)

공자가 제나라를 떠날 때는 자기의 조국이 아니어서 솥에 안쳐놓은 쌀을 물에서 건져 바로 길에 올랐으나, 노나라를 떠날 때는 자기의 조국이기 때문에 매우 천천히 떠났다. 즉시 떠나야 하면 즉시 떠나고, 계속해야 하면 계속하고, 벼슬을 하지 않아야 하면 벼슬을 하지 않았고 벼슬을 해야 하면 벼슬을 하였다. 이곳의 '가이속이속(可以速而速)' 등의 '가이(可以)'는 '마땅히'라는 뜻을 내포하고 있다.[14] 이는 의(義)의 함의에 딱 들어맞는다. 또 곧 말하기를 소위 마땅히(應該)는 시간과 공간의 변화에 따라 객관적인 상황이 사람의 행위에 일종의 요구를 하는 것이다. 이런 요구에 비추어 해나가면 주관적 적응이 객관적 상황의 변화에 적응시킬 수 있는 것을 가리키는데 이것이 곧 의이다. "오래 머무를 만하면 오래 머물며, 은둔할 만하면 은둔하고, 벼슬할 만하면 벼슬한 것"은 공자가 충분히 객관적 상황의 변화에 근거하여 자기 결정을 할 수 있다는 것을 말한다. 행동 원칙은 그저 '청(淸)'이고 그저 '임(任)'이고 그저 '화(和)'가 아니기 때문에 공자는 '청'과 '임' 그리고 '화'를 집대성하여 '성인 가운데 시의적절한 자'이며, '의를 따를 수 있고', '금성옥진'이다. 맹자의 공자에 대한 이 숭고한 평가 자체는 이미 의와 시와 권의 의의가 매우 근사하여 모두 객관적 상

---

14 양보쥔은 이곳의 '가이(可以)'를 '마땅히'라는 뜻으로 생각했다. 『맹자역주』「맹자사전(孟子詞典)」에 보인다.

황의 변화를 겨냥하여 자기의 행동 원칙을 거듭 새로이 결정하는 것을 가리킨다는 것을 표명한다.

(3) 행권의 표준과 가치 형정의 원칙

맹자가 의(義)를 '행권'의 표준으로 삼기는 하였지만 어떻게 해야 이 표준에 도달할 수 있는지에 대해서는 상세히 설명하지 않았다. 다행인 것은 『맹자』에는 '행권'에 관한 실제 예가 매우 많아 우리는 이런 실제 예를 분석하여 그 가운데서 합리적인 답안을 찾을 수 있다는 것이다.

실제 예의 하나: 예를 받는 문제. 「만장 상」에는 맹자와 만장이 예를 거두는 것에 관한 난처한 문제를 기록하였다. 비교적 길기는 하지만 읽기 시작하면 매우 정채로워 결코 무미건조하지 않아 세세히 잡고 완상할 만하다.

> 만장이 물었다. "감히 묻겠습니다. 교제는 것은 무슨 마음으로 하는 것입니까?"
> 맹자가 말하였다. "공손함이다."
> 말하였다. "(예물을) 물리는 것을 불공이라 하는 것은 어째서입니까?"
> 말하였다. "존귀한 자가 물건을 주거든 받는 자가 (그 물건을 대하고서) 그가 이것을 취한 것이 의에 맞았는가 의에 맞지 않았는가를 생각해서, 의에 맞은 뒤에야 받는다면, 이것을 불공이라 한다. 그러므로 물리지 않는 것이다."
> 만장이 말하였다. "청컨대, 말로 물리지 않고, 마음속으로 물리기를 '그 백성들에게 취하기를 불의로 했다.' 하고는, 다른 말로 (구실을 삼고) 받지 않는 것이 불가합니까?"

맹자가 말하였다. "그 사귐을 도로 하고, 그 접함을 예로 하면 이는 공자도 받으셨다."

만장이 말하였다. "지금 도성 문밖에서 사람을 막(고 강도짓을 하)는 자가 그 사귀기를 도로 하고, 그 주기를 예로 한다면 이 강도질한 물건을 받을 수 있습니까?"

맹자가 말하였다. "불가하니, 「강고」에 이르기를 '사람을 재화 때문에 죽여 쓰러뜨려서 완강하여 죽음을 두려워하지 않는 자를 모든 사람 중에 원망하지 않는 이가 없다.' 하였으니, 이는 굳이 가르치기를 기다리지 않고 죽일 자인 것이다. (은나라는 하나라에서 받았고 주나라는 은나라에서 받은 것으로 말로 하지 않았는데 지금 이것이 엄하다) 어찌 이것을 받을 수 있겠는가."

"지금의 제후들이 백성들에게 취함이 강도질한 것과 같거늘, '만일 그 예와 교제를 잘하면 이는 군자도 받는다.' 하시니, 감히 묻겠습니다. 무슨 말씀입니까?"

맹자께서 말씀하였다. "자네가 생각하기에 왕자가 나온다면 장차 지금의 제후들을 모조리 몰아서 죽이겠는가? 그 가르쳐도 고치지 않은 뒤에 죽이겠는가? 자기의 소유가 아닌 것을 취하는 자를 도둑이라 이르는 것은 종류를 채워서 의의 다함에 이른 것이다. 공자께서 노나라에 벼슬하실 적에 노나라 사람들이 엽각을 하자, 공자 또한 엽각을 하셨으니, 엽각하는 것도 오히려 가한데, 하물며 그 주는 것을 받음에 있어서이겠는가."

萬章問曰: "敢問交際何心也?"

孟子曰: "恭也."

曰: "'却之却之不恭', 何哉?"

曰: "尊者賜之, 曰, '其所取之者義乎, 不義乎?' 而後受之, 以是爲不恭, 故弗却也."

曰:"請無以辭却之, 以心却之, 曰, '其取諸民之不義也', 而以他辭無受, 不可乎?"

曰:"其交也以道, 其接也以禮, 斯孔子受之矣."

萬章曰:"今有禦人於國門之外者, 其交也以道, 其饋也以禮, 斯可受禦與?"

曰:"不可.「康誥」曰:"殺越人之貨, 閔不畏死, 凡民罔不譈. 是不待教而誅者也. 殷受夏, 周受殷, 所不辭也; 於今爲烈, 如之何其受之?"

曰:"今之諸侯取之於民也 猶御也. 苟善其禮際矣, 斯君子受之, 敢問何說也?"

曰:"子以爲有王者作, 將比今之諸侯而誅之乎? 其敎之不改而後, 誅之乎? 夫謂非其有而取之者, 盜也, 充類至義之盡也. 孔子之仕於魯也, 魯人獵較, 孔子亦獵較. 獵較猶可, 而況受其賜乎?"(10.4)

제후가 내린 것을 어떻게 다루는가 하는 것은 비교적 복잡한 문제여서 만장은 이에 대해 맹자에게 가르침을 청했다. 여기서는 세 가지 같지 않은 상황을 한꺼번에 이야기하였다. 첫째, 존귀한 사람이 예물을 내려주었다. 둘째, 강도가 예물을 보내주었다. 이 두 상황은 모두 비교적 간단하다. 존귀한 사람이 예물을 내려줄 경우 예에 맞기만 하면 받아야 하고 그렇지 않으면 공손치 못한 것이다. 강도가 예물을 보내줄 경우 예의에 합당하다 하더라도 받을 수 없으니 이는 '가르치기를 기다리지 않고 죽일 자'이기 때문이다. 세 번째 상황은 비교 복잡해서 제후가 민간에서 재물을 취하는 것은 강도가 밖에서 재물을 약탈하는 것과 같아 그들도 예물에 따라 교왕하므로 예물을 내려주면 이 내려주는 것을 받느냐 받지 않느냐에 따라 진퇴유곡의 국면이 나타날 수 있다. 받지 않으면 불공(不恭)에 빠지게 될 것이고 받으면 강도의 예물을 받는 것과 마찬가지가 될 것이다. 만장이 제기한 문제는 주로 세 번째 상황을 겨냥하여 이야기한 것이다. 맹자는 이런 상황에서 내려준 것은 예의에 합당하기만 하면 받아야 한다고 생각하였다. 대화에서 보면 맹자는 이런 이유를 대고 있다. 성왕이 일어난다면 현재의 제후들에게 반드시 교육이 선행되어야 하며 실제로 잘못을 고칠 수 없는 자는 죽여야 하고 내린 것을 받으면 교육을 진행할 기회를 가질 수 있다. 사람들이 '그 사귐을 도로 하고, 그 접함을 예로 하는데' 스스로 받지 않으면 이것은 곧 불공한 것이며 더욱 중요한 것은 이렇게 해서는 제후들에게 교육을 진행할 길이 없다는 것이다. 이 둘을 서로 비교하면 당연히 전자가 더욱 중요하기 때문에 세 번째 상황의 내려줌도 받아야 한다.

실제 예의 두 번째는 아내를 취하는 문제이다.

만장이 물었다. "『시경』에 이르기를 '장가들려면 어떻게 하여야 하는가? 반드시 부모에게 아뢰어야 한다.' 하였으니, 진실로 이 말대로라면 순만한 이가 없을 듯하옵니다. 순이 부모에게 아뢰지 않고 장가든 것은 어째서입니까?"

맹자가 말하였다. "부모에게 아뢰었다면 장가를 가지 못하게 되었을 것이다. 남녀가 한 방에 거처함은 사람의 큰 윤리이니, 만일 부모에게 고하면 사람의 큰 윤리를 폐지하여 부모를 원망하게 되었을 것이다. 이 때문에 아뢰지 않으신 것이다."

만장이 말하였다. "순께서 아뢰지 않고 장가든 것은 제가 이미 가르침을 들었거니와, 요임금께서 순에게 딸을 시집보내면서도 그 부모에게 말씀하지 않음은 어째서입니까?"

맹자께서 말하였다. "요임금 또한 고하면 딸을 시집보낼 수 없음을 아셨기 때문이었다."

萬章問曰: "『詩』云 '娶妻如之何? 必告父母'. 信斯言也, 宜莫如舜. 舜之不告而娶, 何也?"

孟子曰: "告則不得娶. 男女居室, 人之大倫也. 如告, 則廢人之大倫, 以懟父母, 是以不告也."

萬章曰: "舜之不告而娶, 則吾旣得聞命矣; 帝之妻舜而不告, 何也?"

曰: "帝亦知告焉則不得妻也."(9.2)

이 문제는 「이루(離婁) 상」에도 보인다.

맹자께서 말씀하였다. "불효가 세 가지 있으니, 후손이 없는 것이 가장 크다. 순임금이 (父母에게) 아뢰지 않고 장가든 것은 후손이 없게 될까 염려해서이니, 군자가 '아뢴 것과 같다.'고 생각하였다."

孟子曰: "不孝有三, 無後爲大. 舜不告而娶, 爲無後也, 君子以爲猶告也."(7.26)

예에 따르면 장가갈 때는 반드시 부모에게 알려야 하지만 순은 알리지 않고 장가를 갔으니 모순적인 상황이 형성되었다. 반드시 부모에게 알리는 것은 경(經)이고 알리지 않고 장가가는 것은 권(權)이다. 이런 특수한 상황에서는 '행권'하여 경을 '배반'할 수 있다. 맹자가 보기에 이 관계를 잘 처리하려면 이런 표준을 잘 지켜야 할 것 같다. 경에서 '행권'과 '배반'의 중요성이 경에서 '반귀'의 중요성을 넘어선다면 '행권'할 수 있다. 위의 아내를 취하는 문제를 가지고 이야기하면 두 개의 상호 모순적인 원칙이 있다. 첫째는 장가갈 때는 반드시 부모에게 알려야 한다는 것이고, 둘째는 부모에게 알리면 반드시 큰 인륜을 폐하고 또한 불효하다는 오명을 얻게 된다. 이 두 가지를 서로 비교해보면 후자의 중요성이 전자를 초과하여 이 때문에 '행권'할 수 있다.

실제 예의 세 번째는 살인 문제이다.

> 도응이 물었다. "순이 천자가 되고, 고요가 사가 되었는데, 고수가 사람을 죽였다면 어떻게 하겠습니까?"
>
> 맹자가 말하였다. "(법을) 집행할 뿐이다."
>
> "그렇다면 순은 금지하지 않습니까?"
>
> (맹자가) 말하였다. "순이 어떻게 금지할 수 있겠는가. 받은 것이 있는 것이다."
>
> "그렇다면 순은 그것을 어떻게 하시겠습니까?"
>
> (맹자가) 말하였다. "순은 천하를 버림을 해진 짚신 버리는 것과 같이 하여, 몰래 업고 도망하여 바닷가를 따라 거처하면서 종신토록 흔연히 즐거워하면서 천하를 잊었을 것이다."
>
> 桃應問曰: "舜爲天子, 皐陶爲士, 瞽瞍殺人, 則如之何?"
>
> 孟子曰: "執之而已矣."
>
> "然則舜不禁與?"
>
> 曰: "夫舜惡得而禁之? 夫有所受之也."
>
> "然則舜如之何?" 曰: "視棄天下猶棄敝蹝也. 竊負而逃, 遵海濱而處, 終身欣然, 樂而忘天下." (13.35)

이는 자못 희극적 색채를 띤 문제이다. 제자가 맹자에게 어려운 문제를 제기하였다. (순의 부친인) 고수가 사람을 죽였다고 한다면 순은 어떻게 처리해야 하는가? 맹자의 대답은 법을 집행하는 사람이 그를 체포하면 그뿐이라고 하였는데 이는 그들의 책임이기 때문이다. 제자가 또 묻기를 그렇다면 순은 이 상황을 접하면 어떻게 해야 하는가? 하였다. 맹자의 대답은 사람의 예상을 벗어났다. 천하도 필요 없고 몰래 부친을 등에 업고 떠나 바닷가에서 즐겁게 한평생을 살 것이다. 이는 곧 부자간의 친정 때문에 법도를 폐기할 수도 없고 법도 때문에 부자간의 친정을 폐기할 수도 없다는 것을 말한다. 두 가지를 모두 온전히 할 수 없는 상황에서 어찌 부자의 친정 때문에 법도에서 도피할 수 있겠는가?[15] 이 대답은 맹자의 기본적인 생각의 방향을 표현하였다. 합리적으로 이 진퇴유곡의 문제를 해결하려면 표준은 자기 내심의 가치 선택에 있다. 구체적으로 말하여 '법을 집행할 따름'이라는 것은 경으로 이는 법도이다. '몰래 업고 도망치는 것'은 권으로 이는 변통이다. 변통의 과정 중에 따른 원칙은 '순은 천하를 버림을 해진 짚신 버리는 것과 같이하였다'는 것인데 또한 곧 개인의 입장에서 말하면 어버이를 따르는 원칙이 천하를 다스리는 것보다 더욱 중요하기 때문에 '몰래 업고 도망하여 바닷가를 따라 거처하는' 방법을 선택할 수 있었다는 말이다.

 이상의 분석을 통하여 우리는 이미 맹자의 이 문제에서의 기본적인 생각 방향에 도달한 것 같다. 맹자가 보기에 특수한 상황에 처하게 되면 결국 경으로 '반귀'하여 이미 정하여진 원칙을 견지하거나 경을 '배반'하여 이미 정하여진 원칙을 바꾸어야 하는데 가치 선택에 의하여 정하여야 한다. 경을 '배반'하는 중요성이 경으로 '반귀'하는 것을 뛰어넘으면 대담하게 변혁시켜야 하며 그 반대라면 반드시 경으로 '반귀'하여 이미 정하여진 원칙을 고수하여 바꾸지 않아야 한다. 가치 선택에 따라 '행권'의 여부를 확정하는 방법은 '가치 형정(衡定)의 원칙'이라고 일컬을 수 있다. 위에서 말한 세 가지 실제 예를 가지고 말하면 다음과 같다. 제후의 예물을 받

---

15 주의: 법도를 폐기한 것이 아니라 맹자가 필경 아무래도 '(법을) 집행할 따름'이라는 것을 인정하였으므로 단지 마지막으로 '몰래 업고 도망치는' 이 부득이한 방법을 찾아낸 것에 지나지 않을 따름이다.

아서 교육을 진행하는 데 편하게 하는 것이 예물을 받지 않아 교육을 진행할 기회를 잃어버리는 것에 비하여, 장가가는 것을 알리지 않음으로써 큰 인륜을 유지하는 것이 알림으로써 장가가지 못하게 되어 큰 인륜을 폐기하는 것에 비하여, 몰래 업고 바닷가를 따라 도망쳐서 사는 것이 천하를 부요하게 가짐으로써 부모에게 효경을 할 수 없는 것에 비하여 '가치 형정의 원칙'에 의거하여 맹자의 심목에서는 전자가 의심할 바 없이 훨씬 중요하기 때문에 '행권'할 수 있으며 경을 '배반'하여 기본원칙에 변경을 진행한다.

  깊은 곳을 말하면 맹자의 경권지변은 한꺼번에 세 가지를 언급하였는데 하나는 경(經), 하나는 권(權), 하나는 의(義)이다. 경은 사회의 기본원칙이며 또한 특수한 상황에서의 기본 원칙에 대한 변통이다. 의는 '행권'의 표준으로 혹자는 목적이라고도 하는데, 이 표준의 경로에 도달하는 것이 곧 '가치 형정의 원칙'이다. 특수한 상황에 처하면 결국 경으로 '반귀'하는 기본원칙을 견지하거나 경을 '배반'하는 기본원칙을 변경하게 되는데 유일한 경로는 가치 형정을 진행하는 것을 말한다. 이 점에 관하여서는 『시자(尸子)』에서 매우 명확하게 말하였다.

    성인은 복을 저울질하여 중한 것을 취하고 화를 저울질하여 가벼운 것을 취한다.[16]

성인은 특수한 상황에 맞닥뜨린 후에 반드시 화와 복을 저울질해서 경중을 비교하는데 복이 되면 무거운 것을 취하고 화가 되면 가벼운 것을 취한다. 자오지빈은 시자의 권설(權說)은 "자하(子夏)의 문인이 두루 아는 '부

---

[16] 『시자(尸子)』 권 하, 소엽산방(掃葉山房) 『백자전서(百子全書)』 본.

자(夫子)의 말'일 것"이라고 생각하였다.[17] 이 때문에 위에서 인용한 구절은 기본적으로 공자와 맹자의 사상을 충분히 반영한다. 그 가운데서 말한 "복을 저울질하여 중한 것을 취하고 화를 저울질하여 가벼운 것을 취한다."라 한 것은 곧 '가치 형정의 원칙'에 대한 통속적인 표현이다.

요컨대 맹자의 경권 사상에는 경이 있고 권이 있고 의가 있다. 경은 기본원칙으로 '반경'은 기본원칙을 견지하는 것이다. 권은 변(變)으로 '행권'은 기본원칙을 변경시키는 것이다. 의는 기본원칙이 반드시 따라야 하는 표준을 변경시키는 것으로, '가치 형정의 원칙'은 의에 도달하는 유일한 경로이다. 이러한 이론의 고리를 파악해야만 맹자의 경권지변의 참된 정신을 이해할 수 있어 한송 양대의 경권에 대한 논쟁 이론에 단서를 잡을 수 있다.

(4) 맹자 경권학설의 이론적 의의

이상의 분석을 통하여 맹자의 경권지변에는 깊은 이론적 의의가 있음을 어렵지 않게 알 수 있다.

경권지변의 한 이론적 의의는 절대주의를 피하는 데 도움이 된다. 자연과 사회, 사람들과 교왕하는 과정에서 사람들은 모종의 공동 규범을 총결해내어 생활의 기본 준칙으로 이런 기본 준칙이 없으면 전체 사회는 질서를 잃게 되어 정상적인 사회생활을 유지할 방법이 없게 된다. 그러나 이런 기본 준칙은 보편적 상황에서 나온 것으로 사회생활의 일반적인 상황에서만 유효하여 사회생활에는 언제나 많고 많은 특수한 상황이 생길 수 있다. 이는 미리 알 수 있는 일도 아니고 따라서 미리 조치할 수 있

---

[17] 자오지빈의 『곤지이록』, 중화서국, 1991, 278쪽.

는 일도 아니다. 이런 특수한 상황은 사회생활의 기본 준칙과 왕왕 일정한 모순이 발생할 수 있다. 이때 여전히 기본원칙에만 얽매여 있다면 전체 사회를 경직시키고 생명력을 잃게 하여 활력이 없게 될 것이다. 맹자는 공자의 유관한 사상을 계승하여 사회생활의 실제 상황에서 출발하여 경권의 학설을 발전시켰다. 경은 사회생활의 기본 준칙으로 일을 당하면 모든 사람이 준수해야 한다. 이것이 곧 경으로 '반귀'하는 것이다. 이런 '반귀'가 없다면 사회적으로 정상적인 사회 질서를 유지할 수가 없으며, 개인적으로는 정치와 도덕의 이상을 추구할 길이 없다.[18] 다만 몇몇 특수 상황에서는 기본원칙이 새로운 상황과 서로 적응을 하지 못하는데 이것이 곧 반드시 '행권'을 해야 하는 것이며, '행권'은 기본 준칙에 변혁을 진행하는데 이는 곧 경을 '배반'하게 된다. 경을 '배반'하는 것은 비록 특수한 상황에서만 발생하고 아울러 처리하거나 파악하기가 매우 어렵지만 절대주의를 피하는 데 도움을 주고 사회와 개인이 모두 적극적인 발전을 얻을 수 있도록 보장하며 기본원칙에 이르지 못한 원칙의 질곡 하에서는 충분한 발전 기회를 잃는다.

경권지변의 다른 이론적 의의는 상대주의를 피하는 데 도움이 되는 것이다. 비록 맹자의 경으로 '반귀'함과 경을 '배반'함 두 방면이 모두 이야기되어 보기에 매우 활기차 파악하기 쉽지 않지만 그는 실제로 '행권'의 표준을 제공하고 있다. 이것이 곧 '가치 형정의 원칙'이다. 결국 어떻게 처리하든 '행권'하는 사람 자기의 가치 선택을 주로 본다. 중시할 만한 것은 맹자는 무리의 의식이 매우 두드러졌다. 사람과 사람은 동류이고 성인과 서인(庶人)도 동류임을 강조하였다. 이미 동류라면 기본적으로 서로 같은 가치의 선택 표준이 있어서 '시아버지 말에도 일리가 있고 시어머

---

[18] 맹자는 시종 자기의 왕도주의 정치이상을 견지하였는데 바로 '반경'의 결과이다. 위에서 말한 맹자 경권지변(經權之辨)은 정치의의가 최우선인데 곧 이 의의에서 말한 것이다.

니 말에도 일리가 있는' 국면이 출현할 수 없게 된다. 이런 이론의 우월성은 서방의 몇몇 이론과 비교해보면 매우 뚜렷하다. 서방의 적지 않은 이론이 개인의 선택을 강조하는데 그 결과 왕왕 상대주의로 흐르며, 20세기를 "상대주의 시대로 불리게끔"[19] 하였다. 일시적인 존재주의가 성행하면서 이런 문제들과 맞닥뜨린 적이 있었다. 민족을 위해 전쟁을 하는 것은 모든 청년이 반드시 이행해야 할 직책이며, 외로운 어머니와 함께 하는 것 또한 청년이 다해야 할 의무이다. 이런 저명한 윤리의 이러지도 저러지도 못할 문제에는 존재주의가 합리적인 해결 방안을 제공할 방도가 없다. 다만 유가의 입장에서 보면 이는 근본적으로 문제랄 게 없다. 이런 특수한 상황을 당한 후에 유자들은 하나의 가치 비교를 진행하기 때문에 국가가 중요한가 아니면 가정이 중요한가? 나라를 위해 충성을 다하는 것이 중요한가, 아니면 어머니를 위해 효를 다하는 것이 중요한가? 하는 것은 유가에서 통행하는 가치표준에 근거하면 사람들은 전자가 후자보다 더 중요하기 때문에 충과 효를 둘 다 온전히 해야 하는 상황에서 진정한 유자는 언제나 충성을 선택하지 효도를 선택하지는 않을 것이라 말할 것이다. "현대 서방의 존재주의가 편면적으로 선택의 자주성을 강조하는 것과는 상대적으로 맹자는 탄력적인 변통(權)과 일반적인 원칙(經)을 따르는 것의 통일은 사고방식이 더욱 건전한 것 같다."[20]

어떤 이론과도 마찬가지로 맹자의 경권지변 또한 얼마간의 결함이 존재한다. 맹자가 '행권'과 '반경' 두 방면을 모두 이야기하기는 하였지만 총체적으로 보면 그는 '반경'이 '행권'보다 낫다고 강조하였다. 중국의 전통적인 정치는 독단론적 경향이 있으며 그 주요 원인은 정치의 정책 결

---

19 미국 빙클리(Luther J. Binkley)의 『이상의 충돌(理想的衝突)』, 상무인서관(商務印書館), 1988, 6쪽. 원제는 『Conflict of ideals』이다.(역자)
20 양궈룽(楊國榮)의 『맹자평전(孟子評傳)』, 광서교육출판사(廣西教育出版社), 1994, 83쪽.

정에 있지만 맹자의 영향과 멀고도 가까운 관계가 있는 것 같다.[21] 또한 맹자는 '행권'의 표준에 대하여서는 명확한 설명이 결핍되어 다만 '오직 의가 있는 곳'이라고만 말하였다. 이 '의'는 심적인 데 있어 언어로 분명하게 표명할 방법이 없다. 그 결과 왕왕 사람에게 일종의 어렴풋하고 허황한 느낌만 주어 인상을 파악하기 어렵다. 이 원인으로 말미암아 맹자는 성인만이 행권을 할 수 있다고 강조하였다. 이는 비록 '권을 빌려 스스로를 꾸미는'(朱熹의 말) 것을 방지하는 데 어느 정도 적극적인 의의가 있지만 전체적으로 보면 결코 사람들이 경권학설을 구체적인 생활 가운데로 운용해 나가는데 이롭지 않다.

3. 의(義)와 명(命)

맹자는 '반경'을 견지하여 오직 의만 있고 자기의 정치 이상을 방기하지 않았는데 이를 위해 매우 큰 노력을 지불하였으나 그의 정치 이상은 여전히 실현될 수 없었다. 이런 상황은 맹자로 하여금 의와 명의 관계라는 문제를 고려하지 않을 수 없게 하였다. 맹자의 이 방면의 논술은 특별히 많지는 않지만 사상적 내포는 오히려 매우 풍부하고 깊어 중국 전통문화에 중요한 영향을 끼쳤다. 이 때문에 여기서 간단하고 중요한 토론을 한다.

명(命)이란 무엇인가? 맹자는 만장과의 대화에서 명확하게 이 문제를 이야기하였다. 맹자는 우가 천하를 아들에게 전해주고 현인에게 전해주지 않았다는 견해에 동의하지 않았다. 요는 천하를 순에게 전해주었고

---

21 위와 같음, 81~85쪽을 참고하여 보라.

순은 천하를 우에게 전해주었는데 첫째는 요의 아들과 순의 아들이 모두 훌륭하지 못해서였다. 둘째 순이 요를 돕고 우가 순을 도운 기간은 비교적 길어 백성들에게 은택을 베풀 시간이 비교적 길었기 때문에 백성이 요의 아들을 옹립하여 추대하지 않고 순을 추대하였으며 순의 아들을 옹립하여 추대하지 않고 우를 옹립하여 추대하였다고 생각하였다. 우 또한 제위를 자기의 아들 계(啓)에게 전하지 않고 제위를 현인인 익(益)에게 전하였다. 첫째 계는 요순의 아들과는 달리 매우 현명하여 성실하게 우의 전통을 이을 수 있었다. 둘째 익이 우를 도운 시간은 매우 짧아 백성에게 은택을 베풀 시간 역시 짧았기 때문에 백성들이 계를 옹립하여 추대하고 익을 옹립하여 추대하지 않았으며 아들에게 전하고 현자에게 전하지 않는 상황이 조성되었다. 이어지는 말이 매우 중요하다.

> 순·우·익의 (도움이) 오래고 짧음과 그 아들의 어질고 불초함이 다 천운이니, 인력으로 할 수 있는 것이 아니다. 그렇게 함이 없는데도 그렇게 되는 것은 천[천운]이며, 이르게 함이 없는데도 이르는 것은 명이다.
> 舜·禹·益相去久遠, 其子之賢不肖, 皆天也, 非人之所能爲也. 莫之爲而爲者, 天也; 莫之致而至者, 命也. (9.6)

순과 우 그리고 익의 시간적 거리 및 그 아들들의 품덕 및 장단점은 모두가 하늘의 뜻이며 인력으로 할 수 있는 것이 아니다. 사람이 하지 않았는데 이루어진 것을 일러 천(天)이라고 하며, 사람이 주지 않았는데 얻은 것을 일러 명(命)이라고 한다. 이 의의에서 보면 천과 명은 동일한 뜻이며 다만 그런 '인력으로 할 수 있는 것이 아닌' 것 곧 사람이 주관적인 노력으로 결정할 수 있는 상황이 아닌 것을 가리킨다.

다른 곳에서는 명을 이야기하였다.

구함에 도가 있고, 얻음에 명이 있으며, 이 구함은 얻음에 도움이 없으니, 밖에 있는 것을 구하기 때문이다.
求之有道, 得之有命, 是求無益於得也, 求在外者也.(13.3)

어떤 것들, 이를테면 부귀와 권세 따위는 당연히 일정한 경로를 통하여 추구할 수 있는 것이지만 얻을 수 있는지 없는지는 명에 따를 수밖에 없기 때문에 이런 추구는 도움이 되지 않는다. 이런 것들은 사람에게 본래부터 있는 것이 아니라 몸 밖에 있는 것이기 때문이다. 이곳의 '밖에 있는 것을 구한다'는 것은 명에 새로운 의미를 추가시킨 것으로 곧 명은 몸 밖의 각종 조건으로 구성된 것이며 사람 자체의 것이 아니다.

이상의 두 장을 결합해 보면 맹자에게 명은 몸 밖의 각종 조건으로 구성되었으며 주관적인 노력으로 결정될 수 없는 상황을 가리킨다는 것을 알 수 있다. 현재 이야기하는 '명운(命運)'은 기본적으로 이 함의에서 발전하여 나온 것이다.

『맹자』에서는 적지 않은 명의 실제적인 예를 이야기한 적이 있다. 예를 들면 다음과 같다.

필부로서 천하를 소유하는 자는 덕이 반드시 순과 우 같아야 하고, 또 천자가 천거해주어야 한다. 그러므로 중니께서 천하를 소유하지 못한 것이다.
匹夫而有天下者, 德必若舜禹, 而又有天子薦之者, 故仲尼不有天下.(9.6)

서민과 백성이 천하를 얻으려 한다면 맹자는 반드시 두 가지 조건을 갖추어야 한다고 생각하였다. 첫째, 반드시 순과 우 같은 도덕 수준을 갖추어야 한다. 둘째, 반드시 요가 순을 천거하고 순이 우를 천거한 것 같은 천자의 추천이 있어야 한다. 공자의 도덕 수준은 매우 높아 첫 번째 조건은 충족하였지만 천자의 추천이라는 두 번째 조건을 충족하지 못하여 이 때문에 공자는 천하를 얻을 수 없었다. 천자의 추천은 '외재적인 것'으로 '사람이 할 수 없는 것'이기 때문에 일종의 명이다.

다음과 같은 것도 있다.

> 미자의 아내는 자로의 아내와 형제간이었다. 미자가 자로에게 이르기를 "공자께서 내 집에 묵으시면 위나라의 경을 얻을 수 있다." 하자, 자로가 이 말을 아뢰니, 공자께서 말씀하시기를 "천명에 달려있다." 하였다. 공자께서는 나갈 때 예로써 하고, 물러날 때 의로써 하시어, 얻고 얻지 못함에 "천명에 달려있다." 하였으니, 만일 옹저와 시인인 척환의 집에 묵었다면 이는 의도 없고 명도 없는 것이다.
> 彌子之妻與子路之妻, 兄弟也. 彌子謂子路曰: "孔子主我, 衛卿可得也." 子路以告. 孔子曰: "有命." 孔子進以禮, 退以義, 得之不得曰 "有命". 而主癰疽與侍人瘠環, 是無義無命也. (9.8)

어떤 사람이 말하기를 공자가 위나라에 있을 때는 환관 옹저의 집에 머물렀고 제나라에 있을 때는 환관 척환의 집에 머물렀다고 하였다. 맹자는 이런 견해를 반박하면서 공자는 위나라에 있을 때 안수유(顔讎由)의 집에 머물렀다고 지적하면서 아울러 한 가지 이야기를 하였다. 당시 미자하(彌子瑕)의 아내는 자로의 아내와 자매였으며 미자하는 자로에게 공자더러 그의 집에 머물도록 권하였는데 이렇게 하면 위나라의 경상의 지위를 얻을 수 있다고 하였다. 자로가 공자에게 이를 알리자 공자는 "명으로 결정된다."라 하였다. 공자는 예법에 따라 나아가고 도의에 비추어 물러

났다. 벼슬자리를 얻을 수 있느냐 없느냐는 '명에 의해 결정되니' 명이 매우 중요한 것임을 알 수 있다.

맹자 자신이 처한 상황도 이 장의 뜻과 매우 비슷하다. 노나라에 있을 때 악정자(樂正子)가 노평공(魯平公)에게 추천하였다. 노평공은 직접 가서 맹자를 배방하기로 결정하였다. 노평공이 밖으로 나갈 채비를 할 때 그가 총애하고 신임하던 장창(臧倉)이 맹자는 모친상의 상례가 부친상의 규모를 뛰어넘었다는 것을 이유로 이 회견을 취소하기를 권할 줄 누가 알았겠는가? 악정자가 이 일을 맹자에게 알리자 맹자는 말하였다.

> 길을 감은 누가 혹 시켜서이며, 멈춤은 혹 저지해서이다. 그러나 감과 그침은 사람이 능히 시킬 수 있는 것이 아니다. 내가 노나라 임금을 만나지 못함은 천운이니, 장 씨의 아들이 어찌 나에게 만나지 못하게 할 수 있겠는가?
>
> 行, 或使之; 止, 或尼之. 行止, 非人所能也. 吾之不遇魯侯, 天也. 臧氏之子焉能使予不遇哉?(2.16)

오게 하는 것은 모종의 시키는 것이 있고 오지 않는 것은 모종의 막는 것이 있다. 오고 오지 않는 것은 인력이 좌지우지할 수 있는 것이 아니어서 노평공과 만날 수 있는가의 여부는 하늘의 뜻이며 어떤 소인배가 결정할 수 있는 것이 아니다. 여기에서 말한 '천'은 실제로 곧 (하늘의) '명'이다. 이 때문에 맹자는 명을 세우는 사상을 제기하였다.

> 그 마음을 다하는 자는 그 성을 안다. 그 성을 알면 하늘을 알게 될 것이다. 그 마음을 보존하여 그 성을 기름은 하늘을 섬기는 것이고, 요절하거나 장수함에 의심하지 않아, 몸을 닦아서 (天命을) 기다림은 명을 세

우는 것이다.

    盡其心者, 知其性也. 知其性, 則知天矣. 存其心, 養其性, 所以事天也. 夭壽不二, 修身以俟之, 所以立命也.(13.1)

맹자가 보기에 마음은 성의 기초이며 하늘은 마음 형상의 근거로 마음과 성과 하늘은 일맥상통하는 것이다. 사람의 양심과 본심을 다하면 사람의 본성을 알게 되고 사람의 본성을 알게 되면 또한 하늘을 알게 될 것이다. 사람의 양심과 본심을 유지하고 사람의 본성을 수양하여 이를 가지고 하늘을 섬긴다. 따라서 어떠한 상황을 만나든 모두 딴마음을 품고 그 도를 바꾸지 않으며 자기의 몸을 수양하면서 천명을 기다리니 이것이 곧 명을 세우는 것이다.

  명을 세우는 것(立命)은 또한 정명(正命)이라고도 한다.

    명이 아님이 없으나, 그 정명(正命)을 순히 받아야 한다. 이런 까닭에 정명을 아는 자는 위험한 담장 아래에 서지 않는다. 그 도를 다하고 죽는 자는 정명이고, 질곡으로 죽는 자는 정명이 아니다.

    莫非命也, 順受其正. 是故知命者不立乎巖墻之下. 盡其道而死者, 正命也; 桎梏死者, 非正命也.(13.2)

주희는 『맹자집주』에서 말하였다. "인물이 살아감에 길흉화복이 다 하늘이 명한 것이다. 그러나 오직 그것을 이르게 함이 없어도 이르는 것이 정명이다. 그러므로 군자가 몸을 닦고 기다림은 이것을 순히 받으려고 하는 것이다." 이에 의하면 본장은 명이 아닌 것이 없지만 순하게 나아가서 받아들이는 것은 곧 정명이기 때문에 명을 아는 사람은 위험한 담장 아래에 서지 않으며, 힘껏 도를 행하여 죽는 사람은 정명이고 죄를 범하여 죽는 사람이 받은 것은 정명이 아니라는 것을 말한다.

입명(立命)과 비슷한 것으로 맹자는 명을 기다린다(俟命)는 견해를 제기했다.

> 요·순은 성 그대로 하였고, 탕·무는 성을 회복하였다. …… 군자는 법을 행하여 명을 기다릴 따름이다.
> 堯舜, 性者也; 湯武, 反之也. …… 君子行法, 以俟命而已矣.(14.33)

요순이 인덕을 행한 것은 본성에서 나왔다. 탕무는 그다음으로 몸을 수양하는 것을 거친 후 본성을 회복한 다음에 힘껏 행하였지만 그들의 동작과 용모는 예에 합치되지 않는 것이 없으니 미덕 가운데서도 매우 높다. 군자는 법도에 따라 일을 행하는데 결과가 어떠하든지 명을 기다릴 수 있을 따름이다.

이 계열의 논술은 맹자의 이러한 사상을 표명하였다. 인신을 수행하는 일과 서로 관련이 있는 것은 내외의 두 방면이 있다. 한 방면은 내적으로 말하여 자기의 의이며, 자기의 양심 본심이다. 이는 자기의 도덕을 성취하는 근거로 그 최대 특징은 완전히 자기로부터 파악하고 자기로부터 생각해가면 생각을 할 수 있고 구해가면 구할 수 있으며 생각이 나고 구하여져서 그 요구에 따라 해나가면 곧 도덕을 성취하는 것이다. 다른 한 방면은 외적으로 말하여 외재적인 각종 사물 및 각종 사물의 발전이다. 그것들은 완전히 사물의 자기 발전의 규율에서 결정되며 결코 사람의 주관적인 노력에서 결정되지 않으며 이 때문에 그것을 일러 명이라 일컫거나 혹은 천이라 일컫는다. 사람들이 외재적인 사물의 발전을 결정할 수는 없지만 조금도 비관하거나 실망할 필요가 없다. 정확한 방법은 자기의 심신을 잘 수양하고 자기의 도덕을 완벽하게 하여 자기의 일을 다 해내어 자기 최대의 노력을 다하여 외계의 사물이 결국 성공을 할 수 있느냐 없느냐에 이르러 운명의 결정을 잘 따르는 것이다. 이는 곧 유가의 안신입명(安身立命)의 도이다. 우리는 늘 안신입명을 이야기할 때 안신은 자기의 심신을 잘 수양하여 자기 최대의 노력을 다하는 것이다. 입명은 명을 기다리는 것으로 곧 운명이 결정되는 것을 기다리는 것이다. 성공하면 좋고 성공을 하지 못하여도 하늘을 원망하고 사람을 탓하지 않는 것이다.

이로써 이른바 의명지변은 실제로 곧 천인지변임을 알 수 있다. 천은 명과 마찬가지로 모두 외재적이고 사람에게 의탁하지 않는 주관적 의지가 전이된 인소를 가리킨다. 사람은 자신의 주관적 노력, 특히 앞에서 이야기한 자신에게 내재된 인과 의를 가리킨다. 하늘 앞에서 사람들은 하는 것이 없을 수 없고 하늘에 몸을 맡길 수 없으며 하늘과 사람을 분리하려면 자기 최대의 노력을 다해야 하지만 성공할 수 있느냐의 여부는 완전히 자신에게서 결정되지 않는다. 마찬가지로 명 앞에서 사람들이 해야 하는 것은 다만 인과 의를 다하여 자기 최대의 노력을 바쳐야 하는 것으로 바람대로 될 수 있느냐의 여부에 이르러서는 명에서 결정된다. 따라서 천인지변이 내포하고 있는 것이 의명지변에 비하여 조금 폭이 넓다고는 하더라도 그 주지는 오히려 기본적으로 마찬가지다. 이 또한 곧 본서에서 천인지변을 단독으로 1장으로 넣어 토론을 진행하는 근본적인 원인은 없다.

어떤 학자들은 맹자의 명에 관한 사상에는 소극적이고 퇴폐적인 색채가 있다고 생각한다. 그러나 나의 견해는 오히려 정반대로 맹자의 안신입명에 관한 사상은 상당히 활달하고 적극적이라고 생각한다. 맹자의 다음의 논술을 보자.

등문공이 물었다. "제나라 사람이 장차 설 땅에 성을 쌓으려 하여, 내 매우 두려우니, 그것을 어찌하면 좋겠습니까?"

맹자가 대답하였다. "옛날 태왕이 빈에 거주하실 적에 적인이 침략하자, 그곳을 떠나 기산 아래에 가서 거주하였는데, 이곳을 가려서 취한 것이 아니라, 부득이해서였습니다. 만일 선행을 하면 후세의 자손 중에 반드시 다스리는 자가 있을 것입니다. 군자는 기업을 창건하고 전통을 드리워서 계속할 수 있게 할 뿐입니다. 성공으로 말하면 천운이니, 군주께서 저들을 어찌하시겠습니까? 선행을 행하기를 바랄 뿐입니다."

滕文公問曰: "齊人將築薛, 吾甚恐, 如之何則可?"

孟子對曰: "昔者大王居邠, 狄人侵之, 去之岐山之下居焉. 非擇而取之, 不得已也. 苟爲善, 後世子孫必有王者矣. 君子創業垂統, 爲可繼也. 若夫成功, 則天也. 君如彼何哉? 强爲善而已矣."(2.14)

설은 본래 주 왕조 초기의 소국으로, 나라가 멸망해 제가 얻었으며 제 위왕(齊威王)이 그 땅을 전영(田嬰)에게 봉하였다. 전영은 설에 성을 쌓으려 했는데 등나라가 설과 가까워 등문공이 매우 두려워하여 맹자에게 어떻게 하면 좋은가 물었다. 맹자는 제는 강하고 등은 약한 형세가 매우 뚜렷하여 제나라가 어떤 의도를 가지고 있는지 분명히 안다 하더라도 등나라로서는 제지할 수 있는 무슨 좋은 방법이 없다고 생각하였다. 그러나 맹자는 결코 노력하기를 포기하지 않았으며 등문공에게 태왕의 지난 일을 이야기하였다. 이전에 태왕이 거주하던 곳에 적인이 쳐들어오자 사실상 방법이 없어서 기산 아래로 옮겨서 거주할 수밖에 없었으나 큰 발전을 이루었다. 등문공도 태왕과 마찬가지로 인정을 시행하여야 하며 이렇게만 된다면 후세의 자손 중에 반드시 천하를 (왕도로) 다스리는 인물이 있을 수 있지만 결국 성공을 할 수 있느냐 없느냐는 하늘의 뜻과 운명을 보아야 한다. 등나라 같이 이렇게 약소한 국가라도 맹자는 또한 '선행을 행하기를 바랄 따름'이라고 권면했다. 여기서 표현한 것은 다만 적극적인 노력의 정신이며 결코 무슨 소극적이고 퇴폐적인 색채는 있지 않다.

 달리 맹자는 어쩔 수 없이 제나라를 떠나야 할 때 쫓기는 태도에서도 그의 운명에 대한 기본 견해를 설명할 수 있었다. 윤사(尹土)는 맹자가 제나라를 떠날 때 했던 행동을 이해하지 못하였다. 제의 왕이 상탕과 주무가 될 수 없음을 몰랐다면 맹자가 어리석은 것이다. 그가 되지 않는 것을 알면서도 오려고 한다면 맹자는 부귀를 탐하여 구하는 것이라고 생각하였다. 멀리서 와서 서로 융합이 되지 못하여 떠나면서도 주현(畫縣)에서만 사흘 밤을 유숙하였는데, 이는 매우 모순된 행동이었다. 이에 대하여 맹자는 대답하였다.

 천리에 왕을 만나보러 온 것은 내가 원한 것이니, 뜻이 맞지 않아서 떠나감이 어찌 내가 원한 것이겠는가? 내 부득이해서였다. 내 사흘을 유숙한 뒤에 주를 출발하되, 내 마음에는 오히려 빠르다고 여겼다. 나는 왕이 고치시기를 바라니, 왕이 고치신다면 반드시 나를 돌아오게 하셨을 것이다. 주를 나가는데도 왕이 나를 (만류하기 위하여) 쫓아오지 않으시기에, 내가 그런 뒤에야 호연히 돌아갈 뜻이 있었다. 내 비록 그러하나 어찌 왕을 버리겠는가. 왕은 그래도 충분히 선을 행할 수 있을 것이다. 왕이 만일 나를 등용한다면, 어찌 한갓 제나라 백성만 편안해지겠는가. 천하의 백성이 모두 편안해질 것이다. 왕이 고쳤으면 하는 것을 나는 날마다 바란다. 내 어찌 이 소장부와 같이 군주에게 간하다가 받아주지 않으면 노기등등하여 그 얼굴빛에 (怒氣를) 나타내어, 떠나면 하루 종일 갈 수 있는 힘을 다한 뒤에 유숙하는 것처럼 하겠는가?

千里而見王, 是予所欲也; 不遇故去, 豈予所欲哉? 予不得已也. 予三宿而出晝, 於予心猶以爲速, 王庶幾改之! 王如改諸, 則必反予. 夫出晝, 而王不予追也, 予然後浩然有歸志. 予雖然, 豈舍王哉! 王由足用爲善; 王如用予, 則豈徒齊民安, 天下之民擧安. 王庶幾改之! 予日望之! 予豈若是小丈夫然哉? 諫於其君而不受, 則怒, 悻悻然見於其面, 去則窮日之力而後宿哉?(4.12)

맹자는 제왕과의 만남에 큰 희망을 품고 있었는데 나중에 원만하지 못하여 떠나게 된 것은 어쩔 수가 없었다. 제나라를 떠날 때 주현에서 만 사흘을 꼬박 묵은 것은 제왕이 회개하는 뜻을 가지기를 바라서였다. 제왕이 회개를 할 수 있었다면 반드시 쫓아왔을 텐데 나중에 제왕이 쫓아오지 않은 것을 보고서야 미련 없이 떠났다. 사정이 이러하였는데도 맹자는 제왕을 포기하지 않았다. 제왕이 진심으로 맹자를 등용한다면 제의 백성뿐만 아니라 천하의 백성이 모두 안정될 수 있기 때문이었다. 이로써 맹자는 제나라를 떠나는 상황에 내몰리어 자기의 정치 이상이 이미 실현될 길이 없는 것을 알았을 때마저도 여전히 자기의 주관적 노력을 버리지 않았다. 운명에 굴하지 않고 공자와 마찬가지의 '그 불가함을 알면서도 하는' 정신을 표현해내었음을 알 수 있다. 이런 불요불굴의 정신이 바로 맹자의 의와 명에 관한 사상이 실제 행동에서 생동적으로 표현된 것이다.

전체적으로 말하면 맹자의 의명사상은 다음의 세 가지 방면으로 간단명료하게 개괄할 수 있다. 첫째, 명의 존재를 인정하였다. 둘째, 명 앞에서 사람들이 해야 할 것은 자신의 최대한도의 노력을 다하여 의를 향하고 선을 하는 것이다. 셋째, 자기의 힘을 이미 다하였지만 여전히 목적에 도달하지 못하였다면 담담하게 대하여야 한다. 이 세 조건을 합하면 안신입명이라고 부른다. 맹자의 안신입명에 관한 사상은 중화민족의 건전한 발전과 적극적이고 유망한 사회심리를 형성하는 데 의심의 여지 없이 중요한 작용을 하였다.

제5장

의리지변(義利之辨)

1. '의'와 '이'의 탐구

　의리지변은 맹자의 '변론하기를 좋아하는' 것의 중요한 내용 중 하나이다. 2천 년 이래 학자들의 토론이 가장 많고, 중국의 사회발전에 끼친 영향이 가장 큰 문제 중의 하나이다. 그러나 부인할 수 없는 것은 맹자 사상 연구에서 가장 혼란한 문제 가운데 하나이기도 하다. 의리지변의 본의를 탐구하고자 하면 무엇보다도 '의'와 '이'의 기본적 함의를 분명히 해야 한다.

　먼저 '의'를 말한다.

　『설문해자(說文解字)』에서는 말하였다. "의(義)는 자기의 위의(威儀)이다." 단옥재(段玉裁)의 『설문해자주(說文解字注)』에서는 말하였다. "옛날에는 위의(威儀) 자를 의(義)라고 하였는데 지금은 인의(仁義) 자로 쓴다. 의(儀)는 법도인데, 지금은 위의(威儀) 자로 쓴다. 의(誼)는 사람이 마땅히 할 것인데,

지금은 정의(情誼) 자로 쓴다.""의(義)는 고문의 위의(威儀) 자이며, 의(誼)는 고문의 인의(仁義) 자이다." 이는 곧 '의(義)' 자의 옛 뜻은 "자기의 위의"로 인의의 '의(義)'에 상당하여 다만 '의(誼)' 자이고, '의(誼)'는 곧 "사람이 마땅히 할 것"이다. "고경(古經)은 베껴 쓴 지가 오래되어 뒤섞이어 변별하기가 어렵기" 때문에 후인들은 일반적으로 모두 '의(義)'를 '의(宜)'로 해석하였는데 '의(義)' 자의 옛 뜻은 오히려 뚜렷하지 않게 되었다. '의(宜)'로 '의(義)'를 해석하는 것은 늦어도 서주(西周)의 명문(銘文)에서 시작되었다. 주 초 성왕(成王) 시대의 '사기정(師旂鼎)'의 명문에는 이런 구절이 있다. "懋文令曰: '義䈞叡㐫不從㐫古征, 令母彩, 斯又內于師旂.'" 그 가운데 "義䈞叡㐫不從㐫古征"은 "장상의 정벌을 따르지 않는 자에게 선포해야 한다"[1]로 해석될 수 있다. 이곳의 '의(義)' 자는 매우 명확하게 '의(宜)'로 풀이되며, 이런 용법은 갑골문에 아직 보이지 않는다. 따라서 "현존 사료로 볼 때 '의(義)'가 '의(宜)'의 함의를 취득한 것은 서주 초년에서 시작되었을 것이다."[2] 그 후에 '의(宜)'로 '의(義)'를 해석한 매우 전형적인 예로『중용(中庸)』을 들 수 있다.『중용』제20장에서는 말하였다. "의는 마땅함으로, 어진 이를 높임이 크니, 친척을 친히 함을 줄임과 어진 이를 높임의 등급이 예가 생겨난 이유이다.(義者宜也, 尊賢爲大. 親親之殺, 尊賢之等, 禮所生也)" 주희(朱熹)의『중용장구(中庸章句)』에서는 말하였다. "의(宜)는 사리를 분별하여 각기 마땅한 바가 있게 하는 것이요, 예는 이 두 가지를 절문(節文)할 뿐이다." 이는 모두 '의(宜)'로 '의(義)'를 해석한 것이다.

'의(宜)'를 '의(義)'로 푸는 것이 원칙적으로 옳기는 하지만『맹자』를 이해하는 데는 여전히 좀 미진한 점이 있다. 맹자가 '의(義)'을 말하는 것이

---

1 황쥔제(黃俊杰)의『맹학사상사론(孟學思想史論)』권1에서 인용. 대만동대도서공사(臺灣東大圖書公司), 1991, 134쪽.

2 황쥔제,『맹학사상사론』권1, 대만동대도서공사, 1991, 135.

대부분 의리지변(義利之辨)과 함께 이어져 "사리를 분별하는데 각자 마땅한(宜) 것이 있는" '의(義)'와 의리지변은 모종의 관계를 이루는데 이런 전통적인 해석은 명료하게 말하기 어렵기 때문이다. 따라서 '의(義)'의 함의에 대하여서는 여전히 진일보된 분석이 필요하다.

『맹자』에는 '의(義)' 자가 모두 108번 보여 빈도가 상당히 높다. 함의도 비교적 복잡하지만 자세히 분석하자면 맹자가 '의(義)'를 논함에는 일정한 규율이 있음을 어렵지 않게 알 수 있다. 한어(漢語)의 발전은 단자(單字)가 먼저 있은 다음에 다시 복음사(複音詞)가 나온다는 규율에 근거하면 일반적으로 말하여 단자의 함의는 비교적 모호하고 광범하다. 복음사는 두 자 내지 여러 자가 서로 이어져 있어 함의가 비교적 풍부하고 구체적이어서 쉽게 파악할 수 있다. 우리는 복음사라는 한정에 근거하여 명확하게 '의(義)' 자의 기본 함의를 확정 지을 수 있다.

이를테면 『논어(論語)』의 '의(義)'는 모두 단자로 복음사는 아직 출현하지 않아 그 함의가 왕왕 반드시 앞뒤 문맥에 근거하여야 확정 지을 수 있다. "의롭지 못하면서 부유해지고 귀해짐은 나에게는 뜬구름과 같다(不義而富貴, 於我如浮雲)"(『논어』 7.16)의 '의(義)' 같은 것은 '합리적', '도리가 있는'으로 이해할 수 있으며, "군자는 의에 밝고, 소인은 이익에 밝다(君子喩於義, 小人喩於利)"(『논어』 4.16)의 '의(義)'는 '도덕적' 또는 '도덕에 부합하는'으로 이해할 수 있다. 이런 이해 방법은 '추측'하는 성분이 비교적 크며 비교적 파악하기가 어렵다.

『맹자』는 비교적 좋은 편인데 『맹자』에는 적지 않은 '의(義)'의 복음사가 출현하여 우리는 비교적 편리하게 복음사에 근거하여 '의(義)'의 구체적인 함의를 확정지을 수 있다. 『맹자』에는 '의(義)' 자가 들어간 복음사가 모두 3차례 보이는데, '이의(理義)'와 '예의(禮義)' 그리고 '인의(仁義)'이다.

'이의(理義)'는 단 한번 나타난다.

이의가 우리 마음을 기쁘게 함은 추환이 우리 입을 기쁘게 함과 같다.
故理義之悅我心, 猶芻豢之悅我口.(11.7)

'이'의 본의는 옥을 가공하는 것인데 무늬[紋理]와 조리(條理)의 뜻으로 인신되었고, 도리(道理)와 규율(規律)이라는 뜻으로 인신되었다. '이'는 '의(義)'와 서로 연결되어 도리라는 함의를 더욱 강화하는데 특히 정확한 도리, 일반적 도리를 가리킨다.

'예의(禮義)'는 다섯 차례 나타난다.

어느 겨를에 예의를 차리겠는가?
奚暇治禮義哉?(1.7)

예의는 현자로부터 나오는데 맹자는 뒤 초상이 앞 초상보다 지나쳤다.
禮義由賢者出; 而孟子之後喪逾前喪.(2.16)

말할 때 예의를 비방하는 것을 자포라 이른다.
言非禮義, 謂之自暴也.(7.10)

만종(의 祿)은 예의를 따지지 않고 받는다.
萬鍾則不辯禮義而受之.(11.10)

예의가 없으면 상하가 어지럽고, 정사가 없으면 재용이 넉넉하지 못하다.
無禮義, 則上下亂; 無政事, 則財用不足.(14.12)

공자가 예를 쓰는 것은 맹자가 예를 쓰는 것과 매우 다르다. 공자가 이야기하는 예는 주로 외재적인 주대의 예악 제도이다. 이는 "은나라는 하나라의 예를 따랐으니, 덜고 더한 것을 알 수 있으며, 주나라는 은나라의 예를 따랐으니, 덜고 더한 것을 알 수 있다.(殷因於夏禮, 所損益, 可知也; 周因於殷禮, 所損益, 可知也)"(『논어』 2.23), "예가 아니면 보지 말며, 예가 아니면 듣지 말며, 예가 아니면 말하지 말며, 예가 아니면 동하지 마라.(非禮勿視, 非禮勿聽, 非禮勿言, 非禮勿動)"(『논어』 12.1) 등의 논술에서 분명하게 알 수 있다. 맹자가 이야기한 예는 주로 이미 외재적인 예악 제도가 아니라 '내가 본래 가지고 있는(我固有之)' 인륜의 이와 예절의 예인데 이는 "사람에게 예법을 행하여도 답례하지 않거든 그 경을 돌이켜보아야 한다.(禮人不答, 反其敬)"(7.4), "예에 조정에서는 남의 자리를 지나 남과 더불어 말하지 아니하며, 계급을 지나가서 서로 읍하지 않는다. 나는 이 예를 행하고자 하였는데, 자오[王驩의 字]는 나더러 소홀히 한다고 말하니, 이상하지 아니한가.(禮, 朝廷不歷位而相與言, 不逾階而相揖也. 我欲行禮, 子敖以爲我簡, 不亦異乎)"(8.27) 등의 논술에서 입증할 수 있다. 이로부터 '예'는 '의'와 서로 연결되어 특별히 인륜의 이와 예의의 이를 가리킴을 알 수 있다.

'인의(仁義)'는 비교적 많이 나타나 모두 27차례다. 번다하여 다 인용할 수는 없고 비교적 중요한 것으로는 다음과 같은 것이 있다.

> 또한 인의가 있을 따름일 것이다.
> 亦有仁義而已矣.(1.1)
>
> 제의 사람 중에는 인의를 가지고 왕과 더불어 말하는 이가 없다.
> 齊人無以仁義與王言者.(4.2)

이는 부정한 학설이 백성을 속여 인의(의 정도)를 꽉 막는 것이다.
是邪說誣民, 充塞仁義也. (6.9)

인의를 따라 행한 것이지 인의를 행하려고 한 것은 아니었다.
由仁義行, 非行仁義也. (8.19)

비록 사람에게 보존된 것인들 어찌 인의의 마음이 없겠는가?
雖存乎人者, 豈無仁義之心哉? (11.8)

인의에 충족함을 말한 것이기 때문에 남의 고량지미를 원하지 않는다.
言飽乎仁義也, 所以不願人之膏粱之味也. (11.17)

군신과 부자와 형제가 마침내 인의를 버리고 이익을 생각하며 서로 대하는 것이니, 이렇게 하고서도 망하지 않은 자는 지금까지 있지 않다.
是君臣·父子·兄弟終去仁義也, 懷利以相接, 然而不亡者, 未之有也. (12.4)

'인'은 공자의 매우 중요한 윤리학 개념이다. 특히 '여러 덕의 이름'과 '덕성의 근원'을 가리키는데 통틀어 '제덕지가(諸德之家)'[3]라 일컫는다. 맹자는 인의 개념을 계승하여 인은 곧 사람의 마음이며 곧 사람의 도덕적 근거임을 강조하고, 아울러 이 근거는 자기가 본래부터 가지고 있는 고유한 것이라고 하였다. '인'과 마찬가지로 '의' 또한 사람의 도덕적 근거이다. 외면으로부터 얻어지는 것이 아니라 자기가 본래부터 가지고 있는

---

[3] 나의 「석인(釋仁)」, 『공자연구(孔子研究)』 1995년 제1기, 대만(臺灣) 『철학과 문화(哲學與文化)』 제22권 제1기를 참고하여 보라.

고유한 것이다. '인'과 '의'는 함께 연결되면 이 뜻이 더욱 명료하게 표현된다. 이 때문에 '인의'는 특별히 도덕적 근거를 가리키며, 종종 도덕적 내재와 함께 연결된다.『맹자』에는 '인의'란 이 복음사가 특별히 많으며 도리 또한 여기에 있다.

『맹자』의 '의' 자는 복음사에 나타나는 것 외에 많은 단자로도 남아 있다. 단자로 나타난 '의'자의 함의를 확정하려면 두 가지 비교적 행할 만한 방법이 있다.

첫째 '의'가 '이(理)'와 '예(禮)' 그리고 '인(仁)' 등의 자와 대칭되거나 연칭되는가의 여부를 보는 것이다. 그렇다면 상이한 대칭이나 연칭의 상황에 근거하여 기본적으로 그 함의를 확정지을 수 있다. 이를테면 "마음이 똑같이 그렇게 여긴다는 것은 어떤 것인가? 이와 의를 말한다.(心之所同然者何也? 謂理也, 義也)"(11.7) 같은 것이 있다. 이곳에서는 '이'와 '의'가 대칭되며, 이 '의' 자는 '이의'의 '의'로 확정 지을 수 있는데, 일반적인 도리와 정확한 도리를 가리킨다.[4] "예 아닌 예와 의가 아닌 의를 대인은 하지 않는다.(非禮之禮, 非義之義, 大人弗爲)"(8.6), "공자는 나갈 때 예로 하고, 물러날 때 의로 하여 얻고 얻지 못함에 '천명에 달려있다.' 하였다.(孔子進以禮, 退以義, 得之不得曰有命)"(9.8), "의는 사람이 걸어가야 할 길이며, 예는 사람이 출입하는 문이다.(夫義, 路也; 禮, 門也)"(10.7) 같은 것이 있는데, 이곳의 '예'와 '의'는 대칭된다. 이런 '의' 자는 '예의'의 '의'로 확정 지을 수 있어서 인륜의 이

---

[4] 주의해야 할 점은 가끔씩 '의' 자는 또한 '도' 자와 대칭되기도 하는데, "그 기가 의와 도에 배합된다(其爲氣也, 配義與道)"(3.2), "그 의가 아니고 그 도가 아니면, 지푸라기 하나도 남에게 주지 않았으며 지푸라기 하나도 남에게서 취하지 않았다.(非其義也, 非其道也, 一介不以與人, 一介不以取諸人)"(9.7), "궁하여도 의를 잃지 않으며, 영달하여도 도를 떠나지 않는다.(窮不失義, 達不離道)"(13.9) 같은 것이 있다. 어기상으로 보면 이곳에서 말한 '도'는 '이'에 비해 한 단계 높은 층차이지만『맹자』에는 아직 '도의'의 견해가 나타나지 않아 '의'와 '도'를 동등하게 취급하지 않는다. '도'와 '이'의 뜻이 비교적 근접하는 것임을 고려하면 이런 '의' 자는 잠시 '이의'의 '의'로 이해될 수 있다.

리와 예의의 이를 가리킨다. "어버이를 친애함은 인이며, 어른을 공경함은 의이다.(親親, 仁也; 敬長, 義也)"(13.15), "거하는 것은 어디에 있어야 하는가? 인이 이것이다. 길은 어디에 있어야 하는가? 의가 이것이다. 인에 거하고 의를 따른다면 대인의 일이 갖추어진 것이다.(居惡在? 仁是也; 路惡在? 義是也. 居仁由義, 大人之事備矣)"(13.33), "사람들은 모두 차마 못 하는 마음을 가지고 있으니, 차마 함에까지 이른다면 인이요, 사람들은 모두 하지 않음이 있으니, 함에까지 이른다면 의이다.(人皆有所不忍, 達之於其所忍, 仁也; 人皆有所不爲, 達之於其所爲, 義也)"(14.31) 같은 것이 있다. 이곳에서는 '인'과 '의'가 대칭되며, 이런 '의' 자는 곧 '인의'의 '의'로 확정할 수가 있어서 도덕적 근거를 가리키며 의의 내적인 설과 연결되어 있다.

둘째는 완전히 단독으로 출현하는 것으로 앞뒤로 대칭되거나 연칭되는 '의'자가 없으며 아래위의 문장에 근거하면 '이의'와 '예의' 그리고 '인의'라는 이 전체적인 범위 내에서 그 구체적인 함의를 확정 지을 수 있다. 이를테면 "한 가지 일이라도 불의를 행하며, 한 사람이라도 죄 없는 이를 죽이고 천하를 얻음은 모두 하지 않을 것이다.(行一不義, 殺一不辜, 而得天下, 皆不爲也)"(3.2), "만일 의가 아님을 안다면 속히 그만두어야 할 것이니 어찌 내년을 기다리겠는가?(如知其非義, 斯速已矣, 何待來年)"(6.8), "감히 묻겠습니다. (사들이) 제후를 만나보지 않는 것은 무슨 의입니까?(敢問不見諸侯, 何義也)"(10.7), "대인은 말은 믿게 하기를 기필하지 않으며, 행실은 과단성 있게 하기를 기필하지 않고, 오직 의가 있는 데로 한다.(大人者, 言不必信, 行不必果, 惟義所在)"(8.11) 같은 것이 있다. 이런 '의' 자는 모두 '이의'의 '의'로 이해될 수 있는데, 일반적인 도리와 정확한 도리를 가리킨다. "효제의 의리로 거듭한다(申之以孝悌之義)"(1.3), "부자간에는 친함이 있으며, 군신간에는 의리가 있으며, 부부간에는 분별이 있으며, 장유간에는 차례가 있으며, 붕우간에는 믿음이 있다.(父子有親, 君臣有義, 夫婦有別, 長幼有序, 朋友有信)"(5.4) 같은 것은 '의' 자를 '예의'의 '의'로 이해할 수 있는데, 인륜의 이와 예의의 이를 가리킨다. "형의 녹을 불의한 녹이라 하여 먹지 않았으며, 형의 집을 불의한 집이라 하여 거처하지 않았다.(以兄之祿爲不義之祿而不食也, 以兄之室爲不義之室而不居也)"(6.10), "또 장자를 의라고 여기는가? 그를 장자로 높임을 의라고 여기는가?(且謂長者義乎? 長之者義乎)"(11.4), "어찌하여 의가 내면에 있다 이르는가?(何以謂義內也)"(11.5), "그러므로 사는 궁하여도 의를 잃지 않으며, 영달하여도 도를 떠나지 않는다.(故士窮不失義, 達不離道)"(13.9)와 같은 '의' 자는 '인의'의 '의'로 이해될 수 있는데, 도덕의 내재적 근거를 가리킨다. 이런 방법 또한 반드시 임시로 전후의 문맥에 근거하여 확정 지을 수 있지만 '이의'와 '예의', '인의'하는 큰 범위를 가지고 있기에 실제 사용해보면 결코 특별히 어렵지 않다.[5]

강조하여 지적해야 할 것은 위에서 말한 것과 같이 복음사 중에서 '인의'가 출현한 빈도가 가장 높다는 점이다. 이는 맹자가 성선을 말한 것과 함께 도덕적 근거가 곧 자기의 심중에 있는 것과 관련이 있다는 것을 강조하였지만 맹자가 '인의'를 말한 대상에 대하여서는 주의하여 구분해야 한다. 그 대상이 같지 않기 때문에 '인의'의 내포에도 다름이 있다. 서민과 사인에 대하여 말하면 '인의'의 함의는 주로 사람이라면 도덕을 가져야 하는 것이다. 군주에 대하여 말하면 이는 곧 가장 중요한 것이 아닐 것이다. 군주의 근본 임무가 나라를 잘 다스려 국가가 번성하고 창성하게 하는 것이기 때문이다. 맹자가 보기에 이 목적에 도달하려는 가장 좋은

---

[5] 짚고 넘어가야 할 것은 일반적으로 말하여 복음사는 결코 완전히 단자의 함의를 포괄할 수 없지만―이를테면 '도덕'과 '도리' 등의 복음사는 결코 완전히 '도'의 함의를 포괄할 수 없다―『맹자』의 '의'의 함의는 기본적으로 '이의'와 '예의' 그리고 '인의'의 범위에 포괄될 수 있어서 책 전체에서 두루 찾아보았지만 하나의 예외도 없었다. 또한 곧 복음사로 단자의 함의를 해석하는 방법은 결코 절대적인 보편성을 가지고 있지 않음을 설명하며, 여기서는 『맹자』의 '의' 자에만 쓰이므로 특별히 밝힌다.

방법은 바로 왕도를 행하는 것이며 패도를 행하는 것이 아니다. 왕도를 행하는 것은 결코 어렵지 않아 군주가 본래부터 가지고 있는 고유한 인의의 마음을 발휘하기만 하면 된다. 따라서 군주에 대하여 말하면 그들의 '인의'는 주로 인정을 시행하는 것이며 개인의 도덕 수양이 아니다. 이렇게 대상이 다름에 따라 '인의'에 발생하게 한 함의의 미세한 변화는 각별히 조심해야 한다.

이제 '이(利)'를 말해보겠다.

'이' 자는 모두 14장에 걸쳐 39차례 나타난다. '이'의 뜻은 세 개의 기본적인 항목이 있으며 그 함의는 상대적으로 이야기하여 비교적 간단하다. 첫째는 예리하다는 '이(利)'로 병기가 견고하고 날카롭다는 뜻이다. "몽둥이를 만들어 진과 초의 견고한 갑옷과 날카로운 병기를 치게 할 수 있을 것이다(可使制梃以撻秦楚之堅甲利兵矣)"(1.5), "천하를 두렵게 하되 병혁의 예리함으로써 하지 않는다(威天下不以兵革之利)"(4.1), "(말재주가) 날카로운 자를 미워함은 의를 어지럽힐까 두려워해이다.(惡利口, 恐其亂信也)"(14.37) 같은 것인데, 이는 '이(利)' 자의 본의이다. 둘째는 이익의 '이'로 경제상의 이익 등등을 가리킨다. "천한 장부가 있어, 반드시 농단을 찾아 올라가서 좌우로 바라보면서 시장의 이익을 망라하였다.(有賤丈夫焉, 必求壟斷而登之, 以左右望, 以罔市利"(4.10), "사람이 부귀와 영달을 구하는 것은(人之所以求富貴利達者)"(8.33) 같은 예는 '이' 자의 인신된 뜻이다. 세 번째는 이롭게 해 준다는 '이'로 곧 '유리함이 있다'는 뜻이다. "위태로움을 편안히 여기고, 재앙을 이롭게 여긴다(安其危而利其菑)"(7.8), "양자는 자신을 위함을 취하였으니, 털 하나를 뽑아서 천하가 이롭게 된다고 하더라도 하지 않았다. 묵자는 겸애를 하였으니, 이마를 갈아 발꿈치에 이르더라도 천하에 이로우면 하였다.(楊子取爲我, 拔一毛而利天下, 不爲也. 墨子兼愛, 摩頂放踵利天下, 爲之)"(13.26) 같은 것인데 '이' 자의 인신된 뜻이다. '이' 자의 본의는 상대적으로 이야기하여 비교적 독립적이어서 구분하기에 편하며, 그 인신의 곧 이익의 '이'와 이롭게 한다의 '이'는 비교적 뜻이 가까워 모호해지기 쉽다.

'의'와 '이'의 함의는 명료하여 우리는 맹자의 의리지변의 진의를 탐구할 수 있다. 앞에서 이야기했듯이 의리지변의 연구에는 몇몇 미흡한 곳이 있다. 이런 상황이 조성된 것은 내가 보기에 하나의 주요 원인은 맹자 의리지변의 세 가지 상이한 함의. 곧 치국 방략의 의의를 가진 의리지변, 사람과 짐승을 나누는 뜻으로서의 의리지변, 도덕적 목적이라는 의미의 의리지변을 분명하게 나누지 않아서이다. 본장에서는 주로 이 각도에서 출발하여 노력하는데 이로써 맹자 의리지변의 본의를 보다 분명하게 이해할 수 있기를 바란다.

2. 치국 방략의 의의를 가진 의리지변

치국 방략의 의의를 가진 의리지변은 맹자 의리지변의 중요한 내용으로 이 방면에서 첫손 꼽히는 것은 곧 맹자와 양혜왕의 그 유명한 대화이다.

맹자께서 양혜왕을 뵈었는데 왕이 말하였다. "노인께서 천리를 멀다 않고 오셨으니, 또한 우리나라를 이롭게 함이 있겠지요?"

맹자께서 대답하였다. "왕께서는 하필 이를 말씀하십니까? 인과 의가 있을 따름일 것입니다. 왕께서 '어떻게 하면 내 나라를 이롭게 할까?' 하시면, 대부들은 '어떻게 하면 내 집안을 이롭게 할까?' 하며, 사와 서인들은 '어떻게 하면 내 몸을 이롭게 할까?' 하여, 윗사람과 아랫사람이 서로 이를 취한다면 나라가 위태로워질 것입니다. 만승의 나라에 그 군주를 죽이는 자는 반드시 천승(을 가진 공경)의 집안이요, 천승의 나라에 그 군주를 죽이는 자는 반드시 백승(을 가진 대부)의 집안이니, 만승에 천승을 취하며 천승에 백승을 취함이 많지 않은 것은 아니지만, 만일 의를 뒤로 하고 이를 먼저 하면, (모두) 빼앗지 않으면 만족해하지 않습니다. 인하고서 그 어버이를 버리는 자는 있지 않았으며, 의로우면서 그 군주를 뒤로 하는 자는 있지 않았습니다. 왕께서는 또한 "인과 의를 말씀하실 따름이니, 하필 이를 말씀하십니까?"

孟子見梁惠王. 王曰: "叟! 不遠千里而來, 亦將有以利吾國乎?"

孟子對曰: "王! 何必曰利? 亦有仁義而已矣. 王曰, '何以利吾國?' 大夫曰, '何以利吾家?' 士庶人曰, '何以利吾身?' 上下交征利而國危矣. 萬乘之國, 弑其君者, 必千乘之家; 千乘之國, 弑其君者, 必百乘之家. 萬取千焉, 千取百焉, 不爲不多矣. 苟爲后義而先利, 不奪不厭. 未有仁而遺其親者也, 未有義而后其君者也. 王亦曰仁義而已矣, 何必曰利?"(1.1)

『맹자』에서는 이 대화를 전체 제1편 제1장에 두었는데 최소한 『맹자』의 작자가 이 대화를 얼마나 만족해하고 얼마나 중시하였는가를 설명하고 있다. 예와 지금의 연구자들은 이에 대해 지극한 흥미를 나타내지 않음이 없었고 다방면에서 연구를 진행하였다. 그러나 사람들은 종종 이 대화의 주지에 대해 오해하고 있다. 이 문제는 매우 중요하여 여기서 거듭 분명하게 변론하지 않을 수 없다.

내가 보기에 맹자와 양혜왕이 나눈 이 대담은 주로 정치문제이지 윤리문제가 아니다. 어떻게 국가를 다스리는가 하는 문제이지 이익을 논할 수 있는가 없는가 하는 문제가 아니다. 바꾸어 말하면 『맹자』가 이 장에서 언급한 것은 주로 치국 방략의 의의가 있는 의리지변이며 윤리적 의의가 있는 의리지변이 아니다. 여기서 아래의 세 방면으로 증명을 해 보겠다.

1) 배경 증명

제1장에서 말했듯이 맹자가 양혜왕을 만난 해는 『죽서기년(竹書紀年)』에 의하면 위혜왕(魏惠王) 후원(後元) 15년(B.C. 320)이어야 한다. 양혜왕은 맹자를 만나자마자 대뜸 묻기를 "내 나라를 이롭게 함이 있겠지요?"라 묻는다. 묻는 말이 어떻게 이렇게 직설적일까? 태도가 어떻게 이렇게 절박한가? 양혜왕의 대화에서는 그 이유를 말하였다.

> 진나라가 천하에서 막강한 것은 노인께서도 아시는 바입니다. 그러나 과인의 몸에 이르러 동쪽으로 제나라에게 패전함에 장자가 전사하였고, 서쪽으로는 진나라에게 땅 7백 리를 잃었고, 남쪽으로는 초나라에 모욕을 당하였습니다. 과인이 이것을 부끄러워하여 전사한 자를 위해서 한번 설욕하기를 원하오니, 어떻게 하면 되겠습니까?
> 晉國, 天下莫强焉, 叟之所知也. 及寡人之身, 東敗於齊, 長子死焉; 西喪地于秦七百里; 南辱於楚. 寡人恥之, 願比死者一洒之, 如之何則可?(1.5)

이곳의 진나라는 한(韓)·조(趙)·위(魏)의 삼가(三家)가 진을 나눈 진나라와는 같지 않으며 양혜왕이 스스로를 일컫는 것으로 위나라를 가리킨다. 삼가가 진을 나눈 후로부터 문후(文侯)와 무후(武侯)의 노력을 거쳐 양혜왕이 승계한 후 위나라의 역량이 대폭 증가하여 전국(戰國)의 제웅(諸雄) 가운데 강국이 되었다. B.C. 356년, 노와 송, 위(衛), 한이 위나라의 세력에 압박을 받아 모두 양혜왕에게 조현하였다. B.C. 344년 위혜왕은 비로소 왕을 일컫고 송과 위, 추(鄒), 노 등의 나라를 소집하여 봉택(逢澤)에서 회맹하고 주천자를 조현하였다. 이것이 봉택의 회맹이다. 그러나 뒤이어 전국의 제웅이 서로 각축하는 중에 위나라의 힘은 부단히 쇠약해졌다.

다음에 이 일단의 해에 위나라가 겪은 큰 사건을 정리해 본다.

위혜왕 29년(B.C. 341), 제의 장수 전기(田忌)가 마릉(馬陵)에서 위의 군사를 크게 무찔렀으며 태자 신(申)은 포로가 되었다. 이는 위나라로서는 전에 없던 참패이다.

위혜왕 30년(B.C. 340), 위앙(衛鞅)이 위의 공자 앙(卬)을 꾀어 잡아가고 위의 군사를 대파하여 위는 하서(河西)의 땅을 떼어 진에게 주고 강화하였다.

위혜왕 31년(B.C. 339), 진이 안문(岸門)에서 위를 무찔렀다.

위혜왕 후원 원년(B.C. 334), 위가 혜시(惠施)의 계책을 채택하여 복장을 바꾸고 부절을 꺾어 제에 조회하였으며 서주(徐州)에 이르러 제위왕(齊威王)을 조현하고 제를 왕이라 일컬었다.

위혜왕 후원 3년(B.C. 332), 위가 음진(陰晉)을 진에게 바쳤다.

위혜왕 후원 5년(B.C. 330), 진이 조음(雕陰)에서 위를 무찔러 위는 하서의 땅을 진에게 바쳤다.

위혜왕 후원 6년(B.C. 329), 진이 위를 정벌하여 분음(汾陰)과 피지(皮氏), 초(焦) 등의 땅을 취하였다.

위혜왕 후원 7년(B.C. 328), 위가 상군(上郡)의 15개 현을 진에게 바쳤다.

위혜왕 후원 12년(B.C. 323) 초가 위를 정벌하고 양릉(襄陵)을 깨뜨려 8읍을 취하였다.

위혜왕 후원 14년(B.C. 322), 장의(張儀)가 위의 재상이 되었으며, 진이 위를 정벌하여 곡옥(曲沃)과 평주(平周)를 취하였다.

이런 대사기(大事記)로부터 일련의 대패로 위나라의 힘은 많이 약해져서 동방의 패권이 위에서 제로 옮겨가기 시작했음을 분명히 알 수 있다. 그러나 양혜왕은 단념하는 일이라고는 없이 "죽은 자들을 위하여 설욕하기를 원하였다." 이때 그가 관심을 가진 것은 어떻게 하면 즉각 강성해지는 효과를 볼 수 있는 방법이 없을까, 하는 것이었다. 그리고 어떻게 국가를 강성하게 하느냐는 하는 것은 정치문제이지 윤리문제가 아니다.

맹자의 입장에서 보도록 하자. 맹자는 제위왕 때 이미 제를 유력하였으나 중용되지 못하여 송으로 갔다. 설을 거쳐 추로 돌아왔다가 노로 돌아가 양으로 갔다. 맹자가 열국을 유력한 것은 곧 개명한 군주를 찾아 그의 인정의 정치 주장을 추진하여 최종적으로 '천하를 태평하게 다스리는' 목적을 이루고자 함이었다. 맹자가 보기에 한 국가를 강성하게 하려면 가장 좋은 방법은 바로 인정을 추진하고 왕도를 실행하는 것이었다. 그는 제와 송, 설, 추, 노에서 뜻을 얻지 못하여 그의 정치적 주장을 추진할 수 없었다. 마침 이때 양혜왕이 말을 낮추고 예를 두터이 하여 현자를 초치하여 그는 양혜왕에게 윤리문제 같은 것을 이야기할 수 없었을 것이며 자기의 왕도와 인정을 추진하는 정치 목적은 버려야 했을 것이다.

2) 대화 증명

『맹자』의 편성에는 일반적으로 어떤 규율이 없다. 유독 「양혜왕」 한 편만은 기본적으로 시간의 전후 순서에 따라 배열하였음이 매우 분명하다.[6] 이 시간 배열 순서로부터 맹자가 비록 위나라에서 머문 시간은 길지 않았어도 양혜왕과는 오히려 여러 차례 대화를 나누어 위에서 인용한 "하필 이를 말하십니까? 또한 인의가 있을 따름일 것입니다."라 한 단락을 제외하고도 네 단락이 더 있음을 알 수 있다. 이 네 대화를 대략 분석해보면 매우 자연스럽게 맹자와 양혜왕의 대화의 주지가 정치문제이지 윤리문제가 아니라는 결론을 도출해낼 수 있다.

---

[6] 후위환(胡毓寰)은 『맹자』는 연대순으로 엮은 책이 아니며 각 장의 배치는 전혀 시간 순서가 없으며, "양혜왕" 한 편만은 『맹자』는 연대순으로 엮었다고 볼 수 있을 것이다."라 생각하였다.(『孟子事迹考略』, 正中書局, 1936, 41쪽)

한번은 맹자가 양혜왕을 만났는데 양혜왕은 못 가에 서서 조수(鳥獸)를 바라보며 맹자에게 물었다. "현자도 이것을 즐깁니까?(賢者亦樂乎?)" 맹자가 대답하였다.

현자가 된 뒤라야 이것을 즐기는 것이니, 현명하지 못한 자는 비록 이것을 가지고 있다 하더라도 즐기지 못합니다. 『시경』에 이르기를 "영대를 처음으로 경영하여 이것을 헤아리고 도모하시니, 백성들이 와서 일하는지라 하루가 못 되어 완성되었도다. 처음 경영하기를 급히 하지 말라고 하셨으나 백성들은 아들이 (아버지 일인 듯) 오도다. 왕이 영유에 계시니, 사슴들이 그곳에 가만히 엎드려 있도다. 사슴들은 반지르르하거늘 백조는 희디희도다. 왕이 영소에 계시니, 아! (연못에) 가득히 고기들이 뛰논다." 하였으니, 문왕이 백성의 힘으로 대를 만들고 소를 만들었으나, 백성들이 그것을 즐거워하여 그 대를 이르기를 영대라 하고, 그 소를 이르기를 영소라 하여, 그가 미록과 고기와 자라를 소유함을 좋아하였으니, 옛사람들은 백성과 더불어 즐겼기 때문에 능히 즐길 수 있었던 것입니다. 「탕서」에 이르기를 "이 해가 언제나 없어질꼬? 내 너와 함께 망하겠다." 하였으니, 백성들이 그와 함께 망하고자 한다면, 비록 대지와 조수를 가지고 있은들 어찌 홀로 즐거워할 수 있겠습니까?

賢者而後樂此, 不賢者雖有此, 不樂也. 詩云: "經始靈臺, 經之營之, 庶民攻之, 不日成之. 經始勿亟, 庶民子來. 王在靈囿, 麀鹿攸伏, 麀鹿濯濯, 白鳥鶴鶴. 王在靈沼, 於牣魚躍." 文王以民力爲臺爲沼, 而民歡樂之, 謂其臺曰靈臺, 謂其詔曰靈沼, 樂其有麋鹿魚鱉. 古之人與民偕樂, 故能樂也. 湯誓曰: "時日害喪, 予及女偕亡." 民欲與之偕亡, 雖有臺池鳥獸, 豈能獨樂哉?(1.2)

여기에서 맹자는 주로 옛사람의 말을 빌려 '여민동락(與民同樂)'의 주장을 밀고 나간다. 맹자가 보기에 '여민동락'은 인정을 시행하는 필수 요소이다. '여민동락'하는 군주라야 좋은 군주이고, '여민동락'하는 정부라야 좋은 정부이다. 이는 "백성이 즐거워함을 즐거워하는 자는 백성들 또한 그 (君主의) 즐거워함을 즐거워하고, 백성들의 근심을 근심하는 자는 백성들 또한 그 근심을 근심한다. 즐거워하기를 온 천하로써 하며, 근심하기를 온 천하로써 하고 이렇게 하고도 잘 다스리지 못하는 자는 아직 없었기(樂民之樂者, 民亦樂其樂; 憂民之憂者, 民亦憂其憂. 樂以天下, 憂以天下, 然而不王者, 未之有也)"(2.4) 때문이다.

또 한번은 양혜왕이 그 자신은 나라에 이미 마음을 다하여 한 지방에 흉년이 들면 그 지방의 백성을 옮겨 내오고 그들에게 양식을 조달해 주었지만 그의 국가는 백성들이 더 늘어나지 않고 다른 나라의 백성들이 조금도 줄어들지 않으니 정말 무엇 때문인지 모르겠다고 생각하였다. 맹자는 이것은 오십 보 도망간 사람이 백 보 도망간 사람을 비웃는 것일 따름이니 결코 진정한 왕도가 아니며 진정한 왕도는 이래야 한다고 말하였다.

농사철을 어기지 않게 하면 곡식을 이루 다 먹을 수 없으며, 촘촘한 그물을 웅덩이와 연못에 넣지 않으면 고기와 자라를 이루 다 먹을 수 없으며, 도끼와 자귀를 때에 따라 산림에 들어가게 하면 재목을 이루 다 쓸 수 없을 것이다. 곡식과 고기와 자라를 이루 다 먹을 수 없으며, 재목을 이루 다 쓸 수 없으면, 이는 백성으로 하여금 산 이를 봉양하고 죽은 이를 장송(葬送)함에 유감이 없게 하는 것이니, 산 이는 봉양하고 죽은 이를 장송함에 유감이 없게 하는 것이 왕도의 시작이다.

不違農時, 穀不可勝食也; 數罟不入洿池, 魚鼈不可勝食也; 斧斤以時入山林, 材木不可勝用也. 穀與魚鼈不可勝食, 材木不可勝用, 是使民養生喪死無憾也. 養生喪死無憾, 王道之始也.(13)

양혜왕은 자기 나라의 백성이 늘어나지 않는 것을 풍년이 들지 않은 탓으로 돌리고 자기가 나라를 다스리는 방법에서는 원인을 찾지 않았다. 맹자는 이에 대해 비판하여 말하기를 이는 칼을 들고 사람을 죽이고는 오히려 내가 죽인 것이 아니라 칼이 사람을 죽였다고 하는 것과 조금도 다를 바가 없다고 하였다. 맹자가 말한 대로 하여 "농사철을 어기지 않게 하고", "촘촘한 그물을 웅덩이와 연못에 넣지 않으며", "도끼와 자귀를 때에 따라 산림에 들어가게" 한다면 백성들이 산 사람과 죽은 사람을 봉양하는데 유감이 없도록 할 수 있고 그제야 다른 나라의 백성들이 와서 투항할 것이다. 이렇게 되면 나라는 자연히 백성이 번영하고 국력은 강성해진다.

다른 대화에서 맹자는 공개적으로 위나라의 정치 상황을 비판하였다. 이는 정치로 사람을 죽이는 것과 다름이 없다고 생각하였다.

(임금의) 푸줏간에는 살진 고기가 있고, 마구간에는 살찐 말이 있으면서, 백성들은 굶주린 기색이 있고, 들에 굶어 죽은 시체가 있다면, 이것은 짐승을 몰아서 사람을 잡아먹게 한 것입니다. 짐승끼리 서로 잡아먹는 것도 사람들은 미워하는데, 백성의 부모가 되어 정사를 행하되 짐승을 몰아 사람을 먹게 함을 면치 못한다면 백성의 부모 됨이 어디에 있습니까? 중니께서 말씀하시기를 "처음으로 용(俑)을 만든 자는 후손이 없을 것이다." 하였으니, 이는 사람을 모양을 본떠 (장례에) 사용하였기 때문입니다. 그 어찌 이 백성을 굶주려 죽게 한단 말입니까?

庖有肥肉, 廐有肥馬, 民有飢色, 野有餓莩, 此率獸而食人也. 獸相食,且人惡之; 爲民父母, 行政, 不免於率獸而食人, 惡在其爲民父母也? 仲尼曰: "始作俑者, 其無後乎!" 爲其象人而用之也. 如之何其使斯民飢而死也?(1.4)

백성의 부모로 정치를 주관하면서 백성을 행복하게 해 주고 백성과 즐거움을 함께할 수 없고 오히려 백성들을 산 채로 굶어 죽게 한다면 이는 짐승들을 몰아 사람을 잡아먹는 것과 같다.

『맹자』에 기록된 맹자와 양혜왕의 마지막 대화는 인정 문제를 직접 이야기하고 있다.

땅이 백 평방 리만 되어도 다스릴 수 있습니다. 왕께서 인정을 백성에게 베푸시어, 형벌을 살피시며, 부세를 경감하신다면, 백성들은 깊이 밭 갈고 잘 김매고, 장성한 자들은 여가를 이용하여 효제와 충신을 닦아서, 들어가서는 부형을 섬기며 나가서는 장상을 섬길 것이니, 이들이 몽둥이를 만들어 진나라와 초나라의 견고한 갑옷과 날카로운 병기를 치게 할 수 있을 것입니다. 저들이 백성들의 농사철을 빼앗아 그들에게 밭 갈고 김매어 그 부모를 봉양하지 못하게 하면, 부모가 얼고 굶주리며, 형제와 처자가 흩어지게 될 것이니, 저들이 그 백성을 함정에 빠뜨리고 도탄에 빠뜨리거든 왕께서 가서 바로잡으신다면 누가 왕과 대적하겠습니까? 그러므로 "인자는 대적할 사람이 없다." 한 것이니, 왕은 청컨대 의심하지 마소서.

地方百里而可以王. 王如施仁政於民, 省刑罰, 薄稅斂, 深耕易耨; 壯者以暇日修其孝悌忠信, 入以事其父兄, 出以事其長上, 可使制梃以撻秦楚之堅甲利兵矣. 彼奪其民時, 使不得耕耨以養其父母. 父母凍餓, 兄弟妻子離散. 彼陷溺其民, 王往而征之, 夫誰與王敵? 故曰: "仁者無

敵."王請勿疑!(1.5)

이 말은 맹자와 양혜왕의 대화의 주지를 명명백백하게 말하였다. 인정을 행하도록 권하는 것이다. 정면에서는 인정을 행하고 형벌을 감면하며 부세를 경감한다면 백성들은 의식이 풍족해지고 도덕성이 강하여지며 한마음 한뜻이 되어 몽둥이를 만들더라도 견실한 갑옷과 날카로운 무기를 지닌 진나라와 초나라의 군대에 맞서 공격할 수 있을 것이라고 말하였다. 반면 진나라와 초나라는 인정을 행하지 않아 백성은 정상적으로 생산을 할 수 없고 부모와 처자를 봉양할 수 없어 심연에 빠져들어 그들을 토벌하러 가면 반드시 누가 오더라도 저항할 수 없을 것이라고 말하였다. '인자무적'이라는 말에는 매우 깊은 뜻이 있다. 비록 옛말이기는 하지만 문의에 따르면 이곳의 '인자'는 다만 인정을 시행할 수 있는 군주를 가리킨다. 군주가 인정을 시행하면 천하에 적이 없을 것이다. 맹자가 양혜왕과 여러 차례에 걸쳐 대화한 주지는 이와 같은 것에 지나지 않을 따름이다.

맹자는 그다지 운이 따르지 않아 양혜왕을 설득하여 어느 정도 전기가 마련되었음을 보았지만 양혜왕은 곧 죽고 만다. 양양왕(梁襄王)은 기개와 도량이 보잘것없어 '바라보니 임금 같지 않아(望之不似人君)' 맹자는 그에게서 좋은 인상을 받지 못하였지만 결코 마지막 노력을 포기하지 않았다. 양양왕이 "천하가 어떻게 정해질 것인가(天下惡乎定)" 물었을 때 맹자는 또한 그의 정치 주장을 펴서 말하였다.

왕은 저 모를 아십니까? 7, 8월 사이에 날씨가 가물면 모가 말라가다가 하늘이 뭉게뭉게 구름을 일으켜 흠뻑 비를 내리면 모가 부쩍 일어납니다. 이와 같으면 누가 이것을 막을 수 있겠습니까? 지금 천하의 인목

[人君]이 사람 죽이는 것을 좋아하지 않는 자가 있지 않으니, 만일 사람 죽이는 것을 좋아하지 않는 자가 있으면 천하의 백성들이 모두 목을 늘이고 바랄 것입니다. 진실로 이와 같다면 백성들이 그에게 돌아감은 물이 아래로 내려가는 것과 같을 것이니, 흠뻑 내려 감을 누가 능히 막겠습니까?

王知夫苗乎? 七八月之間旱, 則苗槁矣. 天油然作雲, 沛然下雨, 則苗浡然興之矣. 其如是, 孰能御之? 今夫天下之人牧, 未有不嗜殺人者也. 如有不嗜殺人者, 則天下之民皆引領而望之矣. 誠如是也, 民歸之, 由水之就下, 沛然誰能御之?(1.6)

여기서 맹자는 군주가 인정을 행하여 민심을 얻는 것을 바싹 마른 모에 비가 흡족하게 내리는 것에 비유하고 있는데 매우 형상적이다. 바싹 마른 모는 때맞춰 내리는 비를 흠뻑 맞으면 부쩍 일어나는 것을 막을 수 없다. 군주가 인정을 시행하면 천하의 백성이 모두 목을 쭉 빼고 구원해주기를 기다릴 것이니 누가 막을 수 있겠는가? 이 때문에 밝고 지혜로운 군주는 인정을 행해야 하며 절대로 망설이지 않아야 한다.

위의 다섯 대화는 분명하게 맹자의 양혜왕과의 대화는 단 하나의 목적이 있을 뿐이니 곧 인정을 권하는 것으로 이 외에 다른 것은 아무것도 없다는 것을 설명한다.

3. 자의로 증명함

우리는 다시 맹자와 양혜왕의 대화 중에서 '이'와 '인의'의 함의에 대해 조금 분석을 하고자 한다.

대화가 시작되자마자 양혜왕이 말한 "우리나라를 이롭게 함이 있겠지요?(將有以利吾國乎)"라 한 '이'는 '~에 이롭다', '유리하다'의 '이'로, 곧 우리나라에 무슨 장점이 있고, 무슨 이점이 있느냐는 것이다. 이 이점은 우리가 위에서 말한 바에 따르면 또한 구체적으로 가리키는 것이 있다. 조기(趙岐)의 『주(注)』에서는 말하였다. "맹자가 왕이 부국강병을 이루고자 하는 것을 이라고 생각하는 것을 알았으므로 왕은 하필 이를 명분으로 삼는가? 또한 인의의 도도 명분으로 삼을 수 있다고 말한 것이다. 이를 명분으로 삼으면 이롭지 못한 근심이 있을 것이다. 그래서 왕에게 말해주었다." 주희(朱熹)의 『맹자집주(孟子集注)』에서는 말하였다. "왕이 말한 이란 부국강병 같은 따위이다." 초순(焦循)의 『맹자정의(孟子正義)』에서는 말하였다. "당시 진에서는 상군(商君)을 기용하여 부국강병을 이루었고 혜왕이 양(梁)으로 천도한 까닭이므로 또한 우리나라를 이롭게 함이 있다는 것은 상군이 진나라에 한 것과 마찬가지로 부국강병을 이루게 하는 것이다." 이 때문에 양혜왕이 이야기한 이는 부국강병의 이이며, '또한 우리나라를 이롭게 함이 있다'는 것은 곧 어떻게 해야 부국강병을 이룰 수 있는가 하는 방법을 구한 것이다. 맹자는 양혜왕이 이야기한 '이'의 함의를 분명히 알았지만 그는 이런 이, 이런 단순히 부국강병을 추구하는 방법은 행할 수 없으며 근본적으로 이야기할 수 없는 것이기 때문에 "하필 이를 말하는가?"라 이야기하였다.

우리는 위에서 '인의'라는 단어는 주로 도덕적으로 내재하는 근거라고 분석한 적이 있지만 우리가 이 기본적인 함의에 주의하고 있을 때 대상이 다름으로 말미암아 '인의'의 함의가 낳게 하는 미세한 차이를 특별히 주의해야 한다. 일반인들에 대하여 이야기하면 '인의'는 곧 도덕을 이야기하는 것으로 덕을 쌓고 선을 행하는 것이기 때문이다. 다만 군주에 대하여 말하면 그것으로는 턱없이 부족하다. 군주의 근본적인 임무는 나라를 다스리는 것이고 나라를 다스리는 가장 좋은 방법은 곧 인정을 행하는 것이다. 인정을 행하는 것만이 국가를 진정으로 부강하게 하기 때문이다. 따라서 맹자에게 있어서 군주의 '인의'는 주로 또한 인정을 행하는 것을 가리킨다. 이로써 보건대 "또한 인의가 있을 따름일 것이다"는 결코 인의만으로 된다는 것이 아니라 군주는 인정을 시행해야 하며 인정으로 백성을 다스려야 한다는 것을 말한다.

이에 의하면 "하필 이를 말씀하십니까? 또한 인의가 있을 뿐일 것입니다."라는 말은 현대어로 번역하면 이렇게 말할 수 있을 것이다. "대왕, 단순히 강병부국만 추구하는 당신의 방법은 통할 수 없는 것인데 하필 그것을 이야기하십니까? 인정을 행하는 것만이 국가를 진정코 강성하게 할 수 있기 때문에 국가를 강성하게 하려면 인정만 행해야 합니다."

위 세 방면의 증명을 통하여 나는 매우 자신 있게 말할 수 있다. 맹자가 양혜왕과의 대화에서 언급한 의리지변은 일종의 특수한 의리지변이다. 주지는 양혜왕에게 단순히 강병부국을 추구할 수 없고 인정을 행하는 것만이 나라를 다스리는 가장 좋은 방법이라고 권유하기 때문에 우리는 그것을 일컬어 치국의 방략이라는 의의가 있는 의리지변이라고 한다.

치국의 방략이라는 의의가 있는 의리지변은 또한 곧 왕패지변(王覇之辨)이기도 하다. 이 문제는 제3장에서 상세히 토론하였으므로 여기서는 다시 거론하지 않을 것이다.

3. 사람과 짐승을 분간하는 의의의 의리지변

어떤 논자들은 당신이 말한 맹자가 양혜왕과의 대화에서 말한 "하필 이를 말씀하십니까? 또한 인의가 있을 뿐일 것입니다."를 치국의 방략이라는 의의가 있는 의리지변으로 여겼다. 목적은 양혜왕이 인정을 시행하도록 권유하는 것이라고 말하였지만 이 대화에는 분명히 "윗사람과 아랫사람이 서로 이를 취한다면 나라가 위태로워질 것이다."라는 말이 있다. 이 또한 치국의 방략을 말한 것이 아닙니까? 하고 물을 것이다.

문제는 확실히 이처럼 간단하지가 않다. 맹자는 매우 기민한 사람으로 대화의 약동성이 매우 강하다. 왕왕 다른 사람이 한 문제를 말할 때 갑자기 다른 문제로 전환하며 두 가지 다른 문제는 종종 한 단어의 다중적인 함의와 연계되기 때문에 후인들이 이해하는데 일정한 어려움을 조성하였다. 맹자가 양혜왕과 한 이 대화가 곧 전형적인 예이다.

본래 양혜왕이 이야기한 것은 "또한 우리나라를 이롭게 함이 있겠지요?"의 '이'로, 이로움이 있다는 '이'이며, 의미는 상앙이 진나라에 장점을 가져온 것처럼 우리나라를 기사회생시켜 다시 신속히 강성하게 할 수 있느냐 마느냐 하는 것이다. 맹자는 양혜왕의 정치적 주장에 찬성하지 않았지만 그는 결코 직접적으로 양혜왕에게 반박하지 않고 '이(利)' 자를 따라 크게 문장을 짓고 '이'의 해로움을 크게 이야기하였다. "왕께서 '어떻게 하면 내 나라를 이롭게 할까?' 하시면, 대부들은 '어떻게 하면 내 집안을 이롭게 할까?' 하며, 사·서인들은 '어떻게 하면 내 몸을 이롭게 할까?' 하여, 윗사람과 아랫사람이 서로 이를 취한다면 나라가 위태로워질 것입니다." 여기서는 모두 4개의 '이(利)' 자를 이야기하였지만 구체적인 함의는 같지 않다. "어떻게 하면 내 나라를 이롭게 할까?", "어떻게 하면 내 집안을 이롭게 할까?", "어떻게 하면 내 몸을 이롭게 할까?"의 '이(利)'는 '이로움이 있다(有利)'의 '이'로 말 뜻이 양혜왕의 용어와 서로 같지만 "윗사람과 아랫사람이 서로 이를 취한다면 나라가 위태로워질 것입니다."의 '이(利)'가 더는 '이로움이 있다'라 할 때의 '이'가 아니며, '이익(利益)'의 '이'이다.

'유리(有利)'의 '이(利)'가 '이익(利益)'의 '이(利)'로 바뀌면 문제의 성질 또한 그에 따라 변화가 발생한다. 현재는 이미 더 이상 국가에 장점이 있을 수 있느냐 없느냐의 문제가 아니라 '이익'의 '이'와 '도덕'의 '의'의 관계

문제로 바뀌었다. 맹자는 '이'만 따지고 '의'는 따지지 않을 수 없으며, 그렇지 않으면 사회에 쟁탈이 그치지 않고 대란이 멈추지 않을 것이라 생각하였다. "만승의 나라에 그 군주를 죽이는 자는 반드시 천승(을 가진 공경)의 집안이요, 천승의 나라에 그 군주를 죽이는 자는 반드시 백승(을 가진 대부)의 집안이니, 만승에 천승을 취하며 천승에 백승을 취함이 많지 않은 것은 아니지만, 만일 의를 뒤로 하고 이를 먼저 하면, (모두) 빼앗지 않으면 만족해하지 않습니다."의 단락에서 이야기한 것이 바로 이 뜻이다. '이익'의 '이'와 '도덕'의 '의'의 관계 문제는 다른 의미의 의리지변이다. 맹자는 사람과 금수의 구별을 매우 중시하여 사람이 사람인 까닭은 사람은 의를 가지고 있고 도덕을 가지고 있기 때문에 사람이 이만 이야기하면 그것은 금수와 다를 것이 없다고 생각하였다. 여기서 의와 이의 선후 문제를 이야기하는 것은 실제적으로 사람의 도덕성을 강조하고, 사람과 금수의 차별성을 강조하는 것으로 확실히 이런 의미의 의리지변은 일종의 사람과 금수를 분간하는 의미의 의리지변이다.

맹자의 사람과 금수를 분간하는 의미의 의리지변에 대하여 사람들은 종종 "하필 이를 말하는가?"를 "이익을 따질 필요가 없다"로 해석하는데, 이런 이해는 정확하지 않다. 『맹자』를 꼼꼼하게 읽어보면 맹자는 이를 논하면서 결코 그럭저럭 대충 이야기하는 것이 아니라 군(君)과 민(民) 그리고 사(士)라는 세 가지 상이한 방향이 있음을 알 수 있다. 세 방향이 비록 중점을 달리함이 있긴 하지만 모두 이를 부정하지 않으며 심지어 어떤 방면에서는 이의 작용을 특히 강조한다.[7]

먼저 백성[民]을 이야기하면 이 방향은 비교적 분명하다. 이곳의 백성은 오로지 농민과 공민(工民), 상민(商民)을 가리킨다. 사민(士民)은 포함하

---

[7] 졸고 「맹자 의리관의 삼중 방향(孟子義利觀的三重向度)」을 참고하여 보라. 『동악논총(東岳論叢)』 1993년 제4기.

지 않으며, 맹자는 사에 대하여 전문적으로 논술한 곳이 있는데 다른 방향에 속한다. 농민과 공민 그리고 상민의 이로움에 대하여 맹자는 단호하고 긍정적이다.

공자는 백성에 대하여 '부유하게 해 주고', '가르친다'는 견해를 가진 적이 있는데, 맹자는 이 사상을 계승하여 먼저 백성을 풍족하게, 특히 백성의 산업을 제정해주어야 서민의 기본생활을 보장한다고 생각하였다. "5묘의 집 담장 아래에 뽕나무를 심어 필부가 누에를 치면 늙은이가 충분히 비단옷을 입을 수 있으며, 다섯 마리의 암탉과 두 마리의 암퇘지가 새끼 칠 때를 놓치지 않게 하면 늙은이가 족히 (식탁에서) 고기를 빠뜨리는 일이 없을 것이다.(五畝之宅, 樹墻下以桑, 匹婦蠶之, 則老者足以衣帛矣. 五母鷄, 二母彘, 無失其時, 老者足以無失其肉矣)"(13.22) 이런 말은 『맹자』에 여러 차례 출현하여 맹자가 이 문제를 얼마나 중시했는가를 알 수 있다. 백성의 생활을 보장해야 하는 까닭은 백성들이 고정된 산업 수입이 없으면 좋은 도덕관념과 행위준칙이 있을 수 없을 것이고 나라는 잘 다스려질 방법이 없을 것이라는 걸 맹자가 잘 알고 있기 때문이다. 따라서 맹자는 임금에게 국태민안과 천하가 태평하기를 생각한다면 반드시 선왕처럼 인민의 생활을 마음속에 두고 먼저 그들을 따뜻하게 입히고 배불리 먹이는 문제를 해결하여 그들이 항산(恒産)을 갖고 항심(恒心)을 갖게 하여 집안을 편안히 하고 생업을 즐기게 하도록 하라고 타일렀다. 이럴 경우 당연히 맹자는 백성들이 이를 이야기하는 것을 허락하지 않았다고 말할 수 없다.

다음에는 임금[君]을 이야기해보자. 임금이라는 이 방향에서 맹자는 임금 본인의 이익에 대해서는 결코 별말을 하지 않았다. 아울러 임금이 일정한 물질적 이익을 가져 풍족한 생활을 누리는 것을 반대하지 않았다. 이는 맹자와 제선왕의 여러 번에 걸친 대화를 가져다 증명할 수 있다.

제(宣)왕은 음악을 좋아하였으며 맹자가 이 일을 언급했을 때 그는 매우 겸연쩍어했는데 질책을 받을 수 있다고 생각해서였다. 맹자는 질책을 하지 않았을 뿐만 아니라 도리어 "왕이 음악을 매우 좋아하면 제나라는 거의 다스려질 것이다.(王之好樂甚, 則齊其庶幾乎!)"라고 이야기하기까지 했다. 심지어 충분히 백성들과 함께 즐길 수만 있다면 백성들이 오히려 이를 흔연히 기뻐하여 그치지 않을 것이라고까지 생각하였다. "지금 왕이 이곳에서 음악을 타시면 백성들이 왕의 종소리, 북소리와 피리소리, 젓대소리를 듣고는 모두 흔연히 기뻐하는 기색이 있으면서 서로 말하기를 '우리 왕께서 행여 질병이 없으신가, 어떻게 음악을 타시는가?' 라 할 것입니다.(今王鼓樂於此, 百姓聞王鍾鼓之聲, 管龠之音, 擧欣欣然有喜色而相告曰: '吾王庶幾無疾病與, 何以能鼓樂也?)"(2.1)

제선왕은 이어서 "문왕의 동산은 70평방 리이고(文王之囿方七十里)", "과인의 동산은 40평방 리인데도 백성들이 오히려 크다고 여긴다(寡人之囿方四十里, 民猶以爲大)"면서 곤혹해하여 이해하지 못하고 맹자에게 물었다. 맹자는 그에게 사냥터를 없애라고는 절대 요구하지 않고 다만 "백성이 크다고 여기고(民以爲大)" "백성이 작다고 여긴(民以爲小)" 이유를 말하면서 사냥터를 개방하고 백성들과 함께 사냥을 하라고 건의하였다.(2.2)

제선왕이 말하였다. "과인은 병통이 있으니, 과인은 재물을 좋아합니다.(寡人有疾, 寡人好貨)" 맹자는 오히려 말하기를 옛날에 공류(公劉)도 돈과 재물을 좋아했다고 하면서 아울러 『시경』을 끌어다 증명하면서, 집에 남아 있는 사람에게는 곡식이 쌓여 있어야 하고, 행군하는 사람에게는 건량(乾糧)이 있어야 군대를 거느리고 전진할 수 있다고 지적하였다. "왕께서 만일 재물을 좋아하시거든 백성과 함께 하신다면 다스리심에 무슨 어려움이 있겠습니까?(王如好貨, 與百姓同之, 於王何有?)"(2.5)

제선왕이 이야기하였다. "과인은 병통이 있으니, 과인은 여색을 좋아합니다.(寡人有疾, 寡人好色)" 이에 대하여 맹자는 아무런 비판도 하지 않고 다만 그에게 백성과 함께할 것을 요구하였다. "옛적에 태왕이 여색을 좋아하시어 그 후비를 사랑하였습니다.『시경』에 이르기를 '고공단보가 아침에 말을 달려와서 서쪽 물가를 따라 기산 아래에 이르러 이에 강녀와 더불어 와서 집터를 보았다.' 하였습니다. 이때 안으로는 원망하는 여자가 없었으며 밖으로는 홀아비가 없었으니, 왕께서 만일 색을 좋아하시거든 백성과 함께 하신다면 다스리심에 무슨 어려움이 있겠습니까?(昔者太王好色, 寵愛妃. 詩云: '古公亶父, 來朝走馬, 率西水滸, 至于岐下, 爰及姜女, 聿來胥宇.' 當是時也, 內無怨女, 外無曠夫. 王如好色, 與百姓同之, 於王何有?)"(2.5)

이런 대화들에는 모두 특정한 배경이 있다. 맹자 또한 상황을 유리하게 이끌고자 하는 동기도 있지만 이런 대화들은 기본적으로 맹자의 진실한 사상을 반영하였다. 이는 맹자가 임금 본인의 이에 대하여서는 별말이 없고 임금이 일정한 이를 추구하는 것을 반대하지 않는다는 것을 설명한다.

마지막으로 사(士)를 이야기해보자. 맹자의 의리관에서 사의 방면은 가장 중요하고 논술이 가장 상세하여 후세에 끼친 영향 또한 가장 크다. 사는 매우 특수한 계층으로 특징 중 하나는 '항산이 없어도 항심이 있는 것(無恒産而有恒心)'이다. 일반적으로 이야기하여 사는 고정된 농지 자산이 없고 종족의 속박 또한 비교적 약한 편이어서 가볍게 고향을 떠나 사방을 다니면서 유력할 수 있으며, 전형적인 유사(游士)는 어떠한 특정 계급에도 속하지 않고 특정한 산업의 제한도 받지 않아 독립된 사상의 주장을 견지할 수 있다.

사는 항산이 없어도 항심을 가지고 있는데 이 항심은 곧 공자가 이야기한 "도에 뜻을 두는 것(志于道)"이다. 또한 사는 반드시 시종 도를 행함을 자기의 임무로 생각해야 한다. 이 사상은 맹자에 이르러 더욱 정치하게 발휘되었다.

왕자점이 물었다. "선비는 무슨 일을 합니까?" 맹자가 말하였다. "뜻을 고상하게 한다." (왕자점이) 말하였다. "무엇을 뜻을 고상히 한다고 이릅니까?" (孟子가) 말하였다. "인의일 뿐이다."

王子塾問曰: "士何事?" 孟子曰: "尙志." 曰: "何謂尙志?" 曰: "仁義而已矣."(13.33)

천하에 도가 있을 때는 도로 몸을 따르고, 천하에 도가 없을 때는 몸으로 도를 따르는 것이니, 도를 가지고 남을 따른다는 것은 내 들어보지 못하였다."

天下有道, 以道殉身; 天下無道, 以身殉道; 未聞以道殉乎人者也.(13.42)

춘추전국 시기에는 예악이 붕괴되어 도가 전하여지지 않았다. 공자는 주나라의 예를 회복시켜야 한다고 주장하고 아울러 이런 예를 회복하는 큰 임무를 개인의 도덕 기초 위에 건립하였는데 이것이 곧 인이다. 맹자는 두 방면에서 공자의 인의 학설을 발전시켰다. 첫째는 내향적인 것으로, 인을 완전히 마음에 정착시켜 성선론을 창립함으로써 공자의 인학이 기반을 다져 진정코 정착되도록 하였다. 둘째는 외향적인 것으로 인을 인정(仁政)으로 확충시켜 완전한 치국의 방략으로 발전시킴으로써 공자의 예학이 진일보한 발전을 이루도록 하였다. 이 두 방면을 합하여 말하면 곧 맹자가 부지런히 추구한 안신입명(安身立命)의 '도(道)'이다. 사는 "뜻을 고상하게 하고(尙志)", "도에 뜻을 두어(志于道)" 도를 행함을 최고의 목적으로 삼았기 때문에 그들은 물질이익을 그다지 중시하지 않았으며 어떤 때는 심지어 달갑게 여기어 돌아보지 않는 정도로까지 발전시켰다.

이 원인으로 말미암아 어떤 사람은 맹자가 사 계층의 이욕에 대해 부정적 태도를 지녔다고 생각했을 것이다. 이는 일종의 오해이다. 맹자는 사는 어느 정도 이욕을 누려야 한다고 이야기한 적이 없다. 이 때문에 특별히 『맹자』의 원문을 인용하여 다음과 같이 증명한다.

팽경(彭更)이 맹자에게 물었다. "수레 수십 대와 종자 수백 명을 딸리고 제후에게 밥을 얻어먹는 것이 너무 지나치지 않습니까?(後車數十乘, 從者數百人, 以傳食於諸侯, 不以泰乎?)" 맹자는 근본적으로 문제를 이렇게 볼 수 없다고 생각하였다.

> 그 도가 아니라면 한 그릇의 밥이라도 남에게 받아서는 안 되지만, 만일 그 도라면 순임금은 요임금의 천하를 받으시되 지나치다고 여기지 않으셨으니, 그대는 이것을 지나치다고 여기는가?
> 非其道, 則一簞食不可受於人; 如其道, 則舜受堯之天下, 不以爲泰, 子以爲泰乎?(6.4)

맹자는 수레가 있어도 타지 않고 수행원이 있는데 필요로 하지 않으며 먹을 밥이 있는데 먹지 않는 고행의 승려가 아니다. 문제의 관건은 도가 있는가 없는가를 보는 것이다. 도가 있으면 이가 아무리 커도 허물이 아니며 도가 없으면 이가 아무리 작아도 받을 수 없다.

제자가 고대의 군자들은 어떻게 나와서 벼슬을 하였는가 묻자 맹자가 답하였다.

> 나아간 경우가 세 가지이고, 떠난 경우가 세 가지였다. …… 그 아래로는 아침도 먹지 못하고 저녁도 먹지 못하여, 굶주려 문을 나갈 수 없거든, 군주가 이 말을 듣고 말하기를 "내 크게는 그 도를 행하지 못하고, 또 그 말을 따르지 못해서, 내 땅에서 굶주리게 하는 것을 내 부끄러

위한다." 하고 구제해준다면 또한 그것을 받을 수 있거니와, 죽음을 면할 뿐이다.

  所就三, 所去三. …… 其下, 朝不食, 夕不食, 飢餓不能出門戶, 君聞之, 曰, "吾大者不能行其道, 又不能從其言也, 使飢餓于我土地, 吾恥之." 周之, 亦可受也, 免死而已矣. (12.14)

이는 더욱 명백하게 말하였다. 비록 임금이 그의 주장을 받아들이지 않았고 또한 그의 언론을 따를 수도 없었지만 굶어 죽는데 이르지 않기 위하여 그는 임금이 구제해주는 것을 받아들일 수 있다.

 맹자가 제나라에 있을 때 제왕은 금 100일(鎰)을 보냈으나 그는 받지 않았다. 송나라에 있을 때 송의 임금이 보내준 금 70일은 받았다. 나중에 설(薛)에 이르렀을 때 설의 임금이 금 50일을 보내준 것도 그는 받았다. 제자인 진진(陳臻)이 이를 이해하지 못하여 지난날 받지 않은 것이 옳다고 한다면 오늘 받은 것은 옳지 않은 것이며 오늘 받은 것이 옳다면 이전에 받지 않은 것은 옳지 않다고 생각하였다. 양자 중 스승은 반드시 하나는 잘못을 범하였을 것이다. 맹자는 그에게 이렇게 대답하였다.

  다 옳다. 송에 있을 때는 내 먼 길을 가게 되었는데, 먼 길을 가는 자에게는 반드시 노자를 주는 것이다. 말하기를 "노자를 준다." 하였으니, 내 어찌 받지 않을 수 있겠는가? 설에 있을 때는 내 경계하는 마음을 품고 있었는데, 말하기를 '(선생님이) 경계하고 계시다는 말씀을 들었기 때문에 병에게 내려준다.' 하였으니, 내 어찌 받지 않을 수 있겠는가? 제에서는 해당함이 있지 않았다. 해당하지 않는데 준다면 이것은 재물로 매수하는 것이니, 어찌 군자로서 재물에 농락될 자가 있겠는가?"

  皆是也. 當在宋也, 予將有遠行, 行者必以贐; 辭曰: "餽贐." 予何爲不受? 當在薛也, 予有戒心; 辭曰: "聞戒, 故爲兵饋之." 予何爲不受? 若於齊, 則未有處也. 無處而餽之, 是貨之也. 焉有君子而可以貨取乎?(4.3)

송나라에서는 원행을 준비하였고, 설에서는 노상의 위험을 방비하기 위한다는 이유가 있었기 때문에 모두 받아들였고, 제나라에서는 이유가 없었기 때문에 받을 수 없었다. 여기에서 맹자는 이유 없이 보내주면 받는 것을 반대하였을 뿐만 아니라 정당한 이유가 있을 때도 예물을 받을 수 있다고 주장하였다.

더욱 흥미로운 것은 맹자의 중자(仲子)에 대한 평가이다. 중자는 제나라 종족의 대갓집으로 대대로 녹전(祿田)을 누리고 있었다. 그의 형은 수만 석이 넘는 봉록을 받고 있었지만 중자는 그 봉록은 불의한 것으로 생각하여 먹으러 가지 않았고, 그 집은 불의한 재산이라 하여 가서 살지 않았다. 한번은 어떤 사람이 그에게 살아 있는 거위 한 마리를 보내주었는데 어머니가 잡아서 그를 먹였다. 진상을 알고 난 그는 문으로 뛰어나가 억지로 먹은 것을 토해냈다. 어떤 사람이 중자를 청렴결백한 사라고 칭찬하자 맹자는 그렇지 않다고 하면서 다음과 같이 지적하였다.

중자의 지조를 그대로 채우려면 지렁이가 된 뒤에야 가할 것이다. 지렁이는 위로 마른 흙을 먹고 아래로 누런 물을 마신다. …… 중자와 같은 자는 지렁이가 된 뒤에야 그 지조를 채울 수 있을 것이다.

充仲子之操, 則蚓而後可者也. 夫蚓, 上食槁壤, 下飲黃泉. …… 若仲子者, 蚓而后充其操者也.(6.10)

이러한 청렴결백은 사람의 생명조차 보장할 수 없을 것인데 어떻게 확충시켜나갈 수 있겠는가? 맹자는 사인(士人)이 이를 이야기하는 것을 반대하지 않음을 알 수 있다.

이런 인증들은 맹자는 여태 사는 의만 이야기할 수 있고 이는 이야기할 수 없다고 이야기한 적이 없다는 것을 충분히 설명한다. 사도 사람이니 임금과 백성이 모두 이를 추구할 수 있는데 무엇 때문에 사만 안 된다는 것인가? 그런 사는 이를 이야기할 수 없다고 생각하는 견해는 결코 맹자 자신의 주장이 아니며 후인이 억지로 맹자의 신상에 덮어씌운 것이다.

비록 맹자가 이를 부인하지는 않았지만 그는 여전히 공자의 전통을 계승하여 의를 더욱 중시하였다. 맹자가 보기에 이는 물질의 생존을 책임지는 층면이고 의는 사람의 도덕적 존재를 책임지는 층면이기 때문이다. 이가 없으면 사람은 생존할 방법이 없고 의가 없으면 금수와 다를 것이 없다. 이와 의가 모두 매우 중요하여 모두 버릴 수 없어 양자 사이에 모순이 발생하는 상황이라면 선택이라는 문제가 발생한다. 사람이 사람인 까닭은 금수보다 훨씬 높은데 상당 부분 곧 사람에게는 의가 있고 도덕이 있기 때문에 건강하고 도덕이 있는 사람에 대하여 말하자면 의를 중히 여겨야 하고 의를 높은 층차의 선택처로 삼아야 한다. 사인(士人)은 더욱 이러해야 한다. 사의 계층은 임금과 같지 않을 뿐만 아니라 백성과도 달라서 도를 행하는 것을 자기의 임무로 삼아 지행(志行)이 고상하기 때문인데 이것 곧 사인은 반드시 의를 자기의 최고 가치 선택으로 삼는 것을 결정한다.

맹자는 이에 대해 명확히 논술하였다. 그는 말하였다.

벼슬을 함은 가난 때문이 아니지만, 때로는 가난 때문인 경우가 있으며, 아내를 얻음은 봉양 때문이 아니지만, 때로는 봉양 때문인 수가 있다. 가난을 위해서 벼슬하는 자는 높은 자리를 사양하고 낮은 자리에 처하며, (祿俸이) 많은 것을 사양하고 적은 데에 처해야 한다. 높은 자리를 사양하고 낮은 자리에 처하며, 녹봉이 많은 것을 사양하고 적음에 처함은 어떻게 하여야 마땅한가? 관문을 안고 딱따기를 치는 일이다. 공자께서 일찍이 위리가 되셔서는 말씀하시기를 "회계를 마땅하게 할 뿐이다." 하셨고, 일찍이 승전이 되셔서는 "소와 양을 잘 키울 뿐이다." 하셨다. 지위가 낮으면서 말을 높게 하는 것이 죄요, 남의 본조[조정]에 서 있으면서 도가 행해지지 않음이 부끄러운 일이다.

　　仕非爲貧也, 而有時乎爲貧; 娶妻非爲養也, 而有時乎爲養. 爲貧者, 辭尊居卑, 辭富居貧. 辭尊居卑, 辭富居貧, 惡乎宜乎? 抱關擊柝. 孔子嘗爲委吏矣, 曰: "會計當而已矣." 嘗爲乘田矣, 曰: "牛羊茁壯長而已矣." 位卑而言高, 罪也; 立乎人之本朝, 而道不行, 恥也. (10.5)

맹자는 사는 실제 생활해나갈 방법이 없으면 또한 벼슬을 하여 봉록을 도모할 수도 있지만 그냥그냥 생활하기 위해서라면 고관이 될 수 없고 문을 지키거나 딱따기를 치는 작은 관리만 하여 입에 풀칠하는 정도만 하면 될 따름이라고 주장했다. 그렇지 않을 경우 고관을 맡으면 자기의 정치 주장을 실행할 수 없고 치욕만 당하게 된다. 이는 곧 이와 의에는 주차(主次)의 분별이 있어서 이는 가볍고 의는 중하여 모든 일을 이를 주로 한다면 주차의 관계가 전도된다는 것을 말한다.

　　귀해지고자 함은 사람의 똑같은 마음이니, 사람마다 자기가 귀하게 여기는 것이 있지만 그것을 생각하지 않을 따름이다. 남이 귀하게 해 준 것은 참된 귀함이 아니니, 조맹이 귀하게 해 준 것을 조맹이 천하게 할 수 있다. 『시경』에 이르기를 "이미 술로 취하고 이미 덕으로 충족했다." 하였으니, 인의에 충족함을 말한 것이다. 이 때문에 남의 고량지미를 원하지 않는 것이며, 좋은 명성과 넓은 명예가 몸에 베풀어져 있다. 이 때문에 남의 무늬를 수놓은 옷을 원하지 않는 것이다.

　　欲貴者, 人之同心也. 人人有貴於己者, 弗思耳矣. 人之所貴者, 非良貴也. 趙孟之所貴, 趙孟能賤之. 詩云: "旣醉以酒, 旣飽以德." 言飽乎仁義也, 所以不願人之膏粱之味也; 令聞廣譽施於身, 所以不願人之文繡也. (11.17)

인의의 덕을 가지고 있고 훌륭한 명성을 가지고 있으면 더 이상 남의 살진 고기와 흰쌀, 무늬를 수놓은 옷을 부러워하지 않을 것이다. 사실 "이미 술로 취하고 이미 덕으로 충족했다(旣醉以酒, 旣飽以德)"라는 두 구절은 「대아·기취(大雅·旣醉)」 편에 보이는데 원래는 "맛 좋은 술을 진탕 퍼마셔 이미 거나하게 취한 것은 모두 주인의 은혜를 터지도록 받은 것이다"라는 의미로 인덕과 아름다운 명성을 강조하는 함의는 전혀 없다. 맹자가 이 시구를 인용한 것은 어떤 일을 구실삼아 인덕과 훌륭하다는 명성이 고량진미와 수놓은 옷을 능가함을 부각시키고 자기의 가치 선택을 표현하여 의가 이보다 훨씬 중요하다는 것을 설명하고자 함이었다.

　　생선도 내가 원하는 것이고, 곰 발바닥도 내가 원하는 것이지만, 이 두 가지를 다 얻을 수 없다면 생선을 버리고 곰 발바닥을 취하겠다. 삶도 내가 원하는 것이고, 의도 내가 원하는 것이지만, 이 두 가지를 다 얻을 수 없다면 삶을 버리고 의를 취하겠다. 삶도 내가 원하는 것이지만, 원하는 것이 삶보다 심한 것이 있다. 그러므로 삶을 구차히 얻으려고 하지 않는 것이며, 죽음도 내가 싫어하는 것이지만, 싫어하는 것이 죽음보다 심한 것이 있다. 그러므로 환난을 피하지 않음이 있다. ……

> 魚, 我所欲也, 熊掌, 亦我所欲也; 二者不可得兼, 舍魚而取熊掌者也.
> 生亦我所欲也, 義亦我所欲也; 二者不可得兼, 舍生而取義者也. 生亦
> 我所欲, 所欲有甚於生者, 故不爲苟得也; 死亦我所惡, 所惡有甚於死
> 者, 故患有所不辟也.……(11.10)

이는 문제를 더욱 유감없이 표현하였다. 삶(삶도 일종의 이익이다)과 의는 모두 내가 바라는 것인데 모두 없앨 수 없지만 두 가지를 동시에 얻을 수 없다면 나는 차라리 의를 선택할 것이다.

의를 최고의 가치 선택으로 삼아 지나치게 이를 고려하지 않아야 해서 물욕을 적게 해야 하는 문제가 발생하였다. 맹자는 지적하였다.

> 마음을 수양함은 욕심을 적게 하는 것보다 더 좋은 것이 없으니, 그 사람됨이 욕심이 적으면 비록 보존되지 못함이 있더라도 (그것이) 적을 것이고, 사람됨이 욕심이 많으면 비록 보존됨이 있더라도 (그것이) 적을 것이다.
>
> 養心莫善於寡欲. 其爲人也寡欲, 雖有不存焉者, 寡矣; 其爲人也多欲, 雖有存焉者, 寡矣.(14.35)

과욕(寡欲)의 문제에 대하여서는 대대로 오해가 많았다. 나는 이 문제를 이해하려면 두 가지 문제에 주의하여야 한다고 생각한다. 첫째, 과욕의 핵심은 의를 중히 여기는 것을 강조하는 것이지 금욕이 아니다. 이 사상은 대체(大體)와 소체(小體)가 아닌 것이 없어서 네가 오면 나는 가고 큰 것을 생각하면 작은 것을 생각하지 않고 작은 것을 생각하면 큰 것을 생각하지 않는 문제이기 때문에 소체는 억제하고 인작(人爵)을 통제하면 충분히 인의를 긍정하고 대체를 발전시키며 천작을 확충시켜나갈 수 있다고 설파하였다. 한 마디로 이 때문에 의에 영향을 미쳐서는 안 된다는 것이다. 둘째로 과욕의 문제는 주로 사(士)를 겨냥하여 말한 것이다. 도리는 매우 간단하다. 임금의 임무는 주로 인정을 행하는 것이고, 백성의 임무는 주로 항산을 제정하는 것이며, 사의 임무만은 주로 도를 행하는 것이다. 도를 행하는 것만이 도에 뜻을 두었다고 말할 수 있으며 도에 뜻을 두는 것만이 마음을 기르는 것이라고 말할 수 있으며 마음을 기르는 것만이 과욕이라고 말할 수 있다.

요컨대 사람과 금수를 분별하는 의의의 의리지변이 주로 토론하는 것은 이와 의 중에 어떤 것이 더 중요한가 하는 문제다. 맹자는 이를 반대하지는 않았지만 의를 더욱 중시했다. 의와 이는 가치 선택 관계로 어떤 사람이 되는가 하는 것은 네가 어떤 가치 선택을 하느냐가 관건이다. 가치 선택은 사람과 금수를 분별하는 의의의 의리지변의 핵심이다.

4. 도덕 목적 의의의 의리지변

맹자의 의리지변은 또한 다른 하나의 의미도 포함하고 있다. 「고자(告子) 하」 제4장의 맹자가 송경이 이로 진과 초의 전쟁을 막으려 하는 것에 반대할 때의 말을 보도록 하자.

송경이 초나라에 가려는데 맹자가 석구에서 마주쳤다. (孟子가) 말하였다. "선생은 어디를 가려 하십니까?" (宋牼이) 말하였다. "내 들으니, 진나라와 초나라가 병란에 얽혀 있다 하니, 내 장차 초왕을 만나보고 달래어 싸움을 그만두게 하되, 초왕이 기뻐하지 않으면, 내 장차 진왕을 만나보고 달래어 싸움을 그만두게 할 것이니, 두 왕 중에 내 뜻이 합하는 사람이 있을 것이오." 맹자가 말하였다. "내 청컨대 그 상세함은 묻지 않겠고, 그 취지를 듣기 원하니, 어떻게 달래려 하십니까?" "내 장차 그 불리함을 말하려 하오." "선생의 뜻은 크거니와 선생의 구호는 불가합니다. 선생이 이익을 가지고 진·초의 왕을 달래면 진·초의 왕이 이익을 좋아하여 삼군의 군대를 파할 것이니, 이것은 삼군의 군사들이 파함을 즐거워하여 이익을 기뻐하는 것입니다. 신하 된 자가 이익을 생각하여 그 군주를 섬기며, 자식 된 자가 이익을 생각하여 그 부모를 섬기며, 아우 된 자가 이익을 생각하여 그 형을 섬긴다면, 이는 군신과 부자와 형제가 마침내 인의를 버리고 이익을 생각하여 서로 대하는 것이니, 이렇게 하고서도 망하지 않는 자는 있지 않습니다. 선생이 인의를 가지고 진·초의 왕을 달래면 진·초의 왕이 인의를 좋아하여 삼군의 군대를 파할 것이니, 이는 삼군의 군사들이 파함을 즐거워하여 인의를 기뻐하는 것입니다. 신하 된 자가 인의를 생각하여 그 군주를 섬기며, 자식 된 자가 인의를 생각하여 그 부모를 섬기며, 아우 된 자가 인의를 생각하여 그 형을 섬긴다면, 이는 군신과 부자와 형제가 이익을 버리고 인의를 생각하여 서로 대하는 것이니, 이렇게 하고서도 다스리지 못하는 자는 없었으니, 하필 이익을 말하십니까?"

　宋牼將之楚, 孟子遇於石丘, 曰: "先生將何之?" 曰: "吾聞秦楚構兵, 我將見楚王說而罷之. 楚王不悅, 我將見秦王說而罷之. 二王我將有所遇焉." 曰: "軻也請無問其詳, 願聞其指. 說之將何如?" 曰: "我將言其不利也." 曰: "先生之志則大矣, 先生之號則不可. 先生以利說秦楚之王, 秦楚之王悅于利, 以罷三軍之師, 是三軍之士樂罷而悅于利也. 爲人臣者懷利以事其君, 爲人子者懷利以事其父, 爲人弟者懷利以事其兄, 是君臣父子兄弟終去仁義, 懷利以相接, 然而不亡者, 未之有也. 先生以仁義說秦楚之王, 秦楚之王悅於仁義, 而罷三軍之師, 是三軍之士樂罷而悅於仁義也. 爲人臣者懷仁義以事其君, 爲人子者懷仁義以事其父, 爲人弟者懷仁義以事其兄, 是君臣父子兄弟去利, 懷仁義以相接也, 然而不王者, 未之有也. 何必曰利?"(12.4)

먼저 이 대화를 분석해보자. 송경은 이롭지 않음을 가지고 진과 초가 싸움을 그만두게 할 준비를 하는데 맹자는 이 지향은 매우 좋지만 방법은 안 된다고 생각하였다. 이런 상황에서 진왕과 초왕이 싸움을 그만둔다 하더라도 다만 '이를 좋아해서이지' '인의를 좋아해서'가 아니기 때문이다. 이렇게 되면 신하는 이를 위하여 군주를 섬길 것이고, 아들은 이를 위하여 부친을 섬길 것이며, 아우는 이를 위하여 형을 섬기게 될 것이다. 이렇게 되면 군신, 부자, 형제 사이에는 인의는 없고 이(利)만 있을 뿐인데 이렇게 되면 나라는 반드시 멸망하고 말 것이다. 반면 '인의를 기뻐하여' 싸움을 그만둔다면 신하는 인의를 위하여 군주를 섬길 것이다. 아들은 인의를 위하여 부친을 섬기게 될 것이며, 아우는 인의를 위하여 형을 섬기게 될 것이다. 이렇게 되면 군신, 부자, 형제 사이에는 이가 없을 것이고 인의만 있게 될 것이니 나라는 반드시 왕도를 크게 행할 수 있을 것이다.

연구자는 종종 이 대화를 맹자와 양혜왕의 '하필 이를 말씀하십니까?'라 한 대화와 함께 놓고 이 두 대화가 비록 대상이 같지 않고 내용이 같지 않지만 주지는 오히려 마찬가지라고 생각하였다. 이런 견해는 비록 원칙적으로는 옳은 것이지만 아주 정확하지는 않다.[8] 이 대화는 실제로 다음과 같은 새로운 내용을 포함하고 있기 때문이다. 맹자는 의를 행하는 것은 순수한 것이어야 하며 어떠한 이욕의 목적이 섞일 수 없다는 생각을

---

8 이 방면에는 나도 마찬가지로 과실이 있다. 졸저 『맹자 성선론 연구(孟子性善論研究)』, 중국 사회과학출판사(中國社會科學出版社), 1995, 250쪽을 참고하여 보라.

견지하였는데, 그의 말을 보면 다음과 같다. "신하 된 자가 인의를 생각하여 그 군주를 섬기며, 자식 된 자가 인의를 생각하여 그 부모를 섬기며, 아우 된 자가 인의를 생각하여 그 형을 섬긴다면, 이는 군신과 부자와 형제가 이익을 버리고 인의를 생각하여 서로 대하여야" 한다. 이와는 상반되게 "신하 된 자가 이익을 생각하여 그 군주를 섬기며, 자식 된 자가 이익을 생각하여 그 부모를 섬기며, 아우 된 자가 이익을 생각하여 그 형을 섬긴다면, 이는 군신과 부자와 형제가 마침내 인의를 버리고 이익을 생각하여 서로 대하게" 할 수는 없다. 이는 우리가 토론하려는 도덕 목적의 문제이다. 이 문제는 비록 사람과 금수를 구분하는 의의의 의리지변과 관련이 있다. 의와 이가 어느 것이 가볍고 어느 것이 무거운가 하는 문제와는 달리 별도의 의리지변이기 때문에 우리는 그것을 분리해서 단독으로 토론해야 한다.

사실 도덕은 순수한 것으로 어떤 다른 목적도 섞일 수 없는데 이는 맹자의 일관된 사상이다. 이런 논술을 보도록 하자.

> 지금 사람이 언뜻 어린아이가 장차 우물로 들어가려는 것을 보고는 모두 깜짝 놀라고 측은해하는 마음을 가지니, 이것은 어린아이의 부모와 교분을 맺어서도 아니며, 향당과 붕우들에게 명예를 구해서도 아니며, 오명을 싫어해서 그러한 것도 아니다.
> 今人乍見孺子將入于井, 皆有怵惕惻隱之心非所以內交於孺子之父母也, 非所以要譽於鄉黨朋友也, 非惡其聲而然也.(3.6)

별안간 어린아이가 우물로 떨어지려는 것을 보면 누구라도 모두 놀라 동정하는 심정이 생길 것이다. 이런 심정이 생기는 것은 결코 어린아이의 부모와 친분관계를 맺으려 하는 것이 아니며 향리의 친구들에게 좋은 평판을 얻고자 해서도 아니다. 오명을 싫어해서도 아니며 완전히 내심에서 자연스레 그렇게 요구하는 것이다. 개괄하여 말하면 사람들이 덕을 쌓고 선을 행하며 좋은 일을 하는 것은 무슨 외재적인 목적 때문일 수 없다. 이를테면 칭찬을 받고자 하고, 포상을 받고자 하는 것은 다만 내심 인의 요구를 만족시키고자 해서이다. 이는 맹자가 송경과의 대화에서 말한 '이익을 버리고 인의를 생각하여 서로 대하는' 것과 완전히 일치함이 매우 분명하다. 인의를 행하는 것은 절대로 이익을 위해서가 아니며 다만 인의를 위해서라는 말이다. 인의를 위해서 인의를 하는 것이야말로 진정한 도덕이며 이익을 위해서 인의를 하는 것은 진정한 도덕이 아니다.

다음 장에서는 마찬가지의 사상을 표현하였다.

> 요·순은 성 그대로 하였고, 탕·무는 성을 회복하였다. 동용하고 주선함이 예에 맞는 것은 성덕이 지극한 것이니, 죽은 자를 곡하여 슬퍼함이 산 자를 위해서가 아니요, 떳떳한 덕을 지키고 간사하지 않음이 녹을 요구해서가 아니며, 언어를 반드시 미덥게 하는 것이 행실을 바르게 하려고 해서가 아니다.
>
> 堯舜, 性者也; 湯武, 反之也. 動容周旋中禮者, 盛德之至也. 哭死而哀, 非爲生者也. 經德不回, 非以干祿也. 言語必信, 非以正行也. 君子行法, 以俟命而已矣.(14.33)

인의를 위해서 인의를 하는 것이지 인의를 다른 이익을 취하고자 하는 수단으로 삼는 것은 아니다. 죽은 자를 곡하면서 슬퍼하는 것은 산 사람에게 보여주려고 하는 것이 아니며, 도덕으로 말미암아 행하여 예를 어기는데 이르지 않는 것은 관직을 구하기 위함이 아니다. 언어에 신의가 있는 것은 나의 행실이 단정하다는 것을 남이 알게 하려는 것이 아니다.

이런 논술은 명명백백하게 이런 도리를 설명하고 있다. 진정한 도덕은 반드시 선을 행하기 위하여 선을 행해야 하고 도덕을 위해서 도덕을 행해야 하며 이 외에는 어떠한 이욕의 목적도 가질 수 없다.

「이루(離婁) 하」 제19장에서 맹자는 이 사상을 더욱 명료하게 표현하였다.

> 사람이 금수와 다른 것이 얼마 안 되니, 서민[衆人]들은 이것을 버리고, 군자는 이것을 보존한다. 순은 여러 사물의 이치에 밝고 인륜을 살폈으니, 인의를 따라 행한 것이며 인의를 행하려고 한 것은 아니었다.
> 人之所以異於禽獸者幾希, 庶民去之, 君子存之. 舜明於庶物, 察於人倫, 由仁義行, 非行仁義也. (8.19)

사람과 동물의 구별은 자기의 약간의 도덕적 본성에 있을 뿐이고 군자와 서인이 같지 않음은 다만 그 약간의 도덕적 본성을 충분히 보존할 수 있는 데 있다. 순은 이 도리를 명백히 알았으므로 이에 인의의 길을 말미암았으며 인의를 도구와 수단으로 삼아 사용하지 않았다. '인의를 말미암아 행함(由仁義行)'과 '인의를 행함(行仁義)'은 문자상으로는 비록 근접하지만 두 가지 자른 듯이 판이한 태도이다. '인의를 말미암아 행하는 것'은 모든 일을 다 자신의 양심과 본심에 비추어서 하는 것을 가리키며 결코 외재하는 이욕의 목적은 포함하지 않는다. '인의를 행하는 것'은 인의를 도구로 삼아 외재하는 이익의 좋은 점을 널리 취하는 것이다. 성현은 '인의를 말미암아 행하고', 층차가 높지 못한 사람은 '인의를 행한다.'

맹자의 '인의로 말미암아 행하고 인의를 행하는 것이 아닌' 사상은 매우 정채롭지만 2천 년 동안 (陸象山 같은) 소수의 철학가만이 강조했던 것 외에는 결코 사람들의 충분한 중시를 끌어내지 못하였으며 도덕 목적 의

의의 의리지변은 줄곧 치국방략의 의의와 사람과 금수를 구분하는 의의의 의리지변에 매몰되었다. 현대의 신유가 머우쭝싼(牟宗三)이 칸트로 맹자를 연구하기에 이르러서야 신대륙을 발견한 것처럼 매우 중요한 사상을 발굴하고 정리해냈고 아울러 차츰 사람들의 관심을 끌게 되었다.[9]

머우쭝싼은 칸트는 사람은 이성적 존재자로 자유로우며 이성만이 사람의 가치를 결정하는 동시에 사람은 또한 감성적 존재자로 자연의 인과율에 제약을 받아 자유가 없다고도 생각했다고 지적했다. 이성에는 보편성이 있어서 시간과 장소라는 조건의 영향을 받지 않으며 사람들에게 통일된 행위준칙을 제공할 수 있고, 감성은 보편성이 없어서 시간과 장소라는 조건의 영향을 받아 통일의 원칙을 제공할 길이 없다. 이 양분된 결과에서는 이성이 목적 자체라는 것을 인정해야 행위 보편성의 목적을 찾아 자유의 규율을 드러내 보일 수 있다. 사람들은 자신의 이성을 유일한 목적으로 여겨 이에 따라 행하며 스스로 법칙을 세우고 스스로 복종하는데 이것이 곧 "도덕 자율"이다. 머우쭝싼은 진일보하여 지적하였다. "칸트의 이번 비틂은 서방에서 전례가 없던 것이고 이는 또한 코페르니쿠스적인 혁명이었다. 그러나 중국에서는 선진의 유가 맹자가 일찌감치 이와 같았다."[10]

머우쭝싼이 이런 결론을 도출한 까닭은 그가 보기에 맹자 성선론에서 인의의 내재는 칸트의 이성 입법과 이론상으로 일맥상통하기 때문이다.

---

[9] 이에 앞서 양계초(梁啓超) 또한 이 문제에 관심을 기울인 적이 있다. 그는 말하였다. "유가—그 가운데서 맹자가 큰 소리로 이를 말하는 것은 안 된다고 소리친 자들은 다만 하나의 구체적인 이익을 꾀하는 일을 가리켜 말한 것이 아니라 곧 인류의 행위는 이를 동기로 하여서는 안 된다고 말하였다. 거듭 말하면 무릇 이해를 따지는—주판알을 튕긴다는 의미는 모두 근본적으로 반대하며 '이를 품고 서로 만나는' 것으로 생각하며, 사회의 멸망을 초래한다고 생각한다."(『先秦政治思想史』「本論」제6장) 그러나 그는 다만 서두만 열었을 뿐 구체적인 전개는 하지 않았으며, 그 이론의 심도는 머우쭝싼과 차이가 매우 크다.

[10] 머우쭝싼 『원선론(圓善論)』, 대만학생서국(臺灣學生書局), 1985, 182쪽.

칸트는 의무의 분석에서 착수하여 이로 말미암아 도덕법칙과 정언명령(定言命令), 의지의 자율과 자유를 깨달아가 법칙으로 행위를 결정하는 도덕철학을 건립하였다. "맹자는 '인의의 내재' 분석에서 착수하여 이로 말미암아 인의예지의 본심을 깨달아 성선을 건립하였고 이 마음의 각성함으로 말미암아 인의예지의 행함을 발할 수 있었다. 인의의지의 행함은 곧 '성체(性體)가 발하는 인의예지의 천리를 따라 행함'을 행함이다. 천리(義理라고도 함)는 도덕법칙이다. 이는 행동의 원칙을 결정하며 행동의 방향을 결정하는 것이다."[11] 인의의 내재가 곧 초월적인 도덕심을 나타냄은 선천적으로 고유한 것이다. 이에 따라 행하는 것은 곧 칸트가 이야기한 이성 입법에 따른 행동이다.

이 의미에서 보면 맹자의 도덕 목적 의의의 의리지변과 칸트의 형식주의 윤리학은 확실히 매우 비슷한 일면이 있다. 맹자는 진정한 도덕 선행은 반드시 내재한 인의의 마음이 요구하는 대로 따라야 하며 어떤 다른 목적을 위해서도 탐심을 가질 수 없다고 생각하였다. 구체적으로 말하여 신하 된 자는 인의를 위해서만 임금을 섬길 수 있으며, 자식 된 자는 인의를 위해서만 아비를 섬길 수 있다. 아우 된 자는 인의를 위해서만 형을 섬길 수 있는데 이는 의무를 위한 의무이며 도덕을 위한 도덕이다. 반대로 신하 된 자가 이를 위하여 임금을 섬기고 자식 된 자가 이를 위하여 아비를 섬기며 아우 된 자가 이를 위하여 형을 섬긴다면 이는 곧 다른 목적을 미리 갖추는 것이다. 전자는 참 도덕이고 후자는 도덕이 아니다. 맹자의 이 사상을 그 후 1천여 년 뒤 칸트의 형식주의 윤리학과 대조해보면 철학 분야의 대사상가인 두 사상이 일맥상통하는 것을 보고 놀라지 않을 수 없고, 맹자 사상의 '조숙(早熟)'함에 탄복하지 않을 수 없다.

---

11 머우쭝싼 『원선론』, 대만학생서국, 1985, 184쪽.

머우쫑싼이 직접 칸트의 "도덕 자율" 학설을 맹자의 머리에 연용한 정확성에 대하여서는 더 나아간 토론을 기다려야 하지만[12] 그가 맹자의 도덕에 관하여 어떤 공리 목적도 섞을 수 없다는 사상을 발굴해낸 공헌은 매우 크고 말살할 수 없다.

5. "의를 말함만 허락하고 이를 말함은 허락하지 않는다"를 변정함

맹자 의리지변에 대한 가장 큰 오해는 맹자는 "의를 말함만 허락하고 이를 말함은 허락하지 않는다(只准言義, 不准言利)"고 뭉뚱그려 단정하는 것보다 지나친 것이 없다. 이런 상황이 출현하게 된 까닭은 주로 두 가지 방면의 원인이 있다. 첫째, 의리지변의 세 가지 의미의 다른 성질을 분명하게 구분하지 못해서다. 둘째, 사람과 금수를 구분하는 의미의 의리지변에 공적 사적으로 세운 모식을 기계적으로 원용해서다.

나는 맹자가 정말로 이를 말하는 것을 허락했는지 않았는지 하는 것은 뭉뚱그려 말할 수는 없고 상이한 상황에 근거하여 정해야 한다고 생각한다. 여기에서 말한 "상이한 상황"은 곧 맹자 의리지변의 세 가지 상이한

---

12 표면적으로 보면 맹자가 위에서 말한 견해들은 확실히 칸트의 '도덕자율'과 비슷한 점이 있어 보인다. 그러나 진일보하여 분석해보면 칸트의 '도덕자율'과 맹자의 성선론은 아무래도 매우 상이하다는 것을 알 수 있다. 칸트의 '도덕자율'은 이성법칙에 대한 복종으로 이성적 자율이지만 맹자의 성선론은 양심과 본심에 대한 복종으로 양심의 자율이다. 보다 중요한 것은 칸트는 이성자율이어서 이성이 정감에 섞일 수 없기 때문에 칸트의 '도덕자율'에는 정감의 어떠한 지위도 없다. 맹자는 달라서 맹자는 양심자율이며, 양심은 정감을 배척하지 않기 때문에 맹자의 성선론에는 정감이 매우 중요한 위치를 차지하고 있다. 이는 곧 맹자의 성선론은 칸트의 순수가 이성의 '도덕자율'에서 나왔다는 학설과 매우 큰 차이가 있다. 이 문제는 사람들의 주의를 끌 것이다. 이 문제는 너무 복잡하여 여기서는 전개할 길이 없으며, 졸고 「인성윤리와 이성윤리의 분야(仁性倫理與理性倫理的分野)」, 『중주학간(中州學刊)』 1993년 제3기에 상세히 보인다.

의미를 가리킨다.

위에서 말한 것처럼 사람과 금수를 구분하는 의미의 의리지변에서 맹자는 사람은 금수와 달라 사람에게는 도덕이 있고 금수는 도덕이 없어서 사람이 되려고 생각한다면 반드시 도덕을 이야기해야 하며, 도덕은 곧 의이기 때문에 사람이 되려고 생각한다면 반드시 의를 이야기하여야 한다고 생각하였다. 그러나 맹자는 사람은 반드시 일정한 이(利)를 가져야 생존할 수 있다는 것을 결코 부정하지 않았다. 비록 사람들이 맹자를 "(현실과) 우원하여 사정과 거리가 멀다"고 비웃었지만 그것은 다만 정치적인 면에서 말한 것일 뿐이며 실제 생활 방면에서 맹자는 그 정도로 멀리까지 '옮겨가지는' 않았다. 이를 가지고 생존을 유지할 것을 요구했을 뿐만 아니라 또한 의로 사람이 되기를 요구하기도 하였다. 이 사이에는 모순이 있으며 이 모순을 해결하려면 당신이 어떤 선택을 해야 하는가를 봐야 한다. 모든 일에 이만 선택하면 금수와 다를 것이 없고, 모든 일에 의를 선택한다면 선인이 되는 것이다. 이곳의 의와 이는 가치 선택 관계에 속하는 것을 알 수 있고, 이로부터 털끝만큼도 과장하지 않고 가치 선택 관계는 사람과 금수를 구분하는 의리지변의 요체라고 말할 수 있다.

치국 방략의 의미로서의 의리지변은 다른 상황에 속한다. 이런 의미의 의리지변은 맹자의 '천하의 통일을 실현하고 전란과 분쟁을 끝내는' 이 시대의 정신에서 이상적인 치국 방략을 모색하는 일종의 노력이다. 부국강병과 원정을 통한 전쟁으로 땅을 빼앗는 것은 당시의 각 제후들이 보편적으로 운용하는 치국 방법이다. 그러나 맹자는 이런 패도주의의 방법은 사람의 힘은 얻을 수 있지만 사람의 마음은 얻을 수 없으며 단기적으로는 효과가 있겠지만 오래도록 유지할 수는 없기 때문에 가장 좋은 방법은 아니다. 이 때문에 그는 정심껏 하나의 스스로 매우 만족하는 방법을 설계하였다. 이것이 곧 인정을 행하는 왕도주의이다. 패도주의와 왕도주의의 뚜렷한 구별은 패도주의는 '힘[力]'을 주로 하여 단기적인 '이'를 추구하고, 왕도주의는 '의'를 주로 하여 장구한 효과를 추구하는 데 있다. 바로 이런 이유로 양혜왕이 "어떻게 우리나라를 이롭게 하겠는가" 물었을 때 맹자는 바로 상대가 이야기하는 '이'가 정벌전쟁으로 땅을 빼앗는 것 같은 패도를 추구하기 위함이라는 것을 의식하였다. 그 때문에 즉시 이 화두를 멈추고 '인의가 있을 따름'이라고 권하여 인정을 행하는 왕도주의만이 나라를 다스리는 가장 좋은 방법이라고 하였다. 이곳의 '의'는 특별히 왕도를 가리키고, '이'는 특히 패도를 가리키며, '의'와 '이'는 두 가지 상이한 치국 방략을 분별하여 대표하며 피차가 대립한다. '의'를 필요로 하면 '이'를 요구할 수 없고 왕도를 추구하면 패도를 추구할 수 없다.

도덕 목적 의의의 의리지변과 치국방략 의의의 의리지변은 얼마간 비슷한 점이 있다. 맹자가 보기에 선(善)은 반드시 순수한 것으로 어떤 이욕 목적도 함유할 수 없다. 우물에 빠지려는 어린아이를 구하는 것과 똑같이 그 부모와 교유를 맺기 위해서일 수가 없고 명성을 얻기 위해서일 수가 없으며, 또한 오명을 좋아하지 않기 때문일 수도 없다. 이런 것들은 완전히 일을 이를 말한 것으로 진정한 도덕은 반드시 순수한 것이어서 다만 자기 양심의 요구를 만족시키기 위함이어야 하며 이렇게 해야만 의를 이룰 수 있기 때문이다. 이를 일러 '인과 의로 말미암아 행한다' 하고 '인의를 행하는' 것이 아니라고 한다. 바꾸어 말하면 두 가지 같지 않은 선이 있는데 한 가지는 의를 위해서 선해지는 것으로 이것이 진정한 선이며 '인과 의로 말미암아 행한다'는 것이다. 한 가지는 이를 위해 선해지는 것인데 이는 진정한 의가 아니며 '인의를 해하는' 것이다. 따라서 맹자는 도덕 목적의 문제에서 의와 이는 상호 대립적이며, 진정한 도덕을 얻으려면 반드시 이욕의 목적을 배척해야 하며, 이욕의 목적을 배척하지 않으면 진정한 도덕에 이르지 못하게 된다고 생각했다.

이로부터 말하건대 성질에 의거하여 말하면 맹자의 의리지변은 세 가지 상이한 뜻이 있으며 두 무리로 나눌 수 있다. 하나는 피차의 대립관계로 치국방략 의의 및 도덕 목적 의의의 의리지변이 이 성질에 속한다. 하나는 가치 선택 관계로 사람과 금수를 구분하는 의의의 의리지변이 이런 성질에 속한다. 피차 대립 관계와 가치 선택 관계는 근본적으로 같지 않다. 피차 대립 관계는 절대적인 배타성이 있으며 의를 중요시하든지 이를 중요시하든지 해서 둘은 공존할 수 없다. 구체적으로 말하여 왕도주의를 실행하든 패도주의를 실행하든, '인의로 말미암아 행하는' 참 도덕이든 '인의를 행하는' 비도덕이든 두 가지 모두를 온전히 할 수는 없다. 그리고 가치 선택 관계에서 의와 이는 다만 층차의 구분만 있고 절대적인 배타성은 없으며, 의를 선택하면 반드시 이를 배척해야 하고 이를 선택하여도 반드시 의를 위배하지는 않는다. 좀 더 구체적으로 말하여 의에 부합하기만 하면 최대한도의 이를 추구할 수 있으며 반대로 말하는 것도 마찬가지여서 최대한도의 이를 추구해도 결코 반드시 의를 위반하지 않아 두 가지 다 온전히 할 수 있다.

요컨대 치국방략 의의의 의리지변과 도덕 목적 의의의 의리지변은 본질적으로는 피차 대립하는 관계에 속하며 이 두 가지 의의의 의리지변에는 맹자는 '의를 말함만 허락하고 이를 말함은 허락하지 않는다'고 말할 수 있다. 그런데 사람과 금수를 구분하는 의의의 의리지변은 본질적으로 가치 선택 관계에 속하며, 이런 의의의 의리지변에서 맹자는 절대 '의를 말함만 허락하고 이를 말함은 허락하지 않는다'라 말한 적이 없다. 그러나 오래도록 사람들은 의리지변의 세 가지 다른 의의를 분변하는데 주의를 기울이지 않았다. 그 직접인 결과는 사람과 금수를 구분하는 의의의 의리지변의 가치 선택 관계 또한 다른 두 가지 의의의 의리지변의 성질에 비추어 피차 독립 관계로 바뀐다. 의와 이가 피차간에 대립하는 것이라면 당연히 맹자는 사람과 금수를 구분하는 의리지변에서 또한 '의를 말함만 허락하고 이를 말함은 허락하지 않는다'는 것을 인정하였다. 뭉뚱그려 맹자의 의리지변은 '의를 말함만 허락하고 이를 말함은 허락하지 않는다'도 인정하는 혼란은 곧 이렇게 조성되었다.

나는 이론의 혼란을 조성한 다른 원인은 사람과 금수를 구분하는 의의의 의리지변에 기계적으로 공사가 대립하는 연구 모식을 원용한 것이라고 생각한다. 이 문제는 비교적 복잡하여 몇몇 사료의 분류가 필요하다.

역사적으로 보면 공과 사의 함의에는 구상(具象)에서 차츰차츰 추상으로 변화 발전되어가는 과정을 가지고 있다. 서주시기에서 '공'이나 '사'는 거의 사회의 구체적인 사람이나 일을 가리켰다. 『상서(尚書)』의 "지금 하늘이 백성을 도우시니, 짝이 되어 아래에 있을지어다. 단사[한 말]에 밝고 깨끗이 하라. 백성들의 다스림은 옥사의 양사[두 말]를 알맞게 듣지 않음이 없으니 혹시라도 옥사의 양사로 사가에 치부(致富)하지 말라.(今天相民, 作配在下. 明清于單辭. 民之亂, 罔不中听獄之兩辭, 無或私家于獄之兩辭)"(『尚書』「呂刑」)라는 구절에 대하여 공영달(孔穎達)의 『소(疏)』에서는 말하였다. "너희 옥관은 감히 뇌물을 주고받으면 안 된다. 옥사의 두 말로 사가(私家)를 이루며 옥의 두 집에서 재화를 받아 치부하지 말라." 이곳의 '사'는 '구체(具體)'와 '개인'으로 해석된다. 이런 구체적인 의미의 '사'와 '공'은 『시경(詩經)』에서 더욱 분명하게 표현되었다. "잠깐 내 편복(便服)을 빨며, 잠깐 내 예복(禮服)을 빤다(薄汚我私, 薄澣我衣)"(『周南』「葛覃」)의 '사'는 '연복(燕服: 便服)'으로 해석하며, 평상시에 집에서 거처할 때 입는 의복을 가리킨다. "햇돼지는 자기가 갖고 세 살 된 돼지는 공소에 바친다.(言私其豵, 獻豣于公)"(『豳風』「七月」)에서 '공'과 '사'는 '공가(公家)'와 '사가(私家)'를 가리킨다. "사인의 자식은 백관에 등용되도다.(私人之子, 百僚是試)"(「小雅·小旻之什·大東」)의 '사'는 '사가인(私家人)'을 가리킨다. "우리 공전에 비를 내리고 마침내 우리 사전에 미치도다.(雨我公田, 遂及我私)"(「小雅·北山之什·大田」)의 '공'과 '사'는 '공전'과 '사전'을 가리켜 말한다. 이런 예증은 『상서』와 『시경』의 '공'과 '사'는 모두 구체적인 사람과 일을 가리키며, 더욱이 경·대부와 사(士) 개인의 사물이나 행동을 가리며 국군의 '공'과 대비를 형성함을 설명한다.

춘추시대에 이르러 '공'과 '사'라는 이 함의는 여전히 계속되었다. 『좌전(左傳)』의 '공'과 '사'는 정치상의 '공가(公家)'나 '사가(私家)'를 가리켜 여전히 구상적인 뜻을 띠었다. 문공(文公) 6년(B.C. 621)에 변(駢)이 말하였다. "사를 가지고 공을 해치는 것은 충성스러운 일이 아니다." 이곳의 '사'는 '사사로운 원한'을 가리키며, '공'은 가 씨(賈氏)를 죽여서 조돈(趙盾)의 일을 방해하는 것이다. 양공(襄公) 25년(B.C. 548) 안자(晏子)가 말하였다. "사적으로 친한 관계(私暱)가 아니라면 누가 감히 그렇게 하겠는가?" 이곳의 '사닐(私暱)'은 개인이 총애하는 사람을 가리킨다. 소공(昭公) 5년(B.C. 537) 여숙제(女叔齊)와 진후(晉侯)가 노나라의 국정을 토론하여 말하였다. "공실은 네 개로 나뉘고 백성들은 그들에게서 기식합니다. 생각에 공이라고는 아예 없는데 그 결말을 도모하지 않습니다." 이것은 민심이 노공(魯公)에게 있지 않다는 것을 이야기한다. 소공 20년(B.C. 522)에서는 "사유재산에서 가혹하게 징수하였다.(暴征其私)"라 하였다. 이곳의 '사'는 사유 재물을 가리킨다. 애공(哀公) 5년(B.C. 490)에는 "사적인 원수가 공에게 미치지 않았다."라는 말이 있는데 이곳의 '공'은 공가의 일을 가리킨다. 이런 '공'과 '사'는 모두 구체적인 물질을 가리킨다.

춘추전국의 과도기에 공자는 '공'과 '사'를 논하였는데 기본적으로는 종전의 전통을 계승하였다. 『논어』의 '공'은 단자('公曰' 등은 포함하지 않음)

로 쓰인 것이 모두 7차례이다.[13] 기본적인 함의는 '공사(公事)'로, "공적인 일이 아니면 일찍이 저의 집에 이른 적이 없습니다.(非公事, 未嘗至於偃之室 也)"(『논어』 6.14), "녹이 공실에서 떠난 지 5세 째이다.(祿之去公室五世矣)"(『논어』 16.3) 같은 것이 있다. '사' 자는 두 차례밖에 보이지 않는데 함의는 개인과 사인으로, "물러간 뒤에 그 사생활을 살펴보았다(退而省其私)"(『논어』 2.9), "사사로이 만나보실 때는 화평하게 하였다.(私覿, 愉愉如也)"(『논어』 10.5) 같은 것이 있다. 이곳의 '사'자에는 여전히 무슨 폄의 같은 것은 없다.

맹자가 '공' '사'를 논한 것은 공자와 기본적으로 일치한다.

『맹자』에는 '공' 자가 단자('公曰' 미포함)로 쓰인 경우가 모두 14차례[14] 나타나는데 기본적인 함의는 첫째 '공사(公事)', 둘째 '작위(爵位)'이다. '공사'를 가리키는 구절로는 "우리 공전에 비를 내리다(雨我公田)"(5.3), "오직 조법에 공전이 있다(惟助爲有公田)"(5.3), "그 가운데가 공전이다(其中爲公田)"(5.3), "함께 공전을 가꾼다(同養公田)"(5.3), "공전의 일을 끝마친 다음에 감히 사전의 일을 다스린다(公事畢, 然後敢治私事)"(5.3), "공양의 벼슬이 있다(有公養之士)"(10.4), "위효공에게서는 공양의 벼슬이었다(於衛老公, 公養之仕也)"(10.4)가 있다. '작위'를 가리키는 구절은 "공이 한 위(公一位)"(10.2), "공·후는 모두 백 평방 리(公侯皆方百里)"(10.2), "왕공이 현자를 높이는 것은 아니다(非王公之尊賢也)"(10.3), "왕공이 현자를 높인 것이다(王公之尊賢者也)"(10.6), "공경대부(公卿大夫)"(11.16), "그러므로 왕공이 경을 지극히 하고 예를 다하지 않으면, 자주 그를 만나지 못하였다(故王公不致敬盡禮, 則不得亟見之)"(13.8), "유하혜는 삼공으로 그 절개를 바꾸지 않았다(柳下惠不以三公易其介)"(13.2)이다.

『맹자』에 '사(私)' 자는 10차례 출현하는데, "사처자(私妻子)"(8.30)가 '편

---

13 양보쥔(楊伯峻)의 통계에 의하면 6차례인데 잘못된 것 같다.
14 양보쥔은 또한 14차례라고 하였는데, 다만 그 가운데는 '공왈(公曰)'도 안에 있는 것으로 계산하였으며 통계가 잘못된 것 같다.

애'한다는 것을 제외하고 그 나머지는 모두 '개인적', '사인적'이라는 뜻이다. "심동이 사사로이 묻기를(沈同以其私問曰)"(4.8), "왕에게 아뢰지 않고 사사로이 그대의 작록을 그에게 주면(不告於王而私與之吾子之祿爵)"(4.8), "그 선비 또한 왕명이 없이 사사로이 그대에게서 받는다면 가하겠는가? 어찌 이와 다르겠는가?(夫士也, 亦無王命而私受之於子, 則可乎)"(4.8), "홀로 부귀 가운데에도 농단을 독점하는 이가 있구나(而獨於富貴之中有私壟斷焉)"(4.10), "마침내 우리 사전에 미친다(遂及我私)"(5.3), "여덟 집에서 모두 백 묘를 사전으로 받아서(八家皆私百畝)"(5.3), "공전의 일을 끝마친 다음에 감히 사전의 일을 다스리니(公事畢, 然後敢治私事)"(5.3), "나는 남에게서 사사로이 선하게 하였다(予私淑諸人也)"(8.22), "사사로이 선으로 다스린 경우도 있다(有私淑艾者)"(13.40)가 있다.

나는 시시콜콜히 『맹자』의 '공' 자와 '사' 자를 전부 나열하였다. 이렇게 하면 비교적 편하게 볼 수 있기 때문이다. 맹자에서 '공' 자는 주로 '공사'나 '작위'를 가리키며 '사' 자는 주로 '개인적', '사하적(私下的)'이라는 뜻을 가리킨다. 좋지 않은 어떤 뜻을 배척해야 할 뜻이 없다. 이는 언제나 후인이 '사' 자에 일종의 폄의를 부여하였으며 근본적으로 같지 않다.

'사'에 좋지 않은 함의를 부여하여 '공'으로 '사'를 통제하자고 주장한 사람은 유학발전사에서 순자(荀子)가 첫 단추를 끼웠다. 맹자와 마찬가지로 순자 또한 의리를 이야기하였지만 그가 말한 의리는 맹자와는 매우 다르다. 이는 곧 공사의 개념을 의리지변으로 끌어들인 것이다. 순자는 말하였다. "사람들의 직분을 분명히 하고 하는 일에 질서를 마련하며, 재능과 기술을 따져 능력 있는 사람에게 벼슬을 주면 잘 다스려지지 않을 수가 없다. 그렇게 되면 공정한 도가 널리 행해지고 사사로운 길(私門)은 모두 막혀 버릴 것이며, 공평한 의리가 밝아지고 사사로운 일(私事)은 없어질 것이다."(『荀子』「君道」) 여기서는 분명하게 '공'과 '사'를 상대적으로 들고 아울러 '공정한 도가 널리 행해지고', '공평한 의리가 밝아짐'을 통하여 '사사로운 길은 없어지고', '사사로운 일은 없애는' 목적에 통달하도록 제기했다.

이와 같을 뿐만 아니라 순자는 또한 지적했다. "노엽다고 해서 지나치게 빼앗지도 않고, 기쁘다고 해서 지나치게 주지도 않는 것은, 법도가 사사로움을 이기기 때문이다. 『서경(書經)』에서는 말하였다. '자기만 좋아하는 일을 하지 말고 임금의 도리를 따를 것이며, 자기만 싫어하는 일을 하지 말고 임금의 길을 따르라.' 이 말은 군자란 공의(公義)로 사욕(私欲)을 이겨낼 수 있다는 것이다."(『荀子』「修身」) 여기서 특별히 중시해야 할 가치가 있는 것은 '공의로 사욕을 이긴다'는 구절이다. 이는 하나의 대단한 전환이며 유학발전사에 끼친 부정적인 작용을 저평가할 수 없다. "순자의 사상체계에서 '의'는 다만 '이'와 상대되어 말한 정태관념일 뿐이다. 나아가 '의'는 동태적인 강제력으로 그것은 순자사상에서 '예'와 마찬가지로 인류의 자연적인 본질을 바로잡는 역량을 갖추고 있다. 순자사상에 '법'과의 차별은 실재 간발의 차도 허용치 않는다."[15]

이런 사상체계의 지도하에서는 반드시 '의'가 '공'과 동등하고, '이'가 '사'와 동등하며 이에 논리적으로 반드시 아래의 두 가지 결론을 도출할 수 있다. 첫째, 공의는 선이고 사욕은 악이다. 둘째, 의와 이는 피차 대립하는 관계다. 이렇게 하여 맹자의 원래 가치 선택 관계에 속한 사람과 금수를 구분하는 의의의 의리지변은 또한 피차가 대립하는 관계로 변하였다. 일단 이런 의의의 의와 이를 피차간에 대립시키자 치국방략 의의와 도덕 목적 의의의 의리지변과 마찬가지로 '거욕주의(去欲主義)'[16]와 또한 멀지 않게 되었다. 바로 이러한 이유 때문에 순자의 이 이론구조는 매우

---

[15] 황권제(黃俊傑)의 『맹학사상사론(孟學思想史論)』 권1, 대만동대도서공사(臺灣東大圖書公司), 1991, 151쪽.

좋지 않은 영향을 낳아 송명이학은 공사(公私)로 의리를 논하는 것이 일종의 기본적인 이론적 골격이 되었다. 존천리(存天理)와 거인욕(去人欲)이 실제 생활에서 '거욕주의'라는 나쁜 결과를 낳기에 이르렀는데 이와 분할할 수 없는 관계가 있으며[17] 의리지변 연구의 오류 또한 이보다 큰 것이 없다.

위에서 말한 분석을 통하여 나는 매우 책임감 있게 말할 수 있다. 맹자 의리지변의 세 가지 다른 의의를 엄격하게 분별하고 사람과 금수를 분별하는 의리지변의 가치 선택 관계를 확고히 파악하였다. 공사를 가지고 의리를 논하는 착오를 철저하게 제거해야 할 뿐만 아니라 또한 경직된 모식—이는 맹자 의리지변의 참뜻을 탐구하는 중요한 경로이다—이 이 길을 찾지 못하면 맹자 의리지변 본래의 면목은 천하에 명백히 드러날 날이 영원히 없을 것이다.

---

16 '거욕주의'와 '금욕주의'는 다르다. 유학은 '금욕주의'를 주장해오지 않았으며, 다만 이론적인 과오로 실제적으로 '거욕주의'를 조성하게 되었다. '거욕주의' 개념에 관한 범주의 확정은 졸고 「의리지변에서 이욕지쟁까지(從義利之辨到理欲之爭)」, 『복단학보(複旦學報)』 1993년 제5기를 보라.

17 후유(後儒)의 의리사상의 변화에 관하여서는 본서 제9장 제3절에 상세히 보인다.

제6장

순척지변(舜跖之辨)

1. 순척지변과 이상 인격(理想人格)

　제5장에서 말한 것처럼 세 가지 다른 의의의 의리지변(義利之辨)은 곧 치국방략 의의의 의리지변과 사람과 금수를 분간하는 의의의 의리지변 그리고 도덕 목적 의의의 의리지변이다. 사람과 금수를 분간하는 의의의 의리지변에서 의는 사람의 도덕적 요구를 대표하고, 이는 사람의 물질적 요구를 대표한다. 이 두 가지는 가치 선택의 관계를 구성한다. 의를 최고의 가치 선택 목표로 삼으면 사람이 되고 군자가 된다. 이를 최고의 가치 선택 목표로 삼으면 금수로 전락하고 소인으로 전락한다. 이 의의에서 이야기하면 사람과 금수를 분간하는 의의의 의리지변은 또한 순척지변(舜跖之辨)으로 일컬을 수 있다.
　명확하게 순과 척을 상대적으로 든 것은 「진심(盡心) 하」의 제25장에 보인다.

닭이 울면 일어나서 부지런히 선행을 하는 자는 순임금의 무리이고, 닭이 울면 일어나서 부지런히 이익을 위한 행위를 하는 자는 도척의 무리이니, 순임금과 도척의 분별을 알고자 한다면 다른 것이 없으니 이와 선의 사이이다.

雞鳴而起, 孶孶爲善者, 舜之徒也; 雞鳴而起, 孶孶爲利者, 蹠之徒也. 欲知舜與蹠之分, 無他, 利與善之間也. (13.25)

순은 유가에서 전통적으로 받드는 성인이며, 척은 『장자(莊子)』 우언고사에 등장하는 도적이다.[1] 『장자』「도척(盜跖)」 편에서는 말하였다. "도척은 구천 명의 졸개를 거느리고 천하를 마음대로 오가며 제후(의 영토)를 침범하여 포학한 짓을 자행하고 남의 집에 구멍을 뚫어 문지도리를 떼어낸 뒤 훔치고 남의 소와 말을 빼앗아가며 부녀자를 납치하고 이득을 탐하느라고 친척을 잊었으며 부모 형제를 돌보지 않고 조상의 제사도 지내지 않았다. 그가 지나가는 곳에서는 큰 나라는 성을 지키고 작은 나라는 농성하는 형편이어서 만민이 괴로워하고 있었다." 순과 척 중 하나는 맹자가 존숭하는 성인이며 하나는 세인이 멸시하는 도적이다. 둘 사이의 거리는 매우 멀어 하나가 하늘이라면 하나는 땅이어서 마치 물과 불 같았다.

맹자가 순과 척을 나란히 일컬은 것은 매우 의미가 깊다. 순이 성인이고 도척이 도적이긴 하지만 그들의 원천적인 구분은 다만 이(利)와 선 사

---

[1] 이 책에서 말한 유하계(柳下季)는 곧 유하혜(柳下惠)로 공자보다 100여 년 일러 공자는 유하혜의 아우와 이야기를 할 수 없었다. 안연(顔淵)이 먼저 죽고 자로가 나중에 죽었는데 이 책에서는 자로가 죽은 후에도 안연이 여전히 살아 있다고 하였다. 「도척」편에서 이렇게 쓴 것은 곧 사람들에게 이는 우언이기 때문에 단지 우언의 인물이며 역사적 사실로 보아서는 안 된다는 것을 말해준다. 장다이녠(張岱年)의 『중국철학사방법론발범(中國哲學史方法論發凡)』, 중화서국(中華書局), 1983, 111쪽을 참고하여 보라.

이에 있어서 "닭이 울면 일어나서 부지런히 선행을 하는 자는"는 순이고 "닭이 울면 일어나서 부지런히 이익을 위한 행위를 하는 자는"는 도척이다. 이는 곧 사람과 사람 사이의 구별은 원래 크지 않으며 노력만 하면 모두 성인이 될 수 있다는 것을 설명한다. 맹자가 순척지변을 전개하는 것은 바로 사람들에게 자기가 원래 가지고 있는 선성(善性)을 확충시켜 순을 모범으로 삼아 순과 같은 성인이 되게 하고자 함이다.

이론적으로 말하여 순척지변의 실질은 이상적인 인격을 추구하는 것이다. 근년 들어 이상적인 인격에 관한 토론이 많아졌다. 일반적으로 말하여 "일정한 문화 환경과 사회제도에서 현실의 수요에 따라 사람들의 이익과 요구 그리고 기대가 한 모범적인 신상에 집중되는데 이것이 곧 이상 인격이다."[2] 이는 또한 곧 이상 인격은 일종의 문화적인 사람들이 가장 추숭하는 인격의 규범화된 유형이며, 이런 유형은 전형적으로 이 문화의 기본적인 특징과 가치표준을 체현하였고 거대한 감화력을 갖추고 있으며, 사람들이 열심히 추구하는 목표라는 것을 말한다. 유가 문화에서 이상적인 인격의 전형적인 대표는 곧 요순(堯舜)이다. 맹자가 순척지변을 전개하는 것은 곧 이상 인격을 배양하고 구축하고 추구하여 사람들을 순 같은 성인이 되도록 이끄는 것이다. 분명히 순척지변의 이론적 의의는 매우 깊으며, 맹자의 이 방면의 사상 또한 특별히 풍부하고 다채로워 중화민족 문화의 발전에 큰 공헌을 하여 깊이 파고들 만하여 이에 우리는 주로 이상 인격의 각도에서 순척지변의 문제를 토론하겠다.

---

[2] 주이루(朱義祿)의 『유가의 이상인격과 중국문화(儒家理想人格與中國文化)』, 요령교육출판사(遼寧敎育出版社), 1991, 7쪽.

2. 이상 인격의 층차

이상 인격은 결코 다만 평면적인 것이 아니어서 약간의 층차로 나누어진다. 맹자는 악정자를 평론할 때 이상 인격 층차의 구분에 대하여 상세히 설명하였다.

> (옳은 일을 하려는) 욕망을 일으키는 이를 선인이라 이르고 선을 자기 몸에 소유함을 신인이라 이르고, 충실하게 함을 미인이라 이르고, 충실히 하여 광휘가 있음을 대인이라 이르고, 대인이면서 저절로 화함을 성인이라 이르고, 성스러워 알 수 없는 것을 신인이라 이른다.
> 可欲之謂善, 有諸己之謂信, 充實之謂美, 充實而有光輝之謂大, 大而化之之謂聖, 聖而不可知之之謂神. (14.25)

맹자는 여기에서 인격을 선(善)과 신(信), 미(美), 대(大), 성(聖) 그리고 신(神)의 여섯 층차로 구분해냈다. 여섯 층차 가운데 가장 기본적인 것은 선이다. 주희(朱熹)는 『맹자집주(孟子集注)』에서 말하였다. "천하의 이치가 선한 자는 반드시 옳은 일을 하고, 악한 자는 반드시 가증스러우니, 그 사람됨이 옳고 가증스럽지 않다면 선인이라 이를 수 있을 것이다." 이는 곧 사람에 대하여 말하면 선은 옳은 일을 하고자 하는 것이고 선인은 그런 사람이라는 말이다. "이·의가 우리 마음을 기쁘게 함은 추환이 우리 입을 기쁘게 함과 같은 것이다.(理義之悅我心, 猶芻豢之悅我口)" (11.7) 입맛이 천성적으로 추환을 좋아하는 것과 마찬가지로 사람의 마음은 천성적으로 이와 의를 좋아한다. 이런 '천성적으로 좋아하는 것'이 곧 '가욕'이고 곧 선이다. 바꾸어 말하면 사람의 마음은 자연히 '선을 향하고', '선을 하고자 하여' 사람 마음의 자연적인 방향을 따라가며 반드시 선의 방향을 향해 가야 사람도 선에 도달할 수 있다.

신(信)은 '자기의 몸에 가지고 있다(有諸己)'는 뜻이다. 『설문해자(說文解字)』에서는 신(信)과 성(誠)은 서로 뜻이 통한다고 하여, "신(信)은 성(誠)이다", "성(誠)은 신(信)이다"라 하였다. 사람은 행동하는 가운데 곳곳에서 자기가 본래 가지고 있는 선성(善性)을 가이드로 삼는데 이것이 곧 '자기의 몸에 가지고 있는(有諸己)' 것으로 신(信)이자 성(誠)이며, 시시때때로 모두 이 지점에 도달할 수 있다면 곧 신(信)에 도달하는 것이다. 세분한다면 '자기의 몸에 가지고 있는(有諸己)' 것은 두 등급의 함의를 포함할 수 있다는 것을 알 수 있다. 첫째, 행위의 근원은 자기의 양심과 본심이며 외적인 압박을 받는 것이 아니다. 둘째, 행위의 목적은 다만 자기의 양심과 본심을 위하여 어떠한 외재적 목적도 부가하지 않는다. 따라서 '자기의 몸에 가지고 있는(有諸己)' 것은 이종의 선이며 진실하고 성실한 선이지 비고 거짓된 선이 아니다. 어린아이가 우물에 빠지려는 것을 보고 구하러 가는 것과 똑같이 이런 행위는 '가욕'적인 것이며 일종의 선으로 이런 선은 자기의 양심과 본심에 근원을 두고 있으며 외부의 힘이 가하여진 것이 아니다. 더욱 중요한 것은 어린아이를 구하려는 행동은 남에게 보여주려는 것이 아니며 다만 측은지심이 발동함에 따라 실행되어 가는 것이다. 바로 이러한 것 때문에 맹자가 보기에 '신'은 '선'보다 한 등급이 더 높아져야 한다.

미는 '충실'과 연계되어 있으며 충실은 앞에서 이야기한 선과 신으로, 미라고 부른다. 주희는 『맹자집주』에서 말했다. "그 선을 힘써 행하여 충만하여 쌓이고 꽉 참에 이르면 아름다움이 그 가운데 있어서 밖에서 기대할 것이 없을 것이다." '힘껏 행하는' 목적은 선을 구하는 것으로 곧 앞에서 말한 '옳은 일을 하는 것으로' 곧 선이다. '힘껏 행하는' 근거는 자기의 내심에 있으며 곧 앞에서 말한 '자기의 몸에 가지고 있는' 것으로 신이다. '옳은 일을 하는' '선'은 '자기의 몸에 가지고 있는' '신'과 함께 충실해져서 상당한 정도에 도달하게 된다. 주희가 말한 '충만하여 쌓이고 꽉 참'인데 이것이 곧 미이다.³

대(大)는 '충실히 하여 광휘가 있다'는 뜻이다. 『맹자』의 '대인'이라는 단어는 모두 세 가지 뜻이 있다. 첫째는 높은 자리에 있는 사람으로 "대인을 유세할 때에는 하찮게 여기고 그 드높음을 보지 말라.(說大人, 則藐之, 勿視其巍巍然)"(14.34) 같은 것이다. 둘째는 덕을 가진 사람으로, "큰 것을 기르는 자는 대인이다(養其大者爲大人)"(11.14) 같은 것이다. 셋째는 덕을 가진 동시에 공업이 있는 사람으로, "오직 대인이라야 군주의 나쁜 마음을 바로잡을 수 있다(惟大人能格君心之非)"(7.20), "충실히 하여 광휘가 있는 것을 일러 대인이라고 한다(充實而有光輝之謂大)"와 같은 것은 곧 이런 상황에 속한다. 주희는 『맹자집주』에서 말하였다. "화순(和順)이 마음에 쌓여 영화가 밖에 드러나, 아름다움이 그 가운데에 있어 사지에 드러나며, 사업에 발로된다면, 덕업이 지극히 성하여 더할 수 없을 것이다." 곧 내심의 덕이 충실할 뿐만 아니라 덕이 남을 비추고 일에 광택이 있으면 이것을 곧 대라고 부른다는 말이다. 미와 대의 구별은 미는 단지 내실을 다지는 데 있으며, 대는 또한 밖으로 드러나는 것도 요구하여 사업으로 발하여 짐에 있다는 것을 알 수 있다. 아래의 두 장은 이 문제를 이해하는 데 도움이 된다.

오직 대인이라야 군주의 나쁜 마음을 바로잡을 수 있다. 군주가 인해지면 (모든 일이) 인하지 않음이 없고, 군주가 의로워지면 (모든 일이) 의롭지 않음이 없고, 군주가 바르게 되면 (모든 일이) 바르지 않음이 없으니,

---

3 학술계에서는 종종 이곳의 미를 심미와 함께 놓고 토론하여 맹자 원래의 뜻을 어겼다. 이 문제는 제8장에서 상세히 토론할 것이다.

한 번 군주의 마음을 바르게 하면 나라가 안정된다.
　惟大人爲能格君心之非. 君仁, 莫不仁; 君義, 莫不義; 君正, 莫不正. 一正君而國定矣.(7.20)

대인인 자가 있으니, 자기 몸을 바르게 하여 남이 바르게 되는 자이다.
　有大人者, 正己而物正者也.(13.19)

국가를 다스림에 있어서 국군의 작용은 다른 사람이 대체할 수 없으며 다만 국군이 인을 이루고, 의를 이루고, 정(正)을 이루기만 하면 천하는 인하지 않음이 없고 의롭지 않음이 없고 바르지 않음이 없다. 이를 일러 "한 번 군주의 마음을 바르게 하면 나라가 안정될 것이다(一正君而國定矣)"라는 것이다. 그러나 국군은 종종 정확하지 못한 사상을 가지고 있는데 이때는 대인에 의지하여 그들의 정확하지 못한 사상을 바로잡아야 한다. "자기 몸을 바르게 하면 남이 바르게 된다(正己而物正)"는 것은 곧 대인이 자신을 바르게 하면 '임금의 마음이 그릇됨을 바로잡을(格君心之非)' 수 있음을 말함이다. 따라서 '국가가 바르게 되고(國定)' 천하가 바르게 된다. 이곳의 대인은 주로 사업으로 발하여지고 남들이 있는 곳에서 빛이 나는 것을 강조한다.

　총괄하여 말하면 선과 신, 미, 그리고 대는 모두 비교적 잘 이해가 되지만 성과 신은 중의가 비교적 많아 이해하기가 비교적 어렵다.
　먼저 성(聖)을 말한다. 주희는 『맹자집주』에서 장재(張載)의 "대인은 억지로 할 수가 있지만, 화는 억지로 할 수 없는 것이니, 익숙히 함에 달려 있을 뿐이다."라는 견해에 의거하여 이 구절을 "대인이면서 능히 화하여 그 큰 것으로 하여금 완전히 부합하게 하여 다시는 볼 만한 자취가 없게 한다면, 생각하지 않고 힘쓰지 않아도 조용히 도에 맞아서 인력으로 할 수 있는 바가 아닌 것이다."라 해석하였다. 이와 달리 조기(趙岐)의 『주(注)』에서는 "그 도를 크게 행하여 천하를 화하게 하는 것이 성인이다."라 하였다. 초순(焦循)은 『맹자정의(孟子正義)』에서 "이를 일러 덕업이 사방으로 비추어져 변통시킬 수 있다는 것이다."라 하였다.

나는 조기와 초순의 견해가 보다 더 정확하다고 본다. 여기에는 두 방면의 근거가 있다. 첫째, 『맹자』에는 '화(化)' 자가 다섯 차례 나타난다. 한 차례는 '죽음'을 가리키고, 그 나머지 네 차례는 또한 "고수가 기쁨을 이룸에 천하가 교화되었다(瞽瞍底豫而天下化)"(7.28), "지나는 곳마다 교화가 되며, 마음에 두고 있으면 신묘해진다(所過者化所存者神)"(13.13), "단비가 변화시키듯이 하는 경우가 있다(有如時雨化之者)"(13.40)이다. 이런 것들은 모두 '화육(化育)'과 '변화'를 가리키며 '화해(化解)'와 '융회(融會)'의 뜻은 전혀 없다. 다음으로 맹자와 공자의 성인에 대한 견해는 완전히 같지는 않다. 공자는 이야기했다. "성인을 내가 만나볼 수 없으면, 군자라도 만나보면 될 것이다.(聖人, 吾不得而見之矣; 得見君子者, 斯可矣)"(『논어』 7.26) 대체로 당시에 공자는 개명한 군주를 찾지 못하여 정치적 이상을 실현할 수 없었기 때문에 성인을 만나지 못하게 되면 군자라도 만나게 되면 괜찮을 것이라고 탄식하였다. 맹자의 심목 중에 성인의 표준은 조금 낮추어야 할 것 같았다. 백이(伯夷)와 이윤(伊尹) 그리고 유하혜(柳下惠)는 비록 각기 도가 다르고 부족함이 있긴 하지만 맹자는 그들은 모두 인도를 행할 수 있어 한 방면의 백성들이 요순의 윤택함을 받게 할 수 있다고 생각했다. 그러므로 모두가 성인으로, "성인 가운데 맑은 자(聖之淸者)", "성인 가운데 자임한 자(聖之任者)", "성인 가운데 화한 자(聖之和者)"(10.1)이다. 이 세 사람에 대한 맹자의 평가는 마치 "대인이면서 저절로 화함을 성인이라 이른다(大而化之之謂聖)"한 견해와 짝 맞춘 듯 부합한다. "대인이면서 저절로 화함을 성인이라 이른다"는 것은 "영달하면 천하를 겸하여 선하게 한다(達則兼善天下)"(13.9)와 관련이 있으며, "군자는 지나는 곳마다 교화가 되며, 마음에 두고 있으면 신묘해진다(君子所過者化, 所存者神)"는 것과 같은 뜻이다. "충실하게 광휘로 표현해내었을 뿐만 아니라 그 덕업이 천하 사방으로 하여금 충분히 변화를 발생하게 할 수 있는데 곧 성인이다"라는 뜻이다.

이제 신(神)을 말해보자. 첫째, 이곳의 신은 신기와 신묘함을 가리키며 신인을 가리키는 것이 아님이 매우 분명하다. 다음은 무엇이 '알 수 없는 것(不可知之)'인가? 하는 것이다. 내가 보기에 이것은 제4장에서 토론한 '행권(行權)'의 문제와 어느 정도 관계가 있다. 맹자에게는 이 방면에 참고할 만한 말이 있다. 순우곤(淳于髡)은 맹자는 삼경(三卿)의 하나로 군주를 도와 천하를 안정시키는 공업을 세우지도 못하고 떠날 생각을 하는데 인인(仁人)은 이렇게 해서는 안 될 것 같다고 생각했다. 맹자가 대답하였다.

> 낮은 지위에 거하여 현명함으로 현명하지 못한 이를 섬기지 않은 자는 백이였고, 다섯 번 탕을 찾아가며 다섯 번 걸을 찾아간 자는 이윤이었으며, 더러운 군주를 싫어하지 않으며, 작은 관직을 사양하지 않은 자는 유하혜였다. 이 세 분은 길은 같지 않았으나, 그 나아감은 똑같았으니, 똑같다는 것은 무엇인가? 인이다. 군자는 또한 인할 뿐이니, 어찌 굳이 같을 것이 있겠는가.
> 居下位, 不以賢事不肖者, 伯夷也; 五就湯, 五就桀者, 伊尹也; 不惡汚君, 不辭小官者, 柳下惠也. 三子者不同道, 其趨一也. 一者何也? 曰, 仁也. 君子亦仁而已矣, 何必同?(12.6)

백이는 현인의 지위로 불초한 사람을 섬기지 않았으며, 이윤은 다섯 번 그곳으로 나아갔다가 다섯 번 그 자리를 떠났으며, 유하혜는 나쁜 군주를 싫어하지 않았고 미천한 관직을 거절하지 않았다. 이 세 사람은 모두 현인과 성인이지만 그들의 행위는 각자 서로 달라 종종 사람들을 이해할 수 없게 만든다. 맹자는 이 세 사람의 구체적인 행위가 다르기는 하지만 전체적인 방향은 마찬가지인데 이는 곧 인이라고 생각했다. 내가 오늘 떠나는 것을 사람들이 이해하지는 못하겠지만 또한 인을 위해서 하는 것이다.

맹자는 또 말하였다.

> 공자가 노나라의 사구가 되었는데, (그 말씀이) 쓰이지 않고, 따라서 제사함에 제사고기가 이르지 않자, 면류관을 벗지 않고 떠났다. 공자를 알지 못하는 자들은 고기 때문에 떠났다고 하고, 공자를 아는 자들은 무례하기 때문이라고 하였다. 그러나 공자는 하찮은 죄를 구실로 삼아 떠나고자 하여, 구차히 떠나려고 하지 않으신 것이다.
>
> 孔子爲魯司寇, 不用, 從而祭, 燔肉不至, 不稅冕而行. 不知者以爲爲肉也, 其知者以爲爲無禮也. 乃孔子則欲以微罪行, 不欲爲苟去.(12.6)

맹자는 한 걸음 더 나아가 공자의 언행을 가지고 자기가 스스로 떠난 것을 변호하였다. 공자는 노나라에서 사구로 있으면서도 중용되지 못하자 구실을 찾아 총총히 떠났다. 사람들 가운데 혹자는 공자가 제육을 다투었기 때문이라 생각하였으며 혹자는 공자가 노나라가 예를 잃은 것 때문이라고도 생각하였지만 누가 공자의 진실한 처음의 마음을 알 수 있겠는가?

다음의 두 말을 이 문제의 결론으로 삼을 수 있다.

> 행하면서도 밝게 알지 못하며, 익히면서도 살피지 못한다. 그러므로 종신토록 행하면서도 그 도를 모르는 자가 많다.

行之而不著焉,習矣而不察焉,終身由之而不知其道者,衆也.(13.5)

군자가 하는 것을 뭇사람들은 진실로 알지 못한다.
君子之所爲,衆人固不識也.(12.6)

한편으로는 서민과 백성은 이렇게 해나갈 줄만 알고 그것이 당연한 것인 줄을 모른 채 습관이 되어 그렇게 되는 까닭을 깊이 알지 못한다. 평생토록 이 길을 걸어가면서도 이것이 무슨 길인지를 이해하지 못하는 것이다. 다른 한편 군자는 마음에 간직하고 본성을 길러 어느 정도 경지에 이른 후에 인을 실천하고 의를 행하는 과정에서 '행권'으로 변화에 응하여 자유자재로 대처하며 각종 상이한 조건에 따라 얼마간 다른 방법을 채택할 것이다. 두 방면을 합하면 군자가 하는 것이 일반인들은 그 까닭을 깊이 알 수 없는 상황임을 조성하게 된다. '알 수 없는 것을 신인이라 이른다'고 한 것이 바로 이런 상황을 가리킨다.

이는 곧 신은 성이 일정한 정도에 도달한 후에 상황의 변화에 근거하여 자기의 행위 방안을 조정할 수 있으며 따라서 여유만만한 경지에 이르러 신과 화의 경지를 드나든다는 것을 의미한다는 설명이다. 이 때문에 신과 성은 본질적으로 같아서 특별한 뜻은 없다. 유가에서는 시종 성인을 이상 인격의 극치로 삼아 다시 별도의 신인을 단독으로 내세우지 않은 것이 분명한 증거이다.

3. 이상적 인격의 전범

순척지변에서 맹자는 이상 인격을 층차별로 배열하였을 뿐만 아니라 시간적으로도 배열하였다. 그는 말하였다.

> 요순부터 탕까지가 5백여 년이니, 우와 고요는 직접 보고 알았고, 탕은 듣고 알았다. 탕부터 문왕까지가 5백여 년이니, 이윤과 내주는 직접 보고 알았고, 문왕은 듣고 알았다. 문왕부터 공자까지가 5백여 년이니, 태공망과 산의생은 직접 보고 알았고, 공자는 듣고 알았다. ……
> 由堯舜至於湯, 五百有餘歲, 若禹皐陶則見而知之; 若湯則聞而知之. 由湯至於文王, 五百有餘歲, 若伊尹萊朱則見而知之; 若文王則聞而知之. 由文王至於孔子, 五百有餘歲, 若太公望散宜生則見而知之; 若孔子則聞而知之. ……(14.38)

여기서는 차례대로 요와 순, 우, 탕, 문왕 그리고 공자를 이야기하여 저명한 도통설의 기원이 되었다. 이런 배열에서 이상적 인격의 전범으로서 맹자 심목 중의 지위를 체현하였다.

순, 우, 탕, 문왕 그리고 공자는 모두 맹자 심목 중의 이상적 인격의 전범으로 모두 내성외왕의 본보기이지만,[4] 구체적으로 분석하면 사람마다 각기 특징이 있다. 본장에서는 편폭의 제한으로 다만 순과 문왕 그리고 공자를 예로 하여 개별 안건으로 분석하여 맹자 심목 중의 이상적 인격의 상황을 이해하는 데 편하게 한다.[5]

---

[4] 웨이정퉁(韋政通)의 「전통 중국 이상 인격의 분석(傳統中國理想人格的分析)」은 이에 대해 상세히 분석한 적이 있는데, 웨이 씨가 지은 『유가와 현대 중국(儒家與現代中國)』, 대만동대도서유한공사(臺灣東大圖書有限公司), 1984년을 보라. 이 글에서는 전체 유가를 배경으로 삼고, 본장에서는 맹자만을 대상으로 하여 토론 각도가 조금 같지 않다.

[5] 종차이쥔(鍾彩鈞)은 이 방면에 유익한 탐구를 하였는데 그의 논문 「맹자 사상의 성현의 전통과의 관계(孟子思想與聖賢傳統的關系)」를 보라. 황쥔졔(黃俊杰)가 주편한 「맹자 사상의 역사적 발전(孟子思想的歷史發展)」, 대만 중앙연구원(中央研究院) 중국문철연구소주비처(中國文哲研究所籌備處), 1995년에 보인다.

맹자가 순을 칭송한 말 가운데는 성선과 관련된 부분이 매우 많다.

    요·순은 성 그대로 하였고, 탕·무는 성을 회복하였다.
    堯舜, 性者也; 湯武, 反之也.(14.33)

    사람이 금수와 다른 것이 얼마 안 되니, 서민[衆人]들은 이것을 버리고, 군자는 이것을 보존한다. 순은 여러 사물의 이치에 밝으시며 인륜을 살폈으니, 인의를 따라 행한 것이며 인의를 행하려고 한 것은 아니었다.
    人之所以異於禽獸者幾希, 庶民去之, 君子存之. 舜明於庶物, 察於人倫, 由仁義行, 非行仁義也.(8.19)

    순임금이 깊은 산중에 거처할 적에 나무와 돌과 함께 거처하시며, 사슴과 멧돼지와 함께 놀아 깊은 산 속의 야인과 다른 것이 별로 없었는데, 한 선언을 듣고 한 선행을 봄에 마치 강하를 터놓은 듯이 패연하여 능히 막을 수가 없었다.
    舜之居深山之中, 與木石居, 與鹿豕游, 其所以異於深山之野人者幾希; 及其聞一善言, 見一善行, 若決江河, 沛然莫之能御也.(13.16)

    대순은 이보다도 더 위대함이 있었으니, 선을 남과 함께 하여 자신을 버리고 남을 따랐으며, 즐겨 남에게서 취하여 선을 하였다. 밭 갈고 곡식을 심으며 질그릇을 굽고 고기를 잡을 때로부터 황제가 됨에 이르기까지 남에게서 취하지 않은 것이 없으셨다. 남에게서 취하여 선을 행함은, 이것은 남이 선을 하도록 도와주는 것이다. 그러므로 군자는 남이 선을 하도록 도와주는 것보다 더 훌륭함이 없는 것이다.

大舜有大焉,善與人同,舍己從人, 樂取於人以爲善. 自耕稼·陶·漁以至爲帝,無非取於人者. 取諸人以爲善, 是與人爲善者也. 故君子莫大乎與人爲善.(3.8)

순이 인덕을 행한 것은 본성에서 나왔으며, 탕과 무가 인덕을 행한 것은 자기의 몸을 되돌아본 것을 거쳐 구하였다. 이는 조금 차이가 있다. 순은 충분히 "죽은 자를 곡하여 슬퍼함이 산 자를 위해서가 아니요, 떳떳한 덕을 지키고 간사하지 않음이 녹을 요구해서가 아니며, 언어를 반드시 미덥게 하는 것이 행실을 바르게 하려고 해서가 아니게(哭死而哀,非爲生者也. 經德不回,非以干祿也. 言語必信,非以正行也)" 할 수 있었다. 그러나 순은 보통 사람과 비교해서 근원적으로 이야기하면 그리 큰 구별이 없다. 사람과 금수의 구별이 다만 그 몇 점 정도뿐이기 때문에 서인을 넘어설 수 있는 것은 "거의 드문" 것을 보존하여 잃어버리지 않을 수 있어서 좋은 말을 듣고 선행을 보면 실천을 용감하게 할 따름이다.

맹자는 또한 종종 순이 대효(大孝)라고 칭찬하였다.

사람들이 어릴 때는 부모를 사모하다가 여색 좋아함을 알면 젊고 예쁜 소녀를 사모하고, 처자를 두면 처자를 사모하고, 벼슬하면 군주를 사모하고, 군주에게 신임을 얻지 못하면 가슴속에 열병이 난다. 대효는 종신토록 부모를 사모한다. 50세까지 부모를 사모한 자를 나는 대순에게서 보았다.

人少, 則慕父母; 知好色, 則慕少艾; 有妻子, 則慕妻子; 仕則慕君, 不得於君則熱中. 大孝終身慕父母. 五十而慕者, 予於大舜見之矣.(9.1)

순임금은 천하를 버림을 보시되 마치 해진 짚신 버리듯이 하여, 몰래 업고 도망하여 바닷가를 따라 거처하면서 종신토록 흔연히 즐거워하면서 천하를 잊었을 것이다.
舜視棄天下猶棄敝蹝也. 竊負而逃, 遵海濱而處, 終身欣然, 樂而忘天下.(13.35)

순의 부모는 순을 잘 대하여주지 않았지만 순은 여전히 부모를 충분히 효경하여 '50세까지 부모를 사모하였으며' 심지어 부친이 범죄를 저질러 천자가 되지 못하였다고 하더라도 부친과 함께 해변으로 도망쳐 쾌활하게 생활하였을 것이다. 맹자는 효의 근본은 곧 인이며 곧 의인데 인의는 내재한 것으로 진정코 효를 행하는 것은 모두 근원이 본심에서 나오는 것이라고 생각하였다. 순이 충분히 큰 효도를 하게 된 것은 바로 순이 성선의 전범이라는 것을 설명한다.

이외에도 맹자는 또한 순을 현신의 대표로 삼았다.

성인은 인륜의 지극함이다. 군주가 되고자 하면 군주의 도리를 다할 것이며, 신하가 되고자 하려면 신하의 도리를 다해야 하니, 두 가지를 모두 요·순을 본받을 뿐이다. 순이 요를 섬기던 것으로 군주를 섬기지 않는다면, 그 군주에게 불경한 자이다.
聖人, 人倫之至也. 欲爲君, 盡君道; 欲爲臣, 盡臣道. 二者皆法堯舜而已矣. 不以舜之所以事堯事君, 不敬其君者也.(7.2)

요는 인군의 전형이고 순은 현신의 전형으로, 신하라면 응당 순이 요를 대한 것처럼 '그 임금에게 공경해야 한다.' 그러나 '그 임금을 공경한다'는 '경(敬)'은 오늘날 말하는 '존경'과는 다르다. 「이루(離婁) 상」에서 "선한 것을 말하여 사심을 막는 것을 경이라 이른다(陳善閉邪謂之敬)"(7.1)라 하였으며 조기의 『주』에서는 이 구절을 "선한 법을 말하여 임금의 사악한 마음을 막는 것이 임금을 공경하는 것이다."라 하였고 주희의 『맹자집주』에서도 이 뜻을 지지하였다. 순처럼 '선한 것을 말하여 사심을 막는 것'이 맹자 심목에서 가장 이상적으로 신하가 임금을 공경하는 도라는 것을 알 수 있다.

맹자가 문왕을 칭찬한 것은 주로 인정 방면에 있다.

> 취해서 연나라 백성들이 기뻐하거든 취하십시오. 옛사람 중에 행하신 분이 있으니, 무왕이 바로 그분입니다.
> 取之而燕民不悅, 則勿取. 古之人有行之者, 文王是也. (2.10)

> 늙어서 아내가 없는 것을 환(홀아비)이라 하고, 늙어서 남편이 없는 것을 과(과부)라 하고, 늙어서 자식이 없는 것을 독(무의탁자)이라 하고, 어려서 부모가 없는 것을 고(고아)라 한다. 이 네 가지는 천하의 곤궁한 백성으로서 하소연할 곳이 없는 자들이다. 문왕은 정사를 펴고 인을 베푸시되 반드시 이 네 사람들을 먼저 하였다.
> 老而無妻曰鰥, 老而無夫曰寡, 老而無子曰獨, 幼而無父曰孤. 此四者, 天下之窮民而無告者. 文王發政施仁, 必先斯四者. (2.5)

> 문왕의 동산이 70평방 리에 꼴 베고 나무하는 자들이 그리로 가며, 꿩을 잡고 토끼를 잡는 자들이 그리로 가서 백성과 함께 하였으니, 백성들이 작다고 여김이 또한 당연하지 않겠는가?
> 文王之囿方七十里, 芻蕘者往焉, 雉兔者往焉, 與民同之. 民以爲小, 不亦宜乎? (2.2)

맹자는 왕도주의를 주장하였으며, 문왕은 이런 이상적인 실례로 맹자가 국군과 왕도와 인정을 논할 때마다 항상 문왕을 예로 들었다. 문왕은 백성과 즐거움을 함께했다 하였고, 문왕은 고아와 늙은이를 잘 봉양했다 하였고, 문왕은 민심을 중시했다고 말하여 문왕을 왕도주의의 전형으로 삼았다. 따라서 맹자는 말하였다. "문왕을 본받으면, 대국은 5년, 소국은 7년이면 반드시 천하에서 정사를 하게 될 것이다.(師文王, 大國五年, 小國七年, 必爲政於天下矣)"(7.7) 맹자의 문왕에 대한 칭송에서는 왕도주의와 인정학설이 구체적이고 생동적으로 발현된다.

맹자의 공자에 대한 칭송은 그가 공자를 자기의 학습 모범으로 삼은 것을 표명한다. 맹자는 공자를 가장 존경하고 중시하였는데, 그의 공자에 대한 중시 정도는 비교의 대상이 없다. 제1장 제4절 '맹자의 사승'에서 우리는 증자와 자사가 맹자에게 중대한 영향을 끼쳤다고 말했지만 이런 영향은 아주 멀리 공자에게까지 올라간다. 『맹자』에는 대놓고 공자의 말을 인용한 것이 26곳에 달하여[6] 증자와 자사를 크게 앞지른다. 맹자가 공자를 칭찬한 말은 특별히 많은데 예를 들자면 다음과 같다. "생민이 있은 이래로 공자 같은 분은 계시지 않았다(自有生民以來, 未有孔子也)"(3.2), "덕으로써 남을 복종시키는 자는 마음속으로 기뻐하여 진실로 복종함이니, 70제자가 공자에게 심복함과 같은 것이다.(以德服人者, 中心悅誠服也, 如七十子之服孔子也)"(3.3) 아울러 공자 제자의 말도 인용하였다. "배우기를 싫어하지 않음은 지(智)요, 가르치기를 게을리하지 않음은 인(仁)이다. 인하고 또 지하시니, 부자는 이미 성인이시다.(學不厭, 智也; 敎不倦, 仁也. 仁且智, 夫子旣聖矣)" "내가 부자를 살펴보건대 요순보다 훨씬 나으시다.(以予觀於夫子, 賢於堯舜遠矣)" "예를 보면 그 (나라의) 정사를 알 수 있고, 음악을 들으면 그 (군주의) 덕

---

6 본서 제1장 제4절을 참고하여 보라.

을 알 수 있으니, 백 세 뒤에 백 세의 왕들 등급을 매겨 보건대 이것을 도피할 자가 없다.(見其禮而知其政, 聞其樂而知其德, 由百世之後, 等百世之王, 莫之能違也)"
"어찌 백성뿐이겠는가. 달리는 짐승 중의 기린과 나는 새 중의 봉황과 언덕·개밋둑 중의 태산과 길바닥에 고인 장마 물 중의 하해와 똑같은 것이며, 일반 백성 중의 성인도 이와 같은 것이다. 종류 중에서 빼어나며, 모인 것에서 높이 솟아났으나 생민이 있은 이래로 공자보다 더 훌륭하신 분은 계시지 않다.(豈惟民哉? 麒麟之於走獸, 鳳凰之於飛鳥, 泰山之於丘垤, 河海之於行潦, 類也, 聖人之於民, 亦類也. 出于其類, 拔乎其萃, 自生民以來, 未有盛於孔子也)"(3.2) "강수와 한수로 씻는 것과 같고 가을볕으로 쬐는 것과 같아서 밝고 깨끗하여 더할 수 없다.(江漢以濯之, 秋陽以暴之, 皓皓乎不可尙已)"(5.4)

많은 칭찬하는 말 가운데 가장 중요한 것은 다음의 세 장이다.

> 백이는 성인 가운데 맑은 자이며, 이윤은 성인 가운데 자임한 자이고, 유하혜는 성인 가운데 화한 자이며, 공자는 성인 가운데 시의적절한 자이다. 공자를 집대성이라 이르니, 집대성이란 금으로 소리를 퍼뜨리고, 옥으로 거두는 것이다. 금으로 소리를 퍼뜨린다는 것은 조리를 시작함이요, 옥으로 거둔다는 것은 조리를 끝냄이니, 조리를 시작하는 것은 지의 일이요, 조리를 끝내는 것은 성의 일이다. 지를 비유하면 공교함이요, 성을 비유하면 힘이니, 백 보의 밖에서 활을 쏘는 것과 같으니, 이르는 것은 너의 힘이지만 과녁에 맞는 것은 너의 힘이 아니다.
> 伯夷, 聖之淸者也; 伊尹, 聖之任者也; 柳下惠, 聖之和者也; 孔子, 聖之時者也. 孔子之謂集大成. 集大成也者, 金聲玉振之也. 金聲也者, 始條理也; 玉振之也者, 終條理也. 始條理者, 智之事也; 終條理者, 聖之事也. 智, 譬則巧也; 聖, 譬則力也. 由射于百步之外也, 其至, 爾力也; 其中, 非爾力也.(10.1)

이는 공자의 덕성을 성찬하였다. 백이와 이윤 그리고 유하혜는 비록 옛 성인이지만 다만 성인 가운데 맑은 자, 성인 가운데 자임한 자, 성인 가운데 화한 자다. 공자는 오히려 그것들을 집대성할 수가 있어서 "벼슬할 만하면 벼슬하고 그만둘 만하면 그만두며, 오래 머무를 만하면 오래 머물고 빨리 떠날 만하면 빨리 떠났으니(可以仕則仕, 可以止則止, 可以久則久, 可以速則速)"(3.2) 성인 가운데 시의적절한 자는 앞의 세 사람과는 까마득히 비길 수가 없다.

 세상이 쇠하고 도가 미약해져서 부정한 학설과 포학한 행동이 일어나 신하가 군주를 죽이는 자가 있었으며, 자식이 아비를 죽이는 자가 있었다. 공자께서 이를 두려워하여 『춘추』를 지으시니, 『춘추』는 천자가 하는 일이다. 이 때문에 공자께서 말씀하시기를 "나를 알아주는 것도 오직 『춘추』이며 나를 죄주는 것도 오직 『춘추』이다." 하셨다.
 世衰道微, 邪說暴行有作, 臣弑其君者有之, 子弑其父者有之. 孔子懼, 作春秋. 春秋, 天子之事也. 是故孔子曰: "知我者其惟春秋乎! 罪我者其惟春秋乎!"(6.9)

이는 공자의 공업을 성찬한 것이다. 원래 공자는 평민이었지만 세상이 쇠하고 도가 미약해져서 부정한 학설과 포학한 행동이 일어난 것을 달갑게 여기지 않아 이에 『춘추』를 지었다. 『춘추』(역사)를 짓는 것은 본래 천자의 일인데 공자가 지었으며 그렇게 한 목적은 세상을 구하고 백성을 구하고자 함이다. 맹자는 공자가 『춘추』를 지은 것을 큰 일로 간주하여 "공자가 『춘추』를 완성하자 난신적자들이 두려워하였다(孔子成春秋而亂臣賊子懼懼)"(6.9)라 생각하고 아울러 이를 우가 치수를 하여 천하가 태평해지고, 주공이 이적을 겸하여 백성이 평안해진 것과 동등하게 보았다.

양주와 묵적의 도가 종식되지 않으면 공자의 도가 드러나지 못할 것이니, 이는 부정한 학설이 백성을 속여 인의의 정도를 꽉 막는 것이다. 인의가 꽉 막히면 짐승을 내몰아 사람을 잡아먹게 하다가 사람들이 장차 서로 잡아먹게 될 것이다. 내가 이 때문에 두려워하여 선성의 도를 보호하여 양·묵을 막으며 부정한 말을 추방하여 부정한 학설이 나오지 못하게 하는 것이다. (부정한 학설은) 그 마음에서 나와 그 일에 해를 끼치며, 일에서 나와 정사에 해를 끼치니, 성인이 다시 나온다 해도 내 말을 바꾸지 않을 것이다.

楊墨之道不息, 孔子之道不著, 是邪說誣民, 充塞仁義也. 仁義充塞, 則率獸食人, 人將相食. 吾爲此懼, 閑先聖之道, 距楊墨, 放淫辭, 邪說者不得作. 作於其心, 害於其事; 作於其事, 害於其政. 聖人復起, 不易語言矣.(6.9)

이는 맹자가 어째서 공자를 배워야 하는가를 말하였다. 공자 후로 세도는 더욱 어지러워지고 사람의 마음은 더욱 파괴되었다. 맹자가 보기에 이는 완전히 양주와 묵적의 말이 천하에 횡행하여 천하를 태평하게 하려면 반드시 양주와 묵적의 말을 막고 공자의 인의와 대도를 창도하여야 한다고 여겼다. 그렇지 않으면 사람의 마음이 바르지 않게 되어 정사가 일어나지 않을 것이며 정사가 일어나지 않으면 왕도가 행하여지지 않을 것이고 왕도가 행하여지지 않으면 천하는 평화로워지기가 어려울 것이다. 이는 곧 맹자가 일생일대에 걸쳐 한 모든 일이 완전히 공자를 모범으로 하였다는 것을 설명한다. 그 학설의 근원은 공자였으며, 그의 역량은 공자로부터 비롯되었다. 그의 믿음과 희망의 근원 또한 공자였다. 이는 곧 그가 말한 "내가 원하는 것은 공자를 배우는 것이다(乃所願, 則學孔子也)"(3.2)라는 것이다.

총괄하여 말하면 순과 문왕, 공자는 모두 이상적 인격의 전범이지만 구체적으로는 각자 치중함이 있다. 곧 순은 주로 성선론의 전범이고, 문왕은 주로 인정의 전범이다. 공자는 곧 맹자 자신이 학습한 전범으로, 『맹자』에서 반복적으로 언급되는 이 세 인물은 그 심층적 도리가 바로 여기에 있다.

4. 이상 인격의 실천

맹자는 이론상으로도 엄격하게 순과 도척을 변별하였을 뿐만 아니라 현실 생활에서도 몸소 역행하여 열심히 이상 인격을 구축하였다. 따라서 그가 이상 인격의 이론을 발전시키게 하는 동시에 스스로 이상 인격의 화신으로 승화하였다. 유가의 이상 인격은 맹자 후에야 진정으로 풍만해지기 시작하였다고 할 수 있다. 이 때문에 맹자의 이상 인격에 대한 실천을 연구하는 것은 확실히 매우 필요하다.

맹자의 이상 인격에 대한 실천은 꽤 많이 표현되었다. 초보적인 분류를 하면 아래와 같은 열 가지가 있다.

1) 인의에 뜻을 둠

이상 인격은 일종의 정신 역량이다. 이 원천은 외부에서 올 수가 없다. 다만 내심에서 오며 내심에서 오는 것은 원래 인의를 갖추고 있다. 사람이 인의에 뜻을 두기만 하면 대사를 이룰 수 있고 대인이 되어 이상 인격을 완벽히 할 수 있다.

왕자점이 물었다. "선비는 무슨 일을 합니까?"

맹자가 말하였다. "뜻을 고상히 한다."

"무엇을 뜻을 고상히 한다고 이릅니까?"

(孟子가) 말하였다. "인의일 뿐이니, 한 사람이라도 죄 없는 사람을 죽임은 인이 아니며, 자기가 가진 것이 아닌데 취하는 것은 의가 아니다. 거하는 것은 어디에 있어야 하는가? 인이 이것이요, 길은 어디에 있어야 하는가? 의가 이것이다. 인에 거하고 의를 따른다면 대인의 일이 갖추어진 것이다."

王子墊問曰: "士何事?"

孟子曰: "尙志."

曰: "何謂尙志?"

曰: "仁義而已矣. 殺一無罪非仁也, 非其有而取之非義也. 居惡在? 仁是也; 路惡在? 義是也. 居仁由義, 大人之事備矣." (13.33)

사는 위대한 사명을 지고 있기 때문에 그들의 지행은 반드시 보통사람보다 높아야 한다. 이것이 이른바 '뜻을 고상히 함(尙志)'이며 '뜻을 고상히 함'은 인의에 따라 일을 행하지 않음이 없으니 이것이 '인의일 따름(仁義而已)'이라는 것이다. 인은 천하의 가장 광대한 거처이며, 의는 천하의 가장 평탄한 대로여서 인의 거처에 거주하고 의의 대로만 걸으며 어떤 불인하고 불의한 일만 하지 않으면 대인이 될 수 있다.

2) 마음을 선을 향하여 둠

인의에 뜻을 두면 선을 향한 내심의 근거가 생겨 시시때때로 선을 향함이 그치지 않으리라는 것을 보장할 수 있다. 다음의 말은 바로 이 도리이다.

문왕을 기다린 뒤에 흥기 하는 자는 일반 백성이니, 호걸의 선비로 말하면 비록 문왕이 없을지라도 오히려 흥기한다.

待文王而後興者, 凡民也. 若夫豪傑之士, 雖無文王猶興.(13.10)

보통 백성도 양심과 선성이 있기는 하지만 환경의 영향을 쉽사리 받는다. 문왕 같은 성인이 나타나기를 기다린 후에 "먼저 깨달은 자로 하여금 나중에 깨달은 자를 깨우치게 하여야(使先覺覺後覺)" 자기의 선성을 유지하여 훌륭한 일을 하도록 분발할 수 있다는 것은 그 때문이다. 이상 인격의 호걸지사는 이와 달리 문왕 같은 성인이 출현하지 않아도 환경의 영향을 받지 않을 수 있으며 물결에 따라 휩쓸리지 않고 자기의 양심과 선성을 유지하여 훌륭한 일을 하도록 분발할 수 있다. 이는 곧 이상 인격은 어떤 상황에서도 자기의 양심과 선성을 유지할 수 있으며 선을 향하는데 마음을 두고 이를 즐겨 지치지 않음을 설명한다.

3) 우환을 항상 간직함

간난신고는 사람에게 일종의 단련이며, 우환은 사람을 분발시켜 훌륭한 일을 하게 할 수 있어 역사상 많은 저명한 인물은 모두 어려운 환경에서 왔다. 들에서 농사일에 종사하던 순은 나중에 천자가 되었다. 흙을 다지며 담을 쌓는 일에 종사했던 부열(傅說)은 나중에 상(相)으로 발탁되었다. 물고기를 잡고 소금 굽는 일에 종사했던 교격(膠鬲)은 은주(殷紂)의 대신으로 천거되었으며, 옥관의 우두머리를 지냈던 관이오(管夷吾)는 제환공(齊桓公)의 상이 되었다. 손숙오(孫叔敖)는 구석진 해변에서 초나라의 영윤으로 천거되었으며 백리해(百里奚)는 포로의 신분에서 팔려 진목공(秦繆公)의 상으로 천거되었다. 맹자는 이런 사실에서 아래와 같은 중요한 결론을 도출해냈다.

그러므로 하늘이 장차 큰 임무를 이 사람에게 내리려 하실 적에는 반드시 먼저 그 심지를 괴롭게 하며, 그 근골을 수고롭게 하며, 그 체부를 굶주리게 하며, 그 몸을 궁핍[빈궁]하게 하여, 행함에 그 하는 바를 분란시키니, 이것은 마음을 분발시키고 성질을 참게 하여, 그 능하지 못한 바를 더하여 주고자 해서이다. 사람은 항상 과실이 있고 난 뒤에 고칠 수 있으니, 마음에 곤하고, 생각에 걸린 뒤에 분발하여, 얼굴빛에 징험되고 음성에 나타난 뒤에 깨닫는 것이다. 들어가면 법도 있는 집안과 보필하는 선비가 없고, 나오면 적국과 외환이 없는 자는 나라가 항상 멸망한다. 그런 뒤에야 사람은 우환 속에서 살고 안락한 데서 죽음을 알 수 있는 것이다.

故天將降大任于是人也, 必先苦其心志, 勞其筋骨, 餓其體膚, 空乏其身, 行拂亂其所爲, 所以動心忍性, 曾益其所不能. 人恒過, 然後能改; 困于心, 衡於慮, 而後作; 徵於色, 發于聲, 而後喩. 入則無法家拂士, 出則無敵國外患者, 國恒亡. 然後知生於憂患而死於安樂也.(12.15)

한 개인에 대하여 이야기하자면 하늘이 그에게 대사를 이루게 하고자 한다면 반드시 그의 심지를 연마하고 그의 근육을 수고롭게 하며 그의 신체를 굶주리게 하고 그의 몸을 곤궁하게 한다. 어떤 행동만 하려고 하면 그를 방해하고 교란하여 이를 가지고 그의 내심을 진동시키고 그의 성격을 강인하게 만들고 그의 능력을 제고시킨다. 한 국가에 대하여 말하자면 안으로 엄격하고 공정하게 법을 집행하는 사람과 간쟁하는 사람이 없고, 밖으로는 맞설 만한 적국과 외환에 대한 근심이 없으면 종종 멸망하기 쉽다. 이로부터 우환은 사람을 생존시키고 안락함은 사람을 죽게 한다는 것을 알 수 있다. 「진심 상」 제18장에서 이야기한 것과 마찬가지 도리이다.

사람 중에 덕의 지혜와 기술의 지혜를 가지고 있는 자는 항상 어려움 속에 있다. 오직 외로운 신하와 서자들은 그 마음을 잡는 것이 위태로우며, 근심을 염려함이 깊기에 통달하는 것이다.
人之有德慧術知者, 恒存乎疾. 獨孤臣孼子, 其操心也危, 其慮患也深, 故達.(13.18)

사람들이 도덕과 지혜, 도술 그리고 지식을 가지고 있는 것은 종종 그들이 재해를 가지고 있기 때문이다. 외로운 신하와 서자들은 그들의 지위가 낮아 어려운 경지에 처해 있고 언제나 조심하고 불안해하기 때문에 통달할 수 있다.

4) 치욕을 중히 여기고 앎

내심에 인의를 가지고 있으면 또한 도덕과 시비의 표준을 갖게 되며, 도덕과 시비의 표준을 가지고 있으면 또한 무엇이 영광이고 무엇이 치욕인지를 알게 된다. 따라서 치욕을 중히 여기고 아는 것은 이상적 인격에 불가결한 내용이다. 「진심 상」 6, 7 두 장에서는 전문적으로 이 문제를 이야기하였다. 맹자는 말했다.

사람은 부끄러움[염치]이 없어서는 안 되니, 부끄러움이 없음을 부끄러워한다면 부끄러움이 없게 될 것이다.
人不可以無恥, 無恥之恥, 無恥矣.(13.6)

사람은 부끄러움이 없을 수 없다. 부끄러움을 부끄럽게 여기지 않는다면 그 사람은 부끄러워하는 마음조차 없다는 것을 설명한다.

부끄러움은 사람에게 클 것이다. 기변의 공교로운 짓을 하는 자는 부끄러움을 쏨이 없다. 부끄러워하지 않음이 남[正常人] 같지 못하다면, 어느 것이 남과 같은 것이 있겠는가?

恥之於人大矣, 爲機變之巧者, 無所用恥焉. 不恥不若人. 何若人有?(13.7)

부끄러워하는 마음은 사람의 삶에 있어서 매우 중요하다. 한 사람이 다른 사람이 부끄러워하는 것을 따라가지 못한다면 앞으로 나아갈 동력이 없게 될 것이다. 당연히 다른 사람을 영영 따라가지 못하여 다른 사람의 뒤에 처져 있을 것이다.

5) 향원을 배제함

『맹자』 끝에서 두 번째 장에서 만장(萬章)이 맹자에게 향원(鄕愿)이 무엇인가 묻는데 맹자는 이렇게 대답한다.

"어찌하여 이처럼 말과 뜻이 커서 말은 행실을 돌아보지 않으며, 행실은 말을 돌아보지 않고 말하기를 '옛사람이여, 옛사람이여!' 하며, 행실을 어찌하여 이처럼 외롭고 쓸쓸하게 하는고. 이 세상에 태어났으면 이 세상을 위하여 남들이 선하다고 하면 이것으로 가하다." 하여서, 엄연히 세상에 아첨하는 자가 향원이다.

"何以是嘐嘐也? 言不顧行, 行不顧言, 則曰, 古之人, 古之人. 行何爲踽踽涼涼? 生斯世也, 爲斯世也, 善斯可矣." 閹然媚於世也者, 是鄕原也.(14.37)

향원은 분방하고 대범한 사람에게 만족하지 못하고 하필이면 이렇게 뜻이 크고 기가 높아야 하는가? 하면서 걸핏하면 옛사람, 옛사람이라 하면서 실제로는 언어와 행위가 서로 부합할 수 없다. 이런 사람은 견개(狷介)한 사람에게 또한 만족하지 못하여 왜 도도하게 남과 잘 어울리지 못하느냐고 말한다. 이 세상에 태어나 이 세계를 위해 일을 하면서 그럭저럭 잘 살기만 하면 된다. '엄연히 세상에 아첨하는 자가 향원이다.' 이는 곧 향원의 핵심을 찌른 것이다. 비천하게 세상 사람들에게 아첨이나 하는 그런 사람이 곧 향원이다. 만장이 이에 대해 아직도 완전히 이해하지 못하는 것 같아 계속 묻기를 온 향리에서 모두 이런 사람이 좋다고 하는데 공자는 오히려 이런 사람은 덕행에 해를 끼치는 자라고 비판하였으니 이는 어째서인가? 맹자는 이렇게 해석하였다.

> 비난하려 하여도 들 것이 없으며, 풍자하려 하여도 풍자할 것이 없어서, 유속과 동화하며 더러운 세상에 영합하여, 거함에 충신과 같으며 행함에 청렴결백과 같아서, 여러 사람이 다 좋아하거든, 스스로 옳다 여기되 요순의 도에 들어갈 수 없다. 그러므로 '덕의 적'이라고 한 것이다.
>
> 非之無擧也, 刺之無刺也, 同乎流俗, 合乎世, 居之似忠信, 行之似廉潔, 衆皆悅之, 自以爲是, 而不可與入堯舜之道, 故曰 "德之賊" 也.(14.37)

향원 같은 사람은 그들을 질책하지만 결점을 들 수 없다. 그들을 매도하지만 구실을 찾아내지 못하고 세속에 섞이어 탁한 세상과 영합하여 사람을 위하여 충성하고 신의를 지키는 것 같다. 일에 처하여 반듯하고 청렴결백한 것 같아 스스로 정확하다고 느낀다. 도처에서 사람들이 마음에 들어 하지만 그들과는 요순의 도에 깊이 들어갈 수 없기 때문에 덕행에 해를 끼치는 사람이다. 이로부터 이른바 향원은 곧 매끄럽고 영롱하며 가는 곳마다 비위를 맞추어 골기가 없고 원칙이 결핍되어 있으며 비천하게 세인들에게 아첨이나 하는 부류의 사람임을 알 수 있다. 명명백백하게 이런 사람은 공맹의 심목에서 당연히 다만 '덕의 적'일 뿐이어서 이상적인 인격을 기르려면 반드시 향원을 배제하여야 한다.

6) 지향이 큼

이상의 것들을 잘하기만 하면 곧 도덕을 이루지만 근근이 이와 같을 뿐 여전히 사회의 질서를 잃은 상태를 바로 잡을 수 없다. 진정 도덕이 있는 사람들은 이런 데 만족할 수 없으며 반드시 큰 지향을 가지고 사회발전에 자기의 공헌을 해야 한다. 맹자는 곧 이렇게 하였다. 그는 말하였다. "만일 천하를 다스리고자 하신다면, 지금 세상에 나를 버리고 그 누가 하겠는가?(如欲平治天下, 當今之世, 舍我其誰也?)"(4.13) 맹자는 사회발전은 한번 어지러워지고 한번 잘 다스려지는 것으로 그 주기는 대략 500년이며, 이 기간에는 반드시 대인이 나타나는데 대인이 나타남에 따라 천하 또한 어지러움에서 다스려진다고 생각하였다. 그러나 안타깝게도 주의 건국 초기부터 맹자까지는 이미 700여 년이 되었는데도 성인이 아직 나타나지 않았고 천하는 여전히 태평하게 다스려지지 않았으니 이는 아마 하늘이 무심해서인 것 같다. 하늘이 정말로 천하를 태평하게 다스리려 했다면 지금 세상에 나 맹가야말로 최고의 선택이다. 이런 기백과 이런 지향은 이상적 인격의 필연적인 요구이다. 이런 의의에서 맹자는 탄식을 하지 않을 수 없었다.

순도 사람이며 나 또한 사람인데, 순은 천하에 모범이 되어서 후세에 전할 만한데도, 나는 아직도 향인을 면치 못하였으니, 이는 근심할 만한 일이다. 근심하면 어찌하겠는가. 순과 같이 할 뿐이다.

舜, 人也; 我, 亦人也. 舜爲法於天下, 可傳於後世, 我由未免爲鄕人

也, 是則可憂也. 憂之如何? 如舜而已矣.(8.28)

순은 천하의 모범이 되었고 명성이 후대까지 전하여졌으나 나 맹가는 여전히 보통 사람이니 이거야말로 내가 근심하는 것이다. 이런 근심은 바로 맹자의 지향이 크다는 표현이다.

7) 도로 출사함

당시의 상황에서 사인은 출사하여 관리가 되어 개명한 군주에 기대어야만 왕도정치의 이상을 실현할 수 있기에 유가에서는 세상에 은거하는 것을 주장한 적이 없다. 공자 맹자도 출사하여 관리가 되는 희망을 버리지 않았다. 맹자는 주소(周霄)와의 대화에서 이 문제를 상세히 이야기하였다.

주소가 물었다. "옛 군자는 벼슬을 하였습니까?"
맹자께서 대답하였다. "벼슬을 하였다. 『전』에 이르기를 '공자께서는 3개월 동안 섬길 군주가 없으면 황황한 듯이 하여 국경을 나갈 적에 반드시 폐백을 싣고 갔다.' 하였고, 공명의는 말하기를 '옛사람은 3개월 동안 군주가 없으면 위문했다.' 하였다."
"3개월 동안 군주가 없으면 위문하는 것은 너무 급하지 않습니까?"
말하였다. "사가 지위를 잃음은 제후가 나라를 잃은 것과 같다. 예에 이르기를 '제후가 밭을 갈면 백성들이 도와서 자성을 바치고, 부인은 누에를 치고 실을 자아서 의복을 만든다. 희생이 이루어지지 못하며 자성이 정결하지 못하며 의복을 갖추지 못하면 감히 제사 지내지 못하고, 사가 제전이 없어도 제사를 지내지 못한다.' 하였다. 생살과 기명과 의복이 갖추어지지 못하여 감히 제사를 지내지 못하면 감히 잔치를 하지 못하나니, 또한 위문할 만하지 않은가?"

周霄問曰:"古之君子乎?"

孟子曰:"仕. 傳曰:'孔子三月無君, 則皇皇如也, 出疆必載質.' 公明儀曰:'古之人三月無君, 則弔.'"

"三月無君則弔, 不以急乎?"

曰:"士之失位也, 猶諸侯之失國家也. 禮曰:'諸侯耕助, 以供粢盛;夫人蠶繅, 以爲衣服. 犧牲不成, 粢盛不潔, 衣服不備, 不敢以祭. 惟士無田, 則亦不祭.' 牲殺·器皿·衣服不備, 不敢以祭, 則不敢以宴, 亦不足弔乎?"(6.3)

맹자는 사인이 관직을 잃는 것은 제후가 국가를 잃는 것과 같다고 생각했다. 제후는 나라를 잃으면 타국을 유망(流亡)할 수 있을 뿐이며, 사인은 관직을 잃으면 또한 자기의 정치적 포부를 실현할 길이 없다. 따라서 맹자는 사인은 출사를 해야 한다는 것을 긍정적 시각으로 보았으며, 아울러 공자를 예로 들어 공자는 석 달 동안 임금에게 임용되지 않으면 매우 조급해하였다고 하였다. 그러나 사인의 출사는 반드시 예에 합당하여야 하며 함부로 하면 안 된다고 하면서 맹자는 예를 들어 말하였다.

장부가 태어나면 그를 위하여 실[아내]이 있기를 원하며, 여자가 태어나면 그를 위하여 시가가 있기를 원하는 것은 부모의 마음이어서 사람마다 다 갖고 있지만, 부모의 명령과 중매쟁이의 말을 기다리지 않고, 구멍을 뚫고 서로 엿보며 담을 넘어 서로 따라다니면 부모와 국인들이 모두 천하게 여기는 것이다. 옛사람들이 일찍이 벼슬을 하고자 하지 않은 것은 아니었으나 또한 도를 따르지 않는 것을 미워하였으니, 도를 따르지 않고 찾아가는 것은 구멍을 뚫고 만나는 것과 같은 것이다.

丈夫生而願爲之有室, 女子生而願爲之家; 父母之心, 人皆有之. 不待父母之命, 媒妁之言, 鑽穴隙相窺, 踰墻相從, 則父母國人皆賤之. 古之人未嘗不欲仕也, 又惡不由其道. 不由其道而往者, 與鑽穴隙之類也.(63)

사인이 출사하여 벼슬하기를 바라는 것은 남자아이가 아내를 갖기를 바라고 여자아이가 시집가기를 바라는 것과 같아 매우 정상적이다. 그러나 사인의 출사는 반드시 예의에 맞아야 하며 그렇지 않으면 남녀 사이에 부모의 명과 중매쟁이의 말을 거치지 않고 멋대로 문을 부수고 서로 바라보거나 담장을 기어올라 몰래 만나는 것과 마찬가지여서 반드시 남들의 멸시와 비웃음을 당하게 된다.

당연히 맹자는 절대로 사인이 이따금 곤궁함 때문에 출사해야 할 가능성을 배제하지 않았지만 이럴 경우 사인은 고관대작을 거절해야 하며 작은 관직만 맡아 박봉을 도모해야 할 따름이라고 하였다. 그는 말하였다.

벼슬을 함은 가난 때문이 아니지만, 때로는 가난 때문인 경우가 있으며, 아내를 얻음은 봉양 때문이 아니지만, 때로는 봉양 때문인 수가 있다. 가난을 위해서 비슬하는 자는 높은 자리를 사양하고 낮은 자리에 처하며, (祿俸이) 많은 것을 사양하고 적은 데에 처해야 한다. 높은 자리를 사양하고 낮은 자리에 처하며, 녹봉이 많은 것을 사양하고 적음에 처함은 어떻게 하여야 마땅한가? 관문을 안고 딱따기를 치는 일이다. 공자께서 일찍이 위리가 되셔서는 말씀하시기를 "회계를 마땅하게 할 뿐이다." 하였고, 일찍이 승전이 되셔서는 "소와 양을 잘 키울 뿐이다." 하였다. 지위가 낮으면서 말을 높게 하는 것이 죄요, 남의 본조[조정]에 서 있으면서 도가 행해지지 않음이 부끄러운 일이다.

仕非爲貧也, 而有時爲貧; 娶妻非爲養也, 而有時爲養. 爲貧者, 辭尊居卑, 辭富居貧. 辭尊居卑, 辭富居貧, 惡乎宜乎? 抱關擊柝. 孔子嘗爲委吏矣, 曰, "會計當而已矣." 嘗爲乘田矣, 曰, "牛羊茁壯長而已矣." 位卑而言高, 罪也; 立乎人之本朝, 而道不行, 恥也.(10.5)

이는 이상적 인격의 출사는 반드시 도를 행함을 최고의 지향으로 삼아야 하며 봉록이 목적이 되어서는 안 된다는 것을 설명한다. 요직을 차지하고 고액의 봉록을 받으면서도 자기의 정치적 주장대로 일을 처리하여 왕도정치의 이상을 실현하지 못한다면 이는 치욕이며 또한 '그 도를 말미암지 않은' 일종의 표현이다.

8) 지기가 호연함

대장부는 호연지기를 가져야 한다. 호연지기는 무엇인가? 맹자는 자신도 명백히 말하기가 어렵다고 하였다.

> 말하기 어렵다. 그 기가 지극히 크고 지극히 강하니, 정직함으로써 잘 기르고 해침이 없으면, (이 浩然之氣가) 천지의 사이에 꽉 차게 된다. 그 기가 의와 도에 배합되니, 이것이 없으면 굶주리게 된다. 이(浩然之氣)는 의리가 모여서 생겨나는 것이다. 의가 하루아침에 갑자기 엄습하여 취해지는 것은 아니니, 행하고서 마음에 부족하게 여기는 바가 있으면 (浩然之氣가) 굶주리게 된다.
>
> 難言也. 其爲氣也, 至大至剛, 以直養而無害, 則塞于天地之間. 其爲氣也, 配義與道; 無是, 餒也. 是集義所生者, 非義襲而取之也. 行有不慊於心, 則餒矣.(3.2)

본장의 분석에 따르면 호연지기는 주로 세 방면의 내용을 포괄하고 있다. 첫째, 성질 면에서 말한 것으로 호연지기는 '의와 도'와 서로 배합된다.

'의와 도'는 사람의 정신 범위에 속하기 때문에 호연지기는 사람의 정신 역량과 정신 상태로 정기 따위의 물질범주에 속하지 않는다. 둘째, 역량 면에서 말한 것으로 호연지기는 가장 위대하고 가장 굳세고 강하다. 사람이 일단 호연지기를 가지게 되면 천지의 사이에 설 수 있다. 셋째, 배양이라는 면에서 말한 것이다. 호연지기는 정직함으로 배양해야 하며 손해를 끼쳐서는 안 되어 일단 일을 하였는데 마음속에 부끄러운 일이 생긴다면 약해진다. 이런 배양은 일상적인 누적으로 말미암아 생겨나는 것이다. 우연한 정의의 행위로 가질 수 있는 것이 아니며 오랜 세월에 걸쳐 쌓인 곳에서 온 것이기 때문에 하루 아침저녁의 충동으로 생겨날 수 없다.

9) 남의 세력을 잊음

맹자는 이상적인 인격이란 군주를 대하여서도 절대로 몸을 낮추고 무릎을 꿇으며 남보다 등급을 낮추어서는 안 된다고 생각했다. 다음의 두 말은 매우 유명하다.

> 대인을 유세할 때에는 하찮게 여기고 그 드높음을 보지 말지어다. 당의 높이가 몇 길 되는 것과 서까래 머리가 몇 자 되는 것을 나는 뜻을 얻더라도 하지 않으며, 밥상 앞에 음식이 한 길이 차려지고 시첩이 수백 명인 것을 나는 뜻을 얻더라도 하지 않으며, 즐기고 술을 마시며, 말을 달리고 사냥하며, 뒤에 따르는 수레가 천 대인 것을 나는 뜻을 얻더라도 하지 않을 것이니, 저에게 있는 것은 모두 내가 하지 않는 바요, 나에게 있는 것은 모두 옛 법이니, 내 어찌 저들을 두려워하겠는가?
>
> 說大人, 則藐之, 勿視其巍巍然. 堂高數仞, 榱題數尺, 我得志, 弗爲也. 食前方丈, 侍妾數百人, 我得志, 弗爲也. 般樂飲酒, 驅騁田獵, 後車千乘, 我得志, 弗爲也. 在彼者, 皆我所不爲也; 在我者, 皆古之制也, 吾

何畏彼哉?(14.34)

　옛날 현명한 군왕들은 선을 좋아하고 세력을 잊었으니, 옛 현사가 어찌 홀로 그렇지 않았겠는가. 그 도를 즐거워하고 남의 세력을 잊었기 때문에 왕공이 경을 지극히 하고 예를 다하지 않으면, 자주 그를 만나지 못하였다. 만나보는 것도 오히려 자주 할 수 없는데, 하물며 그를 얻어서 신하로 삼음이겠는가!

　古之賢王好善而忘勢; 古之賢士何獨不然? 樂其道而忘人之勢, 故王公不致敬盡禮, 則不得亟見之. 見且不由得亟, 而況得而臣之乎?(13.8)

　이 두 말은 의미심장하여 충분히 연구할 가치가 있다. 제후들에게 진언할 때는 그들을 얕보고 그들의 기세등등한 모습에 개의치 않아야 한다. 어째서인가? 맹자는 두 방면에서 비교하였다. 한 방면은 '저에게 있는' '몇 길 높이의 대청과 몇 자나 되는 서까래머리', '한 길이나 차려진 밥상과 수백 명이나 되는 시첩', '즐기고 술을 마시며, 말을 달리고 사냥하며, 뒤에 따르는 수레가 천 대나 되는' 이런 것들은 비록 기품이 호화롭기는 하지만 결코 내가 궁극적으로 추구하는 가치가 아니기 때문에 '나는 뜻을 얻더라도 하지 않는다.' 다른 방면은 '나에게 있는 것은 모두 옛 법도이다.' 이른바 '옛 법(古之制)'은 곧 '선왕의 법'이니 왕도와 인정의 위대한 이상이다. 이런 위대한 역량을 갖추면 사람들은 '왕자의 스승(王者師)'이 될 수 있으며, 정신이 충실해져 외물에 흔들리지 않을 수 있으며 왕공이 예를 공경히 할 수 없으면 여러 차례 만날 수 없다. 따라서 두 방면을 서로 비교해보면 '나에게 있는 것'이 보다 중요하고 보다 귀중하기 때문에 '내가 왜 저를 두려워할' 수 있는가 하는 것이 있어야 남의 기세를 잊는 기백을 갖게 된다.

　실제 생활에서 맹자는 열심히 자기 이상 인격의 이론을 실천하여 후인들이 남의 기세를 잇는 모범을 세웠다. 이 방면의 예는 일일이 다 들 수가 없으며 아래에 비교적 대표적인 두 가지를 든다.

> 왕의 신하 가운데 그 처자를 친구에게 맡기고 초나라에 가서 놀던 자가 있었는데, 돌아올 무렵에 친구가 그 처자를 얼고 굶주리게 하였다면 그를 어떻게 하시겠습니까?"
> 왕이 말하였다. "버리겠습니다."
> 말하였다. "사사가 사를 다스리지 못하면 그것을 어떻게 하시겠습니까?"
> 왕이 말하였다. "그만두게 하겠습니다."
> 말하였다. "사경의 안이 다스려지지 않으면 그것을 어찌 하시겠습니까?"
> 이에 왕이 좌우를 돌아보고 딴전을 피웠다.
> 孟子謂齊宣王曰: "王之臣有托其妻子于其友而之楚遊者, 比其反也, 則凍餒其妻子, 則如之何?" 王曰: "棄之."
> 曰: "士師不能治士, 則如之何?"
> 王曰: "已之."
> 曰: "四境之內不治, 則如之何?"
> 王顧左右而言他. (2.6)

맹자는 제선왕이 인정을 시행하도록 권유하기 위하여 먼저 바깥에서부터 착수하여 잇달아 세 질문을 설정하여 한 발짝씩 압박해 들어갔다. 첫 번째 질문은 어떤 사람이 약속을 이행할 수가 없어 친구의 처자식을 굶기고 추위에 떨게 한다면 어떻게 할 것인가? 하는 것이었다. 두 번째 질문은 형벌을 관장하는 장관이 부하들을 관리할 수 없다면 어떻게 할 것인가? 하는 것이었다. 세 번째 질문은 나라의 정치가 제대로 되지 못하면 어떻게 될 것인가? 하는 것이었다. 문제가 이렇게 첨예해지자 상대방을 궁지로 몰아넣어 제선왕은 대답을 할 수 없었고 좌우를 돌아보며 다른 말만 주워섬길 수 있을 뿐이었다.

　　맹자께서 장차 왕에게 조회하려고 하셨는데, 왕이 사람을 시켜 보내와 말씀하기를 "과인이 나아가 뵈려고 하였는데, 한질[감기]이 있어서 바람을 쐴 수 없습니다. 아침에 조회를 보려는데, 알지 못하겠습니다. 과인으로 하여금 장차 뵙게 할 수 있을는지요?"
　　(맹자가) 대답하였다. "불행히도 병이 있어서 조회에 나갈 수 없습니다."
　　다음 날 밖으로 나가 동곽 씨에게 조문하려 하시니, 공손추가 말하였다. "어제 병으로 사양하시고 오늘 조문함이 어쩌면 불가할 듯합니다."
맹자께서 말씀하였다. "어제 병이 오늘 나았으니, 어찌 조문하지 않겠는가?"
　　왕이 사람을 시켜 문병하고 의원이 왔다.
　　맹중자가 대답하였다. "어제에 왕명이 계셨으나 채신의 우환[병]이 있어 조회에 나가지 못하시더니, 오늘 병이 조금 나으셨으므로 조정에 달려나가셨습니다. 제가 알지 못하겠습니다. 잘 도착하셨는지요?"
　　몇 사람으로 하여금 길목에서 지키게 하다가 "반드시 돌아오지 말고 조정에 나아가소서." 하였다.
　　부득이 경추 씨에게 가서 유숙하였다.

　　孟子將朝王, 王使人來曰: "寡人如就見者也, 有寒疾, 不可以風. 朝, 將視朝, 不識可使寡人得見乎?"
　　對曰: "不幸而有疾, 不能造朝."
　　明日, 出弔於東郭氏. 公孫丑曰: "昔者辭以病, 今日弔, 或者不可乎?"
　　曰: "昔者疾, 今日愈, 如之何不弔?"
　　王使人問疾, 醫來.

孟仲子對曰:"昔者有王命, 有采薪之憂, 不能造朝. 今病小愈, 趨造
於朝, 我不識能至否乎?"

使數人要於路, 曰: "請必無歸, 而造於朝!"

不得已而之景丑氏宿焉.(4.2)

이 예는 매우 강한 희극적 색채를 띠고 있다. 맹자가 제선왕을 조현할 준비를 하는데 제선왕이 사람을 보내어 전하여 말하기를 원래는 맹자를 봐야 하지만 공교롭게도 병이 나서 올 수가 없으니 맹자가 와서 조현을 할 수 있으면 조정에서 업무를 볼 때 맹자를 만날 수 있다고 하였다. 맹자는 불쾌해져 자신도 병이 나서 조현할 수 없다고 했지만 이튿날 다른 사람의 집에 조문하러 갔다. 제선왕이 사람을 보내와 맹자의 병세를 물었다. 맹자가 보이지 않아 제자들은 맹자의 병이 이제 막 조금 나아 조정으로 갔다고 둘러대면서 다만 도착을 하였는지는 모르겠다고 했다. 한편으로는 맹자가 돌아오는 길로 사람을 보내어 맹자를 막으면서 어떠한 경우라도 돌아올 수 없으며 빨리 조정으로 향하도록 하였다. 맹자는 방법이 없어 다른 사람의 집으로 몸을 피하여 유숙하는 수밖에 없었다. 제자들은 제선왕이 맹자를 매우 존경하기는 하지만 맹자는 제선왕을 존경하는 것을 보지 못하여 맹자의 방법을 이해하지 못하였다고 생각하였다. 맹자는 그렇게 생각하지 않고 증자의 말을 인용하여 말하였다. "진나라와 초나라의 부유함은 내 미칠 수 없겠지만, 저들이 그 부를 가지고 나를 대하면 나는 내 인으로써 대하며, 저들이 그 관작을 가지고 대하면 나는 내 의를 가지고 대할 것이니, 내 어찌 부족할 것이 있겠는가?(晉楚之富, 不可及也; 彼以其富, 我以吾仁; 彼以其爵, 我以吾義, 吾何慊乎哉?)" 제선왕은 부를 가지고 있고 작위를 가지고 있으며, 나는 인을 가지고 있고 의를 가지고 있으니 나는 절대로 그보다 낮지 않다. 맹자는 또 지적하였다. "천하에 다 같이 높이는 것이 세 가지가 있다. 관작이 하나요, 나이가 하나요, 덕이 하나이다. 조정에는 관작만 한 것이 없고, 향당에는 연치만 한 것이 없고, 세상을 돕고 백성을 자라게 하는 데는 덕만 한 것이 없으니, 어찌 그 한 가지를 가지고서 둘을 가진 사람을 함부로 대할 수 있겠는가?(天下有達尊三: 爵一, 齒一, 德一. 朝廷莫如爵, 鄕黨莫如齒, 輔世長民莫如德. 惡得有其一以慢其二哉?)"(4.2) 제선왕이 가진 것이라고는 작위뿐이지만 나는 나이와 덕을 가지고 있으니 제선왕은 작위를 믿고 나의 연치와 도덕을 경시할 수 없다. 제선왕이 정말로 훌륭한 일을 하려면 탕이 이윤을 대하고 환공이 관중(管仲)을 대한 것처럼 "배운 뒤에 그를 신하로 삼아야(學焉而後臣之)" 하는데 어떻게 제멋대로 거드름을 피울 수 있는가?

이상은 맹자가 남의 기세를 잊은 많은 사례 중 두 가지일 뿐이다. 나머지는 제선왕과 대화하면서 "군주에게 큰 잘못이 있으면 간하고, 반복하여도 듣지 않으면 군주의 자리를 바꾼다.(君有大過則諫, 反覆之而不聽, 則易位)"(10.9) 같은 것과, 제선왕의 총신 왕환(王驩)과의 접촉 과정에서 그와 말하기를 달가워하지 않은 것(4.6, 8.27) 같은 것이 모두 좋은 예인데 다 인용할 수 없다.

10) 곤궁하고 영달함에 따라 변하지 않음

왕도주의를 실현하는 것은 맹자의 숭고한 이상이지만 이런 이상을 실현할 수 있고 없음은 여러 가지 조건의 제한을 받게 되어 완전히 자기에게서 결정되지 않는다. 실현을 할 수 있다면 좋겠지만 실현할 수 없다면 어떻게 하겠는가? 이 때문에 정확히 곤궁과 영달을 대하는 것은 이상적 인격이 반드시 대면해야 하는 문제가 되었다. 맹자의 이 문제에 대한 견해는 간단히 말하여 곧 곤궁하고 영달함에 따라 변하지 않는 것이다.

맹자가 송구천에게 일렀다. "그대는 유세하기를 좋아하는가? 내 그대에게 유세하는 것을 말해주겠다. 남이 알아주더라도 효효하며, 남이 알아주지 못하더라도 또한 효효하여야 한다."

"어떠하여야 효효하다고 할 수 있습니까?"

대답하셨다. "덕을 높이고 의를 즐거워하면 효효할 수 있다. 그러므로 선비는 궁하여도 의를 잃지 않으며, 영달하여도 도를 떠나지 않는 것이다. 궁하여도 의를 잃지 않기 때문에 사가 자신(의 지조)을 지키며, 영달하여도 도를 떠나지 않기 때문에 백성들이 실망하지 않는 것이다. 옛사람들은 뜻을 얻으면 은택이 백성에게 가해지고, 뜻을 얻지 못하면 몸을 닦아 세상에 드러나니, 궁하면 그 몸을 홀로 선하게 하고, 영달하면 천하를 겸하여 선하게 하는 것이다."

孟子謂宋句踐曰: "子好遊乎? 吾語子遊. 人知之, 亦囂囂; 人不知, 亦囂囂."

曰: "何如斯可以囂囂矣?"

曰: "尊德樂義, 則可以囂囂矣. 故士窮不失義, 達不離道. 窮不失義, 故士得己焉; 達不離道, 故民不失望焉. 古之人, 得志, 澤加於民; 不得志, 修身見於世. 窮則獨善其身, 達則兼善天下." (13.9)

송구천은 성명이 다른 고적에는 보이지 않아 자세한 사정은 고찰할 수 없지만 상하의 문맥으로 볼 때 종횡가에 속하는 것 같다. 당시에는 유세를 통하여 직위를 얻는 사인이 매우 많았는데 종횡가는 그 가운데 하나이다. 맹자는 유세가 도를 행하는 것을 목적으로 삼아 덕을 높이고 의를 즐겨야 곤궁하여도 의를 잃지 않고 현달하여도 이를 떠나지 않을 수 있다고 생각하였다. 곤궁하여도 의를 잃지 않기 때문에 사인은 자득함을 귀하게 여기고, 현달하여도 도를 떠나지 않으면 백성이 실망하지 않는다. '궁하면 그 몸을 홀로 선하게 하고, 영달하면 천하를 겸하여 선하게 하는 것'이야 말로 이상적 인격이 이를 대하는 태도이다.

이상의 열 조목은 간단히 말하여 대장부의 정신을 가지고 개괄한 것이다.

경춘이 말하였다. "공손연과 장의는 어찌 진실로 대장부가 아니겠습니까? 한번 노함에 제후들이 두려워하고, 편안히 거함에 천하가 잠잠합니다."

맹자가 말하였다. "이 어찌 대장부라 할 수 있겠는가. 그대는 예를 배우지 않았는가? 장부(男子)가 관례를 올릴 때 아버지가 명하고, 여자가 시집갈 때 어머니가 명하나니, 시집감에 문에서 전송할 적에 경계하기를 '네 집에 가서 반드시 공경하고 반드시 경계하여 남편을 어기지 말라.' 하니, 순종함을 정도로 삼는 것은 아녀자의 도이다. 천하의 넓은 집[仁]에 거처하며, 천하의 바른 자리[禮]에 서며, 천하의 대도[義]를 행하여, 뜻을 얻으면 백성과 함께 도를 행하고, 뜻을 얻지 못하면 홀로 그 도를 행하여, 부귀가 마음을 방탕하게 하지 못하며, 빈천이 절개를 옮겨 놓지 못하며, 위무가 지조를 굽히게 할 수 없는 것, 이를 대장부라 이르는 것이다."

景春曰: "公孫衍·張儀豈不誠大丈夫哉? 一怒而諸侯懼, 安居而天下熄."

孟子曰: "是焉得爲大丈夫乎? 子未學禮乎? 丈夫之冠也, 父命之; 女子之嫁也, 母命之, 往送之門, 戒之曰: '往之女家, 必敬必戒, 無違夫子!' 以順爲正者, 妾婦之道也. 居天下之廣居, 立天下之正位, 行天下之大道; 得志, 與民由之; 不得志, 獨行其道. 富貴不能淫, 貧賤不能移, 威武不能屈, 此之謂大丈夫." (6.2)

어떤 사람을 대장부로 일컫는가에 관하여서는 맹자 때 견해가 서로 달랐다. 경춘은 공손연과 장의 같은 사람은 충분히 이 칭호를 붙일 수 있다고 생각하였다. 그들은 요직에 있으면서 다섯 나라 재상의 인장을 차고 노기를 띠면 제후들이 두려워하고 천하를 태평하게 안정시킬 수 있었기 때문이다. 그러나 맹자는 이렇게 보지 않았다. 그는 공손연과 장의 같은 무리는 다만 군주의 의지에 순종하고 군주의 욕망을 만족시킬 뿐이었다. "반드시 공경하고 반드시 경계하여 남편을 어기지 말라"는 시집을 따르는 여자와 다름이 없고, 행하는 것은 "순종을 정도로 삼는" "아녀자의 도"이기 때문에 근본적으로 무슨 대장부가 아니라고 생각하였다. 천하의 가장 넓은 곳에 거주하고 천하의 가장 정확한 위치에 서서 천하의 가장 넓은 대로를 달려 지향을 실현하여 민중과 함께 나아갈 수 있다. 지향을 실현시킬 수 없으면 홀로 자기의 원칙을 시행하여 부귀가 그를 유혹할 방법이 없고 빈천이 그를 동요시킬 방법이 없고 위무(威武)가 그를 굴복시킬 수 없는 것이야말로 진정한 대장부이다. 이는 경춘을 비판한 것일 뿐만 아니라 또한 맹자가 스스로를 면려한 것으로 간주할 수 있다. 맹자의 일생을 살펴보면 대장부의 정신으로 맹자의 인격을 일컬은 것은 실로 더할 나위 없이 적절하다.

맹자의 이상적인 인격의 실천은 맹자의 순척지변에서 사람의 폐부를 가장 감동시키고 사람의 마음을 울리는 편장이다. 이런 것들을 읽을 때마다 맹자의 골격이 우뚝 서고 온몸의 오만하고 위대한 형상을 대하면 자기의 보잘것없고 비루함에 대비하여 가슴이 두근거리고 몸 둘 바를 몰랐던 적이 아닌 경우가 없었다. 이런 인격은 나중의 전제제도 하의 속유와 비루한 유자, 소유(小儒)와 비교하면 그야말로 별도의 세계로 결코 함께 논할 수가 없다. 맹자의 인격 형상은 광채가 사람을 비추고 사람을 분발하게 하여 후세의 지사와 인인이 다 가질 수 없고 아무리 써도 마르지 않는 정신적인 원천이 되었다.

5. 이상적 인격의 동력

이상적 인격의 층차와 이상적 인격의 전범, 그리고 이상적 인격의 실천을 나누어 토론한 후에 순척지변에 관하여서는 연구가 필요한 문제가 하나 더 있다. 사람은 왜 순 같은 성인군자가 되어야 하며 도척 같은 도적 소인으로 전락해서는 안 되는가 하는 것이다. 또한 사람은 어째서 이상적인 인격을 추구해야 한다거나 이상적인 인격의 동력은 어디 있는가를 말하는 것이다. 이 문제를 해결하지 않으면 이상적 인격의 문제는 진정 분명히 말하지 않은 것이며 순척지변 또한 진정 분명히 말하지 않은 것이다.

이 문제를 반복해서 사고한 후에 나는 맹자가 수요에 근사한 층차의 사상을 가지고 있음을 알게 되었다. 생선과 웅장의 구별과 마찬가지로 사람의 수요 또한 상이한 층차로 나누어지며 아울러 사람은 천성적으로 이 높은 층차의 수요를 추구하는 충동과 요구를 가지고 있다. 이 충동과 요구는 곧 이상적 인격을 추구하는 내재된 동력이라고 말한다. 구체적으로 말하여 맹자가 보기에 사람은 최소한 네 방면의 수요가 있는데 곧 이욕의 수요와 사업의 수요, 도덕의 수요 그리고 천지의 수요이다. 이런 수요들은 한 등급이 한 등급보다 높으며 사람은 선성을 가지고 있다. 정상적인 상황에서는 언제나 부단히 한 등급이 더 높은 수요를 향하여 올라가며 이에 따라 부단히 이상적 인격을 추구하고 이상적 인격의 층차가 부단히 제고되도록 한다. 아래에서는 이 문제에 대하여 간단히 분석을 진행하겠다.

사람이 태어나 세계에 존재하면 필연적으로 식색과 이욕을 필요로 한다. 맹자는 이야기했다. "아름다운 여색은 사람들이 원하는 것(好色, 人之所欲)", "부는 사람들이 원하는 것(富, 人之所欲)", "귀함은 사람들이 원하는 것(貴, 人之所欲)"(9.1), "귀해지려 함은 사람의 똑같은 마음이다.(欲貴者, 人之同心也)"(11.17) 아름다운 여색과 부귀는 전형적인 이욕이라고 말할 수 있다. 맹자는 결코 그것들을 배척하지 않았으며 도리어 '사람들이 원하는 것(人之所欲)'이라고 생각했다. 사실 이는 결코 괴이할 것이 아니며 사람은 결국 사람이다. 사회에서 생활하려면 이의 요구가 있으며, 이 요구가 곧 '원하는 것'이기 때문에 맹자는 아름다운 여색과 부귀는 '사람이 원하는 것'이지 '사람이 싫어하는 것'이 아니라고 하였다.

이 외에 사람은 또한 사업상의 요구가 있다. 맹자는 군자에게는 세 가지 즐거움이 있다고 말한 적이 있다. 그중 한 가지는 "천하의 영재를 얻어서 교육시키는 것(得天下英才而教育之)"(13.20)이다. 일단 '천하의 영재를 얻어서 교육시킬' 수 있다면, 내적으로는 자기가 배운 것을 후인에게 전할 수 있다. 외적으로는 또한 성학을 발전시키고 천하를 태평하게 다스리도록 할 수 있는데, 이는 자연히 사람을 기쁘게 하는 일이다. 대장부는 평생 반드시 한 번 대사업을 해야 한다. "만일 천하를 다스리고자 한다면, 지금 세상에 나를 버리고 그 누가 하겠는가? 내 어찌하여 기뻐하지 않겠는가?(如欲平治天下, 當今之世, 舍我其誰也? 吾何爲不豫哉?)"(4.13) 현명한 군주를 도와 천하를 태평하게 다스려 일대의 명사가 되는 것은 맹자의 정치 이상이며 또한 사업상의 요구라는 것을 설명하는 대목이다. 이 요구가 충분히 만족을 얻는다면 당연히 즐거움을 느낄 것이다.('何爲不豫哉')

이욕적 필요와 사업적 요구 외에 사람은 도덕적 요구도 가지고 있다. 사람과 금수의 중요한 구별은 사람은 도덕이 있고 동물은 도덕(최소한 현재의 정황에서 보면 이렇다)이 없다는 데 있다. 사람이 되고자 한다면 도덕을 가져야 하기 때문에 도덕적 요구는 사람의 매우 중요한 요구이다. 이는 앞에서 이미 여러 차례 이야기한 적이 있으므로 더는 중복하여 말하지 않는다.

맹자가 보기에 사람의 도덕적 요구의 중요성이 사업적 요구를 크게 뛰어넘는다는 건 주의할 점이다. 이는 매우 중시해야 할 만한 문제이다. 맹자는 천하의 사람은 모두 자신을 따르는 것을 기쁘게 생각하며 이는 매우 영광스러운 일이지만 오히려 그것을 초개처럼 여겼다. 이와는 반대로 부모의 환심을 사는 일과 부모의 뜻에 순종할 것을 더욱 중시하여야 한다고 생각하였다.(7.28) 심지어 고수(瞽瞍)가 사람을 죽였다면 천자가 되지 못하는 일이 있더라도 몰래 부친을 둘러업고 달아나 해변에서 살면서 평생을 즐겁게 살아가려고 했다.(13.35) 이런 도덕적 요구는 사업적 요구의 위에 놓인 가치 지향으로 이상적 인격 발전의 방향을 직접 결정하고 "먼저 사람이 되고 나중에 사업을 세우는" 원칙을 결정하여 나중의 사회발전에 매우 큰 영향을 끼쳤다.

이욕적 요구와 사업적 요구, 도덕적 요구의 층차 위에 있는 것은 천지의 요구이다. '천지의 요구'는 그다지 정확한 용어는 아니다. 그 대의는 도덕적 요구가 상당한 높이에 도달한 후에 인생이라는 경계의 정점에서 사람들은 일종의 천지와 하나로 합쳐지려고 하는 필요성이 있을 수 있는데 이런 요구를 만족시키기만 하면 천인합일(天人合一)의 경지에 도달하게 됨을 말한다. 맹자는 종종 도덕적 요구를 하늘과 연계시켰다. "그 마음을 다하는 자는 그 성을 아는 것이다. 그 성을 알면 하늘을 알게 될 것이다. 그 마음을 보존하여 그 성을 기름은 하늘을 섬기는 것이다.(盡其心者, 知其性也. 知其性, 則知天矣. 存其心, 養其性, 所以事天也)"(13.1)라 하였다. "위로는 하늘에 부끄럽지 않고, 아래로는 인간에 부끄럽지 않다.(仰不愧於天, 俯不怍於人)"(13.20)라 하기도 하였다. 이런 논술들로부터 맹자가 보기에 도덕의 최종 근거는 하늘에 있어서 일단 양심 본심의 안배를 따라 도덕을 이루고 나면 "하늘을 알고(知天)", "하늘을 섬기는(事天)" 경지에 도달하고 인생의 극치에 이르게 될 것임을 어렵지 않게 알 수 있다. 도덕의 총수요는 일종의 형상적으로 종극적인 상태로 완전히 형이하의 층면에 머무를 수 없다. 따라서 맹자는 무릇 도덕적 요구의 극치 상태를 이야기할 때면 하늘을 떼어놓을 수 없었다. 이렇게 하여 천지의 요구와 천인합일의 경지는 또한 인생 최고의 요구가 되었다.

맹자는 왜 하늘로 지고무상의 경지를 대표하는 문제에 깊이 연구할 가치를 느꼈을까. 장광즈(張光直)의 중국 고대문명의 성질에 관한 관점이 이 문제를 이해하는 데 도움을 줄 것이다. 장광즈는 중국 고대문명은 일종의 '연속성'을 띤 문명이어서 서방의 '단절성' 문명과는 다른 점이 있다고 생각하였다. 무술(巫術)을 거쳐 천지와 인신(人神)의 소통을 진행하는 것은 중국 고대문명의 중요한 특징이다. 소통 수단의 독점은 중국 고대 계급사회의 한 중요한 현상이다. 계급사회에서 소통 수단의 독점을 촉진하는 것은 정치적인 인소, 곧 사람과 사람 관계의 변화이다. 중국이 고대의 야만시대에서 문명시대로 진입하는 과정에서 주요한 변화는 사람과 사람 사이의 관계의 변화다. 사람과 자연의 관계의 변화—곧 기술상의 변화—는 부차적인 것이었다. 선사 문명의 과정에서 중국 사회의 주요 성분은 다방면의 중요한 연속성이 있다.[7] 문명의 탄생은 중국에서 결코 사람과 자연 관계의 근본적인 변화를 조성하지 않았다. 의식 형태라는 측면에서 말하면 중국 고대문명은 문명이 탄생하기 이전의 동일한 틀 안에서 계속 발전되어왔다. 그 발전과정에서 결코 원래의 의식의 틀을 파괴하지 않았다.[8] 장광즈는 중국 고대가 야만사회에서 문명사회로 진입할 때 당연히 기술혁명을 거쳐야 했지만 변천 과정에서 정치적인 절차의

---

[7] 장광즈의 『고고학 전제 6강(考古學專題六講)』, 대만도향출판사(臺灣稻香出版社), 1988, 13~14쪽을 참고하여 보라.

변혁이 중요한 작용을 일으켰다고 보았다. 이런 배경 아래서 문명사회의 의식 형태와 야만사회는 단열(斷裂)을 일으키지 않았으며 원시 무교가 사람과 우주가 연계된 사상을 강조하여 문명이 탄생한 후에도 여전히 중요한 작용을 가지고 있어서 천인합일 사상의 직접적인 근원이 되었다는 것을 말한다. 이런 이론은 깊이 파고들어가 토론할 만한 곳이 몇몇 있긴 하지만 도가와 유가의 천인합일 사상의 내원을 해석할 때 확실히 매우 강한 설득력을 가지고 있다. 맹자는 성인은 "상하가 천지와 함께 흐른(上下與天地同流)"(13.13) 수 있다고 하였다. '천지와 함께 흐르는 것'을 성인의 최고 경지로 삼았다. '연속성'이라는 문명의 이 특징이 맹자의 사상에 영향을 끼쳤다는 것을 충분히 설명하고 있다. 이로부터 유가 천인합일 사상의 근원을 원시종교에서 찾는 것은 확실히 행하여질 수 있는 사상이라는 것을 알 수 있다.

 종합적으로 말하면 맹자는 사람이 상이한 수요를 갖고 있는 한편, 다른 한편으로는 천성적으로 부단히 한 단계 더 높은 수요를 지향하는 발전적 성향을 가지고 있는 것으로 보았다. 이는 사람이 세상을 살아가는 데 항상 높은 층면을 지향하는 쪽으로 결정하여 이욕의 요구에서 사업의 요구로 발전하며, 다시 도덕의 요구로, 마지막으로 천지의 요구로 옮겨가 이상적 인격의 극치를 향한 부단한 발전─사람들이 이상적 인격을 추구하는 내재적 추동력이 바로 여기에 있다.[9]

---

8 장광즈의 「중국의 고대에서 사회과학과 현대화를 이야기함(從中國古代談社會科學與現代化)」, 『중국시보(中國時報)』(副刊) 1986년 4월 1일을 참고하여 보라.
9 당연히 문제는 여기까지 와서도 결코 완전하지 않은데, 사람들이 왜 더 높은 수요의 충동과 요구를 추구하는가 하는 이 문제가 여전히 해결되지 않았고 이 문제를 철저히 해결하려면 반드시 인성문제를 언급해야 하기 때문이다. 제7장 '인성지변(人性之辨)'을 참고하여 보라.

6. 순척지변의 의의

맹자는 순척지변을 전개하면서 열심히 이상적 인격을 구축하였는데 의의는 다방면에 걸쳐 있어서 상이한 각도에서 총결할 수 있다. 본장의 주제에서 출발한다면 최소한 두 방면을 들 수 있다. 이는 첫째, 사람이 되는 최고의 도덕적 표준을 견지하는 것이고, 둘째, 이런 표준을 실천하는 실례를 제공하는 것이다.

맹자는 사람이 되는 도덕표준에 대한 요구가 매우 엄격하였다.

공손추가 말하였다. "도가 높고 아름다우나, 마땅히[의심컨대] 하늘에 오르는 것과 같아서 따라갈 수 없을 듯하니, 어찌하여 저들로 하여금 거의 미칠 수 있다고 여기게 해서 날마다 부지런히 힘쓰게 하지 않습니까?"

맹자가 말하였다. "큰 목수는 서툴고 정밀함 때문에 먹줄과 먹통을 고치거나 폐하지 않으며, 예는 활쏘기가 서툴다 하여 활 당기는 율을 변경하지 않는다. 군자는 당기고 쏘지 않으나, 약여하여 중도에 서 있거든 능한 자가 따르는 것이다."

公孫丑曰: "道則高矣, 美矣, 宜若登天然, 似不可及也; 何不使彼爲可幾及而日孶孶也?"

孟子曰: "大匠不爲拙工改廢繩墨, 羿不爲拙射變其彀率. 君子引而不發, 躍如也. 中道而立, 能者從之." (13.41)

어기상으로 보면 맹자가 요순을 사람이 되는 모범으로 삼을 것을 주장했을 때 이미 일정한 영향을 받았지만 몇몇 사람들은 이해하지 못하였다. 공손추가 곧 이 예에 드는 한 사람이다. 공손추가 보기에 도는 매우 높고 매우 좋은 것이지만 너무 높고 너무 커서 하늘에 오르는 것처럼 도달하기 어려운데 왜 표준을 조금 낮추어서 사람들이 부단히 올라갈 수 있도록 노력하게 하지 않는가? 맹자는 이 견해에 동의하지 않고 사람이 되는 표준을 낮출 수 없음이 고명한 장인이 졸렬한 공인 때문에 규구를 바꾸지 않고 고명한 스승이 솜씨가 없는 사수 때문에 활을 쏘는 표준을 바꾸지 않는 것과 같다고 생각하였다.

사람이 되는 최고의 도덕표준을 세우는 것은 이론적으로 말하면 중요한 의의가 있다. 위에서 말한 것처럼 사람의 수요에는 상이한 등급이 있으며, 다른 한편 사람과 성인은 또한 동류에 속하여 성인이 될 잠재력을 가지고 있다. 이 잠재력은 매우 크긴 하지만 매우 다양한 상황에 따라 결코 충분히 발휘될 수 없다. 일반적으로 말하여 한 사람이 취득한 성취의 크기가 그 자신이 세운 목표를 결정한다. 한 사람이 어떤 사람이 되는가 하는 것은 그가 어떤 이상적 인격을 취사선택했느냐에 의하여 결정된다. 맹자는 순척지변을 전개하면서 시종 사람이 되는 최고의 도덕표준을 견지하였다. 이렇게 해야만 사람이 잠재력을 충분히 발휘할 수 있으며 부단히 제고하는 동력을 증강시킬 수 있고 악한 사람보다 선한 사람이 더 많아지게 할 수 있다.

맹자는 곳곳에서 고대의 성현을 높였으며 또한 이상적인 인격을 구축하기 위한 실례를 제공하여 이론적으로 설득의 역량을 강화하였다. 맹자가 순척지변을 전개한 것은 서방의 철학이 모종의 이론학설을 구축한 것과 다르다. 서방의 철학 특히 이성시대의 철학은 일종의 이론학설을 구축하려면 이론적인 논증과 논리적인 설명을 통과해야 한다고 했는데, 분명히 이해하기만 하면 사람을 설복시킬 수 있다고 했다. 맹자가 순척지변을 전개하는 것은 그렇지 않았다. 그는 고대 성현의 실례를 가지고 자기의 주장과 자기의 이상을 설명하였다.[10] 위의 순에 대한 분석을 예로 들면서 맹자는 순을 표준으로 삼았으며, 주로 그를 성선의 전형으로 삼았다. 맹자가 보기에 "사람이 금수와 다른 것이 얼마 안 되니, 서민(庶人)들은 이것을 버리고, 군자는 이것을 보존한다." 그러나 어떻게 이 도리를 증명하여 이 도리를 가지고 사람을 설복하겠는가? 맹자는 일단 대순(大舜)을 보라고 하면서 대순이 바로 이와 같았다고 하였다. 맹자가 문왕을 표준으로 든 것은 주로 그를 인정을 행함의 전형으로 삼았기 때문이다. 맹자가 보기에 제후들은 모두 차마 하지 못하는 마음을 가지고 있는데 차마 하지 못하는 마음을 가지고 차마 하지 못하는 정치를 행한다면 천하를 얻는 것은 손바닥을 뒤집는 것처럼 쉽겠지만 어떻게 이 도리를 증명하여 이 도리를 가지고 사람을 설복시킬 수 있겠는가? 맹자는 문왕을 보면 문왕이 바로 이와 같았다고 하였다. 이렇게 맹자 학설의 설득력은 크게 제고되었음은 의심의 여지가 없다.

이 의의에서 말하면 맹자가 고대의 성현을 추대하는 것은 실제로 자기의 이상을 고대 성현의 신상에 부가하여 고대 성현을 자기 이상 인격의 운반 매체로 삼았다. 이는 맹자를 가지고 거듭 설명할 수 있다. 맹자가 효를 중시한 것은 오랜 추로(鄒魯) 문화의 전통을 반영한 것이다. 그러나 순과 대효는 결국 얼마간 실제로 연계되어 있어 매우 이야기하기 어렵다. 그러나 순이 대효의 전형이 된 것은 맹자가 힘껏 추숭하여 대효의 사상을 순의 신상에 덧입힌 것과 직접적 연관이 있다는 점은 인정할 수 있다. 어떤 학자가 말한 것과 똑같다. "효도사상은 맹자에게서 시작된 것은 아니지만 맹자를 거치면서 크게 발휘되었다. 순에게 허구로 몇 가지 생동적인 효친의 이야기를 꾸며 넣은 것이 발휘된 방식의 하나이다. 맹자의 영향으로 말미암아 후세의 24효의 고사에서 순은 마침내 맨 윗자리에

---

10 황권제는 이를 '구체성 사유방식(具體性思維方式)'이라 칭하였다. 황 씨가 지은 『맹학사상사론(孟學思想史論)』 권1, 대만동대도서유한공사(臺灣東大圖書有限公司), 1991, 27쪽을 보라.

오르게 되었다."¹¹ 이 때문에 중국사회의 성현 인물은 '계층적으로 누적되는 전통'을 갖게 되었고, 첫 번째 광배는 갈수록 커지고 갈수록 빛나게 되었다.

물론 이는 결코 맹자가 조작하여 세상 사람들을 속였다고 하는 것이 아니라 중국에는 예로부터 숭고한 전통이 있어서 맹자가 순을 존숭한 것이 이런 정신을 표현한 데 지나지 않을 따름이다. 중국 고대에 존재하는 옛것을 존숭하는 전통 및 이런 현상의 원인에 대한 분석에 관하여서는 학술계에서 일찌감치 적지 않은 성과가 있었다.¹² 그들의 성과를 종합하고 자기의 견해를 덧붙여 중국의 옛것을 존숭하는 전통의 원인에는 최소한 이런 몇 가지가 있다. 첫째, 원시 부족은 조상을 숭배하는 습속을 가지고 있는데 세계의 각종 상이한 문화는 거의 예외가 없다. 둘째, 중국 고대문화는 극히 풍성한 연대가 있었던 적이 있어서 사람들이 미련을 가질 만하다. 셋째, 선진 유가는 모두 평민으로, 왕도와 인정을 창도하여 사람들이 말이 가벼워 징조가 없으면 믿지 않았기 때문에 고대의 성현을 내세워 자기의 역량을 강화하였다. 넷째, 심리적으로 이야기하여 사람들은 아름다운 추억에 습관이 되어 먼 시대는 귀하게 여기고 가까운 시대는 천하게 여긴다. 다섯째, 중국인들은 특별히 옛것을 존숭하는 것을 중시하고 또한 중국어의 동사에는 시제의 변화가 없어서 심리적 거리감이 옛사람과 접근하기 쉬운 것과 많게 적게 일정한 관계가 있다. 이는 흥미

---

11 웨이정통의 『유가와 현대 중국』, 대만동대도서유한공사, 1984, 12쪽.
12 다음을 참고하여 보라. 후취위엔(胡曲圓)의 「『노자』로 중국 고대사회를 말함(從老子說到中國古代社會)」, 『복단대학학보(複旦大學學報)』 1987년 제1기에 수록, 웨이정통의 「전통 중국 이상 인격의 분석-옛 것을 존숭하는 가치 취향의 연구(崇古價値取向的研究)」, 『유가와 현대 중국』, 대만동대도서유한공사, 1984년판에 수록, 종차이쥔(鍾彩鈞)의 「맹자 사상과 성현 전통의 관계(孟子思想與聖賢傳統的關係)」, 황쥔제가 주편한 「맹자 사상의 역사적 발전」, 대만 중앙연구원 중국문철연구소주비처, 1995년판에 수록.

로운 문제이긴 하지만 본장에서는 주제의 제한 때문에 전개할 길이 없어 다만 다른 문장으로 전문적인 토론을 기다릴 수 있을 뿐이다.

순척지변이 성인을 사람이 되는 최고의 표준으로 삼은 적극적인 의의도 가지고 있지만 문제가 나타나기도 쉽다. 전체 사회를 가지고 보면 절대다수의 사람이 모두 보통 백성이기 때문에 표준을 전부 성인에게 둔다면 대부분의 사람에게는 도달할 방법이 없으며, 도달할 방법이 없으면 자신감을 잃어버리고 허위가 발생하기 쉽다. 이렇게 하는 것보다는 차라리 표준을 구체적인 점으로 정하여 먼저 보통 인격의 개발에 힘을 쏟은 다음에야 성인의 인격을 구축하여야 한다. 완전한 인격은 두 개의 층차가 있어야 하는데 보통사람의 인격이 먼저이고 그다음이 성인의 인격이다. 중국 근대의 신인 배양에 관한 학설은 이미 뚜렷하게 이 방향의 필연성을 명시하였다. 펑치(馮契)가 말한 것과 똑같다. "평민화한 자유인격이 근대인의 신인을 배양하는 데 대한 요구는 고대인이 성현을 만들고 영웅을 만들려고 했던 것과는 다르다. 근대인의 이상적 인격은 높아서 올라갈 수 없는 것이 아니며 보통사람도 노력을 통하여 모두 도달할 수 있는 것이다. 우리가 배양하려고 하는 일종의 평민화한 자유인격이며 결코 전지전능한 성인의 배양을 요구하지 않으며 궁극적인 의미의 각오와 절대적인 의미의 자유를 인정하지 않는다."[13]

---

[13] 펑치의 『펑치문집(馮契文集)』 제3권, 화동사범대학출판사(華東師範大學出版社), 1996, 309쪽.

제7장

인성지변(人性之辨)[1]

 공자의 성(性)에 관한 논술은 많지 않아 제자들이 '들어볼 수 없다'고 탄식한 적이 있다. 맹자에 이르러 각양각색의 인성이론이 분분히 등장하여 고자(告子)의 '성은 선하지도 않고 선하지 않음도 없다는 논(性無善無不善論)', 세자(世子)의 '성은 선할 수도 있고 선하지 않을 수도 있다는 논(性可以爲善, 可以爲不善論)', 무명씨의 '성은 선함도 있고 성은 선하지 않음도 있다

---

[1] 졸저 『맹자 성선론 연구(孟子性善論研究)』가 출판된 이래 나는 전후로 또한 몇몇 맹자에 관한 논저를 읽었는데, 그 가운데 중요한 것으로는 다음과 같은 것이 있다. 황권제(黃俊杰)의 『맹학 사상사론(孟學思想史論)』 권1(臺灣東大圖書公司, 1991)과 『맹자』(臺灣東大圖書公司, 1993), 위엔바오신(袁保新)의 『맹자 삼변지학의 역사적 성찰과 현대적 해석(孟子三辨之學的歷史省察與現代詮釋)』(臺灣文津出版社, 1992), 리밍훼이(李明輝)가 주편한 『맹자 사상의 철학 탐구(孟子思想的哲學探討)』(臺灣 中央研究院 中國文哲研究所籌備處, 1995), 황권제가 주편한 『맹자 사상의 역사 탐구(孟子思想的歷史探討)』(臺灣 中央研究院 中國文哲研究所籌備處, 1995), 양궈룽(楊國榮)의 『맹자평전(孟子評傳)』(廣西教育出版社, 1994). 그러나 나의 맹자 성선론에 대한 이해는 결코 큰 변화가 발생하지 않았다. 게다가 본서는 전체적으로 맹자의 사상을 논술하려고 하여 성선론의 토론에 할애된 편폭이 그리 클 수 없었기 때문에 본장은 다만 졸저 『맹자 성선론 연구』의 약간 중요한 장절의 압축과 개사(改寫)로 너무 많은 세세한 절의 문제는 전개할 길이 없어 흥미가 있으면 이 책을 참고하여 보기 바란다.

는 논(有性善, 有性不善論)'이 있다. 이런 이론과는 달리 맹자는 성선론(性善論)을 주장했다. 이렇게 하여 인성지변은 맹자의 '변론하기를 좋아하는' 중요한 내용의 하나가 되었고, 동시에 또한 전체 사상이라는 건물의 주춧돌이 되었다. 조금도 과장을 보태지 않고 성선론을 읽고 이해하지 못한다면 진정으로 맹자를 이해할 수 없게 된다.

1. 기본 개념 풀이

맹자는 성선을 논하면서 많은 중요한 개념을 사용하였다. 이러한 개념의 함의를 명확히 하는 것은 성선론의 본의를 파악하는 데 중요한 의의가 있다. 이 때문에 본제(本題)에 들어가기 전에 이런 개념에 대하여 한번 깨끗하게 정리를 진행할 필요성이 있다. 이런 개념은 주로 심(心)과 성(性), 정(情), 재(才), 사(思), 반(反), 성(誠) 그리고 약(約)을 포괄한다.

1) 심(心)

『맹자』에서는 '심' 자가 중요한 지위를 차지하고 있으며, 모두 121차례 보인다.(인명으로 쓰인 세 곳은 포함하지 않음) 기본적인 함의는 현재 말하는 가슴(胸)에 해당한다. 다음과 같은 것이 있다. "내 마음에는 오히려 빠르다고 여겼다.(於予心猶以爲速)"(4.12), "마음에 끝내 잊히지 않는다(於心終不忘)"(5.2), "그 마음에 생각하기를 이같이 하지 않는다면(其設心以爲不若是)"(8.30), "그 마음을 잡는 것이 위태롭다.(其操心也危)"(13.18) 이로 인하여 또한 심지(心志)와 의원(意願)이라는 뜻으로 발전했다. 예를 들면 다음과 같다. "나는 40세에 마음을 동요하지 않았다(我四十不動心)"(3.2), "반드시 먼저 그 심지를 괴롭게 한다.(必先苦其心志)"(12.15) 이따금 맹자는 또한 심(心)으로 민의를 대표하기도 하였는데 다음과 같다. "천하가 마음으로 복종하지 않고서 다스린 자는 있지 않다.(天下不心服而王者, 未之有也)"(8.16), "백성을 잃었다는 것은 그 마음을 잃은 것이다.(失其民者, 失其心也)"(7.9) 다만 이는 기본적으로는 여전히 심을 흉(胸)으로 생각하는 방법에 속한다.

심에 관하여서는 주의해야 할 문제가 두 개 있다.

첫째, 성선론의 기초가 되는 심은 양심(良心)뿐이다. 심의 함의는 비교적 폭넓어 좋은 것도 있고 나쁜 것도 있으며, 선한 것도 있고 악한 것도 있다. 맹자는 다만 양심으로 성선을 논하였다.

둘째, 성선론의 기초가 되는 심은 도덕지심(道德之心)뿐이다. 심을 흉으로 여기면 흉에는 인지기능과 도덕 기능이 있다. 심 또한 인지지심(認知之心)과 도덕지심이 있어야 하지만 맹자는 심의 도덕적 기능인 도덕지심으로 성선을 논했다. 심의 인지기능, 곧 인지지심으로 성선을 논하지 않았는데, 다음과 같다. "사람들은 모두 사람을 해치지 못하는 마음을 가지고 있다(人皆有不忍人之心)"(3.6), "대인이란 갓난아기의 마음을 잃지 않은 자이다.(大人者, 不失其赤子之心者也)"(8.12), "군자가 일반인과 다른 것은 그 마음을 두기 때문이다(君子所以異於人者, 以其存心也)"(8.28), "마음에 이르러서만 유독 똑같이 그렇게 여기는 것이 없겠는가?(至於心, 獨無所同然乎)"(11.7) 이렇게 이야기한 것들은 모두 도덕지심이며 인지지심이 아니다. 맹자의 사상체계에서는 바둑 배우는 것을 이야기하면서 "마음을 오로지 하고 뜻을 다하지 않으면 터득하지 못한다.(不專心致志, 則不得也)"(11.9) 한 것이 조금 인식의 언저리에 젖은 것을 빼면 순수한 인지지심은 한 군데도 보이지 않는다.[2] 도덕지심은 숭고한 지위를 차지하고 있으며 인지지심은 거의 위치가 없다. 이것이 맹자가 성선을 논설한 하나의 큰 특징이면서 또한 그 이론적인 기본 전제이다. 이 때문에 맹자가 심을 가슴이라고 생각하였다고 해서 맹자의 성선론과 관련된 심이 도덕지심을 가리키며 또한 인지지심을 가리킨다고 생각해서는 절대로 안 된다.

2) 성(性)

'성'은 확실히 성선론의 가장 중요한 개념 중의 하나이다. '성' 자는 『맹자』에 많이 나타나지 않는다. 겨우 37차례로 그 함의는 종종 후인들의 오해를 불러일으킨다.

『맹자』의 '성' 자는 주로 원래부터 가지고 있는 속성과 자질을 가리키며, 또한 방향의 함의를 포괄하는데 성향으로 합쳐 부를 수 있다. '성' 자는 '생(生)' 자에서 왔으며, 『맹자』의 '성' 자에서 여전히 '생' 자의 본의를 찾을 수 있다. 이를테면 "형색은 천성이다(形色, 天性也)"(13.38) 같은 것이 있다. 이 '성' 자는 다만 '생' 자의 뜻으로 풀이할 수 있어, 형색은 천생(天生)적인 것이라는 것을 의미하며 그렇지 않다면 말이 통할 수 없다. '성'에는 '생'의 함의가 있어서 '성' 자는 일반적으로 나면서부터 가지고 있는 속성과 자질을 가리킨다. "사람들은 그 헐벗은 것만을 보고는 일찍이 훌륭한 재목이 있은 적이 없다고 여기니, 이것이 어찌 산의 성이겠는가?(人見其濯濯也, 以爲未嘗有材焉, 此豈山之性也哉)"(11.8)는 바로 산 본래의 속성과 자질을 가리킨다. 맹자는 사람은 나면서부터 인의예지의 사단(四端)을 가지고 있는데 이는 사람이 나면서부터 갖추고 있는 속성과 자질이라고 생각했기 때문에 "성의 선함을 말하면서 말마다 반드시 요순을 칭하였다.(道性善, 言必稱堯舜)"(5.1)

---

2 사실 엄격하게 이야기해서 이 구절 또한 도덕문제를 가리킨다. 이에 앞서 맹자는 말한 적이 있다. "왕의 지혜롭지 못함이 이상할 것이 없구나! 비록 천하에 쉽게 자라는 물건이 있더라도 하루 동안 햇볕을 쪼이고 열흘 동안 춥게 하면 잘 자라는 것이 있지 않으니, 내가 임금을 뵘이 또한 드물고, 내가 물러 나오면 임금의 마음을 차갑게 하는 자가 이르나니, 내가 싹이 있은들 어떻게 할 수 있겠는가?(無或乎王之不智也, 雖有天下易生之物也, 一日暴之, 十日寒之, 未有能生者也. 吾見亦罕矣, 吾退而寒之者至矣, 吾如有萌焉何哉?)"(11.9) 의미는 선심의 맹아는 잘 길러주어야만 잘 자라게 되고 바둑을 배우는 것은 다만 비유에 지나지 않을 따름이다.

나면서부터 가지고 있는 속성은 세밀하게 나누면 두 가지가 있다. 성 또한 두 가지가 있으니 곧 입이 맛에 대해서와 눈이 색에 대해서의 성 및 인이 부자에 대해서와 의가 군신에 대해서의 성이다. 맹자가 보기에 입이 맛에 대해서와 눈이 색에 대해서의 것은 실로 나면서부터 가지고 있는 것이기 때문에, 인이 부자에 대해서와 의가 군신에 대해서의 것 또한 나면서부터 가지는 것이다. 성이 생을 가리켜 나면서부터 가지고 있는 속성이라면 이 두 가지 상황은 당연히 성이라 불러야 한다.

맹자의 위대한 점은 그가 비록 두 가지 상이한 성이 있다고 인정은 하면서도 성선을 논할 때는 결코 앞의 성을 근거로 하지 않고 뒤의 성으로 입론하였다는 데 있다. 그는 말하였다. "입이 맛에 있어서와 눈이 색깔에 있어서와 귀가 음악에 있어서와 코가 냄새에 있어서와 안일에서의 사지는 본성이나, 명에 달려있다. 그러므로 군자는 이것을 성이라 이르지 않는다. 인이 부자간에 있어서와 의가 군신간에 있어서와 예가 빈주간에 있어서와 지가 현자에 있어서와 성인이 천도에 있어서는 명이나, 본성이 있다. 그러므로 군자는 명이라 이르지 않는다.(口之於味也, 目之於色也, 耳之於聲也, 鼻之於臭也, 四肢之於安佚也, 性也, 有命焉, 君子不謂性也. 仁之於父子也, 義之於君臣也, 禮之於賓主也, 知之於賢者也, 聖人之於天道也, 命也, 有性焉, 君子不謂命也)"(14.24) 입이 맛에 대해서는 비록 일종의 성이지만 군자는 이것을 성이라 여기지 않고 다만 명(命)이라고 하였다. 인이 부자에 대해서는 비록 명이기는 하지만 군자는 이것을 명이라 여기지 않고 다만 성이라고 하였다.

성에 관하여서는 두 가지 문제를 주의하여야 한다.

첫째, 맹자가 성을 논한 것은 사람이 나자마자 가지게 되는 모종의 속성이라고 이야기하였다. 이곳의 속성은 사람의 본질을 가리키지 않는다. 속성과 본질은 같지 않다. 하나의 본질에는 다방면의 속성이 있을 수 있으며 본질은 각종 속성을 종합한 추상적 개괄이다. 맹자의 성선론을 창립하면서 사람이 도덕 방면에서 나자마자 가지게 되는 선한 속성이 있으며 사람의 본질을 전면적으로 탐구하는 것이 불가능하지는 않다고 하였다. 몇몇 논자들은 성선론의 '성'자에서 성질을 연계시켰다. 성질에서 본질과 연계시키기도 하여 성선론이 사람의 본질은 선함을 말한다고 생각하였다. 이로 말미암아 많은 평의가 생겨났으며 그 결과 서로 맞지 않고 서로 이어지지 않을 뿐이다. 성선론의 '성' 자는 확실히 알지 못하며, 자연히 이런 유감이 발생하는 주요 원인 가운데 하나이다.

두 번째, 현재의 매우 보편적인 견해는 "맹자의 성은 사람이 사람인 특질을 가리키며 사람과 금수가 같지 않은 특징이다." 이런 견해는 틀렸다고 치부할 수는 없지만 정확하다고도 할 수 없다. 사람과 금수가 같지 않은 점은 최소한 두 가지가 있다. 하나는 사람은 도덕이 있고, 또 하나는 사람은 인지할 수 있기에 맹자의 성선론은 다만 도덕으로만 입론하고 인지는 언급하지 않았다. 따라서 위에서 말한 견해는 반드시 다시 구체적으로 범주를 확정해야 한다. "맹자의 성은 사람이 사람인 까닭의 도덕적 특질을 가리킨다"고 한다면 비교적 정확하다.

3) 정(情)

『맹자』의 '정' 자는 대략 현재 이야기하는 실제의 정황이나 혹은 실정의 뜻에 해당한다. 『설문해자(說文解字)』에서는 "정은 사람의 음기(陰氣)이다."라 하여 "성(性)은 사람의 양기(陽氣)"라 한 것과 상대된다. 주희(朱熹)의 『맹자집주(孟子集注)』에서는 "정은 성이 움직이는 것이다."라 하였다. 이런 것은 아마 모두 나중에 생긴 뜻일 것이며, 맹자가 본래 말한 뜻과는 부합하지 않을 것이다.

『맹자』에는 '정' 자가 모두 4차례 나타난다. 두 차례는 성선론과는 무관하고, 두 차례는 성선론과 관련이 있다. 먼저 성선론과 무관한 두 차례를 보자. 한 번은 "물건이 똑같지 않음은 물건의 실정이니, 값의 차이가 혹은 서로 배가 되고 5배가 되며, 혹은 서로 10배가 되고 백 배가 된다. 혹은 서로 천 배가 되고 만 배가 되는데도 그대는 이것을 나란히 하여 똑같이 하려 하니, 이는 천하를 어지럽히는 짓이다. (만일) 큰 신과 작은 신이 값이 같다면 사람들이 어찌 그것(큰 신)을 만들겠는가. 허자의 도를 따른다면 서로 이끌어가며 거짓을 할 것이니, 어떻게 국가를 다스릴 수 있겠는가?(夫物之不齊, 物之情也; 或相倍蓰, 或相什百, 或相千萬. 子比而同之, 是亂天下也. 巨屨小屨同賈, 人豈爲之哉? 從許子之道, 相率而爲僞者也, 惡能治國家?)"(5.4) 이는 맹자가 허행의 제자 진상의 말을 비판한 것으로 세상의 물건은 본래 천차만별이라 일률적인 것을 강요할 수 없다는 말이다. 이 '정' 자는 의심의 여지 없이 '실제적인 정황'을 가리킨다. 또 한 차례는 "그러므로 명성이 실제보다 지나침을 군자는 부끄러워한다.(故聲聞過情, 君子恥之)"(8.18)이다. 이는 명성이 실제를 뛰어넘는 것을 군자는 부끄러워한다는 것을 이야기하였다. 이 '정' 자 또한 실제적인 정황을 가리킨다.

다음으로 성선론과 관련이 있는 두 차례의 경우를 보자. 한 번은 "그 정으로 말하면 선하다고 할 수 있으니, 이것이 내가 말하는 선하다는 것이다.(乃若其情, 則可以爲善矣, 乃所謂善也)"(11.6)이다. 어떤 사람은 그것을 정욕(情欲)의 정으로 주해(注解)하였다. 조기(趙岐)의 『주(注)』에서는 말하였다. "성과 정은 서로 표리관계이며 성선이 정을 이기고 정은 그것을 따른다. 『효경(孝經)』에서는 '이는 (부모의 죽음을) 슬퍼하는 충정(衷情)이다.(此哀戚之情)'라 하였다. 정은 성을 따르며 이 정을 따를 수 있어서 선하게 하는 것이 실로 선이다. 사람에 따라 억지로 선을 한다면 선한 것의 선함이 아니다. 선하지 못한 것을 하는데 천재(天才)의 벌을 받지 않는 것은 동물이기 때문이다." 이런 견해는 맹자의 본의와 부합하지 않음이 매우 분명하다. 아래위의 문장으로 보건대 맹자가 여기서 공도자(公都子)의 질문에 답하면서 성선론을 천술한 것은 기타 성론(性論)과 어찌 다를 것이며, 결코 정욕을 이야기하는 정의 문제는 없다. 사실 이 '정' 자는 여전히 실제적인 정황이라는 뜻이다. 사람의 실제 정황이 선할 수 있기 때문에 성선을 이야기한다는 의미이다. 다른 한 곳의 성선과 상관있는 '정' 자는 "사람들은 그 금수 같은 행실만 보고는 일찍이 훌륭한 재질이 있었던 적이 없다고 여기니, 이것이 어찌 사람의 실정이겠는가?(人見其禽獸也, 而以爲未嘗有才焉者, 是豈人之情也哉?)"(11.8)이다. 이 '정'자는 확실히 '실정'으로 해석해야 하며 사람이 금수가 되는 것은 결코 원래의 실제 상황이 아니라는 뜻이다.

이로부터 성과 정은 서로 통한다는 것을 알 수 있다. 성은 본래의 성향을 가리키며, 정은 실제의 정황을 가리킨다. 실제의 정황은 또한 곧 본래의 성향이기 때문에 성과 정은 호환하여도 절대로 의미에 영향을 끼치지 않는다. "사람들은 그 헐벗은 것만을 보고는 일찍이 훌륭한 재목이 있었던 적이 없다고 여긴다. 이것이 어찌 산의 성이겠는가?(人見其濯濯也, 以爲未嘗有材焉, 此豈山之性也哉)"같은 '성' 자는 완전히 '정' 자로 바꿀 수 있고, "사람들은 그 금수 같은 행실만 보고는 일찍이 훌륭한 재질이 있었던 적이 없다고 여긴다. 이것이 어찌 사람의 실정이겠는가?(人見其禽獸也, 而以爲未嘗有才焉者, 是豈人之情也哉?)"의 '정' 자 또한 '성' 자로 대신할 수 있다.

4) 재(才)

'재' 자는 『맹자』에서 세 가지 뜻을 가지고 있다. 첫째는 사람이 막 태어났을 때의 자질이다. "불선을 하는 것으로 말하면 타고난 재질의 죄가 아니다.(若夫爲不善, 非才之罪也)"(11.6)와 같은 것이다. 둘째는 재능인데 "그의 사람됨이 조금 재주가 있다.(其爲人也小有才)"(14.29)와 같은 것이다. 셋째는 재능이 있는 사람으로, "천하의 영재를 얻어 교육하는 것(得天下英才而教育之)"(13.20) 같은 것이다. 이 세 가지는 긴밀하게 연관되어 발전해왔다. 『설문해자』에서는 말하였다. "재(才)는 초목이 처음 난 것이다." 이것은 '재' 자의 본의이다. 초목이 막 난 것을 재라 부르며 사람이 막 태어났을 때의 자질도 재라고 한다. 막 생겨난 자질은 발전이라는 뜻을 함유하고 있으므로 재능이라는 뜻으로 인신되었고, 재능은 재능이 있는 사람이라는 뜻으로 인신될 수 있었다. 성선론의 방면에서 '재' 자는 중요한 의의가 있다. 맹자가 보기에 사람은 막 태어나면 선의 단서(善端)를 가지고 있는데 이를 확충시키면 성현이 된다. 이런 상황은 초목이 막 싹을 틔우면 하늘을 찌를 잠재적 능력이 있는 것과 같아 그 발전을 채워주기만 하면 하늘을 찌르는 나무가 될 수 있는 것과 같다. 사람이 성현이 될 수 없다면 원인은 결코 막 태어났을 때의 자질이 좋지 않고 이 방면에 재능이 없어서가 아니다. 그보다는 막 태어났을 때의 자질과 잠재된 재능이 충분히 발전되지 못한 데에 있다. 바로 이 의의에서 맹자는 모든 사람이 다 훌륭한 재능을 가지고 있다고 거듭 강조하여 "혹은 (善惡의 거리가) 서로 배가 되고, 다섯 배가 되어 계산할 수 없는 것은 그 재질을 다하지 못했기 때문이다(或相倍蓰而無算者, 不能盡其才者也)"(11.6), "풍년에는 자제들이 의뢰함이 많고, 흉년에는 자제들이 포악함이 많으니, 하늘이 재주를 내림이 이와 같이 다른 것이 아니라, 그 마음을 빠뜨리는 것이 그렇게 만드는 것이다(富歲子弟多賴, 凶歲子弟多暴, 非天之降才爾殊也, 其所以陷溺其心者然也)"(11.7)라 하였다.

5) 사(思)

'사' 자는 27차례 나타나는데 여기에는 세 가지 뜻이 있다. 하나는 어조사로 의미가 없다. "국가를 빛내어(思戱用光)"(2.5)와 "복종하지 않는 이가 없다(無思不服)"(3.3)이다. 둘째는 일반적 의미의 사고와 사려이다. "생각하기를 털끝만큼이라도 남에게 꺾이면 마치 저자와 조정에서 종아리를 맞는 것처럼 여겨(思以一毫挫於人, 若撻之於市朝)"(3.2), "이자는 이 도로 온 천하(의 풍속)를 바꿀 것을 생각한다(夷子思以易天下)"(5.5), "부합하지 않는 것이 있으면, 우러러 생각하여 밤으로 날을 이어서(其有不合者, 仰而思之, 夜以繼日)"(8.20), "우는 천하에 물에 빠진 자가 있으면 마치 자신이 그를 빠뜨린 것과 같이 생각하였다(禹思天下有溺者, 由己溺之也)"(8.29), "활과 주살을 당겨서 쏠 것을 생각한다(思援弓繳而射之)"(11.9)와 같은 것이다. 셋째는 돌이켜 생각하는 것이다. 이 뜻으로 쓰인 '사' 자는 모두 9차례 나타난다. "이미 심사를 다하고 사람을 차마 하지 못하는 정사로 이으니, 인이 천하를 덮었다(既竭心思焉, 繼之以不忍人之政, 而仁覆天下矣)"(7.1), "성실히 할 것을 생각함은 사람의 도이다(思誠者, 人之道也)"(7.12), "인·의·예·지가 밖으로부터 나를 녹여서 들어오는 것이 아니요, 내가 본래 가지고 있는 것이지만 사람들이 생각하지 못할 뿐이다(仁義禮智, 非由外鑠我也, 我固有之也, 弗思耳矣)"(11.6), "몸에 이르러서는 몸을 기르는 방법을 알지 못하니, 어찌 몸을 사랑함이 오동나무와 가래나무만 못해서이겠는가. 생각하지 않음이 심한 것이다(至於身, 而不知所以養之者, 豈愛身不若桐梓哉? 弗思甚也)"(11.13), "생각하면 얻고 생각하지 못하면 얻지 못한다(思則得之, 不思則不得也)"(11.15), "사람마다 자기에게 귀함이 있건마는, 그것을 생각하지 않을 따름이다.(人人有貴於己者, 弗思耳矣)"(11.17)

주의해야 할 것은 세 번째 뜻이 가장 오해하기 쉽다는 것이다. 사람들은 왕왕 현대적인 사유방식의 영향을 받아 '사' 자를 보면 곧 사고라고 생각하여 성선론의 돌이켜 생각하는(反思) 본의를 체회할 수 없어 직접 성선론에 대한 이해를 흔들게 된다.

6) 반(反)

'반' 자는 성선론에서 매우 중요한 위치를 차지하고 있다. 나타나는 빈도도 비교적 높아 모두 56번 보인다. 기본적인 함의는 '돌아오다', '돌아가다'이다. 구체적으로 다시 나누어보면 '돌아오다'는 "군자는 떳떳한 도로 돌아올 뿐이다(君子反經而已矣)"(14.37) 같은 것이 있고, '돌아가다'는 "적이 물러가자 증자가 돌아갔다(寇退, 曾子反)"(8.31) 같은 것이 있다. 뒤집는다는 뜻으로는 "제나라를 가지고 다스림은 손을 뒤집는 것과 같(이 쉬운 것이)다(以齊王由反手也)"(3.1)가 있고, 복명한다는 뜻으로는 "연우가 복명하였다(然友反命)"(5.2) 같은 것이 있고, 반복한다는 뜻으로는 "군주가 과실이 있으면 간하고, 반복하여도 듣지 않으면 떠나가는 것입니다(君有過則諫, 反覆之而不聽, 則去)"(10.9) 등등이다.

성선론과 상관이 있는 '반'은 양심과 본심으로 돌아오다, 반성하여 스스로 묻는다는 뜻이다. 맹자가 보기에 선성은 천성적인 것으로 마음에 내재해 있다. 사람이 도덕을 성취하려면 자기의 양심과 본심을 회복시키고 자기의 양심과 본심을 발명시킬 방법을 생각하여야 하는데 이 과정을 '반(反)'이라고 부른다. 이 방면의 예구로는 다음과 같은 것이 있다. "스스로 돌이켜서 정직하다면 비록 천만 명이 있더라도 내가 가서 대적할 수 있다.(自反而縮, 雖千萬人, 吾往矣)"(3.2) "행하고도 얻지 못함이 있거든 모두 자신에게 돌이켜 찾아야 하니, 자신이 올발라지면 천하가 돌아오는 것이다.(行有不得者皆反求諸己, 其身正而天下歸之)"(7.4) "어버이를 기쁘게 하는 데 길이 있으니, 몸을 돌이켜봄에 성실하지 못하면 어버이에게 기쁨을 받지 못할 것이다.(悅親有道, 反身不誠, 不悅于親矣.)"(7.12) "군자는 반드시 스스로 돌이킨다.(君子必自反也)"(8.28) "몸에 돌이켜보아 성실하면 즐거움이 이보다 더 클 수 없다(反身而誠, 樂莫大焉)"(13.4) 반은 사(思)와 긴밀히 서로 이어져 돌이키는 것이 곧 생각하는 것이고 생각하는 것이 곧 돌이키는 것이다. 핵심은 자기의 인의예지의 마음을 발명하여 광대하게 하는 것이다.

7) 성(誠)

'성' 자는 22차례 나타난다. 기본적인 함의는 성심과 진성(眞誠)이다. 성선론과 상관이 있을 때는 특별히 돌이켜 양심과 본심을 구하는 것, 양심과 본심의 명을 따를 때 가져야 하는 심리상태를 가리킨다. 『설문해자』에서는 성과 신(信)을 호훈(互訓) 관계로 보아 "성(誠)은 신(信)이다", "신은 성이다."라 하였다. 「이루(離婁) 상」제12장에서는 말하였다. "어버이를 기쁘게 하는 데 길이 있으니, 몸을 돌이켜봄에 성실하지 못하면 어버이에게 기쁨을 받지 못할 것이다. 몸을 성실히 하는데 길이 있으니, 선을 밝게 알지 못하면 그 몸을 성실히 하지 못할 것이다. 그러므로 성실히 함은 하늘의 도요, 성실히 할 것을 생각함은 사람의 도이다. 지극히 성실하고서 감동을 주지 못하는 자는 있지 않으니, 성실하지 못하면 능히 남에게 감동을 주지 못하는 자가 있지 않다.(悅親有道, 反身不誠, 不悅於親矣. 誠身有道, 不明乎善, 不誠其身矣. 是故誠者, 天之道也; 思誠者, 人之道也. 至誠而不動者, 未之有也; 不誠, 未有能動者也)"(7.12) 맹자의 말에 비추어 분석하면 한 개인이 도덕을 성취할 수 있느냐 없느냐는 진실과 성심이 있는지 없는지를 보아야 하는데, 이것을 일러 몸을 '성'하게 한다고 한다. 도덕의 근거가 내심에 있기에 내심에 대한 진성은 둘이 아니어서 모든 것을 거기에 맡기고 꺾지 않으면 충분하다. 몸을 성실하게 하는 전제는 자기 내심의 선한 단서를 광대하게 하는 것인데 이를 일러 '명선(明善)'이라고 한다. '명선'의 '명'은 발명함이 광대(光大)하다는 뜻이다. 어떤 주석가는 그것을 "무엇이 선한가를 분명히 아는 것"이라 주해하였는데 옳지 못하다. 맹자는 진일보하여 성을 하늘의 도라 일컬어 그 형상에 의의를 부여하였으며 이 형상의 의미와 상대되는 '사람의 도'를 강조하였는데 곧 '사성(思誠: 성을 생각함)'이다. '사성'은 돌이켜 생각하여 성심을 이루어내는 것이다. 어떤 주석가는 그것을 '성을 추구하는 것'으로 해석하였는데, 마찬가지로 정확하지 않다.

'성' 자는 진실과 성심에서 또한 확실, 진짜라는 뜻으로 인신되었다. "이것은 진실로 할 수 없는 것이다(是誠不能也)"(1.7), "그대는 실로 제나라 사람이다(子誠齊人也)"(3.1), "등나라 군주는 진실로 현군이다(滕君則誠賢君也)"(5.4), "공손연과 장의는 어찌 진실로 대장부가 아니겠습니까?(公孫衍·張儀豈不誠大丈夫哉)"(6.2) 같은 것이다. 이런 것들은 성선론과 관계가 크지 않다.

8) 약(約)

'약' 자가 출현하는 차수는 비교적 적어 겨우 다섯 차례다. 「고자(告子) 하」 제9장의 "내 능히 군주를 위하여 동맹국을 청하여 전쟁을 하면 반드시 승리한다.(我能爲君約與國, 戰必克)"(12.9)가 초청, 연계라는 뜻이 있는 것을 빼면 그 나머지는 모두 간단, 간요하다는 뜻을 가리킨다. 그 가운데 주로 도덕을 성취하는 방법이 간요함을 가리키는데, 다음과 같다. "이 두 사람의 용기는 그 누가 나은지는 알지 못하겠지만 맹시사는 지킴이 요약하다(夫二子之勇, 未知其孰賢, 然而孟施舍守約也)"(3.2), "맹시사의 지킴은 기이니, 또 증자가 요약으로 지킴만 못하다(孟施舍之守氣, 又不如曾子之守約也)"(3.2), "말이 가까우면서도 뜻이 먼 것은 훌륭한 말이요, 지킴이 요약하면서도 베풂이 넓은 것은 훌륭한 도이다.(言近而指遠者, 善言也; 守約而施博者, 善道也)"(14.32) 맹자의 심목에서 도덕을 성취하는 가장 중요한 것은 먼저 큰 것을 세우고, 몸을 수양하고 인을 지키며, 자기에게서 돌이켜 구하며, 그 놓친 마음을 구하는 것이다. 이런 것들은 모두 간단하고 행하기 쉬우며 조작하기에 편한 것으로 이 특징을 간단히 말하면 곧 약(約)이다.

2. 성선론의 기본 사고 방향

중요한 철학가는 일종의 이론을 창립하는데 모두 기본적인 사고 방향이 있다. 이 사고 방향을 파악하는 것은 이 철학가의 이 이론을 이해하는

데 큰 도움이 된다. 맹자는 결코 어떤 편의 어떤 장이 그의 성선론의 기본 사고 방향이라고 말하지 않았지만 우리는 자기의 이해에 근거하여 그것을 파악하려고 노력할 수 있다. 내가 보기에 맹자가 성선을 논한 수많은 장절 가운데 「고자 상」 제6장이 가장 이 사고 방향을 잘 대표할 수 있으며, 이는 성선을 논한 대강이라고 볼 수 있다. 배경 면으로 보면 이것은 맹자가 제자의 질문에 대답한 것으로 자기의 성선론과 기타 인성 이론의 구별임을 설명한다. 논술의 측면에서 보면 고자의 논쟁과 같지 않다. 다만 상대방의 부족함을 찾아내는 것으로 정면에서 성선론에 대하여 이렇게 전면적으로 논술하는 것은 『맹자』에서 두 번째 예를 찾기가 어렵기 때문이다.

여기에 이 장을 인용한다.

그 정으로 말하면 선하다고 할 수 있으니, 이것이 내가 말하는 선하다는 것이다. 불선을 하는 것으로 말하면 타고난 재질의 죄가 아니다. 측은지심을 사람마다 다 가지고 있으며, 수오지심을 사람마다 다 가지고 있으며, 공경지심을 사람마다 다 가지고 있으며, 시비지심을 사람마다 다 가지고 있으니, 측은지심은 인이고, 수오지심은 의이며, 공경지심은 예이고, 시비지심은 지이니, 인·의·예·지가 밖으로부터 나를 녹여서 들어오는 것이 아니요, 내가 본래 가지고 있는 것이지만 사람들이 생각하지 못할 뿐이다. 그러므로 말하기를 "구하면 얻고, 버리면 잃는다." 하는 것이니, 혹은 (善惡의 거리가) 서로 배가 되고, 다섯 배가 되어 계산할 수 없는 것은 그 재질을 다하지 못했기 때문이다. 『시경』에 이르기를 "하늘이 여러 백성[사람]을 내시니, 사물이 있으면 법이 있도다. 사람들이 마음에 떳떳한 본성을 가지고 있는지라, 이 아름다운 덕을 좋아한다." 하였다. 공자께서 말씀하시기를 "이 시를 지은 자는 도를 알 것이다. 그러므로 사물이 있으면 반드시 법이 있으니, 사람들이 떳떳한 본성을 가지고 있으므로 이 아름다운 덕을 좋아한다." 하셨다.

　乃若其情, 則可以爲善矣, 乃所謂善也. 若夫爲不善, 非才之罪也. 惻隱之心, 人皆有之; 羞惡之心, 人皆有之; 恭敬之心, 人皆有之; 是非之心, 人皆有之. 惻隱之心, 仁也; 羞惡之心, 義也; 恭敬之心, 禮也; 是非之心, 智也. 仁義禮智, 非由外鑠我也, 我固有之也, 弗思耳矣. 故曰, "求則得之, 舍則失之." 或相倍蓰而無算者, 不能盡其才者也. 詩曰, "天生蒸民, 有物有則. 民之秉彝, 好是懿德." 孔子曰: "爲此詩者, 其知道乎! 故有物必有則 民之秉彝也, 故好是懿德."(11.6)

이해하기 편하도록 위 절에 있는 성선론의 기본 개념에 대한 해석에 근거하면 이 장은 일단 다음의 현대문으로 번역해볼 수 있다. 실정대로 말하자면 사람은 선해질 수 있는데 이것이 곧 내가 말한 성선이다. 어떤 사람이 선하지 못한 것은 결코 타고난 선의 자질이 없어서 이런 능력이 없는 것이 아니다. 측은지심과 수오지심, 공경지심 그리고 시비지심은 모든 사람이 다 가지고 있다. 측은지심은 곧 인이며, 수오지심은 곧 의이고, 공경지심은 곧 예이며 시비지심은 곧 지이다. 인의예지는 밖에서 나에게 주는 것이 아니라 내가 본래부터 가지고 있는 것이다. 나에게 절실하게 돌이켜 생각하지 않은 것일 따름이다. 그래서 말하기를 "네가 그것을 구하기만 하면 얻을 수 있고, 네가 그것을 방기한다면 잃어버리게 될 것이다."라 하는 것이다. 사람과 사람 서로 간의 차이는 배, 다섯 배에서 무한대까지 이를 수 있다. 이는 그들이 처음부터 타고난 자질을 충분히 발휘할 수 없기 때문이다.『시경』에서는 말하였다. "하늘이 뭇사람을 생육하는데 사물마다 모두 자기의 법칙을 가지고 있다. 백성은 상성(常性)을 가지고 있어 이에 우량한 품덕을 좋아한다." 공자는 말하였다. "이 시를 지은 사람은 진실로 도를 이해하였구나! 그러므로 사물은 반드시 자기의 법칙을 가지고 있다. 백성은 상성을 가지고 있어서 우량한 품덕을 좋아한다."[3]

이 장이 맹자 성선론의 기본적 사고 방향을 대표할 수 있는 이유는 성선론과 관련된 일련의 중요한 문제들을 차례대로 논술하였기 때문이다. 이런 문제는 다음을 말한다. (1) 양심과 본심으로만 성을 논하였다. (2) 양심과 본심은 사람마다 본래 가지고 있다. (3) 양심과 본심은 성선의 근거이다. (4) 악은 그 재주를 다할 수 없는 곳에 있다. (5) 성선은 사물의 법칙이다. (6) 성선은 하나의 과정이다.

(1) 양심과 본심으로만 성을 논함

'심(心)' 자는 매우 일찍부터 있었다. 맹자 이전에는 심의 개념이 비교적 혼잡하여 인지도 포괄하고 있을 뿐만 아니라 도덕도 포괄하였으며, 선을 포괄하였을 뿐만 아니라 악도 포괄하였다.『맹자』에서 '심' 자의 함의가 비교적 많지만 성선론의 기초가 되는 마음은 오히려 매우 엄격하고 매우 순수하다. 맹자는 한편 성선론의 심을 엄격하게 도덕 방면에 한정하고 다른 한편으로는 또한 선한 마음과 악한 마음을 구분해내어 성선론을 완전히 선심의 기초 위에 세웠다. 이렇게 맹자는 심에 특정한 함의를 부여하였다. 이 각도에서는 왜 본장에서는 '측은지심'과 '수오지심', '공경지심', '시비지심'만 이야기하고 인지지심과 사악지심은 입을 닫고 말하지 않았는지 이해할 수 있다.

이런 특정한 함의의 심을 맹자는 양심(良心)이라 일컬었다. '양심'이라

---

[3] 본장의 구두는 일반적인 판본과 다르다. 이유는 졸저『맹자 성선론 연구』(中國社會科學出版社, 1995) 41쪽 주에 상세하다.

는 단어는 『맹자』에 단 한 번 나타나는데 「고자 상」 제8장에 보인다.

> 비록 사람에게 보존된 것인들 어찌 인의의 마음이 없겠는가만 그 양심을 잃어버림이 도끼와 자귀가 나무에 대해서 아침마다 베어 가는 것과 같으니, 아름답게 될 수 있겠는가? 밤에 자라남과 새벽녘의 기운에 그 좋아하고 미워함이 남들과 서로 가까운 것이 얼마 되지 않는데, 낮[4]에 하는 소행이 속박으로 잃음이 있다.
>
> 雖存乎人者, 豈無仁義之心哉? 其所以放其良心者, 亦猶斧斤之於木也, 旦旦而伐之, 可以爲美乎? 其日夜之所息, 平旦之氣, 其好惡與人相近也者幾希, 則其旦晝之所爲, 有梏亡之矣. (11.8)

몇몇 사람들의 몸에는 인의의 마음이 없단 말인가? 선량한 마음을 잃어버린 까닭은 다만 보양(保養)에 뛰어나지 않기 때문이다. 주의해야 할 것은 맹자는 여기에서 인의의 마음을 양심과 연계시켜 두 어휘의 뜻을 구별하기는 하였으나 질적으로 다름은 없다. 맹자는 다만 인의의 마음이라는 의의에서만 양심을 이야기하였는데, 양심이 다만 선심이며 악한 마음이 아닐 뿐만 아니라 또한 다만 도덕지심일 뿐 인지지심이 아니라는 것을 알 수 있다.

맹자는 또 양심을 본심이라 일컬었다.

> 만종(의 祿)은 예의를 분별하지 않고 받는데, 만종(의 祿)이 나에게 무슨 보탬이 있겠는가? 궁실의 아름다움과 처첩의 받듦과 내가 알고 있는 궁핍한 자가 나를 고맙게 여김을 위해서일 것이다. 저번엔 자신을

---

[4] 저자는 원문의 일야(日夜)를 야(夜)에 뜻이 있는 편의복사로 보았으므로 이를 따라 해석하였다.—역자. 이하 마찬가지.

위해서는 죽어도 받지 않다가, 이제 궁실의 아름다움을 위해서 그 짓을 하며, 저번엔 자신을 위해서는 죽어도 받지 않다가, 이제 처첩의 받듦을 위하여 그 짓을 하며, 저번엔 자신을 위해서는 죽어도 받지 않다가, 이제 알고 있는 궁핍한 자가 나를 고맙게 여김을 위하여 그 짓을 하니, 이 또한 그만둘 수 없는가? 이것을 일러 그 본심을 잃었다고 하는 것이다.

萬鍾則不辨禮義而受之, 萬鍾 於我何加焉? 爲宮室之美, 妻妾之奉, 所識窮乏者得我與? 鄕爲身死而不受, 今爲宮室之美爲之; 鄕爲身死而不受, 今爲妻妾之奉爲之; 鄕爲身死而不受, 今爲所識窮乏者得我而爲之, 是亦不可以已乎? 此之謂失其本心.(11.10)

본(本)은 원본(原本)이라는 뜻이다. 본심은 곧 원본의 고유한 마음이다. 맹자는 본심은 사람마다 모두 가지고 있으며 차이가 있다면 군자는 보존할 수 있고 소인은 보존할 수 없는데 있다고 생각하였다. 밥 한 대그릇과 국 한 사발을 얻으면 살 수 있고 얻지 못하면 죽는다. 그러나 굴욕을 당한다면 행인과 걸인도 받을 수가 없으니 마음으로 받아들일 수가 없음을 알기 때문이다. 만종의 봉록이 예의에 맞지 않으면 죽더라도 받지 않는데 마음으로 받아들일 수 없음을 알기 때문이다. 둘 다 받아들일 수 없는 것은 모두 마음이 알려주는 것이며 이 마음은 원래부터 먼저 존재하였기 때문에 본심이라고 부르는 것이다. 물질적 조건의 유혹을 견디지 못하고 받아들인다면 이는 곧 본심을 잃어버린 것이다. '본심(本心)'이라는 단어는 『맹자』에 비록 겨우 한 차례밖에 보이지 않지만 그 의의는 오히려 가볍게 볼 수 없다.

심은 특정한 함의를 가지고 있으며, 도덕적 근거가 되어 그 지위는 자연히 크게 제고되었다. 『맹자』에는 '심' 자가 모두 121번 보인다.(인명인

'距心'과 '孔距心'은 미포함), 『맹자』 전체 35,226자[5]의 0.34%를 차지하고 있으며, 『논어(論語)』에는 '심' 자가 모두 6번 보이며 전체 12,700자[6] 가운데 0.05%만 차지한다. '심' 자가 『맹자』에서 차지하고 있는 분량의 중함을 알 수 있다. 처음 『맹자』를 읽는 사람이라고 하더라도 맹자의 사상체계에서 차지하고 있는 중요한 지위를 알 수 있을 것이다. '심' 자를 빼버리면 『맹자』는 『맹자』가 될 수 없을 것이다. 심이 맹자의 전체 사상을 지탱하는 건물의 주춧돌이라고 하더라도 조금도 과분하지 않다.

(2) 양심과 본심은 모든 사람이 본래 가지고 있음

맹자는 마음을 도덕과 선량의 범위 내에 한정시켰을 뿐만 아니라 사람마다 본래 가지고 있는 것이라고 생각하였다. 이는 곧 본장에서 말한 "측은지심을 사람마다 다 가지고 있으며, 수오지심을 사람마다 다 가지고 있으며, 공경지심을 사람마다 다 가지고 있으며, 시비지심을 사람마다 다 가지고 있다", "인·의·예·지가 밖으로부터 나를 녹여서 들어오는 것이 아니며, 내가 본래 가지고 있는 것이지만 사람들이 생각하지 못할 뿐이다."라는 것이다.

왜 양심과 본심은 사람마다 본래 가지고 있는 것이라 말하였는가? 맹자는 어린아이가 우물에 빠지려는 것을 언뜻 본 특정한 정경을 통하여 이 문제를 말하였다.

---

[5] 『맹자』의 총 자수에 관하여서는 몇몇 상이한 견해가 있다. 한대 조기의 「맹자제사(孟子題辭)」에서는 34,685자로 집계하였고, 명대 진사원(陳士元)의 『맹자잡기(孟子雜記)』에서는 35,410자로 집계하였으며, 청대의 주광업(周廣業)은 『맹자사고(孟子四考)』에서 34,085자로 집계하였고, 청대의 초순(焦循)은 『맹자정의(孟子正義)』에서 35,226자로 집계하였다. 여기서는 일단 초순의 견해를 기준으로 한다.

[6] 완원(阮元)이 교감한 『십삼경주소(十三經注疏)』에 의거하였다.

여기에 사람이 눈앞에서 언뜻 어린아이가 장차 우물로 빠지려는 것을 보면 모두 깜짝 놀라고 측은해하는 마음을 가진다. 이것은 어린아이의 부모와 교분을 맺어서도 아니고, 향당과 붕우들에게 명예를 구해서도 아니며, 오명을 싫어해서 그러한 것도 아니다.

今人乍見孺子將入於井, 皆有怵惕惻隱之心—非所以內交於孺子之父母也, 非所以要譽於鄉黨朋友也, 非惡其聲而然也. (3.6)

눈 깜짝할 사이에 막 걷기 시작한 어린아이가 우물에 빠질 것 같은 것을 보면 누구나 놀라고 두려우며 딱하고 차마 해치지 못하는 정이 생기기 마련이다. 이는 결코 이해타산을 고려한 데서 나온 것이 아니며 완전히 진심이 표출된 것이다. 이는 측은지심이 모든 사람이 본래 가지고 있는 것이며 외부에서 녹여 들어오는 것이 아님을 일컫는다.

  양심과 본심은 사람이 본래 가지고 있는 것이기 때문에 배우지 않아도 잘하고 생각하지 않아도 아는 것이다.

사람들이 배우지 않아도 능한 것은 양능이며, 생각하지 않아도 아는 것은 양지이다. 어려서 손을 잡고 가는 아이가 그 어버이를 사랑할 줄 모름이 없으며, 그 장성함에 미쳐서는 그 형을 공경할 줄 모름이 없다. 어버이를 친애함은 인이고 어른을 공경함은 의이니, 이는 다름이 아니라 온 천하에 공통되기 때문이다.

人之所不學而能者, 其良能也; 所不慮而知者, 其良知也. 孩提之童無不知愛其親者, 及其長也, 無不知敬其兄也. 親親, 仁也; 敬長, 義也; 無他, 達之天下也. (13.15)

손을 잡고 가는 아이는 그 어버이를 사랑할 줄 알며 조금 자라면 형을 공경할 줄 안다. 맹자는 이런 것들은 모두 배우지 않아도 잘하는 것이기 때문에 사람들이 본래 가지고 있는 것이라고 생각하였다.

양심과 본심은 사람마다 본래 가지고 있는 것임을 설명하기 위하여 맹자는 '유(類)'의 문제를 이야기하기에 이르렀다. 그는 공자의 제자 유약(有若)의 말을 인용하여 말했다.

> 달리는 짐승 중의 기린과 나는 새 중의 봉황과 언덕·개밋둑 중의 태산과 길바닥에 고인 장마 물 중의 하해와 똑같은 것이며, 일반 백성 중의 성인도 이와 같은 것이다. 종류 중에서 빼어나며, 모인 것에서 높이 솟아났으나 생민이 있은 이래로 공자보다 더 훌륭하신 분은 계시지 않다.
> 麒麟之於走獸, 鳳凰於飛鳥, 太山之於丘垤, 河海之於行潦, 類也. 聖人之於民, 亦類也, 出於其類, 拔乎其萃, 自生民以來, 未有盛於孔子也.(3.2)

맹자가 공자를 매우 존중하여 공자는 생민 이래로 가장 출중한 발군의 인물이라고 인정을 하기는 하면서도 그는 여전히 공자가 생민과 동류에 속한다고 생각하였다. 「고자 상」에서 맹자는 또 말하였다. "그러므로 무릇 동류인 것은 대부분 서로 같으니, 어찌 홀로 인간에 이르러서만 의심을 하겠는가. 성인도 나와 동류인 자이다.(故凡同類者, 擧相似也, 何獨至於人而疑之? 聖人,與我同類者)"(11.7) 사람과 사람은 동류이고 성인과 보통사람 또한 동류이다. 무릇 동류에 속한 것은 모두 서로 비슷한 곳이 있어서 '똑같이 그렇게 여김(同然)'이 있는데 맹자는 '똑같이 그렇게 여김'이 곧 이이며 의라고 생각하였다. 성인이 성인인 까닭은 다른 곳에 있는 것이 아니라 그들은 "우리 마음이 똑같이 그렇게 여기는 것을 먼저 아셨을 따름이다.(先得

我心之所同然耳)" 맹자가 "사람은 다 요순이 될 수 있다(人皆可以爲堯舜)"고 칭찬한 견해는 충분히 마음속의 의리를 발양하여 빛나고 크게 할 수만 있다면 사람은 누구나 성인이 될 수 있고 대인의 기상을 가질 수 있어서 대인의 사업을 성취할 수 있다는 것이다. 맹자의 말대로라면 곧 "요의 옷을 입고, 요의 말을 외우며, 요의 행실을 행한다면 요임금일 뿐인 것이다.(服堯之服, 誦堯之言, 行堯之行, 是堯而已矣)"(12.2) 확실히 이 모든 것은 반드시 동류의식이 전제되어 있어야 하며 동류의식이 없다면 이 위대한 사상은 상상할 길이 없다. 이렇게 말하면 맹자의 사상 관계는 매우 명료하다. 성인과 사람은 동류이며, 동류인 자는 반드시 '똑같이 그렇게 여김이 있다.' 성인은 양심과 본심이 있기에 사람들은 모두 양심과 본심을 가지고 있다.

양심과 본심은 사람마다 본래 가지고 있다. 양심과 본심 또한 의이며, 사람마다 모두 양심과 본심을 가지고 있으므로 모든 사람의 심중에는 모두 의를 가지고 있다. 이렇게 해서 곧 의는 내면에 있다는 설(義內說)이 생겨났는데 통상적으로 말하는 인의는 내재한다는 것이다. 맹자는 의가 내면에 있음을 주장하였다. 의가 외면에 있다는 것은 반대하였으며「고자상」제5장에는 맹계자(孟季子)와 공도자(公都子)의 대화가 수록되어 있는데 내용은 곧 의가 내면에 있음에 관한 것이다.

맹계자가 공도자에게 물었다. "어찌하여 의가 내면에 있다 이르는가?"(公都子가 말하였다) "내 경을 행하기 때문에 내면에 있다 이르는 것이다. 향인이 백형보다 나이가 한 살이 더 많으면 누구를 공경하는가?" "형을 공경한다." "술을 따를 때는 누구에게 먼저 하는가?" "먼저 향인에게 술을 따른다." "그렇다면 공경하는 것은 여기(伯兄)에 있고, 어른으로 높이는 것은 저기(鄕人)에 있으니, 의는 과연 외면에 있는 것이요, 내면으로부터 나오는 것이 아니구나." 공도자가 답변하지 못하여 맹자께 아뢰자, 맹자께서 말씀하였다. "'숙부를 공경하는가? 아우를 공경하는가?' 하고 물으면, 저가 장차 대답하기를 '숙부를 공경한다.' 할 것이다. '아우가 시동이 되면 누구를 공경하는가?' 하고 물으면, 저가 장차 대답하기를 '아우를 공경한다.' 할 것이다. 자네가 말하기를 '그렇다면 숙부를 공경한다는 것이 어디에 있는가.' 하고 물으면, 저가 장차 '(아우가 尸童의) 자리에 있기 때문이다.'라고 대답할 것이니, 자네 역시 '(鄕人이 賓客의) 자리에 있기 때문이다.'라고 말하라, 평상시의 공경은 형에게 있고, 잠시의 공경은 향인에게 있는 것이다." 계자가 이 말을 듣고 말하였다. "숙부를 공경하게 되면 숙부를 공경하고, 아우를 공경하게 되면 아우를 공경하니, 의는 과연 외면에 있는 것이요, 내면에서 말미암는 것이 아니로구나." 공도자가 말하였다. "겨울철에는 뜨거운 물을 마시고, 여름철에는 찬물을 마시나니, 그렇다면 마시고 먹는 것도 또한 외면에 있는 것일세."

　　孟季子問公都子曰: "何以謂義內也?" 曰: "行吾敬, 故謂之內也." "鄕人長於伯兄一歲, 則誰敬?" 曰: "敬兄." "酌則誰先?" 曰: "先酌鄕人." "所敬在此, 所長在彼, 果在外, 非由內也." 公都子不能答, 以告孟子. 孟子曰: "敬叔父乎? 敬弟乎? 彼將曰, '敬叔父.' 曰, '弟爲尸, 則誰敬?' 彼將曰, '敬弟.' 子曰, '惡在其敬叔父也?' 彼將曰, '在位故也.' 子亦曰, '在位故也. 庸敬在兄, 斯須之 敬在鄕人.'" 季子聞之, 曰: "敬叔父則敬, 敬弟則敬, 果在外, 非由內也." 公都子曰: "冬日則飮湯, 夏日則飮水, 然則飮食亦在外也?"(11.5)

맹계자는 의가 내면에 있다는 설에 동의하지 않았으며, 공도자는 '내 경을 행한다'는 말로 일러주었다. 누구를 공경하고 누구를 공경하지 않는 것은 근거가 내심에 있으므로 의가 밖에 있다고 말하는 것이다. 그러나 맹계자는 본향의 사람이 자기의 형장보다 연장이라면 형장을 공경하지만 함께 술을 마신다면 오히려 향인을 먼저 공경하니 의는 외면에 있는 것이지 내면에 있는 것이 아니라는 것을 알 수 있다고 생각하였다. 공도자가 대답을 할 수 없어서 맹자에게 가르침을 청하였다. 맹자는 이는 일반적인 상황으로 특수한 상황과는 다르다고 말했다. 일반적인 상황과 특수한 상황에서는 누구를 공경해야 하는가가 비록 다르긴 하지만 공경의 표준과 근거는 여전히 자기의 내심에 있으니 의는 내면에 있으며 외면에 있지 않다는 것을 일컫는다는 뜻이다. 본장의 '의' 자의 함의가 충분히 명료하지는 않다. 다만 맹계자와 공도자는 각기 하나의 단서를 가지고 사실판단과 가치판단을 한데 뒤섞어 형식 논리 방면에 매우 큰 소략함이 있지만[7], 맹자가 의는 내면에 있다는 설을 견지하는 기본적인 사고 방향은 여전히 명료하다. 간단히 말하여 맹자가 보기에 도덕의 근거는 온전히 자기에게 있으며, 이것이 곧 양심이며 본심이고 의이다. 의가 외면에 있는 것이라고 생각한다면 도덕의 근거는 외면에 있으며 자기에게 있지 않다고 말하는 것과 같다. 이는 맹자의 전체 사상을 부정하는 것과 같아 당연히 맹자의 반박을 받았다.

(3) 양심과 본심은 성선의 근거

양심과 본심은 내면에 있는 것이지만 그것은 항상 표현되어야 하며 이 표현된 것이 곧 인의예지의 성이다. 이는 또한 본장에서 말한 "측은지심은 인이고, 수오지심은 의이고, 공경지심은 예이며, 시비지심은 지이다.(惻隱之心, 仁也; 羞惡之心, 義也; 恭敬之心, 禮也; 是非之心, 智也)"라는 것이다. 측은과

---

[7] 본서 제9장 제4절을 참고하여 보라.

수오, 공경, 시비지심은 인의예지의 성으로 분별하여 표현된다. 또한 성의 근거는 온전히 양심과 본심에 있으며, 양심과 본심은 성선의 기초라 하였다. 이 도리는 「진심(盡心) 상」 제21장에서 매우 간결하게 말하였다.

> 군자의 본성은 인의예지가 마음에 뿌리를 두고, 그 얼굴빛에 나타남이 환히 얼굴에 드러나며, 등에 가득하며, 사지에 베풀어져서 사지가 말하지 않아도 깨닫게 된다.
> 君子所性, 仁義禮智根於心, 其生色也睟然, 見於面, 盎於背, 施於四體, 四體不言而喩. (13.21)

군자의 본성은 인의예지가 그의 마음에 뿌리를 내림에 있다. 이렇게 발하여 나온 신색은 순수하고 온화하며 온윤하여 얼굴에 나타나고 등에 비치며 사지에 이르러 사지는 언어가 필요 없이 행동거지만으로도 일목요연하다. 따라서 반드시 내재한 인의예지의 마음이 있어야 외재적인 군자의 성이 있을 수 있으며, 내재한 인의예지의 마음을 가지면 반드시 외재적인 군자의 성도 생겨난다.

왜 양심과 본심은 항상 선성으로 표현되어야 하는가? 이는 양심과 본심은 실제로 일종의 도덕적 본체이기 때문이며, 이런 도덕적 본체를 나는 본심과 본체라고 칭한다. 본심과 본체에 관한 이론이 곧 '본심본체론(本心本體論)'이다. '본심본체론'을 세운 것은 맹자의 큰 공헌이다.

공자의 최대 공헌은 인학을 세운 것으로, 예를 행하는 근거를 인에 놓았다. 그러나 공자는 인에 대하여 다만 적당할 만큼 지적을 했을 뿐 진정 인이 무엇인지는 정의하지 않는다. 이는 곧 후인에게 하나의 난제를 남겨놓았다. 맹자는 그 특유의 지혜와 초인적인 오성(悟性)으로 인을 마음에 들이고 이 문제를 말끔히 없애버렸다. 맹자는 명확하게 지적하였다.

인은 사람의 마음이요, 의는 사람의 길이다.

仁, 人心也; 義, 人路也.(11.11)

이 말은 얕잡아보면 안 된다. 이는 유학 발전사에서 매우 중요한 의의가 있기 때문이다. 인이란 무엇인가? 인은 곧 사람의 마음, 사람의 양심과 본심이다. 인이 무엇인지 알려고 하는 것은 조금도 어렵지 않아 역으로 깨달아 반증하여 자기의 양심과 본심을 파악하기만 하면 된다. 인을 실천하고 덕을 행하는 것은 조금도 어렵지 않아 자기의 몸으로 되돌려 스스로 찾아 자기의 양심과 본심에 따라 해나가기만 하면 된다. 양심과 본심은 자기의 밑천이며 도덕을 성취하는 근거이다. 이렇게 하여 맹자는 철저하게 인이란 무엇인가 하는 문제를 해결하였으며, 유가 심성의 학문 발전에 불후의 공헌을 하였다. 맹자가 다른 말은 하지 않았더라도 이 구절만으로도 대서특필할 만하다.

그러나 이것만으로는 진정으로 맹자가 이미 '본심본체론'을 세웠다고는 설명할 수 없으며, 이를 충분히 대표할 수 있는 것은 「진심 상」 제4장이다.

맹자가 말하였다. "만물이 모두 나에게 갖추어져 있다. 몸에 돌이켜 보아 성실하면 즐거움이 이보다 더 클 수 없다. 힘껏 서를 행하면 인을 구함이 이보다 가까울 수 없다."

孟子曰: "萬物皆備於我矣. 反身而誠, 樂莫大焉. 強恕而行, 求仁莫近焉."(13.4)

이 구절은 길지 않지만 곡해가 매우 많다. 곡해는 이곳의 '물' 자를 어떻게 해석해야 하는가에 집중적으로 표현되어 있다. 적지 않은 학자가 서방 철학의 영향을 받아 이곳의 '물'을 물질과 동등시했다. 이는 실제로 맹자를 왜곡시켰다.

'물(物)' 자는 『맹자』에 모두 22차례 보이는데 기본적인 함의는 두 가지가 있다. 첫째는 물품과 물건으로, "사물이 다 그런데 마음이 심하다(物皆然, 心爲甚)"(1.7), "물건이 똑같지 않음은 물건의 실정이다(夫物之不齊, 物之情也)"(5.4), "물건은 또한 그러한 것이 있는 것이다(夫物則亦有然者也)"(11.4), "비록 천하에 쉽게 자라는 물건이 있더라도(雖有天下易生之物也)"(11.9), "흐르는 물의 물건 됨이(流水之爲物也)"(13.24) 같은 것이다. 둘째는 사물과 사정이다. "이미 (국세가 약하여) 명령할 수도 없고 명령을 받을 수도 없다면 이는 남과 끊는 것이다.(旣不能令, 又不能命, 是絶物也)"(7.7), "이러한 일이 어찌 이를 수 있겠는가?(此物奚宜至哉)"(8.28), "순은 여러 사물의 이치에 밝다(舜明于庶物)"(8.19), "그러므로 사물이 있으면 반드시 법이 있다(故有物必有則)"(11.6) 같은 것이다. 후자의 '물' 자의 뜻은 거의 윤리 도덕과 관계가 있다. 머우쭝싼(牟宗三)은 이를 일러 '행위물(行爲物)'이라 하였는데, 매우 일리가 있다. "대인인 자가 있으니, 자기 몸을 바르게 함에 남이 바르게 되는 자이다(有大人者, 正己而物正者也)"(13.19)의 '물' 자가 같은 것은 객관적인 사물로는 절대로 이해될 수 없고 다만 '행위물'로만 이해될 수 있다.

물의 개념이 명료해졌으면 이어서 다시 맹자가 왜 '만물이 모두 나에게 갖추어져 있다'고 이야기하였는지 분석해보겠다. 아래의 두 말에서 실마리를 찾을 수 있다. "인·의·예·지는 밖으로부터 나를 녹여서 들어오는 것이 아니다(仁義禮智, 非由外鑠我也, 我固有之也)"(11.6), "몸에 돌이켜보아 성실하면 즐거움이 이보다 더 클 수 없다. 힘껏 서를 행하면 인을 구함이 이보다 가까울 수 없다.(反身而誠, 樂莫大焉, 强恕而行, 求仁莫近焉)"(13.4) 맹자가 보기에 네 마음을 내가 모두 가지고 있어서 내게 돌이켜 스스로 물어보아 성실하여 속이지만 않는다면 최대의 즐거움을 체험할 수 있다. 그러나 이 몸에 돌이켜 성실한 것은 말뿐일 따름이 아니어야 하는데 정말 성실함을 해내려 한다만 반드시 네 마음의 요구에 따라 해나가야 하기 때문이다. 굳건하게 자기가 하고 싶지 않은 것을 남에게 시키지 않는 서의 도(恕道) 대로 해야 하는데 이는 인을 구하는 가장 좋은 방법이다. 다만 서의 도 또한 내심에서 나오는 것이다. 이 때문에 '만물이 모두 나에게 갖추어져 있다'는 것은 다만 "양심과 본심을 내가 전부 갖추고 있고 도덕적 근거가 내 심중에 있어서 이것 외에는 밖에서 구할 필요가 없다"는 뜻이다. 물질 정신 가운데 어느 것이 첫 번째인가 하는 것은 전혀 문제 되지 않는다.

따라서 우리는 '만물이 모두 나에게 갖추어져 있다'는 이 단언을 매우 중시해야 한다. 이는 실제로 경천동지할 말로 양심과 본심을 도덕 본체의 높이까지 끌어올려 직접 '본심본체론'의 완성을 명시하기 때문이다. 위에서 말한 것처럼 맹자는 마음이 선한 것으로 성이 선하다는 것을 논하였다. 마음이 선한 것은 성이 선한 까닭이며 성이 선한 것은 마음이 선하기 때문이다. 사람마다 모두 양심을 가지고 있고 사람마다 모두 본심을 가지고 있기에 사람마다 모두 선한 성을 가지고 있다. 양심과 본심은 죽은 사물이 아니라 매우 활발하여 바로 드러난다. 양심과 본심이 요구하는 대로 해나가지 않으면 내적으로 성찰함에 병폐가 있고 마음속이 불안해질 것이다. 무조건 양심과 본심의 요구대로 해나가면 내적으로 성찰하여 병폐가 없고 즐거워 스스로 만족할 것이다. 이 양심과 본심은 성선의 근거인 동시에 도덕 선행의 근거이다. 이런 모든 것은 모두 도덕본체론에 관한 사상을 표현하려는 것이 아니겠는가? 그리고 이런 사상이야말로 바로 '본심본체론'이라고 부를 수 있지 않겠는가?

(4) 악은 그 재능을 다할 수 없는 데 있다

선한 마음이 사람마다 모두 가지고 있으며 내가 실로 가지고 있는 것이라면 악은 어째서 생겨난 것일까? 이는 확실히 성선론에서 대답을 제시해야 할 문제이다. 맹자는 악이 생겨난 까닭을 자기의 양심과 본심을 버려서일 뿐이라고 생각하였는데, 곧 '그것을 생각하지 못할 따름이며', '그 재질을 다하지 못하였기 때문이다.'

맹자가 악을 논한 것은 사고의 방향이 일관적이다.「이루 하」제19장에서는 "사람이 금수와 다른 것이 얼마 안 되니, 서민[衆시]들은 이것을 버리고, 군자는 이것을 보존한다.(人之所以異於禽獸者幾希, 庶民去之, 君子存之)"(8.19)라 하였다.「진심 상」제16장에서는 "순이 깊은 산속에 거처할 때 나무와 돌과 함께 거처하였으며, 사슴과 멧돼지와 함께 놀았으니 깊은 산 속의 야인과 다른 것이 별로 없었다.(舜之居深山之中, 與木石居, 與鹿豕游, 其所以異於深山之野人者幾希)"(13.16)라 하였다. 이는 모두 사람과 금수, 군자와 서인 사이의 구별은 단지 얼마 되지 않으며, 군자가 군자인 까닭과 사람이 사람인 까닭은 다만 그들이 이 '얼마 되지 않음'을 충분히 보존할 수 있느냐, 곧 마음속에 잘 간직하느냐에 있다고 말한다. 사람은 군자로 올라갈 수도 있고 금수로 전락할 수도 있으며, 악에 빠질 수도 있다. 다만 그들이 이 '얼마 되지 않음'을 버려서 충분히 마음에 간직할 수 없기 때문이다.

맹자가 자포자기를 반대하는 것도 여기에서 나왔다.

> 스스로 해치는 자는 더불어 말할 수 없고, 스스로 버리는 자는 더불어 일할 수 없으니, 말할 때 예의를 비방하는 것을 자포라 이르고, 내 몸이 인에 거하고 의를 따를 수 없다 하는 것을 자기라 이른다. 인은 사람의 편안한 집이요, 의는 사람의 바른길이다. 편안한 집을 비워두고 살

지 않으며, 바른길을 버려두고 따르지 않으니, 애처롭다.

 自暴者, 不可與有言也; 自棄者, 不可與有爲也. 言非禮義, 謂之自暴也; 吾身不能居仁由義, 謂之自棄也. 仁, 人之安宅也; 義, 人之正路也. 曠安宅而弗居, 舍正路而不由, 哀哉!(7.10)

인은 인류의 가장 안온한 주택이고, 의는 인류의 가장 정확한 도로이다. 인과 의는 사람마다 모두 가지고 있지만 어떤 사람은 말하는 것이 인의가 아니며 행실이 인의가 아니어서 인에 거처함에 의를 말미암지 않으니, 이는 스스로가 스스로를 해치는 것이며 스스로가 스스로를 포기하는 것이다. 이렇게 하면 사람과 금수, 군자와 서인을 구별하는 '얼마 되지 않는 것'을 잃어버리고 악인으로 전락하게 된다.

 구체적으로 말하여 악이 생겨나는 것은 두 방면의 원인이 있다. 첫째는 환경의 영향이다. 맹자는 환경의 영향 문제를 매우 중시하여 말하였다. "풍년에는 자제들이 의뢰함이 많고, 흉년에는 자제들이 포악함이 많으니, 하늘이 재주를 내림이 이처럼 다른 것이 아니라, 그 마음을 빠뜨리는 것이 그렇게 만드는 것이다. 지금 대맥을 파종하고 씨앗을 덮되, 그 땅이 똑같으며 심는 시기가 똑같으면, 발연히 싹이 나와서 하지의 때에 이르러 모두 익으니, 비록 똑같지 않음이 있으나, 이것은 땅에 비옥하고 척박함이 있으며, 비와 이슬의 배양과 사람이 가꾸는 일이 똑같지 않기 때문이다.(富歲, 子弟多賴; 凶歲, 子弟多暴, 非天之降才爾殊也, 其所以陷溺其心者然也. 今夫麰麥, 播种而耰之, 其地同, 樹之時又同, 浡然而生, 至于日至之時, 皆熟矣. 雖有不同, 則地有肥磽, 雨露之養, 人事之不齊也)"(11.7) 대맥의 종자는 모두 마찬가지다. 파종하는 시간과 토지는 서로 같지만 토지의 비옥하고 척박함이 상이하고 비와 이슬의 많고 적음의 다름으로 말미암아 수확 또한 같지 않게 된다. 나이 어린 자제들이 풍년에는 거의 게을러지고 흉년에는 강포해지는 것은 그들의 재능(자질)이 다르기 때문이 아니라 환경의 영향에서 오는 결과다.

두 번째는 이욕의 영향이다. 귀와 눈의 이욕이 도덕의 마음에 침식 작용을 일으켜 모든 일이 이욕을 중히 여긴다면 양심과 본심은 상실하여 존재하지 않게 될 것이다. 앞에서 말했듯이 만 종의 봉록이 예의에 맞지 않고 겨우 물질적 조건이 후하여 받아들인다면 이는 곧 이욕 때문에 본심을 잃게 되는 것이고 또한 곧 악이 번식하는 것이다. 「만장(萬章) 상」 제2장에서 이야기한 상(象)이 순을 해치려 한 이야기 또한 이 문제를 방증할 수 있다. 순의 부모는 순을 모함하여 순에게 곡식 창고를 수리하도록 올려 보냈는데 순이 창고의 꼭대기에 올라가자 사다리를 치워버리고 곡식 창고에 불을 질러 태워버렸다. 순에게 우물을 치러 내려 보냈는데 순이 우물로 내려가자 흙으로 우물의 입구를 메워버렸다. 순의 형제인 상이 말하였다. "꾀하여 도군을 생매장한 것은 모두 나의 공로이니, 소와 양(같은 가축)은 부모의 것이며, 미곡창고도 부모의 것이며, 방패와 창은 나의 것이고, 금은 나의 것이고, 활은 나의 것이며, 두 형수는 내 집을 다스리게 하겠다.(謨蓋都君咸我績, 牛羊父母, 倉廩父母, 干戈朕, 琴朕, 弤朕, 二嫂使治朕棲)" 상은 도덕의 본심이 결코 없지 않았으니 그는 순을 보았을 때 "부끄러워하여(忸怩)"(9.2), 부자연스런 모습을 보였기 때문이다. 그가 이렇게 한 것은 완전히 소와 양, 미곡 창고를 나누고 방패와 창, 금과 활을 차지하고 두 형수가 자기의 이부자리를 펴주게 하려고 또한 이욕에 빠졌기 때문이다. 이 이야기는 비록 만장의 입에서 나왔으나 맹자의 사상과 일치한다.

맹자에게 악은 결코 독립된 내원이 없고 겨우 양심과 본심이 유실되어서라는 것을 알 수 있다. 양심과 본심을 간직하게 되면 악은 없어진다. 양심과 본심을 간직하지 못하게 되면 악이 생겨난다. 따라서 맹자는 악을 논하면서 또한 다른 측면에서 양심과 본심의 존재를 논증했다고 간주할 수 있으며 마음이 선한 것이 곧 성이 선한 것임을 논증하였다.

(5) 성선은 사물의 법칙

 맹자가 마음에 부여한 새로운 함의는 성이 선하다는 것을 논한 것이다. 양심과 본심은 사람이 본래 가지고 있는 것이라 주장하여 마음이 선하다는 것이다. 여기서 맹자는 아직 문제를 완전히 설명하지 못하였다고 느낀 것 같아 상하로 도움을 청하고 근거를 찾으려 했다. 다만 이 임무는 매우 막중하였다. 당시의 사유 수준에 의하면 도덕적 형상의 근거에 대하여 해석을 진행하기가 매우 어려워서였는데 2천 년이 지난 오늘날까지도 여전히 쉬운 일이 아니다. 그러나 옛날 사람들의 사상에는 일종의 관습이 있었다. 분명히 알지 못하는 문제를 위에 맡기는 것으로, 서방에서는 신에게 맡겼고 중국에서는 하늘에 맡겼다. 이에 중국 고대의 천론 사상의 전통은 맹자에 수중에서 유용하게 되어 도덕적 형이상의 근거라는 난제의 '법보(法寶)'에 해답이 되었다. 맹자는 공공연하게 성선의 궁극적 원인과 도덕적 형이상의 근거는 하늘에 있다고 선포하였다.
 하늘이 성선의 궁극적 원인이라는 것을 증명하기 위하여 맹자는 거듭 『시』와 『서』의 천론(天論)의 전통을 쓰기 시작했다.

> 『시』에서는 말하였다. "하늘이 여러 백성[사람]을 내시니, 사물이 있으면 법이 있도다. 사람들이 마음에 떳떳한 본성을 가지고 있는지라, 이 아름다운 덕을 좋아한다."
> 詩曰: "天生蒸民, 有物有則. 民之秉彝, 好是懿德." (11.6)

맹자는 인의예지는 내가 본래 가지고 있는 것으로 밖에서 녹여 들어오는 것이 아니어서 구하면 얻고 놓으면 잃어서 다만 네가 생각하느냐 않느냐에 달려 있는데, 이 모든 것은 사물의 '법칙[則]'이며 이 '법칙'을 파악하면 백성들은 우량한 품덕을 좋아하게 될 것이라고 생각했다. 다만 이 '법칙'은 어디에서 오는 것인가? 하늘에서 오는 것으로, '법칙'은 백성들의 '법칙'이고 백성들은 '하늘이 내는' 데서 오기 때문이다.

공도자가 맹자에게 다 같이 사람인데 어떤 사람들은 군자가 되고 어떤 사람들은 소인이 되는 것은 무슨 도리인가 물었다. 맹자는 신체의 중요기관의 요구를 만족시키면 군자가 되고 신체의 부차적인 기관의 요구를 만족시키면 소인이 된다고 말하였다. 공도자는 또 다 같이 사람인데 왜 어떤 사람은 중요한 기관의 요구를 만족시키고 어떤 사람은 오히려 부차적인 기관의 요구를 만족시키는지 물었다. 맹자는 대답하였다.

> 마음의 기능은 생각할 수 있으니, 생각하면 얻고 생각하지 못하면 얻지 못한다. 이것은 하늘이 우리 인간에게 부여해 준 것이니, 먼저 그 큰 것에 선다면 그 작은 것이 능히 빼앗지 못할 것이니, 이것이 대인이 되는 이유일 따름일 것이다.
> 心之官則思, 思則得之, 不思則不得也. 此天之所與我者. 先立乎其大者, 則其小者不能奪也. 此爲大人而已矣.(11.15)

이는 곧 마음이라는 기관의 기능은 거슬러 깨우치고 돌이켜 생각하는 데 있어서 돌이켜 생각하면 인의예지의 단서를 얻을 수 있으며 돌이켜 생각하지 않으면 얻지 못한다는 말이다. 마음이라는 기관은 하늘이 내게 준 것이다. 먼저 중요한 부분(仁義禮智의 사단)을 확립하게 되면 부차적인 부분이 선성을 빼앗을 수 없는데 이렇게 되면 대인이 된다. 이곳의 '이것은 하늘이 나에게 부여해 준 것'이라는 말은 하늘을 성선의 형이상적 근거로 삼았음이 매우 분명하다.

「진심 상」 제1장에서 말한 것이 또한 이 문제이다.

> 그 마음을 다하는 자는 그 성을 아니, 그 성을 알면 하늘을 알게 될 것이다. 그 마음을 보존하여 그 성을 기름은 하늘을 섬기는 것이다.
>
> 盡其心者, 知其性也. 知其性, 則知天矣. 存其心, 養其性, 所以事天也. (13.1)

이곳의 관건은 첫 구절의 '지천(知天)'을 어떻게 해석하는가에 있다. 내가 보기에 '지천'의 해설을 원만하게 하려면 맹자의 관련이 있는 논술을 결합하여 분석해야 한다. 이 방면에서는 다음의 몇 가지가 필수불가결한 것이다. 첫째, 심(心)과 성(性)은 하나이다. 맹자가 보기에 "군자의 본성은 인의예지가 마음에 뿌리를 둔다.(君子所性, 仁義禮智根於心)"(13.21) 마음은 성이 내재하는 근거다. 성은 마음의 외재적 표현으로, 인의예지가 마음에 뿌리를 두고 있기 때문에 사람이 성실하고 선한 성을 가진다. 여기에는 내외의 구별이 있기는 하지만 실제로는 둘이면서 하나이고 하나이면서 둘이어서 자른 듯이 나눌 수 없다. 둘째, 마음이 사단을 갖추고 있는 것은 자연스러운 이치이다. 맹자가 보기에 사람마다 심중에 모두 인의예지의 단서를 가지고 있는데 이는 자연스러운 이치이기 때문에 성을 논하는 것은 자연에 순응하는 데 있음을 귀하게 여기며 총명함을 휘둘러 천착하고 부회할 필요는 전혀 없다. 셋째, 이 자연스러운 이치는 곧 하늘의 도이다. 위에서 말했듯이 맹자는 '성실히 함은 하늘의 도이다(誠者, 天之道也)'라 이야기한 적이 있다. 사람은 인의예지의 마음을 갖추고 있으며, 인의예지의 마음은 하늘의 도이며 천도의 자연스러운 이치이다. 이렇게 하여 맹자는 이 구절은 곧 이렇게 이해될 수 있다고 하였다. 자기의 본심을 끝까지 궁구하면 본심이 인의예지의 사단을 알 수 있을 것이고 자기의 본성이 본래 선함을 알게 될 것이다. 자기의 본성이 실로 선하다는 것을 알게 되면 천도가 어떤 일인지 알게 되고 이 모든 것이 천도이며 자연의 이치임을 알게 된다.

'마음을 다하고', '성을 알고', '하늘을 앎'이 일단 분명해지면 '마음에 간직하고', '성을 기르고', '하늘을 섬김'을 잘 이해하게 될 것이다. 섬긴다는 것은 섬기고 받들어 어기지 않는 것이다. 이 구절은 인의예지의 사단을 본심에 간직하는 것이 자기의 선을 성실히 하는 성을 기르는 것이고, 천도의 본연을 섬기고 받들어 어기지 않는 것이라는 뜻이다.

이런 논술로 맹자는 확실히 성선을 위하여 궁극적인 원인을 찾는데 뜻이 있으며 마지막으로 이 원인을 하늘로 귀결시켜 하늘을 성선의 형이상 근거로 삼았음을 알 수 있다. 따라서 그것을 사물의 법칙이라는 높이까지 끌어올렸음을 분명하게 표명하였다.

(6) 성선은 하나의 과정이다

맹자는 본성이 선한 것은 마음이 선하기 때문이며, 마음이 선하기 때문에 본성이 선하다고 보았다. 다만 사람은 살아가면서 완전히 선한 본성을 갖게 된다고는 주장하지 않았다. 사람마다 모두 선량한 본심을 가지고 있는데 선량한 본심이 도덕을 성취하는 내재적인 근거이기는 하지만, 인의예지의 단서로 이 사단을 확충시켜나가기만 하면 완전히 선한 본성으로 발전시킬 수 있다고 생각하였다.

맹자가 사단을 논한 것은 대체로 두 가지 각도에서 이루어졌다.

첫째는 종의 방향이다. 어린아이는 인의예지의 단서를 가지고 있다. 손을 잡고 가는 어린이는 그 어버이를 사랑할 줄 알지 못함이 없고 자라서는 그 형을 공경함을 알지 못함이 없는 것과 같다고 하였다. 이 방면의 논술은 그리 많다고 할 수 없다.

둘째는 횡의 방향이다. 사람마다 모두 인의예지의 단서를 가지고 있다.

소가 무고하게 죽임을 당하는 것을 차마 보지 못하고, 어린아이가 우물에 빠지려는 것을 차마 보지 못하는 것 등등과 같아서 그것을 확충시켜 나가야 부단히 발전할 수 있다고 이야기하였다. 이 방면의 논술은 비교적 많은데 전형적인 것은 「공손추(公孫丑) 상」의 제6장에 보인다.

> 측은지심은 인의 단서이고, 수오지심은 의의 단서이며, 사양지심은 예의 단서이고, 시비지심은 지의 단서이다. 사람이 이 사단을 가지고 있음은 사지를 가지고 있음과 같으니, 이 사단을 가지고 있으면서도 스스로 (仁義를) 행할 수 없다고 말하는 자는 자신을 해치는 자이며, 자기 군주가 (仁義를) 행할 수 없다고 말하는 자는 군주를 해치는 자이다. 무릇 나에게 사단이 있는 것을 다 넓혀서 채울 줄 알면, 마치 불이 처음 타오르며 샘물이 처음 나오는 것과 같을 것이니, 만일 능히 이것을 채운다면 족히 사해를 보호할 수 있고, 만일 채우지 못한다면 부모도 섬길 수 없을 것이다.
>
> 惻隱之心, 仁之端也; 羞惡之心, 義之端也; 辭讓之心, 禮之端也; 是非之心, 智之端也. 人之有是四端也, 猶其有四體也. 有是四端而自謂不能者, 自賊者也; 謂其君不能者, 賊其君者也. 凡有四端於我者, 知皆擴而充之矣, 若火之始然, 泉之始達. 苟能充之, 足以保四海; 苟不充之, 不足以事父母.(3.6)

'단(端)'자는 『설문해자』에서 '직(直)'이라고 풀이했다. 단옥재(段玉裁)의 『설문해자주(說文解字注)』에서는 말하였다. "발단(發端), 단서(耑緒)라는 뜻으로 쓰인다." 주희의 『맹자집주』에서는 말하였다. "단은 실마리이다." 단에 '처음 생기다', '시작하다'라는 뜻이 있음을 알 수 있다. 맹자는 측은과 수오, 사양과 시비는 인의예지가 나누어져 처음 생기기 시작하는 것이며 인의예지의 최종 완성이 아니라고 생각하였다. 이 때문에 확충시켜나가고 부단히 발전시켜 불이 막 붙기 시작하고 샘이 막 이르듯이 해야 한다고 하였다. 일단 사단을 충실히 하고 밝고 크게 하면 충분히 사해를 안정시키고 천하를 편안하게 한다.

사실 맹자의 이 사상은 일관적이어서 관련된 논술을 곳곳에서 볼 수 있다. 다음에 『맹자』에서 원문을 몇 단락 인용하여 구체적으로 증명하겠다.

「고자 상」 제9장 "왕의 지혜롭지 못함이 이상할 것이 없구나! 비록 천하에 쉽게 자라는 물건이 있더라도 하루 동안 햇볕을 쬐고 열흘 동안 춥게 하면 잘 자라는 것이 없다. 내가 임금을 뵘 또한 드물고, 내가 물러 나오면 임금의 마음을 차갑게 하는 자가 이르게 되니, 내가 싹이 있은들 어떻게 할 수 있겠는가?(無或乎王之不智也. 雖有天下易生之物也, 一日暴之, 十日寒之, 未有能生者也. 吾見亦罕矣, 吾退而寒之者至矣, 吾如有萌焉何哉?)"(11.9) 왕은 선량한 마음의 맹아를 가지고 있지만 맹자는 그와 만난 적이 너무 적기 때문에 그의 선한 단서를 계발시켜 충분히 발전되게 할 수 없었다. 가장 쉽게 생장하는 식물을 하루 볕을 쬐고 열흘 동안 춥게 하는 것과 마찬가지로 잘 자라게 할 수 없었다. 맹자의 중점은 여기에서 확실히 왕의 선의 단서는 있으나 발전이 필요하다고 지적하였다.

「고자 상」 제13장 "한 아름과 한 줌이 되는 오동나무와 가래나무를 사람들이 만일 생장시키고자 한다면 모두 이것을 기르는 방법을 알되, 몸에 이르러서는 몸을 기르는 방법을 알지 못하니, 어찌 몸을 사랑함이 오동나무와 가래나무만 못해서이겠는가. 생각하지 않음이 심한 것이다.(拱把之桐梓, 人苟欲生之, 皆知所以養之者. 至於身, 而不知所以養之者, 豈愛身不若桐梓哉? 弗思甚也)"(11.13) 오동나무와 가래나무는 배양을 필요로 한다. 선한 마음 또한 배양을 필요로 한다. 오동나무와 가래나무는 '한 아름과 한 줌'만 되면 되고, 선한 마음은 사단이 있도록 하기만 하면 되는데, 그 의미는 서로 같다.

「고자 상」 제19장 "오곡은 종자의 아름다운 것이지만, 익지 않는다면 피만도 못하니, 인 또한 그것을 익숙히 함에 달려 있을 뿐이다.(五穀者, 種之美者也; 苟爲不熟, 不如荑稗. 夫仁, 亦在乎熟之而已矣)"(11.19) 오곡을 심기는 하였는데 익지 않는다면 하미(下米)와 피만도 못하다. 인한 마음이 단서만 있고 확충시키지 못한다면 마찬가지로 큰일을 이룰 수 없다. 맹자는 반복적으로 '한 아름과 한 줌이 되는 오동나무와 가래나무'와 익지 못한 오곡으로 비유하여 매우 분명하게 그 내심의 이런 의식을 내보였다. 선한 마음은 다만 사단일 뿐이며 완성이 아니기 때문에 잘 배양을 하고 부단히 충실하게 해야 한다.

「진심 상」 제29장 "일을 하는 자는 비유하자면 우물을 파는 것과 같으니, 우물을 아홉 길을 팠더라도 샘물에 미치지 못하면 오히려 우물을 버림이 되는 것이다.(有爲者辟若掘井, 掘井九軔而不及泉, 猶爲棄井也)"(13.29) 이 장에서는 직접 이야기하지 않고 여기서 우물 파는 것을 가지고 선한 마음과 선한 덕을 수양하는 것을 비유하였지만 문맥상에서 분석하면 이렇게 이해하는 것이 확실히 틀릴 수 없다. 선한 마음과 선한 덕의 수양은 긴 과정으로 우물을 파는 것과 똑같아 샘구멍에 도달해야 큰 공을 이루었다고 할 수 있다. 파다 말다 하면 힘을 씀이 적지 않은데도 결국 폐정이 되고 만다.

「진심 하」 제31장 "사람들은 모두 차마 하지 못하는 마음을 가지고 있으니, 차마 함에까지 이른다면 인이요, 사람들은 모두 하지 않음이 있으니, 함에까지 이른다면 의이다. 사람이 남을 해치고자 하지 않는 마음을 채운다면 인을 이루 다 쓰지 못할 것이며, 사람이 (담을) 뚫고 넘어가서 도둑질하지 않으려는 마음을 채운다면 의를 이루 다 쓰지 못할 것이다. 사람이 이여(爾汝)를 받아들이지 않는 실제를 채운다면 가는 곳마다 의를 하지 않음이 없을 것이다.(人皆有所不忍,達之於其所忍, 仁也; 人皆有所不爲,達之於其所爲, 義也. 人能充無欲害人之心, 而仁不可勝用也; 人能充無穿之心, 而義不可勝用也; 人能充無受爾汝之實, 無所往而不爲義也)"(14.31) 처음에는 다만 차마 하지 못하지만 차마 함까지 확장한다면 곧 인이고, 처음에는 하지 않지만 하기까지 확장한다면 곧 의이다. 남을 해치지 않고 (도둑질하려고) 구멍을 파거나 벽을 뚫지 않으며 남의 업신여김을 받으려 하지 않는 이런 사람들은 어디든지 있어서 결코 해내기가 어렵지 않지만 아직 한참 멀었으니 이는 다만 단서일 뿐 여전히 확충해야 인의에 부합할 수 있기 때문이다.

사람들이 종종 인증하는 맹자의 양심에 관한 논술은 사실 또한 단서이다.

우산의 나무가 아름다웠었을 것인데, 대국의 교외에 있기 때문에 도끼와 자귀로 매일 나무를 베어가니, 아름답게 될 수 있겠는가? 그 일야[밤]에 자라나는 바와 우로가 적셔주는 바에 싹이 나오는 것이 없지 않건마는, 소와 양이 또 따라서 방목되므로, 이 때문에 저와 같이 헐벗게 되었다. 사람들은 그 헐벗은 것만을 보고는 일찍이 훌륭한 재목이 있은 적이 없다고 여기니, 이것이 어찌 산의 성이겠는가? 비록 사람에게 보존된 것인들 어찌 인의의 마음이 없겠는가만 그 양심을 잃어버림이 또한 도끼와 자귀가 나무에 대해서 아침마다 베어가는 것과 같으니, 아름답게 될 수 있겠는가? 밤에 자람과 새벽녘의 기운에 그 좋아하고 미워함이 남들과 서로 가까운 것이 얼마 되지 않는데, 낮에 하는 소행이 속박으로 잃음이 있으니, 속박됨이 반복되면 야기가 충분히 보존될 수 없고, 야기가 보존될 수 없으면 금수와 거리가 멀지 않게 된다. 사람들은 그 금수 같은 행실만 보고는 일찍이 훌륭한 재질이 있었던 적이 없다고 여기니, 이것이 어찌 사람의 실정이겠는가?

 牛山之木嘗美矣, 以其郊於大國也, 斧斤伐之, 可以爲美乎? 是其日夜之所息, 雨露之所潤, 非無萌蘖之生焉, 牛羊又從而牧之, 是以若彼濯濯也. 人見其濯濯也, 以爲未嘗有材焉, 此豈山之性也哉? 雖存乎人者, 豈無仁義之心哉? 其所以放其良心者, 亦猶斧斤之於木也, 旦旦而伐之, 可以爲美乎? 其日夜之所息, 平旦之氣, 其好惡與人相近也者幾希, 則其旦晝之所爲, 有梏亡之矣. 梏之反覆, 則其夜氣不足以存; 夜氣不足以存, 則其違禽獸不遠矣. 人見其禽獸也, 而以爲未嘗有才焉者, 是豈人之情也哉?(11.8)

여기서는 우산의 나무를 가지고 사람의 양심을 비유하였다. 우산의 수목은 매우 무성했지만 나중에 헐벗게 되었다. 이는 결코 '싹'이 생장하지 않아서가 아니라 파괴되었기 때문이다. 사람도 마찬가지로 양심이 있었지만 끊임없이 잃고 파괴되어 양심 또한 없어진 것이다. 사람들이 그가 인의의 마음이 없는 것을 보고 처음부터 양심이 없었던 것으로 생각하지만 이는 옳지 않다. 맹자는 여기에서 '일야[밤]에 자람과 우로가 적셔줌', '싹이 남' 등으로 양심을 비유했다. 그의 심목 중의 양심은 처음에는 하나의 선의 단서일 뿐으로 또한 확충 배양되어야 하며 그렇지 않으면 "만일 그 기름을 잘 얻으면 물건마다 자라지 못함이 없고, 만일 그 기름을 잃으면 물건마다 사라지지 않음이 없는 것이다.(苟得其養, 無物不長; 苟失其養, 無物不消)"(11.8)라 말할 수 없다는 것을 설명한다.

 이상의 인증으로부터 하나의 중요한 결론을 얻을 수 있다. 성선론은 결코 '성은 본래 선하다는 이론'이나 '성이 선함이 완성되었다는 이론'이 아니라 '마음에 선한 단서가 있어서 선해질 수 있다는 이론'이다. 사람의 양심과 본심은 최초에는 인의예지의 단서였다. 이런 선의 단서로 성이 선한 근거이지만 확충을 거쳐야 인의예지가 완성될 수 있으며 완전히 성이 선해질 수 있다. 당연히 마음의 선한 단서 자체는 끊임없이 선을 완전히 하려는 방향을 갖추고 있으며 잘 길러 파괴하거나 베어버리지만 않는다면 결국은 목적에 도달할 수 있다고 하였다. 사상이 건전한 성인을 가지고 말하면 그의 인생의 어떤 단면에서 그의 성은 선하지만 이는 선의 단서에서 한 걸음 한 걸음 발전되고 확충되어 온 것이며 한꺼번에 완성된 형태가 된 것이 아니다. 이것도 본장의 첫머리에서 말한 "그 정으로 말하면 선하다고 할 수 있으니, 이것이 내가 말하는 선하다는 것이다. 불선을 하는 것으로 말하면 타고난 재질의 죄가 아니다." 이런 상황은 철학 학술용어로 표현한다면 성이 선한 것은 하나의 과정이라고 말할 수 있다.

요컨대 이상의 여섯 조목은 "인의는 내재하고 성은 마음에서 드러난다(仁義內在, 性由心顯)"[8]는 8자로 개괄할 수 있다. '인의가 내재한다'는 것은 모든 사람의 마음에는 다 인을 가지고 있으며 이는 '하늘이 내게 준 것'으로 원래부터 가지고 있던 것이다. '성이 마음에서 드러난다'는 것은 인과 의는 곧 양심이며 본심으로, 양심과 본심은 반드시 밖으로 드러나기 때문에 양심과 본심을 갖지만, 반드시 성실하고 선한 성을 가진다는 것을 말한다. 이 8자를 파악하면 곧 성선론의 기본적 사고방식을 파악하게 되며, 또한 곧 성선론의 근본적인 정신을 파악하게 된다.

---

[8] 머우쭝싼이 한 말이다. 류수셴(劉述先)의 「맹자 심성론을 거듭 돌이켜 생각함(孟子心性論的再反思)」, 리밍훼이(李明輝)가 주편한 『맹자 사상의 철학적 탐구(孟子思想的哲學探討)』, 대만 중앙연구원 중국문철연구소주비처, 1995, 94쪽에 보인다.

3. 성선론의 주요 원칙

성선론은 완전하고 효과적인 윤리 도덕 학설로 자신만의 독특한 기본원칙을 가지고 있다. 맹자의 말에 따르면 이런 기본원칙들은 일단 다음의 네 가지로 귀납된다.

(1) 마음을 두고 성을 기름

마음에 보존하는 것은 맹자의 주요 사상이다.

> 군자가 일반인과 다른 것은 그 마음을 두기 때문이니, 군자는 인을 마음에 두며, 예를 마음에 둔다.
> 君子所以異於人者, 以其存心也. 君子以仁存心, 以禮存心. (8.28)

군자와 서인은 본래 동류나 군자가 나중에 서인보다 높게 되는 까닭이 군자는 마음에 두는 일을 잘하기 때문이다. 사람마다 모두 인의예지의 마음을 가지고 있어서 그것을 잘 보존하여 잃어버리지 않게 한다면 군자가 되며, 잘 보존할 수가 없어 잃어버리면 서인이 된다. 맹자의 다음 말에도 마찬가지의 뜻이 있다.

> 대인이란 적자의 마음을 잃지 않은 자이다.
> 大人者, 不失其赤子之心者也. (8.12)

조기의 『주』에서는 말하였다. "대인은 임금을 이른다. 국군이 백성을 봄을 적자처럼 하여 그 백성의 마음을 잃지 않는 것을 이른다. 일설에는 적자를 영아(嬰兒)라 한다. 어린아이의 마음은 전일하여 변화하지 않는데 사람이 그 적자 때의 마음을 잃지 않을 수 있다면 곧고 바른 대인이 된다." 맹자에게 대인은 반드시 국군만을 가리키지 않으며 덕이 있는 사람을 가리키기도 한다. 맹자의 전체 사상과 연계하여 분석하면 이 구절은 '적자'와 "손을 잡고 가는 아이가 그 어버이를 사랑할 줄 모름이 없다"의 '손을 잡고 가는 아이'와 서로 가까우므로 이곳에서는 뒤의 뜻을 취해야 한다. 맹자가 보기에 한 개인은 어려서부터 혈육 간의 정과 인의의 마음을 가지고 있어 대인이 되려는 것은 매우 간단하여 원래부터 가지고 있는 적자의 마음을 잃지 않는다는 보장만 있으면 그뿐이다. 바꾸어 말하면 어떤 사람이 악인이 되는 것은 다만 원래부터 가지고 있는 적자의 마음을 보존할 수 없기 때문이다. 여기에서 마음에 보존하는 것은 성선론에서 중요한 지위임을 알 수 있다.

마음을 보존하는 것과 상반되는 것은 마음을 놓는 것(放心)이다. 「고자상」제11장에서는 이야기하였다.

> 인은 사람의 마음이고, 의는 사람의 길이다. 그 길을 버리고 따르지 않으며, 그 마음을 잃어버리고 찾을 줄을 모르니, 애처롭다. 사람이 닭과 개가 도망가면 찾을 줄을 알면서도, 마음을 잃고서는 찾을 줄을 알지 못하니 학문하는 방법은 다른 것이 없다. 그 방심을 찾는 것일 뿐이다.
>
> 仁, 人心也; 義, 人路也. 舍其路而弗由, 放其心而不知求, 哀哉! 人有雞犬放, 則知求之; 有放心而不知求. 學問之道無他, 求其放心而已矣. (11.11)

방심(放心)은 본편 제8장의 "그 양심을 잃어버림(放其良心)", 제10장의 "그 본심을 잃어버림(失其本心)"과 같은 뜻으로, 모두 지조를 지킴을 주의하지 않아 양심과 본심을 잃어버린다는 뜻이다. 양심과 본심을 잃어버리면 그것을 되찾아 와야 한다. 개와 닭을 잃어버리면 찾으러 갈 줄 알면서 양심과 본심을 잃어버리면 찾으러 갈 줄을 알지 못하니 이는 매우 슬퍼할 만하다.

마음을 보존하는 것과 가까운 것은 성을 기르는 것이다. 성을 기를 것을 제기한 것은 『맹자』에 겨우 한 차례 나타나는데, 「진심 상」의 첫 장에 보인다.

> 그 마음을 보존하여 그 성을 기름은 하늘을 섬기는 것이다.
> 存其心, 養其性, 所以事天也. (13.1)

사람은 천성적으로 선을 성실히 하는 성을 가지고 있으나 그것은 비교적 가냘프고 손상을 당하기 쉬워서 잘 보양하여야 한다. 우산의 나무가 매우 아름다웠던 것과 똑같이 '대국의 교외에 있어서' '도끼와 자귀로 베어버리면' 아름답지 않게 변할 수 있다. '일야[밤]에 자라나고 비와 이슬이 적셔주고' 잘 보양을 해 주어야 재목이 될 수 있다. 이것을 일러 곧 "만일 그 기름을 잘 얻으면 물건마다 자라지 못함이 없고, 만일 그 기름을 잃으면 물건마다 사라지지 않음이 없는 것이다.(苟得其養, 無物不長; 苟失其養, 無物不消)"라 하는 것이다. 이 의의에서 말하면 마음을 보존하는 것은 곧 성을 기르는 것이고, 성을 기르는 것은 마음을 보존하는 것이어서 일단 진짜로 인의예지 단서를 내심에 보존하면 자기의 선을 성실히 하는 성에 자양분을 공급하게 되고, 정성을 다하여 천도의 본연을 어기지 않게 된다.

마음을 보존하고 성을 기르는 것은 반드시 마음을 오로지하여 뜻을 바쳐야 한다. 맹자는 우언고사를 빌려서 이 도리를 이야기하였다.

지금 바둑의 수가 작은 수이나, 마음을 오로지 하고 뜻을 다하지 않으면 터득하지 못한다. 혁추는 온 나라에서 바둑을 잘 두는 자이다. 혁추로 하여금 두 사람에게 바둑을 가르치게 하는데, 그중에 한 사람은 마음을 오로지 하고 뜻을 다하여 오직 혁추의 말을 듣고, 한 사람은 비록 듣기는 하나 마음 한편에 기러기와 큰 새가 장차 이르거든 활과 주살을 당겨서 쏠 것을 생각한다면, 비록 그와 더불어 똑같이 배운다고 하더라도 그만 못할 것이다.

今夫弈之爲數, 小數也, 不專心致志, 則不得也. 弈秋, 通國之善弈者也. 使弈秋誨二人弈, 其一人專心致志, 惟弈秋之爲聽. 一人雖聽之, 一心以爲有鴻鵠將至, 思援弓繳而射之, 雖與之俱學, 弗若之矣.(11.9)

이곳의 본의는 국군에게 얼마의 양심과 본심의 맹아가 돋아났는데도 맹자에게 더 많이 권유할 기회가 없어서 아무런 결실도 보지 못했다는 말이다. 그러나 여기에서도 양심과 본심의 수양 문제를 이야기하면서 마음을 오롯이 하고 뜻을 지극히 하기만 하면 성과를 낼 수 있을 것이며 그렇지 않으면 다시 좋은 양심과 본심의 기초를 가진다 해도 쓸 곳이 없을 것이다.

요컨대 마음을 보존하고 성을 기름은 성선론에서 특수한 지위를 차지하고 있으며 성선론은 윤리 도덕 학설의 중요한 전제가 된다.

(2) 먼저 그 큰 것을 세운다

마음을 보존하고 성을 기름을 다하고 양심과 본심을 발전시키면 도덕의 기초가 생기며 그 기초를 따르면 윤리와 합하여질 수 있고 도덕을 성취하게 된다. 그러나 이것 외에도 사람은 식색의 이욕을 가지고 있다. 맹자는 양심과 본심, 식색의 이욕을 분별하여 '대체(大體)'와 '소체(小體)'라 일컬었다. 식색의 이욕을 '소체'라 하였는데 그 작용이 작기 때문이며, 양심과 본심을 '대체'라 한 것은 그 작용이 크기 때문이다. 이런 구분은 매우 식견이 있으며 이런 구분이 없다면 인성을 고양하고 인성의 자각을 획득할 수 없다.

'대체'가 있고 또 '소체'가 있다면 이 양자 관계를 어떻게 처리하여야 하는가 하는 문제가 생긴다. 맹자는 '대체'를 가지고 '소체'를 제약하고 결정할 것을 주장했다.

> 공도자가 물었다. "다 같이 사람인데, 혹은 대인이 되고, 혹은 소인이 되는 것은 어째서입니까?" 맹자가 말하였다. "그 대체를 따르는 사람은 대인이 되고, 그 소체를 따르는 사람은 소인이 된다."
> 公都子問曰:"鈞是人也, 或爲大人, 或爲小人, 何也?"孟子曰:"從其大體爲大人, 從其小體爲小人."(11.15)

'소체'는 사람의 가치를 결정할 수 없으며, '대체'라야 사람의 가치를 결정할 수 있고, '대체'로 '소체'를 결정해야 사람의 내재적인 가치를 드러나게 할 수 있다.

'대체'로 '소체'를 결정하는 것은 맹자의 일관된 사상으로 『맹자』에 여러 차례 출현하며 아울러 생동적인 비유가 있다.

> 사람이 자기 몸에 대해서 사랑함을 겸하니, 사랑함을 겸하면 기름을 겸한다. 한 자와 한 치의 살을 사랑하지 않음이 없다면, 한 자와 한 치의 살을 기르지 않음이 없을 것이니, 잘 기르고 잘못 기름을 상고하는 것이 어찌 다른 것이 있겠는가. 자기에게서 취할 뿐이다. 몸에는 귀하고

천함이 있으며 작고 큼이 있으니, 작은 것을 가지고 큰 것을 해치지 말며, 천한 것을 가지고 귀한 것을 해치지 말아야 하니, 작은 것을 기르는 자는 소인이고, 큰 것을 기르는 자는 대인이다. 지금 식예사가 오동나무와 가래나무를 버리고 대추나무를 기른다면 값어치 없는 식예사가 되는 것이다. 그 손가락 하나만 기르고, 그 어깨와 등을 잃고서도 모른다면, 이는 흐리멍덩한 사람이다. 음식을 밝히는 사람을 사람들이 천히 여기니, 작은 것을 기르고 큰 것을 잃기 때문이다. 음식을 밝히는 사람이 잃음[잘못함]이 없다면 입과 배가 어찌 다만 한 자나 한 치의 살이 될 뿐이겠는가.

　人之於身也, 兼所愛. 兼所愛, 則兼所養也. 無尺寸之膚不愛焉, 則無尺寸之膚不養也. 所以考其善不善者, 豈有他哉? 於己取之而已矣. 體有貴賤, 有小大. 無以小害大, 無以賤害貴. 養其小者爲小人, 養其大者爲大人. 今有場師, 舍其梧檟, 養其樲棘, 則爲賤場師焉. 養其一指而失其肩背, 而不知也, 則爲狼疾人也. 飮食之人, 則人賤之矣, 爲其養小以失大也. 飮食之人無有失也, 則口腹豈適爲尺寸之膚哉?(11.14)

사람은 신체 각 부위를 모두 사랑해야 하지만 신체에는 중요한 부위가 있고 부차적인 부위도 있다. 작은 부위가 큰 부위에 영향을 끼쳐서는 안 되며, 부차적인 부위가 중요한 부위에 영향을 끼쳐서는 안 된다. 작은 부위를 보양하는 것은 소인이고, 큰 부위를 보양하는 것은 대인이다. 원예사가 오동나무와 가래나무는 버려두고 멧대추와 가시나무를 배양하러 간다면 좋은 원예사가 아니며, 어깨와 등을 잃었는데 손가락만 보양한다면 어리석기 짝이 없는 사람이다.

　맹자는 또한 '천작(天爵)'과 '인작(人爵)'으로 같은 사상을 표현하였다. 그는 말하였다.

인은 하늘의 높은 벼슬이며, 사람의 편안한 집이다. 아무도 막지 않는데도 인하지 못하니, 이것은 지혜롭지 못한 것이다. 인하지 못하고 지혜롭지 못하며 예가 없고 의가 없으면 사람에게 사역을 당한다.
夫仁, 天之尊爵也, 人之安宅也. 莫之御而不仁, 是不智也. 不仁·不智·無禮·無義, 人役也.(3.7)

천작이 있고 인작이 있다. 인의와 충신을 행하고 선을 즐거워하며 게을리하지 않음이 천작이요, 공경과 대부가 인작이다. 옛사람은 그 천작을 닦음에 인작이 따랐다. 지금 사람들은 천작을 닦아서 인작을 요구하고, 이미 인작을 얻고서는 천작을 버리니, 이것은 의혹됨이 심한 것이다. 끝내는 반드시 인작마저 잃을 뿐이다.
有天爵者, 有人爵者. 仁義忠信, 樂善不倦, 此天爵也; 公卿大夫, 此人爵也. 古之人修其天爵而人爵從之. 今之人修其天爵, 以要人爵; 旣得人爵, 而棄其天爵, 則惑之甚者也, 終亦必亡而已矣.(11.16)

'천작'은 인의와 충신이고, '인작'은 공경 대부이다. 이상적인 상황은 '천작'을 닦아 '인작'이 따르는 것이다. '인작'만 바라고 '천작'을 버린다면 그것은 너무 어리석다. 이런 '천작'과 '인작', '의'와 '리', '어(魚)'와 '웅장(熊掌)'의 구분이 따르는 것은 모두 같은 사고방식이다.
'대체'는 '소체'를 결정하는데, 맹자는 이를 '먼저 그 큰 것을 세우는 것'이라 하였다.

먼저 그 큰 것을 세운다면 그 작은 것이 능히 빼앗지 못할 것이니, 이것이 대인이 되는 이유일 뿐이다.
先立乎其大者, 則其小者不能奪也. 此爲大人而已矣.(11.15)

먼저 그 큰 것을 세우는 것은 '대체'가 '소체'를 결정하는 것으로 이론상으로 말하면 양심과 본심이 식색과 이욕을 결정하는 것이다. 양심과 본심은 선을 향할 가능성이 있으며, 식색과 이욕은 한도를 넘어서면 악으로 향할 것이다. 양심과 본심이 식색과 이욕을 결정한다는 것은 식색과 이욕에 얽매임 없이 양심과 본심의 인도에 따라 인의를 달성하여 윤리에 부합한다. 이렇게 양심과 본심은 전체 생명을 충만하게 하여 생명에 광채가 가득하게 하고 식색과 이욕에 빠져 금수로 전락하지 않게 한다.

(3) 마음에 부끄러움이 없음

마음에 부끄러움이 없는 것은 바로 양심과 본심에 부끄럽지 않은 것이다. 이 사상은 「진심 상」의 제20장에 보인다.

> 군자에게는 세 가지 즐거움이 있는데, 천하를 다스림은 여기에 들어 있지 않다. 부모가 모두 살아 계시며, 형제가 무고한 것이 첫 번째 즐거움이고, 위로는 하늘에 부끄럽지 않고, 아래로는 인간에 부끄럽지 않음이 두 번째 즐거움이며, 천하의 영재를 얻어 교육하는 것이 세 번째 즐거움이다.
> 君子有三樂, 而王天下不與存焉. 父母俱存, 兄弟無故, 一樂也; 仰不愧於天, 俯不怍於人, 二樂也; 得天下英才而敎育之, 三樂也. (13.20)

맹자는 군자에게는 세 가지 즐거움이 있는데 그 가운데 두 번째 즐거움이 위로는 하늘에 부끄럽지 않고, 아래로는 인간에 부끄럽지 않은 것이라고 생각했다. '괴(愧)'와 '작(怍)'은 『맹자』에 모두 딱 한 차례 나타난다. '괴(愧)'는 곧 참괴(慚愧)이고, '작(怍)'은 곧 괴작(愧怍)이다. 조기의 『주』에서는 말하였다. "하늘에 부끄럽지 않고 사람에게 부끄럽지 않으며 마음이 올발라서 사악함이 없는 것이다." 마음이 올발라서 사악함이 없게 할 수만 있다면 부끄러움이 없게 할 수 있다. 하늘에 부끄럽지 않고 인간에 부끄럽지 않음의 근거가 전부 내심에 근거하고 문제의 실질이 마음에 부끄럽지 않은 것임을 알 수 있다.

마음에 부끄럽지 않은 것은 맹자의 매우 중요한 사상으로, 『맹자』의 처음과 끝을 관통하고 있다. 이를테면 호연지기를 기르는 것은 곧 마음에 부끄러움을 떠나지 않는 것이다. "그 기가 의와 도에 배합되니, 이것이 없으면 굶주리게 된다(其爲氣也, 配義與道; 無是, 餒也)", "행하고서 마음에 부족하게 여기는 것이 있으면 (浩然之氣가) 굶주리게 된다.(行有不慊於心, 則餒也)"(3.2) 조기는 『주』에서 말하였다. "겸(慊)은 쾌(快)함이다. 스스로 성찰하여 행하는 인의가 갖추어지지 않아 호연지기에 해를 끼치게 되면 심복(心腹)이 굶주리게 된다." 호연지기는 가장 위대하고 가장 굳세고 강하여 의와 도와 함께 배합되면 천지사방에 충만하게 되어 없는 곳이 없게 된다. 마음에 부끄러운 일을 한 가지만 저질러도 이런 기는 약해져서 힘을 잃게 된다. 이곳의 '행하고서 마음에 부족하게 여기는 것이 있음'이 곧 마음에 부끄러움이 있는 것이다. 호연지기를 기르려면 반드시 먼저 마음에 부끄러움이 없게 해야 한다. 어린아이가 우물에 빠지려 하는 예가 문제를 가장 잘 설명해줄 수 있다. 어린아이가 우물에 빠지려고 하는 것을 보면 두려움과 측은한 마음이 절로 생겨 구하러 간다. 구하는 것은 달리 추구함이 있어서가 아니라 다만 자기의 양심과 본심에 떳떳하게 하기 위해서이다. 구하러 가지 않는다면 마음속에 반드시 부끄러움이 있다.

어버이의 장례를 치르는 것도 또한 이 문제를 말한 것이다.

상고시대에 일찍이 그 어버이의 장례를 치르지 않은 자가 있었는데,

그 어버이가 죽자, 들어다가 구렁에 버렸다. 훗날 그곳을 지날 적에 여우와 살쾡이가 파먹으며 파리와 등에가 모여서 빨아먹거늘, 그 이마에 땀이 흥건히 젖어서 흘겨보고 차마 똑바로 보지 못하였다. 땀이 흥건히 젖은 것은 남들이 보기 때문에 땀에 젖은 것이 아니라, 마음이 얼굴에 표현된 것이다. 그는 집으로 돌아와서 삼태기와 들것에 흙을 담아 뒤집어 쏟아서 시신을 덮었다.

蓋上世嘗有不葬其親者, 其親死, 則擧而委之於壑. 他日過之, 狐狸食之, 蠅蚋姑嘬之. 其顙有泚, 睨而不視. 夫泚也, 非爲人, 中心達於面目, 蓋歸反虆梩而掩之. (5.5)

상고시대의 사람은 부모를 매장하지 않았으며, 부모가 죽으면 그 시신을 산의 도랑에 버리고는 일을 끝냈다. 왜 나중에는 부모를 매장해야 했는가? 사람이 이렇게 하지 않으면 시신이 여우와 살쾡이에게 먹히고 모기와 등에가 빨아먹는 것을 보게 되어 마음속으로 차마 하지 못하였기 때문이다. '효자와 인한 사람이 그 어버이(의 시신)를 덮어줌'은 양심과 본심에 부끄러움이 없게 하고자 함이라는 걸 알 수 있다. 다만 마음에 부끄러움이 없도록 해야 '어버이를 장례 지내지 않는' 데서 '어버이를 덮어주는' 데로 나아가게 된다.

'어버이를 덮어주는 것' 자체를 가지고 말하면 또한 규모의 문제가 있다.

옛적에는 관곽이 일정한 한도가 없었다. 중고에 관은 일곱 치이고 곽도 이에 걸맞게 하여, 천자로부터 서인에까지 이르렀다. 이것은 다만 보기에 아름답게 하기 위해서가 아니라, 이렇게 한 뒤에야 인심에 다하기 때문이었다. (法制에) 할 수 없으면 마음에 기쁠[흡족할] 수 없으며, 재력이 없으면 기쁠 수 없는 것이다. (法制에) 할 수 있고 또 재력이 있으면 옛사람들이 모두 썼으니, 내 어찌하여 홀로 그렇게 하지 않겠는가? 또 죽은 자를 위하여 흙이 (屍身의) 살갗에 가까이 닿지 않게 한다면, 사람의 마음에 홀로 만족하지 않겠는가? 내가 들으니 "군자는 천하를 위하여 그 어버이에게 검박하게 하지 않는다."고 하였다.

古者棺槨無度, 中古棺七寸, 槨稱之. 自天子達於庶人, 非直爲觀美也, 然後盡於人心. 不得, 不可以爲悅; 無財, 不可以爲悅. 得之爲有財, 古之人皆用之, 吾何爲獨不然? 且比化者無使土親膚, 於人心獨無恔乎? 吾聞之也: 君子不以天下儉其親. (4.7)

어떤 사람이 맹자가 모친을 장례 지내는데 관곽이 너무 좋다고 지적하자 맹자는 듣고 그렇지 않다고 하였다. 그는 관곽은 좋아 보이기 위해서가 아니라 효자의 마음을 다하기 위해서다, 근근이 죽은 자의 시신이 진흙에 닿지 않게 하는 것 정도로는 효자로 말하기에 까마득히 먼데 이는 마음속에 부끄러움을 느끼기 때문이라고 생각하였다. 관곽의 일만 잘 처리하여도 '사람의 마음을 다할' 수 있다. '사람의 마음을 다한 것은' 또한 마음에 부끄러움이 없는 것이다.

한 사람은 일생을 살아가면서 원대한 이상이라는 큰 포부를 가지고 또 마음에 부끄럽지 않아야 한다. 뜻을 세움이 높고 멀며 강렬한 역사적 책임감을 가지고 맹자는 신상에 돌출된 표현을 하였다. 맹자는 말하였다. "공자로부터 지금에 이르기까지가 백여 년이니, 성인의 세대와의 거리가 이같이 멀지 않으며, 성인이 거주하신 곳과 가까움이 이같이 심하되, 그런데도 아무것도 없으니, 그렇다면 또한 아무것도 없겠구나!"(由孔子而來至於今, 百有餘歲, 去聖人之世若此其未遠也, 近聖人之居若此其甚也, 然而無有乎爾, 則亦無有乎爾.)"(14.38) 왜 맹자는 이런 강렬한 역사적 사명감을 가져야 했는가? 맹자는 사람이 일평생을 살아가면서 항상 몇 가지 큰일을 해야 한다고 생각하였다. 평범하게 일생을 지내면서 다른 사람이 성인이 되어 '천하에 모범이 되어 후세에 전할 만한데' 자기는 여전히 '향인(鄕人)을 면하지 못하는' 것을 보면 가슴에서 우러나는 근심이 있을 것이며 마음에 부끄러움이 있을 것이다. 맹자의 강렬한 우환 의식은 바로 마음에 부끄럽지 않게 하는 것에서 나왔음을 알 수 있다.

맹자는 각국의 정치를 지적하고 평가하면서 종종 마음에 부끄러움이 없음을 가지고 입론하기도 했다. 맹자가 제선왕(齊宣王)과 대화할 때 제선왕은 왜 "좌우를 돌아보며 다른 말을 하였"(2.6)는가? 국가를 잘 다스리지 못하여 마음에 부끄러움이 있었기 때문이다. 맹자는 제선왕이 소가 죽임을 당하는 것을 보려고 하지 않았기 때문에 차마 하려고 하지 않는 마음을 가지고 있다고 단정했다. 아울러 이런 마음이면 충분히 인정을 행할 수 있다고 생각하였다. 그가 인정을 행하지 않는 사실이 그가 차마 하지 않는 마음과 일치하지 않는 것 또한 그의 차마 하지 못하는 마음에 미안한 일이라고 하였다. '좌우를 돌아보고 다른 말을 하는' 것은 현상이고, 마음에 부끄러움이 있는 것이 본질임을 알 수 있다.

요컨대 양심과 본심은 절로 자기의 몸에서 맑은 샘과 같고 밝은 거울과 흡사하여 말하고 행동함이 그와 맞춰보아 옳고 그름의 잘잘못을 절로 알 수 있다. 한 가지 일의 양심과 본심이 이미 하지 말아야 한다고 알렸는데도 했다면 양심과 본심이 불안하고 부끄러울 것이다. 이를 일러 마음에 부끄럽다고 하는 것이다. 한 가지 일의 양심과 본심이 해야 한다고 알려 이를 따랐다면 양심과 본심은 안온해지고 부끄러움이 없게 될 것이다. 이를 일러 마음에 부끄러움이 없다고 하는 것이다. 마음에 부끄러움이 없는 것은 성선론의 큰 학문이다.

(4) 알면 반드시 행함

알면 반드시 행함은 성선론이 빈 이론이 아님을 말하며 반드시 실제 생활에서 운용되어야 한다. 성선론이 실제 생활에서 운용됨은 대체로 이런 두 가지 고리가 있는데 생각에서 비롯되어 성실함에 이르는 것이다.

1) 생각에서 비롯함

양심과 본심은 절로 자기의 몸에 있어 진실하며 헛됨이 없다. 그러나 어떻게 해야 그 존재를 발견할 수 있는가? 맹자는 이는 반드시 자기에게 절실한 것을 스스로 돌아보고 몸에 돌이켜 스스로 물어보아야 한다고 생각하였다. 이 과정을 맹자는 생각이라 일컬었다.

본장의 제1절에서 『맹자』의 '사(思)' 자에는 세 가지 뜻이 있으며 성선론과 관련이 있는 것은 '돌이켜 생각함(反思)'의 '사'라고 이야기한 적이 있다. 「고자 상」의 제6장에는 이 사상을 매우 뚜렷하게 표현한 구절이 있다. "인·의·예·지가 밖으로부터 나를 녹여서 들어오는 것이 아니라, 내가 본래 가지고 있는 것이지만 사람들이 생각하지 못할 뿐이다.(仁義禮智, 非由外鑠我也, 我固有之也, 弗思耳矣)"(11.6) 사람마다 모두 인의예지의 단서를 가지고 있는데 이는 성이 선하다는 내재적 근거로, 어떤 사람이 '선하지 못한 일을 하는' 것은 결코 이 근거가 없어서가 아니다. 다만 자기가 본래 가지고 있는 양심과 본심을 돌이켜 생각하는데 뛰어나지 못할 따름이다. 같은 편의 제17장 "사람마다 자기에게 귀함이 있는데도 그것을 생각하지 않을 따름이다(人人有貴于己者, 弗思耳矣)"(11.17)라는 것도 이 뜻이다. 맹자는 사람마다 모두 존귀해지기를 바라는데 모든 사람이 '자기에게도 귀함'이 있음을 생각하지 않을 따름이라고 생각하였다. '자기에게 귀한' 것이 곧 자기 인의의 마음이다. 사람마다 모두 인의의 마음을 가지고 있고 모두 도덕을 성취하는 근거를 지니고 있으니 그가 생각을 하는지 하지 않는지를 봐야 한다.

가장 전형적인 예는 아무래도 「고자 상」의 제15장일 것이다.

> 귀와 눈의 기능은 생각하지 못하여 물건에 가리니, 물건(外物)이 물건(耳目)과 사귀면 거기에 끌려갈 뿐이고, 마음의 기능은 생각할 수 있으니, 생각하면 얻고 생각하지 않으면 얻지 못한다.
> 耳目之官不思, 而蔽於物. 物交物, 則引之而已矣. 心之官則思, 思則得之, 不思則不得也. (11.15)

어떤 주석가는 이 구절을 이렇게 해석했다. "귀와 눈 같은 기관은 사고할 줄 모르기 때문에 외물에 의하여 가려진다. 일단 외물과 서로 접촉하면 길을 잃게 된다. 마음이라는 기관의 기능은 사고에 있으며 일단 사고하면 얻게 되고 사고를 하지 않으면 얻지 못하게 된다." 이는 생각을 일반적 의미의 사고와 동등하게 본 것으로 맹자가 말한 본의와는 아주 가깝지 않다. 맹자에 의하면 양심과 본심은 내재적인 것이며 도덕의 근거로 도덕을 성취하려면 양심과 도덕을 발명하여야 하며 발명된 경로는 이 기본 사상을 자기에게 절실하게 스스로 돌아보아야 한다. 이 구절은 귀와 눈이 양심과 본심을 돌이켜 생각할 수 없기 때문에 가려지기 마련이고 마음의 기능은 돌이켜 생각하는 것으로, 돌이켜 생각하면 양심과 본심을 얻을 수 있으며 돌이켜 생각하지 않으면 얻지 못한다는 말이다. 따라서 이곳의 사(思)는 다만 돌이켜 생각하는 것으로 이해할 수 있다.

사(思)는 또한 곧 돌이키는 것(反)이다. 『맹자』에는 '반(反)' 자가 매우 많이 쓰였는데, 이것이 주요 원인이다. 맹자의 자반(自反)에 대한 논술은 매우 많다.

사람[남]을 사랑해도 친해지지 않거든 인을 돌이켜보고, 사람을 다스려도 다스려지지 않거든 지를 돌이켜보고, 사람에게 예법을 행하여도 답례하지 않거든 경을 돌이켜보아야 한다. 행하고도 얻지 못함이 있으면 모두 자신에게 돌이켜 찾아야 하니, 자신이 올발라지면 천하가 돌아오는 것이다. 『시경』에서 이르기를 "길이 천명에 배합하기를 생각함이 스스로 많은 복을 구하는 길이다." 하였다.

愛人不親, 反其仁; 治人不治, 反其智; 禮人不答, 反其敬 ─ 行有不得者皆反求諸己, 其身正而天下歸之. 詩云: "永言配命, 自求多福." (7.4)

인한 자는 남을 사랑하고, 예가 있는 자는 남을 공경한다. 남을 사랑하는 자는 남이 항상 사랑하고, 남을 공경하는 자는 남이 항상 공경한다. 여기에 어떤 사람이 있는데, 자신 대하기를 횡역으로써 하면, 군자는 반드시 스스로 돌이켜서, 내 반드시 인하지 못하며 반드시 예가 없는가 보다. 이러한 일이 어찌 이를 수 있겠는가 한다. 그 스스로 돌이켜 인하였으며, 스스로 돌이켜 예가 있었는데도, 그 횡역이 이와 같으면 군자는 반드시 스스로 돌이켜, 내 반드시 충[성실]하지 못한가 보다 한다. 스스로 돌이켜 성실하였으되, 그 횡역이 이와 같으면, 군자는 말하기를 "이 또한 망인일 뿐이다. 이와 같다면 금수와 어찌 다르겠는가? 금수에게 또 무엇을 꾸짖겠는가?"

仁者愛人, 有禮者敬人. 愛人者, 人恒愛之; 敬人者, 人恒敬之. 有人於此, 其待我以橫逆, 則君子必自反也: 我必不仁也, 必無禮也, 此物奚宜至哉? 其自反而仁矣, 自反而有禮矣, 其橫逆由是也, 君子必自反也, 我必不忠. 自反而忠矣, 其橫逆由是也, 君子曰: "此亦妄人也已矣. 如此, 則與禽獸奚擇哉? 於禽獸又何難焉?" (8.28)

양심과 본심은 진실의 기초이다. 스스로 돌이키는 것은 진실의 기초를 탐구하는 것이자 진실의 기초를 회귀시키는 것이다. 맹자는 남을 사랑하고 남을 다스리며 남을 예로 대하는 과정에서 자기의 인과 지(智), 경(敬)을 돌이켜 물을 것을 강조하였다. 주로 자기의 양심과 본심을 체찰하지 못하였는가를 말한다. 이 점에 관하여 맹자는 형상화한 견해가 있다. "인한 자는 활쏘기 하는 것과 같으니, 활을 쏘는 자는 자신을 바로잡은 뒤에야 발사하여, 발사한 것이 맞지 않더라도 자신을 이긴 자를 원망하지 않고 돌이켜서 자신에게서 찾을 뿐이다.(仁者如射; 射者正己而後發; 發而不中, 不怨勝己者, 反求諸己而已矣)"(3.7) 화살을 쏘는 사람은 자신의 몸을 똑바르게 해야 (표적을) 명중시킬 수 있으며 선한 일을 하는 사람도 자신의 몸을 똑바로 해야 선한 일을 할 수 있다. 이로써 스스로 돌이키는 과정이 스스로 얻는 과정임을 알 수 있다. '자득(自得)'이라는 두 자는 「이루 하」 제14장에 보인다.

> 군자가 깊이 나아가기를 도[방법]로 함은 자득하고자 해서이니, 자득하면 거함에 편안하고, 거함에 편안하면 이용함이 깊고, 이용함이 깊으면 좌우에서 취하여 씀에 그 근원을 만나게 된다. 그러므로 군자는 자득하고자 하는 것이다.
>
> 君子深造之以道, 欲其自得之也. 自得之, 則居之安; 居之安, 則資之深; 資之深, 則取之左右逢其原, 故君子欲其自得之也.(8.14)

학술계에서는 자득에 대하여 두 가지를 부정확하게 이해하고 있다. 첫째, '자(自)'를 '자각(自覺)'으로 이해하는 것이다. 『맹자』를 다 조사해보면 '자(自)' 자는 76번 보이는데, 모두 두 가지 뜻이 있다. 첫째는 '종(從: ~에서)'의 뜻인데, "생민이 있은 이래로(自有生民以來)"(3.5), "초에서 등으로 갔다(自

楚之滕)"(5.4) 같은 경우이다. 둘째는 '스스로(自己)'라는 뜻이다. "스스로 돌이켜서 정직하지 못하다(自反而不縮)", "스스로 돌이켜서 정직하다(自反而縮)"(3.2), "스스로 옳게 여기다(自以爲是)"(14.37) 같은 경우로, 예로부터 '각(覺)'이라는 함의는 없었다. 따라서 자득(自得)은 '자각적으로 얻었다'는 뜻이 아니며, 다만 '스스로 얻었다'는 뜻이다. 둘째, '득(得)'을 '학문을 얻다'로 해석하는 것으로, 이는 글자를 더하여 해석한 것이며 취할 만하지 못하다. 주희의 『맹자집주』에서는 말하였다. "군자가 깊이 나아가기를 힘쓰되 반드시 그 도로써 하는 것은, 믿고 따르는 바가 있어서, 묵묵히 알고 마음속으로 통달하여 자연히 자기 몸에 얻어지기를 기다리고자 해서이다." 이것을 "대인이란 갓난아기의 마음을 잃지 않은 자이다.(大人者, 不失其赤子之心者也)"(8.12), "학문하는 방법은 다른 것이 없다. 그 방심을 찾는 것일 뿐이다.(學問之道無他, 求其放心而已矣)"(11.11)와 참고하여 읽어보면 이곳의 '득'은 "인의예지의 마음을 얻는 것이 곧 양심과 본심이다"로 이해되어야 함을 알 수 있다.

종합적으로 말하여 자득(自得)은 곧 '스스로 양심과 본심을 얻었다'는 뜻이다. 이는 곧 맹자가 보기에 군자는 정확한 방법에 따라서 높고 깊은 경지에 이르면 곧 스스로 양심과 본심을 얻게 되며, 양심과 본심을 얻게 되면 거처함이 편안하고 힘입음이 깊어 좌우에서 근원을 만나게 된다는 것을 말한다. 이로 인해 우리는 스스로 돌이킴과 자득함은 긴밀하게 이어져 있고 번갈아 쓰인다고 말하는 것이다. 스스로 돌이킴은 경로를 가지고 말한 것이고, 자득은 목적으로부터 말한 것이다. 스스로 돌이킴은 몸으로 돌이켜 스스로 물어 역으로 깨달아 증명하고 깨닫는 것이며, 자득은 본래 가지고 있는 양심과 본심을 얻는 것이다.

2) 성실함에 이름

역으로 깨달아 증명하고 몸으로 돌이켜 스스로 구하는 핵심은 '성(誠)' 한 자에 있다. 맹자는 성(誠)을 매우 중시하였다. 아래의 논술을 보자.

> 어버이를 기쁘게 하는 데 길이 있으니, 몸을 돌이켜봄에 성실하지 못하면 어버이에게 기쁨을 받지 못할 것이다. 몸을 성실히 하는데 길이 있으니, 선을 밝게 알지 못하면 그 몸을 성실히 하지 못할 것이다. 그러므로 성실히 함은 하늘의 도요, 성실히 할 것을 생각함은 사람의 도이다.
> 悅親有道, 反身不誠, 不悅於親矣. 誠身有道, 不明乎善, 不誠其身矣. 是故誠者, 天之道也; 思誠者, 人之道也.(7.12)

양심과 본심에는 형이상학적 근거가 있는데, 맹자는 그것을 하늘로 돌렸다. '하늘이 나에게 준(天之所與我)' 까닭이 있기 때문에 "만물이 모두 나에게 갖추어지는(萬物皆備於我)"(13.4) 결과가 있다. 양심과 본심은 지극히 성실하여 속이지 않음은 하늘의 도이고, 몸에 돌이켜 구하여 진심이 달라지지 않는 것은 사람의 도이다. 양심과 본심은 확실히 그곳에 있으며 거기 가서 물어보려면 진실하고 헛되지 않은 태도와 경건하고 독실함이 있어야 한다. 이욕에 정신이 팔리면 몸으로 돌이킴이 성실하지 못하게 되며 양심과 본심이 가리어 빛을 발하지 못하게 된다. 세자가 몸에 돌이켜 성실하게 되어 "5개월 동안 여막에 거처하여 명령과 경계함을 내리지 않았으니(五月居廬, 未有命戒)" 비애의 정과 통절한 뜻을 다하였을 뿐만 아니라 사방으로 하여금 구경하게 하니 조문하는 자들이 크게 기뻐하였다. 이것도 맹자가 말한 "지극히 성실하고서 감동을 주지 못하는 자는 있지 않았으니, 성실하지 못하면 능히 남을 감동하게 할 자가 있지 않다(至誠而不動

者, 未之有也; 不誠, 未有能動者也)"(7.12)는 것이다. 따라서 맹자가 보기에 도덕의 근거는 완전히 자기에게 있으며 원래 흠결이 없고 온갖 이치가 갖추어져 있다. 실로 몸에 돌이켜 스스로 구하여 그 근거를 얻어 실로 그가 지도하는 대로 따르기만 한다면 내심 큰 즐거움을 느낄 수 있을 것이다.

맹자가 '성(誠)' 자를 사용한 것을 공자와 비교해보면 중대한 발전을 이루었다. 공자에게는 '성' 자가 딱 두 번 나타나는데 한번은 "충신을 주장하며 의로 옮김이 덕을 높이는 것이다. 사랑할 때에는 그가 살기를 바라고, 미워할 때는 그가 죽기를 바라니, 이미 살기를 바라면서 또 죽기를 바라는 것은 의혹이다. '진실로 부유해서가 아니고, 또한 다만 색다르기 때문이로다.'(主忠信, 徙義, 崇德也. 愛之欲其生, 惡之欲其死. 既欲其生, 又欲其死, 是惑也. '誠不以富, 亦祇以異')"(『논어』 12.10) "진실로 부유해서가 아니고, 또한 다만 색다르기 때문이로다.(誠不以富, 亦祇以異)"는 『시경』 「소아·아행기야(小雅·我行其野)」의 구절로, 원래는 "결코 그녀의 집이 매우 부유해서가 아니라 다만 새 사람이 특이하기 때문이다"라는 뜻으로, 여기에 인용한 것은 뜻이 순조롭지 못하다. 정이(程頤)는 착간이라고 생각하였으며 제16편에 있어야 한다고 생각하였다. 주희의 『논어집주』에서는 지적하였다. "옛 해설에 따르면 '부자가 이것을 인용하여 (상대방이) 살거나 죽기를 바라는 자는 그로 하여금 살게 하고 죽게 할 수 없으니, 이 시에서 말한 것과 같이 충분히 부유함을 이루지도 못하면서 마침 충분히 (남에게) 괴이함을 취할 뿐임과 같음을 밝힌 것이다.'라 하였다." 다른 한 차례는 "'선인이 나라를 다스리기를 백 년 동안 하면 잔학한 사람을 교화시키고 사형을 없앨 수 있다.'라고 하니, 참으로 옳다, 이 말이여!('善人爲邦百年, 亦可以勝殘去殺矣.' 誠哉是言也!)"(『논어』 13.11)이다. 전체적으로 보면 『논어』의 이 두 '성(誠)' 자의 기본적인 함의는 모두 진정, 진실의 뜻으로 뜻이 여전히 비교적 비었다. 맹자에 이르러 '성' 자의 기본 함의는 이미 성간(誠懇)과 진성(眞誠)으로 전이되었는데,

특별히 양심과 본심으로 돌이켜 구하여 양심과 본심을 따를 때의 심리상 태를 가리킨다. 스스로 돌이킨다는 뜻으로 사용한 '성' 자는 맹자가 진보시킨 것이다. 이 상황은 유가의 심성학 발전사에서 공자의 인학(仁學)에서 맹자의 본심까지 성의 출현은 역사적으로 필연적이다. 동시에 성선론의 스스로 돌이키는 방법 가운데서 성의 지위가 매우 중요하다는 것을 설명하는데, 이는 절대적으로 불가결한 것이다.

성을 이루고 모든 양심과 본심의 요구를 따름을 이루면 성선론의 지(知)에서 행(行)으로의 전변이 완성된다. 맹자는 말하였다. "순임금이 깊은 산중에 거처할 적에 나무와 돌과 함께 거처하며, 사슴과 멧돼지와 함께 놀았다. 깊은 산 속의 야인과 다른 것이 별로 없었다. 한 선언을 들으시고 한 선행을 볼 때는 마치 강하를 터놓은 듯이 패연하여 능히 막을 수가 없었다.(舜之居深山之中, 與木石居, 與鹿豕游, 其所以異於深山之野人者幾希; 及其聞一善言, 見一善行, 若決江河, 沛然莫之能御也)"(13.16) 성인과 보통사람은 원래 서로의 차이가 그리 크지 않았는데 나중에 천양지차가 나게 된 까닭은 성인은 선언을 들을 수 있고 선행을 볼 수가 있어서 가서 배우고 가서 미루어 나갈 수 있기 때문이다. 본심과 본체는 결코 죽은 듯 고요한 것이 아니라 활활발발하게 몸을 드러낼 때 일을 맞닥뜨리면 전심과 힘을 수고하고 쓸 필요도 없이 자연히 어떻게 행해야 하고 어떻게 가야 하는지 알려준다. 이는 성선론의 중요한 특징이다. 이 특징 자체는 곧 본심와 본체, 실제의 실천을 결정하는 것이 다만 한 걸음 전환할 것일 뿐, 만 리라는 커다란 시내가 놓여 있는 것은 아니다. 후세의 유자들이 말하는 지행합일 또한 완전히 여기에서 나온 것이다.

알면 반드시 행한다(知之必行)라 할 때의 '필(必)' 자는 필연을 가리키기도 하고 필수를 가리키기도 한다. 필연을 가리키는 것은 본심과 본체는 포용해두지 못하며 필연적으로 밖으로 표현되기 때문에 그 체(體)가 있으면 필연적으로 그 용(用)이 있다는 것을 말한다. 필수를 가리키는 것은 도덕의 앎은 필수적으로 행으로 드러나야 참된 도덕이 되기 때문에 그 지가 있으면 필수적으로 행함이 있다는 것을 말한다. 본심과 본체는 지혜이며 사상이지만 그것은 내심에 머물러 있지 않고 동시에 밖에서 행하고자 한다. 지와 행이 긴밀하게 결합하여서 중간에 조금도 떨어지지 않아야 성현이 되고 대인이 될 수 있다. 이는 성선론의 기본원칙일 뿐만 아니라 성선론의 큰 특색이기도 하다.

4. 성선론의 현대적 해석

(1) 양심과 본심의 특징

위에서 말한 것으로부터 성선론의 근거는 완전히 양심과 본심에 있다는 것을 알 수 있다. 성선론에 현대적 해석을 진행하려면 자연히 양심과 본심의 특징을 분석하는 데서 시작하여야 한다.

양심과 본심에는 어떤 특징이 있는가? 전체적으로 맹자의 양심과 본심에 관한 논술을 고찰해보면 알아내기가 어렵지 않다. 맹자 심목 중의 양심과 본심은 대체로 아래와 같은 세 가지 방면의 특징이 있다.

첫째, 양심과 본심은 사람이 본래부터 가지고 있는 것으로 사람의 양지(良知)와 양능(良能)이다.

맹자가 보기에 양심과 본심은 곧 사람이 원래 갖추고 있는 마음으로 사람에게 내재한 것이며 외부의 힘을 가지고 억지로 가한 것이 아니다. 그는 반복하여 측은과 수오, 공경(사양) 그리고 시비지심을 강조하였는데 사람은 누구나 이 네 마음을 지녔다. 인의예지의 단서이기 때문에 "인·

의·예·지가 밖으로부터 나를 녹여서 들어오는 것이 아니요, 내가 본래 지니고 있는 것이다.(仁義禮智, 非由外鑠我也, 我固有之也)"(11.6) 사람이 인의예지의 사단을 가지고 있는 것은 사람이 사지를 가지고 있는 것과 같다.

양심과 본심은 어째서 사람이 본래부터 가지고 있는 것인가? 맹자는 두 가지 견해를 내놓았다. 첫째, 하늘이 나에게 준 것으로, 곧 "이는 하늘이 나에게 준 것이다.(此天之所與我者)"(11.15) 둘째, 사람이 나면 가지는 것으로, 손을 잡고 가는 아이도 그 어버이를 사랑할 줄 알고, 자라서도 그 형을 공경할 줄 알기 때문이다. 어버이와 친하고 어른을 공경하는 것은 곧 인의이며 곧 본심의 선한 성이다. 이 두 견해는 비록 같지 않으나 모두 인의예지의 양심과 본심은 사람이 본래 가지고 있는 것이며 바깥에서 취득한 것이 아니라고 주장하는 데 있다.

인의예지의 단서는 원래부터 지니고 있는 것이다. 그것은 배우지 않아도 잘하는 양능(良能)이며, 생각하지 않아도 아는 양지(良知)다. 곧 "사람들이 배우지 않고도 능한 것은 양능이요, 생각하지 않고도 아는 것은 양지이다.(所不學而能者, 其良能也; 所不慮而知者, 其良知也)"(13.15) 사람이 지닌 인의예지의 마음은 바깥 일과 바깥 사물과 균형을 이루어 전문적인 외향성 학습이 필요 없으며 즉각적인 응답을 할 수 있다. 어버이를 사랑하고 어른을 공경함 같은 것은 모두 나면서 지닌 양지와 양능이다. 어린아이가 우물에 빠지려는 것을 보면 모두 두려운 마음이 이는 것 또한 양지와 양능이다. 소가 무고하게 죽임을 당하는 것을 차마 보지 못하는 것 역시 양지와 양능이다.

둘째, 양심과 본심은 풍부한 내용을 포함하여 단조로운 형식이 아니다. 이 내용은 주로 양심과 본심에 의해서만 표현된다. 사물의 시시비비에 대하여서는 저절로 자연히 알게 되어 옳으면 옳고 그르면 그른 것이 거울이 사물을 비추듯 맑고 투명하다. 앞에서 인용했듯이 단사(簞食)와 두갱

(豆羹)을 얻으면 살고 얻지 못하면 죽는데, 어이! 하고 부르며 주거나 발로 차서 주면 행인과 걸인조차 받지 않고 달갑게 여기지 않을 줄 아는 것은 행인과 걸인의 본심이 시비를 가지고 있기 때문이다. 만종의 봉록도 마찬가지로 다만 궁실의 아름다움과 처첩의 봉양, 알고 있는 궁핍한 자가 나를 고맙게 여겨서 받을 수 있는 것이 아니니 본심이 또한 시비를 가지고 있기 때문이다. 맹자가 고자의 인은 내적이고 의는 외적이라는 설에 동의하지 않고 인의가 모두 내재되었다고 주장한 것은 의의 표준이 내심에서 나오기 때문이다. 평상시에는 숙부를 공경하고 아우를 공경하지 않다가 아우가 제사를 받는 (시동 같은) 대리인이 되면 아우를 공경해야 하는 것은 아우가 완전히 공경을 받아야 할 지위에 있기 때문이다. 위에서 말한 것으로부터 의는 내재적, 곧 심중에 있고, 심중에 의가 있으면 마음으로 옳고 그름을 알고, 마음이 옳고 그름을 알면 마음에 내용이 있어서 빈 껍데기만이 아님을 어렵지 않게 알게 된다.

언급할 만한 것은 양심과 본심 특히 옳고 그름은 풍부한 정감성을 포함하고 있어서 피가 있고 살이 있다. 맵시가 있고 색이 있어서 근근이 몇 가지 건조하기만 한 원칙에만 근거하는 것이 아니다. 친하지 않음에서 친함으로 변화하는 것은 완전히 사람의 내재적인 정감에서 나온다. 어린아이가 우물에 빠지려는 것을 보면 갑자기 두렵고 측은한 마음이 생겨 차마 이런 상황을 보지 못하는 것 또한 완전히 내재적인 정감에서 나왔다. 맹자는 양심과 본심을 논하면서 특별히 그 정감성에 치중하였는데 이는 매우 주의할 만한 현상이다.

셋째, 양심과 본심은 당장 드러나야 하며 체와 용은 간격이 없다.

유가의 체용 관계에 관한 명확한 견해는 북송이 되어서야 생겼지만 이 방면의 기본사상은 맹자가 이미 갖추어놓았다. 위에서 말했듯이 맹자는 이미 초보적인 본심과 본체의 사상을 갖추어놓았다. 맹자는 군자의 본성이 인의예지는 마음에 근본을 두고 있으며 양심과 본심은 실로 스스로 받아들이지 못하여 반드시 당장 드러내어 밖으로 표현되어 "사지는 말을 하지 않아도 안다(四體不言而喩)"(13.21)고 생각하였다. '사지는 말을 하지 않아도 안다'에서 곧 본심은 사지를 가리키는 것을 이야기하며 사지의 운행은 인의로 체현되지 않음이 없으므로 말이 필요 없고 다른 사람이 한 번만 보면 환히 알 수 있다는 것이다. 맹자는 또 말하였다. "그러므로 은혜를 미루면 족히 사해를 보호할 수 있고 은혜를 미루지 못하면 처자도 보호할 수 없다. 옛사람이 일반인보다 크게 뛰어난 까닭은 딴 것이 없으니, 그 하는 바를 잘 미루었을 뿐이다.(故推恩足以保四海, 不推恩無以保妻子. 古之人所以大過人者, 無他焉, 善推其所爲而已矣.)"(1.7) 은혜[恩]의 기반은 내심에 있으며, 은혜를 미루는 것은 양심과 본심을 주위의 사물까지 미루어 넓히는 것이다. 옛사람이 다른 사람보다 뛰어난 것은 다만 마음을 미루어 넓히는 것을 잘한 데 있을 따름이다. 그리고 은혜를 미루는 것은 사실대로 말하여 마음의 본체가 쓰임으로 표현되는 것이다. 본심과 본체는 양심과 본심의 체가 용을 통하여야만 자기의 존재를 설명할 수 있으며, 자기의 가치를 실증할 수 있다. 그리고 본심과 본체는 존재하기만 하면 반드시 용을 통하여 자기의 존재를 설명하고 자기의 가치를 실증한다.

본심과 본체는 스스로 그만둘 수 없고 반드시 용으로 발하여진다. 근거는 여전히 양심과 본심에 있다. 맹자가 보기에 마음이 예의를 좋아하는 것은 입이 맛있는 육식을 좋아함과 똑같다. 양심과 본심은 일종의 자연적인 향상 역량이 있어서 선을 좋아함은 예쁜 여색을 좋아하는 것과 같고 악을 미워하는 것은 악취를 싫어하는 것과 같다. 일단 양심과 본심이 어떤 일이 선하다는 판단을 내리면 동시에 거대한 역량을 펴내어 사람이 선한 일을 하도록 독려한다. 일단 양심과 본심이 어떤 일이 악하다는 판단을 내리게 되면 거대한 역량을 펴내어 사람이 악을 행하는 것을 저지한다. 사람들이 양심과 본심의 지휘를 따른다면 양심과 본심의 요구에 따라 해나가며, 내심에서는 곧 일종의 거대한 희열감을 느끼게 된다. 반대로 마음을 만족시키기 위하여 스스로 진정한 희열을 체험하게 한다면 본심과 본체가 당장 드러날 때 아무리 큰 어려움과 험난함이 있어도 조금의 망설임도 없이 그 요구에 따를 것이다. 일단 이를 해낸다면 체용이 긴밀한 결합을 이루어 틈이 없다.

요컨대 맹자가 말한 양심과 본심은 사람이 본래부터 가지고 있는 것이다. 이미 옳고 그름을 판명할 수 있을 뿐만 아니라 동시에 사람으로 하여금 선을 행하고 악을 없애게 한다. 양심과 본심에 정확한 해설을 진행하고자 한다면 반드시 전면적으로 이런 특징을 고려해야 한다.

(2) '윤리 심경(心境)' 개념의 정의

먼저 시선을 피아제(Piaget)의 발생인식론으로 돌려보자. 피아제는 개체 인식이 아동기에 발생한다고 생각하였다. 아동은 금방 태어났을 때 주먹쥐기와 들이쉬기 등 단 몇 가지의 간단한 동작밖에 할 수 없다. 이런 것들은 모두 선천적인 것으로 유전되어 계승된 것이기 때문에 '유전도식(遺傳圖式)'이라 일컬을 수 있다. 도식은 외부의 자극을 주체적으로 받아들이고 여과하고 통폐합하며 반드시 인식이 거쳐야 하는 경로를 낳는다. '유전도식'으로 시작하여 감각운동기와 전조작기, 구체적 조작기 그리고 형식적 조작기를 거쳐 곧장 성인(成人)의 과학적 사유 수준까지 이른다. 이 네 단계 가운데 한편으로는 주체적으로 끊임없이 객체와 접촉하며, 객체는 자극을 주체가 원래 가지고 있는 도식 안으로 들이는데 이는 곧 동화이다. 다른 한편 주체는 원래 가지고 있는 도식을 끊임없이 조정하여 새로운 상황에 적합하게 하는데 이는 곧 순응이다. 동화는 원래 가지고 있는 도식에 양적 변화를 일으키고, 순응은 원래 가지고 있는 도식에 질적인 변화를 일으킨다. 동화와 순응은 상호 작용하는 가운데 평형에서 불평형으로, 다시 평형으로 인식을 차츰 발전시켜 최종적으로 발생인식론이 명시한 인식이 발생하고 발전하는 과정을 완성한다.

발생인식론의 창립은 본세기 서방 철학사상 하나의 큰일이다. 그 의의는 다방면에 걸쳐 있지만 그중에서도 가장 우리의 흥미를 끄는 것은 피아제가 웅변적으로 증명한 인식의 발생은 반드시 중개를 통해야 진행될 수 있다는 것이다. 이 중개가 바로 도식이다. 전통 경험론은 인식이 객체의 주체에 대한 자극에서 내원하였으며 어떤 자극이 있으면 어떤 인식이 생긴다고 생각하였다. 피아제의 이론은 이런 진부한 관념을 철저히 타파하였다. 그는 인식과정이 결코 단순한 자극과 반응이 아니며 자극과 반응 사이에는 일종의 도식이 있어서 객체의 자극은 도식의 정리를 거쳐야 주체적인 반영이 되어 인식을 형성한다고 생각하였다. 동시에 이 중개는 끊임없이 구축되는 가운데서 형성된다. 전통적인 이론에 따르면 이성의 원칙은 선천적이며 신비한 왕국이라고 생각하였다. 피아제는 오히려 인식 도식의 발생과 발전이 하나의 연속되어 끊이지 않는 과정이며 운동을 감지하는 단계는 주로 '활동'이며 전조작기는 주로 '전개념(前槪念)'이며 구체적 조작기와 형식적 조작기는 주로 '개념'이라고 생각하였다. 이런 발전변화를 통하여 과학적 인식 도식은 비로소 최종적으로 형성될 수 있다.

인류학의 발전과 발생인식론은 동명이곡과 같은 묘함을 가지고 있다. 인류학의 점진적인 발전에 따라 사람들은 몇몇 매우 흥미로운 현상에 주의하였다. 현대인과 원시인은 기본적으로 서로 같은 신체구조와 이목구비 등의 감성기관을 가지고 있지만 같은 문제에 대하여 오히려 판이하게 다른 견해를 가지고 있다. 예를 들어 한 토착민은 목에 쇠 목걸이를 걸면

창과 칼이 들어오지 못하게 할 수 있다고 믿는다. 창과 칼에 상해를 입으면 이런 신념이 옳지 않은 것이 아니라 무당이 달리 장난을 친 것이라 생각할 것이다. 또 다른 예로 코끼리 꼬리털로 특별히 만든 넥타이를 매고 위에 바닷물고기의 이빨로 장식을 한다면 수해를 피할 수 있다는 등등과 같다. 현대인은 이런 것들을 절대 믿지 않지만 토착민들은 오히려 독실히 믿어 의심치 않는다. 인류학자들은 이런 상황은 원시인의 모종의 집체적인 표상이 초래한 것으로 생각한다. 원시인들에게 있어 지각은 즉각 몇몇 복잡한 의식으로 빨려 들어갈 수 있으며 그 가운데 통치 지위를 차지하고 있는 것이 집체 표상이다. 이런 집체 표상은 해당 집체에서 대대로 전하여지면서 모든 사람에게 깊은 영향을 끼치며, 해당 집체 모든 사람의 주위 사물에 대한 인식에 직접 관계된다.

이런 상황은 우리에게 매우 큰 계발을 가져다주었다. 모든 원시인의 집체에는 일종의 집체 표상이거나 집체 의식이 존재하며, 대대로 서로 전하여 끊임없이 면면히 흐른다. 해당 집체에서 생활하는 모든 사람은 처음 태어나면서부터 이런 표상과 의식에 물들게 된다. 이런 전염은 차츰 사람의 사상에서 뿌리를 내려 모종의 도식으로 결정체를 축적하며 반대로 원시인의 사물을 인식하는 도구가 되어 기존의 도식으로 외부사물의 주체에 대한 자극을 끊임없이 제거하도록 하여 특유의 인식을 형성하게 된다. 현대인은 원시 집체 의식에 전염되지 않았고 그들의 그런 특유의 도식이 없다. 오직 현대문명에 물들어 형성된 도식만을 갖추고 있을 뿐이다. 이는 곧 현대인과 원시인이 같은 문제에 대하여 상이한 인식을 갖게 되는 근본적 원인이다. 이는 곧 어떤 사람의 두뇌에도 모종의 '선재(先在)'적 도식이 자리 잡고 있음을 충분히 설명한다. 이런 도식은 주체와 객체가 끊임없이 연계를 발생시킬 때 결정체가 축적되어 이루어졌지만 사람들이 평상시에는 주의하지 못하여 그 존재를 발견할 수 없음에 지나지 않을 뿐이다.

　하이데거는 금세기에서 특별히 중시되는 철학가 중의 하나이다. 하이데거는 인간의 '실존'을 중시하여 '실존'은 '존재'에 의미를 부여하고 '실존'이 없으면 '존재'는 아무런 의미가 없으며 동시에 '실존'이 '존재'의 의미를 이해할 수 있다고 생각하였다. '실존'이 '존재'를 이해할 때는 필연적으로 먼저 이미 존재했던 이해의 '전구조(前構造)'의 영향을 받아 사람들은 끊임없이 그것들을 정리해야만 인식의 과학성을 보장할 수 있다. 하이데거의 계승자인 가다머(Gadamer)는 한 걸음 더 나아가 '편견'이라는 단어를 사용하여 하이데거의 '전구조'를 대체하였다. 사람들은 반드시 '편견'의 영향을 받게 되어 있다고 생각하였는데 '편견'은 전통에서 오기 때문에 사람들의 이해는 실제 전통의 영향을 받게 된다.

　해석학의 기본원리는 우리를 더욱 직접적으로 계발시킨다. 해석학이 지금 이미 장족의 발전을 했지만 그 기본원리는 결코 근본적으로 바뀌지 않았다. 이는 '전구조'가 존재한다는 것을 인정하여 사람들이 대상을 이해할 때 이런 '전구조'는 어둠 속에서 중요한 작용을 발휘하며 일종의 '해석의 둥근 고리'가 있게 되었다. 이는 곧 ,우리가 대상을 이해할 때 내심에 결코 아무것도 없는 것이 아니라 그 사이에 일찌감치 '물건'이 있게 되었는데, 이런 '물건'은 사람들의 대상에 대한 이해에 직접적인 영향을 끼친다는 것을 말한다.

　이로부터 철학계의 공동 방향을 알 수 있다. 철학가가 시선을 진정 사람에게 귀속시킨 후에 사람의 두뇌는 결코 백판(白板)이 아니라는 것을 발견했다. 바꾸어 말하면 인식이 형성되고 있는 아동이든 사유가 이미 건전한 성인이든 그들이 생명의 어떤 한 단면에서 외계 사물을 접촉할 때 그 두뇌는 이미 백지가 아니며 이 지면에는 이미 글자가 꽉 찼다. 주희의 말을 차용하면 "아까 보았을 때는 백지 같았는데 지금 보니 지면이 모두 글자다."⁹라는 것이다.

　윤리도덕 영역에서도 '지면에 글자가 있는' 상황이 마찬가지로 적용된다. 사람은 태어나자마자 주위 사람들과의 관계가 형성된다. 주위 사람들의 언행과 일거수일투족이 모두 아동에게 영향을 일으킬 수 있다. 이러한 영향이 반복적으로 진행됨에 따라 아동의 내심에는 모종의 결정체가 형성될 것이다. 양치기 소년이 늑대가 왔다고 거짓말을 하는 이야기는 아동들에게 널리 유전되었다. 아동은 이 이야기를 들은 후 '거짓말은 좋지 않다', '착한 아동은 거짓말을 할 수 없다'는 인상을 형성할 것이다. 이런 인상은 끊임없이 중복되어 아동의 심리에서 일종의 거짓말을 해서는 안 된다는 심리적 경계(境界)가 생기게 된다. 아동이 거짓말을 하는 것이 좋지 않다는 것을 안 후에 처음으로 의도를 가지고 거짓말을 하면 언제나 아니라고 하며, 당황하여 얼굴이 붉어지며 앞뒤가 모순된다. 이는 곧 아동의 두뇌에는 이미 '문자'가 있다는 것을 설명한다.

　한편 인간은 사유능력을 갖춘 후에 이성 사유의 과정 또한 반드시 내심에 모종의 흔적을 남기고 모종의 인식 도식과 유사한 것을 형성한다. 사회가 발전함에 따라 유학이 원래 가지고 있는 오륜 곧 군신, 부자, 형제, 부부, 붕우 간의 관계는 이미 사회의 수요를 만족시킬 수 없다. 어떤 사람이 여섯째 윤리 곧 군기(群己) 관계를 추가해야 하는지의 여부에 관한 문제를 제기했다. 이 문제를 둘러싸고 사회에서는 토론이 진행되었다. 사람들은 머리를 써서 이성 사유를 진행하였다. 사유의 결과 또한 내심의 깊은 곳에 모종의 결정물을 남기거나 혹은 원래부터 존재하던 결정물로 하여금 개진되게 한다. 따라서 사회의 군기 관계 방면의 윤리 도덕의식이 증강되고 행동이 더욱 자각된다.

9　『주자어류(朱子語類)』 권113, 중화서국(中華書局), 1986, 2743쪽을 보라. 주희의 이 말은 달리 가리키는 것이 있는데 여기서는 다만 그 자의만 차용하였다.

사회생활과 이성 사유가 사람의 마음에 미치는 영향으로 말미암아 사람이 윤리 도덕의 문제를 처리할 때 마음에는 이미 '문자'가 있음을 알 수 있다. 이런 '문자'를 나는 '윤리심경(倫理心境)'이라 일컫는다. '윤리심경'은 최소한 다음의 몇몇 내용을 포함하고 있다.

첫째, '윤리심경'은 윤리 도덕 범위 내에서 사회생활과 이성적 사유 내면의 결정체에서 비롯된다. 사회생활은 사람의 마음에 대한 영향에 좋은 방면도 있고 나쁜 방면도 있다. 다만 '윤리심경'은 좋은 방면만 가리키고 나쁜 방면은 포함하지 않기 때문에(이곳의 좋고 나쁨은 일반적으로 말하여 일정한 범위 내의 사회생활의 통상적인 준칙을 표준으로 한다) 여기서는 '결정(結晶)'이라 하고 '퇴적'[10]이라 하지 않는다. 결정은 정체(晶體)가 용액이나 증기에서 나누어져 나온 것을 가리키며 일반적으로 진귀한 성과를 비유한다. 퇴적은 물고기와 용이 섞여 있고 선과 악이 교차한다는 의미를 함유하고 있다. 일반적으로 중성이다. 이밖에 결정에서 형성된 '윤리심경'은 마음에 내재해 있다. 교육을 받은 적이 있는 아동과 사유능력을 가진 성인에 대하여 말하면 그들이 외부적인 윤리 도덕 문제를 처리할 때 이미 가지고 있으며 '선재(先在)'하는 것이다.

둘째, '윤리심경'은 마음의 처경으로 상당한 정도의 안정성을 가지고 있으며, '공리'적인 성질을 갖추고 있다. 사회생활은 내심이 결정되는 과정에서 사회의 시비와 선악의 표준을 내심으로 띠고 들어가 내심이 변별의 척도를 갖게 했다. 이 척도가 일단 결정체가 되면 상당한 안정성을 가지게 되어 가벼이 바뀌지 않게 된다. 한 걸음 더 나아가 이 척도가 '공

---

[10] "퇴적설"은 리쩌허우(李澤厚)가 현대의 심리학 개념을 차용하여 중국문화-심리적 특징을 해석할 때 사용한 새로운 방법으로, 광범한 영향을 끼쳤다. 구체적인 것은 그의 논문 「공자의 재평가(孔子再評價)」를 참고하여 볼 수 있다. 『리쩌허우 10년집(李澤厚十年集)』 제3권 상, 안휘문예출판사(安徽文藝出版社), 1994.

리'의 성질을 갖춘 것이 되게 한다. 다른 방면에서 보면 '공리'는 실제적으로는 모종의 윤리 도덕 규범이다. '윤리심경'은 사회생활과 이성적 사고가 내면의 결정체에서 비롯되기 때문에 사회생활은 특정한 범위 내에서 언제나 모종의 '공동성'을 가지게 되며 모두가 반드시 공동으로 준수한다. 이는 '윤리심경'이 일정한 규범성을 갖추게 하는데 이런 규범성이 곧 모두가 반드시 지켜야 할 '공리'이다.

셋째, '윤리심경'은 마음의 경계로 사람이 끊임없이 위를 향하여 떨쳐 나아가 멈추지 않도록 촉구한다. '윤리심경'이 사회생활과 이성사유의 내심에 있는 결정체라면 교육을 받은 정도가 같지 않음으로 말미암아 모든 사람의 내심 결정 정도 또한 같지 않으며 따라서 상이한 심리적 경계를 형성하였다. 어떤 사람은 이욕을 좇아 소인으로 전락하고, 어떤 사람은 지향이 원대하여 군자가 된다. 이런 것들은 모두 상이한 심리적 경계가 조성한 것이다. 그러나 사회에는 쭉 선을 향하고 좋은 것을 구하며 끊이지 않고 진보하는 역량이 있다. 사회생활과 이성사유의 결정체로서의 '윤리심경'은 또한 필연적으로 이 방면의 내용을 포함한다. 사람들의 경계는 높낮이가 같지 않지만 '윤리심경'을 받는 구사는 모든 사람이 위를 향한 방향을 가지게 되어 악인의 테두리 안에서도 '도둑질에도 도가 있으며', 심지어 내심 자기의 악행에 대하여 불만을 가진다. '윤리심경'이 이런 특징을 가지고 있기 때문에 사람들은 비로소 멈추지 않고 진보를 추구하고 발전을 추구하며, 경계가 끊이지 않고 상승하며 제고되는 것이다.

경계는 시종 유가철학이 관심을 쏟은 문제이다. 송유(宋儒)가 부지런히 추구한 공자와 안자의 즐거운 곳은 일종의 숭고한 경계이다. 맹자가 사람을 선(善)과 신(信), 미(美), 대(大), 성(聖), 신(神)의 여섯 층차로 나눈 것도 사람에게는 상이한 경계가 있다는 것을 가리킨 것이다. 펑유란(馮友蘭)은 자연경계과 공리경계, 도덕경계, 천지경계로 나누었는데 이 또한 경계의 문제이다. 푸웨이쉰(傅偉勋)이 한 걸음 더 나아가 생명을 10대 층면으로 나눈 것도 경계문제이다. '윤리심경' 개념 중의 경계는 이런 획분과는 이미 다르면서도 같다. '윤리심경'이 도덕 문제일 뿐이며 언급이 결코 광범하지 않은 것은 같지 않다. '윤리심경'은 높고 낮은 층차의 구분이 있다. 부단히 추구해야만 높은 등급의 층차에 도달할 수 있으며 인성 가운데서도 자연히 위를 향한 역량을 가지고 있다. 이런 역량은 사람들에게 부단히 높은 등급의 층차를 향하여 추구할 것을 요구하는데 이는 같은 점이다.

요컨대 '윤리심경'은 윤리 도덕 영역에서 사회생활과 이성사유가 내심에 있는 결정체이며, 사람이 윤리도덕 문제를 처리할 때 특유의 심리 상황과 경계이다.

(3) 양심과 본심은 일종의 '윤리심경'

이상 '윤리심경'의 개념으로 범주를 정하였다. 그렇다면 맹자의 양심과 본심은 일종의 '윤리심경'이라고 말할 수 있는가? 답안은 자연히 긍정적이다.

위의 '윤리심경'의 개념에 대한 범주의 정의에 근거하면 '윤리심경'은 사회생활과 이성 사유의 마음에 있는 결정체이다. 성장 중인 아동이나 사유가 건전한 성인의 내심에 모두 이 결정체가 있다. 맹자가 양심과 본심은 하늘이 부여한 것이고 나면서 가지는 것이라 이야기한 것은 '윤리심경'의 함의와 부합하는가?

확실히 맹자는 마음의 근원을 하늘까지 소급시켜 하늘을 양심과 본심의 근원으로 삼은 적이 있다. 그러나 이런 견해에 대한 이론적 의의는 지나치게 진지하지는 않다. 중국에는 예로부터 하늘에 따지는 전통이 있어 해결할 길이 없는 문제를 하늘로 미루는 습관이 있었다. 맹자가 하늘을 양심과 본심의 근원으로 삼은 것도 실제로 이런 상황이다. 마음이 어떻게 하면 선하게 되는가 하는 것은 매우 복잡한 문제다. 맹자는 비록 사람마다 모두 양심과 본심을 가지고 있다고 체험으로 깨닫기는 하였지만 제한된 조건으로 이 문제를 명백히 이야기할 길이 없었기 때문에 양심과 본심의 궁극적인 근원을 하늘에 걸어놓았다. 이런 상황은 후인이 말한 것과 똑같이 다만 '하늘을 빌려 말한' 방법일 뿐이다. 현대철학의 각도에서 보면 결코 사람이 정말로 하늘이 양심과 본심의 근원이라 믿었을 리가 없다.

이외에 맹자는 양심과 본심은 사람이 나자마자 가지게 되는 것이라 생각했다. 양심과 본심이 과연 하늘이 부여한 데서 나왔다면 당연히 나자마자 가지게 되니 태어난 후에 어느 단계에 이르러 갑자기 갖출 수는 없을 것이다. 그는 명확하게 말한 적이 있다. "사람들이 배우지 않고도 능한 것은 양능이고, 생각하지 않고도 아는 것은 양지이다. 어려서 손을 잡고 가는 아이가 그 어버이를 사랑할 줄 모름이 없으며, 장성하여서는 그 형을 공경할 줄 모름이 없다.(人之所不學而能者, 其良能也; 所不慮而知者, 其良知也. 孩提之童無不知愛其親者, 及其長也, 無不知敬其兄也)"(13.15) 맹자의 의도가 매우 명확하기는 하지만 이런 견해는 성립할 수가 없다. 갓 태어난 영아가 그 어버이를 사랑하는 것은 생활의 상식으로 보모나 비슷한 경력을 가진 사람이라면 이런 체험을 하지 않음이 없다. 그러나 이는 결코 사람이 나면서부터 양심과 본심을 가진다는 것을 증명할 수 없다. 그 어버이를 사랑함은 생물적 본능에 속하고 선한 마음은 사회적 속성에 속하기 때문이다. 포유동물은 갓 태어난 단계에서도 모두 그 어버이를 사랑할 줄 알고 모두 이런 본능을 가지고 있지만 고양이와 개 등의 동물까지 모두 양심과 본심을 가지고 있다고 말할 수는 없다. 생물의 본능과 사회의 속성 사이에는 커다란 강물이 놓여 있어 이 옳고 그름으로 말미암아 저 옳고 그름을 직접 논할 수 없다. 그렇지 않으면 논리적으로 법도에서 벗어나는 도약이 발생할 수 있다. '장성하여서는 그 형을 공경할 줄 모름이 없다'는 것도 마찬가지로 사람이 나면서부터 바로 선심을 가진다는 것을 증명할 수 없다. '급기장(及其長)'은 자라서 일정한 나이에 이르러서라는 말이다. 일정한 연령에 이른 후에야 그 형을 공경할 줄 안다면 그 '형을 공경하는' 양심과 본심은 나면서부터 가지게 되는 것이 아니며 이미 말이 분명치 못하다. '급기장(及其長)'이 자라서 일정한 나이에 이르는 것이기 때문에 이 연수가 되기 전에 그는 사회 환경의 영향을 받아서 내심에 이미 결정체를 가지고 있다. '장성하여서는 그 형을 공경할 줄 모름이 없다'는 것을 가지고 양심과 본심은 나면서부터 가지고 있다는 것을 증명할 수 없음을 알 수 있다.

    사실상 맹자의 양심과 본심은 주로 성인을 겨냥한 말이다. 그는 (소가) 벌벌 떠는 것을 차마 보지 못하는 것을 가지고 양혜왕(제선왕이 되어야 함—역자)의 측은지심을 계발시켰고, 그 어버이를 장사지내지 않아 이마에 땀이 나는 것을 보고 효자와 인인이 그 어버이를 (흙으로) 덮어주는 것은 반드시 그 도가 있다고 논설하였다. 어린아이가 우물에 빠지려는 것을 언뜻 보면 모두 두려운 마음이 생기는 것을 가지고 사람에게 사단이 있는 것은 몸에 사지가 있는 것과 같음을 증명하였다. 순이 깊은 산에 거처하여 야인(野人)과 다를 바가 거의 없었는데 선한 말을 듣고 선한 행실을 보고는 장강과 황하를 터뜨린 것과 같았다는 것을 가지고 성이 선하다는 것을 증명했다. 그 대상을 꼼꼼하게 분석하여 한 사람도 사유가 건전한 성인(成人)이 아님이 없다고 하였다. 성인을 대상으로 하여 위에서 말한 것을 근거로 한다면 그 양심과 본심은 일종의 결정일 수 있는데 이는 우리가 말한 '윤리심경'과 흡사하다.

'윤리심경'의 개념에 대한 분계의 정의에 근거하면 '윤리심경'은 또한 하나의 처경이다. 이런 처경은 더구나 자신이 이전에 직간접적으로 경험한 각종 상황이 내면에 응결되어 있는데 상당한 안정성을 가지고 있다. '공리'적 성질을 갖추고 있기 때문에 일단 과거의 경력과 같거나 비슷한 상황을 만나면 이런 처경은 네가 옳고 그른지 맞는지 틀리는지 직접 알려주어 다시 이성적인 분석이나 판단으로 추리할 필요가 없다. '윤리심경'의 함의는 마침 맹자가 말한 양심과 본심은 스스로 선악을 변별한다는 것과 시비가 자명하게 대응한다.

맹자가 양심과 본심을 논한 것은 거의 대부분 윤리 방면에서 어버이에게 효도하고 어른을 공경하는 옳고 그른 마음을 가리킨다. 효경은 옳고 반대로 하면 그르다. 이는 사람의 습속에서 답안을 찾을 수 있다. 지역 문화로 분석하면 추(鄒)는 주루(邾婁)의 문화에 속한다. 이른바 문화는 염족(炎族)의 문화다. 황족(黃族)은 동방에 속한 것을 동이(東夷)라 일컬었기 때문에 동이문화라고 한다. 동이 가운데 문화가 가장 발달하고 인구가 집중된 곳은 삼주(三邾) 지구를 꼽아야 한다. 삼주는 원래 큰 국가로 주루국이라 칭하였다. 주가 상을 멸한 후에 주의 사람들이 이족(夷族)을 분할 통치하였는데 하나를 셋으로 나누어 주와 소주(小邾), 남(濫)이 되었다. 삼주로 대표되는 주루 문화는 당우(唐虞) 이래로 줄곧 발전이 비교적 빨라 멀리 기타 지구에까지 있게 되었다. 이 지구의 문화는 전형적으로 윤리를 본위로 하는 문화이다. 그 백성은 예양(禮讓)이 잘 갖추어져 문과 질이 서로 잘 맞았다. 황족은 그들을 이족으로 적대시하였지만 여전히 '군자가 있는 나라', '이(夷)의 풍속이 인하다'고 말하지 않을 수 없었다. 다른 지방의 사람은 각기 멸칭이 있는데 동이만은 다른 말이 없이 '예양'과 '인인'이라 일컬었다. 추의 문화는 최초에 주루의 문화를 따라 발전해왔으며 그 사이에 변혁을 겪어 이미 서주화(西周化)하기는 하였지만 주루 문화가 인간과 어버이의 정을 중시하는 전통은 결코 근본적으로 없어지지 않았다.[11] 이런 지역 문화의 배경 아래서 성장한 사람들은 두말할 나위 없이 자연스레 그 영향을 받을 것이다. 어버이에 효도하고 어른을 공경하며 공손하게 예로 양보하는 상황은 많이 보인다. 자연히 사람의 심령 가운데서 결정체가 되어 일종의 특유한 상황과 일종의 표준을 형성한다. 맹자는 반복하여 사람마다 모두 어버이를 사랑하고 어른을 공경할 줄 아는 것을 강조한다. "사람마다 각기 그 어버이를 친히 하고 그 어른을 어른으로 섬기면 천하가 평해질 것이다.(人人親其親長其長, 而天下平)"(7.11), "어버이를 친애함은 인이요, 어른을 공경함은 의이니, 이는 다름이 아니라, 온 천하에 공통되기 때문이다.(親親, 仁也; 敬長, 義也; 無他, 達之天下也)"(13.15)라 주장하였다. 근원은 온전히 추(鄒)의 사람의 특수한 사회생활이 개인의 내심 결정에서 이루어지는 심리적 상황에 있다. 이런 심리적 환경은 내심에 보존된다. 자연히 동류의 사물을 재는 표준이 되어 옳으면 옳고 그르면 글러 조금도 속일 수가 없다. 요컨대 양심과 본심이 이런 옳고 그름을 판단하는 '본능'은 다만 '윤리심경'을 통해야 합리적 해석을 얻을 수 있다.

'윤리심경'의 개념에 대한 분계의 정의에 근거하면 '윤리심경'의 세 번째 함의는 결정을 거쳐 형성된 내심의 일종의 경계를 가리킨다. 사회생활의 결정이 '윤리심경'이 되는 과정에서 사회생활의 선을 좋아하고 악을 미워하며 적극적이고 진취적인 특징은 내심에 흔적을 남겨 사람의 경계가 일정한 높이에 도달하게 한다. 이런 경계의 지배를 받아 사람들은 자연스럽게 잘못을 알면 고쳐야 하고 옳으면 행하여야 한다. 경계의 지배에 따라 해나가면 선을 향하고 좋은 것을 구하며 끊임없이 진취적인

---

[11] 장즈한(張知寒)의 「주루 문화와 유묵을 약론함(略論邾婁文化與儒墨)」을 참고하여 볼만하다. 전국 제2차 맹자학술토론회의 논문인데 출간되지는 않았다.

방향을 갖게 된다. '윤리심경'의 이런 함의는 양심과 본심의 체용에 틈이 없는 것을 이해하는 관건이다.

맹자가 보기에 양심과 본심은 도덕의 본체이다. 그것은 일에 부딪히면 스스로 주체할 수 없이 당장 드러난다. 동시에 거대한 역량을 내뿜어 사람들이 반드시 그 요구에 따라 해나가야 하며 선을 향하고 악을 버리고 떨쳐 나아가 그만두지 못하도록 다그친다. 사람들이 양심과 본심의 요구에 따라 하면 희열과 만족을 체험하게 되어 이욕 방면에서 손실을 입는다 하더라도 조금도 개의치 않는다. 우물에 빠지려는 어린아이를 응급 구조하려면 자연히 체력적 소모가 있을 것이고 심지어 생명이 위험해질 때도 있겠지만 이런 것들은 결코 본심과 본체의 명령을 가로막을 수 없다. 단사와 두갱을 불러서 주고 발로 차서 주어 받지 않으면 자연히 위장이 고통받고 심지어 굶어 죽을 위험도 있겠지만 이것이 결코 본심과 본체의 명령을 거스르는 이유가 될 수는 없다. 이 때문에 이욕의 혜택을 입지 못해서 본심과 본체는 반드시 용을 발하며, 체와 용은 서로 이어져 있어 한 층 떼어놓지 못한다. 성선론의 이러한 특징은 유학 발전 사상 절기 공부(切己功夫: 자기에게 절실한 공부), 지행합일로도 불리는데 심학의 큰 장점이다. 그러나 사람들은 왕왕 이 장점에 대하여 깊은 이해가 결핍되어 있으며 그 이론적 근거가 무엇인지 확실히 알지 못한다. 심지어 지행합일에 대한 견해조차 많은 오해를 낳았다. '윤리심경'으로 해석하면 이 문제는 비교적 명료하고 분명할 것이다. 알면 반드시 행하고 체와 용에는 틈이 없다는 것은 신비롭게 들리지만 실제로는 다만 '윤리심경'에 선을 좋아하고 악을 미워하며 옳은 것을 가까이하고 그른 것을 멀리하는 내용 때문에 사람은 반드시 이대로 행해야 한다고 채찍질하여 다그치는 것일 따름이다.

또 다른 예로 맹자는 양심과 본심을 논하면서 종종 지기(志氣)와 기절

(氣節)의 문제를 이야기한다. 이 또한 '윤리심경'의 각도에서 해답을 내놓을 수 있다. 어째서 만종의 봉록이 풍부하더라도 예의에 맞지 않으면 받을 수 없는가? 맹자는 성장 과정에서 훌륭한 교육을 받아 공자의 의를 중시하고 이익을 가벼이 여기며 부귀를 뜬구름으로 여기는 가치 선택이 그에게 끼친 영향이 매우 컸다. 그 심리적 경계를 남보다 크게 높였기 때문에 비로소 높은 층면을 선택할 수 있었고 호연지기 같은 천고의 명언을 이야기할 수 있었다. 당시는 양묵(楊墨: 양주와 묵적)이 한꺼번에 일어나 천하의 말이 양에게 돌아가지 않으면 묵에게로 돌아가 맹자는 공자의 도를 옹위하기 위하여 남들과 논박하여 사람의 마음은 반드시 바르게 되고 사악한 설은 반드시 사라지며 치우친 행실은 반드시 막히며 음란한 말은 반드시 추방된다고 하였다. 맹자가 이렇게 한 것은 다만 그가 때때로 요순과 공자를 모범으로 삼아 종종 '향인을 벗어나지 못함'을 근심하였기 때문이다. 경계가 이 정도 높이까지 올라서 그를 '그만두지 못하게' 다그친 것이다.

이상에서 말한 것에 근거하면 맹자가 이른바 양심과 본심은 실질적으로 사회생활의 결정이 이룬 '윤리심경'이며, 이런 관점은 크게 문제될 점이 없을 것이다.

종합하여 말하면 성선의 근거는 전부 양심과 본심에 있으며, 양심과 본심은 본질적으로 말하면 일종의 '윤리심경'이다. 교육을 받은 아동 및 사유가 건전한 성인의 내심에 모두 '윤리심경'이 있기 때문에 사람마다 모두 진실로 선한 성이 있다. 다만 맹자가 '윤리심경'의 내원을 이해하지 못하였기 때문에 비로소 이 선의 근거를 하늘이 부여한 것으로 돌려 선은 나면서부터 가지고 있는 것이라고 말했을 뿐이다. 성선론의 중요한 비밀은 곧 여기에 있다.[12]

5. 공맹 심성학설의 분기

맹자가 창도한 성선론은 유학발전사에 불후의 공헌을 하였다. 그러나 맹자의 성선론은 이론상 치우쳤다는 실수도 있다. 그는 양심과 본심을 도덕을 성취하는 유일한 조건으로 보았다. 이 방면은 지나쳐서, 부지불식 중에 공자의 심성학(心性學)과 분기되는 결과를 형성하고 말았다.

공자의 심성학에는 욕성(欲性)과 인성(仁性), 지성(智性)의 세 층면이 있는데, 그것들은 공동으로 공자 심성학설의 구조를 조성하였다.[13]

첫째 층면은 욕성이다. 공자는 실질적인 사람이라 이욕이 악이라고 생각하지 않았다. 일정 정도의 이욕을 반대하지도 않았으며 심지어 부를 추구하는 사상을 드러내기도 하였다. 몇몇 사람들이 이해하는 것처럼 고리타분하여 가장 기본적인 이욕조차 무시하여 돌아보지 않는 사람이 결코 아니었다.

둘째 층면은 인성, 즉 공자의 인학(仁學)이다. 공자의 인은 '중덕지명(衆德之名)'과 '덕성지원(德性之源)'으로, '제덕지가(諸德之家)'로 총칭되는데 곧 많은 덕성의 거처와 원두이다. 이론상으로 이야기하면 '제덕지가'로서의 인은 실제적으로는 곧 우리가 앞에서 말한 '윤리심경'이다.[14]

---

[12] 나는 성선의 생물학적 근원을 배제하지 않았기 때문에 여기서는 '주요 비밀'만 말하고 '전체 비밀'은 말하지 않았다. 성선에는 두 가지 근원이 있는데, 하나는 '윤리심경'의 근원으로 이것이 가장 중요하며, 하나는 생물학적 근원으로 이것은 전자만큼 중요하지는 않지만 불가결한 것이라고 생각한다. 현재의 과학 수준의 한계로 성선의 생물학적 근원에 관한 연구는 아직 충분치 못하며 이곳에서도 전개할 방법이 없다. 상세한 것은 졸저 『맹자 성선론 연구』(中國社會科學出版社, 1995) 82~85쪽에 보인다.

[13] 졸고 「공자 심성학설의 구조(孔子的心性學說結構)」, 『철학연구(哲學研究)』 1992년 제5기를 참고하여 보라.

[14] 공자의 '윤리심경'으로서의 인은 맹자의 '윤리심경'으로서의 양심과 본심과 이론적으로 분석하면 완전히 마찬가지인데 이는 공자와 맹자의 심성지학의 연관성을 이해하는 하나의 관건이 되는 문제이다.

셋째 층면은 지성으로, 공자의 학습에 관한 사상이다. 공자의 학문은 군려(軍旅: 군사)의 일이나 가포(稼圃: 농사)의 일이 아니며 주로 시를 배우고 예를 배우는 것이다. 시의 학습을 통하여 사람들과 서로 어울리는 것과 아비를 섬기고 임금을 섬기며 도를 저버리지 않음을 배울 수 있다. 예의 학습을 통하여 전장제도를 알아 그것을 가지고 문을 이루고 예로 요약할 수 있다. 따라서 공자의 심목에는 사람이 도덕을 성취하려면 인성만 가지고는 부족하고 끊임없이 바깥을 향하여 배워야 한다. 공자는 배우기를 좋아하여 싫증을 내지 않았고 예의 문장에 익숙했기 때문에 비로소 자기가 남보다 한 단계 위라고 생각을 했으며 일반적인 충신한 사람으로 전락하지 않았다. 요컨대 지성은 사람이 사람이 되는 과정에서 학습을 통하여 성취한 도덕의 능력과 성향이다.

그러나 맹자의 심성지학은 욕성과 인성 두 층면 뿐으로 지성의 층면이 없어 공자와 엄중한 분기를 낳았다.

욕성은 맹자 심성지학의 한 중요한 층면이다. 공자와 마찬가지로 맹자도 이욕을 반대하지 않았다. 이 점은 제5장에서 이미 상세하게 논하였으므로 중복하지 않는다.

맹자 심성지학의 둘째 층면은 인성으로, 이는 맹자의 공자 심성지학에 대한 최대 공헌이다. 공자가 인학을 창도한 것은 대단한 발명과 창조이지만 그는 두 가지 문제를 해결하지 못하고 후인에게 남겨놓았다. 첫째, 인은 도대체 무인인가? 공자가 인을 논한 것은 주로 편의에 따라 말하여 제자의 실제 상황을 겨냥하여 구체적으로 가리켜 시종 명확하게 인이 도대체 무엇인가 명확하게 이야기한 적이 없다. 제자들의 실제 상황이 같지 않기 때문에 공자의 인에 관한 각종 견해는 확실히 자잘하게 흩어져 통일되지 않아 제자들이 인이 도대체 무엇인지 이해하기 어렵게 만들었다. 둘째, 인의 근거는 어디에 있는가? 공자는 인을 논하면서 인의 표현

방면인 충과 서(恕), 효와 제 등등을 가지고 말하여 인의 근거가 어디에 있는지 분명하게 가리키지 않았다. 그는 '안(安: 편안함)'과 '불안(不安: 편안하지 않음)'에서 재여(宰予)가 인하지 못하다고 비판하였으며, '심(心)' 자를 이미 입으로 말할 수 있었던 것 같지만 끝내 이 창호지를 뚫지 못하였다.

진정 이 창호지를 뚫어서 이런 문제를 철저히 해결한 사람은 맹자이다. 맹자가 말한 "인은 사람의 마음이요, 의는 사람의 길이다(仁, 人心也; 義, 人路也)"라는 구절은 이런 문제들을 말끔히 일소하였다. 인은 곧 사람의 양심과 본심이며, 양심과 본심은 곧 사람들의 도덕 기초이다. 이렇게 맹자는 곧 자기의 방식으로 공자가 남겨놓은 문제에 해답을 내놓았다. 본심과 본체론을 세웠는데 유학의 발전은 공자가 말한 예에서 인으로 들어가는 단계로부터 맹자의 인을 심으로 들이는 단계로 진입시켰다. 여기에서 심학의 선하를 열어 끊임없이 흘러 이어져 유가 심성지학의 중요한 혈맥을 이루었다.

그러나 맹자의 심성지학에는 지성의 층면이 부족하다. 위에서 말했듯이 지성은 공자 심성지학에서 학습을 통하여 도덕을 성취하는 능력과 성향을 가리킨다. 맹자에게는 이런 능력과 성향이 없다. 바꾸어 말하면 학습문제에서 맹자와 공자는 분기가 발생하였다.

분기의 첫 번째는 학습에 대한 중시의 정도가 다르다는 것이다. 공자는 학습을 매우 중시하였다. 『논어』에는 '학(學)' 자가 64번 보여 전체의 약 0.5%를 차지한다. 『논어』를 펼쳐보면 학습에 관한 중요한 논술을 곳곳에서 볼 수 있다. 공자는 인(仁)과 지(知), 신(信), 직(直), 용(勇) 그리고 강(剛)과 같은 미덕을 학습하는데 주의를 기울이지 않으면 폐단으로 흐를 수 있다고 지적하였다. 그 스스로 늘 '학문이 강마되지 못함(學之不講)'을 우려했다. 안연(顏淵)은 학문을 좋아하는 것으로 일컬어졌지만 불행히도 일찍 죽어 공자가 매우 비통해하며 그 이후로는 "아직 학문을 좋아한다는 자를 듣지 못하였다(未聞好學者也)"고 탄식하였다. 공자는 학습을 중시하였을 뿐만 아니라 학습하는 것을 큰 즐거움으로 삼아 학습에 대하여 지극히 높은 열정을 표현하였다. 『논어』의 첫 편은 "배우고 때로 익히면 또한 즐겁지 않은가?(學而時習之, 不亦說乎?)"로 시작되는데 이는 우연이 아닐 것이다. 기타 "배우기를 싫어하지 않으며 사람 가르치기를 게을리하지 않는다(學而不厭, 誨人不倦)"(『논어』 7.2), "세 사람이 길을 감에 그 가운데 반드시 나의 스승이 있다(三人行, 必有我師焉)"(『논어』 7.22) 등등과 같은 것은 모두 천고에 유전되고 인구에 회자하는 아름다운 구절이다. 공자는 자기는 나면서부터 안 것이 아니라 배워서 알았다고 하였는데, 마음속의 말로 봐야 할 것이며 결코 일반적으로 스스로 겸손해하는 말이 아니다. 공자가 남보다 뛰어난 곳은 바로 그가 학문을 좋아하는 데 있다.

『맹자』에서도 학습을 이야기하기는 했지만 학습에 대한 중시 정도는 확실히 『논어』를 따라가지 못한다. 『맹자』에는 '학(學)'자가 32번 보여 전체의 약 0.09%로 『논어』와 비교해보면 서로 간의 차이가 실로 현격하다. 『맹자』를 읽으면 그의 학습에 대한 중시와 열정을 느끼기가 어렵다. 맹자의 열정은 인정을 고취하고, 성이 선하다고 강변하는 방면에 더욱 많이 표현되어 있고 학습 방면에는 표현되지 않는다.

분기의 두 번째는 학습의 내용이 같지 않다는 것이다. 공자가 학문을 논하는 것은 주로 시를 배우고 예를 배우는 것이다. 그중에서도 예를 배우는 것은 주로 선왕의 예제를 학습하는 것이다. 이 점에 대하여 자공(子貢)은 분명히 말했다. "문왕과 무왕의 도가 아직 땅에 떨어지지 않아 사람들에게 남아 있다. 그리하여 현자는 그 큰 것을 기억하고, 어질지 못한 자들은 작은 것을 기억하고 있어서 문왕과 무왕의 도를 갖고 있지 않음이 없으니, 부자께서 어찌 배우지 않으시며 또 어찌 일정한 스승이 계시겠는가?(文武之道, 未墜於地, 在人. 賢者識其大者, 不賢者識其小者. 莫不有文武之道焉. 夫子焉不

學? 而亦何常師之有?)"(『논어』19.22)이는 공자의 주요 학습 내용이 선왕의 예제와 문왕과 무왕의 도(文武之道)라는 것을 설명한다. 공자가 보기에 예를 회복하는 중임을 완성하려면 무엇보다도 예가 무엇인가를 알아야 하며 예는 선왕에 의해 창제되어 고대의 문헌에 남아 민간에 흩어져 있는데 나면서부터 알 길이 없고 부단히 학습해야 파악할 수 있다. 이 각도에서 문제를 보면 공자가 어째서 이렇게 시와 예를 배우는 것을 중시하였는지 쉽게 이해할 수 있다.

이런 상황은 맹자에 이르러 일변하였다. 맹자가 학문을 이야기하는 것은 더 이상 예를 배우는 것이 아니라 일반적인 학습이 대다수이다. 『맹자』에는 32곳에 '학' 자가 보이는데, 일반적 의미의 학습을 뜻하는 것은 24곳이 있다. "활쏘기를 배움(學射)"(8.24), "배운 것을 다 버리고 그에게 배웠다(盡棄其學而學焉)"(5.4), "배움은 삼대가 이름을 함께 하였다(學則三代共之)"(5.3), "배운 뒤에 그를 신하로 삼았다(學焉而後臣之)"(4.2), "우선 네가 배운 것을 버리고 나를 따르라(姑舍女所學而從我)"(2.9), "내가 원하는 것은 공자를 배우는 것이다(乃所願, 則學孔子也)"(3.2) 등등과 같은 것이다. 다른 사람의 말을 인용하여 언급한 곳이 세 곳인데, "나는 배우기를 싫어하지 않고 가르치기를 게을리하지 않았다.(我學不厭而教不倦也)"(3.2) 같은 것이다. 학(學)과 자(者)를 함께 칭한 곳이 세 곳인데, "배우는 자 역시 반드시 규구로 한다(學者亦必以規矩)"(11.20) 같은 것이다. 예와 관련이 있는 것은 두 곳뿐이다. 한 곳은 "제후의 예는 내 아직 배우지 않았지만 내 일찍이 들었다.(諸侯之禮, 吾未之學也; 雖然, 吾嘗聞之矣)"(5.2)이다. 내용은 제후가 어떻게 전통의 법도에 따라 삼년상을 행하는가를 이야기한 것으로 이는 예와 관계가 있지만 맹자는 배운 적이 없다고 이야기하였으며 들은 적이 있을 뿐이라고 하였다. 다른 한 곳은 "이 어찌 대장부라 할 수 있겠는가. 그대는 예를 배우지 않았는가?(是焉得爲大丈夫乎? 子未學禮乎?)"(6.2)이다. 내용은 공손연(公孫衍)과 장의

(張儀)는 대장부라는 칭호에 어울리지 않는다는 것이다. 이 두 곳의 '학'자가 비록 예와 관련이 있기는 하지만 공자의 예를 배우는 것과는 여전히 다른 뜻임을 알 수 있다.

이런 '학' 자 가운데 특히 오해를 일으키기 쉬운 것이 있다. "널리 배우고 상세히 말함은 돌이켜 요약함을 말하려는 것이다.(博學而詳說之, 將以反說約也)"(8.15)이다. 어떤 학자는 이 구절을 공자의 "군자가 문을 널리 배우고 예로 요약한다(博學於文, 約之以禮)"(『논어』 6.27)와 나란히 제기하여 맹자의 이 구절은 공자와 마찬가지로 학(學)은 또한 예를 배우는 학(學)이고, 약(約) 또한 약례(約禮)의 약(約)이라고 생각하였다. 이는 정확치 않을 것이다. 여기서 가리키는 '학'자의 함의를 분명히 알려고 하면 무엇보다도 '약(約)'의 분석으로 시작하여야 하는데, 공자와 맹자가 '약(約)'을 논한 것이 상이하기 때문이다. 공자의 '약'은 주로 약속과 방자하지 않음을 가리키는데, "나를 예로 요약하였다(約我以禮)", "약하면서도 잃는 자는 적다.(以約失之者鮮矣)"는 것이다. 따라서 공자의 "문을 널리 배우고 예로 요약한다(博學於文, 約之以禮)"는 군자는 광범위하게 문헌과 예제를 학습하며, 예제에 약속을 더한다는 의미이다. 맹자가 '약'을 논한 것은 공자와는 다르다. 본장 제1절에서 말한 것 같이 『맹자』의 '약' 자는 주로 도덕을 성취하는 방법의 간요함을 가리킨다. 맹자의 심목 중에서 도덕을 성취하는 것은 자기에게 돌이켜 구하여 잃은 마음을 구하는데 이는 가장 간단하여 행하기 쉽고, 조작이 편한 경로이다. 이곳의 '약'은 곧 이 용법이고 의미는 간략과 간요하다는 것이며 약례의 약이 아니다. 상응하여 이곳의 '박학' 또한 예를 배우는 것이 아니고 광범하게 학습을 가리키는 것이다. 결론적으로 말하여 맹자의 이 구절은 다만 "널리 학습하고 상세하게 해설하며, 융회관통하여 지극한 의를 요약한다"는 것으로 이해되어 예를 배우는 것과는 얼마간의 관계도 없다.

분기의 세 번째가 가장 중요할 것이다. 학습의 심성지학에서의 지위와 작용이 같지 않아 도덕을 성취하고자 하면 공자가 보기에는 인을 해야 하는 것 외에 예에 의해 행해야 하며 반드시 먼저 예를 배워야 하기 때문에 외향성의 학습은 도덕을 성취하는 데 없어서는 안 될 조건이다. 맹자는 달라서 밖에서 구하는 것을 강조하지 않는다. 다만 자기에게 절실한 것을 스스로 돌이켜 본심으로 돌아가는 것을 중시하였으므로 외향성 학습은 결코 도덕을 성취하는 필요조건이 아니다. 또한 공자는 심성지학을 인성만 있어서는 안 되며 성현이 되려고 한다면 반드시 끊임없이 외향적인 학습을 하여야 한다고 말했다. 자하(子夏)는 "온갖 공인들은 공장에 있으면서 그 일을 이루고, 군자는 배워서 그 도를 지극히 한다.(百工居肆以成其事, 君子學以致其道)"(『논어』 19.7)라 하였는데, 이 사상을 매우 명료하게 표현하였다. 맹자는 달랐다. 그는 사람은 양지 양능을 가지고 있는데 이는 사람이 이와 의를 가지고 있는 모든 근거이며 이를 크게 발양하면 성현이 될 수 있다고 생각하였다. 이로부터 맹자는 공자의 인학을 고양하여 그것을 본심본체론으로 발전시키는 동시에 또한 부지중에 공자의 심성지학에서 지성을 버렸음을 알 수 있다.[15]

맹자의 성선론과 공자 심성지학의 분기는 매우 깊이 숨겨져 있다. 2천여 년 동안 정식으로 제기했던 적이 있는 사람이 거의 없지만 실제로는 유가 심성지학의 전체 발전과정에 직접적인 영향을 끼쳤다.[16]

---

[15] 맹자는 외향성 학습을 완전히 부정한 것이 아니라, 다만 이러한 학습이 도덕을 성취하는 데 미치는 작용을 중시하지 않았다. 이는 훗날 주희가 육상산(陸象山)과 학습의 문제를 놓고 벌인 논쟁과 매우 밀접한 관계가 있다.
[16] 본서의 제9장 제5절에 상세히 보인다.

제8장

맹자 사상의 기타 방면

1. 맹자가 미를 논함

 서방의 자연의 미라는 전통과는 달리 중국의 유가는 도덕적 미가 두드러진다. 도덕적 미는 간단하게 말해서 선과 미를 긴밀하게 결합한 도덕적인 선 자체를 일컫는다. 도덕적인 선을 가지고 모든 미를 가늠하는 표준으로 삼아 이 선에서 벗어난 순수하게 외재적인 아름다움에는 관심을 가지지 않는다.
 이런 도덕적 아름다움의 전통은 공자로부터 비롯되었다. 미학발전사상 공자는 처음으로 선과 미를 명확하게 구분하였으며 이 둘을 유기적으로 통일시켰다. "공자께서 「소」에 대해 이르시기를 '지극히 아름답고 지극히 좋다.' 하셨으며, 「무」에 대해 이르시기를 '지극히 아름답지만 지극히 좋지는 못하다.' 하셨다.(子謂韶, 盡美矣, 又盡善也. 謂武, 盡美矣, 未盡善也)"(『논어』 3.25) 「소」는 순(舜의 덕)을 가공송덕한 음악이다. 순은 '읍양(揖讓)'의 정치를 미루어 행하여 공자가 마음속으로 지성(至聖)의 전형으로 삼은 인물이다. 따라서 「소」의 음악은 형식적으로 '지극히 아름다울' 뿐만 아니라 도덕적으로도 '지극히 좋다.' 바로 이런 점으로 인하여 공자는 「소」를 듣고 "석 달 동안 고기 맛을 알지 못하였고(三月不知肉味)", "음악을 만든 것이 이러한 경지에 이를 줄은 생각도 못한(不圖爲樂之至於斯也)" 정도에 이를 수 있었다. 「무」는 무왕(武王)을 가공송덕한 음악이다. 주무왕은 무력으로 천하를 통일하여 또한 성인이기는 하지만 순과는 필경 다름이 있다. 「무」의 음악이 형식적으로는 '지극히 아름답지만' 도덕적으로는 아직 '지극히 좋을' 수는 없었다.

선과 미, 문과 질은 또한 일정한 관련이 있다. "질(바탕)이 문(아름다운 외관)을 이기면 촌스럽고, 문이 질을 이기면 사(史: 겉치레만 잘함)하니, 문과 질이 적당히 배합된 뒤에야 군자이다.(質勝文則野, 文勝質則史. 文質彬彬, 然後君子)"(『논어』 6.18) 쳰무(錢穆)의 『논어신해(論語新解)』에 의하면, '문(文)'은 화려하게 꾸미는 것을 가리키고, '질(質)'은 질박한 것을 가리킨다. 질박함이 문채보다 우세하게 되면 시골 사람과 같다. 문채가 질박함보다 우세하게 되면 종묘의 축관(祝官)과 같다. 질박함과 문채가 고르게 잘 배합되어야 군자이다. 문과 질은 일반적으로 내용과 형식으로 이해되는 것 외에 또한 도덕적 선과 형식적 미로 인신될 수 있음을 알 수 있는데, 군자는 이 두 가지를 잘 결합하여야 한다.

이를 기초로 하여 공자는 자연의 미에 관한 문제를 어떻게 다루어야 할지 이야기하였다. 이 방면의 가장 대표적인 말은 곧 "지자(智者)는 물을 좋아하고 인자는 산을 좋아한다.(知者樂水, 仁者樂山)"(『논어』 6.23)이다. 물은 쉬지 않고 흐르는 '동'적인 특징을 가지고 있다. '지자'는 그 재능을 즐겨 써서 세상을 알고 세상을 다스려 '동'적인 특징을 갖추고 있기 때문에 물을 좋아한다. 산은 관대하고 돈후하며 우뚝하여 꿈쩍도 하지 않는 '정'적인 특징을 가지고 있다. '인자'는 수양을 중시하여 강건하면서도 듬직하여 '정'적인 특징을 가지고 있기 때문에 산을 좋아한다. 공자가 보기에 자연의 미는 언제나 도덕의 선과 함께 연결되어 있어서, '인자'와 '지자'를 정적이거나 동적인 특징을 갖추었다고 분별하였다. 이런 정적이거나 동적인 특징 자체는 곧 일종의 미이기 때문에 그들은 비로소 특별히 자연계의 산, 혹은 자연계의 물에 애정을 기울였으며 자연계의 산과 물 또한 미라고 생각하였다. 이런 시종 자연의 미와 도덕의 미를 함께 연결한 사상은 유가도덕의 미의 전통을 직접 열어젖혔다. 후세에 심원한 영향을 낳았으며 매우 큰 규모로 사람들의 심미 심리를 결정하였다.

맹자가 미를 논한 것은 공자와 일치하는 곳이 있다. 『맹자』에는 '미(美)'자가 17차례 나타나는데, 주요 함의는 사물의 외재적 형식의 속성이다. 곧 우리가 평상시에 이야기하는 아름다움이다. "깃과 들소 꼬리로 만든 깃발의 아름다움을 보고(見羽旄之美)"(2.1), "관목이 너무 아름다운 듯하다(木若以美然)"(4.7), "이제 궁실의 아름다움을 위하여 그것을 한다(今爲宮室之美爲之)"(11.10) 같은 것이다. 이런 함의를 가진 미는 공자가 말한 "지극히 아름답고 지극히 좋은(盡善盡美)"의 '미'와 기본적으로 같으며, 여기서는 더 이상 거론하지 않는다. 언급할 만한 것은 맹자는 이 문제를 논술하는 과정에서 미의 보편성 문제에 대하여 공자의 사상을 한 걸음 더 발전시켰다는 것이다.

> 입이 맛에 있어서 똑같이 즐김이 있으니, 역아는 먼저 우리 입이 즐기는 것을 안 자이다. 가령 입이 맛에 있어서 그 성이 남과 다름이 마치 개와 말이 우리와 동류가 아닌 것 같다면, 천하가 어찌 맛을 즐기기를 모두 역아가 조리한 맛을 따르듯이 하겠는가. 맛에 이르러서는 천하가 역아가 되기를 기약하나니, 이것은 천하의 입이 서로 같기 때문이다. 귀도

또한 그러하니, 소리에 이르러서는 천하가 사광이 되기를 기약하나니, 이것은 천하의 귀가 서로 같기 때문이다. 눈 또한 그러하니, 자도에 이르러서는 천하가 그 아름다움을 알지 못하는 이가 없으니, 자도의 아름다움을 알지 못하는 자는 눈이 없는 자이다. 그러므로 말하기를 "입이 맛에 있어서 똑같이 즐김이 있으며, 귀가 소리에 있어서 똑같이 들음이 있으며, 눈이 색에 있어서 똑같이 아름답게 여김이 있다."고 하는 것이니, 마음에 이르러서만 유독 똑같이 그렇게 여기는 것이 없겠는가? 마음이 똑같이 그렇게 여긴다는 것은 어떤 것인가? 이와 의를 말한다.

口之於味, 有同耆也; 易牙先得我口之所耆者也. 如使口之於味也, 其性與人殊, 若犬馬之與我不同類也, 則天下何耆皆從易牙之於味也? 至於味, 天下期於易牙, 是天下之口相似也. 惟耳亦然. 至於聲, 天下期於師曠, 是天下之耳相似也. 惟目亦然. 至於子都, 天下莫不知其姣也. 不知子都之姣者. 無目者也. 故曰, 口之於味也, 有同耆焉; 耳之於聲也, 有同聽焉; 目之於色也, 有同美焉. 至於心, 獨無所同然乎? 心之所同然者何也? 謂理也, 義也. (11.7)

맹자는 여기에서 입과 귀 그리고 눈의 보편성 문제를 이야기하였다. 사람과 사람은 모두 동류이고 무릇 동류인 것은 모두 비슷하기 때문에 사람이라면 이 방면의 요구가 기본적으로 비슷하다. 맹자는 이것이 곧 '함께 즐기고', '함께 듣고', '함께 아름답게 여기는' 것이라고 생각하였다. 서방의 미학사상사에서 미의 보편성은 하나의 비교적 복잡한 문제다. 맹자가 유(類)의 개념을 운용하여 이 문제를 해결하였으니 긍정적으로 볼 수 있다.

그러나 주의해야 할 것은 『맹자』의 이 장은 결코 서방의 미학자들처럼 전문적으로 미의 보편성 문제를 해결한 것이 아니라는 점이다. 이를 가지고 주로 성이 선하다는 것을 증명하였다. 맹자가 보기에 성인은 나와 동류이고 사람과 사람은 모두 마찬가지여서 입과 귀와 눈이 모두 같은 성을 가지고 있다면 마음 또한 서로 같은 성을 가지고 있다. 서로 같은 성은 모두 양심과 본심을 가지고 있어서 그것이 요구하는 대로 해서 다른 것들을 파괴하지만 않는다면 사람마다 모두 요순이 되고 성인이 될 수 있다. 따라서 이 장의 가장 중요한 뜻은 사람마다 모두 '마음이 똑같이 여기는 것'을 지니고 있으며, 모두 양심과 선한 성을 가지고 있다는 것을 설명하려는 것이다. 단순히 무슨 심미적인 보편성을 설명하는 것이 아니다. 우리는 문제를 분석할 때 주객이 전도되어 주요한 문제를 잊어버리게 해서는 안 된다. 사실상 맹자는 서방의 미학자들처럼 전문적으로 무슨 미의 보편성을 탐구한 적이 없다. 이는 우리가 본장을 토론할 때 반드시 주의해야 할 문제이다.

맹자가 미를 논함에는 다른 함의가 있다. 이런 함의를 가진 미는 공자가 논한 것과는 달라 종종 오해를 일으키는데 주의를 해야 한다. 이는 맹자가 이상적 인격의 다른 층차를 구분할 때 이야기한 "충실한 것을 미라고 한다(充實之謂美)"(14.25)는 것이다. 맹자는 사람을 선(善)과 신(信), 미(美), 대(大), 성(聖) 그리고 신(神)의 여섯 층차로 나누었다. 악정자(樂正子)는 선과 신의 층차까지는 이르렀지만 미와 대, 성, 신의 층차에는 이르지 못하였다고 생각하였다. 맹자의 '충실한 것이 미라고 한다'는 견해에 대하여 학술계에서는 오해가 자못 많다.

첫 번째 오해는 맹자가 이야기한 미는 서방의 미학이 이야기한 미와 한데 혼재되어 있다는 것이다. 이는 결코 한 번의 일이 아니다. 제7장의 '순척지변'에서 말한 것처럼 이곳의 '미'는 '선'과 '신'을 충실히 하고 '충만하게 채운다'는 뜻이다. 서방 미학의 미는 심미로 감각기관이 어떻게 미를 향수하게 하느냐의 뜻이다. 그러니 지금은 늘 몇몇 논저에서 이 근본이 다른 문제를 한데 섞어놓았는데 이는 정말 안 될 일이다.

두 번째 오해는 맹자가 이야기한 선과 미의 관계를 서방 철학이 이야기한 선과 미의 관계와 혼재시켜놓은 것이다. 맹자가 위에서 말한 내용으로 보건대 미는 선보다 높아야 한다. 미는 선과 신을 기초로 하기 때문에 선이 있고 미가 있을 뿐만 아니라 이 두 가지를 충실히 해야 한다. 위의 분석으로부터 맹자는 문제를 선과 신, 미, 대, 성, 신의 여섯 층차로 나누었는데 이는 모두 선이라는 것을 분명히 알 수 있다. 가장 기초가 되는 것은 '가욕(可欲)'의 선으로, '가욕'하기만 하면 선이다. 이런 '가욕'은 헛되고 거짓일 수가 없고 반드시 진실한 것이기 때문에 '자기에게 있는' 신은 선보다 한 층 더 높아야 한다. 선과 신을 한 걸음 더 충실하게 하면 곧 미이기 때문에 미는 또한 신보다 한 층차 높다. 이 외에도 충실은 정도의 문제를 가지고 있다. 충실히 하여 광휘가 있는 데 이르는 것이 곧 대이다. 대는 화할 수 있는데 곧 성이다. 성하여 알 수 없는 것이 곧 신이다. 이 여섯 층차는 모두 선의 상이한 발전의 단계. 근본적으로 자연적인 미감(儒家의 도덕의 미까지)과 도덕 선의 관계 문제를 토론하는 것이 아님이 매우 분명하다. 지금 몇몇 논저는 왕왕 맹자의 말을 심미가 도덕의 선보다 한 층차 높을 것이라고 이해하는데 맹자가 말한 원의를 오해한 것일 것이다.

세 번째 오해는 맹자가 말한 미와 공자가 말한 미를 함께 섞어놓은 것이다. 앞에서 말했듯 공자가 말한 미는 기본적으로 '문(文: 文飾)'에 상당하며, 선은 기본적으로 '질'에 상당하는데, 이런 미는 대부분 외재적 형식미이다. 맹자 또한 미를 이야기하였지만 맹자가 이곳에서 이야기한 미는 특수한 함의를 가지고 있는데, 그것은 선의 한 층차이며 선과 신의 '충만하게 채운 것'으로 형식의 미와는 근본적인 접점이 없다. 몇몇 학자들이 맹자의 선과 미에 관한 관계를 공자의 선과 미의 관계에 관한 논술과 비교하는 것을 자주 보게 된다. 그들은 이곳의 엄중한 모순을 주의하지 못한 것 같다. 공자는 명확하게 "「무」는 지극히 아름답지만 지극히 좋지는 못하다"고 말한 적이 있다. 곧 「무」가 미의 층차에 도달하기는 했지만 선의 층차에는 도달하지 못하였기 때문에 선은 미보다 더 높은 것이다. 그러나 맹자에게서 미는 선보다 더 높아야 하는데 선에 대한 충실이다. 이 사이에는 차별이 있어서 어떤 것을 막론하고도 서로 같지 않다. 이런 상황을 조성하게 된 것은 내가 보건대 중요한 원인은 공자와 맹자가 모두 미를 말하고 쓴 글자도 같지만 구체적인 내용에는 미세한 차별이 있다. 그 사이의 차이를 주의하지 않고 다만 글이 낳은 뜻만 바라보면 이론상의 혼동을 조성하기 쉽다. 정이천(程伊川)은 말하였다. "무릇 책을 볼 때는 서로 유사하다, 하여 그 뜻에 집착해서는 안 된다. 이렇게 하지 않으면 글자마다 막힌다. 마땅히 그 문세의 위아래의 뜻을 보아야 한다. '충실하게 함을 미(美)라 이른다(充實之謂美)' 같은 것은 『시(詩)』의 미와는 다르다."[1] 이는 불변의 의론이니 논자들의 주의를 요한다.

2. 맹자가 기를 논함

(1) '말을 알고 기를 기름(知言養氣)' 장의 새로운 해석

『맹자』에서 '기(氣)' 자가 출현한 횟수는 적지 않아 19차례가 있지만[2], 특정 장에 집중되어 있다. 「고자(告子) 상」 제8장에 '야기(夜氣)'가 두 차례

---

[1] 『이정집(二程集)』 권18, 중화서국(中華書局), 1981, 248쪽.
[2] 이 결과는 하버드 연경 학사(哈佛燕京學社)에서 엮은 『맹자 인덱스(孟子引得)』의 통계를 근거로 하였다. 양보권(楊伯峻)의 『맹자역주(孟子譯注)』에서는 18차례로 통계했지만, 그 가운데는 두 차례의 '야기'를 포함하지 않았으며, 그렇지 않다면 모두 20차례이다. 차이가 있는데 무슨 까닭인지 모르겠다.

보이고 「진심(盡心) 상」 제36장에 '거이기(居移氣)'가 한 차례 보이는 것을 빼면 나머지는 모두 「공손추(公孫丑) 상」 제2장에 집중되어 있다. 이 장에서는 주로 말을 앎(知言)과 기를 기르는(養氣) 문제를 말하였기 때문에 또한 '지언양기(知言養氣)'장이라 일컬어진다. 이 장은 매우 길어서 분석의 편의를 위해 먼저 문의에 따라 네 단으로 나누어 차례로 아래에 인용한다.

공손추가 물었다. "부자께서 제나라의 경상 지위에 올라 도를 행할 수 있게 된다면, 비록 이로 말미암아 패자와 왕자가 되더라도 이상할 것이 없겠습니다. 이와 같다면 마음이 동요되시겠습니까? 않으시겠습니까?" 맹자가 말하였다. "아니다. 나는 40세에 마음을 동요하지 않았다." "이와 같다면 부자께서는 맹분보다 크게 뛰어나십니다." "이것은 어렵지 않으니, 고자도 나보다 먼저 마음을 동요하지 않았다." "부동심이 방법이 있습니까?" "있다. 북궁유의 용을 기름은 피부가 찔려도 흔들리지 않으며 눈동자를 피하지 않아서, 생각하기를 털끝만큼이라도 남에게 꺾이면 마치 저자와 조정에서 종아리를 맞는 것처럼 여겨, 갈관박에게도 (모욕을) 받지 않으며 또한 만승의 군주에게도 (모욕을) 받지 않아, 만승의 군주를 찌르는 것 보기를 마치 갈부를 찔러 죽이는 것처럼 생각하여, 무서운 제후가 없어서 험담하는 소리가 이르면 반드시 보복하였다. 맹시사의 용을 기름은 '이기지 못함을 보되, 이기는 것과 같이 여기노니, 적을 헤아린 뒤에 전진하며 승리를 생각한 뒤에 교전한다면 이것은 적의 삼군을 두려워하는 자이다. 내 어찌 필승을 할 수 있겠는가, 두려움이 없을 뿐이다.' 하였다. 맹시사는 증자와 비슷하고 북궁유는 자하와 비슷하니, 이 두 사람의 용은 누가 나은지는 알지 못하겠지만 맹시사는 지킴이 요약하다. 옛적에 증자가 자양에게 이르기를 '그대는 용을 좋아하는가? 내 일찍이 부자에게서 대용에 대해 들었으니,

스스로 돌이켜서 정직하지 못하면 비록 갈관박이라도 내 두려워하지 않겠는가. 그러나 스스로 돌이켜서 정직하다면 비록 천만 명이 있더라도 내가 가서 대적할 수 있다.' 하셨다. 맹시사의 지킴은 기이니, 또 증자가 요약으로 지킴만 못하다."

　公孫丑問曰: "夫子加齊之卿相, 得行道焉, 雖由此霸王, 不異矣. 如此, 則動心否乎?" 孟子曰: "否. 我四十不動心." 曰: "若是, 則夫子過孟賁遠矣." 曰: "是不難. 告子先我不動心." 曰: "不動心有道乎?" 曰: "有. 北宮黝之養勇也不膚撓, 不目逃, 思以一毫挫於人, 若撻之於市朝; 不受於褐寬博, 亦不受於萬乘之君; 視刺萬乘之君, 若刺褐夫; 無嚴諸侯. 惡聲至, 必反之. 孟施舍之所養勇也." 曰: "視不勝猶勝也; 量敵而後進, 慮勝而後會, 是畏三軍者也. 舍豈能爲必勝哉? 能無懼而已矣. 孟施舍似曾子, 北宮黝似子夏. 夫二子之勇, 未知其孰賢, 然而孟施舍守約也. 昔者曾子謂子襄曰: '子好勇乎? 吾嘗聞大勇於夫子矣: 自反而不縮, 雖褐寬博, 吾不惴焉; 自反而縮, 雖千萬人, 吾往矣.' 孟施舍之守氣, 又不如曾子之守約也."

"감히 여쭙겠습니다만 부자의 부동심과 고자의 부동심을 들어볼 수 있겠습니까?" "고자가 말하기를 '말에서 얻지 못하거든 마음에서 구하지 말며, 마음에서 얻지 못하거든 기운에서 구하지 말라.' 하였으니, 마음에서 얻지 못하거든 기운에서 구하지 말라는 것은 괜찮지만, 말에서 얻지 못하거든 마음에서 구하지 말라는 것은 옳지 않다. 의지는 기의 장수이고, 기는 몸에 꽉 차 있는 것이니, 의지가 최고이고, 기는 그다음이다. 그러므로 말하기를 '그 의지를 잘 잡고도 또 그 기를 포악하게 하지 말라.'고 한 것이다." "이미 의지가 지극하고 기가 그다음이라 하고, 또 그 의지를 잘 잡고도 그 기를 포악하게 하지 말라고 한 것은 무슨 말씀입니까?" "의지가 한결같으면 기를 움직이고 기가 한결같으면 의지를 움직이는 것이니, 지금 넘어지는 자와 달리는 자는 이것은 기이나, 도리어 그 마음을 움직이게 된다."

曰: "敢問夫子之不動心與告子之不動心, 可得聞與?" 告子曰: "不得於言, 勿求於心; 不得於心, 勿求於氣. 不得於心, 勿求於氣, 可; 不得於言, 勿求於心, 不可. 夫志, 氣之帥也; 氣, 體之充也. 夫志至焉, 氣次焉; 故曰: '持其志, 無暴其氣.' 旣曰 '志至焉, 氣次焉', 又曰: '持其志, 無暴其氣'者, 何也?" 曰: "志壹則動氣, 氣壹則動志也, 今夫蹶者趨者, 是氣也, 而反動其心."

"감히 여쭙겠습니다. 부자께서는 어디에 뛰어나십니까?" 맹자께서 말씀하였다. "나는 말을 알며, 나는 나의 호연지기를 잘 기른다." "감히 묻겠습니다. 무엇을 호연지기라 합니까?" 맹자가 말하였다. "말하기 어렵다. 그 기됨이 지극히 크고 지극히 강하니, 정직함으로써 잘 기르고 해침이 없으면, (이 浩然之氣가) 천지의 사이에 꽉 차게 된다. 그 기가 의와 도에 배합되니, 이것이 없으면 굶주리게 된다. 이 (浩然之氣)는 의리가 모여서 생겨나는 것이다. 의가 하루아침에 갑자기 엄습하여 취해지는 것은 아니니, 행하고서 마음에 부족하게 여기는 바가 있으면 (浩然之氣가) 굶주리게 된다. 내 그러므로 '고자가 의를 안 적이 없다.'고 하였으니, 이는 의(義)를 밖으로 여긴 것이다. 반드시 거기[浩然之氣]에 종사하고, (효과를) 미리 기대하지 말아서 마음에 잊지도 말며 조장하지도 말아서, 송나라 사람과 같이 하지 말지어다. 송나라 사람 중에 모가 자라지 못함을 안타깝게 여겨 뽑아놓은 자가 있었다. 그는 아무것도 모르고 돌아와서 집안사람들에게 말하기를 '오늘 나는 매우 피곤하다. 내가 모가 자라도록 도왔다.' 하자, 그 아들이 달려가서 보았더니, 모는 말라 있었다. 천하에 모가 자라도록 조장하지 않는 자가 적으니, 도움이 안 된다, 하여 버려두는 자는 모를 김매지 않는 자요 조장하는 자는 모를 뽑아놓는 자이니, 이는 도움이 되지 않을 뿐만 아니라, 도리어 해치는 것이다."

"敢問夫子惡乎長?" 曰: "我知言, 我善養吾浩然之氣." "敢問何謂浩然之氣?" 曰: "難言也. 其爲氣也. 至大至剛. 以直養而無害. 則塞于天地之間. 其爲氣, 配義與道; 無是, 餒也. 是集義所生者, 非義襲而取之也. 行有不慊於心, 則餒矣. 我故曰, 告子未嘗知義, 以其外之也. 必有事焉, 而勿正心; 勿忘, 勿助長也. 無若宋人然; 宋人有閔其苗之不長而揠之者, 芒芒然歸, 謂其人曰: '今日病矣! 予助苗長矣!' 其子趨而往視之, 苗則槁矣. 天下之不助苗長者寡矣. 以爲無益而舍之者, 不耘苗者也; 助之長者, 揠苗者也─非徒無益, 而又害之."

"무엇을 지언(知言)이라 합니까?" 맹자가 말하였다. "치우친 말에 그 가림을 알며, 방탕한 말에 빠진 것을 알며, 부정한 말에 괴리된 바를 알며, 도피하는 말에 (논리가) 궁함을 알 수 있으니, 마음에서 생겨나 정사에 해를 끼치며, 정사에 발로되어 일에 해를 끼치게 되니, 성인이 다시 나오시더라도 반드시 내 말을 따를 것이다."

"何謂知言?" 曰: "詖辭知其所蔽, 淫辭知其所陷, 邪辭知其所離, 遁辭知其所窮.─生於其心, 害於其政; 發於其政, 害於其事. 聖人復起, 必從吾言矣." (3.2)

학술계에서는 '지언양기'장이 『맹자』에서 가장 이해하기 어려운 장이라고 공인하며, 관련 논쟁이 끊이지 않고 속출하고 있다. 이 장이 난해한 것은 주로 아래의 몇 가지 문제로 표현된다. 지금 자신의 이해에 근거하여 이 문제들을 차례로 아래서 분석해보겠다.

첫째, '부동심(不動心)'은 무엇인가? 조기(趙岐)는 '어려움을 두려워함(畏難)'과 '두려워함(畏懼)'으로 '동심(動心)'을 풀이하여 말하였다. "추(丑)가 맹자에게 묻기를 부자에게 제나라 경상의 지위에 처하게 하여 도덕을 행한다면 신하의 지위로 임금을 도와 행하는 것이니 또한 옛 패왕의 임금과 다르지 않을 것이다. 이런데 어찌 마음을 움직이고 어려움을 두려워하여 스스로 갈 수 없다고 두려워하는가? 추는 이를 대도는 바꾸지 못하는 것이라 생각하여 사람이라면 두려워하여야 하고 감히 가려고 하지 않는 것이라 하였다." 주희(朱熹)의 『맹자집주(孟子集注)』는 기본적으로 이 뜻을 이었다. 다른 점은 공자의 '마흔에 의혹됨이 없었다(四十而不惑)'는 뜻에 의하여 '두려워함'이라는 기초에 또 '의혹'이라는 함의를 더하여 말하였다. "임무가 크고 책임이 중함이 이와 같으면 또한 두려워하고 의혹하는 바가 있어서 그 마음을 동요하는가? 한 것이다. 40은 강하여 벼슬할 때이니, 군자가 도가 밝아지고 덕이 확립되는 때이다. 공자가 40세에 의혹이 없었던 것도 부동심을 말한 것이다." 나는 비교하여 말하면 아무래도 조씨의 설이 비교적 정확하다고 생각한다.

첫째, '의혹'은 인지와 관계있는 개념이지만 아래위의 문장으로 볼 때 『맹자』에서는 주로 용기를 이야기하는 것으로 인지 문제는 결코 말하지 않았다. 이렇게 된 바에야 어찌 '의혹'을 이야기하겠는가? 이외에 『맹자』에는 15개의 '동(動)' 자가 있는데, '동심(動心)'이나 '부동심(不動心)'을 제외하고도 "이는 천하의 군대를 움직이는 것이다(是動天下之兵)"(2.11), "장차 일 년 내내 부지런히 노동하여도 그 부모를 봉양할 수 없다(將終歲勤動, 不得以養其父母)"(5.3), "지극히 성실하고서 감동을 주지 못하는 자는 있지 않으니, 성실하지 못하면 능히 남에게 감동을 줄 자가 없다(至誠而不動者, 未之有也; 不誠, 未有能動者也)"(7.12), "마음을 분발시키고 성질을 참게 하는 것(所以動心忍性)"(12.15), "동용하고 주선함이 예에 맞는 것은 성덕이 지극한 것이다(動容周旋中禮者, 盛德之至也)"(14.33) 같은 것이 있다. 이런 인용문에서 '동' 자의 기본 함의는 '동작', '움직이다(操動)', '감동'이며 '의혹'이라는 뜻은 전혀 없음을 어렵지 않게 알 수 있다. 다시 『논어』와 『순자(荀子)』를 찾아보아도 마찬가지이다. 『논어』에는 '동' 자가 6차례 나타나고, 『순자』에는 헤아리지는 않았지만 '감동', '변동', '진동', '동' 자가 50차례 나타나는데 역시 '의혹'이라는 뜻은 없다. 이로써 '동심(動心)'은 곧 '마음을 움직이다' 곧 '어려움을 두려워하다', '두려워하다'이며, '부동심(不動心)'은 곧 '어려움을 두려워하지 않다', '두려워하지 않다'임을 알 수 있다. 완전히 용감함의 범주에 속하며 인지와는 직접적인 연결이 없는데 주희는 '동심(動心)'을 '의혹'으로 해석하였으니 합리적이지 못함은 매우 명확하다.

주의해야 할 점은 '부동심(不動心)'이라는 단어의 정의는 결코 어구의 다툼만이 아니라 직접 전장의 이해와 관계된다. 후세의 본장에 관한 이해는 비교적 혼란스러운데, 원인의 하나는 곧 이 개념을 분명하게 정의하지 않아서이다.

둘째, 북궁유와 맹시사, 증자가 '용기를 기름'에는 어떤 다른 특징이 있는가? 북궁유는 일에 부닥치면 무턱대고 화를 내어 표면적으로는 그저 이기려고 하는 것 같지만 이는 미련한 사내의 용기일 뿐 층차가 비교적 낮다. 이와 달리 맹시사는 '용기를 길러' 내심의 지지를 강구하는데 충분히 내심에 주의하여 두려워하지 않는다. 맹자는 이로 말미암아 두 가지 다른 용기를 구분하였다. 하나는 '스스로 돌이켜서 정직하지 못한' 방식의 용기이고, 하나는 '스스로 돌이켜서 정직한' 방식의 용기이다. 주희는 『맹자집주』에서 '축(縮)'을 '직(直)'으로 해석하였다. "自反而不縮"은 "자기의 몸에 돌이켜 스스로 물어보아 정의가 나한테 있지 않다"로 해석될 수 있고, "自反而縮"은 "자기의 몸에 돌이켜 스스로 물어보아 정의가 나한테 있다"로 해석할 수 있다. '自反而縮' 방식의 용기를 기름은 그 특징이 '약(約)'이며 아울러 맹시사의 용기를 기름이 증자의 '약을 지킴(守約)'만 못하다는 말이다. 『맹자』에서 '약'은 간략[簡約]하다는 뜻이다. 증자의 용기를 기름이 왜 맹시사에 비해 '약을 지킴(守約)'인지는 맹자가 분명히 말하지 않았다. 추측에 의하면 이는 증자가 내심의 인을 중시하였기 때문일 것이다. 나중에 왕양명(王陽明)이 말한 것에 따르면 마음은 본래 움직이지 않는 것이다. 이로 인해 일에 맞닥뜨리면 자신에게 돌이켜 구하고 내심의 인에 따라 행하기만 하면 조금도 두려워할 것이 없으니 이는 맹시사의 내심 두려워하지 않음을 억지로 구하는 것에 비해 당연히 많이 간략할 것이다.

셋째, '마음에서 얻지 못하거든 기운에서 구하지 말라'는 것은 어떻게 이해해야 하는가? 여기엔 먼저 분명히 짚고 넘어가야 할 몇몇 문제가 있다. (1) '득(得)'은 무엇인가? 제7장 제3절 '성선론의 주요 원칙'에서 말한 것처럼 『맹자』에서 '득' 자의 기본적 의미는 '얻는 것(得到)', '구하여 얻는 것(求得)'이며 이곳의 '득(得)'은 '얻는 것(得到)'이라는 의미이다. (2) 왜 "마음에서 얻지 못하는가?" 앞에서 이야기했듯이 두 가지 다른 용이 있는데 하나는 "스스로 돌이켜서 정직하지 못한", 곧 "자기의 몸에 돌이켜 스스로 물어보아 정의가 나한테 있지 않은" 식의 용이다. 하나는 "스스로 돌이켜서 정직한", 곧 "자기의 몸에 돌이켜 스스로 물어보아 정의가 나한테 있는" 식의 용이다. '마음에서 얻지 못함'과 '자기의 몸에 돌이켜 스스로 물어보아 정의가 나한테 있지 않다'는 의미는 서로 가까워 마음의 지지를 얻지 못하여 내재한 양심과 본심이 기초가 되지 않는 것을 말한다. (3) 맹자는 어째서 '마음에서 얻지 못하거든 기운에서 구하지 말라'는 견해에 찬동하였는가? 맹자가 보기에 심(心)은 기(氣)의 기초인데, 심을 기초로 삼지 않으면 기는 돌아갈 곳이 없으며, 표현되어 나온 것 또한 다만 노둔한 사람의 용일 뿐이다. 바꾸어 말하면 자기에게 이가 없어 마음속이 허약하다면 억지로 정신을 차리려 하면 안 되고 완전히 기에 의지하여 지탱해야 한다. 그렇지 않으면 다만 노둔한 사람의 야만일 뿐이어서 노력이 커질수록 위해가 더 커진다. 따라서 맹자는 비로소 "마음에서 얻지 못하면 기운에서 구하지 말라는 것은 괜찮다."라 말하였다.

겉으로 보기에 맹자의 이 말은 고자의 관점에 찬동하고 고자의 사상과 일치하는 것 같지만 사실 맹자는 여기에서 자신의 마음과 기에 관계된 기본적인 견해를 표현한 것일 뿐 고자와는 결코 같지 않다. 고자도 "마음에서 얻지 못하면 기운에서 구하지 말라"고 이야기하기는 했지만 그는 의의 바깥을 주장한다. 그 때문에 의의 바깥을 주장하면 마음은 반드시 공허해져 설 곳이 없으며, 이렇게 "마음에서 얻지 못하면 기운에서 구하지 말라"는 것 또한 곧 실현될 방법이 없게 된다. 곧 "마음에서 얻지 못하면 기운에서 구하지 말라"를 글자의 표면상으로만 보면 심층에서 볼 수 있다는 것을 말한다. 글자의 표면상에서 보면 맹자는 고자와 서로 같아 맹자는 곧 이 의의에서 '가(可)' 한 자를 썼다. 심층에서 보면 맹자는 의의 안을 주장하여 "마음에서 얻지 못하면 기운에서 구하지 말라"는 통한다고 말할 수 있지만 고자는 의의 밖을 주장하여 "마음에서 얻지 못하면 기운에서 구하지 말라"는 이야기가 통하지 않기 때문에 맹자와 고자는 또한 서로 같지 않다. 주희의 『맹자집주』에서는 맹자의 이 '가(可)' 자를 겨우, 라는 뜻으로 썼다며 "무릇 가(可)라는 말은 또한 겨우 괜찮아서 미진함이 있는 말일 뿐이다."라고 한 이 견해는 핵심을 찔렀다.

넷째, "말에서 얻지 못하면 마음에서 구하지 말라"는 어떻게 이해할 것인가? 이는 이 장에서 가장 이해하기 어려운 것으로 논쟁이 가장 많은 문제이다. 나의 기본적인 견해는 '득(得)'은 '얻었음(得到)'을 나타내며, 맹자의 '지언(知言)'에 관한 논술과 서로 참고하여 볼 만하다. '득언(得言)'은 곧 '지언(知言: 말을 앎)'이고, '불득어언(不得於言)'은 곧 '부지언(不知言: 말을 알지 못함)'이다. 맹자가 보기에 말은 매우 중요한데 말은 마음의 소리여서 "마음에서 생겨나 정사에 해를 끼치며, 정사에 발로되어 일에 해를 끼치기(生於

其心, 害於其政; 發於其政, 害於其事)" 때문에 "천하의 말이 양주에게 돌아가지 않으면 묵적에게 돌아가는(天下之言不歸楊, 則歸墨)" 상황에서는 더욱 이러하다. 따라서 맹자는 비로소 "양묵을 막으며 부정한 말을 추방하여 부정한 학설이 나오지 못하게 하는 것(距楊墨, 放淫辭, 邪說者不得作)"(6.9)을 자기의 중요한 역사 사명으로 삼았다. 이 때문에 맹자 공부의 큰 특징은 곧 "말을 알아(知言)", "치우친 말에 그 가림을 알며, 방탕한 말에 빠진 것을 알며, 부정한 말에 괴리된 바를 알며, 도피하는 말에 (논리가) 궁함을 알 수 있는" 것이다. 그러나 고자는 오히려 말하기를 "마음에서 얻지 못하면 기운에서 구하지 말라"라 하여 일종의 도리와 일종의 학설에 대하여 이해를 할 수 없으면 (말에서 얻지 못하면) 그것을 상관하지 말고 내버려 두어 사상의 근원을 추구하지 말아야 한다(마음에서 구하지 말아야 한다)고 생각하였다. 고자는 말을 중시하지 않아 맹자의 '말을 앎(知言)'과 큰 차이가 있어서 맹자는 당연히 '옳지 않다(不可)'라 말해야 한다고 비판하였다.

그러나 문제가 있다. "말에서 얻지 못하면 마음에서 구하지 말라"가 옳지 않다면 고자는 어떻게 '마음을 움직이지 않을(不動心)' 수 있었는가이다. 학술계에서는 이에 대한 다른 견해가 있는데, 이 방면에서는 주희의 관점이 주도적인 지위를 차지하고 있다. 『맹자집주』에서는 말하였다. "고자가 이르기를 말에 대해서 통달하지 못하는 바가 있으면 마땅히 그 말을 버려둘 것이며 굳이 그 이치를 마음속에서 되찾을 것이 없다." 고자가 보기에 모종의 이론학설에 대하여 이해를 할 수 없다면 그것을 놓아두어 이로 인하여 마음에 영향을 받지 않도록 하여야 한다는 말이다. 이는 어느 정도 불교와 도교 양가의 제심(制心) 공부 같아 세상과 단절되기 때문에 '마음이 흔들리지 않음'을 보장할 수 있다. 쉬푸관(徐復觀)은 이 사고방식에 따라 가장 통속적이고 이해하기 쉽게 말하였다. "고자가 마음을 움직이지 않은 공부에 이른 것은 용사와도 같지 않고 맹자와도 같지 않으며, 세상을 바라고 홀로 서며 외로이 밝은 것을 스스로 지키는 노선을 채택하였다. 한 개인의 정신은 늘 사회 환경의 영향을 받게 마련이며 이에 따라 교란(마음이 움직임)이 발생하게 마련이다. 고자의 말에서 얻지 못하면 마음에서 구하지 말라는 것은 사회의 시비득실에 대하여 일률적으로 자기와 무관한 것으로 간주하여 상관하지 않는다. 이는 곧 자기의 마음이 사회 환경의 방해를 받지 않게 한다."[3] 이런 관점은 영향이 크기는 하지만 문제 또한 없지 않아 리밍훼이(李明輝) 같은 사람은 다음과 같은 원인 때문이라고 하였다. ① 고자를 도가의 유파라 말하기에는 직접적인 증거가 부족하다. ② 이와 같이 고자의 '마음을 움직이지 않음'을 이해하면 고자의 의가 밖이라는 설과 연관시킬 방법이 없다.[4] 리가 말한, 첫째는 특히 매우 일리가 있다. 제1장 제5절 「맹자의 제자」에서 우리는 양계초(梁啓超)와 쳰무의 고증을 인용하여 이미 고자는 초년에 묵자의 제자였음을 증명하였다. 여기서는 오히려 도가에 가까운 주장을 가지고 고자의 사상을 해설한다는 것은 확실히 불합리하다.

이 때문에 리밍훼이는 「『맹자』 지언양기장의 의리 구조」에서 새로운 관점을 제기하고 "말에서 얻지 못하면 마음에서 구하지 말라"를 "말에서 얻으면 곧 마음에서 얻을 수 있다"로 고쳐 쓸 수 있다고 생각하였다. "무릇 사상이나 주장이 이를 이룰 수 있는 것은 우리는 마음에서 요구하여 마음의 문턱으로 삼을 수 있다"[5]는 것을 의미한다. 이로부터 "말에서 얻

---

3 쉬푸관의 「맹자의 지언양기장을 해석해 봄(孟子知言養氣章試釋)」, 『중국사상사론집(中國思想史論集)』, 대만학생서국(臺灣學生書局), 1993, 143쪽에 수록.

4 이상의 두 가지는 리밍훼이의 「『맹자』 지언양기장의 의리 구조(孟子知言養氣章的義理結構)」에 보인다. 리밍훼이가 주편한 『맹자 사상의 철학 탐구(孟子思想的哲學探討)』, 대만 중앙연구원(中央研究院) 중국문철연구소주비처(中國文哲研究所籌備處), 1995, 131쪽에 수록.

5 리밍훼이가 주편한 『맹자 사상의 철학 탐구』, 대만 중앙연구원 중국문철연구소주비처 1995, 136쪽.

지 못하면 마음에서 구하지 말라"는 고자의 '부동심(不動心)' 내재와 관련 있음을 미루어 알 수 있다. "고자의 도덕실재론의 관점에 근거하면 도덕의 가치와 시비에는 외재적 객관 표준이 있으며, 마음의 작용은 여러 가지 사상이나 주장이 이에 대한 객관적인 표준에 적합한지 측정하고 판단하는 데 있다. 서로 맞기만 하면 그것을 원칙으로 받들어 믿고 지킴에 의심하지 않을 수 있다. 이런 상황에서 마음에 지키는 것이 있기 때문에 자연히 기타 외재적인 인소의 영향을 받지 않아 움직이지 않게 될 수 있다."[6] 리밍훼이의 견해는 읽어보면 매우 심오함을 느끼게 하지만 면밀히 생각해 보면 또한 문제가 적지 않다. 이런 관점의 기초는 "말에서 얻지 못하면 마음에서 구하지 말라"는 것을 진행하는 데 대한 어법의 분석이다. 리밍훼이는 '불(不)'과 '물(勿)'은 이중부정으로 한어(漢語)에서 이런 구형은 전자가 후자의 선결조건을 나타내며 이런 문장은 긍정적으로 고쳐 쓸 수 있다고 생각했다. 이를테면 "황천에 이르지 않으면 만나보지 않겠다(不及黃泉, 無相見也)"는 "황천에 이르면 곧 만나보리라(及至黃泉, 乃可相見也)"로 고쳐쓸 수 있다. 같은 이치로 "말에서 얻지 못하면 마음에서 구하지 말라(不得于言, 勿求于心)" 또한 "말에서 얻으면 곧 마음에서 구할 수 있을 것이다(得于言, 乃可求于心)"로 고쳐 쓸 수 있다. 그러나 내가 보기에 이 기초는 견고하지 못하다. 이중부정 구식은 한어의 문법 구조로써 특정한 규율이 있으므로, 긍정적으로 바꾸어 쓸 수 있긴 하지만 주안점이 달라서 문제가 생기기 쉽다. 그대로 위의 예를 가져다 보면 "황천에 이르지 않으면 만나보지 않겠다"는 것은 만나지 않겠다는 결심을 강조한 것인데 "황천에 이르면 곧 만나보리라"로 고쳐 쓴다면 의미에 변화가 생긴다. 원문의 중점은 '만나지 않겠다'는 것이고, 개사한 문장의 중점은 '만날 수 있다'

---

6 위와 같음, 137쪽.

가 되어 뉘앙스가 같지 않다. 형식 논리에서 분석하면 "황천에 이르지 않으면 만날 수 없다"라는 문장의 전자('及黃泉')는 후자(可見)의 필요조건이다. 필요조건 가설에 근거하여 '없으면 반드시 그렇지 않게 되며 그것이 있더라도 반드시 그렇게 되는 것이 아니다'의 규칙에 따라 분석하면 원래 문장의 의미는 '황천에 이르지 않으면 볼 수 없고 황천에 이르더라도 볼 수 있을지는 분명치 않다.'이다. 원래의 문장을 "황천에 이르면 곧 만나보리라"라 고쳐 쓴다면 이는 전자를 후자의 충분조건으로 변환한 것으로 의미는 '황천에 이르면 곧 만날 수 있다'이다. 이는 분명히 논리적 규칙을 위반하여 성립될 수 없다. 이런 관점의 전제에 문제가 있는 이상 그 전체 논점의 가치에도 고려할 가치가 있다.

나는 반복적으로 맹자의 원문을 헤아려보고 난 후에 사람들이 이 문제에서 혼란에 빠지는 한 가지 중요한 이유를 발견했다. 원래 독립되어 있던 두 가지 문제를 한데 뒤섞어 놓았기 때문이라는 것이다. 바꾸어 말하면 "말에서 얻지 못하면 마음에서 구하지 말라"와 "마음을 움직이지 않았다"는 두 개의 완전히 다른 문제다. 양자 간에는 직접적인 관계가 없고 "말에서 얻지 못하면 마음에서 구하지 말라"는 결코 고자의 "마음을 움직이지 않았다"의 원인이 아니다. 전인이 이를 위해 했던 각종 노력이 헛수고가 되어 아무런 공이 없게 되어 아무런 의미도 없을 뿐만 아니라 문제를 복잡하게 만들었다.

개념의 내포에서 분석하면 "말에서 얻지 못한다"는 '지(知)'의 범주에 속하며, '말을 알지 못한다'는 의미이다. 맹자는 '말을 안다'는 것을 강조하여 상하의 문장으로 보면 주로 '치우친 말'과 '방탕한 말', '부정한 말', '도피하는 말' 등이 "마음에서 생겨나 정사에 해를 끼치며, 정사에 발로되어 일에 해를 끼치는" 것을 방지하는 것이다. 그런데 "마음을 움직이지 않았다"는 용(勇)의 범주에 속하여 '두려워하지 않는다'는 뜻이다. 맹자의

"40세에 마음을 움직이지 않았다"는 그가 40세 때 경상의 지위를 더해주어도 두려울 것이 없었다는 것을 말한다. 이로부터 "말을 알지 못한다"와 "두려워하지 않는다" 사이에는 아무런 필연적 논리 관계가 없다는 것을 알 수 있다. 주희는 '마음을 움직이지 않았다'라는 개념이 내포하고 있는 것을 깨끗하게 정리하지 못하여 '마흔 살에 의혹되지 않았다'의 뜻에 의거하여 '두려워하지 않는다'의 뜻에 '의혹'의 뜻을 더하여 곧 '말을 알지 못함'과 '마음을 움직이지 않음'을 연결되도록 하였다. 이로 말미암아 일련의 해결할 수 없는 문제들을 가져왔다.

  본 장의 문맥의 분석에서 보면 맹자는 주로 고자의 말을 빌려 자기의 특징을 이야기하였다. 맹자는 그의 특징을 강조하여 하나는 말을 아는(知言) 것이고 하나는 호연지기를 잘 기르는 것이라 하였다. 주의해야 할 것은 이 두 방면마저 고자와 같지 않기 때문에 공손추가 '부자(夫子)의 부동심과 고자의 부동심'을 물었을 때 맹자는 결코 화제를 '부동심'의 범주에 제한하지 않았으며 자기의 사고방식을 따라 두 방면을 모두 이야기하였다. 맹자는 '말을 알아' 이론의 중요성을 깊이 알았다. 특히 잘못된 이론의 위해를 알았기 때문에 고자의 "말에서 얻지 못하면 마음에서 구하지 말라"는 견해에 동의하지 않았다. 맹자는 호연지기를 잘 기르고 호연지기의 기초는 인의가 내재하는 것이므로 고자의 의가 밖이라는 설에 동의하지 않고 '밖으로 여겼다'고 비판했다. 엄격하게 말하여 맹자의 견해는 주제의 범위를 뛰어넘었으며 논리적으로도 결코 엄격하지 못하다. 맹자의 이런 화법은 매우 큰 번거로움을 조성하였다. 사람들이 문맥에서 그가 말한 의미를 꼼꼼하게 체득하지 않고 문자적인 측면에서만 본다면 '말에서 얻지 못했다'와 '마음을 움직이지 않는다'는 별개라는 인상을 주기 쉽다. 후세의 사람들이 '말에서 얻지 못했다'와 '마음을 움직이지 않는다'의 내적 연관성을 찾기 때문에 이런 국면을 조성하게 되었다.

'말에서 얻지 못하면 마음에서 구하지 말라'와 고자의 '마음을 움직이지 않는다'가 관련이 없다면 고자는 무슨 방법을 통하여 '마음을 움직이지 않는다'에 이르는가? 이 방면은 왕양명의 말이 매우 치밀하여 참고할 만하다. 그는 말하였다. "맹자의 부동심과 고자의 부동심은 터럭 사이만큼의 차이가 있다. 고자는 부동심에서만 공을 드러냈고, 맹자는 곧장 이 마음의 원래 움직이지 않는 곳에서 깨달았다. 마음의 본체는 원래 움직이지 않는 것인데 다만 의와 맞지 않는 곳이 있으면 움직이게 된다. 맹자는 마음이 움직이고 움직이지 않고는 논하지 않았다. 다만 의를 모아 행함에 의가 아님이 없었는데 이 마음은 자연히 움직일 수 있는 곳이 없다. 고자가 이 마음이 움직이지만 않는다면 이 마음을 잡고 그의 삶의 뿌리를 방해할 것이다. 이는 도움이 되지 않을 뿐 아니라 도리어 해친다."[7] 이는 곧 고자가 의외를 주장하여 내심에 기초가 없으므로 마음을 억지로 잡고 움직이지 않게 하는 방법밖에 없다. 이런 방법이 비록 어리석더라도 '부동심'에 도달할 수 있었다는 말이다. 양명의 이 말은 고자가 어떻게 '부동심'을 해결하였는가만이 아니라 한 걸음 더 나아가 '말에서 얻지 못하면 마음에서 구하지 말라'와 고자의 '마음을 움직이지 않는다'는 것이 직접 관계가 없음을 증명하였다.

    요컨대 내가 보기에 '말에서 얻지 못하면 마음에서 구하지 말라'가 말한 것은 '말을 앎'이다. '마음에서 얻지 못하면 기에서 구하지 말라'의 뜻은 '기를 기름'이며, '말을 앎'과 '기를 기름'은 두 가지 일로 양자 간에는 필연적이며 논리적인 연관성이 없다. 이 때문에 '말에서 얻지 못하면 마음에서 구하지 말라'가 어떻게 고자의 '마음을 움직이지 않음'을 조성하였는가 하는 자체는 가짜의 문제다. 이것이 일으킨 각종 해설이 언제나

---

7 『왕양명전집(王陽明全集)』, 상해고적출판사(上海古籍出版社), 1992, 107쪽.

원활하지 못하여 후인들이 견강부회할 우려를 면치 못하였으니 이상할 것이 없겠다.

다섯째, 무엇을 "지(志)가 최고이고 기는 그 다음이다"라고 하는가? 조기는 『주』에서 말했다. "지는 지극히 중요한 근본이고 기는 그다음이다." 주희의 『맹자집주』는 조기와 견해를 함께 하며 이렇게 말했다. "그 지극함을 논한다면 의지는 진실로 마음이 가는 것이어서 기의 장수가 된다. 그러나 기는 또한 사람의 몸에 충만 되어 있어서 의지의 졸개가 되는 것이다. 그러므로 의지가 진실로 지극함이 되고 기가 곧 그다음이 된다." 그러나 모기령(毛奇齡)의 『일강전(逸講箋)』에서는 '차(次)'를 머문다는 뜻으로 생각하여, "지가 이르는 곳에 기는 따라서 멈춘다"라 하였다. 양보쥔의 『맹자역주』는 그 설을 따랐으며,[8] 근래의 몇몇 역서들도 거의 그것을 따른다. 『맹자』를 고찰해보면 '지(至)' 자에는 '이르다(到)'와 '지극하다(極)' 등 여러 가지 뜻이 있기 때문에 이를 근거로 삼을 방법이 없다. 그러나 '차(次)' 자의 함의는 비교적 단순한데 바로 '비교하여 한 등급 낮다'는 뜻이다. 양보쥔의 설은 '비교적 오래 머무른다'로 풀이하였는데, 이곳의 두 예뿐이므로 입론이 조금 미약하다. 그밖에 이론상으로 말하면 기가 마음을 따라 이르긴 하지만 그것들은 결코 그림자가 형체를 따르는 관계는 아니다. 그 사이에는 수양 문제가 있다. 따라서 나는 비교하여 말하면 조기의 주에서 말한 것이 보다 합리적이라고 생각한다. 또한 이 구절의 뜻은 "지가 주가 되고 기는 다음 등급이다."

여섯째, "지가 한결같으면 기를 움직이고 기가 한결같으면 지를 움직인다"는 무엇을 말하는가? 주희는 『맹자집주』에서 말하였다. "맹자가 말하기를 의지의 향하는 바가 전일하면 기는 진실로 그 뜻을 따르나, 기가

---

[8] 양보쥔의 『맹자역주』, 중화서국, 1959, 70쪽.

있는 것이 전일하면 의지가 도리어 동요되니, 마치 사람이 넘어지고 달려가면 기가 오로지 여기에 있어, 도리어 그 마음을 동요함과 같은 것이다. 이 때문에 이미 그 의지를 잡고도 또 반드시 그 기를 포악하게 하지 말아야 한다고 하였다. 정자는 말하였다. '의지가 기를 움직이는 것은 열에 아홉이고, 기가 의지를 움직이는 것은 열에 하나이다.'" 주희는 '일(一)'을 '전일(專一)'로 해석하였는데 매우 일리가 있다. 지와 기의 관계에 지가 주이고 기가 부차적이기 때문에 지가 전일하면 기가 고동시킬 수 있어서 사람은 지대지강(至大至剛)한 정신을 갖게 된다는 것이 일반적인 상황이다. 그러나 특수한 상황에서 기는 지에 대하여 반작용을 일으키기도 한다. 이를테면 넘어지는 것은 기가 일으킨 것이지만 '그 마음을 반동시켜' 지에 영향을 끼쳤을 수도 있다. 유월(兪樾)은 『고서의의거례(古書疑義擧例)』 「양어사평이실측례(兩語似平而實側例)」에서 지적하였다. "대체로 사람이 빠르게 가는 것은 기가 시킨 것이다. 그러나 넘어지면 마음이 움직이지 않음이 없을 것이므로 '이것은 기이지만 도리어 그 마음을 움직이게 된다.'라 하였다."[9] 이 해석은 일리가 있다. 이를테면 한 사람은 언제나 '기에 노출되어 있는데' 어리석은 사람의 용기는 지의 소극적 영향을 끼치는 것을 긍정하여 지에 전일한 것을 할 수가 없다. 왕부지는 『독사서대전설(讀四書大全說)』에서 이렇게 생각하였다. "'궐(蹶)'의 뜻은 『설문』에서 '뛰는 것이다(跳也)'라 한 뜻을 따라야 한다. 걸음을 재촉하는 것을 추(趨)라 하고, 높이 걷는 것을 궐(蹶)이라고 한다. 넘어진 것으로 풀이하면 문장을 해치지 않으면 뜻을 해치게 된다. 넘어진 것은 기가 아니고 형이며, 형이 기를 움직인 것이지 기가 형을 움직인 것이 아니다."[10]라 한 것과 뜻이 통한다. 요컨대 맹자의 이 구절은 지와 기의 상호관계를 이야기한 것이다. 지가

---

9 진량녠(金良年)의 『맹자역주(孟子譯註)』, 상해고적출판사, 1995, 60쪽.
10 청 왕부지의 『독사서대전설』, 중화서국, 1975, 535쪽.

주이고 기는 보조임을 강조하였지만 동시에 기의 지에 대한 반작용도 주의하였다.

일곱째, "반드시 거기에 종사하고, 미리 기대하지 말고 마음에서 잊지도 말며 조장하지도 말라(必有事焉而勿正心勿忘勿助長也)"란 구절을 어떻게 끊을 것인가? 나는 이 구절을 순조롭게 끊어서 맹자의 원의에 가깝게 하고자 한다면 아래위의 문장을 연계시켜 함께 고려하는 것이 가장 좋다고 생각한다. 이 구절의 뒤에는 또 하나의 중요한 말이 바로 이어져 있는데 왕왕 사람들의 주목을 끌어내지 못한다. 이 구절은 이렇다. "도움이 안된다 하여 버려두는 자는 모를 김매지 않는 자요 조장하는 자는 모를 뽑아놓는 자이니, 이는 도움이 되지 않을 뿐만 아니라, 도리어 해치는 것이다." 맹자는 여기에서 당시의 부정확한 기를 기르는 방법을 비판했다. 첫째, 기를 기름은 쓸 곳이 없어서 하러 가지 않는다고 생각하였다. 맹자는 이것을 농사꾼이 풀을 김매지 않는 게으름이라고 비판했다. 둘째, 기를 기르는 것은 '의를 모아 생기는 것이' 아니라 사람이 조장하는 것이다. 맹자는 이를 모를 뽑아 자라도록 돕는 어리석은 사람이라 비평했다. 맹자가 두 방면을 모두 이야기하기는 하였지만 그는 주로 후자의 상황을 반대하여, "천하에 모가 자라도록 조장하지 않는 자가 적을 것이다."라 감탄하였다. 당시 기를 기르는 사람이 결코 적지 않았지만 많은 사람이 결코 내심의 기초가 없으며 인위적인 조장에 기댄다는 것을 말한다. 맹자가 보기에 이는 안 되는 것이다. 호연지기를 기르려면 내재적인 기초, 곧 '의와 도에 배합됨'이 있어야 하며, 정확한 경로 곧 '의를 모아서 생겨남'이 있어야 한다. 이 두 방면은 모두 하나의 자연스러운 과정으로 그 자연에 맡겨야 하며 사람이 간여할 수 없다.

배경이 명백해졌으면 구두(句讀) 또한 비교적 쉬워진다. 내가 보기에 이곳에서는 '正心'을 이어서 읽고, '正心'과 '勿忘' 사이에 비교적 큰 휴지를 두고 "必有事焉, 而勿正心; 勿忘, 勿助長也"로 끊어 읽어야 할 것 같다. 맹자의 이 구절은 주로 호연지기를 기르는 과정에서 항상 길러야 하며 또한 억지로 바르게 하면 안 되고, 잊을 수도 없고 인위적으로 조장을 할 수도 없다는 것을 말한다. 이곳의 '정(正)' 자는 『맹자』의 다른 '정(正)' 자와 마찬가지로 '비뚤어지지 않았다', '바르게 한다'는 뜻이다. '勿正'은 바로 일부러 바르게 하지 말라는 것이다. 무엇을 '바르게 하는가?' 다른 것일 수 없고 오직 '마음'이어야 한다. 따라서 이곳의 '정(正)'과 '심(心)'은 함께 이어서 '정심(正心)'으로 읽어야 하며, 다시 앞에 '물(勿)' 자를 첨가하여 '勿正心'이 되어야 한다.[11] 어떤 논자는 말할 것이다. "마음은 자연히 바르게 되는데 왜 또한 '마음을 바르게 하지 말라(勿正心)'고 하는가?" 사실은 그렇지 않다. '물정심(勿正心)'은 맹자의 매우 중요한 사상이다. 핵심은 인위적인 조작을 하지 말라는 것이며, 그렇지 않다면 제(齊: 宋이 되어야 한다.―역자)의 사람이 모를 뽑아 자라도록 도운 것처럼 곧 고의로 조작을 하지 않는 것이 곧 '정심(正心)'이라는 말이다. 나중에 정호(程顥)의 '내외양망(內外兩忘)'과 왕양명의 '사사로운 뜻과 기필을 맞이하려는 것(將迎意必)'을 반대함이 모두 이 사상과 공통점이 있다.

상하의 문장을 연계시켜 분석하면 이런 구두도 가능하다. '必有事焉'과 '勿忘'을 대응시키는 것은 주의해서 늘 키워야 한다는 것을 이야기한다. 이는 앞에서 말한 농작물을 심기만 하고 김을 매지 않는 게으름뱅이를 반대하는 것이다. '勿正心'과 '勿助長'을 서로 대응시키는 것은 너무 성급해서는 안 된다는 것을 일컫는다. 이는 앞에서 말한 모를 뽑아 자라는 것을 도와주는 멍청이를 반대하는 것이다. 두 구절은 단어와 구절의 배치가 서로 짝을 이루어 앞뒤로 호응하며 말뜻이 관통하여 조금도 모순

---

11 사실 이런 구두는 송나라 때 이미 있었다. 주희의 『맹자집주』에서는 말하였다. "근세에는 혹 아래 글의 '심(心)' 자까지 아울러 읽는 자도 있으니, 또한 통한다."

이 없다.

　종합하여 말하면 이런 구두는 좋은 점이 적지 않다. 첫째, 문자에 근거가 있어서 신빙성이 비교적 강하다. 둘째, 맹자의 본 단락 전체 의미를 연관시켜 전후로 호응한다. 셋째, 인위적인 조장을 반대하는 것에 치중하여 강조하는 의도를 두드러지게 할 수 있어서 이 중요한 사상과 그 후의 심학의 관련 있는 논술을 연계시켜 고찰하는 데 이점이 있다.

　여덟째, '천지의 사이에 꽉 찬다'를 어떻게 이해해야 하는가? 이 또한 논쟁이 끊이지 않는 문제이다. 조기의 『주』에서는 말하였다. "의로 길러 사악한 일로 해치지 않으면 자라서 뻗어 나가게 할 수 있으며 덕교를 널리 베풀어 끝이 없다." 주희는 『맹자집주』에서 말하였다. "이는 천지의 정기로써 사람이 얻어 태어난 것이니, 그 체단(體性)이 본래 이와 같다. 오직 그 스스로 돌이켜보아 정직하면 기름을 얻은 것이고, 또 작위 하여 이를 해침이 없으면 그 본체가 이지러지지 않아서 충만하여 틈이 없을 것이다." 또 정자의 말을 인용하여 말하였다. "하늘과 인간은 똑같아, 다시 분별이 없으니, 호연지기는 바로 나의 기이다. 이것을 길러서 해침이 없으면 천지에 충만하게 된다." 이런 해석은 미세한 차별이 있기는 하지만 모두 호연지기로 천지를 충만하게 할 수 있음을 말한다. 그러나 나는 이곳의 '천지 사이에 꽉 찬 것'은 "호연지기가 천지 사이에 꽉 찰 수 있다"는 것을 말한 것이 아니라 "호연지기를 갖추고 있는 사람은 천지 사이에 설 수 있다"는 것을 말한다고 생각한다. 전자의 주체는 기이고 후자의 주체는 사람이어서 양자는 중요한 구별이 있다.

　사상이 발전해온 궤적으로 보면 맹자가 기를 논한 주체는 사람이지 기가 아니다. 맹자의 기론은 전인의 사상적 기초 위에서 발전해왔다. 전인의 사상은 맹자의 자연에 영향을 끼쳤을 것이다. 맹자는 '야기(夜氣)'와 '거처가 기운을 옮김(居移氣)' 등도 이야기하였는데 이런 영향의 표현이다. 다만 맹자의 호연지기는 이런 이론과는 같지 않으며 이는 주로 맹자의 호연지기가 도덕적 의의를 부여했다는 것으로 표현된다. 도덕은 사람을 떠나지 않으며 도덕의 주체는 사람이다. 맹자가 관심을 가진 주제는 사람이기 때문에 그는 사람을 떠나 단독으로 기의 문제를 토론한 적이 없다. 더욱이 우주 사이에 무슨 도덕적 기가 있는지 관심을 기울이지 않았는데 이는 앞의 기론과는 전연 다르다. 이로부터 맹자의 호연지기의 대상은 사람의 호연지기이지 호연지기 자체를 토론하는 것이 아니며 더욱이 우주 사이의 무슨 호연지기를 토론하는 것이 아님을 알 수 있다. 어떤 논자는 생각하였다. 천체는 하나의 큰 우주이다. 인체는 하나의 소우주이며 천체의 사이에는 도덕의 기가 충만해 있으며 사람의 도덕수양이 완벽한 정도에 이르면 도덕의 기가 전신에 충만하게 할 수 있으므로 천인합일의 경지에 이른다는 것이다. "'호연지기'가 비록 '대장부'가 개인적으로 가지고 있는 것이지만 그것은 오히려 개인의 신체적 국한을 뛰어넘어 천지의 정신과 서로 왕래하며 우주 본체와 서로 융회할 수 있다. 실제로 '대장부'의 거대한 역량의 원천은 결코 다만 개인의 심성과 체격의 수양 단련에서 오는 것이 아니라 천지 사이의 '정기'에서 근원한다. '대장부'의 굳세고 강한 자신감과 무궁한 정신 역량의 기초는 결국 우주가 대화(大化)하는 유행 위에 건립되었다. 내재한 개인적인 것뿐만 아니라 외재한 우주적인 것이기 때문에 호연지기가 비로소 난공불락의 상태가 되어 영원무궁할 수 있다."[12] 이는 완전히 조기의 견해에 의하여 맹자의 '호연지기'를 이해한 것으로, 조기의 견해는 분명히 동중서(董仲舒)의 후한대의

---

12 정샤오장(鄭曉江)의 「'대장부'의 인격과 기절을 논함(論'大丈夫'的人格與氣節)」, 『공맹학보(孔孟學報)』 제67기를 보라. 이 이해에 따르면 '호연지기'는 진짜로 '신비한 색채'가 농후하다. 사실 『맹자』 전체에서 보면 맹자가 기를 논한 것은 대부분 소박하고 아울러 그다지 현묘하지 않으며 더욱이 기와 우주의 대화를 서로 연계시킨 견해도 없다. 따라서 맹자의 이 구절에 대한 이해는 검토할 만하다.

시대적 특징을 띠고 있다. 맹자의 본의와는 이미 상당한 거리가 있다.

다시 『맹자』의 문장 자체에서 보면 맹자 논기의 주체는 사람이지 기가 아니다. 맹자는 이전에 '맹시사가 기를 지키는' 문제를 이야기하였는데 맹시사의 기를 지킴과 맹자의 호연지기는 내재적으로 연계되어 있다. 이 두 기는 모두 일종의 용기로 같지 않은 점은 맹시사의 기는 다만 적을 얕잡아보고 두려워하지 않는 것을 하는 것일 뿐이며 맹자의 기는 증자의 '스스로 돌이켜 정직한' 기초에서 발전하여 온 호연지기이다. 이런 호연지기는 완전히 내심의 선을 기초로 삼기 때문에 층차가 더욱 높고 역량도 더욱 크다. 이로부터 호연지기는 도덕의 선을 기초로 하여 용기와 지기(志氣) 그리고 호기(豪氣)를 한 몸에 집중시킨 일종의 정신적 기질이라고 말할 수 있다. 혹자는 호연지기를 내재적인 도덕의 선으로 지탱하며 표현되어 나온 일종의 지극히 크고 지극히 강한 정신 역량이라고 말한다. 이런 정신적 기질을 갖춘 사람은 지극히 크고 지극히 강하여 하늘을 떠받치고 땅 위에 우뚝 설 수 있다. 앞뒤의 문장으로 보건대 맹자가 이곳에서 말한 주체는 완전히 사람이지 기가 아니며 '천지의 사이에 찬 것'이라는 견해는 천지로 대표되는 이런 지고무상한 경계가 아님이 없다는 것을 알 수 있을 따름이다.

종합하여 말하면 '천지의 사이에 꽉 참'은 "호연지기를 가진 사람이 천지의 사이에 설 수 있다"는 것을 말하며, "호연지기 자체가 천지의 사이를 충만하게 할 수 있다"는 것은 아니다. 따라서 이를 가지고 맹자의 기론을 신비적인 색채나 경향으로 설명하는 것은 완전히 무용하다.

아홉째, "이(浩然之氣)는 의가 모여서 생겨나는 것이며, 의가 하루아침에 갑자기 엄습하여 취해지는 것은 아니다(是集義所生者, 非義襲而取之也)"를 어떻게 이해할 것인가? '집(集)'과 '습(襲)'은 맹자의 양기(養氣)학설에서 중요한 두 개념이다. 조기는 '집(集)'을 '잡(雜)'으로 풀이했다. "이 호연지기는 의와 섞여(雜) 나오며, 안에서 나와 사람이 나면서부터 받은 기로 스스로 얻은 것임을 말한다." 이와 달리 주희는 『맹자집주』에서 '집'을 '적(積)'으로 풀이했다. "집의(集義)는 적선이란 말과 같으니, 일마다 모두 의에 부합하고자 하는 것이다." 두 설은 모두 의미가 통하지만 주희의 주가 나은데 주희 이학의 결함이 결코 『맹자』의 자구를 주석하는 정확성을 저해하지 않았다.[13] 주희의 『맹자집주』에서는 '습(襲)'을 풀이하여 말하였다. "습(襲)은 엄습하여 취하는 것이다. ······ 다만 한 가지 일을 행한 것이 어쩌다 의에 합함으로 말미암아 곧 밖에서 엄습하여 얻어지는 것이 아니다." 주희는 "이는 의가 모여서 생겨나는 것이며, 의가 하루아침에 갑자기 엄습하여 취해지는 것은 아니다" 전체구절을 호연지기는 오랜 기간 선이 모여서 생겨난 것이며 우연한 선행으로 얻어질 수 없다는 것을 말한다고 이해했다.

열째, "행하고서 마음에 부족하게 여기는 바가 있으면 (浩然之氣가) 굶주리게 된다"는 무슨 소리인가? '겸(慊)'은 조기의 『주』에서는 '쾌(快)'라 하고, "행하는 인의가 갖추어지지 않아 호기(浩氣)를 해친 것을 스스로 반성하면 심복(心腹)이 굶주리게 될 것이다."라 말하였다. '뇌(餒)'를 주희의 『맹자집주』에서는 "굶주리고 결핍되어 기가 몸에 충만하지 못한 것이다."라 풀이하였다. 주희의 해석은 매우 구체적이다. "사람이 이 기[浩然之氣]를 잘 양성하면 그 기가 도의에 배합되어 도와주어, 도의를 행하기를 용맹스럽고 결단성 있게 하여 의심하고 꺼림이 없다. 만일 이 기가 없으면 그 한때의 하는 바가 반드시 도의에서 나오지 않는 것은 아니나, 그 체가 충만 되지 못함이 있으면 또한 의구심을 면하지 못하여 족히 훌륭한 일을 할 수 없음을 말한 것이다." 기의 토대는 마음에 있어서 '의지가 한결같

---

13 황준걸(黃俊杰)의 『맹학사상사론(孟學思想史論)』 권1을 참고하여 보라. 대만동대도서공사(臺灣東大圖書公司), 1991, 386~388쪽.

으면 기를 움직여' 마음이 인하면 기도 사람이 정신을 갖도록 고무시킬 수 있다. 마음에 인하지 못하면 일을 하는데 양심에 상해를 입혀 기가 자연히 고무시키지 못하여 사람도 정신을 일으키지 못하고 쓰러져 떨치지 못하게 한다.

본 장의 몇 가지 어려운 점에 대한 분석은 여기까지이다.

종합하여 말하면 본 장에서는 '지언(知言)'과 '양기(養氣)'의 두 문제를 분별하여 말하였다. '지언'의 문제에서 맹자는 이론과 학설의 작용, 특히 잘못된 이론이 사회와 사람의 마음에 끼치는 위해를 중시해야 한다고 강조하였다. '양기'의 문제에서 맹자는 '부동심'으로 시작하여 당시 몇몇 사람들의 용기를 기르는 상이한 특징을 분별하고 도덕의 마음은 호연지기의 기초로 "의와 도에 배합되며", "마음에 부족하게 여기기만" 하면 호연지기를 기를 수 있으며 여기에 대하여 신경을 쓰지 않을 수도 없고 마음을 조급하게 해도 안 됨을 강조하였다. '지언'과 '양기'는 맹자의 두 가지 중요한 논점이지만 이 둘은 상이한 문제에 속하여 있다. 그 사이에는 필연적인 논리적 연관성이 없으며 그들을 한 데 섞어놓는다면 반드시 이론상의 혼선을 조성할 것이다.

(2) 맹자의 고대 기론에 대한 발전

중국사상사에서 기론은 매우 유구한 전통을 가지고 있다. 한참 이전에 중국인들은 어떤 기가 천지 사이에 존재한다는 것을 믿었다.[14] 『국어(國語)』의 기록에 의하면 "유왕(幽王) 2년 서주(西周)의 삼천(三川) 전 지역에 지진이 일어났다. 백양보(伯陽父)가 말하기를 '서주는 망할 것이다. 천지의

---

[14] 황권제의 『맹학사상사론』 제1권 제2장에서 이를 상세히 분석하였는데 자못 가치가 있으며 참고해볼 만하다.

기운은 운행하는 차서에 어긋나지 않아야 되니, 운행하는 차서가 어긋나면 백성이 혼란하게 된다. 양이 잠복하여 밖으로 나오지 못하고 음이 압박하여 양이 위로 오르지 못하면, 이리하여 지진이 일어나게 된다.'"[15]라 하였다. 주유왕 2년에 호경(鎬京)에 지진이 일어났는데 백양보는 이를 천지의 기가 차서를 잃은 결과라고 생각하였다. 이 이후 기의 관념은 더욱 보편화하였다. "이달에는 생기가 성대하고 양기가 넘쳐나서 산 것이 모두 나오고 싹이 모두 뻗어 나가니 실내에 들여서는 안 된다."[16], "천기가 고르지 않고 지기가 엉기며, 여섯 기가 조화를 잃고 사계절이 질서에 맞지 않기 때문에 지금 제가 육기의 정수를 모아 뭇 생물을 기르려고 하는데 어떻게 하면 되겠습니까?"[17], "지력이 고갈되면 초목이 자라지 못하고, 물에 그물을 자주 넣어서 번거로우면 고기와 자라가 자라지 못하며, 기운이 쇠하면 생물이 이루어지지 못하고, 세상이 혼란하면 예가 간특해지고 음악이 질탕해진다."[18]와 같이 관련 있는 자료가 매우 많다. 이로부터 천지 사이에는 자연의 기가 존재한다는 것은 이미 당시에 일종의 공동의식이었음을 단정할 수 있다.

이는 곧 맹자 전에 기론이 이미 상당한 발전을 이루었으며 몇몇 상이한 문파의 학설을 낳았음을 말한다. 그 가운데 중요한 것은 다섯 파로 나눌 수 있다.[19]

첫째는 '이기감응설(二氣感應說)'이다. 이런 학설은 주로 『역전(易傳)』에

---

15 『국어(國語)』「주어(周語) 상」, 상해고적출판사, 1988, 26쪽.
16 『여씨춘추(呂氏春秋)』「계춘기(季春紀)·계춘(季春)」.
17 『장자(莊子)』「재유(在宥)」.
18 『예기(禮記)』「악기(樂記)」.
19 황권제의 이 방면에서의 연구는 뚜렷한 성과를 얻었는데, 그는 맹자에 앞서 기론에 네 갈레의 단서가 있다고 생각하였다.(『孟學思想史論』 권1, 40~46쪽을 보라) 그는 비록 의학의 기 사상을 이야기하기는 했지만 무슨 이유인지 그것을 진행해나가지 않았다. 이런 상황에 근거하여 나는 이 기초 위에 약간 증보하여 5파의 설을 이루었다.

표현되어 있다. 『역전』에서는 음양의 두 기가 교감하여 천지만물을 낳는다고 생각하였다. 이를테면 함(咸)의 단사(彖)에서는 말하였다. "함(咸)은 감동하는 것이다. 유(柔)가 위에 있고 강(剛)이 아래에 있어서 두 기운이 감응하여 서로 친해서 그치고 기뻐하며, 남자가 여자에게 몸을 낮춘다. '이 때문에 형통하는 바, 정함이 이로우니 여자를 취하면 길한 것이다.'라 한다. 하늘과 땅이 감동하여 만물이 화생한다. 성인이 사람의 마음에 감동을 주어 천하가 화평한다. 그 감동하는 바를 보면 천지만물의 실정을 볼 수 있을 것이다." 이뿐 아니라 『역전』에서는 기에서 나온 동류의 사물 사이에도 서로 감응하는 관계가 있다고 생각하였다. 건(乾)괘의 구오(九五)에서는 말하였다. "같은 소리끼리 서로 응하며, 같은 기운끼리 서로 찾는다. 물은 축축한 곳으로 번져 가고, 불은 건조한 곳으로 타들어 간다. 구름은 용을 따르고 바람은 범을 좇는다. 성인이 일어나면 만물이 우러러본다. 하늘에 근본한 것은 위로 친하고, 땅에 근본한 것은 아래로 친하니 각기 그 유를 따르는 것이다."

둘째는 '망기점기설(望氣占氣說)'이다. 구름 점을 보고 길흉을 점치는 것은 고대 무축의 주된 일로 생활의 각종 방면을 언급한다. 그 가운데는 전쟁의 길흉을 예견하는 것도 포함된다. 『좌전(左傳)』 양공(襄公) 27년에서는 말했다. "진(晉)과 초는 각기 그 양쪽에 주둔했다. 백숙(伯夙)이 조맹(趙孟)에게 말하였다. '초의 분위기가 매우 험악하여 난리를 일으킬까 두렵습니다.'" 두예의 주에서는 말하였다. "분(氛)은 기(氣)이다. 초에 진을 습격할 기가 있는 것이다." 이는 곧 점의 기를 따르면 진의 의도를 판정할 수 있다는 것을 말한다. 『사기(史記)』에서도 구름을 바라보는 방법을 상세히 서술하였다. "무릇 구름을 바라볼 때, 고개를 쳐들고 위로 바라보면 3~400리에 이르고, 수평으로 바라보아 시선을 뽕나무나 느릅나무 위에 두면 천여 리에서 2,000리에 이르며, 높은 곳에 올라가서 바라보면 3,000리가 내려다보인다. 구름 위에 금수의 형상이 웅크리고 있으면 승리한다."[20] 망기점기설은 시간의 발전에 따라갈수록 복잡해져 시종 끊이지 않았다.

셋째는 '식기행기설(食氣行氣說)'이다. 이런 학설은 고대 신선가가 장생을 추구하고 양신을 강구하는 것과 관련이 있다. 전국시대의 명문(銘文) 「검(劍)」에서는 말하였다. "기를 행함이 끝나면 쌓이고, 쌓이면 신묘하며, 신묘하면 내려오고, 내려오면 안정되고, 안정되면 단단해지고, 단단해지면 밝아지며, 밝아지면 길고, 길어지면 물러나고, 물러나면 하늘이다. 하늘은 그 근본이 위에 있고, 땅은 그 근본이 아래에 있다. 순하면 살고 거스르면 죽는다."[21] 이는 기를 행하는 데 대한 효과의 생동적인 묘사이다. 초의 문화에서 이런 학설이 더욱 유행했다. 『초사(楚辭)』에는 이와 관련 있는 문자가 있다. "육기를 먹고 항해를 마심이여, 정양으로 양치질하고 아침놀을 머금는다. 맑고 깨끗한 신명을 지켜서, 정기가 들게 하여 더럽고 추한 것을 없애노라.(餐六氣而飮沆瀣兮, 漱正陽而舍朝霞, 保神明之淸澄兮, 精氣入而粗穢除)"[22] 거기에서는 명확하게 "여섯 기를 먹으면" "신명을 지킨다"고 제기하였다. '식기행기설'은 위진 신선가의 손에 이르러 충분히 발전하였으며, 기공양생(氣功養生)의 기본 이론이 되었다.

넷째는 '격기이기설(激氣利氣說)'이다. 이런 견해는 주로 고대의 병가에서 기원한다. 조귀(曹劌)가 이른바 "전쟁이라고 하는 것은 용기를 북돋우는 것이다. 한번 북을 치면 기운이 일어나고 두 번 치면 쇠하고 세 번 치면 다해버린다. 저들은 기운이 다하였고 우리는 가득 찼으므로 이기게 된 것이다."라 한 말은 매우 유명한 예이다. 손무(孫武)는 기의 전쟁에서

---

20 『사기』 권27, 중화서국, 1959, 1336쪽.
21 『삼대길금문존(三代吉金文存)』 제4책 권20, 대만명륜출판사(臺灣明倫出版社) 영인본, 1970, 49쪽에 보인다.
22 『초사(楚辭)』「원유(遠遊)」.

의 작용을 더욱 중시하였다. 그는 말하였다. "삼군은 사기를 빼앗고 장군은 심기를 빼앗아야 한다. 그런 까닭에 아침에는 사기가 예리하고, 낮에는 사기가 타락하며, 해 질 무렵에는 사기가 귀환하게 된다. 그러므로 용병에 뛰어난 자는 적의 기세가 왕성할 때를 피하고 나태해졌을 때 공격하는데 이는 기를 다스리는 것이다."[23] 여기서는 또한 기에 대하여 분류를 하고 용병을 잘하는 자는 아침의 기를 사용해야 하며 낮과 저물녘의 기를 쳐야 한다고 주장하였다. 『손빈병법(孫臏兵法)』「연기편(延氣篇)」에서는 한 걸음 더 나아가 '격기(激氣)'와 '이기(利氣)', '만기(萬氣)', '단기(斷氣)' 그리고 '연기(延氣)' 등의 견해를 제기하여 이 학설을 새로운 단계로 끌어올렸다.

다섯째는 '절기통기설(節氣通氣說)'이다. 이 설은 고대의 의학에서 기원했다. 『좌전』 소공(昭公) 원년에 진후(晉侯)가 진(秦)에서 의원을 구하자 진에서 의원 화(和)에게 진찰하게 하였다. 의원 화가 말하였다. "하늘에는 6기가 있는데 내려와서 오미(五味)를 낳고 오색으로 표현되며 오성으로 징험됩니다. 지나치면 여섯 가지 병이 생깁니다. 여섯 가지 기운은 음(陰)·양(陽)·풍(風)·우(雨)·회(晦)·명(明)이라고 하는데 사시로 나누어지고 오음의 절주가 순서가 되며 지나치면 재난이 됩니다. 음이 지나치면 차가운 병이 되고 양이 지나치면 열병이 되며 풍이 지나치면 수족의 병이, 우가 지나치면 뱃병이, 회가 지나치면 미혹된 병이, 명이 지나치면 마음의 병이 생깁니다. 여색은 양물로 밤에 움직이는데 지나치면 내열과 혹고(惑蠱)의 병이 생깁니다. 지금 임금님께서는 절제하지 않으시고 때로 가리시지 않으니 이 지경에 이르지 않겠습니까?" 의원 화는 기론으로 진후가 발병한 원인을 해석하였는데 여색을 가까이함이 과도하여 "절

---

[23] 『손자병법(孫子兵法)』「군쟁편(軍爭篇)」.

제하지 않고" "때를 가리지 않은" 데 원인이 있다고 하였다. 기는 체내에 존재하는데 음양이 균형을 이루어야 신체의 건강을 보장할 수 있기 때문에 모든 일은 지나쳐서는 안 되며 또한 반드시 '절기'에 주의하여야 한다. 기는 절제해야 할 뿐만 아니라 통(通)하게 해야 하는데 인생과 혈맥 따위는 기를 통하면 병이 없어지고 기가 막히면 병이 오기 때문에 의가(醫家)에서는 특히 기를 통하게 함을 중시했다.

위의 기에 관한 다섯 가지 학설은 각기 특징이 있지만 어느 정도는 일치한다. 이는 곧 그것들은 모두 기는 일종의 자연 물질로 생각하여 기와 의지가 있는 신을 연관시키지 않았고 이는 나중에 무신론 전통의 시초가 되었다. 당연히 이런 학설도 기와 도덕을 연관시키지 않았다. 이는 곧 맹자가 기에 관한 기를 창립하는데 기회를 제공하였다.

위 '지언양기(知言養氣)' 장의 분석을 통하여 우리는 이미 맹자 기론의 중요한 특징을 보았다. 이것은 기에 도덕적 의의를 부여한 것이다. 맹자가 기를 이야기한 것은 항상 마음(志)과 연결하여 마음이 없으면 또한 호연지기도 없다. 맹자에게서 마음은 도덕의 마음이며, 도덕의 양심과 본심이다. 나중에 순자가 말한 도덕의 마음을 포괄하고 인지의 마음마저 포괄한 마음과는 까마득히 다르다.

유학발전사상 맹자의 호연지기는 처음 발했다는 공이 있다. 『논어』에는 기에 관한 기록이 출현한 적이 있지만 모두 도덕과 직접적인 관련이 없다. "말과 소리를 낼 때는 비루함과 (도리에) 위배되는 것을 멀리하여야 한다.(出辭氣, 斯遠鄙倍矣)"(『논어』 8.4)는 말할 때는 언사와 성조를 주의해야 하는 것을 이야기한다. "숨을 죽여 숨을 쉬지 않는 것처럼 하였다.(屛氣似不息者)"(『논어』 10.4)는 호흡을 참아 공경하고 삼가는 것을 이야기하였다. "고기가 비록 많으나 밥 기운을 이기게 하지 않았다.(肉雖多, 不使勝食氣)"(『논어』 10.8)는 고기를 먹는 것이 주식을 초과하지 않았다는 것을 이야기한다.

"혈기가 아직 정해지지 않음(血氣未定)", "혈기가 한창 강함(血氣方剛)", "혈기가 이미 쇠함(血氣旣衰)"(『논어』 16.7)은 사람의 자연적인 생명력의 상태를 이야기는 등과 같은 것이다. 이런 논술과 비교하여 맹자의 도덕과 연관시킨 지극히 크고 강한 호연지기는 의심할 여지 없이 훨씬 높다. 유가의 도덕적인 기를 중시하는 전통은 맹자에게서 시작되었다고 말할 수 있다.

이럴 뿐만 아니라 맹자의 호연지기는 중국 기론의 발전에 중요한 공헌을 하였다. 위에서 말했듯이 맹자 전에 기론은 이미 상당한 정도의 발전을 이루어 음양가와 병가, 의가 등의 유파도 모두 기를 자기의 이론에 운용시켜 다섯 가지 상이한 학설을 형성하였다. 이런 학설은 관점이 비록 각기 다르긴 하지만 모두 기를 자연적인 사물로 간주하였다. 맹자에 이르러 호연지기를 제기한 후에야 기와 도덕의 마음을 연계시키기 시작하여 기에 도덕적 함의를 부여하였다. 맹자 후로 중국의 기론은 '이기감응설'과 '망기점기설', '식기행기설', '격기리기설' 그리고 '절기통기설' 등의 다섯 가지 학설의 기초 위에 여섯째 학설을 증가시켰다. 곧 도덕성의 '호연지기설'로 이는 중국 기론발전사에서는 미증유의 것이다.

맹자가 기에 도덕적 함의를 부여한 것은 후세에 줄곧 중요한 영향을 끼쳤다. 이는 「오행편(五行篇)」으로부터 인증할 수 있다. 1973년 12월 창사(長沙)의 마왕퇴(馬王堆) 3호 한묘(漢墓)에서 출토된 백서(帛書) 『노자(老子)』의 갑본(甲本) 권후(卷後)는 옛 일서(佚書) 가운데 심과 기의 관계를 언급한 논술이 적지 않다. 옛 일서는 팡푸(龐朴)의 고정(考定)을 거쳐 「오행편」으로 명명되었다. '맹씨지유(孟氏之儒)'나 '악정씨지유(樂正氏之儒)'의 작품으로 여겨지고 있다. 아마 조기에 의해 산삭된 『맹자외서(孟子外書)』 가운데 한 편일 것이다.[24] 실로 황쥔제가 "맹자의 사상에서 이런 가치 있는 '기'의

---

24 팡푸의 『백서 오행편 연구(帛書五行篇硏究)』, 제로서사(齊魯書社), 1980년판을 참고하여 보라.

개념을 갖춘 것은 새로 나온 「오행편」이 한 걸음 더 나아간 발휘를 얻었다."[25]라 한 것과 같다. 「경(經) 11」에서는 말하였다.

> 〈곧게 하지 않으면 새지 않는다(不直不泄[泄])〉, 곧다는 것은 그 마음을 곧게 하는 것으로 의와 기이다. 곧게 한 다음에 샐 수 있다. 의가 샌다는 것은 끝내는 것이다. 중인에게 받지 않고 맹분(孟賁)에게 받아 (새지) 않는 것이다.

「경 12」에서는 말하였다.

> 〈멀리하지 않고 공경하지 않는다(不袁[遠]不敬)〉, 멀리하는 마음은 예기(禮氣)이다.

여기서는 명확히 '의기'와 '예기'의 두 개념을 제기하였다. 이 두 개념은 모두 마음과 긴밀한 관련이 있으며 『맹자』에는 결코 출현한 적이 없다. 이는 맹자가 기에 부여한 도덕적 함의가 후세에 중요한 영향을 끼쳤음을 충분히 설명한다.

3. 맹자가 시를 논함

시를 쓰고 시를 논하는 것은 중국 고대문학 활동의 중요한 형식 가운데 하나로 고인들은 시를 쓰고 시를 논하는 과정에서 또한 각자의 문학

---

[25] 황권제의 『맹학사상사론』, 권1, 대만동대도서공사, 1991, 48쪽.

적 주장을 표현하였다.

　공자는 시를 배우는 것을 매우 중시하여 "시를 배우지 않으면 말할 것이 없다(不學詩, 無以言)"(16.13)라 하였다. 아울러 시의 사회적 작용을 특별히 중시하여 "시는 일으킬 수 있고, 살필 수 있으며, 무리를 지을 수 있고, 원망할 수 있다. 가까이는 어버이를 섬길 수 있게 하며, 멀리는 임금을 섬길 수 있게 하고, 새와 짐승, 풀과 나무의 이름을 많이 알게 한다.(詩, 可以興, 可以觀, 可以群, 可以怨. 邇之事父, 遠之事君; 多識於鳥獸草木之名)"(『논어』17.9)라 하였다. '흥'은 곧 "뜻을 감발하는 것"(朱熹『論語集注』)으로, 시에는 사람을 감발하여 떨쳐 나가고 흥기하여 몸을 수양하게 하는 작용이 있음을 말한다. '관'은 곧 "풍속의 성쇠를 살피는 것"(鄭玄『注』)으로, 시에는 사회적 흥망과 발전을 관찰하고 역사의 경험과 교육을 총결하는 작용이 있음을 말한다. '군'은 곧 "군거하여 서로 절차함"(鄭玄『주』)으로 시에는 사람들의 사회적 감정을 교류하고 조정하며 전체 사회의 발전을 촉진하는 작용이 있음을 말한다. '원'은 곧 "위의 정치를 원망하여 풍자하는"(鄭玄『注』) 것으로, 시에는 '규간하고', '시정을 도와 살피는' 작용이 있음을 말한다. 예악이 붕괴된 시대에서 시를 배우는 것은 주의 예를 회복하는 중요한 일환이며, 이는 공자가 시의 사회적 작용을 특별히 강조한 주요 원인이다.

　공자와 달리 맹자의 시대에 이르면 제자백가가 봉기하여 각 학파 간의 논쟁이 대단히 격렬해졌다. 논쟁 과정에서 각 가의 학파는 종종 시를 빌려 자기네 관점을 변호하였으며 이에 시를 어떻게 이해해야 하는가 하는 것이 전문적인 학문의 하나가 되었다. 이때 사람들은 일반적으로 더 이상 공자처럼 시의 사회적 작용을 강조하지 않았으며 시의 이해에 대해 각자의 견해를 말하였다. 이러한 다양한 견해에서 각 학파의 문학적 관점을 분명히 알 수 있다.

　『맹자』에는 맹자가 제자와 시를 논하는 대화가 있다. 핵심은 『시』의 원의를 어떻게 이해하는가 하는 것이다.

　　함구몽이 말하였다. "순이 요를 신하 삼지 않으신 것은 제가 이미 가르침을 들었거니와, 『시』에 이르기를 '온 하늘의 아래가 왕의 토지가 아님이 없고, 온 땅 안이 왕의 신하 아닌 자가 없다.' 하였으니, 순이 이미 천자가 되셨으니, 감히 묻겠습니다. 고수를 신하로 삼지 않음은 어째서입니까?"

　　맹자가 말하였다. "이 『시』는 이것을 말한 것이 아니다. 나랏일에 수고로워 부모를 봉양할 수 없어, 말하기를 '이것은 나라의 일이 아님이 없거늘, 나만이 홀로 어질다 하여 수고롭다'고 한 것이다. 그러므로 『시』를 설명하는 자는 글자로써 말을 해치지 말며, 말로써 본래의 뜻을 해치지 말고, (보는 자의) 뜻으로 (작자의) 뜻에 맞추어야 『시』를 알 수 있는 것이다. 만일 말만 가지고 볼뿐이라면, 「운한」의 시에 이르기를 '주나라의 남은 여민들이 혈유가 없다.' 하였으니, 진실로 이 말대로라면 이것은 주나라에 남은 백성이 없는 것이다."

　　咸丘蒙曰: "舜之不臣堯, 則吾旣得聞命矣. 詩云: '普天之下, 莫非王土; 率土之濱, 莫非王臣.' 而舜旣爲天子矣, 敢問瞽瞍之非臣, 如何?"

　　曰: "是詩也. 非是之謂也; 勞於王事而不得養父母也. 曰: '此莫非王事, 我獨賢勞也.' 故說詩者不以文害辭, 不以辭害志. 以意逆志, 是爲得之. 如以辭而已矣, 雲漢之詩曰: '周餘黎民, 靡有孑遺.' 信斯言也, 是周無遺民也."(9.4)

　　함구몽은 도덕이 숭고한 사람은 임금을 신하로 삼지 않고 아비를 자식으로 삼지 않지만 요는 천자의 몸으로 오히려 제후들을 거느리고 신하인 순에게 조배하였다. 순의 부친 고수 또한 와서 조배하였다고 하는데 이런 일이 있어도 되는 것인가? 『시』에서 말하기를 "온 하늘의 아래가 왕의 토지가 아님이 없고, 온 땅 안이 왕의 신하 아닌 자가 없다."라 하였다. 순은 나중에 천자가 되었건만 그의 부친은 신하가 아니었다 하니 이는 어쩐 일인가? 물어보았다. 맹자는 해석하기를 이렇게 시를 이해하는 것은 옳지 않다. 이 시는 온 하늘 아래의 모든 사람이 다 천자의 신하임을 말한 것이 아니라 시인이 모든 신하 된 사람은 모두 왕의 일을 위해서 노력해야 하는데 유독 자기만 남보다 일을 많이 하여 부모를 잘 섬기지 못했음을 한탄한 것이라 하였다. 정확히 시를 이해하는 방법은 "글자로 말을 해치지 말 것이며, 말로 본래의 뜻을 해치지 않아 (보는 자의) 뜻으로 (작자의) 뜻에 맞추어 (『시』를) 알 수 있도록 하는 것이다."

여기에는 맹자의 어떻게 시를 읽고 풀이해야 하는가에 대한 깊은 이해가 포함되어 있다. "글자로 말을 해치지 않는다(不以文害辭)"의 '문(文)'을 조기의 『주』에서는 "시의 문장이다."라 하였다. 곧 '문'은 오늘날 일반적으로 말하는 문채(文采)에 상당하며, 과장과 비유, 상징 등등과 같이 그 자체는 판단을 형성하지 못하고 사상을 표현할 방법이 없음을 말한다. '사(辭)'는 주희의 『맹자집주』에서 "사(辭)는 말이다."라 하였다. 또한 '사'는 일종의 어구로 판단을 형성할 수 있고 사상을 표현할 수 있음을 말한다. "글자로 말을 해치지 않는다"는 시를 근근이 글자 그대로 읽고 시의 문채에 현혹되어 시가 표현한 판단을 정확하게 이해할 수 없으면 안 된다는 것이다. '사(辭)'는 시의 최종 목적이 아니며 시의 최종 목적은 뜻을 말하는 것으로 "시는 뜻을 말한다"는 것이 곧 이 도리이다.

"말로 본래의 뜻을 해치지 말라(不以辭害志)"는 것은 시는 시인의 의지를 표현하기 위한 것이라는 말이다. '사'는 다만 시인의 의지를 표현하는 도구이며 '사'가 시인의 의지를 이해하는데 장애가 되고 시인의 의지를 이해하는 데 방해가 되도록 해서는 안 된다는 것이다. 첸중수(錢鍾書)는 이에 대하여 정밀한 논술을 하였다. 그는 말하였다. "문사는 허위인 듯하지만 허위가 아닌 것이 있고 성실한 듯하지만 실하지 않은 것이 있다. 허와 실을 말한 것과 성(誠)과 위(僞)를 말한 것을 서로 이으면 서로 같지 않아 하나이면서도 둘이 된다. 그런 까닭에 문채가 있으면서도 해가 없고, 과장되면서도 거짓이 아닐 수도 있다." "성위(誠僞)는 뜻(旨)에 달려 있고, 정부(征夫)가 말하는 마음의 뜻은 맹자가 이른바 '지(志)'이다. 허실(虛實)은 가리키는 덕(指)에 달려 있으며, 험부(驗夫)가 말한 사물은 묵(墨)의 『경(經)』에서 이른바 '합(合)'이다. 가리킨 것이 참됨을 잃었기 때문에 '믿지' 않으며 그 뜻이 속이는 것이 아니기 때문에 '해'가 없다."[26] 「운한(雲漢)」 시의 "주나라의 남은 여민들이 혈유가 없다"를 가지고 말하여 문자의 표면적인 뜻만 가지고 본다면 주의 백성은 모두 죽어 멸절되었다고 생각할 것이다. 정말로 그렇다면 현재 주의 왕실에는 살아남은 민중이 없을 것이지만 이는 확실히 옳지 않으며 이것을 일러 "글자로 말을 해치며", "말로 본래의 뜻을 해친다"라는 것이다.

"뜻으로 뜻에 맞춘다(以意逆志)"의 '의(意)'는 결국 시를 지은 자의 '뜻'을 가리키거나 시를 읽는 자의 '뜻'을 가리켜 대대로 상이한 견해가 있었다. 나의 추측으로는 시를 읽는 자의 '의'가 비교적 합리적이다. '의(意)'는 시를 읽는 자의 주관적인 방면의 것이고, '지(志)'는 시의 작자가 작품에 객관적으로 존재하는 것이다. '지(志)'는 작품의 예술 형상에 함축되어 있어 자신을 스스로 표현할 수 없으며 시를 읽는 사람의 주관적인 '의(意)'를 통하여 '역(逆)'으로 가서 구해야 얻을 수 있다. 이 과정을 "뜻으로 뜻에 맞추어간다(以意逆志)"고 한다. 바꾸어 말하면 "뜻으로 뜻에 맞추어간다(以意逆志)"는 시를 읽는 사람 자신의 감수(感受)와 자신의 체험, 자신의 이해를

---

[26] 『관추편(管錐編)』 제1책, 중화서국, 1979, 96쪽.

통하여 시를 지은 자가 작품 속에서 표현한 의지와 정감을 파악하는 것이다.

『맹자』에는 적지 않은 맹자가 시를 읽고 시를 풀이하는 범례를 남겨놓았는데 모두 위에서 말한 원칙의 구체적인 운용이다. 이를테면:

> 공손추가 물었다. "고자가 말하기를 '「소반」은 소인의 시이다.' 하였습니다." 맹자께서 말씀하였다. "무엇을 가지고 말하는가?" "원망하기 때문입니다." 맹자께서 말씀하였다. "고루하다, 고수의 시를 해석함이여! 여기에 사람이 있으니, 월나라 사람이 활을 당겨 쏘려하거든 자기가 말하고 웃으면서 타이르는 것은 다름이 아니라 그와 멀기 때문이요, 그 형이 활을 당겨 쏘려하거든, 자기가 눈물을 떨어뜨리며 타이름은 다름이 아니라 그[兄]가 친척이기 때문이다. 「소반」의 원망은 어버이를 가까이 한 것이다. 어버이를 가까이 함은 인이니, 고루하다, 고수의 시를 해석함이여!"
>
> 公孫丑問曰: "高子曰: 小弁, 小人之詩也," 孟子曰: "何以言之?" 曰: "怨." 曰: "固哉, 高叟之爲詩也! 有人於此, 越人關弓而射之, 則已談笑而道之; 無他, 疏之也. 其兄關弓而射之, 則已垂涕泣而道之; 無他, 戚之也. 小弁之怨, 親親也. 親親, 仁也. 固矣夫, 高叟之爲詩也!"(12.3)

고자는 「소반」이 쫓겨난 신하의 원망하는 마음을 토로하였다고 하여 그것을 '소인의 시'라고 말하였다. 맹자는 고자가 이렇게 시를 해석하는 것을 지나치게 고지식하다고 생각했다. 공자는 시는 '원망할 수 있다'고 한 적이 있는데 원망[怨]은 바로 일종의 혈육의 정을 표현한 것이다. 한 사람이 있는데 월나라 사람이 활을 당겨 그를 쏘러 가면 담소하며 말하고 느긋하게 대하는 것은 관계가 소원하기 때문이며, 그의 형이 그를 쏘러 가면 그가 눈물을 흘리며 말하고 매우 슬퍼하고 원망하는 것은 관계가 긴밀하기 때문이다.

    말하였다. "「개풍」은 어찌하여 원망하지 않았습니까?"(맹자가) 말하였다. "「개풍」은 어버이의 과실이 작은 것이고, 「소반」은 어버이의 과실이 큰 것이니, 어버이의 과실이 큰데도 원망하지 않는다면 이는 더욱 소원해지는 것이고, 어버이의 과실이 작은데도 원망한다면 이는 기(磯)할 수 없는 것이니, 더 소원해짐도 불효고, 기할 수 없음도 또한 불효이다. 공자께서 말씀하시기를 '순임금은 지극한 효이실 것이다. 50세까지 사모했다.' 하셨다."
    曰: "凱風何以不怨?" 曰: "凱風, 親之過小者也; 小弁, 親之過大者也. 親過大而不怨, 是愈疏也; 親之過小而怨, 是不可磯也. 愈疏, 不孝也; 不可磯, 亦不孝也. 孔子曰: "舜其至孝矣, 五十而慕."(123)

「개풍」은 『시경』「패풍(邶風)」의 시로 주희의 『맹자집주』에서는 말하였다. "위(衛)에 일곱 아들을 둔 어머니가 그 집을 편안히 여기지 못하자 일곱 아들이 이 시를 지어 자책한 것이다." 이 시는 결코 원망을 품고 있는 정서가 없어 공손추가 왜 이런가 물은 것이다. 맹자는 친속의 과오가 적기 때문에 원망하지 않으며 「소반」의 친속은 과오가 많기에 원망을 품고 있다고 말하였다. 과오가 적으면 원망을 품지 않아야 하는데 원망을 품으면 관계를 긴장시키고, 과오가 많은데 원망을 품지 않으면 도리어 관계를 소원하게 한다. 이것이 곧 「개풍」과 「소반」이 다른 점이다. 이 때문에 시를 읽는 자는 '뜻으로 뜻에 맞추어 가야' 정확한 이해를 할 수 있다.
  '뜻으로 뜻에 맞추어 간다'는 것은 시를 읽는 기본 원칙이지만 구체적인 과정에서는 어떻게 독자의 '의(意)'로 작자의 '지(志)'를 헤아릴 수 있겠는가? 다른 곳에서 맹자는 "사람을 알고 세상을 논한다(知人論世)"라는 유명한 관점을 제기하였는데 위에서 말한 원칙의 보충으로 삼을 수 있다.

> 한 고을의 선사라야 한 고을의 선사와 벗할 수 있고, 일국의 선사라야 일국의 선사와 벗할 수 있고, 천하의 선사라야 천하의 선사와 벗할 수 있다. 천하의 선사와 벗하는 것을 만족스럽지 못하게 여겨, 또다시 위로 올라가서 옛사람을 논하나니, 그 시를 외우며 그 글을 읽으면서도 그 사람을 알지 못한다면 되겠는가. 이 때문에 그 당세를 논하는 것이니, 이는 위로 올라가서 벗하는 것이다.
> 一鄕之善士斯友一鄕之善士, 一國之善士斯友一國之善士, 天下之善士斯友天下之善士. 以友天下之善士爲未足, 又尙論古之人. 頌其詩, 讀其書, 不知其人, 可乎? 是以論其世也. 是尙友也.(10.8)

여기서 맹자의 본의는 교우(交友)를 말하는데, 한 고을과 한 나라, 천하의 선사와 교유를 해야 할 뿐만 아니라 고대의 선사와도 교유를 해야 한다고 하였다. 따라서 고인의 시를 외고 고인의 글을 읽으면 그 세상을 논하고 그 사람을 알아야 한다. 엄격하게 말하여 여기서는 주로 문학작품에 대한 이해는 말하지 않고 이 방면의 문제를 언급하였다. 문학작품은 작자 본인, 작자가 처한 시대와 분리할 수 없다. 따라서 문학작품을 읽으려면 먼저 사람을 알아야 하며 사람을 아는 것만으로는 부족하다. 세상을 알아야 하는데 이렇게 하여 '뜻으로 뜻에 맞추어가는' 과정에서 따르는 것이 있어야 결국 '뜻에 맞는' 목적을 이룰 수 있다.

4. 맹자의 변론을 논함[27]

(1) 변론하기를 좋아하는 시대와 변론하기를 좋아하는 맹자

「등문공(滕文公) 하」의 제9장에서는 말하였다.

> 공도자가 물었다. "외인들이 모두 부자더러 변론하기를 좋아한다고 칭하니, 감히 묻겠습니다. 어째서입니까?" 맹자가 말하였다. "내 어찌 변론하기를 좋아하겠는가. 내 부득이해서이다."
> 公都子曰: "外人皆稱夫子好辯, 敢問何也?" 孟子曰: "予豈好辯哉? 予不得已也."(6.9)

공도자의 "감히 묻겠습니다. 어째서입니까?"라 한 어투로부터 당시의 용어에서 '변론하기를 좋아함(好辯)'이란 두 글자는 반드시 심하게 폄하하는 말은 아니겠지만 꼭 칭찬하는 말도 아니었음을 알 수 있다. 맹자가 답한 말의 '어찌(豈)'는 그가 변론하기 좋아하는 것을 마음에 두지 않았음을 설명하며, '부득이(不得已)' 석 자는 그가 이렇게 할 수밖에 없는 고충을 설명하고 있다.

이 고충은 사회 환경으로 말미암아 조성되었다. 맹자가 처한 시대는 변론하기를 좋아한 시대였다. 당시는 경제와 정치의 격렬한 변화로 말미암아 원래의 예를 중심으로 하는 사회제도에 근본적인 동요를 발생시켜

---

[27] 맹자의 변론하기를 좋아함에 관한 것은 천다치(陳大齊)의 『맹자의 명리사상 및 그 변설의 실제 상황(孟子的名理思想及其辯說實況)』을 참고하여 볼만하다.(臺灣商務印書館, 1986) 본 절은 이 책에서 거울로 삼은 것이 많지만 나의 관점은 이 책과는 또한 약간 다른 곳도 있으니 독자들은 참고하여 비교할 만하다.

이런 상황에 직면하여 절대다수의 사인(士人)들도 모두 적막함을 달갑게 여기지 않아 분분히 정치 유세에 나섰다. 자기의 학설로 각국 제후의 찬동을 끌어내기 위하여 제자(諸子)들 사이에는 상이한 주장으로 인하여 서로 힐문하기에 이르렀다. 이로 말미암아 변론의 기풍이 성행하게 되었다. 더욱이 공자가 죽은 후에 안으로는 유가가 여덟 파로 나뉘고 밖으로는 이설이 다투어 일어나 유학이 사회 정치사상에서 차지하는 '비중'은 심하게 감소했다. 맹자의 말대로라면 "성왕이 나오지 않아 제후가 방자하며 초야의 선비들이 멋대로 의논하여 양주·묵적의 말이 천하에 가득하여, 천하의 말이 양주에게 돌아가지 않으면 묵적에게 돌아갔다.(聖王不作, 諸侯放恣, 處士橫議, 楊朱·墨翟之言盈天下, 天下之言不歸楊, 則歸墨)"(6.9) 공자의 도를 지키고 이단의 사설을 막아내기 위하여 맹자는 어쩔 수 없이 일어나 '성인의 무리(聖人之徒)'를 자임하며 팔방의 논적들과 다투어 변호하여 "인심을 바로잡고 사설을 종식하며 잘못된 행실을 막고 음탕한 말을 추방하였다.(正人心, 息邪說, 距詖行, 放淫辭)"(6.9) 이로 인해 우리는 개인의 성향을 따라서는 안 되며 주로 시대정신을 따라 맹자의 '변론을 좋아함'을 이해해야 한다. 맹자의 '변론을 좋아함'은 '변론을 좋아하는' 시대를 반영하였으며, 맹자는 이러한 시대의 걸출한 대표이다.

맹자의 '변론을 좋아함'은 다른 사람과 상이한 점이 또 있는데 가장 두드러진 곳은 자기의 말로 '말을 아는 것(知言)'이다.

> "무엇을 말을 아는 것이라 합니까?" 맹자께서 말씀하였다. "치우친 말에 그 가림을 알며, 방탕한 말에 빠진 것을 알며, 부정한 말에 괴리된 바를 알며, 도피하는 말에 (논리가) 궁함을 아는 것이다."
>
> "何謂知言?" "詖辭知其所蔽, 淫辭知其所陷, 邪辭知其所離, 遁辭知其所窮."(3.2)

치우친 말(詖辭)은 무엇인가? 조기는 "음험하고 치우친 말"이라고 풀이하였다. 주희는 『맹자집주』에서 "편벽"이라고 풀이했다. 두 설이 모두 통하기는 하지만 "치우친 말에 그 가림을 알며(詖辭知其所蔽)"의 '폐(蔽)'가 '덮고 가리다'라는 뜻임을 고려해봤을 때 '편벽'이라고 풀이하는 것이 더 순조롭다. "치우친 말에 그 가림을 알며(詖辭知其所蔽)"는 치우친 언론을 들으면 그 사상이 덮이고 가렸음을 알게 된다는 뜻이다. 방탕한 말(淫辭)은 무엇인가? 조기는 『주』에서 '음사(淫辭)'는 "음탕하고 아름다워서 믿지 못하는 말"이라 하였다. 주희의 『맹자집주』에서는 "방탕"이라고 풀이하였다. 『상서』「대우모(大禹謨)」에 "지나치게 즐거워하다(淫于樂)"라는 말이 나오는데, 채(蔡, 沈)의 『주(注)』에서는 '음(淫)'을 "지나친 것(過)"으로 풀이하였다. 『논어』「팔일(八佾)」에 "「관저」편은 즐거우면서도 지나치지 않다(關雎樂而不淫)"는 말이 있는데, 주희는 『논어집주』에서 "음(淫)은 즐거움이 지나쳐 그 바름을 잃는 것이다."라 하였다. 이에 의하면 '음(淫)' 자에 있어서 "타당함을 지나침(過當)"으로 풀이하는 것이 적합할 것이다. 부정한 말(邪辭)은 무엇인가? 조기는 『주』에서 "사벽하여 바르지 않음"이라고 풀이했다. 주희의 『맹자집주』에서는 "사벽함"이라 풀이하여 조기의 설과 같다. 도피하는 말(遁辭)은 무엇인가? 조기의 『주』에서는 "은둔하는 말"이라 하였고, 주희의 『맹자집주』에서는 "도피"라고 풀이하였는데, 주주(朱注)가 타당한 것 같다. 이 때문에 맹자의 이 말은 "편파적인 언사는 내 그 편면(片面)적인 곳을 알고, 타당함을 지나친 언사는 내 그 실질을 잃은 곳을 알며, 사악하고 편벽한 언사는 내 그 치우쳐서 정도를 벗어난 곳을 알고, 도피하는 언사는 내 내치고 굽고 말이 다한 곳을 안다."는 뜻이다. 이것이 맹자의 '말을 앎(知言)'이다.

맹자의 '변론을 좋아함'은 다른 사람과는 또 다르다. 맹자는 변론을 좋아하기 때문에 변론을 좋아하는 것이 아니라 공자의 도를 지키기 위해서 어쩔 수 없이 변론하였다. 맹자 당시에는 변론을 좋아하는 기풍이 성행하여 각 인물이 모두 말려 들어왔는데 그중에는 변론을 위해 변론을 하는 인물이 적지 않았으며, 그들이 변론하는 내용은 사회 정치와 직접적 연관이 별로 없었다. 혜시(惠施)와 공손룡(公孫龍)이 논한 합동이(合同異)와 이견백(離堅白) 같은 것은 명변(名辯: 명실에 관한 변론)의 기교 방면에서 전에 없던 높이까지 이르러 선진의 명변사상사에서 중요한 위치를 차지하고 있다. 하지만 이런 변론은 현실생활과 비교적 동떨어져 사회발전에는 결코 직접적인 의의가 없다. 이와 달리 맹자는 공자의 세상에 실용적인 전통을 계승하고 아울러 순수한 명변의 기교 문제에는 관심을 가지지 않아 변론한 내용이 언제나 현실생활과 밀접한 상관이 있다.

맹자가 변론한 내용은 구체적으로 나눈다면 대체로 두 부류가 있다. 첫째는 정치적 성향의 변론이고 둘째는 이를 배우는 성향의 변론이다.

정치적 성향을 띤 변론의 대상은 주로 당시 각국의 군주이다. 맹자의 정치 이상은 인정을 시행하고 천하를 태평하게 다스리는 것이다. 이 목적에 다다르기 위해 맹자는 반드시 각국 군주의 인정을 받아내야 했으며 그들의 인정을 받아내려면 맹자는 사전에 그들을 설복시켜야 했다. 이런 변론은 매우 강한 설복의 성질을 띠고 있다. 갑과 을 쌍방의 평등한 변론 설리(說理)와는 매우 다르지만 설복시키는 과정에서 맹자가 각국의 군주와 언어와 지혜 방면의 기량을 겨루는 경우가 많기 때문에 변론이라고 할 수 있다. 이 부류의 변론은 주로 맹자가 등문공, 양혜왕, 제선왕과 대화하는 가운데 표현되어 있다. 맹자와 등문공의 변론은 주로 항산과 항심의 문제, 10분의 1의 세금을 거두는 문제, 상서학교(庠序學校)의 문제, 정전제를 실행하는 문제 등이 있다. 양혜왕과의 변론은 주로 하필 이를 말하느냐 하는 문제와 백성과 즐거움을 함께 하는 문제, 오묘(五畝)의 집 문제, 백성의 부모가 되는 문제, 인자무적(仁者無敵)의 문제 등이 있다. 제선왕과 변론한 내용은 비교적 많다. 주로 백성을 보호하여 왕도정치를 하는 문제와 하지 않음과 할 수 없는 것을 논한 문제, 백성의 산업을 제정하는 문제, 백성과 즐거움을 함께 하는 문제, 큰 용기와 작은 용기의 문제, 재화를 좋아하고 여색을 좋아하는 문제, 나라의 백성이 정치를 의논하는 문제, 임금에게 연나라 정벌을 말리는 문제 등등이 있다. 맹자의 이런 변론의 목적은 매우 명확하다. 가능한 한 그들의 자신에 대한 양심과 본심의 체회를 계발시켜 인정을 시행하는 것이 가장 좋은 치국방략임을 믿게 하는 동시에 자신들에게 백성을 지키며 왕도정치를 하여 천하를 평정할 수 있는 능력이 있음을 믿게 했다. 이 문제는 "왕패지변" 장에서 이미 상세히 토론하였으므로 여기서는 더 말하지 않겠다.

이성(理性)과 변론을 배우는 대상은 주로 당시의 기타 학파였다. 맹자 때에는 구류십가(九流十家)의 학파가 숲에 나무가 선 것 같이 빽빽하였다. 맹자는 유가의 학설을 지키기 위하여 양주와 묵적, 농가(農家), 병가(兵家), 종횡가(縱橫家) 그리고 법가(法家)에 대하여 모두 직간접적으로 비판하였다.

양주를 거부하였다.

> 양자는 자신을 위함을 취하였으니, 털 하나를 뽑아서 천하가 이롭게 된다고 하더라도 하지 않았다.
> 楊子取爲我, 拔一毛而利天下, 不爲也.(13.26)

> 양씨는 자신만을 위하니, 이는 군주가 없는 것이다.
> 楊氏爲我, 是無君也.(6.9)

양주의 생몰년은 이미 고찰할 수 없는데 대략 공자보다 늦고 맹자보다는 이르며, 그 사상은 『관자(管子)』와 『회남자(淮南子)』, 『여씨춘추(呂氏春秋)』, 『맹자』, 『장자』 그리고 『한비자(韓非子)』에 흩어져 보인다. 지금 『열자(列子)』의 「양주(楊朱)」 편은 근인들은 일반적으로 위진의 사람이 지은 것으로 생각하고 있으며, 거기서 말한 극단적인 쾌락주의는 결코 양주의 주장이 아니다. 학술계에서는 일반적으로 양주의 주요 사상은 자기를 귀하게 여기고 사물을 경시하고 생물을 중시하여 생물을 온전히 하고 참됨을 지켜 털 하나를 뽑아서 천하가 이롭게 된다고 하더라도 하지 않았다고 생각하였다. "양 씨는 자신만을 위하니, 이는 군주가 없는 것이다."라는 구절은 맹자가 양주를 반대한 핵심의 소재를 지적하였다. 유가는 예로 나라를 다스릴 것을 주장하였다. 예로 나라를 다스리려면 반드시 임금은 임금답고 신하는 신하다우며 아비는 아비답고 자식은 자식다운 사회질서를 강구해야 한다. 모든 사람이 자신만 위하여 털 하나를 뽑아서 천하가 이롭게 된다고 하더라도 하지 않으면 당연히 가장 먼저 임금의 지위를 보장할 길이 없을 것이다. 따라서 유가에서 주장하는 전체 사회질서가 실현될 수 없게 할 것이므로 맹자의 준엄한 비판을 받았다.

묵적을 배척하였다.

> 묵자는 겸애를 하였으니, 이마를 갈아 발꿈치에 이르더라도 천하에 이로우면 하였다.
> 墨子兼愛, 摩頂放踵利天下, 爲之. (13.26)

> 묵씨는 똑같이 사랑하니, 이는 아비가 없는 것이다.
> 墨氏兼愛, 是無父也. (6.9)

유가는 남을 사랑하는 것을 주장했지만 이런 사랑은 차등이 있는 사랑으로 무엇보다 자기의 혈육을 사랑하는 것으로부터 시작한 다음에 차츰 미루어 넓혀 "내 노인을 노인으로 섬겨서 남의 노인에게까지 미치며, 내 어린이를 어린이로 사랑해서 남의 어린이에게까지 미쳐야 하는데" 이렇게 해야 비로소 혈연관계를 기초로 하는 종법 통치를 유지하는 데 유리하다. 유가의 차등이 있는 사랑에 관하여서는 맹자의 다음 말을 참고할 수 있다. "이제 한 방에 같이 있는 사람이 싸우는 자가 있으면 이를 말리되, 비록 머리를 그대로 풀어 흩뜨리고 갓끈만 매고 가서 말리더라도 가한 것이다. 향리의 이웃에 싸우는 자가 있으면 머리를 풀어 흩뜨리고 갓끈만 매고 가서 말린다면 혹한 것이니, 비록 문을 닫더라도 가한 것이다.(今有同室之人鬪者, 救之, 雖被髮纓冠而救之, 可也; 鄕鄰有鬪者, 被髮纓冠而往救之, 則惑也; 雖閉戶可也)"(8.29) 동실(同室)과 향리의 이웃에는 친소(親疏)의 구분이 있기 때문에 다 같이 싸우지만 구원하는 방식에는 오히려 매우 큰 차이가 있다. 전자는 머리를 풀어헤치고 미처 갓끈을 매지 못하여도 관계가 없을 것이며, 후자는 또한 이렇게 한다면 안 될 것이다. 이 장은 비록 주로 "성인은 처지를 바꾸어도 다 그러했을 것이다"를 설명하기 위한 것이지만 그 가운데서 맹자의 사랑에는 차등이 있다는 사상을 드러내었다. 그런데 묵가는 차등이 없는 사랑을 주장하여 다른 사람의 부친을 사랑하기를 자기의 부친처럼 하여 친소의 구분이 조금도 없다. 이는 맹자가 보기에 대역무도한 것이다. 남의 부친을 자기의 부친과 동등하게 여기는 것은 아비가 없는 것과 같으며 자기의 아비가 없으면 종법 통치의 기초 또한 존재하지 않게 될 것이기 때문이다. 이 때문에 맹자는 분연히 "묵 씨는 똑같이 사랑하니, 이는 아비가 없는 것이다."라 질책하였다.

농가(農家)를 멀리하였다.

농가 허행(許行)의 사상과 사적은 『맹자』 「등문공 상」에 보존된 것을 빼면 다른 책에는 보이지 않는다. 이 장에서 맹자는 허행의 제자 진상(陳相)과 변론을 하면서 허행의 이론을 상세히 비판하여 사회의 분업에 관한 자신의 학설을 천술하였다. 허행의 이론은 "임금과 백성이 함께 농사를 짓고" "시중의 물가가 다르지 않은" 것으로 개괄할 수 있다. 허행은 모든 사람이 노동에 종사하여 자력으로 먹고살며 통치자가 "백성을 해쳐서 자기를 봉양하는" 착취 행위를 방지할 것을 주장하였다. 동시에 허행은 또한 사회 분업의 필요성을 완전히 부정하고 상이한 생산자 사이에서 생산품을 교환하는 것을 반대하였다. 맹자는 이 두 가지에 대하여 모두 반대하는 입장을 가졌다. 우선 맹자는 허행의 이론에 내재하는 모순점을 지적하였다.

> 곡식을 가지고 기구를 바꾸는 것은 도야를 해침이 되지 않으니, 도야 또한 그 기구를 가지고 곡식과 바꾸는 것이 어찌 농부를 해침이 되겠는가. 또 허자는 어찌 도야를 만들어 다만 모두 그 집안에서 취하여 쓰지 아니하고, 어찌하여 분분하게 백공들과 교역하는가. 어찌하여 허자는 번거로움을 꺼리지 않는가?
> 以粟易械器者, 不爲厲陶冶; 陶冶亦以其械器易粟者, 豈爲厲農夫哉? 且許子何不爲陶冶, 舍皆取諸其宮中而用之? 何爲紛紛然與百工交易? 何許子之不憚煩?(5.4)

다음에 맹자는 사회의 분업에 대한 자신의 관점을 논술하였다.

> 대인[政治家]의 일이 있고 소인[百姓]의 일이 있다. 또 한 사람의 몸에 백공의 하는 일이 갖춰져 있으니, 만일 반드시 자기가 만든 뒤에야 쓴다면 이는 천하 사람을 거느리고서 길로 분주히 왕래하게 하는 것이다. 그러므로 옛말에 이르기를 "혹은 마음을 수고롭게 하며, 혹은 힘을 수고롭게 하나니, 마음을 수고롭게 하는 자는 남을 다스리고, 힘을 수고

롭게 하는 자는 남에게 다스려진다." 하였으니, 남에게 다스려지는 자는 남을 먹여주고, 남을 다스리는 자는 남에게 얻어먹는 것이 천하의 공통된 의리이다.

>有大人之事, 有小人之事. 且一人之身, 而百工之所爲備, 如必自爲而後用之, 是率天下而路也. 故曰, 或勞心, 或勞力; 勞心者治人, 勞力者治於人; 治於人者食人, 治人者食於人, 天下之通義也.(5.4)

맹자의 사회분업 이론을 허행의 학설에 비교해보면 사회발전을 대표하며 일종의 이론적 진보로 오늘날까지도 중요한 의의를 갖추고 있다.

주의해야 할 점은 맹자가 진상과 변론하면서 이하(夷夏) 관계의 문제를 이야기한 것이다.

> 나는 중화(의 법)를 써서 오랑캐(의 도)를 변화시켰다는 말은 들었으나 오랑캐에 의해 변화되었다는 말은 듣지 못하였다.
>
> 吾聞用夏變夷者, 未聞變於夷者也.(5.4)

맹자는 비교적 선진화한 중토의 덕교로 상대적으로 낙후된 만이는 변화시킬 수 있어도 그 반대는 불가능하다고 생각했다. 이 말은 원래 진상이 스승을 저버리고 허행의 설을 따랐는데 허행의 설은 원래 '오랑캐의 도'였음을 비판한 것이다. 그러나 여기서 또한 이하 관계의 문제를 이야기하여 유명한 이하의 변이 되었다. 후세에 이민족의 위협을 받아 이하의 변을 말할 때마다 이를 근거로 삼지 않은 적이 없었다.

병가(兵家)를 깎아내렸다.

> 땅을 다투어 싸움에 사람을 죽인 것이 들에 가득하며, 성을 다투어

싸움에 사람을 죽인 것이 성에 가득함에 있어서랴! 이는 이른바 토지를 따라[위하여] 사람의 고기를 먹는다는 것이니, 죄가 죽음을 받아도 용서되지 못할 것이다. 그러므로 전투를 잘하는 자는 상형[극형]을 받아야 하고, 제후들과 (外交를 잘하여) 연합하는 자는 다음의 형을 받아야 하고, 풀밭과 쑥밭을 개간하여 (백성들에게) 토지를 맡기는 자는 다음의 형을 받아야 한다.

爭地以戰, 殺人盈野; 爭城以戰, 殺人盈城, 此所謂率土地而食人肉, 罪不容於死. 故善戰者服上刑, 連諸侯者次之, 辟草萊·任土地者次之.(7.14)

주희는 『맹자집주』에서 말했다. "전투를 잘한다는 것은 손빈(孫臏)·오기(吳起)와 같은 무리이다." 이곳의 '전투를 잘함'이 가리키는 것이 병가임을 알 수 있다. 병가는 주로 무력과 정전(征戰)의 방법으로 땅을 빼앗는데 이런 방법은 단시간에 효과를 낼 수는 있지만 걸핏하면 "사람을 죽인 것이 들에 가득하며", "사람을 죽인 것이 성에 가득하여" 백성들은 재앙을 당한다. 이런 방법은 맹자의 인정을 행하여 싸우지 않고도 이길 수 있다는 주장과는 전혀 어울리지 않기 때문에 맹자의 단호한 반대에 부딪쳐 "죽어도 용서받지 못할 죄"로 배척되었으며, "상형을 내릴" 것을 요구하였다.

종횡가를 비판하였다.

맹자의 종횡가에 대한 비판은 주로 두 가지 방면에 있다. 하나는 정치 주장이고, 하나는 사람 됨됨이의 인격이다. 종횡가의 목적은 제후들을 연합하여 전쟁을 하고 땅을 빼앗도록 하지 않는 것이 없어 병가와 다를 바가 없다. 그 때문에 맹자는 "제후들과 (外交를 잘하여) 연합하는 자는 다음의 형을 받아야 하며(連諸侯者次之)"(7.14), 모두 "죽어도 용서받지 못할 죄"

에 들었다. 당시 종횡가는 "한번 노함에 제후들이 두려워하고, 편안히 거함에 천하가 잠잠하게 하여(一怒而諸侯懼, 安居而天下熄)"(6.2) 매우 득세하고 굉장히 영광스러워 어떤 사람은 대장부로 일컬을 만하다고 생각하였다. 그러나 맹자는 그렇지 않다고 하면서 공손연(公孫衍)과 장의(張儀)의 무리는 다만 한결같이 군주의 요구에 순종하여 "순종함을 정도로 삼는" "아녀자의 도"로 "부귀가 마음을 방탕하게 하지 못하며, 빈천이 절개를 옮겨 놓지 못하는" 진정한 대장부의 정신과는 거리가 매우 멀어 이 때문에 달갑지 않게 여겨 일고의 가치도 없게 여긴다고 지적하였다.

법가를 비난했다.

『맹자』에는 결코 '법가'라는 견해가 없어서[28] 이 때문에 법가에 대한 비판은 비교적 감추어져 있다. 맹자는 "형벌을 줄일 것(省刑罰)"(1.5)을 주장하였다. 이는 법가에 대한 비판으로 간주할 수 있다. 맹자 때 진(秦)은 상앙(商鞅)을 등용하여 신상필벌하고 형법을 무겁게 행하여 진나라는 신속하게 강대해졌다. 그러나 맹자가 보기에 이런 방법은 인의를 행하지 않고 지나치게 엄혹하여 "형벌을 줄일 것"을 제기했다. 주의해야 할 점은 "형벌을 줄이는" 관건은 '줄이는' 데 있지 '없애는' 것이 아니라는 점이다. 유가와 법가가 대립한다고 하여 유가가 법의 작용을 부인할 것이라는 관점은 정확하지 않다. 맹자가 주장한 것은 백성을 기르고 백성을 교화하면서 "살려주는 방법으로 백성을 죽이는" 것으로 법가의 엄혹한 형법과는 다르긴 하지만 형법이 필요하지 않은 것은 아니다.

위에서 말한 6가 외에 『맹자』에는 명가(名家)와 음양가(陰陽家) 그리고 소설가(小說家)에 대하여 비평한 기록은 없다.

---

[28] 『맹자』 「고자 하」 제15장에 "들어가면 법도 있는 집안과 보필하는 선비가 없다(入則無法家拂士)"라는 견해가 있는데, 오늘날 이른바 '법가'와는 함의가 다르다.

(2) 맹자 변론 방법의 두 가지 특징

위에서 말한 것처럼 맹자의 변론에는 지극히 강한 실용적 목적이 있었다. 변론 대상에는 당시의 국군이 적지 않았는데 이는 맹자의 변론 방법을 결정지어 일반적 변론과 비교하여 자신만의 특징을 가졌다.

화제를 교묘하게 연결하는 것이 맹자 변론 방법의 첫 번째 두드러진 점이다.

당시 진과 초·제·연·한·조 그리고 위의 칠웅(七雄)은 일대의 패권을 추구하지 않음이 없었다. 이런 배경에서 이런 국군들은 맹자와 만나면 모두 뚜렷한 공리적인 경향이 있어서 맹자가 그에게 부국강병과 전쟁으로 땅을 빼앗는 훌륭한 묘책을 가져다주기를 희망했다. 이는 확실히 맹자의 정치 관점과는 맞지 않았다. 그러나 맹자가 자기의 정치 관점을 강하게 견지하여 만나자마자 이는 옳지 않다고 비판하는 것은 안 되었다. 국군과 대립각을 세운다면 그들에게 접근할 기회를 잃게 될 것이며 그들을 설복시켜 자기의 정치 관점을 받아들이게 할 목적 또한 이루기 어려울 것이다. 따라서 맹자는 국군과 대화할 때 화제의 접근에 매우 주의하여 먼저 그들의 화두를 따라가다가 중간에 다시 몰래 어떤 일을 하여 부지불식중에 자기의 정치 주장을 선전하여 설복의 목적에 도달하기를 기대한다.

이따금 맹자는 단어의 함의를 바꾸어 화제를 이어나가기도 한다.

> 맹자가 양혜왕을 뵈었는데, 왕은 못가에 서서 홍안과 미록을 돌아보고 말씀하였다. "현자도 또한 이것을 즐깁니까?" 맹자가 대답하였다. "현자가 된 뒤라야 이것을 즐기는 것이니, 현명하지 못한 자는 비록 이것을 가지고 있다 하더라도 즐기지 못합니다."

孟子見梁惠王. 王立於沼上, 顧鴻雁麋鹿, 曰: "賢者亦樂此乎?" 孟子對曰: "賢者而後樂此, 不賢者雖有此, 不樂也."(1.2)

양혜왕이 물은 "현자도 또한 이것을 즐깁니까?(樂此乎)"의 '락(樂)' 자는 좋아하고 애호한다는 뜻이며, 전체 구절의 뜻은 "현자도 과연 대지(臺池)와 조수를 애호하는가?"를 묻는 데 있다. 맹자가 답한 "현자가 된 뒤라야 이것을 즐기는 것이니, 현명하지 못한 자는 비록 이것을 가지고 있다 하더라도 즐기지 못합니다.(不樂也)"의 '락(樂)' 자는 양혜왕이 쓴 '락(樂)' 자의 함의와는 달라서 뒤의 문장 "옛사람들은 백성과 더불어 즐겼기 때문에 능히 즐길 수 있었던 것입니다.(古之人與民偕樂, 故能樂也)"에서 말한 것을 따라 "즐길 수 있다", "충분히 향수(享受)"한다는 뜻이다. 맹자의 전체 구절의 뜻은 이렇다. "백성들과 즐거움을 함께할 수 있는 현명한 덕을 가지면 대지와 조수도 향수할 수 있고, 백성들과 즐거움을 함께할 수 있는 현명한 덕이 없으면 대지와 조수를 가지고 있다고 하더라도 그것을 누리지 못한다." 여기서 맹자는 교묘하게 '락(樂)' 자의 함의를 바꾸어 형세에 따라 유리하게 이끌어 양혜왕이 "백성들과 즐거움을 함께하고" 인정을 시행하도록 유도한다.

이따금 맹자는 역사적 사실과 어긋나는 것도 아랑곳하지 않고 화제를 이어서 취하였다.

제선왕이 물었다. "제환공과 진문공이 일을 들어볼 수 있겠습니까?" 맹자께서 대답하셨다. "중니의 문도들은 제환공과 진문공의 일을 말한 자가 없습니다. 이 때문에 후세에 전해진 것이 없어, 신이 아직 듣지 못하였습니다. 그만두지 말고 기어이 말하라 하신다면 왕도를 말하겠습니다."

齊宣王問曰: "齊桓·晉文之事可得聞乎?" 孟子對曰: "仲尼之徒無道
桓文之事者, 是以後世無傳焉, 臣未之聞也. 無以, 則王乎?"(1.7)

맹자의 이 말은 두 가지 역사적 사실을 언급하였는데 모두 사실과 부합하지 않는다. 하나는 "중니의 문도들은 제환공과 진문공의 일을 말한 자가 없다"는 것이다. 조기와 주희는 모두 이 '도(道)' 자를 '칭송'으로 해석하는 경향이 있는데, 의미는 공자의 문도들은 환·문의 일을 칭송하지 않았다는 것이다. 그러나 이는 사실과 명백히 부합하지 않는다. 공자는 말한 적이 있다. "환공이 제후들을 규합하되, 병거[武力]를 쓰지 않은 것은 관중의 힘이었으니, (누가) 그의 인만 하겠는가? 그의 인만 하겠는가?(桓公九合諸侯, 不以兵車, 管仲之力也. 如其仁, 如其仁)"(『논어』 14.16) 이는 직접 제환공을 칭송하였다. 공자께서 말씀하셨다. "관중이 환공을 도와 제후의 패자가 되어 한 번 천하를 바로잡아, 백성들이 지금까지 그 혜택을 받고 있으니, 관중이 없었더라면 나[우리]는 머리를 풀어헤치고 옷깃을 왼편으로 하였을 것이다.(管仲相桓公, 霸諸侯, 一匡天下, 民到于今受其賜. 微管仲, 吾其被髮左衽矣)"(『논어』 14.17) 이곳에서 직접 칭찬한 것은 관중이기는 하지만 간접적으로 제환공을 언급하였다. 공자가 직접 칭송하여 제자가 칭송하는 것은 자연스레 정리에 부합하는 것이다. 그러나 맹자는 오히려 "중니의 문도들은 제환공과 진문공의 일을 말한 자가 없다" 하였는데 이는 사실과 첫 번째로 부합하지 않는다. 맹자는 여러 차례에 걸쳐 제환공과 진문공의 일을 이야기하였다. "오패는 제후를 이끌어 제후를 정벌하였다. 그러므로 내가 오패는 삼왕의 죄인이라고 하는 것이다. 오패 중에 환공이 가장 성하였다.(五霸者, 摟諸侯以伐諸侯者也, 故曰, 五霸者, 三王之罪人也. 五霸, 桓公爲盛)"(12.7) "진나라의 『승』과 초나라의 『도올』과 노나라의 『춘추』가 똑같은 것이다. 그 일은 제환공·진문공의 일이요, 그 문체는 사관의 문체이다.(晉之乘, 楚之檮杌,

魯之春秋, 一也: 其事則齊桓·晉文, 其文則史)"(8.21) 이 두 장은 첫째 맹자가 환·문의 일을 알고 있었다는 것을 설명할 수 있다. 둘째 맹자는 오패에 대하여 폄하는 하였지만 칭찬도 하였음을 설명할 수 있는데, 관중은 필경 당시의 다른 제후보다 한 수 위였다고 생각하였다. 그러나 맹자는 여기서 오히려 "후세에 전하여지지 않았다"라 하였다. 이는 사실과 두 번째로 부합하지 않는다. 이 두 가지 부합되지 않음은 실제로 모두 일종의 수법이고 일종의 과도(過渡)인데, 목적은 제선왕이 왕도를 세우도록 설복하는 것이며 환·문처럼 패도를 추구하지 말라는 것이다.

지적해야 할 것은 현상으로 보면 맹자의 이런 변론 방법은 확실히 당시 사인들이 유세하는 몇몇 역사적 흔적이 배어 있지만 장의와 공손연이 권술을 행하는 것을 최고의 목적으로 여기는 것과는 본질적으로 구별된다. 우리는 비교적 실제적인 태도로 이런 상황을 다루어야 하며 덮어놓고 맹자의 방법을 "아부를 하면서 용서를 구하는 것 같다"고 비판하는 것은 공정치 못한 것 같다.[29]

비유를 잘 활용하는 것은 맹자의 변론 방법 가운데서 또 하나의 특징이다.

비유(比喩)를 고인들은 비유(譬喩)라 일컬었다. 왕부(王符)의 『잠부론(潛夫

---

29 천다치는 지적하였다. "맹자 당시에는 지식계급에 이미 변론을 좋아하는 기풍이 일었다. 맹자는 현자로 당시 한통속이 될 뜻이 없었지만 습속이 사람을 바꾸어 또한 부지불식중에 물들어버렸다. 아울러 맹자의 도를 지키려는 마음이 절실하여 필봉이 날카롭고 서슬이 시퍼렇게 되어 마침내 또한 사람들에게 변론을 좋아하는 것으로 의심을 받아 함께 변사로 간주했다. 맹자의 몇몇 언론, 이를테면 제선왕에게 말한 것 같은 것은, 심지어 사람들로 하여금 소진과 장의의 무리가 유세하는 것과 같은 부류라는 의심을 사기도 했다. 제선왕이 스스로 용기를 좋아한다고 하자 맹자는 그가 '(용기를) 크게 가질 것(大之)'을 청하였으며, 제선왕이 스스로 재화를 좋아하고 여색을 좋아한다고 하자 맹자는 그에게 '백성과 함께 하기(與百姓同之)'를 청하였는데, 그 마음 씀은 그 좋아하는 것을 따라 선하게 인도하는 데 있으며, 그 형적은 아부하여 환심을 사는 데 있는 것 같다."(『맹자의 명리사상 및 그 변설의 실제 상황』 5쪽) 이런 견해는 지나치게 극단적이어서 사람들이 동의하는데 어렵게 할 것 같다.

論)』「석난편(釋難篇)」에서는 말했다. "비유라고 하는 것은 곧장 알리는 것이 밝지 못하여 생겨났기 때문에 사물의 그런가 아닌가를 빌려서 밝히는 것이다."[30] 천다치는 지적하였다. "이제 한 가지 사물이나 이치가 이에 해당하여 설명하거나 논증하려고 하는데, 오로지 이 일이나 도리만 가지고 말하면 분명하지 않으며 깊지 않다고 할 것 같아 이에 다른 사물이나 도리를 빌려 비교하여 말함으로써 다른 사람이 듣고 새삼스레 분명하고 깊이 이해할 수 있게 한다. 이런 설명이나 논증이 곧 비유이다."[31] 비유는 언제나 두 부분으로 나누어진다. 하나는 소요되는 설명이나 논증을 비유하는 것으로 이 부분은 비교적 심오하고 이해하기 어려워 비유한다고 부를 수 있다. 하나는 비유를 쓰는 것으로 이 부분은 비교적 천근하고 이해하기가 쉬워 비유를 잘한다고 할 수 있다.

논변 과정에서 맹자는 설득력을 강화하기 위하여 종종 비유의 도움을 빌렸으며 때때로 거의 비유를 쓰지 않은 변론이 없을 정도까지 이르렀으며 그 가운데는 정채로운 예가 적지 않다.

> 그렇다면 왕이 크게 하고자 하시는 것을 알 수 있겠습니다. 토지를 개척하며, 진나라와 초나라에게 조회를 받아 중국에 임하여 사방의 오랑캐들을 어루만지고자 하시는 것입니다. 이와 같은 소행으로써 이와 같은 소원을 구하신다면 나무에 올라가서 물고기를 구하는 것과 같습니다.
> 然則王之所大欲可知已, 欲辟土地, 朝秦楚, 莅中國而撫四夷也. 以若所爲求若所欲, 猶緣木而求魚也.(1.7)

---

30 『잠부론전교정(潛夫論箋校正)』, 중화서국, 1985, 326쪽.
31 천다치의 『맹자의 명리사상 및 그 변설의 실제 상황』, 대만상무인서관, 1986, 75쪽.

맹자는 제선왕이 "크게 하고자 하는 것"이 "토지를 개척하며, 진나라와 초나라에게 조회를 받아 중국에 임하여 사방의 오랑캐들을 어루만지고자 하시는 것"임을 간파하고, "이와 같은 소행으로" "이와 같은 소원을 구하는 것"은 불가능하다고 생각했다. 이 도리를 설명하기 위하여 맹자는 "나무에 올라가서 물고기를 구하는 것(緣木求魚)"을 비유로 들어 설명했다. 나무에 올라가서 물고기를 구하면 반드시 얻는 것이 없는데 제선왕의 이번 일은 흡사 나무에 올라가서 물고기를 구하는 것과 같아 반드시 예기한 목적에 이르지 못할 것이다.

천하를 얻음에 길이 있으니, 백성을 얻으면 천하를 얻을 것이다. 백성을 얻음에 길이 있으니, 그 마음을 얻으면 백성을 얻을 것이다. 마음을 얻음에 길이 있으니, 원하는 바를 주어서 모이게 하고, 싫어하는 바를 베풀지 말아야 한다. 백성이 인자에게 돌아감은 물이 아래로 내려가며 짐승이 들로 달아나는 것과 같다. 그러므로 못에 고기를 몰아주는 것은 수달이요, 나무숲에 참새를 몰아주는 것은 새매요, 탕·무에게 백성을 몰아준 자는 걸·주이다. 이제 천하의 군주 중에 인을 좋아하는 자가 있으면 제후들이 모두 그에게 (백성을) 몰아줄 것이다.

得天下有道: 得其民, 斯得天下矣; 得其民有道: 得其心, 斯得民矣; 得其心有道: 所欲與之聚之, 所惡勿施, 爾也. 民之歸仁也, 猶水之就下, 獸之走壙也. 故爲淵驅魚者, 獺也; 爲叢驅雀者, 鸇也; 爲湯武驅民者, 桀與紂也. 今天下之君有好仁者, 則諸侯皆爲之驅矣.(7.9)

맹자는 먼저 "물이 아래로 내려가며"와 "짐승이 들로 달아나는 것"으로 "성이 인자에게 돌아감"을 비유하고, 이어서 "못에 고기를 몰아주고", "나무숲에 참새를 몰아주는 것"을 가지고 걸·주가 탕·무에게 백성을 몰아주는 것을 비유하였다. 당시 각 제후가 인정을 행하지 못하여 인심을 얻지 못하였다. 이는 백성이 인정을 바라는 것이 때맞춰 내리는 비를 기다리는 것 같아 인정을 하고자 하는 사람만 있으면 이 두 방면의 조건을 이용하여 한꺼번에 민심을 얻고 천하를 얻을 수 있음을 설명한다.

    한 제나라 사람이 그를 가르치는데 여러 초나라 사람들이 떠들어댄다면 비록 날마다 종아리를 치면서 제나라 말을 하기를 요구하더라도 될 수 없을 것이다. 그러나 그를 끌어다가 장악의 사이에 수년 동안 둔다면 비록 날마다 종아리를 치면서 초나라 말을 하기를 요구한다고 하더라도 또한 될 수 없을 것이다. 그대는 설거주를 선한 선비라 하여 그로 하여금 왕의 처소에 거처하게 하였는데, 왕의 처소에 있는 자가 장유와 비존이 모두 설거주와 같은 사람이라면 왕이 누구와 더불어 불선한 짓을 할 것이며, 왕의 처소에 있는 자가 장유와 비존이 모두 설거주와 같은 사람이 아니라면 왕이 누구와 더불어 선한 일을 하겠는가. 한 명의 설거주가 다만 송왕을 어찌하겠는가?
    一齊人傅之, 衆楚人咻之, 雖日撻而求其齊也, 不可得矣; 引而置之莊嶽之間數年, 雖日撻而求其楚, 亦不可得矣. 子謂薛居州, 善士也, 使之居於王所. 在於王所者, 長幼卑尊皆薛居州也, 王誰與爲不善? 在王所者, 長幼卑尊皆非薛居州也, 王誰與爲善? 一薛居州, 獨如宋王何?(6.6)

맹자는 송나라에서 송왕의 신변에 설거주 한 사람뿐이고 다른 훌륭한 사람이 부족하여 송왕을 훌륭하게 인도할 방법이 없음을 절감했다. 이 때문에 그는 초 사람이 제의 말을 배우는 일을 끌어다 비유하여 주위 환경의 중요성을 설명했다. 한 사람이 제의 말을 가르치는데 주위의 사람들이 모두 초의 말을 쓴다면 매일 같이 매질을 하면서 제의 말을 하게 해도 잘 배울 방법이 없다. 그를 제나라 국경 지역에 두고 주위의 사람들이 모두 제의 말을 한다면 매일 같이 매질을 하면서 초의 말을 하라고 해도 힘껏 하기가 어렵다. 이곳의 비유는 매우 비근하게 "그대의 왕이 선해지기를 바라면" 반드시 송왕의 주위 인물들이 일으키는 도리에 주의해야 한다. 그렇지 않다면 설거주 하나만으로는 송왕이 선을 배우고 선을 행하게 할 보장이 없다고 밝혔다.

> 태산을 끼고 북해를 뛰어넘는 것을 사람들에게 말하기를, "내 할 수 없다." 한다면 이것은 진실로 할 수 없는 것이거니와, 어른에게 나뭇가지를 꺾어주는 것을 남에게 말하기를 "내 할 수 없다."고 한다면 이것은 하지 않는 것일지언정 할 수 없는 것은 아닙니다. 그러므로 왕께서 다스리시지 못하심은 태산을 끼고 북해를 뛰어넘는 종류가 아니라, 왕께서 다스리시지 못하심은 바로 나뭇가지를 꺾는 것과 같은 종류입니다.
>
> 挾太山以超北海, 語人曰 "我不能", 是誠不能也; 爲長者折枝, 語人曰 "我不能", 是不爲也, 非不能也. 故王之不王, 非挾太山以超北海之類也; 王之不王, 是折枝之類也. (1.7)

양혜왕은 인정을 행하는데 믿음이 없지만 맹자는 이는 "할 수 없는 것"이 아니라 "하지 않는 것"이라고 생각하였다. 맹자는 모든 사람의 내심에는 모두 선성(善性)이 있어서 이것을 파괴하지 않고 부단히 확충하고 발전시켜나가기만 하면 천하를 태평하게 다스리는 것은 손바닥을 뒤집는 것처럼 쉽다고 생각하였다. 이 때문에 그는 "태산을 끼고 북해를 뛰어넘는 것"으로 "할 수 없는 것"을 비유하였다. "어른에게 나뭇가지를 꺾어주는 것"을 가지고 "하지 않는 것" 비유하였다. 양혜왕은 다만 "하지 않을" 뿐이지 "할 수 없는 것"이 아니라고 설명하였으며, 명확하게 "그러므로 왕께서 다스리시지 못함은 하지 않는 것이지 할 수 없는 것은 아닙니다."라 지적하였다. 비유가 타당성을 얻어 대대적으로 맹자가 변론하는 설득력을 크게 강화하였다.

(3) 맹자와 고자의 변론하는 실제 상황

맹자의 변론 가운데 가장 정채로운 것은 고자와 인성에 관하여 벌인 논쟁일 것이다. 『맹자』 「고자 상」에는 이 논쟁의 주요 내용이 기재되어 있다. 논리적 순서에 의하여 생을 일러 성이라 함(生之謂性)의 변론, 물로 성을 비유(以水喩性)한 변론, 기류와 나무 그릇(杞柳梧棬)의 변론, 인의내외(仁義內外)의 변론으로 나눌 수 있다. 맹자의 논쟁은 형식과 논리적으로는 결코 치밀하지 못하지만 사려의 교묘함으로 말미암아 고자의 많은 허술한 점을 찾아내고 고자를 논박하여 성선론이 굳건히 자리를 잡는 데 도움을 주었을 뿐만 아니라 충분히 맹자의 우월한 논변 기교를 반영하였다. 다음에서는 이 논쟁의 실제 상황에 대하여 분석을 진행하겠다.

첫째는 생을 일러 성이라 함(生之謂性)의 변론이다. 이는 무엇을 성이라고 하는가의 논쟁으로 전체 논쟁의 논리적 기점이다.

> 고자가 말하였다. "생(의 본능)을 일러 성이라 한다." 맹자께서 말하였다. "생의 본능을 성이라고 함은 백색을 백색이라고 이르는 것과 같은 것인가?" "그러하다." "그렇다면 백우의 백색이 백설의 백색과 같으며, 백설의 백색이 백옥의 백색과 같은 것인가?" "그러하다." "그렇다면 개의 성이 소의 성과 같으며, 소의 성이 사람의 성과 같단 말인가?"
> 告子曰: "生之謂性." 孟子曰: "生之謂性也, 猶白之謂白與?" 曰:

"然." "白羽之白也, 猶白雪之白; 白雪之白猶白玉之白與?" 曰: "然." "然則犬之性猶牛之性, 牛之性猶人之性與?"(11.3)

"생을 일러 성이라 한다"는 말은 고자의 사상을 대표한다. 고자는 사람의 타고난 모든 생리작용과 심리작용은 모두 성이며, 생이 곧 성이고 성이 곧 생이어서 생과 성은 서로 동등하다고 생각하였다. 맹자는 고자의 견해에 동의하지 않고 사람의 타고난 모든 지각과 기호는 성이 아니라고 하였다. 사람의 인의예지 사단이 성이라고 하여 "사람이 금수와 다른 것은 얼마 안 되는" 양심과 본심이 성이며, 사람이 사람인 도덕적 특징이 성이다. 그러나 맹자는 논쟁 중에는 결코 정면으로 자기의 관점을 천술하지 않았다. 정면으로 고자가 인간의 타고난 일체의 생리작용과 심리작용을 성으로 삼지 않아야 하고 고자가 사용하는 개념을 혼동하여 오류로 귀착시켰다고 비판하여 논적(論敵)을 논박하지도 않았다. 일반인들은 습관적으로 쌍방 간에 논쟁을 할 때 시비를 구별하여 이쪽이 옳으면 저쪽이 그르고 저쪽이 그르면 이쪽이 옳다고 생각하기 마련이다. 고자의 설이 틀렸다면 맹자의 설은 반드시 옳을 것이다. 이렇게 측면에서 성선론의 입론을 도왔다.

맹자는 우선 생과 성, 백(白)과 백을 대등하게 만들어놓고 "생의 본능을 성이라 함은 백색을 백색이라고 이르는 것과 같은 것인가?"라 물었다. 고자는 생과 성은 이름만 다를 뿐 실질은 같다고 생각하여 맹자의 물음에 동의하였다. 사실 생과 성, 백과 백 사이에는 같지 않은 곳이 있다. 고자의 관점대로 생과 성이 이름만 다를 뿐 실질은 같고 백과 백이 이름도 같고 실질도 같다 하더라도 둘이 같지 않은 것은 매우 분명하다.

이어서 맹자는 한 걸음 더 나가 캐묻기를 이는 흰 깃털의 흰색이 백설의 흰색과 같고, 백설의 흰색이 백옥의 흰색과 같지 않은가? 하였다. 정확한 대답은 같으면서도 같지 않다가 되어야 한다. 흰 깃털의 흰색은 쌍관어적으로 이해될 수 있다. 하나는 흰 깃털이 포함하고 있는 보편적인 흰색이고 하나는 흰 깃털이 포함하고 있는 특수한 흰색이기 때문이다. 백설의 흰색도 이 이치와 같다. 보편적인 흰색이라는 의미에서 흰 깃털의 흰색과 백설의 흰색은 같으며, 특수한 흰색의 의의에서 둘은 또한 같지 않다. 고자는 이 두 상황을 분별할 수가 없어서 뭉뚱그려 인정함으로써 맹자가 쳐놓은 덫에 걸려들고 말았다.

마지막으로 맹자는 다그쳐 묻는다. "그렇다면 개의 성이 소의 성과 같으며, 소의 성이 사람의 성과 같단 말인가?" 개의 성과 소의 성, 사람의 성은 백설의 흰색과 흰 깃털의 흰색의 상황과 유사하여 또한 보편과 특수라는 구별이 있다. 보편적인 의의로 보면 개의 성과 소의 성, 사람의 성은 모두 성으로 서로 같다. 특수한 의의에서 셋은 또한 각자 특징을 갖추고 있어 서로 간에 각기 다르다. 고자가 다그쳐 묻는 맹자의 질문에 어떻게 대답을 하였는지는 알지 못하지만 그가 보편과 특수, 같은 명분과 다른 명분을 구분하는데 뛰어나지 못하였다면 "그렇다"라고 대답할 수밖에 없었을 것이다.

이렇게 고자는 수세에 몰렸다. 일반인이 보기에 소와 사람은 동류에 속하지 않는데 소의 성과 사람의 성이 서로 같다고 하였으니 상리(常理)를 위반하였다. 이에 사람들은 자연히 맹자의 양심과 본심을 성으로 보는 견해가 옳으며 고자의 생이 성이라는 견해는 옳지 않게 생각하였다.

둘째는 물로 성을 논한 변론이다.

고자가 말하였다. "성은 여울물과 같다. 그리하여 이것을 동방으로 터놓으면 동쪽으로 흐르고, 서방으로 터놓으면 서쪽으로 흐르니, 인성에 선과 불선의 구분이 없음은 마치 물이 동·서의 분별이 없는 것과 같다." 맹자가 말하였다. "물은 실로 동·서의 분별이 없거니와, 상·하에도 분별이 없단 말인가? 인성의 선함은 물이 아래로 내려가는 것과 같으니, 사람은 불선한 사람이 없으며, 물은 아래로 내려가지 않는 것이 없다." 지금 물을 쳐서 튀어 오르게 하면 이마를 지나게 할 수 있으며, 격하여 흘러가게 하면 산에 있게 할 수 있거니와, 이것이 어찌 물의 본성이겠는가? 그 형세가 그렇게 만든 것이다. 사람이 불선을 하게 함은 그 성이 또한 이와 같은 것이다.

告子曰: "性猶湍水也, 決諸東方則東流, 決諸西方則西流. 人性之無分於善不善也, 猶水之無分於東西也." 孟子曰: "水信無分於東西, 無分於上下乎? 人性之善也, 猶水之就下也. 人無有不善, 水無有不下. 今夫水, 搏而躍之, 可使過顙; 激而行之, 可使在山. 是豈水之性哉? 其勢則然也. 人之可使爲不善, 其性亦猶是也." (11.2)

고자는 여기서 물을 성에 비유했다. 그는 물의 흐름은 고정된 방향이 없어서 "동방으로 터놓으면 동쪽으로 흐르고, 서방으로 터놓으면 서쪽으로 흐른다"고 하여 동으로 흐르건 서로 흐르건 외부적인 힘으로 결정된다고 생각하였다. 이는 인성과 흡사하여 인성 또한 고정된 방향이 없어 선하건 선하지 않건 결코 인성 자체에서 결정되는 것이 아니라 외부의 영향에 따른 결과이다. 고자는 "인성에 선과 불선의 구분이 없음"을 논증하고 구체적인 논증은 절대 제기하지 않아 물을 가지고 비유를 하는 자체가 설득력이 많이 떨어진다.

맹자는 이 약점을 간파하고 반박할 기회를 엿보았다. 맹자는 마찬가지로 정면으로 자기의 논제를 천술하지 않고 고자의 비유를 슬쩍 바꾸어 비유에 다시 비유를 보탰다. "물은 실로 동·서의 분별이 없거니와, 상·하에도 분별이 없단 말인가?" 맹자는 교묘하게 동서를 상하로 바꾸었다. 동서와 상하는 다 같이 방향이지만 본질적인 구별이 있다. 인력의 작용으로 물은 자연상태에서는 아래로 향하며 동서는 아래로 향하는 외재적인 표현이다. 맹자가 동서를 상하로 바꾸어 놓은 것은 물이 아래로 향하는 것으로 "사람은 선하지 않음이 없다"는 것을 논하기 위함이었다. 물이 언제나 아래로 향한다면 일단 물을 가지고 성에 비유하여, '물'과 '성'이 서로 통하여 "선하지 않음이 없게" 될 것이다.

사실상 문맥에 근거하여 고자의 원의를 헤아려보면 인성에는 '동서'의 방향도 없을 뿐만 아니라 심지어 '상하'의 방향도 없고 인성의 선과 불선은 완전히 외부의 힘에서 결정될 것이다. 맹자는 물의 동서를 상하로 바꾼 후에 고자의 비유를 성질로 바꾸어 고자를 수세에 빠뜨렸다. 물이 동서를 나누지는 못하나 상식에 의하면 아래로 향한다. 물은 이미 위로 지나고 높은 산으로 끌어올릴 수도 있지만 그것은 물의 본성이 아니고 형세에 의해 압박을 받은 것이다. 성은 선하여지지 않을 수도 있으나 그것은 성의 본연이 아니라 환경의 영향을 받은 것이다. 그대가 물로 성을 비유하여 물이 아래로 향한다고 하였다면 그대는 성이 선을 향한다는 것을 부인하지 못할 것이다. 고자는 동서와 상하가 다름을 구별할 수 없어 또한 차례 패하고 말았다.

셋째는 기류(杞柳)와 배권(桮棬)의 변론이다. 이는 맹자와 고자 두 사람이 기류와 배권을 인성과 인의와 연관시킨 논쟁이다.

> 고자가 말하였다. "성은 기류와 같고, 의는 나무로 만든 그릇과 같으니, 사람의 본성을 가지고 인의를 행함은 기류를 가지고 그릇을 만드는 것과 같다." 맹자가 말하였다. "그대는 기류의 성질을 순히 하여 배권을 만드는가? 장차 기류를 해친 뒤에야 배권을 만들 것이니, 만일 장차 기류를 해쳐서 배권을 만든다면, 또한 장차 사람을 해쳐서 인의를 한단

말인가? 천하 사람을 몰아서 인의를 해치게 할 것은 반드시 그대의 이 말일 것이다."

告子曰: "性猶杞柳也, 義猶桮棬也; 以人性爲仁義, 猶以杞柳爲桮棬." 孟子曰: "子能順杞柳之性而以爲桮棬乎? 將戕賊杞柳而後以爲桮棬也? 如將戕賊杞柳而以爲桮棬, 則亦將戕賊人以爲仁義與? 率天下之人而禍仁義者, 必子之言夫!"(11.1)

고자는 또 한 차례 비유를 하면서 기류와 배권의 관계를 가지고 인성과 인의의 관계를 비유했다. 기류는 배권을 만드는 재료이고, 배권은 기류로 만든 기명(器皿)이다. 기명의 제작에는 재료도 필요하고 외재적인 가공도 필요하여 두 가지는 필수불가결이다. 고자가 보기에 맹자는 직접 인성을 인의와 동등시하였다. 이는 직접 재료를 기명과 동등시한 것에 상당하여 둘 사이의 구별을 홀시하였다. 그러나 기류는 본성이 배권을 만들 수 있는지 없는지, 인성은 그 본성이 인의를 달성할 수 있는지 없는지 고자는 논급하지 않았다.

맹자가 보기에 고자의 비유는 전혀 합당치 않았다. 위에서 말했듯이 맹자는 "사람은 불선한 사람이 없으며, 물은 아래로 내려가지 않음이 없다"고 생각했기 때문에 인성에는 원래 인의예지의 단서가 있어 그 발전을 따라 외부적인 조건으로 파괴되지 않으면 반드시 인의로 발전하게 된다. 기류와 배권의 관계는 이와 같지 않다. 기류는 그 발전을 따라도 기류일 뿐이고 자연히 배권으로 자랄 수 없다. 따라서 기류와 배권의 비유는 결코 인성과 인의의 관계를 반박할 수 없다.

다만 흥미로운 점은 맹자는 절대 고자를 비판하지 않았다는 사실이다. 기류와 배권의 관계가 인성과 인의의 관계와 같지 않다고 말하고 그대의 이런 비유는 성립될 수 없다는 등등 이런 비유를 따라서 진일보한 논란으로 삼았을 뿐이다. 맹자는 답변 중에 먼저 배타적인 양극단의 설문을 하나 제기하였다. 그대는 기류의 본성을 따라 배권을 만드는가, 아니면 기류의 본성을 상해가면서 배권을 만드는가? 그런 다음에 상대방의 대답을 기다리지 않고 곧 상대방이 "기류를 해쳐가면서 배권을 만드는" 것을 주장한다고 인정했다. 형식과 논리적인 면에서 이는 논적을 가설한 것으로 합리적이지 않다. 위에서 말했듯이 고자는 기류로 배권을 만들 수 있다고 생각했으나 이 제작이 기류의 본성을 따른 것인지, 아니면 기류의 본성을 거스른 것인지에 대하여 고자는 어떤 설명도 하지 않았기 때문이다. 위 장의 "동쪽을 터뜨리면 동으로 흐르고 서쪽을 터뜨리면 서로 흐른다"는 말로 분석해 보건대, 고자는 기류의 본성을 해쳐가면서까지 만들지는 않았을 것이다. 바로 이어 맹자는 한 걸음 더 나아가 이 화제를 확장시켜 상대방이 "사람을 해쳐가며 인의를 만든다"고 주장하면서 상대방이 "천하의 사람을 몰아서 인의를 해친다." 꾸짖었다. 이는 남에게 억지를 부려 논리적으로는 성립될 수 없다.

맹자는 이 논쟁에는 비록 논리적으로 타당성을 잃은 곳이 있지만, 이렇게 하여 장점도 얻었다. 고자가 "기류를 해쳐가며 배권을 만든다"는 주장을 증명한다면 "천하 사람을 몰아서 인의를 해치게 할 것은 반드시 그대의 이 말일 것이다."라는 죄명은 고자의 머리 위에 안치할 수 있다. "사람을 해친다", "인의에 해를 끼친다"의 강렬한 정감의 색채는 사람들이 그 까닭에 밝지 못하기 때문에 왕왕 정감의 색채로 이론의 시비를 대체하여 맹자의 설은 옳고 고자의 설은 그르다고 여긴다. 이로부터 맹자의 논변 방법은 논리적으로 잘못되었으나 여전히 논박하는 방법을 잃지 않았다. 심지어 일정 정도 일시적인 우위를 점할 수 있으니 이 논박이 곧 좋은 실례임을 알 수 있다.

넷째는 인의내외(仁義內外)의 변론이다. 이는 성선론과 밀접한 관계가 있는 논변이다. 그들은 모두 인은 내적이라는 데 동의하지만 맹자는 의가 내적이라고 주장하고 고자는 의가 외적이라고 주장한다.

고자가 말하였다. "식색이 성이니, 인은 내면에 있고, 외면에 있는 것이 아니며, 의는 외면에 있고, 내면에 있는 것이 아니다." 맹자가 말하였다. "어찌하여 인은 내면에 있고 의는 외면에 있다 이르는가?" 고자가 말하였다. "저들이 어른이라고 하므로 내가 그를 어른으로 여기는 것이요, 나에게 그를 어른으로 섬기려는 존경심이 있는 것은 아니니, 저들이 백색이라고 하므로 내가 그것을 백색이라고 하여 그 백색을 외면에 따르는 것과 같다. 그러므로 이것을 외면에 있다고 말하는 것이다." 맹자가 말하였다. "말이 희다는 힘은 사람이 희다는 힘과 다를 것이 없거니와, 알지 못하겠으나, 나이 많은 말의 나이 많음이 나이 많은 사람을 어른으로 높임과 차이가 없단 말인가? 또 장자를 의라고 여기는가? 그를 장자로 높임을 의라고 여기는가?" 고자가 말하였다. "내 아우면 사랑하고, 진 사람의 아우면 사랑하지 않으니, 이는 나를 주로 하여 기쁨을 삼는 것이다. 그러므로 내면에 있다고 이른 것이요, 초나라 사람의 나이 많은 이를 어른으로 여기며, 또한 내 어른을 어른으로 여기니, 이것은 어른을 기쁨으로 삼는 것이다. 그러므로 외면에 있다고 이른 것이다." 맹자가 말하였다. "진 사람의 불고기를 좋아함이 나의 불고기를 좋아함과 다를 것이 없으니, 물건은 또한 그러한 것이 있는 것이다. 그렇다면 불고기를 좋아함도 또한 외면에 있단 말인가?"

告子曰: "食色, 性也. 仁, 內也, 非外也; 義, 外也, 非內也." 孟子曰: "何以謂仁內義外也?" 曰: "彼長而我長之, 非有長於我也; 猶彼白而我白之, 從其白於外也, 故謂之外也." 曰: "異於白馬之白也, 無以異於白人之白也; 不識長馬之長也, 無異於長人之長與? 且謂長者義乎? 長之者義乎?"曰:"吾弟則愛之, 秦人之弟則不愛也, 是以我爲悅者也, 故謂之內. 長楚人之長, 亦長吾之長, 是以長爲悅者也, 故謂之外也."曰: "耆秦人之炙, 無以異於耆吾炙, 夫物則亦有然者也, 然則耆炙亦有外與?"(11.4)

원문이 비교적 긴데 먼저 그들의 의에 대한 다른 견해를 분석해보자. 고자는 말하였다. "저들이 어른이라고 하므로 내가 그를 어른으로 여기는 것이요, 나에게 그를 어른으로 섬기려는 존경심이 있는 것은 아니니, 저들이 백색이라고 하므로 내가 그것을 백색이라고 하여 그 백색을 외면에 따르는 것과 같다. 그러므로 이것을 외면에 있다고 말하는 것이다." "저들의 어른"은 외물(外物, 人)의 나이가 많은 자이고, "저 백색"은 외물(人)의 백색을 갖춘 것이다. "내가 어른으로 여김"은 내가 연장자를 보고 그가 연장자임을 인정하는 것이고, "내가 희게 여김"은 내가 백색의 물건(人)을 보고 그것이 백색이라고 생각하는 것이다. 이렇게 말하면 모든 사물의 성질이 이와 같아 나 또한 이렇다고 인식하는 것으로 곧 고자가 말하는 의이다. 고자가 말하는 이른바 의는 오늘날의 사실 판단이다.

맹자의 의의 함의는 고자와는 달라 이렇게 말하였다. "말이 희다는 흼은 사람이 희다는 흼과 다를 것이 없거니와, 알지 못하겠으나, 나이 많은 말의 나이 많음이 나이 많은 사람을 어른으로 높임과 차이가 없단 말인가?" 맹자는 "흰말의 흼"과 "흰 사람의 흼"은 마찬가지이지만 "나이 많은 말의 나이 많음"과 "나이 많은 사람의 나이 많음"은 구별된다고 생각하였다. "나이 많은 말의 나이"는 나이가 많다고 생각하면 그뿐이지만 "나이 많은 사람의 나이 많음"은 나이가 많음을 인정하는 외에도 한층 존경한다는 의미가 그 안에 있으니, "어른을 공경함은 의이다"(13.15)라는 것이다. 존경이라는 의미는 내심에서 나온 것이기 때문에 '의는 내적'이며

'외적이 아니다'라는 것을 말한다. 이로부터 맹자가 이야기한 의는 인의의 의로 가치 판단, 곧 인식주체로 어떤 사물이 여과를 거친 후의 가치 취사임을 어렵지 않게 알 수 있다.

한 사물에 대하여 사실 판단을 내릴 수 있으면 가치 판단도 내릴 수 있다. 사실의 각도에서 보면 '의가 외면'이라 말할 수 있으며, 가치의 각도에서 보면 '의가 내면'이라 말할 수 있다. 맹자는 고자가 말한 '의' 자의 함의를 깊이 살피지 않았으며 자기의 '의' 자에 대한 이해에 비추어 대상이라고는 조금도 없이 고자와 논박하였다. 이는 맹자가 옳지 못하다.

두 사람이 첨예하게 맞서서 각자의 이야기를 하였다면 그 변론은 조금도 의의가 없는 논쟁이었지만 맹자의 논변이 교묘하여 다시 한번 우위를 점하게 되었다.

엄밀히 말하면 맹자와 고자가 논쟁한 내용은 모두 네 항목이다. "흰말의 흼"과 "흰 사람의 흼", "나이 많은 말의 나이 많음"과 "나이 많은 사람의 나이 많음"이지만 논변 과정에서 맹자는 슬쩍 앞의 세 항목을 버리고 마지막의 한 항목만 이야기하였다. 그 원인을 미루어보면 대개 앞의 세 항목은 일반적으로 다만 사실 판단과 유관하고 가치 판단은 언급하지 않아 맹자에게 유리하지 않으며 뒤의 한 항목은 가치 판단과 유관하여 맹자에게 유리하기 때문이었을 것이다. 맹자의 유인에 걸려 고자 또한 흐리멍덩하게 "초나라 사람의 나이 많은 이를 어른으로 여기며, 내 어른을 어른으로 여김"만 이야기하고 "흰 말의 흼" 등의 내용은 더 이상 말하지 않아 완전히 자기의 우세를 놓쳐버렸다.

한 발짝 나아가 "남의 어른을 어른으로 여김" 한 항목만 가지고 말하여 사실 판단도 하고 가치 판단도 하였다. 이에 맹자는 매우 재치 있게 고자를 가치 판단이라는 외나무다리로 이끌었다. 논쟁의 말미에서 맹자는 말하였다. "진나라 사람의 불고기를 좋아함이 나의 불고기를 좋아함과 다를 것이 없으니, 물건에도 그러한 것이 있는 것이다. 그렇다면 불고기를 좋아함도 또한 외면에 있단 말인가?" 무엇을 즐겨 먹는가 하는 것은 개인적인 기호이다. 기호라면 가치의 취사가 있는데 주로 주체에 의해 결정되며 '의가 내면'이라는 설과 서로 부합한다. 맹자는 차근차근 상대를 자기에게 유리한 전장으로 끌어들였으며 승기를 잡는 데 문제가 없었다. 불쌍한 고자는 이 마지막 제기에 답할 말이 없었을 뿐이었던 것 같다. 이렇게 하여 '의가 내면'이라는 설은 최소한 기세에서 우세를 점하였다.

5. 『맹자』의 문학적 특색

(1) 광대무변한 기세

『맹자』를 읽을 때 사람에게 주는 첫 번째 인상은 종종 그 광대무변한 기세이다. 『맹자』가 논한 것은 모두 세상을 근심하고 백성을 근심하며 천하를 태평하게 다스리는 등에 관계된 큰 문제이다. 게다가 맹자 특유의 도도한 기질은 『맹자』가 구사하는 문장에서 독특하고 웅대한 기세를 형성하였다. 책의 처음부터 양혜왕이 맹자가 온 것을 보고 그가 나라를 신속히 부강하게 할 훌륭한 묘책을 가지고 왔다고 생각하여 급하고 절실하게 묻는 내용이 나온다. "또한 우리나라를 이롭게 함이 있겠지요?" 맹자는 양혜왕이 말하는 이로움이 전쟁으로 땅을 빼앗는 유여서 자기가 시행하는 인정의 이상과 전혀 어울리지 않는다는 것을 깊이 알아 즉시 그를 멈추고 교묘하게 대답하였다. "하필 이를 말씀하십니까? 또한 인의가 있을 뿐입니다.(何必曰利? 亦有仁義而已矣)"(1.1) 달랑 몇 마디 말이지만 단번에 사람을 높은 기점까지 데리고 가 작자의 독특한 기질을 체험하게 한다. 「등문공 상」제4장에서는 허행의 제자 진상과 변론하면서 가장 먼저 허행에게 생활하는 수단이 어디서 오는지 물음으로써 사회의 분업이 불가결함을 입증했다. 요와 순, 직(稷)은 몸소 농사를 지을 겨를이 없었다는 것을 듦으로써 대인과 소인의 일은 구별이 있다는 것을 나타냈다. 마지막으로 진상이 스승의 말을 위배한 것을 통렬히 배척하여 오랑캐를 중화로 변모시키는데 기세가 당당하고 힘차며 호방하다. 맹자는 스스로에게 상당히 자신감 있게 말하였다. "5백 년이면 반드시 왕자가 나오니, 그 사이에 반드시 세상에 유명한 자가 있다.(五百年必有王者興, 其間必有名世者)" "하늘이 천하를 다스리고자 하지 않는 것이다. 만일 천하를 다스리고자 하신다면, 지금 세상에 나를 버려두고 그 누가 하겠는가?(天未欲平治天下也; 如欲平治天下, 當今之世, 舍我其誰也?)"(4.13) 이런 대작과 큰 기세는 하찮은 소인이 할 수 있는 것이 절대 아니다.

『맹자』는 기세가 광대무변하지만 정감도 넘쳐흐르기 때문에 고갈되지 않아 꾸준히 읽으면 감화력이 있다. 이런 감화력은 주로 세상을 근심하고 백성을 근심하는 작자의 강렬한 감정에서 온다. 「양혜왕 상」에서는 당시 민중의 고난을 드러내어 말하였다. "푸줏간에는 살진 고기가 있고, 마구간에는 살찐 말이 있으면서, 백성들은 굶주린 기색이 있고, 들에 굶어 죽은 시체가 있다면, 이것은 짐승을 몰아서 사람을 잡아먹게 한 것입니다. 짐승끼리 서로 잡아먹는 것도 사람들은 미워하는데, 백성의 부모가 되어 정사를 행하되 짐승을 몰아 사람을 먹게 함을 면치 못한다면 백성의 부모 됨이 어디에 있습니까?(有肥肉, 廐有肥馬, 民有飢色, 野有餓莩, 此率獸而食人也. 獸相食, 且人惡之; 爲民父母, 行政, 不免於率獸而食人, 惡在其爲民父母也?"(1.4) 세상을 근심하고 백성을 근심하는 작자의 뚜렷한 마음이 없었다면 사람을 감동하게 하고 폐부를 찌르는 이런 말을 절대로 써내지 못했으리라는 것을 상상할 수 있다. 당연히 이런 감화력은 맹자 내심의 풍부한 정감 세계에서 왔다. 맹자가 세상에서 알아주는 이를 만나지 못하여 제나라를 떠나는 노상에서의 심정은 매우 무거웠다. 제자가 맹자에게 이전에는 "군자는 하늘을 원망하지 않으며, 사람을 허물하지 않는다.(君子不怨天, 不尤人)"라고 이야기한 적이 있는데 지금은 왜 또 "기쁘지 않은 기색(不豫色)"이 있느냐고 물었을 때 맹자는 감탄하여 말했다. "그때는 그때고, 지금은 지금이다.(彼一時, 此一時也)"(4.13) 겨우 이 일곱 자에 혈육의 정이 있고 정감이 넘치는 맹자가 지상에서 용약하여 사람으로 하여금 읽으면 친절하여 믿게 한다.

　문장을 구사하는 기세가 드높고 정감이 넘치는 『맹자』의 특징은 대대로 사람들의 추숭을 받았다. 한대의 가의(賈誼)는 맹자를 공부하였는데, 특히 그가 지은 「과진론(過秦論)」은 그 기세와 그 정감이 모두 맹자와 흡사하다. 당송의 고문가들 또한 맹자를 추숭하였다. 그 대표적인 인물인 한유(韓愈)의 문장에는 때때로 모두 맹자의 그림자를 볼 수 있다. 맹자의 산문은 중국의 정론문에 훌륭한 전통을 열어주었다고 말할 수 있다.

(2) 생동적이고 명쾌한 언어

『맹자』는 언어의 운용 면에서 공력이 매우 잘 드러나 독특한 풍격을 형성하였다.

맹자는 형상화한 언어를 사용하여 문제를 설명하는 데 매우 뛰어났다. '제인유일처일첩(齊人有一妻一妾)' 장은 매우 전형적인 예이다.

　　제나라 사람 중에 아내 하나와 첩 하나를 두고 집에 사는 자가 있었는데, 그 남편이 나가면 반드시 술과 고기를 배불리 먹은 뒤에 돌아오곤 하였다. 그 아내가 남편에게 누구와 더불어 음식을 먹었는가를 물었더니, 모두 부귀한 사람이었다. 그 아내가 첩에게 말하기를 "남편이 외출하면 반드시 술과 고기를 배불리 드신 뒤에 돌아오기에 내 누구와 더불어 음식을 먹었는가를 물어보니, 모두 부귀한 사람이었다. 그런데도 일찍이 현달한 자가 찾아오는 일이 없으니, 내 장차 남편이 가는 곳을 엿보겠다." 하고는, 아침 일찍 일어나 남편이 가는 곳을 미행하여 따라가 보니, 온 도성을 두루 배회하는데, 더불어 서서 말하는 자도 없었다. 그는 마침내 동쪽 성곽의 (북망산에 있는) 무덤 사이의 제사하는 자에게 가서 남은 음식을 빌어먹고, 거기에서 부족하면 또 돌아보고 딴 곳으로 가니, 이것이 술과 고기를 배불리 얻어먹는 방법이었다. 그 아내가 돌아와서 첩에게 말하기를 "남편이란 우러러 바라보면서 일생을 마쳐야 할 사람인데, 지금 이 모양이다." 하고는, 첩과 더불어 남편을 원망하며 서로 뜰 가운데서 울고 있었는데, 남편은 그것을 알지 못하고는 의기양양하게 밖으로부터 와서 처첩에게 교만하게 굴었다. 군자의 입장에서 본다면, 지금 사람 중에 부귀와 영달을 구하는 자들은 그 처첩이 그것을 보면 부끄러워하여 서로 울지 않을 자가 별로 없을 것이다.

齊人有一妻一妾而處室者, 其良人出, 則必饜酒肉而後反. 其妻問所與飲食者, 則盡富貴也. 其妻告其妾曰: "良人出, 則必饜酒肉而後反; 問其與飲食者, 盡富貴也, 而未嘗有顯者來, 吾將瞷良人之所也." 蚤起, 施從良人之所之, 遍國中無與立談者. 卒之東郭墦間, 之祭者, 乞其餘; 不足, 又顧而之他─此其爲饜足之道也. 其妻歸, 告其妾, 曰: "良人者, 所仰望而終身也, 今若此─" 與其妾訕其良人, 而相泣於中庭, 而良人未之知也, 施施從外來, 驕其妻妾. 由君子觀之, 則人之所以求富貴利達者, 其妻妾不羞也, 而不相泣者, 幾希矣. (8.33)

맹자의 시대에는 양사(養士)의 기풍이 성행하여 적지 않은 사인이 자기의 인격을 돌아보지 않고 이것을 도로 삼아 부귀와 이달(利達)을 추구했다. 맹자는 이런 부류의 인물을 매우 멸시하여 하나의 고사를 들어 이런 부류의 인물들에게 신랄한 풍자를 가하였다. 언어가 생동감 있고 형상적이며 인물이 살아 있는 듯 생생하여 사람이 현장에 있는 것처럼 풍자하고 비평하는 목적을 비교적 잘 이루었다.

『맹자』의 글자의 선택과 단어의 사용은 간명하고 정확하다. "내 노인을 노인으로 섬겨서 남의 노인에게까지 미치며, 내 어린이를 어린이로 사랑해서 남의 어린이에게까지 미친다(老吾老, 以及人之老; 幼吾幼, 以及人之幼)"(1.7) 같은 경우 '노(老)'와 '유(幼)'가 원래는 형용사이지만 여기서는 동사와 명사로 활용하여 간명하면서도 정확하여 묘한 효과를 말로 표현하기 어렵다. "그것들을 다른 사어(詞語)로 바꾸어 '내 노인을 봉양한다(養吾老)', '내 어린이를 기른다(育吾幼)'라 하거나 '내 노인을 공경한다(敬吾老)'와 '내 어린이를 사랑한다(愛吾幼)' 등등으로 하는 것을 생각해보면 모두 이렇게 활용되는 노(老), 유(幼)보다 훨씬 덜 포괄적이고 적절하다고 느끼는 것은 이미 노인에 대한 봉양과 유아에 대한 양육을 포함하고 있을 뿐만 아니라 또한 노인에 대한 효도, 유아에 대한 가르침 등등 여러 가지 방면을 담고 있다."[32] 맹자가 제선왕과 이야기할 때 먼저 친구가 "그 처자를 얼고 굶주리게 하였다(凍餒其妻子)"면 어떻게 해야 하는 가를 물었다. "사사가 사를 다스리지 못하면(士師不能治士)" 어떻게 처리할 것인가를 또 물었는데 제선왕은 분별하여 답하기를 "버린다(棄之)", "그만 두게 한다(已之)" 하여 언어가 매우 간결하다. 더욱 묘한 것은 맹자가 한 걸음 더 나아가 "사경의 안이 다스려지지 않으면(四境之內不治)" 어떻게 할 것인가를 물었을 때 제선왕은 대답할 말이 없어 문장 가운데서 겨우 "왕이 좌우를 돌아보고 다른

---

[32] 왕빈(王彬)·허여우링(賀有齡)의 『맹자산문(孟子散文)』, 흑룡강인민출판사(黑龍江人民出版社), 1986, 82쪽.

말을 하였다(王顧左右而言他)"(2,6)의 일곱 자로 당시 그곳에서의 정경을 생생하게 표현해냈다. 『맹자』의 언어가 생동적이고 명쾌한 것은 여기에 이르러 그 편린을 볼 수 있다.

『맹자』는 또한 대구를 잘 사용하여 언어가 정밀하고 엄정하여 낭랑하게 입에 오른다.

맹자가 말하였다. "천시는 지리보다 못하고, 지리는 인화보다 못하다. 3리의 성과 7리의 외성을 포위 공격하여도 이기지 못하는 경우가 있다. 포위 공격하면 반드시 천시를 얻을 때가 있겠지만 그런데도 이기지 못함은, 천시가 지리만 못함이다. 성이 높지 않은 것도 아니며, 못이 깊지 않은 것도 아니며, 병기와 갑옷이 견고하고 예리하지 않은 것도 아니며, 쌀과 곡식이 많지 않은 것도 아니지만 이것을 버리고 떠나가니, 이는 지리가 인화만 못한 것이다. 그러므로 옛말에 이르기를 '백성을 한계 짓되 국경의 경계로써 하지 않으며, 국가를 견고히 하되 산과 강의 험고함으로써 하지 않으며, 천하를 두렵게 하되 병혁의 예리함으로써 하지 않는다.' 한 것이다. 도를 얻은 자는 도와주는 이가 많고, 도를 잃은 자는 도와주는 이가 적다. 도와주는 이가 적음의 지극함에는 친척이 배반하고, 도와주는 이가 많음의 지극함에는 천하가 순종하는 것이다. 천하가 순종하는 바로써 친척이 배반하는 바를 공격한다. 그러므로 군자는 싸우지 않을지언정 싸우면 반드시 승리하는 것이다."

孟子曰: "天時不如地利, 地利不如人和. 三里之城, 七里之郭, 環而攻之而不勝. 夫環而攻之, 必有得天時者矣; 然而不勝者, 是天時不如地利也. 城非不高也, 池非不深也, 兵革非不堅利也, 米粟非不多也; 委而去之, 是地利不如人和也. 故曰: 域民不以封疆之界, 固國不以山谿之險, 威天下不以兵革之利. 得道者多助, 失道者寡助. 寡助之至, 親戚

畔之; 多助之至, 天下順之. 以天下之所順, 攻親戚之所畔, 故君子有不戰, 戰必勝矣."(4.1)

본장의 대구 구식은 매우 뚜렷하여 시각적으로는 들쭉날쭉하다가 치밀하게 정제된다. 청각적으로는 쨍그렁, 하는 소리를 내는 듯하고 낮아졌다 높아졌다 갑자기 꺾이는 음악미가 있다. 게다가 그 "천시는 지리보다 못하고, 지리는 인화보다 못하다"는 정채로운 내용은 인구에 회자되는 천고의 명편이 되지 않는 것이 이상할 것이다.

『맹자』는 사어의 운용에 있어서 일종의 대유법(代喩法)을 구사한다. "대유법"이라는 것은 문장을 구사하면서 갑으로 을을 대신하거나 일부를 가지고 전체를 대신하는 방법이다. "허자는 가마솥과 시루로 밥을 지으며, 쇠붙이로 밭을 가는가?(許子以釜甑爨, 以鐵耕乎?)"(5.4), "관목이 너무 아름다운 듯하였습니다.(木若以美然)"(4.7), "화살을 뽑아 수레바퀴에 두들겨 살촉을 빼버리고, 네 개의 화살을 발사한 뒤에 돌아갔다.(抽矢, 扣輪, 去其金, 發乘矢而後反)"(8.24) 이 세 구절은 모두 대유법을 썼다. 첫 번째 예는 "철(鐵)"을 가지고 쟁기를 대신하였고, 두 번째 예는 나무로 관을 대신하였으며, 세 번째 예는 쇠로 화살촉을 대신하였다. 대유법을 사용하여 언어가 더욱 간명하고 변화가 더욱 풍부해졌다.

(3) 개성이 선명한 형상

문학이라는 각도에서 이야기하여 『맹자』가 가장 성공한 곳은 그 기세에만 있지 않고 그 언어에 있는 것도 아니며, 하나하나 선명하게 살아 있는 맹자의 형상을 그려낸 데 있다.

『맹자』의 행간을 통하여 우리는 맹자의 사명에 대한 자각을 보았다. 맹자는 이미 사회발전의 한번 다스려지고 한번 어지러워지는 규율을 추측하고 천하를 태평하게 다스리는 위대한 사명을 떠맡을 것을 자각하였다. 그는 말하였다. "천하를 다스리고자 한다면, 지금 세상에 나를 버리고 그 누가 하겠는가?"(如欲平治天下, 當今之世, 舍我其誰也"(4.13) 당시는 "성왕이 나오지 않아 제후가 방자하며 초야의 선비들이 멋대로 의논하여 양주·묵적의 말이 천하에 가득하였다.(聖王不作, 諸侯放恣, 處士橫議, 楊朱·墨翟之言盈天下)" 공자의 학설을 지키기 위하여 그는 반드시 "인심을 바로잡아 사설을 종식하고 잘못된 행실을 막으며 음탕한 말을 추방해야(正人心, 息邪說, 距詖行, 放淫辭)"했다. 다른 사람이 그를 "변론하기를 좋아한다"고 비판했을 때 그는 "어쩔 수 없어서(不得已)"(6.9)라고 하였다. 이는 곧 역사적 사명을 앞에 두고 다른 선택의 여지가 없어 어쩔 수 없이 그렇게 했다는 것이다. 따라서 "어쩔 수 없다"는 것은 바로 역사 사명에 대한 자각이다.

『맹자』의 행간을 통하여 우리는 맹자의 이론에 대한 자신감도 보았다. 맹자의 정치적 신념은 인의를 시행하고 천하를 태평하게 다스리는 것으로 그는 자신의 이론에 대하여 자신감이 충만했다. 그는 말하였다. "왕자가 나오면 반드시 와서 법을 취할 것이니, 이는 왕자의 스승이 되는 것이다.(有王者起, 必來取法, 是爲王者師也)" (5.3) "성인이 다시 나오시더라도 반드시 내 말을 따를 것이다.(聖人復起, 必從吾言矣)"(3.2) "성인이 다시 나오셔도 내 말을 바꾸지 않으실 것이다.(聖人復起, 不易吾言矣)"(6.9) 바로 '왕자의 스승'이 되는 태도를 품고 등문공과 양혜왕 그리고 제선왕 등 제후의 면전에서 맹자는 시시콜콜 자기의 왕도정치를 넓혀나갔다. 이런 신념을 안고 맹자는 고자와 변론하고 진상과 변론하며 당시 유가와 대립 관계에 있는 제가의 학파들에 대하여 거의 모두 비판하였다.

『맹자』의 행간을 통하여 우리는 맹자의 인격에 대한 자존감까지 보았다. 맹자는 말하였다. "대인을 유세할 때에는 하찮게 여기고 그 드높음을 보지 말지어다.(說大人, 則藐之, 勿視其巍巍然)"(14.34) 맹자는 국군의 면전에서 예예, 하면서 무조건 따라 비굴하게 굴지 않았다. 그가 감히 국군의 급소를 곧장 찌르니 국군도 재삼 물러나 양보하며 "편안히 가르침을 받기를 원하는(願安承敎)" 뜻을 나타내었다. 그는 감히 면전에서 질문을 던져 국군이 대답할 말이 없어 어쩔 수 없이 "좌우를 돌아보며 다른 것을 말하게(顧左右而言他)" 하였다. 그는 감히 위기를 직시하여 국군이 "발끈하여 안색이 바뀌게(勃然變乎色)" 하였다. 맹자는 말하였다. "인군을 섬기는 자가 있으니, 이 임금을 섬기면 용납되고 기쁘게 되는 자이다. 사직을 편안히 하려는 신하가 있으니, 사직을 편안히 함을 기쁨으로 삼는 자이다. 천민인 자가 있으니, 영달하여 온 천하에 행할 수 있고 난 뒤에야 행하는 자이다.(有事君人者, 事是君則爲容悅者也; 有安社稷臣者, 以安社稷爲悅者也; 有天民者, 達可行于天下而後行之者也)"(13.19) 맹자는 "인군을 섬기는 자"에 대하여 코웃음을 쳤고, "사직을 편안히 하는 자"에 대해서도 그렇지 않다고 하였으며 "천민인 자"로 자처하였다. 바로 이런 점 때문에 맹자는 장의와 공손연 같은 무리에 대하여 인격의 존엄함과 도의를 희생하는 것을 돌아보지 않고 국군에 영합하는 사람이라 하여 극히 경멸하여 "아녀자의 도(妾婦之道)"라고 경멸하였다.[33]

이런 것들을 종합하면 맹자의 이상적 인격의 위대한 형상을 구성한다. 『맹자』는 이치를 말하는 산문에 속하여 기사와 설리를 주로 하여 인물 묘사를 목적으로 삼지 않았다. 그러나 사실기록과 설리, 맹자의 평탄치 않은 일생을 추출하는 과정에서 맹자의 형상을 선명하게 그려내어 후인들에게 남겨주었다. 맹자는 비록 세상을 떠났지만 여전히 그의 작품 속에 남아 2천여 년 동안 지사와 인인이 본받고 배우고자 하는 모범이 되었으

---

[33] 상쥐더(商聚德)의 「맹자의 정신세계를 얘기해 봄(談談孟子的精神世界)」, 『하북대학학보(河北大學學報)』, 1988년 제3기를 참고하여 보라.

니 이 얼마나 아름답고 얼마나 숭고하며 얼마나 사람이 동경하게 하는 정경인가!

(4) 『맹자』의 문학적 지위

선진 제자의 산문에서 『맹자』는 어록체에서 논설문으로 넘어가는 과도기적 단계에 처해 있다.

중국 산문의 역사는 매우 오래되어 일찌감치 은·상(殷·商) 시대에 이미 산문체 문장이 탄생했다. 지금 남아 있는 갑골과 종정(鐘鼎)으로 된 문장 조각은 이런 류의 최초의 형식으로 간주할 수 있다. 서주가 건립된 후 예를 제정하고 음악을 짓는 등 문화를 크게 일으켜 나중에 산문이 크게 발전할 수 있는 조건을 만들었다. 주선왕(周宣王)의 동천으로 왕실이 쇠락하자 사회의 모순이 매우 격렬해졌지만 동시에 문학의 발전과 제고를 촉진했는데 대량의 서주 이기(彝器)의 명문은 당시 산문이 응용한 범위가 이미 상당히 광범했음을 설명한다. 춘추와 전국시대가 갈릴 즈음에는 사회에 근본적인 변화가 발생하였으며 또한 문학의 발전이 참신한 단계에 진입하도록 하였다. 역사를 기록하는 과정에서 『춘추좌전(春秋左傳)』과 『국어(國語)』, 『전국책(戰國策)』 같은 저작이 형성되었다. 이것이 곧 선진의 역사 산문이다. 이와 동시에 각종 사인이 정치와 유세 선전, 교수 강학에 참여하는 과정에서 분분히 책을 지어 입론하였다. 이것이 곧 선진 제자의 산문이다.

선진 제자 산문은 『논어』를 발단으로 삼는다. 『논어』는 공자의 문인 및 재전제자가 모아서 이룬 것으로 공자와 몇몇 제자의 언론을 수록하였다. 그중 대다수는 간단한 대화로 어록체 산문의 전형으로 볼 수 있다. 『맹자』는 여전히 어록체에 속하기는 하지만 『논어』와 비교하여 이미 비교적 큰 변화를 보였고 그중의 몇몇 편장, 이를테면 '제인유일처일첩(齊人有一妻一妾)' 장 같은 것은 이미 기본적으로 논설문의 초기 형태를 갖추었다. 선진 산문은 『논어』에서 『맹자』로 발전하였음이 매우 분명하다.

문장의 편폭으로 보면 『논어』에서 가장 긴 편은 '계씨장벌전유(季氏將伐顓臾)' 장으로 273자인데,[34] 『맹자』의 경우 가장 긴 편은 '제환진문지사(齊桓晉文之事)' 장으로 장장 1,311자에 달하니 그야말로 양양한 거문(巨文)이라 하겠다.

문장의 기사에서 보면 『맹자』는 『논어』보다 훨씬 상세하다. 『논어』의 기사는 상당히 간략하여 공자가 노나라를 떠나는 일을 가지고 말한다면 이 대사건을 문장에서 단 몇 마디로 쓸쓸하게 기록하였을 뿐이다. "제나라 사람이 여악[美女 樂工]을 보내니, 계환자가 그것을 받고 3일을 조회하지 않자, 공자께서 떠나셨다.(齊人歸女樂, 季桓子受之, 三日不朝, 孔子行)"(『논어』18.4) 『맹자』는 다르다. 문장에서 맹자가 제나라를 떠나는 것을 기록하면서 선왕이 연나라를 취하는 것을 만류하는 것으로부터 시작하여 선왕을 만나지 않고 경추 씨에게서 묵고 선왕이 만종의 봉록을 주려고 하자 재상이 만류하기까지, 다시 진자(陳子)와 "나아간 경우가 세 가지, 떠난 경우가 세 가지(所就三, 所去三)"이고, "다시 풍부(馮婦)가 될" 수는 없으며, 남들의 만류를 듣지 않고 "안석에 기대어 눕기(隱几而臥)"까지, 마지막으로 "세 밤을 자고 주를 나서(三宿而出晝)", "호연히 돌아갈 뜻을 가지기(浩然有歸志)"까지 매우 상세하고 섬세하다.

문장의 설리(說理) 방면에서 보면 『맹자』는 『논어』에 비해 훨씬 완비되었고 충분하다. 『논어』의 설리는 다만 몇 마디 짧은 말이며 기본적으로 구체적인 논증이 없다. 의리 관계 같은 것은 문장에 "군자는 의에 밝고,

---

34 '계씨장벌전유(季氏將伐顓臾)' 장은 「계씨」의 첫 번째 장이다. 실제로는 「선진(先進)」의 제25 마지막 장 '사자시좌(四子侍坐)' 장의 편폭이 가장 길어 315자에 달한다.―역자.

소인은 이익에 밝다(君子喩於義, 小人喩於利)"는 논점만 있을 뿐 왜 이래야 하는지 근거는 어디에 있는지는 설명하지 않았다. 『맹자』는 훨씬 치밀해져서 치국방략으로서의 의리지변의 예만 가지고도 맹자가 양혜왕에게 하필 이를 말하느냐고 권하고 전체적인 이유를 이야기한다. 이는 단순히 부국강병을 추구하는 위해를 설명하고, "하필 이인가"라는 논점에 구체적으로 논증하여 비교적 강한 설득력을 가진다.

『맹자』는 『논어』가 문체로 발전하는데 일정한 필연성을 가지고 있다. 어록체의 장점은 짧고 정련됨, 소박하고 자연스러움이다. 결점은 상세한 기술과 이치의 설파를 진행할 수 없는 것인데, 어록체는 반드시 논설문의 방향으로 발전해나가야 한다는 것을 결정지었다. 『맹자』의 생성은 『논어』보다 1백여 년이 늦다. 이 기간에 사회는 매우 큰 변화가 발생하여 어록체는 이미 사인이 사실을 기술하고 사상을 표현하는 수요를 만족시키지 못했다. 『맹자』는 바로 이런 수요에 적응하여 어록체에서 논설문을 향해 발전해가는 과정에서 중요한 전환점이 되었다.

제9장

맹자 사상의 역사적 영향

맹자사상의 영향은 다방면에 걸쳐 있는데 그중에서도 맹자의 미를 논함, 맹자의 기를 논함, 맹자의 변론을 논함, 맹자의 시를 논함 및 『맹자』의 문학적 특징의 영향은 제8장에서 이미 서술도 하고 논의도 하는 방식으로 이야기하였다. 여기서는 다만 맹자의 왕패지변과 경권지변, 의리지변, 순척지변, 인성지변이 후세에 끼친 영향의 문제만 이야기하겠다.

1. 왕패지변이 후세에 끼친 영향

제3장에서 말한 것처럼 맹자 왕도주의의 핵심은 '이상화한 군본론(君本論)'이다. 맹자는 이런 정치 이론을 지도로 삼아 사회의 동요를 가라앉혀 천하 통일이 실현되기를 희망했다. 맹자의 이런 바람이 좋기는 하지만 지나치게 이상화한 것임은 부인할 수 없다.

이 방면에서 사마천(司馬遷)의 안목은 예리하다. 그는 말하였다. "그 당시 진(秦)은 상군(商君)을 기용하여 나라를 부유하게 하고 군사력을 강하게 하였다. 초(楚)와 위(魏)는 오기(吳起)를 기용하여 전쟁에서 이기고 적을 약하게 하였고, 제위왕(齊威王)과 선왕(宣王)은 손자(孫子)와 전기(田忌)의 무리를 기용하여 제후들이 동쪽을 향하여 제에 조회하게 하였다. 천하는 바야흐로 합종(合從)과 연횡[連衡]에 힘써 공격하고 토벌하는 것을 현능한 것으로 여겼다. 맹가(孟軻)는 이에 당(唐)・우(虞)・삼대의 덕치를 이야기하여 이 때문에 가는 곳마다 맞지 않았다."[1] 당시 각국에서는 모두 힘껏 부국강병과 전쟁에서 이겨 적을 약하게 할 궁리만 하고 있는데 맹자는 오히려 왕도를 크게 이야기하고 인정을 크게 이야기하였다. 왕도와 인정의 방법이 좋지 않은 것은 아니나 다만 효과가 너무 느려 급한 일에 응할 수가 없다. 등문공(滕文公)이 그에게 등나라는 작은 나라로 당시의 상황에서 어떻게 해야 하느냐고 묻자 그는 대답하였다. "옛날에 태왕이 빈에 거처하였는데 …… 따르는 자가 시장에 돌아가는 것 같았다.(昔者大王居邠, …… 從之者如歸市)"(2.15) 이런 방법이 어떻게 등나라가 신속하게 외적을 효과적으로 막는 데 도움이 될 수 있겠는가? 따라서 등문공이 감히 이런 인정의 이상을 시험해보지 않은 것은 매우 자연스러운 일이었다. 사실 "다른 대제후국도 다행히 시험해본 사람이 없어서 당시 정말 어떤 사람이 천진하게 맹자의 인정의 방안을 실행에 옮겼다고 한다면 양혜왕이든 제선왕이든 그들이 남에게 멸망 당하는 참화가 매우 빨리 도래할 것이며 백 년 후에 진시황의 대군이 그들의 국가를 멸망시키러 오는 것을 기다릴 필요도 없었을 것이다. 따라서 당시 제후 국군들의 눈에는 맹자의 인정의 방안이 상앙, 오기, 손자, 전기 등의 방안과 비교하여 '일에 조금 우활하고 멀어보였다.'"[2]

---

1 『사기(史記)』「맹자순경열전(孟子荀卿列傳)」, 중화서국(中華書局), 1959, 2343쪽.
2 자이팅진(翟廷晉)의 『맹자 사상의 분석과 근원 탐구(孟子思想評析與探源)』, 상해사회과학원출판사(上海社會科學院出版社), 1992, 177~178쪽.

각국의 제후들에게 신속하게 천하를 통일하고 효과적으로 전란을 종식할 수 있는 방안을 제공하는데 맹자는 완전히 실패했다고 봐야 한다.

다만 이 과정에서 최소한 한 마디는 맹자의 말이 옳다. 맹자는 패도정치를 비난하면서 그 전망을 이렇게 추측하였다. "지금의 도를 따라 지금의 풍속을 바꿈이 없다면, 비록 천하를 준다고 하더라도 하루아침도 차지할 수 없을 것이다.(由今之道, 無變今之俗, 雖與之天下, 不能一朝居也)"(12.9) 맹자는 현재와 같은 방법대로 하면 천하를 다 주어도 통치가 오래가지 못할 것이라고 단정하였다. 역사는 과연 그대로 되었다. 진나라는 패도에 의지해 천하를 통일했지만 머지않아 곧 2세로 망하였다. 이 엄혹한 사실은 맹자의 판단을 실증하였고, 사람들에게 이런 엄숙한 과제를 제기하였다. 패도를 행하면 천하를 얻을 수는 있으나 천하를 지키기는 어렵다.

이 문제를 가장 먼저 명확하게 제기한 사람은 서한 초의 육가(陸賈)이다. 육가는 유방(劉邦)의 면전에서 큰 소리로 『시(詩)』와 『서(書)』를 말하였는데 유방으로부터 질책을 당하였다. "이 몸은 말 위에서 천하를 얻었거늘 『시경』과 『서경』으로 무슨 일을 하겠느냐!" 그러나 육가는 자기 나름의 이유가 있었다. "말 위에서 얻었다고 어찌 말 위에서 다스리시겠습니까? 또한 탕왕과 무왕은 거슬러 취하였지만 순리로 지켰으니 문과 무를 아울러 쓰는 것이 오래가는 술책입니다."[3] 육가가 '얻은 것(得之)'과 '다스리는 것(治之)', '거슬러 취한 것(逆取)'과 '순리로 지킴(順守)'의 구별을 본 것은 그의 역사적 안목이 매우 날카로웠다는 것을 말해준다. 이 대화는 유방에게 어느 정도 영향을 끼쳐 육가에게 진이 말한 교훈을 총결하라는 명을 내려 이에 『신어(新語)』 12편을 남겼다. 가의(賈誼) 또한 한 왕조에 "역법(正朔)을 고치고 복색을 바꾸며 제도를 정립하고 관명을 정하며 예악을

---

3 『사기』「역생육가열전(酈生陸賈列傳)」, 중화서국, 1959, 2699쪽.

일으켜야 한다."⁴고 건의하여 유가 사상으로 당시의 정치제도를 개혁할 것을 요구하였다. 아울러 그는 또한 당시의 통치자를 경계하였다. "듣자하니 정치는 백성이 근본이 아님이 없다. 나라에서 근본으로 여기고 임금이 근본으로 여기며 관리가 근본으로 여기므로 나라는 백성을 가지고 안위(安危)를 생각하고 임금은 백성을 가지고 위엄과 모욕을 생각하며 관리는 백성을 가지고 귀천을 삼으니 이를 일러 백성이 근본이 아님이 없다는 것이다."⁵

동중서(董仲舒)는 한대가 유학을 부흥시키는 과정에서 핵심적인 역할을 했다. 한대는 고조 유방부터 시작하여 현능한 사람을 불러들이는 방법을 썼고 문제(文帝)와 무제(武帝)도 모두 이 방법을 그대로 이었다. 이 방법 가운데 역사에 가장 큰 영향을 끼친 것은 한무제 때 동중서의 현량 대책이라고 할 수 있다. 건원(建元) 원년(B.C. 140年)⁶ 무제는 "현량문학의 선비들을 전후로 수백 명을 추천하였는데 동중서는 현량으로 대책하였다."⁷ 동중서는 춘추대일통(春秋大一統)의 뜻을 끌어서 존유학(尊儒學)과 일법도(一法度)를 창언하였으며 「대책(對策)」의 끝부분에서 말하였다. "어리석은 신의 견해로는 모든 육예(六藝)의 과정과 공자의 도술에 있지 아니한 것은, 다 그 도를 끊어버려 함께 나아가지 않게 행하여야 합니다. 사벽한 설이 없어진 후라야 통기(統紀)가 하나로 되어 법도가 밝아져서 백성들이 말미암을

---

4 『사기』「굴원가생열전(屈原賈生列傳)」, 중화서국, 1959, 2492쪽.
5 『신서(新書)』「대정(大政) 상」.
6 『한서(漢書)』「무제기(武帝紀)」에 의하면 동중서가 한무제에게 "백가를 파출하고, 유학만 존중하여야 한다(罷黜百家, 獨尊儒術)"는 것을 건의한 것은 원광(元光) 원년(B.C. 134)인데 『통감(通鑒)』에는 건원(建元) 원년(B.C. 140)에 수록되어 있다. 많은 학자들이 후자의 설이 비교적 정확하다고 생각하였으며, 본서에서는 중론을 따른다. 구제강(顧頡剛)의 『진한의 방사와 유생(秦漢的方士與儒生)』, 상해고적출판사(上海古籍出版社), 1983, 49쪽과 쉬푸관(徐復觀)의 『중국경학사의 기초(中國經學史的基礎)』, 대만학생서국(臺灣學生書局), 1982, 74~75쪽을 참고하여 볼만하다.
7 『한서』「동중서전(董仲舒傳)」, 중화서국, 1962, 2495쪽.

곳을 알 것이라고 생각합니다."⁸ 동중서의 "백가를 파출하고, 유학만 존중하여야 한다"는 건의는 한무제의 구미에 딱 맞았으며 이에 흔연히 받아들여 타인을 물리쳤으며, 그 후(B.C. 136) 또 오경박사를 설치하여 유학을 제창하는 색채가 더욱 뚜렷해졌으며 이 유술을 높이고 예를 높임으로부터 세상의 기풍은 크게 변하였다. 그러나 한무제가 유술을 높인 것은 대부분 겉치레뿐이었고 실제로는 유술을 밖으로 하고 법을 안으로 하였다. 한무제는 중앙집권을 강화하는데 큰 힘을 써서 혹리를 임용하고 가렴주구를 일삼았다. 비록 지방의 호족 세력들에게 타격을 입히기는 했지만 사회의 모순이 대대적으로 격화되었다. 무제는 만년에 사회문제가 충분히 폭로되어 조칙을 내려 '자기에게 벌을 내릴' 수밖에 없었다.

'유학만 존중하는' 운동은 실제로 '염철회의(鹽鐵會議)'와 '석거각회의(石渠閣會議)' 그리고 '백호관회의(白虎觀會議)'를 거쳐서 겨우 완성되었다. 무제 후 한소제(漢昭帝) 시원(始元) 6년(B.C. 81) '염철회의'가 소집되었다. 이 회의에서 현량문학은 맹자의 시정을 비판하는 정신을 계승하여 격렬하게 법가정치를 비판하고 왕도인의를 고양시켜 가혹한 형법을 폐지할 것을 요구하고 대담하게 백성을 위하여 명을 청했다. 이후 한선제(漢宣帝) 감로(甘露) 3년(B.C. 51) '석거각회의'를 소집하여 오경의 이동(異同)을 토론했다. 동한 장제(章帝) 건초(建初) 4년(79)에는 규모를 더욱 키워 '백호관회의'를 소집하여 한 걸음 더 나아가 오경의 이동을 토론했다. 이 두 차례 회의는 본질적으로 모두 황제가 경학 내부의 시비를 재정하여 사상 통일의 강행을 밀어붙였다. 반고(班固)가 명을 받들어 완성한 『백호통의(白虎通義)』는 바로 법전의 형식을 띠고 경학의 표준을 통일시킨 주소(注疏)로 유학의 독존적 지위를 공고히 했다. 『백호통의』는 정식으로 '삼강(三綱)'(君爲臣綱·父爲子綱·

---

8 『한서』「동중서전(董仲舒傳)』, 중화서국, 1962, 2523쪽.

夫爲妻綱)과 '오상(五常)'(君臣·父子·夫婦·兄弟·朋友), '육기(六紀)'(諸父·兄弟·族人·諸舅·師長·朋友)의 조문을 내놓았으며, 황제와 백관의 '작(爵)'과 '호(號)' 그리고 '시(諡)'법을 상세하게 확정지었다. '백호관회의' 후에 유학만 존중하는 것이 실제로 이미 완성되었다.[9]

그러나 지적해야 할 것은 유학만 존중하는 것의 완성은 결코 맹자 왕도주의의 실현을 대표하지 않는다는 것이다. 사실상 왕도주의는 맹자 후 2천 년의 역사에서 한 번도 진정으로 실현된 적이 없었다. 앞에서 이야기했듯이 왕도주의의 본질은 '이상화한 군본론'이다. 그 가운데 중요한 특징은 서민의 이익과 작용에 비교적 주의를 기울이고, 민심의 향배가 정치에 끼치는 직접적인 영향을 중시하였다. 군주에게 도덕과 정치적인 면에서 비교적 높은 요구를 하였고 심지어 서민을 위한 이익은 군주의 권력을 제한해야 한다는 것을 강조하였다. 모두가 주지하듯이 중국은 매우 전형적인 군주 전제국가로[10], 군주는 국가의 최고 권력을 장악하고 국가의 최고 법률을 조종하며 한무제가 유술만 존중한 이후 맹자의 왕도주의가 이미 실현되었다면 중국 2천 년을 이어온 전형적인 군주독재 현실을 어떻게 설명할 수 있겠는가?

---

9 동한 말년에는 왕패(王覇)를 섞어서 주장한 사람도 있어서 최식(崔寔) 같은 사람은 "패도정치에 참여한다(參以覇政)", "형벌을 심화하고 벌을 중하게 한다(深其刑而重其罰)"(『全後漢文』권46)고 하였지만, 이는 다만 "형벌은 가벼운 시대도 있고 무거운 시대도 있었다"는 뜻을 천명한 것일 뿐 결코 법가를 높이고 유가를 반대하는 것이 아니며 전체 사회 사조를 가지고 말하면 유가 하나만 높이는 정세가 이루어진 뒤에 선 것이다.

10 쳰무는 전통문화를 지켜나가는 입장에 서서 근대국가의 민권제도는 중국 전제시대에 이미 부분적으로 실현되었다고 생각한 적이 있다. 쉬푸관이 지은 「양지와 미망-쳰무 선생의 사학(良知與迷惘-錢穆先生史學)」은 쳰무의 설을 비판하였다. 장쥔마이(張君勱)도 『중국 전제군주정제의 평의(中國專制君主政制之評議)』를 지어 쳰무의 설을 검토했다. 쳰무의 『국사대강(國史大綱)』「인론(引論)」, 대만상무인서관, 1980과 쉬푸관의 『유가 정치사상과 민주자유 인권(儒家政治思想與民主自由人權)』, 대만팔십년대출판사(臺灣八十年代出版社), 1979; 장쥔마이의 『중국 전제군주정제의 평의』, 대만홍문관(臺灣弘文館), 1986에 나누어 보인다.

맹자의 왕도주의가 진정으로 실현되지는 않았으나 맹자는 왕도와 패도를 엄밀하게 분별하고 왕도정치를 창도하였다. 그것은 여전히 중요한 역사적 의의가 있다. 이 역사적 의의는 간단하게 말하여 '현실정치' 밖에 일종의 '이상정치'를 따로 세워 그에 대항하여 현실정치가 일종의 무형적 역량의 제약과 제한을 받게 하였고 악의 방향으로 무한정 발전하지 못하도록 하였다.

이 각도에서 보면 중국 2천 년 정치발전사를 보다 깊이 이해하는데 유리하다. 정치사상사는 우리에게 정치는 반드시 그와 대항하는 힘이 필요하여 그렇지 않다면 반드시 부패한 정치가 될 것이라는 것을 알려준다. 중국과 서방의 정치사상사를 간단히 비교해보면 이 양자 사이에는 뚜렷하게 다른 점이 있다는 것을 발견하게 된다. 서방 중세기의 정치에는 일종의 거대한 외재적인 역량이 있어서 그에 대항하였다. 이 역량은 곧 종교이다. 일반적인 상황에서 정치와 종교의 이익은 일치하여 모순이 없지만 몇몇 특수한 상황에서는 정치와 종교에 모순이 발생할 수 있다. 이때 종교는 곧 정치를 제약하는 역량이 되어 정치를 조심하여 종사하지 않을 수 없게 하였다. 중국은 선진 후의 2천 년 역사에서 결코 서방 종교 같은 군주전제에 대항하는 역량이 없었다. 하늘이 견책한다는 설이 이따금 억지로 이 역할을 충당하기도 하였으나 실제적인 효용은 비교적 한계가 있다. 특히 한대의 왕충(王充)이 참위학설을 논박한 이후로 더욱 그러하다. 중국 2천 년 역사에서 어떤 단계가 비교적 잘 발달한 중요한 원인 중 하나는 일종의 '이상정치'와 '현실정치'가 보이지 않게 대항함이 있었기 때문이다. 이런 '이상정치'는 곧 맹자의 '이상화한 군본론'이다.

'이상정치'와 '현실정치' 사이의 장력을 파악하는 것은 중국 2천 년 정치발전사를 읽고 이해하는 데 도움이 되는 하나의 열쇠이다. 사실 중국 역사상 비교적 잘 다스려진 조대나 한 조대의 어느 시기는 모두 맹자 왕도주의의 '이상화한 군본론'과 사상적으로 일정한 연관이 있다는 것을 완전히 증명할 수 있다.

당대의 상황을 예로 들면 위진남북조 특히 수조(隋朝)를 거친 후에 이당(李唐)의 개국 군주는 자기의 정권을 공고히 하기 위하여 진지하게 역사적 경험을 총결하지 않을 수 없었다. 이연(李淵)과 이세민(李世民)은 모두 비교적 개명한 군주였다. 역사의 기록에 의하면 당고종(唐高宗) 이연은 "유신(儒臣)을 자못 좋아하였고", 당태종 이세민은 더욱 "경술(經術)에 전일하였으며" 아울러 공개적으로 "짐이 지금 좋아하는 것은 오직 요·순의 도와 주·공(周·孔)의 가르침에 있다"[11]라 선포하였다. 일찍 칭제하기 전에 이세민은 진왕부(秦王府)에 10학사를 설치하고 유학에 마음을 두었으며, 즉위 후에는 곧 조칙으로 전대의 통유(通儒)의 후손을 찾아서 더욱 후대하였다. 이세민은 역사의 경험에서 얻은 중요한 결론을 총결하였는데 주로 백성을 다루는 방면이었다. "배는 임금을 비유하고 물은 백성을 비유하는데, 물은 배를 띄울 수도 있고 또 배를 전복시킬 수도 있다."[12] "임금의 도리는 반드시 백성을 보호하는 것을 최우선으로 해야 한다. 만약 백성을 해쳐서 자신의 몸을 봉양한다면, 이는 자신의 다리 살을 베어 배를 채우는 것과 같다."[13] "나라는 백성을 근본으로 삼고, 백성은 먹는 것을 하늘로 삼는다."[14] 이런 역사적 경험의 총결은 비록 맹자의 지위가 당시에는 그리 높지 않았다는 것을 반영하기는 하였으나 맹자 왕도주의의 '이상화한 군본론'은 실제로 이미 일정한 지위를 차지하여 맹자가 그려낸 '이상정

---

11 『정관정요(貞觀政要)』「신소호(愼所好)」, 문연각(文淵閣)『사고전서(四庫全書)』권407, 대만상무인서관(臺灣商務印書館), 1986, 479쪽.
12 『정관정요』「교계태자제왕(敎戒太子諸王)」, 문연각『사고전서』권407, 대만상무인서관, 1986, 434쪽.
13 『정관정요』「군도(君道)」, 문연각『사고전서』권407, 대만상무인서관, 1986, 348쪽.
14 위와 같음, 509쪽.

치'의 청사진은 이미 '현실정치'의 거대한 장력을 형성하였다. 바로 이런 장력이 최고 통치자로 하여금 감히 방자하게 함부로 하고 함부로 날뛰지 못하게 하여 당나라 초년에 비교적 잘 다스리게 하고 사람들이 기쁘게 듣고 즐겨 말하는 정관지치(貞觀之治)가 출현하게 하였다.

맹자의 왕도주의는 '현실정치'에 대항하는 '이상정치'를 제공하였는데 이런 '이상정치' 운반체는 곧 맹자 본인이다. 맹자는 이 이상을 위하여 온 일생을 분투하였다. 비록 그의 목표가 최종적으로 실현되지는 못하였지만 그래도 후인들에게 본보기를 세워주었으며 도통(道統)과 정통(政統)이 서로 대항하는 위대한 전통을 개창하였다. 도통과 정통의 대립은 본질적으로 말하면 곧 '이상정치'와 '현실정치'의 대립이며, 도통이나 '이상정치'의 매개체로 삼는 것은 다른 사람이 아닌 사인(士人)이라는 집단이다. 이 집단은 두 부류의 사람으로 나눌 수 있다. 하나는 조정에 있는 자이고 하나는 재야에 있는 자이다.

조정에 있는 자는 일반적으로 중앙정권에 임직하면서 최고 통치권에 접근할 수 있는 사인들을 가리킨다. 이를테면 남송의 진덕수(眞德秀)가 지은 『대학연의(大學衍義)』에서는 말하였다. "신이 비로소 『대학(大學)』이라는 책을 읽어보고 격물(格物)과 치지(致知), 성의(誠意), 정심(正心), 수신(修身), 제가(齊家)에서부터 치국평천하(治國平天下)에 이르기까지 본말에 차서가 있고, 그 선후에 순서가 있는 것을 보고 책을 어루만지며 세 번 탄식한 적이 있습니다. 인군은 『대학』을 알지 않을 수 없고, 신하는 『대학』을 알지 않을 수 없습니다. 인군이 『대학』을 알지 못하면 맑은 정치가 나오는 근원을 알 길이 없고, 신하가 『대학』을 알지 못하면 임금을 완전히 바르게 하는 법을 알 길이 없습니다. 또한 제왕의 다스림을 고찰하여 살피면 근본이 없는 몸이 천하에 통달함이 없어진 다음에 이 책이 말한 것을 알게 되니 실로 모든 성인의 마음을 전하는 요전(要典)이며 공 씨의 사사로운 말이 아닙니다."[15] 진덕수는 경연시독(經筵侍讀)의 신분으로 송 영종(寧宗)과 송 이종(理宗)에게 『대학연의』를 강하여 말하고 진심으로 그들이 『대학』의 수신·제가·치국·평천하의 이로(理路)에 의거하여 몸소 힘껏 실행할 것을 바랐다. 원대의 최고 통치자는 비록 이족(異族)이었지만 『대학연의』를 중시하여 원무종(元武宗)은 "천하를 다스리는 데는 이 책이면 충분할 것이다"[16]라 생각하고 아울러 간행하여 신하들에게 내릴 것을 명했다. 명대에 이르러 명성조(明成祖) 또한 『대학연의』를 매우 중시하여 영락(永樂) 9년(1411) 3월에 「대학연의찬문(大學衍義贊文)」을 지었다. 명신종(明神宗) 또한 신하의 추천을 거절하고 자발적으로 『대학연의』를 듣겠다고 했다. 진덕수가 『대학연의』를 지으려고 한 까닭은 바로 『대학』의 수신·제가·치국·평천하라는 일련의 이론이 그가 현실(실제로는 '현실정치')에 만족하지 못하는 송대의 황제를 권고하는 데 도움을 주고 원대한 지향을 수립하고 일대의 명군이 되며 천하를 잘 다스리어 후세의 사람들에게 본보기가 될 수 있었기 때문이었다. 진덕수는 비록 『대학』을 근거로 하였지만 기본적인 이론은 맹자의 왕도주의와 일맥상통한다.

　재야자(在野者)는 일반적으로 최고 통치권과 접촉할 길이 없거나 관직이 없는 사인을 가리킨다. 그들은 저서와 입설을 통하여 '이상정치'를 선전하며 민간에서 일종의 역량을 형성하고 직간접적으로 군주전제를 비판한다. 명말의 황종희(黃宗羲)는 당시의 정치제도에 엄혹한 성토를 진행하였다. 『명이대방록(明夷待訪錄)』 「원군(原君)」에서는 명확하게 지적하였다. "옛날에는 천하를 주로 하고 임금을 객으로 하여, 무릇 임금이 필생에 걸쳐 경영한 것은 천하였다. 지금은 임금이 주이고 천하가 객이어서

---

15 『대학연의』, 「서(序)」, 문연각 『사고전서』 권704, 대만상무인서관, 1986, 4998쪽.
16 허우와이루(侯外廬) 등이 주편한 『송명이학사(宋明理學史)』 상권에서 인용, 인민출판사(人民出版社), 1984, 609쪽.

천하의 땅이 없는데도 평안한 사람은 임금이다. 그런 까닭에 얻지 못하였을 때 천하의 생명에 해를 끼치고 천하의 자녀를 이산시키며 나 하나의 산업을 넓히니 참혹하지 않은 적이 있었겠는가!"[17] 『명이대방록』은 당시 강렬한 반향을 일으켜 후세에 끼친 영향 또한 매우 크다. 양계초(梁啓超)는 유신변법을 진행하는 과정에서 이 책을 인쇄하여 사람들에게 전하여 보여주면서 군주 전제주의를 반대하는 정신적인 무기로 삼은 적이 있다. 『명이대방록』은 황종희가 시정을 비판하면서 지은 것이지만 포함하고 있는 사상은 오히려 맹자 왕도주의의 '이상정치'와 매우 긴밀한 혈연적인 연관성이 있다.

중국 2천 년 정치발전사는 이런 규율을 실증하였다. 무릇 '이상정치'와 '현실정치' 사이의 장력이 비교적 클 때가 바로 이 사회가 비교적 잘 다스려지는 시기이다. 무릇 '이상정치'와 '현실정치' 사이의 장력이 비교적 작거나 완전히 장력이 없을 때는 필시 정치가 어둡고 사회가 부패한 시기이다. 이는 기본 규율로 기타 방면, 이를테면 토지 겸병 등등에 이르기까지 모두 이 기본 규율의 외재적인 표현으로 볼 수 있으며, 그것을 다음 등급의 규율에 넣을 수 있다. 이 과정에서 '이상정치'가 충분히 청사진을 제공할 수 있는데, 바로 맹자의 왕도주의이다. 그런 점에서 맹자 왕도주의의 '이상화한 군본론'이 구축한 '이상정치'의 공이 크다고 할 수 있다.

2. 경권지변이 후세에 끼친 영향

맹자 후로 양한 시기에는 경권(經權) 학설이 매우 큰 발전을 이루었다.

---

[17] 『황종희전집(黃宗羲全集)』 제1책, 절강고적출판사(浙江古籍出版社), 1985, 2쪽.

『춘추공양전(春秋公羊傳)』이 처음으로 경과 권을 대칭시켰다. "권도[權]란 무엇인가? 권이란 떳떳한 도리(經)에 배치된 다음에 좋은 것이 있게 된다. 권도를 씀에는 (임금을) 죽이어 나라를 망하게 하는 것은 쓰지 않는다. 권도를 행함에는 도리가 있으니, 자기를 깎아내리면서 권도를 시행하고, 남을 해치지 않으면서 권도를 행해야 한다. 남을 죽이고 자기가 살려고 하거나, 남을 망하게 하고 자기는 살아남기 위해 권도를 쓰는 것이라면, 군자는 행하지 않는다."(桓公 11년) 책에는 사실(史實)을 기록하고 있는데 이 문제를 이해하는 데 도움을 준다. 정장공(鄭莊公)이 죽은 후 정의 재상인 채중(祭仲)이 송의 사람에게 붙잡혀서 무력으로 홀(忽)을 내쫓고 돌(突)을 세우라는 강요를 당하였다. 듣지 않으면 반드시 임금이 죽고 나라도 망할 것이며 반대로 하면 임금이 살고 나라도 존속될 것이라고 하였다. 이런 특수한 상황에서 채중은 어쩔 수가 없이 돌을 세우고 홀을 내쫓았다. 이 사건은 위에서 말한 "떳떳한 도리(經)에 배치된 다음에 좋은 것이 있게 된다."라는 구절은 세 가지 함의가 있음을 설명한다. 첫째, '반어경(反於經)'의 '반(反)'은 '배반(背反)'의 뜻이다. 돌을 여공(厲公)으로 세운 것 자체가 계승의 예를 어겼기 때문이다. 둘째, '반어경(反於經)'의 목적은 "그런 다음에 선이 있다"는 것이다. 더 좋은 실제 효과를 얻기 위함인데 채중이 권도를 행한 후에야 임금이 살고 나라가 존속되기 때문이다. 셋째, '반(反)'은 원칙이 없이 마구잡이로 하는 것이 아니라 "권도를 행함에 도가 있어야" 한다는 것이다. 이 세 가지를 합치면 곧 후세의 유자들이 말하는 '반경합도(反經合道)'이다.

동중서는 말하였다. "권도라는 것은 비록 경에 위반되는 것이지만 또한 반드시 그렇게 할 수 있는 영역에 있다. 그렇게 할 수 없는 영역에 있기 때문에 비록 죽는다고 하더라도 그렇게 하지 않는 것이다."[18] 동중서는 특별히 "그렇게 될 수 있는 영역"을 중시하여 필요할 때 '권도'를 행할 수 있지만 '권도를 행함'은 "그렇게 될 수 있는 영역"을 돌파할 수 없다고 생각하였다.

『회남자(淮南子)』「범론훈(氾論訓)」에서는 또한 '권도를 앎(知權)'과 '권도를 알지 못함(不知權)'의 문제를 제기했다. "거스른 다음에 합치하는 것을 일러 권도를 안다고 한다. 합치하고 난 다음에 어그러지는 것을 일러 권도를 알지 못한다고 한다."[19] '권도를 앎'과 '권도를 알지 못함'의 판정을 주로 '권도를 행한' 후의 실제 효과로 보았다. 효과가 좋아서 도와 합치되면 '권도를 행함'이 옳음을 증명한다. 그렇지 않으면 틀린 것이다. 바로 이것 때문에 이 책에서는 '권도를 행함'은 하기가 매우 어려워서 "성인만이 권도를 알 수 있다"고 생각하였다. 여기서 권도를 행함은 반드시 도와의 합치를 강조하였다는 것임을 알 수 있다.

이상의 자료로부터 양한 시기의 경권사상은 용어적인 측면에서 맹자와 다르다는 것을 알 수 있다. 제4장의 '경권지변'에서 말한 것 같이 맹자의 '반경'은 다만 '반귀(反歸)'이지 '배반'의 뜻은 없다. 양한시기의 '반경'은 '배반'을 가리켜 상이한 뜻이라는 것이 분명하다. 이런 구별이 있긴 하지만 양한 시기의 경권사상과 맹자의 경권지변은 본질적으로 다름이 없다. '권도를 행함'이 곧 경을 '배반'하려는 것이다. 맹자는 이에 대해 실제로 인정을 하였는데 다만 명백하게 말하지 않은 것에 지나지 않을 따름이다. 이뿐만 아니라 한대에는 맹자의 경권지변에 대하여 발전을 이루었다. 이는 주로 그들이 명확히 제기한 도의 사상으로 표현된다. 맹자는 '권도를 행하는' 표준은 의여서 '권도를 행함'은 반드시 의에 합치되어야 한다고 생각하였다. 양한 시기에는 '권도를 행함에 도가 있다'는 견해를 한

---

18 『춘추번로(春秋繁露)』「옥영편(玉英篇)」, 문연각 『사고전서』 권181, 대만상무인서관, 1986, 714쪽.

19 『회남홍열해(淮南鴻烈解)』 권13, 문연각 『사고전서』 권848, 대만상무인서관, 1986, 657쪽.

걸음 더 나아가 제기하였다. 이는 도를 '권도 행하기'의 표준으로 삼아 특수한 상황에서는 어쩔 수 없이 경을 '배반해야' 하지만 이 '배반'은 원칙 없이 마구잡이로 하는 것이 아니라 반드시 새로운 층차에서 도에 부합하여야 한다.

'반경합도(反經合道)'의 사상은 양한 이후 경권지변의 주류가 되었다. 남북조시기에 이루어진 『유자(劉子)』의 전문적으로 권을 이야기한 「명권(明權)」편에서는 권을 이렇게 해석하였다. "예를 따르고 떳떳함을 지키는 것을 도라고 하며, 임기응변을 권이라고 한다. 권(權)이라고 칭하는 것은 권형(權衡: 저울)과 같음을 비유한 것이다. 형(衡)은 사정(邪正)의 형(形)을 헤아리는 것이고, 권(權)은 경중의 세를 셈하는 것이다. 양에 경중이 있으면 형(衡)에 나타난다. 지금 벽옥 하나를 형의 왼쪽에 가하면 오른쪽으로 기울고, 오른쪽에 가하면 왼쪽으로 기울며, 움직이지 않아야 평정을 유지할 것이다. 사람이 일에 있어서 임기응변을 하는데 헤아림에 경중이 있는 것이 또한 이와 같다. 옛날의 권을 행하는 자는 그 경중을 살펴서 반드시 이에 합당한 후에 행하였다."[20] 권은 곧 임기응변이지만 이 응변은 반드시 "공평하게 행하여야 하며", "반드시 이에 합당한 다음에 행하여야" 한다. 이는 여전히 경에 반하려면 도에 합치해야 한다는 말이다. 이 점에 관하여 『유자』에서는 또 말하였다. "권이라는 것은 경에 반하고 도에 합치하며 의에 반한 다음에 선이 있다."[21] 이는 곧 문제를 간결하고 명백하게 말하였다.

북송 시기에 이구(李覯)와 왕안석(王安石)이 계속 '반경합도(反經合道)'설을 창도했다. 이구는 많은 사례를 들어가며 이 도리를 설명했다. "공자가 남자(南子)를 만난 것은 바르지 못한 것 같다. 소공(昭公)이 예를 안 것은 곧지 못한 것 같다. 형(荊)으로 가려 하면서 먼저 자하(子夏)를 보내고 다시 염유

---

[20] 『유자』「명권」, 문연각 『사고전서』 권848, 대만상무인서관. 1986, 923쪽.
[21] 위와 같음.

(冉有)를 보냈으며 빨리 가난해지고자 하지 않은 것은 청렴하지 못한 것 같다. 문왕(文王)이 돌아가셨으니 나를 쓰는 자는 동주(東周)가 될 것이라고 한 것은 겸양하지 못한 것 같다. 소정묘(少正卯)를 죽인 것은 인하지 못한 것 같다. 양화(陽貨)에게 '벼슬을 할 것이다'라 대답한 것은 신의가 있지 못한 것 같다. 때에 응하여 옮겨갔으니 각기 그 있을 곳을 얻었다. 예는 마음속을 절제하는 것이며 의(義)는 마땅하다[宜]고 부르는 것이다."[22] 왕안석도 말했다. "공자가 남자를 만난 것은 예가 있기 때문이니 공자는 자로에게 '이것이 예이다.'라 이를 수 없어서, '하늘이 나를 버리겠는가?(天厭之乎)'라 하였다. 맹자는 말하였다. '남녀 간에 주고받기를 친히 하지 않는 것이 예이다. 제수가 물에 빠졌는데 손으로써 구원함은 권도이다.' 예가 있고 권도가 없다면 어떻게 공자이겠는가? 천하의 이치는 실로 한마디 말로 다 포괄할 수 없으며 군자는 때가 있어야 예를 쓰기 때문에 맹자는 제후를 만나지 않았다. 때가 있어야 권도를 쓰기 때문에 공자는 남자를 만날 수 있었다."[23] 이런 것은 모두 '반경합도'설을 운용하여 역사상 몇몇 특수한 사례에 해설을 진행하였다.

　이런 상황은 정이(程頤)에 이르러 전환점을 맞았다. 정이는 '반경합도'설을 극력 반대하여 말하였다. "예와 지금에 권(權)자를 거의 잘못 써서 권을 곧 변사(變詐)나 권술(權術)이라고 한다. 권은 다만 경이 미치지 못한 것임을 알지 못한 것이니 경중을 저울질(權量)해서 의에 부합하도록 해야 곧 경이다."[24] "한나라 유자들은 반경합도를 권도라고 하였다. 그러므로 권변·권술의 말이 생겼는데, 이는 모두 옳지 못하다. 권도는 다만 경도(經

22　「복설(復說)」, 『이구집(李覯集)』 권29, 중화서국 1981, 331쪽.
23　「다시 공심보의 『논어』와 『맹자』에 답함(再答龔深父論語孟子書)」, 『왕안석전집(王安石全集)』 상책 권28.
24　『이정집(二程集)』 권18, 중화서국, 1981, 234쪽.

道)일 뿐이니, 한나라 이래로 누구도 권(權)자의 뜻을 안 사람이 없었다."[25] 이런 설에 근거하면 정이는 한유의 '반경합도'에 찬성하지 않았으며 "권이 곧 경이다(權卽是經)"라고 주장하였다. 웨이정퉁(韋政通)은 정이가 '반경합도'설에 반대한 것은 "그가 이해한 '경' 자의 뜻은 한유와 달랐을 것이다. 한유가 의식한 경은 남녀가 친히 주고받지 않는 '예'에 상당하며 정자가 이해한 '경'은 '도'에 가깝다. 이 도에 가까운 경이 어떻게 반(反)할 수 있겠는가? 반경(反道와 다르지 않음)이라고 말해놓고 또 합도(合道)라고 말하였으니 어찌 자가당착에 빠진 것이 아니겠는가? 바로 정자가 주관적으로 한유의 '반경'의 '경'은 '도'에 가깝고, 도는 다만 떳떳하게 행하는 이치라고 인정했기에 그는 권변과 권술의 의논까지 모두 그르게 여겼다."고 생각했기 때문이라고 하였다.[26] 이는 지당하다. 제4장에서 말했듯이 맹자의 경권지변에는 세 가지가 있는데 경(經)과 권(權) 그리고 의(義)이며, 권도를 행하여 경으로 되돌아가는 것이 의에 부합하기 때문에 의와 경은 동일한 층면에 놓이지 않게 되었다. 그런데 정이는 경과 의를 동등하게 하여 같은 것으로 보았으며, 이 때문에 '의에 부합하는' 것을 목적으로 하는 '권도를 행함'을 반대하여 "권이 곧 경이다(權卽是經)"라 하였다. 정이는 비록 주관적인 목적의 측면에서 변사나 권모술수에 반대하기 위한 것이지만 그 이론적인 결함은 명백하다고 제기하여 말했다.

주희는 비록 정이를 존경하기는 하였지만 경권에 대한 견해는 또한 그와 다르다.[27] 그는 말하였다. "권도라는 것은 바로 이런 경지에 이른 것이

---

25 주희(朱熹)의 『논어집주(論語集注)』 「자한(子罕)」 편에서 인용.
26 웨이정퉁의 「주희가 경과 권을 논함(朱熹論經權)」, 『유가와 현대 중국(儒家與現代中國)』, 대만둥다도서유한공사(臺灣東大圖書有限公司), 1984, 79쪽.
27 웨이정퉁의 「주희가 경과 권을 논함」의 통계에 따르면, 주희와 제자의 경권에 관련된 28조목의 문답 가운데 16차례는 이천(伊川)을 언급하였으며 그 가운데 10차례는 이천의 견해에 동의하지 않았다.

며 도리는 마땅히 이처럼 해야 하는 것이기 때문에 비록 경도와는 다르지만 실제로는 또한 경도이다. 또 겨울에는 곧 솜옷을 입고 불을 쬐니 이것이 경도이다. 갑자기 어느 날 따뜻하다면 또한 모름지기 부채를 사용하고 바람이 부는 쪽으로 앉으니 이것이 곧 권도이다. 이천이 '권도는 다만 경도이다'라고 하였는데, 그 의미는 또한 이와 같지만 다만 경도를 설명하는 것이 너무 무거워 치우친 듯하다." "경도와 권도는 모름지기 다시 그 중앙에 경계가 있다. 정 선생의 설명과 같다면 경계가 없을 것이다. '권도는 곧 경도'라는 정 선생의 설명은 사람들이 경도를 떠났으나 이리저리 나뒹굴면 경도와 권도는 모두 분명하지 않아 그 뜻을 이해할 수 없게 될 것이다." 주희는 한편으로는 그와 자신의 관점 차이를 이야기하고 또 한편으로는 더욱 상세하게 자기의 경권에 관한 관점을 이야기하여 말하였다. "경은 필경 상(常)이고, 권은 필경 변(變)이다." "경도는 만세토록 떳떳하게 행하여지는 도이며, 권도는 어쩔 수 없이 사용하는 것이다." "경도는 떳떳하게 행하는 도리이다. 권도는 그 떳떳한 이치가 실행될 수 없는 곳에 어쩔 수 없이 변통하는 도리가 있는 것이다. 그 중도를 얻으면 진실로 경도와 다르지 않으니, 결국 권도는 잠시 할 수 있으나 항상 할 수는 없다."[28]

주희와 정이의 관점 차이는 주로 경과 도 등의 개념에 대한 이해가 같지 않은 데서 기인한다. 경과 도는 동등한 개념으로 경에 위배되는 것은 또한 도에 위배되는 것이라 생각하였기 때문에 근본적으로 '반경합도'는 입에 올리지 않았다. 그런데 주희는 도와 경은 결코 서로 같지 않아 도가 경보다 한 층차 높다고 보았다. 몇몇 특수한 상황에서는 경이 적용되지 않으며 그럴 때는 경에 적당히 변통을 하면 더욱 합리적일 수가 있

---

[28] 『주자어류(朱子語類)』 권37, 중화서국, 1986, 988~990쪽.

으므로 '반경합도'는 정확하다는 것이다. 바꾸어 말하면 정이의 입장에서는 경과 도가 동일한 것이다. 주희는 두 가지 다른 경을 하나는 예(禮)에 상당하는 경으로, 이런 의의의 경은 곧 '상(常)'에 상당하고, '예(禮)'에 상당한다고 보았다. 하나는 도에 상당하는 경으로, 이런 '경'은 곧 '도'에 상당하고, '의'에 상당한다고 보았다. "주자가 통변(通變)을 말할 때 반경을 할 수 있는 것은 권과 대비하여 말한 경으로 도보다 한 층차 낮다. 주자가 권도를 행할 수 있지만 경을 떠나지 못한다고 말했을 때 이 경 자의 의의는 이미 '반경'의 '경'과는 다르며 '도를 어기지 않는다(不悖於道)'의 '도'에 상당한다."[29]

주자가 경과 도를 분리해낸 후에 곧 '반경합도'의 문제를 해결하기 위해 장애물을 말끔히 치우는 동시에 의와 시중(時中) 등의 개념을 경권지변으로 끌어들여 조건을 창조하였다. 의를 경권지변에 끌어들일 수 있는 것은 의 자체가 때에 따라 변화에 응하는 특징을 가지고 있기 때문이다. 주자는 경이 "일을 받아들일 때 그 마땅함을 안다"[30]고 생각했다. 의(義)는 의(宜)이며, 의는 죽은 것이 아니어서 이 일이 옳아도 저 일이 반드시 옳지는 않다. 이때가 옳다고 해서 저때가 반드시 옳은 것은 아니어서 모든 것을 구체적인 상황을 보고 정해야 한다. 따라서 의와 도의 함의는 여기서 서로 같으며 '반경합도'는 또한 곧 '반경합의'이다. 시중(時中)을 경권지변에 끌어들일 수 있는 것은 또한 시중 지체가 때에 따라 변화에 응하는 특징이 있기 때문이다. 주자는 이야기하였다. "권도는 시기에 맞아야 하니, 맞지 않으면 권도가 될 수 없다."[31] "권도는 때에 맞아야 한다"의

---

29 웨이정통: 「주희가 경과 권을 논함」, 『유가와 현대 중국(儒家與現代中國)』, 대만동대도서유한공사(臺灣東大圖書有限公司), 1984, 80쪽.
30 『주자어류』 권37, 중화서국 1986, 986쪽.
31 위와 같음, 989쪽.

의미는 권변에 통달할 때는 반드시 때에 따라 중에 처해야 하며 때는 천변만화하여 이때 중에 딱 맞다고 해서 저때에 중에 딱 맞지 않아 모든 것은 구체적인 상황을 보고 정하여야 한다. 따라서 시중과 도의 함의는 이곳에서 서로 같은 것이어서 '반경합도'는 곧 '반경이시중'이다. 주자는 도와 의, 시중 등의 개념을 경권의 학설에 끌어들여, '반경합도'의 설이 이론적으로 안정된 자리를 잡게 했을 뿐만 아니라, 경권지변의 이론적 함의를 크게 강화하였다. 이렇게 하여 주희는 정이의 이론상 부족을 보완하고 선진 양한 시대 경권지변 본연의 면목을 다시 회복시켰다.

주자의 후로 경권지변의 발전은 기본적으로 이미 안정된 국면이 되었다. 이론적으로 조금 새로운 뜻을 가진 사람이 있다면 아마도 명대의 고공(高拱)을 꼽아야 할 것이다. 그는 말하였다. "또한 권도(權)의 설은 공자에게서 나왔다. 청하니 곧 공자를 가지고 논하였다. 삼도(三都)를 허물고 난쟁이를 죽인 것은 권도이며 변화에 처함이 굳었다. 저 벼슬할 만하면 벼슬하고, 머물고 싶으면 머물며, 오래 머물 만하면 오래 머물고, 속히 떠날 만하면 속히 떠나는 것 같은 것은 권도가 아닌가? 그렇지 않으면 벼슬을 할 만하고 머물 만하지 못한데 오래 머물고 속히 떠나겠는가? 이는 오히려 그 가운데 큰 것이다. 들어가면 국궁을 하고 나와서는 위의가 알맞았고 윗사람을 대할 때는 은은(誾誾)하였고 아래 사람을 대할 때는 간간(侃侃)한 것 같은 것은 권도가 아닌가? 그렇지 않다면 국궁을 해야 할 때 위의가 알맞고 은은해야 할 때 간간히 하겠는가? 이는 오히려 가리키어 말할 만한 것이다. 의도함이 없고 기필함이 없으며 되는 것도 없고 안 되는 것도 없고, 마음이 하고자 하는 대로 따라도 법도를 벗어나지 않으니 때도 없고 곳도 없으며 그른 것도 없는 것은 권도이다."[32] 고공은 일의 대와

---

32 자오지빈(趙紀彬)의 『곤학이록(困學二錄)』, 중화서국, 1991, 295쪽.

소를 불문하고 상과 변을 막론하고 '복례'와 '집례'를 안에 포괄하여 모두 반드시 권도를 써야 한다고 생각했다. 이는 주희가 말한 것과는 확실히 조금 다르다.

고공을 제외하면 후인 가운데 경권을 논한 것은 기본적으로 모두 주희의 노선을 따랐으며 무슨 본질적인 변화는 없다. 초순(焦循) 같은 사람은 말했다. "경(經)이라고 하는 것은 법이다. 절제하여 쓰는 것을 법이라고 하며 법이 오래도록 변하지 않으면 폐단이 생기기 때문에 그 법에 반하게 하여 통하게 한다. 변하지 않으면 선하지 못하기 때문에 반한 다음에 선함이 있다. 변하지 않으면 도가 순조롭지 못하기 때문에 반한 다음에 크게 순조로움에 이른다. 추위를 되돌려 덥게 하고 더위를 되돌려 춥게 하며 해와 달이 운행하고 한번 추워지고 한번 더워져야 사철이 순조롭게 운행된다. 항상 춥고 항상 따뜻하기만 한 것은 재앙의 징조이다. 예가 줄어들고 나아가지 않으면 없어지고, 음악이 넘쳐 돌아오지 않으면 방일해지며, 예가 보응함이 있고 음악이 돌아옴이 있는 이것이 경을 되돌림이 권도가 되는 까닭이다."[33] 이런 견해는 주자의 사상과 기본적으로 일치한다.

그 외에 대진(戴震)의 『맹자자의소증(孟子字義疏證)』에서는 전적으로 '권(權)' 자만 논한 조목이 다섯이다. 그 가운데서 말하였다. "인륜과 일용(日用)을 성인이 천하의 정을 통하게 하여 마침내 천하의 욕망을 권도로 이치를 나누어도 정상에 어긋나지 않음이 곧 이(理)이다. 송유(宋儒)는 곧 말하기를 인욕에 가려져 있으므로 욕망으로 나오지 않으면 스스로 가림이 없다고 믿는다. 예와 지금에는 엄한 기가 성을 바로잡고 악을 원수처럼 미워한 사람이 적지 않아 옳은 것을 옳게 여기고 그른 것을 그르게 여

---

[33] 『맹자정의(孟子正義)』「이루(離婁) 상」제17장.

졌다. 잡은 것이 분명히 경중을 봄과 함께 하는데 실로 이따금 권도가 있음을 알지 못하여 무거운 것은 이에 가벼워지고 가벼운 것은 이에 무거워진다. 그 시비와 경중이 한번 그르치면 천하는 그 화를 받아 구제할 수 없다. 어찌 인욕이 그것을 가리겠는가? 스스로 믿는 이(理)는 이가 아니다. 그렇다면 맹자가 말한 '중을 잡고 권도가 없다'는 것은 후세의 유자가 '이를 잡고 권도가 없다'는 말을 더한 것일 것이다."[34] 대진은 이곳에서 주로 송유의 존천리(存天理)·멸인욕(滅人欲)의 설을 비판하였으며, "이를 잡고 권도가 없다"라 질책하였다. 이런 논술은 비록 인욕을 긍정적인 면으로 보는 데는 역사적인 공헌이 있으나 이론상 경권에 대한 변별에는 공헌이 크지 않다.

아래에서는 다시 간요하게 맹자의 의명사상(義命思想)이 후세에 끼친 영향을 한번 이야기해보겠다.

맹자 후로 순자(荀子)도 명을 이야기하였다. 그는 명에 대하여 정의를 내리기를 "우연한 만남(節遇)을 명이라 한다."(『荀子』「正名」)라 하였다. 절우(節遇)는 때마침 만난 것에 상당하며 바로 맹자가 말한 "이르게 함이 없는데도 이른다(莫之致而致)"는 뜻이다. 순자는 또 말하였다. "초나라 임금은 뒤따르는 수레가 천 대나 되었지만 지혜롭지는 않았다. 군자는 콩국을 먹고 물을 마셔도 어리석지는 않다. 어쩌다가 그렇게 된 것일 뿐이다."(『荀子』「天論」) 장다이녠(張岱年)은 "절연(節然)은 곧 어쩌다가, 라는 뜻으로 이른바 명(命)이다."[35]라 생각하였다. 이는 곧 국군이 풍족한 것이나 군자가 청빈한 것이나 모두 운명이 조성한 것이라는 말이다. 그러나 명에 당면해서 사람은 무능력한 것이 아니며 순자는 "하늘의 명을 따른다(制天命)"는 우렁찬 구호를 제기했다. 그는 말하였다. "하늘을 따르면서 그것을 기리

---

[34] 『맹자자의소증』「성(誠)」, 중화서국, 1961, 54쪽.
[35] 『장대년문집(張岱年文集)』 제2권, 청화대학출판사(清華大學出版社), 1990, 446쪽.

는 것과 하늘로부터 타고난 것을 처리하면서 그것을 이용하는 것 가운데 어느 쪽이 더 낫겠는가? 철을 바라보면서 그것을 기다리는 것과 철에 호응해 그것을 활용하는 것 가운데 어느 쪽이 더 낫겠는가?"(『荀子』「天論」) 비록 명이 있다는 것을 인정하기는 했지만 명을 기다리면서 머물러 있어서는 안 되며 그것을 이용할 방법을 만들어야 한다는 것이다. 이는 순자의 명에 관한 사상 가운데 매우 귀중한 부분이다.

한대에 이르러 왕충(王充)은 동중서와 맞수가 되어 천제와 귀신을 부정했으나 정명(定命)의 존재를 부정하지는 않았고 모든 것은 명이 정하여져 있다고 생각했다. 그는 말하였다. "중용되거나 화를 당하는 일은 모두 명에 달려 있다. 명의 종류에는 사망, 출생, 장수, 요절의 명과 존귀, 비천, 빈궁, 부유의 명 등이 있다. 왕공 대인에서 일반 백성에 이르기까지, 성현에서 모든 사람에 이르기까지, 머리와 눈이 달린 동물에서 체내에 피를 품은 모든 동물에 이르기까지 명을 지니지 않은 만물은 없다."[36] 삶과 죽음, 천수와 요절, 빈부와 귀천이 모두 명에 따라 결정된다. 이뿐만 아니라 왕충은 또한 이렇게 생각하였다. "사람의 명은 부모가 교합할 때의 기에 따라 이미 길흉이 결정된다."[37] 이는 명은 완전히 사람이 태어나기 전에 이미 정해지며, 선을 행한다고 반드시 복을 얻는 것이 아니며 악행을 한다고 해서 반드시 화를 당하는 것도 아니어서 사람과는 관계가 없다는 것이다. 왕충의 명에 관한 사상은 공자와 맹자 그리고 순자와 비교했을 때 퇴보하였음에 틀림이 없다.

왕충의 사상은 결코 완전히 개인의 입장을 대표하는 것이 아니라 어느 정도 한대 사상계의 보편적 상황을 반영하였다. 『백호통의』에서는 후한 초 제유의 관련 있는 사상을 기록하여 말하였다. "명은 무엇을 이르는

---

[36] 『논형(論衡)』「명록(命祿)」, 상해인민출판사(上海人民出版社), 1974, 8쪽.
[37] 『논형』「명의(命義)」, 상해인민출판사, 1974, 19쪽.

가? 사람의 수명은 천명이 이미 살게 한 것이다. 명에는 세 등급이 있는데 기록으로 증명한다. 수명(壽命)이 있는데 법도를 지키는 것이다. 조명(遭命)이 있는데 포악함을 만난다. 수명(隨命)이 있는데 습관을 행함에 응한다. 수명은 상명(上命)으로 문왕이 명을 받음에 법도에 맞아 나라를 누린 것이 50년이라고 하는 것이다. 수명(隨命)은 행실을 따라 명을 내리는 것으로 삼정(三正)을 태만하게 하면 하늘이 그 명을 끊는다는 것과 같다. …… 조명(遭命)이라는 것은 세상의 잔적을 만나는 것이다. 위에서 어지러운 임금을 만나면 아래에서는 반드시 재변이 갑자기 이르게 되어 하늘이 사람의 명을 끊는 것으로 바로 사록(沙鹿)이 수읍(受邑)에서 무너지는 것이다."[38] 여기서는 명을 셋으로 나누었는데 첫째가 수명(壽命), 둘째가 조명(遭命), 셋째가 수명(隨命)이다. 후한의 조기(趙岐)도 삼명설(三命說)을 주장했다. "명에는 세 가지가 있는데, 선을 행하여 선을 얻는 것을 수명(受命)이라 하고, 선을 행하여 악을 얻는 것을 조명(遭命), 악을 행하여 악을 얻는 것을 수명(隨命)이라고 한다. 수명(受命)을 따르는 것이 그 올바름을 받는 것이다."(『孟子章句』「盡心 上」第2章) 순열(荀悅)의 사상은 이와 비교적 가깝다. 그는 말하였다. "삶을 세우고 삶을 끝내는 것을 명이라고 하는데 바로 길흉이다. 대체로 나를 낸 명은 성명이 있을 따름이다. 군자는 그 성을 따라서 명을 돕는다. 훌륭하면 잇고 그렇지 않으면 지킨다. 힘씀이 없고 원망함이 없다. 총애를 좋아하는 자는 천명을 이어서 교만해지고 미워함을 좋아하는 사람은 천명을 어겨서 넘친다. 그러므로 교만하면 받들어도 이루지 못하며 넘치면 지켜도 끝이 좋지 못하다. 좋아하여 게으름을 취하고 미워하여 심함을 취한다. 힘써서 복을 취하고 원망하여 화를 이루니 의혹되다 하겠다."[39] 이런 것들은 모두 한유(漢儒)의 명에 관한 사상은 선

---

[38] 『백호통의』「수명(壽命)」, 문연각 『사고전서』 권850, 대만상무인서관, 1986, 53쪽.
[39] 『신감(申鑒)』「잡언(雜言) 하」, 문연각 『사고전서』 권696, 대만상무인서관, 1986, 461쪽.

진에 크게 발전하지 못하였고 소극적인 요소가 오히려 많아졌다는 것을 설명한다.

진정으로 맹자의 의명 사상을 중시한 것은 송대의 사상가로부터 시작되었다. 장재(張載)가 처음으로 그 단서를 열었는데 의명합일(義命合一)의 명제를 제기하여 말하였다. "의(義)와 명(命)이 하나로 합쳐지는 것은 이(理)에 있다."[40] 의는 마땅히 그러한 이치(當然之理)이고 명은 절로 그러한 이치(自然之理)로 의와 명이 하나로 합쳐지는 것은 곧 마땅히 그러한 이치와 절로 그러한 이치가 하나로 합쳐지는 것이다. 이뿐 아니라 장재는 또한 의를 특별히 강조하였다. 그는 말하였다. "살아야 할 때 살고 죽어야 할 때 죽으며, 오늘의 만 종(萬鍾)을 내일은 버릴 수가 있고, 오늘의 부귀가 내일 굶주림으로 된다 해도 또한 근심하지 않으니 오직 의만이 있다."[41] 이는 생과 사, 화와 복에 상관없이 운명이 어떠하든 막론하고 말하고 행하는 것이 의와 서로 부합하는 것을 구할 뿐임을 말한다. 이는 분명히 맹자의 의명에 관한 사상을 계승하고 아울러 새로이 발전시킨 것이다.

이정(二程)이 의명을 논한 것은 더욱 구체적이고 상세하다. 정이는 말하였다. "성인이 하늘을 즐거워하면 모름지기 명을 안다고 말하지 않는다. 명을 안다는 것은 명이 있음을 알고 믿는 것일 따름이다. 바로 '명을 알지 못하면 군자가 될 길이 없다.'는 것이다. 명이라는 것은 의를 돕는 것이고, 한결같이 의를 따른다면 어찌 용단함을 명으로써 하겠는가?"[42] 정이 또한 말하였다. "현자는 의만을 알 뿐이니 명은 그 안에 있다. 중인 이하는 곧 명을 가지고 의에 처한다. '구함에 도가 있고 얻는데 명이 있다'라 말하는 것 같은 것은 구하여 얻음에 도움이 되지 않고 명한 것을 알아도

---

[40] 『장재집(張載集)』「정몽·성명(正蒙·誠明)」, 중화서국, 1978, 20쪽.
[41] 강영(江永)의 『근사록집주(近思錄集注)』권7을 보라. 상해서점(上海書店), 1987.
[42] 『이정집』권11, 중화서국, 1981, 125쪽.

구할 수 없는 것이므로 스스로 처하여 구한다. 현자 같은 경우는 도로 구하고 의로 얻으니 명을 말할 필요가 없다."[43] "현자는 의를 알 따름이다", "명을 말할 필요가 없다"는 중요한 사상이다. 의의 당연함만 고려해야 할 뿐이며 명의 반드시 그러함은 고려할 필요가 없으니 어떠한 상황에서도 자기의 도덕적 의무를 중히 여겨야 하고 명의 문제는 고려하지 않아야 한다는 뜻이다. 정이는 구체적으로 해석하여 말했다. "사람이 환난에 처하면 다만 하나의 처치가 있을 뿐이니 사람의 계책을 다 한 다음에 모름지기 태연하게 처한다. 어떤 사람이 한 가지 일을 만나면 마음과 마음, 생각과 생각을 놓지를 못하나니 필경에 무슨 유익함이 되는가? 만약 처치하고는 내버릴 줄을 모르면 이것은 의가 없고 명(命)이 없다는 것이다."[44] 모든 일을 힘껏 하는 것은 의를 행하는 것이며 결과가 순조롭지 못하면 태연하게 처해야 하는 것은 명을 아는 것이니 그렇지 않다면 의도 없고 명도 없다. 이런 사상은 의심의 여지 없이 상당히 정교하다.

주희가 의와 명을 논한 것은 매우 정확하고 적절하다. 그는 말하였다. "군자가 급하게 여겨야 할 것은 마땅히 의(義)가 가장 우선이다. 의를 말하면 명도 그 가운데 있는 것이다. 마치 '한 가지라도 의롭지 못한 일을 행하고, 한 사람이라도 죄 없는 사람을 죽여서 천하를 얻는 일은 하지 않을 것이다.'라는 말과 같이 이것은 단지 의를 말한 것이다. 만약 의를 격정하지 않고 오직 명을 믿으면 명을 얻을 수는 있을 것이니, 비록 만 종의 녹이라면 예의를 차리지도 않고 받는 것이다. 의는 취할 만한 것이 있는데 만약 부모를 봉양할 때 의에 부합되면 취하고, 얻지 못하는 것이 있으면 마땅히 천명으로 돌리면 될 뿐이다. '못에 물이 없으면 곤란하다.'고 하였으니, 할 수 있는 것이 없으면 단지 '목숨을 바쳐 뜻을 이루고' 그 다

---

43 『이정집』 권2상, 중화서국 1981, 18쪽.
44 『이정집』 권2상, 중화서국 1981, 38~39쪽.

음에 천명에 맡기는 것이 옳다."[45] 군자가 하는 일은 의를 다하는 것일 뿐이니 이미 충분히 하였는데도 여전히 소기의 목적을 달성할 수 없다면 운명에 맡길 수밖에 없다. 이와 같기는 하지만 명은 필경 얼마간 소극적인 색채를 띠고 있으니 성인은 스스로 명을 말하지 않는다고 주희는 강설하였다. "보통 사람 같으면 '써주면 행한다'는 것이 곧 바라는 바이고, '버리면 은둔하는 것'은 하고자 하는 것이 아니다. '버리면 은둔한다'는 것은 자신의 운명이 그러하면 어쩔 수가 없는 것이니 어찌하지 못한다. 성인은 어찌할 수가 없다는 뜻이 없다. 성인은 나를 써주면 행하고 나를 버리면 은둔하여 어찌하지 못한다는 뜻이 없으니 어찌 더욱이 명을 말하겠는가."[46] 성인이 명을 말하지 않는 것은 명이 성인에게 작용하지 않는다는 것이 아니다. 다만 성인이 말하고 행하는 것이 모두 의이고 모든 것이 태연하며, 그에 비해 운명의 지위가 크게 낮아졌다는 것이다.

총괄하여 말하면 맹자의 의와 명의 사상은 후인에게 깊은 영향을 끼쳤다. 후세에서 늘 이야기하는 "일을 도모하는 것은 사람에게 있고 일을 이루는 것은 하늘에 있다"는 것은 곧 맹자의 영향을 받은 것이다. 이런 영향 아래 사람들은 모든 일에 최선을 다하여 선을 향하고 선을 행해야 하며, 이런 것만 해내면 성공을 할 수 없다고 하더라도 태연하게 처할 수 있다는 것을 알게 되었다.

3. 의리지변이 후세에 끼친 영향

제5장 '의리지변'에서 말했듯이 의리지변에는 세 가지 다른 함의가 있

---

[45] 『주자어류』 권45, 중화서국 1986, 1167쪽.
[46] 『주자어류』 권34, 중화서국 1986, 873쪽.

다. 치국방략의 의의로서의 의리지변과 사람과 짐승을 분별하는 의의의 의리지변, 도덕목적 의의의 의리지변이다. 치국방략의 의의로서의 의리지변은 실제로는 곧 왕패지변이다. 그것이 후세에 끼친 영향은 본장의 제1절에서 이미 논술하였다. 도덕목적 의의의 의리지변은 역사상 비록 또한 부단히 제기한 사람이 있지만 총체적으로 보면 다만 근대에 이르러 현대 신유가 제2세대의 대표 인물인 머우쭝싼(牟宗三)의 발굴과 창도를 거쳐 비로소 점차 학술계의 관심을 끌게 되었다. 여기에 대해서는 제5장에서 이미 간략하게 설명하였다. 그러므로 여기서 토론하려는 것은 사람과 짐승을 분별하는 의의의 의리지변이 후세에 끼친 영향뿐이다.

앞에서 말했듯이 사람과 짐승을 분별하는 의의인 맹자의 의리지변에서 이(利)와 악은 등호를 그을 수 없다. 이와 의는 절대로 대립적인 관계가 아니라 가치 선택적인 관계이다. 때때로 의를 준칙으로 하면 위로 사람이 되고, 다만 단순하게 이만 추구하면 금수로 전락한다. 이는 이러한 의리지변의 핵심이다. 후세의 유자들은 의리를 이야기할 때 기본적으로 맹자의 이 사상을 계승하여 의리지변이 유학발전사에서 불가결한 내용이 되도록 하였다. 다만 계승 과정에서 엄중한 변질도 있고 이학의 방면에서 총결해야 할 교훈도 적지 않다.

위에서 말했듯이 순자는 비록 완전히 이를 배척하지 않아 그의 말대로라면 "영예를 좋아하고 치욕을 싫어하며, 이로움을 좋아하고 해로움을 싫어하는 것도 군자와 소인이 다 같다. 그러나 그들이 그것을 추구하는 방법은 다를 것이다."(『荀子』「榮辱」) 그가 제기한 "공의(公義)가 사리(私利)를 이긴다"는 설은 오히려 이론상 많은 잠재적 위험을 묻어놓았다. 순자는 공과 사의 개념을 사람과 짐승을 분별하는 의의의 의리지변에 끌어들였다. 의와 공과 선이 같고 이와 사와 악이 같으므로 원래 가치선택 관계의 의리지변에 속한다. 이 때문에 피차가 대립하는 관계로 전환되어 의와 이가 서로 배척하여 '의로 이를 제어하는' 것이 곧 그 당연한 이론적 결론이다. 순자의 상술한 이론과 그의 성악론은 하나의 정체(整體)로 연결되어 있다. 목적은 '공의'를 통하여, 외재적인 제도를 통하여 사람의 성정을 바로잡는 것이다. 순자의 의리관은 맹자의 방식과는 확연히 다르다. 후인들은 그 까닭도 모르고 이 방식에 따라 공사의 개념을 의리의 변에 넣어서 맹자의 사람과 짐승을 분별하는 의의인 의리지변의 진의에 그림자를 드리워 오랜 기간 세상에서 빛을 발하지 못하게 하였다.

한대의 동중서도 의가 이보다 중요하다는 것을 강조했다. 그는 말하였다. "하늘이 사람을 낳음에 의와 이를 낳게 하였다. 이로는 몸을 기르고 의로는 마음을 기른다. 마음이 의를 얻지 못하면 즐거울 수 없고 몸이 이를 얻지 못하면 편안할 수 없다. 의는 마음을 기르는 것이고 이는 몸을 기르는 것이다. 몸에는 마음보다 귀한 것이 없으므로 기르는 것은 의보다 중한 것이 없다."[47] 사람은 나면서부터 의와 이의 양단을 가지게 되는데 이는 몸을 기르고 의는 마음을 기른다. 마음이 가장 중요하기 때문에 "기르는 것은 의보다 중한 것이 없다." 그러나 동중서의 의리관이 후인에게 끼친 영향은 주로 다음의 두 구절에 표현되어 있다. 이 두 구절은 사서의 기록에 따라 약간 차이가 있다. 『춘추번로』「교서왕과 월대부가 인하게 되지 못함(對膠西王越大夫不得爲仁)」에서는 말하였다. "인인은 그 도를 바르게 하고 이익은 도모하지 않으며, 그 이를 닦음에 그 공에 급급해하지 않는다.(正其道不謀其利, 修其理不急其功)"[48] 그런데 『한서』「동중서전」에는 "대체로 인인은 그 의리를 바르게 하고 이익은 도모하지 않으며, 그 도를 밝히

---

[47] 『춘추번로』「몸을 기름은 의가 중함(身之養重於義)」, 문연각 『사고전서』 권181, 대만상무인서관, 1986, 755쪽.
[48] 『춘추번로』「몸을 기름은 의가 중함」, 문연각 『사고전서』 권181, 대만상무인서관, 1986, 756쪽.

고 그 공은 따지지 않는다.(正其誼不謀其利, 明其道不計其功)"⁴⁹로 되어 있다. 장다이녠은 "동자(董子)는 공을 중시한 적이 없다. 『춘추번로』에 수록된 것이 동자의 원어일 것이며, 『한서』의 기록은 반고의 수정과 윤색을 거쳤을 것이다."⁵⁰라 생각하였는데 이치에 가깝다. 그러나 "이익을 도모하지 않는다(不謀其利)"는 말은 두 책이 똑같다. '이(利)'가 도모할 수 없는 것이라면 어떻게 사람과 짐승을 분별하는 의의인 의리지변의 가치선택 관계를 입에 올릴 수 있을까? 이 때문에 위에서 말한 동중서의 두 구절을 어떻게 해석하더라도 어떤 학자가 말한 것과 똑같이 역사적으로 보면 동중서가 유가 의리지변의 발전사에 모두 나쁜 것을 하나 데리고 와 의리지변 역사의 한 분수령을 이루었다.⁵¹ 그러나 실사구시적으로 말하면 동중서의 사상은 다만 흐름이지 근원은 아니며 이 근원은 순자, 심지어 묵자까지 거슬러 올라가야 할 것이다.

여기서 시작하여 한대 사인의 이에 대한 태도는 공자와 맹자처럼 객관적이고 실제적이지 않게 되어 왕왕 이를 화해(禍害)의 근원으로 보았다. 소망지(蕭望之)는 요(堯)는 사람들을 호의(好義)로 이끌 수 있었고 걸(桀)은 사람들을 욕리(欲利)로 이끌 수 있었기 때문에 "요와 걸의 나눔은 의와 이에 있을 따름이며 백성들을 삼가지 않을 수 없게 이끌었다."⁵²라 생각하였다. 요와 걸은 역사상 선과 악의 대명사로 나누어졌으며 의와 이는 요

---

49 「동중서전」, 『한서』 권8, 중화서국, 1962, 2524쪽.

50 장다이녠의 『중국철학대강(中國哲學大綱)』, 『장대년문집』 제2권, 청화대학출판사, 1990, 437쪽. 그러나 후인들은 동 씨의 이 말을 주로 『한서』에서 인용하였기 때문에 '불계기공(不計其功)'이 '불급기공(不急其功)'에 비해 후세에 끼친 영향이 더 크다.

51 저우꿰이톈(周桂鈿)은 말하였다. "중국 역사상 의리 문제의 토론은 동중서가 큰 한계로 산봉우리 같이 '음지와 양지가 저녁과 새벽을 나누듯이(陰陽割昏曉: 杜甫 「望岳」 詩) 전후가 매우 다르다."(周桂鈿, 『董學探微』, 北京師範大學出版社, 1989, 149쪽) 이는 자못 가치가 있는 관점이다.

52 「소망지전(蕭望之傳)」, 『한서』 권78, 중화서국, 1962, 3275쪽.

와 걸의 분수령이라고 말하는 것은 의와 이가 선악의 분수령이라고 말하는 것과 같아 확실히 이를 악과 동동하게 보았다. 유향(劉向)은 이렇게 생각했다. "사람의 본성이 자기의 덕을 선하게 하려고 하지 않는 이가 없다. 그러나 선한 덕을 행하지 못하는 것은 이익을 추구하는 마음이 그것을 깨뜨리기 때문이다. 그래서 군자는 이익과 명예를 말하는 것을 부끄럽게 여긴다. 이익과 명예를 말하는 일도 오히려 부끄럽게 여기는데, 하물며 높은 지위에 있으면서 이익을 추구하는 사람이겠는가!"[53] 이를 언급하기만 해도 수치를 느끼고 이를 구하는 것은 말도 꺼내서는 안 되니 이의 명성이 얼마나 나쁜지를 알 수 있다. 왕부(王符)도 말했다. "예로부터 지금까지 위로 천자에서 아래로 서인에 이르기까지 이(利)를 좋아해서 망하지 않은 자와 의를 좋아해서 빛나지 않은 자가 없다."[54] 이가 의에 합당한지 아닌지를 따지지 않고 이만 좋아하면 반드시 망하는데도 모든 사람이 피할 수 없으니 이가 얼마나 위험한지 알 수 있다. "총괄적으로 말하여 양한 시기 유가의 이욕관은 결코 욕심을 근본으로 하는 이욕의 통일관을 향한 발전이 아니다. 선진 유가를 근본으로 하는 이욕관을 견지하는 동시에 끊임없이 이가 귀하고 욕은 천하며 의가 중하고 이는 가볍다는 것을 강조한다. 이와 욕, 의와 이, 곧 의리와 이욕의 사이에서 분리 대립하는 경향이 끊임없이 강화되고 있다."[55]

북송 초년 경력(慶歷) 신정시기(新政時期)에 이구(李覯)는 경제 방면에서 개혁을 적극적으로 주장하였으며 이에 상응하여 사상 방면에서는 의를 귀하게 여기고 이를 가볍게 생각하는 관념을 타파하였다. 그는 말하였다. "이는 말할 수 있는가? 사람은 이가 아니면 살지 못하는데 어찌 말할

---

[53] 『설원(說苑)』 「귀덕(貴德)」, 문연각 『사고전서』 권696, 대만상무인서관, 1986, 42쪽.
[54] 『잠부론전교정(潛夫論箋校正)』 「알리(遏利)」, 중화서국, 1985, 26쪽.
[55] 왕위지(王育濟)의 『천리와 인욕(天理與人欲)』, 제로서사(齊魯書社), 1992, 47쪽.

수 없겠는가? 욕(欲)은 말할 수 있는가? 욕은 사람의 정인데 어찌 말할 수 없겠는가? 말을 하면서 예를 말하지 않는 것은 탐냄과 음란함이니 죄이다. 탐내지 않고 음란하지 않은데 말할 수 없다고 한다면 이는 곧 사람이 사는 것을 해치고 사람의 마음에 반하는 것 아니겠는가? 세속에서 유자를 좋아하지 않음은 이 때문이다."[56] 이구는 당시 이를 말하고 욕을 말하는 것을 부끄러워하는 상황을 겨냥하여 대담하게 이와 욕을 말할 수 있다고 직언하였으니 실로 기백이 있다. 주의해야 할 것은 그가 보기에 이를 말하면 반드시 예를 말해야 하는 것이다. 그렇지 않으면 '탐내고 음란한 것'으로 탐내지 않고 음란하지 않으면 오히려 감히 이를 말하지 않는 것이 '사람의 삶을 해치는 것'이다. 이런 견해는 전체 의리지변의 발전사에서 상당히 정채로운 것이다. 이구는 이런 관점을 사회에 운용하여 당시 사상계에 엄혹한 비판을 제기하였다. "내가 가만히 유자의 의론을 살펴보니 의를 귀하게 여기고 이를 천하게 여기지 않음이 드물어 그 말하는 것이 도덕교화가 아니면 입에서 꺼내지를 않았다. 그러나 「홍범(洪範)」의 팔정(八政)은 '첫째가 먹는 것이고 둘째가 재화이다.' 공자는 말하였다. '먹을 것이 충분하고 군사가 충분하면 백성들이 믿을 것이다.' 이것이 나라를 다스리는 실질로 반드시 재용에 근본을 두고 있다. …… 예를 이것으로 거행하고 정치를 이것으로 이루며 사랑을 이것으로 세우고 위엄을 이것으로 행한다. 이것을 버려두고도 잘 다스릴 수 있었던 자는 여태껏 없었다."[57]

정이는 순자와 동중서 후에 의리지변의 발전사에 또 한 차례 이론의 함선을 미로로 끌어들였다. 당연히 정이는 결코 이를 완전히 배척하지는 않았지만 공사(公私)를 의리의 타당성을 판정하는 표준으로 삼아 이론상

---

[56] 「원문(原文)」, 『이구집』 권29, 중화서국, 1981, 326쪽.
[57] 「부국책 제1(富國策第一)」, 『이구집』 권16, 중화서국, 1981, 133쪽.

의 엄중한 실수를 저질렀다. 그는 말하였다. "의와 이는 다만 공과 사일 뿐이다. 의가 나오면 이를 가지고 말한다. 그것을 따져보면 이해(利害)가 있게 된다. 이해가 없다면 무엇 때문에 따지겠는가? 이해라고 하는 것은 천하의 상정(常情)이다. 사람들은 모두 이를 쫓고 해를 피하며, 성인은 더 이상 이해를 논하지 않고 오직 의의 해야 함과 하지 않아야 함을 보면 명이 그 안에 있다."[58] 공과 사를 가지고 의리의 분별로 삼아 이론상 근본적인 병폐가 존재한다. 공리는 국가를 위하여 민중을 위하여 당연히 구할 수 있는데 이는 옳은 것이다. 다만 비록 사리라고 하더라도 의에 위배되지 않으면 어찌 도모하러 가지 않을 수 있겠는가? 사람들이 모두 사리를 도모하러 가지 않는다면 사회가 어떻게 발전할 수 있겠는가? 정이의 사상이 이 정도로 정수가 아니라는 것을 여기서 편린을 알 수 있다.

정이의 공사로 의리를 분별하는 것은 후인들에게 매우 나쁜 영향을 조성하였다. 적지 않은 사람들이 시비를 따지지 않고 이 방법을 따라 의리를 이야기한다. 남송 호오봉(胡五峰, 宏)의 사상은 매우 정련되고 순수하지만 여전히 이 영향을 면치 못하였다. 그는 말하였다. "일신의 이는 도모하지 않지만 천하를 이롭게 하는 것은 도모하며, 일시적인 이는 도모하지 않지만 만세토록 이로운 것은 도모한다."[59] 이런 견해는 완전히 정이의 사상을 복제한 것이다.

주희도 마찬가지로 의리 문제를 매우 중시하였다. 동중서의 "그 의리를 바르게 하고 이익은 도모하지 않으며, 그 도를 밝히고 그 공은 따지지 않는다."라는 말을 백록동서원(白鹿洞書院)의 학규로 삼았으나 기본적으로는 정이의 공사로 의리를 판정하는 노선을 따라 걸었다. 그는 말하였다. "이 장은 인의는 인심의 고유한 것에서 근원 하였으니 천리의 공이라는

---

[58] 『이정집』 권17, 중화서국, 1981, 176쪽.
[59] 『호굉집(胡宏集)』 「지언·분화(知言·紛華)」, 중화서국, 1987, 24쪽.

것을 말하였다. 이심(利心)은 남과 내가 서로 나타남에서 생겼으니 인욕의 사이다."60 "천리와 인욕은 정해진 경계가 없으니, 두 경계의 사이에서 공부하는 것이다. 이쪽에서 공부를 많이 하면 저쪽이 침범하여 차지하지 못한다. 만약 이쪽에서 공부를 적게 하면 저쪽이 반드시 침범하게 된다." "지금은 단지 인욕과 천리를 구분할 뿐이니, 이것이 길어지면 저것은 반드시 짧아지고 이것이 짧아지면 저것은 반드시 길어지는 것이다."61 주희의 이 방면에 대한 논술은 아직 매우 많아 일일이 들 필요가 없다. 이는 곧 의와 이의 구별에서 의가 천리의 공이고 이는 인용의 사라는 데 있으며, 성인과 중인(衆人)의 구별에서 성인은 이를 따라 천하에서 공적인 일을 하고, 중인은 욕심을 좇아 한 개인에게서 사사로운 일을 하는 데 있다는 말이다. 공사로 의리를 판정함으로 말미암아 반드시 이렇게 결론이 나야 한다. 공과 의는 선이고 사와 이는 악이다. 이는 실제 의와 이를 피차간에 절대적으로 대립하는 관계로 간주하는 것이다. 이로부터 공사로 의리를 논하는 것은 절대 의리의 분별을 정도로 이끌 수 없다는 것을 알 수 있다. 당연히 설명해야 할 것은 주희의 사상은 비교적 복잡하다는 것이다. 그 본의에 따르면 그는 절대로 이욕을 배척할 생각이 없었다. 하지만 일련의 이론적 고리에서 문제가 발생했기 때문에 맹자 의리지변의 참 정신을 제대로 파악하지 못했다. 그래서 원래의 생동적이고 활발한 의리지변을 말라죽은 이욕의 다툼으로 바뀌게 하였고 마침내 사실상의 '거욕주의'를 출현시켰다.62

송유 가운데 의리 관계에서 가장 중시할 만하고 가장 칭찬받을 만한

---

60 주희 『맹자집주』 「양혜왕 상(梁惠王上)」 제1장.
61 『주자어류』 권13, 중화서국, 1983, 224·225쪽.
62 졸저 『맹자 성선론 연구(孟子性善論硏究)』를 참고하여 보라. 중국사회과학판사(中國社會科學出版社), 1995, 265~275쪽.

사람은 육구연(陸九淵)이다. 주희는 육구연에게 백록동서원으로 와서 강학해줄 것을 청하였다. 강학한 제목은 "군자는 의에 밝고, 소인은 이에 밝다(君子喩於義, 小人喩於利)"였다. 강의가 하도 좋아 강의를 듣는 사람 중에는 감동의 눈물을 흘리는 사람까지 있을 정도였다. 강의가 훌륭했던 것은 주로 강의 내용이 정확했기 때문이었다. 『백록동서원강의(白鹿洞書院講義)』에서는 말하였다. "의에 뜻을 두면 익히는 것이 반드시 의에 있게 된다. 익힌 것이 의에 있어서 이에 의에 밝은 것이다. 이에 뜻을 두면 익힌 것이 반드시 이에 있게 된다. 익힌 것이 이에 있어서 이에 밝은 것이다. 그러므로 배우는 자의 뜻을 변별하지 않을 수 없다."[63] 여기서는 주로 '지(志)' 자가 두드러진다. 의에 뜻을 두면(志於義) 의에 밝게 되어 결과적으로 군자가 되며, 이에 뜻을 두게 되면(志於利) 이에 밝게 되어 결과적으로 소인이 된다. '지(志)' 자를 얕잡아볼 수 없는 것이, 첫째 그것은 정주(程朱)의 공사로 의리를 판정하는 이론적인 틀을 배제하였다. 둘째, 의리를 가치 선택 관계로 보아 피차가 대립하는 관계가 아니다. 이 두 점은 바로 맹자의 사람과 짐승을 구분하는 의의에서의 의리지변의 핵심이다. 육구연은 성이 이렇게 높은 것을 깨달아 맹자의 사상에 대하여 이렇게 정확하게 파악하여 실제로 후인들을 탄복시켰다.[64]

진량(陳亮)과 섭적(葉適)은 하나의 각도에서 의만 이야기하고 이는 이야기하지 않는 태도를 반대하였다. 진량과 주희의 왕패지변에 관한 논쟁

---

[63] 『육상산전집(陸象山全集)』 권23, 중국서점(中國書店), 1992, 174쪽.
[64] 말이 나온 김에 하는 말이지만 송유 가운데 나는 소정(小程)을 그다지 좋아하지 않는다. 한 사상가로서 의리, 이욕의 관계를 이 모양으로 만들어 놓고 사회적으로 매우 좋지 않은 영향을 끼쳐 실제로 엉망진창이 되었다. 그리고 상산은 주자의 거대한 압력 아래에서 충분히 조류를 거슬러 움직였으며 스스로 『맹자』를 읽어 터득하여 맹자를 이렇게 정확하게 이해할 수 있었으며(의리 관계에서뿐만 아니라 다른 방면에서도 이와 같다) 그의 노력을 거쳐 맹자의 참모습이 당시에서야 세간에 크게 환해졌으니 그 공을 실로 가릴 수가 없고 실로 숨길 수가 없다.

은 사실상 의리와 관련 있다. 여기에서 섭적이 논한 것이 진량보다 조금 더 분명하다. 섭적은 이재(理財)를 매우 중시하여 당시의 이재를 이야기하는 것을 부끄럽게 여기는 상황을 비판하여 말하였다. "어떻게 군자가 이재의 이름을 피하는가? 실로 이를 말하려고 하지 않는 것이 의인데 소인이 그렇게 하는 것을 좌시하면서 당연하다고 생각한다면 괴이하지 않겠는가! 다만 뒤에서 이마를 찌푸리고 논하며 엄숙한 얼굴로 다툴 따름이다. 그렇다면 인자는 실로 이와 같은가?"[65] 주희가 동중서의 "그 의리를 바르게 하고 이익은 도모하지 않으며, 그 도를 밝히고 그 공은 따지지 않는다"라는 말을 매우 칭찬한 것을 섭적은 결연히 반대했다. 『습학기언(習學記言)』에서는 말하였다. "'의리를 바르게 하고 이익은 도모하지 않으며, 도를 밝히고 그 공은 따지지 않는다'는 처음 보면 매우 좋은데 자세히 보면 허술하기 짝이 없다. 고인들은 이를 남에게 주고 공을 자처하지 않았으므로 도의가 밝게 빛난다. 이미 공리가 없다면 도의는 쓸모없는 빈말일 뿐이다."[66] 도의는 곧 공리 안에 있으니 공리를 떠나 도의를 입에 올리지 않는 것은 시폐에 딱 들어맞는다.

　대진은 송명 이래 이욕의 문제에 대하여 최후의 결산을 하였다. 그는 명확하게 욕(欲)은 이를 낳는 현실적 수요이며 그 기본은 곧 인성이라고 인정했다. 이럴 뿐 아니라 욕은 모든 활동의 출발점으로 이는 욕의 기초 위에 건립되었으며 욕이 있고 난 후에야 이가 있을 수 있다. 사람은 음식남녀 따위의 수요가 있어야 생존할 수 있는데 이는 사람과 동물의 공통점이다. 다만 사람은 동물을 능가할 수 있다. 이는 사람은 '심지(心知)'를 가지고 있는데, '혈기'는 '심지'의 기초이고 '심지'는 반드시 '혈기'에서 기원하기 때문이다. 그런 의미에서 대진은 이학의 존천리(存天理) 멸인

---

65 『섭적집(葉適集)』 「재계(財計) 상』, 중화서국, 1961, 659쪽.
66 『황종희전집(黃宗羲全集)』 제5책, 절강고적출판사(浙江古籍出版社), 1985, 149쪽.

욕(滅人欲)은 "이로 사람을 죽이는 것"이라고 호되게 비판했으며 이학의 과실을 깊이 파헤치는 일을 진행했다. 당연히 대진 또한 욕망대로 할 것을 주장하지 않고 욕망에 정확한 인도를 진행할 것을 주장했다. 그는 말하였다. "욕망이 있고 난 다음에 하는 것이 있고, 하는 것이 있어서 지당하여 바꿀 수 없는 곳으로 돌아가는 것을 이라고 한다. 욕망이 없고 함이 없으면 어찌 이가 있겠는가!"[67] 이 구절은 길지 않지만 매우 중요하며, 적어도 이런 두 층면의 뜻을 말한다. 첫째, 욕은 정당한 것이며 욕이 있어야 생존할 수 있고 함이 있을 수 있다. 둘째, 이는 빈 것이 아니며 정당한 곳으로 돌아가려는 것이 곧 이이다. 천리는 인욕의 정당한 곳에 있으며, 인욕의 정당한 곳이 바로 천리이다. 대진의 『맹자자의소증』은 송명 이래 의리와 이욕 관계의 문제를 이론적 측면에서 철저한 정리를 진행하였지만 대 씨는 주로 당시 욕망을 인정하지 않는 잘못된 관점을 부정하였고 체계적인 이론을 구축하지 않았다. 게다가 강력한 역사적 관성을 더하여 선진 맹자 의리지변의 참뜻이 이로 인하여 결코 만천하에 크게 드러나지 않았고, 이(利)를 말하는 것을 부끄러워하는 사회심리 또한 여전히 철저히 일소되지 않았다.

4. 순척지변이 후세에 끼친 영향

제6장 '순척지변'에서 말했듯이 맹자 순척지변의 주지는 이상적인 인격을 기르고 수립하는 것이었다. 이로 인하여 순척지변이 후세에 끼친 영향은 주로 유가의 이상 인격이 후세에 끼친 영향으로 표현된다. 이런

---

[67] 『맹자자의소증(孟子字義疏證)』「권(權)」, 중화서국, 1961, 58쪽.

영향은 간단하게 넉 자로 개괄할 수 있으며, 이 넉 자는 곧 "학주성인(學做聖人: 성인이 되는 것을 배움)"이다.

순자는 비록 성악론을 주장했으나 이는 다만 그 이론의 기점일 뿐이다. 그 이론의 궁극적인 목적은 여전히 사람들이 선을 따라서 성인이 되는 것을 배우도록 이끄는 것이다. 이는 맹자와 조금도 다르지 않다. 순자는 학습의 목적이 곧 뜻을 세워 성인이 되는 것임을 특별히 강조하였다. 그는 말하였다. "성인은 도의 극치이다. 그러므로 배우는 사람은 성인이 되는 것을 배우는 것이며 다만 법도가 없는 백성을 배우는 것만은 아니다."(『荀子』 「禮論」) "배움은 어디에서 시작되는가? 어디서 끝나는가? …… 그 뜻은 사(士)가 되는 것에서 시작하여 성인이 되는 것으로 끝난다. 실로 오래 힘을 쌓으면 들어가지만 배움은 죽은 후에야 그친다. 그러므로 배움의 방법에는 끝이 있지만 의 같은 것은 잠시도 내버려 둘 수 없다. 하면 사람이고 버리면 금수이다."(『荀子』 「勸學篇」) 학습의 목적은 곧 성인을 배우는 것이다. 그 사이에 놓인 도로가 길기는 하지만 이 목표는 시종 버릴 수가 없으며 이 점을 파악하여야 사람이 될 수 있고 그렇지 않으면 곧 금수와 같다.

『대학(大學)』에서도 성인이 되는 것을 주장했다.[68] 『대학』에서는 유명한 '삼강령(三綱領)'과 '팔조목(八條目)'을 제기했다. "대학의 도는 밝은 덕을 밝히는 것과 백성을 새롭게 함에 있으며, 지극한 선에 머무름에 있다.(大學之道, 在明明德, 在親民, 在止於至善)" "옛날에 밝은 덕을 천하에 밝히고자 하는 자

---

[68] 본서에서는 치국(治國)·평천하(平天下)를 특별히 강조한데서 논하여 『대학』은 전국시대의 작품일 것으로 잠정적으로 단정해야 한다고 생각한다. 장다이넨은 "『대학』에서 '제가(齊家)·치국·평천하'를 이야기한 것은 분명히 전국시기 제후가 분쟁하던 형세를 반영한 것으로 전국시기 유가의 저작으로 봐야 한다."(張岱年의 『中國倫理思想研究』, 上海人民出版社 1989, 213~214쪽)라 생각하였다. 당연히 이 방면에는 또한 다른 방면의 증거가 있지만 편폭의 제한으로 다른 글에서 상술하겠다.

는 먼저 그 나라를 다스리고, 그 나라를 다스리고자 하는 자는 먼저 그 집안을 가지런히 하고, 그 집안을 가지런히 하고자 하는 자는 먼저 그 몸을 닦고, 그 몸을 닦고자 하는 자는 먼저 그 마음을 바르게 하고, 그 마음을 바르게 하고자 하는 자는 먼저 그 뜻을 성실히 하고, 그 뜻을 성실히 하고자 하는 자는 먼저 그 지식을 지극히 하였으니, 지식을 지극히 함은 사물의 이치를 궁구함에 있다." "사물의 이치가 이른 다음에 앎이 지극해지고, 앎이 지극해진 뒤에 뜻이 성실해지고, 뜻이 성실해진 뒤에 마음이 바르게 되고, 마음이 바르게 된 뒤에 몸이 닦여지고, 몸이 닦여진 뒤에 집안이 가지런해지고, 집안이 가지런한 뒤에 나라가 다스려지고, 나라가 다스려진 뒤에 천하가 평(平)해진다." 학술계에서는 일반적으로 모두 '팔조목' 가운데 수신(修身) 이상은 '명명덕'으로 내성(內聖)의 일이고, 수신 이하는 '친민'으로 외왕(外王)의 일에 속한다고 생각한다. '삼강령' '팔조목'은 분명히 유가의 내성외왕의 사상을 반영하였다. 아울러 내성외왕의 사상을 대대적으로 조리화(條理化)하고 계통화하여 유가 내성외왕 사상의 표현은 『대학』에서 극치에 이르렀다고 말할 수 있다. 내성외왕은 결국 성인이 되는 것이 사람이 되는 궁극적인 목표라고 말하였다.

『대학』에 표현된 성인이 되는 것을 배우는 사상이 특별히 평천하에 치중되었다고 한다면 진한 후로는 유가의 이상 인격사상의 내포에 어느 정도 전환이 발생하였다. 그 표현은 곧 외왕 방면이 위축되기 시작하고 내성 방면이 확장되기 시작했다는 것이다. 이는 진한(秦漢)이 통일된 후 유가 외왕의 이상이 최소한 형식면에서는 이미 실현되었기 때문이다. "사실상 한 이후의 유자들은 스스로 주재할 수 있는 일이었고 또한 곧 수신과 교화(敎化) 이 두 항목에서 치국 평천하의 일은 진시황과 한무제 같은 인물에게 양보해야 했다. 진시황과 한무제의 통치 하에서 지식분자의 외왕 문제는 출사문제로 변해갔으며, 지식분자가 할 수 있는 것은 다만 스스로를 잘 기르고 등용되기를 기다리는 것이었다."[69] 이는 곧 진한의 대일통 사업이 완성됨에 따라 유가의 이상 인격도 안으로 수양하여 덕을 이루는 방면으로 발전하였다는 것을 말한다.

이는 『예기(禮記)』 「유행(儒行)」편을 대표로 삼을 수 있다. 웨이정통의 고증에 따르면 「유행」편의 작자는 유가의 이상인격에 새로운 구상을 제기하였다. 주로 자립과 용모, 비예(備豫), 근인(近人), 특립(特立), 강의(剛毅), 수의(守義), 출사(出仕), 우사(憂思), 관유(寬裕), 거현수능(擧賢授能: 현자를 등용하고 유능한 자에게 관직을 줌), 임거(任擧), 특립독행(特立獨行), 규위(規爲), 교우(交友), 존양(尊讓) 등의 방면에서 표현된다. 이런 특징을 선진 유가의 내성외왕의 이상 인격과 비교한다면 그 사이에 중대한 변화가 있음을 쉽게 발견할 수 있다. 이는 주로 세 방면으로 표현된다. 첫째, 선진 제자의 이상 인격은 성왕(聖王)이었는데, 진·한의 통일 후로 학자들이 지향한 것은 유자가 되는 것이었다. 전자는 천하를 뜻으로 삼지만 멀고 아득하여 미치기를 바라기 어렵다. 후자는 몸을 수양하여 입신하는 것을 근본으로 삼아 절실히 행할 수 있는 것을 규범으로 삼는데 속한다. 둘째, 선진 제자의 외왕의 이상은 치국평천하에 있다. 「유행(儒行)」편에서 말한 '우사(憂思)'와 '거현수능(擧賢授能)', '임거(任擧)'는 역시 외왕과 관련이 있지만 유자의 덕성과 흉회에 치중한다. 셋째, 선진 제자의 내성에 대한 구상은 거의 원칙성에 속하며 어의(語義)가 모호하다. 「유행」편에서는 입신향도(立身行道)에 대해 구체적이고 정확하게 말하여 선진 제가의 사상을 종합하였다. 그 가운데는 유가 사상도 있고 묵가와 도가의 성분도 포함하고 있다.[70]

---

69 웨이정통의 「전통적인 중국 이상 인격의 분석(傳統中國理想人格の分析)」, 『유가와 현대 중국(儒家與現代中國)』에 수록. 대만동대도서유한공사, 1984, 29쪽.
70 웨이정통의 「전통적인 중국의 이상 인격 분석(傳統中國理想人格の分析)」, 『유가와 현대 중국』에 수록. 대만동대도서유한공사, 1984, 31쪽.

성인이 내포하고 있는 뜻에 미묘한 변화가 발생하기는 하였으나 사람이 되는 기본 사상을 배우는 데는 시종 변함이 없다. 당송 이후 유학의 부흥에 따라 성인이 되는 것을 배우는 기본사상은 전체 사상계를 주도하는 관점이 되었다.

장재(張載)는 늘 배움을 구하러 오는 사람에게 성인이 되는 것을 배울 것을 권하였다. 『장재집(張載集)』「여대림횡거선생행장(呂大臨橫渠先生行狀)」에는 기록되어 있다. "배우는 자가 질문하면, 지(智)와 예가 성(性)을 이룸과 기질을 변화시키는 방도를 많이 말하여 학문이 반드시 성인과 같은 뒤에야 그만두게 하였는데 듣는 자들이 마음에 감동하여 진전됨이 있지 않은 이가 없었다."[71] 정이는 말하였다. "사람은 누구나 성인이 될 수 있으며 군자의 학문은 반드시 성인이 된 다음에야 끝이 난다. 성인에 이르지 못하였는데 그만두는 것은 모두 스스로 포기하는 것이다."[72] 양시(楊時) 또한 성인이 되는 것을 배울 것을 제창하였다. "내 일찍이 배우는 자들에게 성인을 보는 것은 정곡(과녁의 한복판)에 활을 쏘는 것과 같을 것이라고 말한 적이 있다. 솜씨와 힘이 미치건 않건 거리가 같지 않더라도 정곡에 뜻을 두지 않았는데도 활쏘기를 말할 수 있는 자는 없었다."[73]

주희도 성인이 되는 것을 배우라고 강조하였다. 그는 말하였다. "옛날의 학문은 선비가 되는 것에서 시작하여 성인이 되는 것에 이르러 마치니 이 말은 선비가 되는 방법을 안다면 성인이 되는 방법을 아는 것이다. 지금의 선비가 된 사람은 많지만 그 성인에 이르기를 구하는 사람 이야기는 들리지 않으니 어찌 또한 선비가 되는 방법을 알지 못해서 그러하

---

[71] 『장재집』, 중화서국, 1978, 383쪽.
[72] 『이정집』 권25, 중화서국, 1981, 318쪽.
[73] 「여진전도서(與陳傳道序)」, 『양문정공집(楊文靖公集)』 권25, 도남사옥화산관장본(道南祠玉華山館藏本).

겠는가? 장차 성인은 진실로 이러한 사람의 유형에서 나오지 않는데 고어(古語)를 믿을 수 있겠는가? 안자(顏子)가 말하기를 '순임금은 어떤 사람이며 나는 어떤 사람인가?'고 하였으니 맹자의 소원은 공자를 배우는 것이다. 두 선생이 어찌 스스로 그 힘이 미칠 것을 헤아리지 못하고 지나치게 이러한 말을 하였겠는가? 그렇지 않다면 선비가 선비 되어 성인에 이르는 방법은 반드시 방도가 있을 것이다."74 또 말하였다. "그러나 사람이 반드시 요순을 모범으로 삼아야 하는 것은 마치 활 쏘는 사람이 과녁에 대해 화살마다 명중하려고 하는 것과 같다. 만약 명중시키지 못한 사람이라면 그 기예가 정미하지 못한 것이다. 사람이 요순의 지위에 도달해야 한 명의 사람이 되어 결점이 없을 수 있다. 그러나 단지 이것은 근본에 해당하는 일로 '지극한 선에 머무는 것'에 해당한다."75 주희는 사람이 되는 과정은 사(士)에서 시작하여 성인[聖]으로 끝나야 한다고 생각하였다. 요순의 경지에 이르러야 '지어지선(止於至善)'이라 할 수 있고, '한 사람이 되었다'고 말할 수 있다. 여기서 성인이 되는 것을 배우는 사상은 이미 더할 나위 없이 분명하게 표현했다.

왕양명(王陽明)의 어떻게 도덕을 이룰 것이며, 어떻게 성인이 될 것인가 하는 방법에서는 주희와 관점을 달리하나 성인을 인생 최고의 목적이라고 생각하는 것은 오히려 주희와 완전히 일치한다.『전습록(傳習錄)』권중의「주도통에게(與周道通書)」에서는 말하였다. "성인의 기상은 절로 성인의 것이니 내가 어디에서 인식을 하겠는가? 자기의 양지(良知)로 나아가 간절하게 체인하지 않는다면 눈금 없는 저울로 무게를 재고 열지 않은 거울로 미추를 비추어보는 것과 같아 바로 이른바 소인의 마음으로 군자의 마음

---

74 「잡저·책문(雜著·策問)」,『주자문집(朱子文集)』권74. 첸무의『주자신학안(朱子新學案)』에서 인용. 파촉서사(巴蜀書社), 1986, 266쪽.
75 『주자어류』권55. 중화서국, 1986, 1306쪽.

을 재는 것일 것이다. 성인의 기상은 어떻게 얻는가? 자기의 양지는 원래 성인과 마찬가지여서 자기의 양지를 명백히 체인하면 성인의 기상이 성인에게 있지 않고 나한테 있게 될 것이다."[76] 『전습록』에는 성인을 배우고 성인이 되는 것을 말하지 않은 곳이 없다. 『명유학안(明儒學案)』「북방왕문학안·우시희(北方王門學案·尤時熙)」에서는 당시 많은 사람이 "『전습록』을 읽고 비로소 성인이 배워서 이를 수 있는 것임을 믿었다."[77]라 한 것으로 보아 『전습록』의 이런 사상이 후인에게 큰 영향을 끼쳤음을 알 수 있다.

청의 장백행(張伯行)은 전문적으로 「성인은 배워서 이를 수가 있음에 대하여(聖人可學而至論)」를 지어서 말하였다. "대체로 성인이 성인인 까닭은 다만 이 윤리를 다할 수 있기 때문일 따름이다. 천하에서 이 윤리를 함께 하는 것은 성(性)이 인·의·예·지의 덕이 되고 정이 측은·수오·사양·시비의 단서로 발한다. 일이 군신·부자·부부·형제·붕우의 떳떳한 법도로 나타나는데 근본하며, 이것이 사람이 금수와 다른 까닭이고 성인이 나와 동류가 되는 까닭이다. 성현의 천언만어가 간절하게 타일러 사람이 이 윤리를 다하게 하고자 하지 않음이 없어 사람이 되게 한다. 사람이 되면 성스러움이 여기서 벗어남이 없을 것이다. 실로 날로 써서 능해지면 (집에) 들어가면 효성스럽고 나오면 공경해서 모든 일을 함에 충에 근본하고 행함에 서(恕)로 한다면 요·순·공자 같지 않은 것을 없애어 요·순·공자 같은 것으로 나아가게 하니 또한 요·순·공자일 따름일 것이니 아직도 어떻게 성인을 배울 수 없겠는가?"[78] 장백행의 명망은 결코 특별히 높지는 않으나 그의 견해는 당시 일반 사인의 기본 관점을 대표할 수 있다.

요컨대 성인의 구체적인 개념의 내용 방면에 있어서 진한 전후로 하나

---

76 『왕양명전집(王陽明全集)』. 상해고적출판사(上海古籍出版社), 1992, 59쪽.
77 『황종희전집(黃宗羲全集)』 제7책. 절강고적출판사(浙江古籍出版社), 1985, 744쪽.
78 『정의당문집(正誼堂文集)』 권9. 상무인서관(商務印書館), 1936, 116~117쪽.

의 전환점이 있긴 하였으나 성인이 되는 것을 배우고 성인을 인생 최고의 목표로 삼는 전체적인 원칙은 시종 변화가 없었다. 이것이 맹자의 순척지변이 후세에 깊은 영향을 끼친 까닭이다.

5. 인성지변이 후세에 끼친 영향[79]

맹자는 인성지변을 중시하여 성선론에 심원한 역사적 의의를 세웠다. 이는 주로 그가 개창한 심학의 계통에서 표현되어 선을 좋아하고 악을 미워하며, 적극적으로 중화민족의 문화심리를 형성하는데 중요한 작용을 발휘하였다.

사상사가 발전해나가는 방향은 예로부터 단순하지 않았다. 사전에 다 결정된 것이 아니라 갈림길이 가득한 항구여서 최종적으로 어느 방향으로 통할지는 우연한 요소들의 영향을 많이 받는다. 이 요소 중에 사상가의 사회적 책임감의 강약, 자질의 정도, 역량의 크기 등이 모두 중요한 작용을 한다. 선진의 인성 이론은 매우 많다. 그 가운데 고자(告子)의 성무선악론(性無善惡論), 순자의 성악론(性惡論), 맹자의 성선론이 모두 성립될 수 있지만 어느 것이 우세를 점하는가에 따라 완전히 다른 사회의 후과를 이끌 수 있다.

고자는 성은 선도 없고 악도 없어 선악은 완전히 외력의 영향에 의해서 결정된다고 생각하였다. 고자의 이론은 특정한 각도에서 보면 도리가 없었던 적이 없다. 그는 다만 성을 가지고 성을 논하였을 뿐 그의 학설을 사회 진보와 연계시키지 않았다. 팡동메이(方東美)의 성은 선도 악도 없다

---

[79] 본절은 졸저 『맹자 성선론 연구』(중국사회과학출판사, 1995) 네 번째 부분 제3장을 압축하고 고쳐 써서 완성했다.

는 설(中立論)이나 성법자연론(性法自然論)은 근대 과학에 따라 보면 이유가 없지 않지만 인생철학에 적용을 시키면 결점이 매우 크다. 우리는 인생에 대하여 반드시 가치방면을 따라 그 의의를 긍정해야 하며 가치를 표백시켜 중립으로 바꿀 수 없기 때문이라고 생각했다.[80] 고자는 정확한 학자는 될 수 있을지언정 깊은 사상가는 될 수 없었으니 그 사회의 책임감이 맹자와는 까마득하게 비교조차 할 수 없음을 알 수 있다. 성무선악론이 사회사상 발전의 주류를 점거한다면 중화민족 현재의 이런 선을 좋아하고 악을 미워하는 사회심리가 있을 수 없을 것이며 적지 않은 물음표를 찍어야 할 것이라는 것을 상상할 수 있다.

순자는 공자의 예학을 중시하였으며 성악론을 제기했다. 그는 사람의 기관(器官)의 욕망을 성으로 여겼다. 사람은 이익을 좋아하고 욕심이 많아 발전하는 형세대로 맡겨두면 반드시 편파적이고 패란하게 되어 다툼이 그치지 않기 때문에 성은 악하다고 했다. 선은 성인의 교화에 근원을 두고 제도로 바로잡는데 이는 사람이 인지하는 마음을 통하여 '도'를 안 다음에 '도'에 의하여 행한 결과이다. 성악론은 근거가 있어 절로 체계를 이루어 성립될 수 있었다. 그러나 어려움은 있다. 정욕은 내적이고 법도는 외적이며, 마음으로 법도를 안 다음에 사람이 어떻게 반드시 이에 따라 행하여야 할 문제를 해결할 방법이 없다. 그 결과 다만 외력의 강제에만 의지하여 법가의 길을 열어주었다. 순자의 성악론은 서방의 몇몇 이론과 서로 가까운 곳이 많다. 기점이 모두 성악이라면 경로가 모두 외력의 강제를 떠날 수 없음을 어렵지 않게 볼 수 있다. 순자의 성악론이 실로 유가사상의 주류가 되었다면 중국문화는 외력의 강제에 의거한 법가의 천하가 되었을 것이다.

---

[80] 팡동메이(方東美)의 『중국인의 인생관(中國人的人生觀)』을 참고하여 보라. 대만유사문화사업공사(臺灣幼獅文化事業公司), 1986, 67쪽.

맹자는 공자의 인학(仁學) 노선을 따라 발전하여 성선론을 창도하였다. 공자의 중대한 공헌은 인학을 창립하였고 예를 실행하는 근거를 인의 위에 놓았다는 데 있다. 인이 내재하기는 하지만 공자는 결코 명확하게 인이 무엇인가는 설명하지 않았다. 다만 그때그때 지적하여 구체적으로 해설하였다. 맹자는 그 특유의 자질과 남보다 빼어난 오성(悟性)으로 공자의 인학을 "열 자로 열어 더 숨기지 않았으며"(陸九淵의 말), 창조적으로 인을 마음에 놓았으며 인은 곧 사람의 마음이며 곧 사람의 양심과 본심이라고 지적하였다. 사람마다 모두 양심과 본심을 가지고 있어서 모두 성실하고 선한 성을 가지고 있다. 이 때문에 유학의 발전사에서 성선론은 처음으로 양심과 본심이 자기가 도덕을 성취하는 근거임을 명확히 하여 심학의 선하를 환하게 열어놓았다.

맹자는 성선을 굳게 믿어 고자를 조금도 용납하지 않았는데(순자는 더욱 용납하지 않았을 것이다), 그 의의는 매우 깊다.

명대의 오정한(吳廷翰)은 여기에 대하여 훌륭한 논평을 하여, 『길재만록(吉齋漫錄)』 권상에서 말하였다. "고자는 말은 옳지만 뜻이 틀렸고, 맹자는 뜻은 밝은데 말이 아직 다하지 않았다. 요컨대 성현은 올바른 것을 부지하여 가르침을 행하는데 천하후세의 가르침이 될 수 있는 것을 취하기 때문에 올바르게 되는 것이다. 고자의 설이 행하여졌다면 사람은 성을 악으로, 거짓으로, 외적인 것으로, 사물과 같은 것으로 생각하여 인류는 금수가 되었을 것이다. 다행히 맹자의 설이 있어서 사람들은 모두 성을 선으로, 진실된 것으로, 내적인 것으로, 사물과 다른 것으로 생각하여 인의의 도가 밝아져 인류가 금수에 이르지 않게 되었으니 그 공이 누가 더 크겠는가!"[81] 명말 청초의 사상가 진확(陳確)도 말한 적이 있다. "맹자

---

[81] 장귀주(姜國柱)와 주퀘이쥐(朱葵菊)의 『논인(論人)』 「인성(人性)」에서 인용. 해양출판사(海洋出版社), 1988, 270쪽.

는 전전긍긍 감히 성에 선하지 않음이 있다고 말하지 않았다. 아울러 감히 기와 정, 재(才)에 선하지 않음이 있다고 말하지 않았는데 다른 뜻이 있는 것이 아니다. 곧장 네 길을 차단하여 자포자기하는 세대로 하여금 핑계를 댈 수 없게 하였다. 이른바 공이 우(禹)의 아래에 있지 않다는 것이다."[82]

이는 곧 맹자가 사회를 진보시키고 인심을 향상시켜 곧장 네 갈래 길을 차단하고 자포자기하지 않도록 하기 위해 성선론을 주장한 것이라고 말할 수 있다. 맹자는 친정(親情)으로 성선을 논하고 같이 그러한 것으로 성선을 논하였으며, 차마 해치지 못하는 것으로 성선을 논하였다. 사람들이 자기가 양심과 본심을 가지고 있음을 믿게 하고자 함이었다. 그가 소체(小體)와 대체, 인작(人爵)과 천작, 물고기와 웅장(熊掌)을 구분한 것은 바로 사람들이 인성을 가치선택 목적으로 삼아 열심히 선을 향해 매진하여 그치지 않게 하고자 함이었다. 맹자의 성선론이 있음으로써 인류는 비로소 금수로 전락하지 않게 되었으며 인의도덕이 비로소 가능해졌다. 맹자가 강렬한 사회적 책임감과 완강한 투지를 가짐으로 말미암아 역사의 수레바퀴는 비로소 고자 및 순자의 이론으로 편향되지 않게 되었으며 성선의 대로를 따라 도도하게 앞으로 흘러갔다.

성선론이 개창한 심학은 사회에서 중요한 작용을 발휘하여 심학의 특징과 불가분의 관계에 있다. 심학의 최대 특징은 간략하고 행하기 쉬운 것이다. 이학의 계통에서는 도덕을 성취하려면 반드시 밖을 향하여 학습을 격물해야 한다고 생각한다. 밖을 향한 학습은 개인의 도덕선행에 대하여 말하면 자연히 아주 필요한 것이지만 이 과정은 비교적 간접적이다. 양심과 본심의 중개가 더 결핍되었다면 외재적인 이가 어떻게 개인

---

[82] 『별집(別集)』 권4.

의 스스로 원하는 행동으로 바뀌는가 하는 어려운 문제를 해결할 방법이 더욱 없게 된다. 심학은 같지 않다. 양심과 본심은 가설이 아니며 실재하는 것이다. 사람의 도덕 본체이며 일을 맞닥뜨리면 반드시 발용하게 되어 모든 일이 그 지휘를 따라 윤리도덕을 온전히 할 수 있다. 모든 사람은 다 양심과 본심을 가지고 있다. 이는 스스로 선을 구하고 악을 없애는 자본으로 다만 시서에 통달한 문화인만이 할 수 있는 것이 아니라 향리의 궁벽한 노동자도 할 수 있다. 이것이 바로 심학의 간략하고 행하기 쉬운 특징의 생동적인 체현이다.

간략하고 행하기 쉬운 것은 결코 편한 대로 하여 여유 있고 편한 것이 아니다. 인성으로서의 본심과 본체는 사회생활과 이성 사유가 내화하여 이룬 "윤리심경(倫理心境)"인데, 일종의 전체적으로 선한 결정체이다. 욕성(欲性)과 인성(仁性)은 서로 위배되지 않는 것이 그래도 좋아 일단 모순이 발생하면 본심과 본체는 명령을 발포할 수 있으며 욕성의 욕망을 버리고 양심과 본성의 안배를 따를 것을 요구한다. 본심과 본체에는 풍부한 정감의 요인이 있기 때문에 "협박하여 힘을 가지게끔"[83] 명령을 발포한다. 이욕만 도모하고 본심과 본체의 지휘를 따르지 않는다면 이욕 방면에서는 만족을 얻을 수 있을지 몰라도 내심의 불안을 야기할 것이다. 이욕에 얽매여서 몸에 돌이켜 성실히 하지 않는다면 이욕의 방면에서는 손실을 입겠지만 내심의 희열을 가져와 스스로 고상한 사람이 되고 도덕을 가진 사람이 될 것이다.

성선론이 개창한 심학에 이런 특징이 있기에 성선론은 중화민족의 문화적 심리의 형성에 중요한 작용을 발휘했다. 성선론의 천발을 거쳐 모

---

[83] 주희는 육학(陸學)을 평가할 때 말하였다. "저들의 일반적 이야기가 비록 선을 말하는 것이라 하더라도 도리어 협박하여[鞭逼] 사람을 얽어맨다."(『朱子語類』 권116. 中華書局, 1986, 2792쪽) "협박하여 힘 있게 한다"는 것은 여기서 취하였다.

든 사람은 다 자기가 양심과 본심을 가지고 있으며 그렇지 않으면 금수가 됨을 아는데 일을 당하여 양심과 본심이 운용하는 표준은 매우 명백하여 '협박하여 힘을 가지게' 명령한다. 이 표준과 명령이 시대의 발전에 따라 구체적인 내용이 다르게 될 수가 있겠지만 핵심은 다만 하나의 '선(善)'이고, 다만 하나의 '상(上)'이라는 것과 마찬가지다. 일단 여기에 의하여 행하고 융통성을 발휘하지 않는다면 자연히 선을 좋아하고 악을 미워함이 적극적으로 향상될 것이다. 후한의 양진(楊震)은 뇌물 수수를 거부하면서 다만 "하늘이 알고 땅이 알고 내가 알고 그대가 안다"라고만 하였다. 그 가운데 "내가 안다"는 것은 양심과 본심이 아는 것으로, 양심과 본심이 그에게 그렇게 하면 안 된다는 것을 알려준 것이다. 경제적으로는 이익을 얻지 못하였으나 인격적인 면에서 청백하다는 평을 얻어 천고에 전송되고 있다. 문천상(文天祥)은 투항하기를 거부하였다. 그가 하려는 것이 '지금 이후 부끄럽지 않게 될 것'이기 때문이었다. 이것이 곧 양심과 본심의 부끄럽지 않은 것으로 양심과 본심이 그에게 반드시 이렇게 하여야 한다고 알려준 것이다. 이로써 생명은 희생하였지만 양심과 본심 면에서는 만족을 얻어 청사에 이름을 남겼다. 현대에 이르러 과학이 급속도로 발전하고 경제가 날로 번영하며 사람들이 서로 쟁송을 하며 궁박이 극에 달하여도 언제나 이 한 마디만 필요하다. "일을 하는 데는 양심을 강구해야 한다!" 이는 바로 양심과 본심이 거대한 역량을 가지고 있다는 것을 설명한다.

여기서 다시 성선론을 기독교 및 불교와 간략하게 비교하면서 성선론의 사회적 작용을 한 걸음 더 나아가 설명하겠다. 기독교의 전통에는 원죄설이 존재한다. 인성은 선천적으로 악하며 부단히 속죄를 해야만 죄악을 정화할 수 있으며 죽지 않으면 벗어날 수가 없다. 육체는 죄악으로 인하여 소멸할 때 정신 생명이 비로소 하느님이 부여한 것이 따라 드러난다고 생각하였다. 불교에도 유사한 견해가 있다. 아뢰야식은 순결하면서도 섞이고 물들어 다 함께 선악의 근원이다. 아뢰야식이 세속의 영향을 받기 때문에 허위와 습기(習氣)가 있을 수 있으며 몸이 고견과 탁식의 근원인 여래장도 섞이고 물듦을 깨끗하게 씻어낼 방법이 없다. 기독교와 불교의 이론은 현대과학으로 분석하면 모두 문제가 없지 않으나 역사상 오히려 거대한 작용을 발휘하였다.

이는 원죄설이 다만 하나의 기점일 뿐이고 목적은 사람들이 적극적으로 선을 따르고 죄악을 씻게 하고자 함이다. 사회 역사의 발전에서 원죄 없이 사람들에게 악을 버리고 선을 따르라고 요구한다면 어떤 모습이 될지 알지 못한다. 기독교와 불교가 반면에서 간접적으로 사람들에게 악을 버리고 선을 행하라고 요구한다고 한다면 유가의 성선론은 정면에서 직접 사람들에게 선을 따르고 악을 버리라고 권한다. 맹자는 사람마다 마음속에 인의예지의 사단이 있음을 천명한다. 이를 확충시켜 부단히 발전시키면 선인이 되어 원죄의 기점을 꾸며내지 않고 선인이 될 수 있다. 얼마나 직접적이고 명료한 이론이며, 그 의의는 얼마나 심오하고 심원한가! 정말로 대단하고 값진 것은 욕망의 악은 언제나 밖으로 표현되어 사람들이 주의하기 쉽고 성악론을 확립하는 것은 상대적으로 말하여 그다지 어렵지 않다. 양심과 본심은 내재적이고 무형이어서 시선을 바깥으로 돌린다면 그 존재를 깨닫기가 매우 어렵다. 존재를 깨닫는다고 해도 사람들에게 명백하게 표현하기가 어렵다. 맹자는 2천여 년 전에 자기의 양심과 본심을 몸으로 깨닫고 확고하게 파악하여 이로써 성선론을 창립하였다. 이런 큰 지혜와 큰 수필(手筆), 큰 기도(氣度: 도량), 큰 풍범(風範: 풍도)은 지금까지도 여전히 사람들로 하여금 책상을 치며 소리치게 하고 경탄하게 할 따름이다.

요컨대 바로 맹자의 노력으로 성선론이 있음으로 말미암아 사회는 비로소 선이 좀 더 많아졌고 악은 좀 더 적어졌다. 선을 좋아하고 악을 미워하며 적극적이고 발전적인 중화민족의 문화적 심리를 주조해낸 것이다.

당연히 맹자의 성선론 창립은 부정적인 영향도 있다. 이런 부정적인 영향은 간단히 말하여 보수로 향하기 쉽다는 것이다. 위에서 말했듯이 맹자가 성선론을 창립한 것은 주로 양심과 본심으로 성이 선함을 논하여 양심과 본심은 근원적으로 사회생활과 이성사유가 내화한 결정체다. 나는 그것을 '윤리심경(倫理心境)'이라 부른다. 내가 성선이 보수로 향하기 쉽다고 말한 것은 주로 '윤리심경'이나 양심과 본심이 보수로 향하기 쉽다는 것이다. '윤리심경'이 보수로 향하기 쉬운 것은 두 방면에서 왔다.

첫째는 사회의 관습이 보수를 향하기 쉽다. 사회생활의 중요한 내용은 사회의 관습이다. 사회의 관습은 사회가 발전하는 과정에서 차츰 형성되며, 그 발전과 사회 자체의 발전은 전체적으로 말하여 일치한다. 그러나 일단 사회의 관습이 형성되면 일정한 안정성을 갖추어 모종의 타성 역량으로 표현된다. 그 발전변화는 일반적으로 사회경제, 정치제도의 발전변화보다 뒤처지게 된다. '윤리심경'에서 주요 내원의 하나는 사회의 관습이다. '윤리심경'과 사회 관습의 발전이 보조를 함께 한다고 해도 사회 관습 자체의 특징으로 말미암아 '윤리심경'은 일반적으로 사회 자체의 발전 속도를 따라잡지 못한다.

둘째는 '윤리심경'은 보수를 지향하기 쉽다는 것이다. 위에서 "'윤리심경'과 사회 관습의 발전이 보조를 함께 한다고 해도"라 한 것은 일종의 가설이다. '윤리심경'은 심리적 경황과 경계이므로 일단 형성되면 일정한 안정성을 갖추어 모종의 타성 역량으로 표현된다. 그 변화발전은 일반적으로 사회 관습의 변화발전보다 뒤처지게 된다. 이는 곧 '윤리심경'이 사회 자체의 변화보다 뒤처질 뿐만 아니라 사회 관습의 변화보다도 뒤처진다는 말이다.

요컨대, 하나는 사회 관습의 특징이고, 하나는 심리 경황과 경계의 특징이다. 두 방면이 결합하여 이런 불행한 사실을 주조해낸다. '윤리심경'은 그것이 태어난 그날부터 자체적으로 보수를 향하기 쉬운 종자를 포함하였다. '윤리심경'은 역사적 산물이고 역사적 과정이다. 그것과 사회발전이 기본적으로 일치할 때 그 사회 작용은 진보적이며 도덕의 근거로서도 행하여질 수 있었다. 그러나 '윤리심경'은 사회발전의 후면으로 떨어지기 쉽다. 이때 무작정 그것을 도덕의 근거로 삼으면 통용될 수 없고 보수에 빠지기 쉽다.

　성선론의 '윤리심경'이라는 보수성은 후세에 엄중한 영향을 끼쳤다. 당대 전까지만 해도 유가사상은 여전히 진정으로 주도적인 지위를 점거하지 못하였고 맹자의 지위도 높지 않았다. 진조(秦朝)에서는 법가를 중시했고 한초에는 황로를 숭상하여 무제가 표면적으로는 유술만 높였지만 실제로는 유가와 법가를 병용하였다. 위진 때는 현학의 기풍이 더욱 빛을 발하여 진정 유학을 중시하기 시작한 것은 당대에서부터였다. 사상의 영향은 왕왕 하나의 과정이 있어야 한다. 당대에서 주례의 가르침을 창도하기는 하였으나 전체적으로 말하여 (당을 포괄한) 당 이전에는 여전히 비교적 개방적이고 혁신적이었으며 도량이 컸고 호쾌했다. 그러나 당부터 시작하여 특히 송명에 이르러 유가는 진정으로 주도적인 지위를 점령하였다. 원래부터 숨겨져 있던 부정적인 요소가 차츰 두드러지게 되었다. 독립적인 인격과 지성의 참여 결핍으로 인하여 모든 것이 '윤리심경'과 양심·본심을 표준으로 삼아 그 결과 필연적으로 강렬한 보수성으로 표현되었다.

　이런 보수성은 실제로 두 가지를 따르고 있는데 하나는 '진규(陳規)'이고, 하나는 '타말(唾沫)'이다. '진규'는 모든 것을 이전의 규장제도와 전통적인 관행에 의거한다. 진규에 부합하는 것은 실행 가능하고, 진규에 부합하지 않는 것은 실행 불가능하다. 이 외에는 감히 어떠한 혁신도 없고 감히 한계를 반 발자국도 넘을 수 없으며 그렇지 않으면 대역무도한 것이다. '타말'은 모든 주위의 여론을 시비의 표준으로 삼는다. 한 가지 일을 하면서 그 자체가 정확한지 아닌지, 해야 하는지 말아야 하는지는 먼저 고려하지 않고 먼저 주위의 사람들이 어떻게 말하는지를 먼저 생각한다. 이웃에 보수가 많아 자신조차도 감히 고개를 내밀지 못한다. 2천여 년 동안 중국은 독립적이고 완정한 인격이 없었다. 개인은 다만 집단 중에만 존재하고, 이 집단의 그물망은 지나치게 촘촘해서 대중의 타말은 실제로 매우 두려워할 만하다. 진규는 타말을 낳고, 타말은 진규를 지켜 양자가 연합하여 충분히 새 사물을 요람에서 눌러 죽일 수 있다.

　이런 덕은 모두 '윤리심경'과 양심·본심은 보수에 빠지기 쉽다는 결함을 가지고 있음을 말한다. 심학가는 왕왕 이 도리를 이해하지 못하고 양심과 본심이 곧 하늘이고 천리는 곧 변경할 수 없다. 모두 양심과 본심에 의거하여 그 결과 사물의 반면을 향하여 달릴 수밖에 없었다. 근대 이래 사람들이 유학을 비평하면서 급소를 찌른 것이 두 가지 있다. 하나는 "이(理)로 사람을 죽인다."는 것이다. 이는 다만 외적인 것일 뿐만 아니라 내적인 것이기도 하며, 내면의 이가 사회발전보다 크게 뒤처졌을 때도 여전히 그것을 옳고 그름의 기준으로 삼으면 이로 사람을 죽이는 나쁜 결과가 생길 수 있다. 과부가 개가를 하고 아내로서 자식이 없는 것을 다만 내면의 이치로만 판단하여 얼마나 많은 사람이 자신과 가족의 목숨을 잃었는지 모른다. 다른 하나는 "보수적이고 뒤처졌다"는 것이다. 사회는 부단히 앞을 향하여 발전해나가 사상의 혁신을 선도로 삼아야 하지만 마음속의 '이'가 너무 무거우면 온당하게 할 수는 있을지언정 모험을 하려고 하지 않으며 옛것을 지킬 수 있을지언정 변혁을 하려 하지 않는다.

　'윤리심경'의 보수를 극복하려면 반드시 지성의 참여가 있어야 한다.

지성은 일종의 인지 활동으로 (도덕사물을 포괄하는) 외부사물에 대한 규율과 진리의 인식으로 표현된다. 그 사유 특징은 논리적 추리와 개념 판단이다. 이런 지성은 공자의 시를 배우고 예를 배우는 가운데서 이미 단서가 보이고 아울러 순자의 사상체계에서 충분히 발전되어 하나의 완전한 인지의 마음으로 표현된다. 인지의 마음은 결코 양심의 마음(양심과 본심)을 배척하지 않으며 잘 결합하면 각기 그 직무를 맡으며 분업에 순서가 있을 수 있다. 사회생활이 평온하게 발전하여 '윤리심경'이 그것과 큰 충돌이 없을 때 양심과 본심이 등장하는데 그의 말을 듣기만 하면 곧 선이고, 좋은 것이다. 사회가 크게 발전하여 '윤리심경'이 사회 자체보다 크게 낙후되었는데도 덮어놓고 양심과 본심의 지휘를 따른다면 반드시 보수에 빠지게 된다. 이때 인지하는 마음의 지휘가 필요하다. 모든 일에 맹종하지 않고 미신을 믿지 않으며 이유를 묻고 논리와 분석, 개념 추리 등의 공부를 운용하여 정확한 결론을 도출해야 한다. 인지하는 마음이 도출해낸 결과는 양심 본심과 딱 부합할 것이다. 이렇게 하여 양심과 본심은 이론적 근거를 찾게 되어 양심과 본심의 이론적 색채를 강화한다. 양심 본심과 부합하지 않을 수 있지만 그것은 혁신과 신생(新生), 전진하는 방향을 대표하여 역사적인 각도에서 보아 이 결론에 따라 해나가기만 하면 정확하고 의의가 있는 것이다. 지성인지의 마음은 인성과 양심 본심인 보수성을 보완하는 중요한 역량임을 알 수 있다. 인지하는 마음의 적극적인 참여만이 양심과 본심이 수구 보수의 역사적 액운에서 벗어날 수 있다.

그러나 마찬가지로 매우 불행하게 유가의 인지하는 마음은 시종 충분히 발전하지 못했다. 비록 공자의 입론이 평실하고 전면적이어서 인성도 이야기하였고 지성도 이야기하였지만 지성의 층면은 공자에게 하나의 약점이다. 공자의 지성은 다만 외향성인 시를 배우고 예를 배우는 것이다. 도덕적인 사람, 성현의 사람이 되려면 반드시 시를 이해하고 예를 이해해야 한다는 말이다. 그러나 공자의 시를 배우고 예를 배우는 범위는 비교적 좁아 내용이 대체로 진부하고 그가 배우기를 주장하는 주례(周禮)는 이미 당시 사회발전의 수요를 따라가지 못하였다. 공자에게 있어서 지성은 여전히 완정한 사유형식을 이루지 못하였다. 특히 주례의 진부한 성질은 더욱이 공자의 지성이 인성의 부족함을 보충하고 구원해줄 수 없음을 결정하였다. 이외에 위에서 말했듯이 맹자는 창조성 있게 공자의 인학을 발전시켰으나 자각하지 못하는 사이에 지성이라는 면을 버렸다. 맹자는 역량이 강성하고 기세가 웅장하여 거봉이 솟아오르고 독자적으로 한 부분을 담당하였기 때문에 사상발전사의 긴 강이 마침내 심학으로 치우치게 되었다. 송명 이후로 거의 공맹을 병칭하여 맹자의 학문이 곧 공자의 학문인 줄 알았고 맹자를 배우는 것이 공자를 배우는 것이라고 생각했다. 이렇게 오랫동안 쌓일수록 엄청난 역사적 힘이 형성된다. 주자가 분연히 일어나 반항하여 유학 지성의 부족을 보완하고 완전한 지성 시스템을 갖추었을 가능성은 있다. 하나, 여러 가지 이유로 지성의 인지심이 시종 충분히 발전하지 못한 것은 유가 심성학의 발전사에서 가장 아쉬운 점이라 할 수 있다.

제10장

맹자의 역사적 지위의 변천

1. 한에서 당초까지의 지위는 높지 않았다

조기(趙岐)의 「맹자제사(孟子題辭)」에서는 말하였다. "맹자가 죽은 후에 대도는 마침내 위축되었다. 진이 망할 때까지 분서갱유를 단행하여 맹자의 무리는 다 사라졌다. 그 책은 제자(諸子)로 불렸으므로 편적(篇籍)이 민멸되지 않게 되었다." 『맹자』가 자서로 열입(列入)되었기 때문에 요행히 진화(秦火)를 모면했음을 알 수 있다.[1]

『맹자』가 큰 재난을 모면하기는 하였지만 양한에서의 지위는 결코 그다지 높지 않았다. 이 시기에서 가장 영예로웠던 일은 한 효문제(孝文帝) 때 『맹자』에 박사를 설치해준 일일 것이다. 조기의 「맹자제사」에서는 말하였다. "한이 흥하자 진의 포학한 금령을 없애고 도덕을 개설하였으며

---

1 리우페이꿰이(劉培桂)의 「역대 맹자에 대한 봉사와 존숭(歷代對孟子的封賜與尊崇)」에서도 이 설을 가졌다. 『맹자가세(孟子家世)』, 중국문사출판사(中國文史出版社), 1991, 25쪽.

효문황제는 학문에서 노니는 길을 넓히고자 『논어(論語)』와 『효경(孝經)』, 『맹자』와 『이아(爾雅)』에 모두 박사를 설치하였다. 나중에 전기(傳記)박사를 없애고 『오경(五經)』만 세웠을 따름이다."

주희는 이 일이 『한서』에서는 고찰할 수 없으며 마침내 후인들의 회의감만 끌어내어 발하였다고 생각하였다. 그런데도 이 설을 믿는 사람은 여전히 적지 않다.

초순(焦循)의 『맹자정의(孟子正義)』에서는 적호(翟灝)의 『맹자고이(孟子考異)』를 인용하여 말하였다. "『맹자』를 높이 세운 지가 가장 오래되었다. 당시 『논어』와 『효경(孝經)』을 통틀어 전(傳)이라 하였으며 『맹자』 또한 전이라 하였다. 『논형(論衡)』 「대작(對作)」 편에서는 말하였다. '양주와 묵적[楊墨]이 전의 뜻을 어지럽히지 않았으면 맹자의 전이 지어지지 않았을 것이다.' 「유향전(劉向傳)」에서는 '전에서 말하였다: 성인이 나오지 않으면 그 사이에 반드시 세상에 유명한 자가 있다'는 말을 인용하였다. 『후한서(後漢書)』 「양기전(梁冀傳)」에서는 '전에서 말하였다: 천하를 남에게 주기는 쉽고, 천하에 인재를 얻어주기는 어렵다라 하였다'라는 말을 인용하였다. 『월절서(越絶書)』 「서외전기(序外前記)」에서는 '전에서 말하였다: 후하게 할 것에 박하게 하면 박하지 않음이 없을 것이다'라는 말을 인용하였다. 『설문해자(說文解字)』에서는 '전에서 단사호장(簞食壺漿)이라 하였다.'라 한 말을 인용하였다. 『시(詩)』 「패풍(邶風)』 『정의』에서는 '전에서 말하기를 밖으로는 홀아비가 없었고 안으로는 원망하는 여자가 없었다(外無曠夫, 內無怨女)라 하였다'라 하였다. 『중론(中論)』 「천수(天壽)」 편에서는 '전에서 말하기를 좋아함이 삶보다 심한 것이 있고, 미워함이 죽음보다 심함이 있다, 라 하였다.' 또 「법상(法象)」 편에서는 '전에서 대인은 자신을 바로잡는다, 하였는데 사물은 스스로 바로잡는다.'라 한 이 모두를 증거로 삼을 수 있다. 그러므로 조 씨는 『논어』와 『효경』, 『맹자』, 『이아(爾雅)』 박사로 총괄하여 전기박사(傳記博士)라 하였다."

초순은 여기에서 결론을 도출하여 말하였다. "『예기정의(禮記正義)』에서는 노식(盧植)의 말을 인용하여 말하였다. '한문황제(漢文皇帝)가 박사와 제생에게 명하여 이 「왕제(王制)」의 책을 짓게 하였다.' 지금 「왕제」 편에는 녹작(祿爵)과 관시(關市) 등의 문장을 지으면서 『맹자』에서 많이 취하였으니 효문 때 『맹자』 박사를 세운 것은 분명할 것이다."

위에서 인용한 이런 사료의 근거 외에 조기의 『맹자』 주(注) 자체의 분석으로부터도 위에서 말한 견해가 믿을 만하다. 두 가지 방면의 근거가 있다. 첫째, 조기는 결코 처음으로 『맹자』에 주석을 단 사람이 아니다. 조기는 동한 사람으로 생몰년은 대략 108~201년이며, 위로 서한 문제(文帝)와는 300여 년의 시차가 있다. 그에 앞서 정증(程曾)이 『맹자장구(孟子章句)』를 지었다.[2] 그 가운데 『맹자』에 박사를 두었는지의 역사자료가 남아 있는지는 이미 알지 못하게 되었지만 적어도 당시에 『맹자』에 주의를 기울인 사람이 조기 한 사람만이 아님을 설명하고 있다. 이로부터 남아 있었던 관련 사료는 적지 않았을 것이다. 이런 서적과 자료는 비록 현재는 이미 망실되었지만 조기가 보았을 가능성이 매우 크다. 송유에 비해 조기는 『맹자』에 박사를 설치한 시간이 많이 가깝고 접촉한 자료가 꽤 많으며 그 견해는 이치대로라면 믿을 만한 것이 많았을 것이다. 둘째, 조기가 일을 한 것은 아주 성실하였으며 『맹자』에 더욱 많은 힘을 쏟았다. 초순은 그가 "50세에 머리가 희었다"고 하였다. "비록 비융(鄙融)의 사람됨이 의에 통하지 않음은 있으나 가서 물으면 마음을 비우고 선을 취함을 알 수 있다. 비록 일정한 스승은 없었지만 아는 것 없이 지은 자는 아닐 것이다. 그러므로 성음과 훈고의 학문이 마·정(馬·鄭)과 다르지 않다."[3] 이

---

2 『한서』「유림전(儒林傳)」, 또한 『중찬삼천지(重纂三遷志)』 권3, 광서(光緖) 13년 각본에도 보인다.
3 초순 『맹자정의』「맹자제사·소(孟子題辭·疏)」.

런 정신을 가지고 학문을 하면 사료를 인증하는데도 일반적으로 모두 비교적 소심하다. 그렇지 않으면 그는 한문제 때 『맹자』 박사를 설치했다고 분명히 말하였을 것이다. 당시는 한문제와의 거리가 그다지 멀지 않았고 당시 유관한 사료도 여전히 있었을 것이다. 그런데 하루아침에 명백히 사실무근이 되었으니 어찌 천하 사람들의 비웃음을 사지 않겠는가? 이 때문에 조기의 『맹자』에 대해 한문제 때 박사를 설치했었다는 것에 관한 견해는 진실하고 믿을 만할 것이다.

진대(晉代)에도 맹자를 추숭한 사람이 있었다. 동진(東晉) 함강(咸康) 3년(337) 국자좨주(國子祭酒) 원괴(袁瓌)와 태상(太常) 풍회(馮懷)는 공맹으로 나란히 일컬어졌는데, 「청흥국학소(請興國學疏)」를 올렸으며 그 가운데서 말하였다. "공자는 온순하고 공경함으로 수사(洙泗)를 도로 교화하였고, 맹가의 아름답고 성함은 가르치고 이끎을 게을리 하지 않았습니다. 그런 까닭에 인의의 소리가 지금까지도 남아 있고, 예양의 기풍이 천년이 지나도록 닳아 없어지지 않았습니다. 옛날 황운(皇運)이 쇠락하고 상란(喪亂)이 자주 이르며, 유림의 가르침이 점차 기울어지고 학교[庠序]의 예는 없어졌습니다. 국학이 쓸쓸해지고 삼분(三墳) 같은 책이 열리지 않아 마음이 있는 무리가 뜻을 품어도 말미암을 길이 없었습니다. …… 그곳에 있을 곳을 주고 학도를 갖추며 박사와 요속이 대충이라도 그 관직을 갖추는 것이 신의 바람입니다."[4] 이 상소는 진성제(晉成帝) 사마연(司馬衍)의 인가를 얻기 바랐으나 당시 불로의 성행으로 구체적으로 실행되지 못하였다.

『맹자』가 한대에 관학에 든 시간이 길지 않았건,[5] 원괴와 풍회의 상소가 실행되지 못하였건 간에 『맹자』는 관학에서 중요한 지위가 없었지만

---

4 『중찬삼천지』 권3, 광서 13년 각본.
5 한무제(漢武帝)가 백가를 파출하고 육경을 밝게 드러낸 것은 그가 막 즉위한 해였다. 한문제 초년에 『맹자』 박사를 세웠다면 모두 합쳐 다만 40여 년의 시간밖에 되지 않는다.

당시 사인 중에는 간혹 널리 영향을 끼친 사람이 있다. 이는 세 방면으로 증명할 수 있다.

첫째, 『맹자』를 연구한 사람이 적지 않았다. 일찍감치 서한에서 양웅(揚雄)이 맹자의 유학에 대한 공헌을 인정하기 시작하였다. 『법언(法言)』 「오자(吾子)」 편에서는 말하였다. "옛날에 양·묵이 길을 막았는데 맹자가 말을 지어 물리쳐 탁 트이게 하였다." 이는 맹자를 추숭한 가장 이른 언론일 것이다. 한에서 당에 이르기까지 『맹자』에 관한 저작은 매우 볼만하였다. 그 가운데 최초로 『맹자』에 주를 단 사람은 서한의 유향이다. 남아 있는 것으로는 정중의 『맹자장구』와 조기의 『맹자주』 14권, 고유(高誘)의 『맹자장구』, 정현(鄭玄)의 『맹자주』 7권, 유희(劉熙)의 『맹자주』 7권, 기무수(綦毋邃)의 『맹자주』 9권, 육선경(陸善經)의 『맹자주』 9권, 장일(張鎰)의 『맹자음의(孟子音義)』 3권, 정공저(丁公著)의 『맹자수음(孟子手音)』 1권 등 모두 10가(家)이다.[6] 이 10가 가운데 조기의 주본이 보존이 온전한 것 외에 나머지는 모두 망실되었다.[7]

이 10가의 가장 이른 주본 가운데 가장 주의할 가치가 있고 동시에 또한 가장 영향력이 있는 것은 조기의 주본이다. 조기는 맹자를 높이 칭찬하여 말하기를 맹자는 "7편, 261장, 34,685자의 책을 지었다. 천지를 망

---

[6] 자료의 내원은 『중찬삼천지』 권3(光緖 13년 刻本) 및 리우다녠(劉大年)의 『역대 맹자연구 저작 종술(歷代孟子研究著作綜述)』(『孟子家世』, 中國文史出版社 1991년판에 수록)이다. 『중찬삼천지』에는 유향이 주를 단 것은 기록하지 않았고 리우다녠의 글에는 이 말이 있으며, 또한 유향의 『주』는 청대 왕인준(王仁俊) 집본이 있으므로 잠깐 리우다녠의 설에 의거한다. 이외에 맹자에 관한 저작으로 당대에 또한 임신사(林愼思)의 『맹자』 3권과 유가(劉軻)의 『익맹(翼孟)』 3권이 있다.

[7] 청 도광(道光) 연간에 나온 마국한(馬國翰)의 『옥함산방집일서(玉函山房輯佚書)』에는 한대 조기의 『맹자장지(孟子章指)』 2권과 『편서(篇叙)』 1권, 정중의 『맹자장구』 1권, 고유의 『맹자장구』 1권, 유희의 『맹자주』 1권, 정현의 『맹자주』 1권, 진대 기무수의 『맹자주』 1권, 당대 육선경의 『맹자주』 1권, 장일의 『맹자음의』 1권, 정공저의 『맹자수음』 1권을 집록하여 서한 유향의 주본만 빠졌다. 유향의 주는 청대 왕인준의 집본이 있다.

라하고 만류(萬類)를 헤아려 차례를 정하였다. 인의와 도덕, 성명과 화복을 찬연하게 싣지 않음이 없었다. 제왕과 공후(公侯)가 따르면 태평성세에 이르고 맑은 종묘에서 송가를 부를 수 있다. 경과 대부, 사가 실천하면 임금을 높이고 충과 신을 세울 수 있으며, 지조를 지킴이 엄한 사람은 절개를 높이고 뜬구름을 막을 수 있다. 시인[風人]이 사물을 의탁함과 「이아(二雅)」의 바른말이 있어 곧으면서도 거만하지 않고 완곡하면서도 굽지 않아 세상에 아성의 큰 재주로 명할 만하다."라 하였다. 이는 처음으로 맹자를 '아성'으로 높인 것으로 관방(官方)이 아니긴 하지만 그 의의는 작다고 할 수 없다.

그다음으로 당시 각종 문헌에서 『맹자』의 일문을 인용한 정황이 매우 많다. 「외서(外書)」 4편은 조기가 주를 달지 않은 후로 점점 실전되었다. 그러나 「외서」는 한·진·육조 때에만 해도 여전히 볼 수 있었다. 이때의 유자들이 인용한 『맹자』는 여전히 존재 여부가 밝지 않아 당초의 우세남(虞世南)이 『북당서초(北堂書鈔)』를 지으면서 비로소 "일(逸)『맹자』"라 하였는데, "일『서(書)』", "일『시』"와 같은 예이다. 진사원(陳士元)의 『맹자잡기(孟子雜記)』와 방중미(方仲美)의 『맹자집어(孟子集語)』, 주죽타(朱竹垞)의 『태사경의고(太史經義考)』, 주광업(周廣業)의 『맹자사고(孟子四考)』, 『중찬삼천지』에도 모두 맹자의 일문을 집록한 적이 있다. 『중찬삼천지』를 예로 들면 다만 한에서 당초까지의 『맹자』 일문만 31조목이 될 정도로 많이 수집하였다.[8] 『한시외전(韓詩外傳)』에서는 말하였다. "고자(高子)가 맹자에게 묻기를 '대체로 시집가고 장가드는 것은 자기 스스로 할 것이 아닌데, 위녀(衛女)는 어찌하여 『시경』에 편집되었습니까?' 하자, 맹자가 말하였다. '위녀와 같은 뜻이 있다면 옳거니와 위녀와 같은 뜻이 없다면 방탕한 것이다.'"

---

[8] 맹자 일문의 수량과 내용이 크고 많아 편폭의 제한으로 모두 인용할 수 없고, 『중찬삼천지』 권3(光緒 13刻本)과 주광업의 『맹자사고1』 「맹자일문고(孟子佚文考)」를 참고하여 볼만하다.

『설원(說苑)』에서는 말하였다. "사람은 자기의 밭에 거름을 줄 줄은 알아도 자기의 마음에 거름을 줄 줄은 모른다. 밭에 거름을 주어 가꾸는 것은 곡식의 싹이 잘 자라 많은 곡식을 얻는 데 지나지 않으나, 마음에 거름을 주어 가꾸면 행실을 바꾸어 원하는 바를 얻게 된다. 무엇을 마음에 거름을 주어 가꾼다고 하는가? 널리 배워 견문을 넓히는 것이다. 무엇을 행실을 바꾼다고 하는가? 한결같은 본성을 지키고 사악한 행위를 그치는 것이다." 『풍속통(風俗通)』에서는 말했다. "요순(堯舜)은 그 아름다움을 다 헤아릴 수 없고, 걸주(桀紂)는 그 악함을 다 헤아릴 수 없다." 이런 말은 모두 『맹자』 7편에는 보이지 않기 때문에 『맹자』 일문으로 본다. 당연히 수집된 이런 일문 가운데 어떤 것은 다만 대의일 것이고, 어떤 것은 판본이 다를 것이다. 어떤 것은 심지어 완전히 후인들이 허구로 날조한 것일 것이어서 반드시 모두가 다 「외서」에서 나오지는 않았을 것이지만 최소한 상당 부분은 「외서」에서 나왔다. 한에서 당초까지 각종 서적에서 인용한 「외서」가 이렇게 많으니 『맹자』 7편을 인용한 정황은 생각만 해도 알 것이다. 이는 『맹자』가 당시 사인들의 심목에서 차지하는 실제 지위가 낮지 않았다는 것을 설명한다.

셋째, 위(僞)『고문상서(古文尙書)』에는 『맹자』를 인용한 곳이 많다. 동진 매색(梅賾)이 바친 『고문상서』 25편을 동진의 인사들은 사실로 믿고 학관에 세웠다. 매색이 바친 『고문상서』에는 12장(그 가운데 1장은 중복)이 『맹자』와 매우 비슷하며 심지어 완전히 서로 같아 이에 사람들은 이는 『맹자』가 『고문상서』를 인용하여 말한 것이라 생각했다. 그러나 송대의 오역(吳棫)과 주희, 원대의 조맹부(趙孟頫), 오징(吳澄)은 모두 이 책에 대해 의심을 품었다. 명대의 매작(梅鷟)은 『상서고이(尙書考異)』를 지어 위작으로 정했다. 청대의 염약거(閻若璩)는 『고문상서소증(古文尙書疏證)』, 혜동(惠棟)은 『고문상서고(古文尙書考)』를 지어 일일이 위작의 내원을 밝혔다. 정안(丁晏)은

『상서여론(尙書餘論)』을 지어 한 걸음 더 나아가 삼국 때 왕숙(王肅)이 지은 것으로 인정하였다. 이로부터 매색이 바친『고문상서』가 위서라는 것이 이미 정론이 되었다. 이렇게 하여 사람들은 그 12장은『맹자』에서『고문상서』를 인용하여 말한 것이 아니라 위『고문상서』의 작자가『맹자』에서 초록해간 것임을 알게 되었다. 위『고문상서』의 작자는 대량으로『맹자』를 인용하였다.『맹자』가 당시 사인들에게 매우 큰 영향을 끼쳤음을 알 수 있다.

위『고문상서』에서『맹자』를 인용한 정황은 아래의 표를 보기 바란다.

『맹자』	위『고문상서』
『書』曰: "天降下民, 作之君, 作之師, 惟曰其助上帝寵之. 四方有罪无罪惟我在, 天下曷敢有越厥志?"(2.3)	天佑下民, 作之君, 作之師, 惟其克相上帝, 寵綏四方. 有罪無罪, 予曷敢有越厥志?(「泰誓上」)
「太甲」曰: "天作孼, 猶可違; 自作孼, 不可活."(3.4, 7.8)	天作孼, 猶可違; 自作孼, 不可追.(「太甲 中」)
『書』曰: "若藥不瞑眩, 厥疾不瘳."(5.1)	若藥弗瞑眩, 厥疾弗瘳.(「說命 上」)
『書』曰: "葛伯仇餉."(6.5)	乃葛伯仇餉.(「仲虺之誥」)
"有攸不爲臣, 東征, 綏厥士女, 篚厥玄黃, 紹我周王見休, 惟臣附于大邑周."(6.5)	肆予東征, 綏厥士女. 惟其士女, 篚厥玄黃, 昭我周王; 天休震動, 用附我大邑.(「武成篇」)
「太誓」曰: "我武惟揚, 侵于之疆, 則取于殘, 殺伐用張, 于湯有光."(6.5)	我武惟揚, 侵于之疆. 取彼凶殘, 我伐用張. 于湯有光.(「泰誓 中」)
『書』曰: "洚水警余."(6.9)	洚水儆子.(「大禹謨」)
『書』曰: "丕顯哉, 文王謨! 丕承哉, 武王烈! 佑啓我後人, 咸以正無缺."(6.9)	丕顯哉, 文王謨! 不承哉, 武王烈! 啓佑我後人, 咸以正罔缺.(「君牙篇」)
萬章問曰: "舜往于田, 號泣于旻天."(9.1)	帝初于歷山, 往于田, 日號泣于天.(「大禹謨」)
「太誓」曰: "天視自我民視, 天聽自我民聽."(9.5)	天視自我民視, 天聽自我民聽.(「泰誓 中」)
「伊訓」曰: "天誅造攻自牧宮, 朕載自亳."(9.7)	于其子孫弗率, 皇天降災, 假手于我,有命: 造攻自鳴條. 朕載自亳.(「伊訓」)

양한시기에 어떤 사람은 맹자에 대해 회의와 비판을 제기하였다. 대표

적인 주요인물은 왕충(王充)이다. 왕충은 「자맹(刺孟)」을 지어 8개 방면에서 맹자를 비판했다. 첫째, 재화의 이와 평안하고 길한 이가 있는데, 맹자는 양혜왕에게 "하필이면 이(利)입니까?"라 하여 두 가지 다른 이익을 명확하게 구분하지 않아 혼동을 조성하였다. 둘째, 제왕이 맹자에게 집을 주고 만 종의 봉록으로 제자들을 기르게 하였는데 맹자는 기뻐하지 않으며 "10만 종을 받는 것은 그 도리가 아니며", "자기는 부귀를 탐하지 않는다"라 하였다. 셋째, 심동(沈同)이 사적으로 연(燕)을 치는 일을 물었더니 맹자는 "된다"고 해놓고 나중에는 부인하였으니 또 해석을 달리한 것이다. 넷째, 맹자는 제를 떠나 사흘을 묵고 주(晝)를 나섰는데 제에 머무를 때는 부르지 않는 신하가 있다고 하였으니, 맹자가 지조를 지킴은 전후가 같지 않다. 다섯째, 맹자는 500년이면 왕자(王者)가 일어난다고 하였는데 사실(史實)과 부합하지 않는다. 여섯째, 팽경(彭更)이 일하지 않고 먹는 것에 대하여 물었는데 맹자의 답은 검소함을 잃었다. 일곱째, 맹자는 중자(仲子)를 책망하면서 지렁이가 된 후라고 비유하였는데 타당성을 상실한 이유다. 여덟째, 맹자는 명이 아닌 것이 없다고 하면서 순수하게 그 바름을 받아들이라고 하였는데 그 정명(正命)의 설은 많은 역사적 사실에서 해석할 수 없다. 왕충의 「자맹」은 순자(荀子)의 「비십이자(非十二子)」 후로 맹자에 대한 가장 엄혹한 질책이다. 비록 나중에 당송의 맹자를 의심하고 맹자를 비난하는 사조의 중요한 단초가 되긴 하였으나 전반적으로 당시에는 결코 주도적인 지위를 차지하지 못했다.

2. 당송 이래 차츰 격이 올라가다

당송 시기에 맹자의 지위는 상승하기 시작하여 실로 저우위퉁(周予同)

이 말한 것처럼 "맹자 승격 운동"이 있었다.[9]

(1) 맹자 승격 운동의 원인

객관적으로 말하면 맹자 승격 운동은 사회발전의 수요에 근원을 두고 있다. 위진에서 수당에 이르는 700여 년간 현학사조가 일세를 풍미하였고 불교가 동진하였으며, 도교가 건립됨에 따라 유학은 엄준한 도전에 맞닥뜨렸으며 차츰 양한 시기의 독존적인 우세를 잃어가 중도에서 쇠퇴하는 상태로 빠져들어 갔다. 당대에 이르러 도교와 불교의 역량이 날로 성하여져 유학은 사실상 이미 통치 사상의 정족지세 중 하나에서 격하되었다. 특히 과거로 사인을 선발하는 제도가 부단히 발전함에 따라 '진사(進士)'를 중시하고 '명경(明經)'을 경시하여 유가 경전을 다락 높이 묶어놓아 유학은 갈수록 사인들에게 중시되지 못하게 되었다.

이런 도전에 직면하여 유학의 옛 형식은 천인감응의 신학목적론이든 아니면 명물과 훈고의 한당 경학이든 막론하고 현저히 모두 사회발전의 수요에 적응할 수 없었다. 유학은 자기를 발전시키고 자신을 혁신하여야 이 목적에 도달할 수 있었다.

주관적으로 말하면 맹자 승격 운동이 일어난 것은 맹자의 학문이 이런 요구에 적응하는 기질을 갖추고 있었기 때문이다. 당송의 사상가가 맹자

---

[9] 저우위퉁은 일찌감치 1933년에 발표한 『군경개론(群經槪論)』에서 맹자 승격 운동의 명제를 제기했지만 구체적으로 전개하지 않았다.(『周予同經學史論著選集』, 上海人民出版社 1983, 289쪽) 쉬훙싱(徐洪興)의 박사논문 『이학의 발생-초기 이학 연구(理學的發生-早期理學硏究)』에서는 이 관점을 받아들여 여기에 대해 상세히 논술하였으며 그 후에 또 이 설에 근거하여 「당송간의 맹자 승격 운동(唐宋間的孟子升格運動)」을 지어 『중국사회과학(中國社會科學)』 1993년 제5기 상에 발표하여 학술계의 관심을 끌었다. 본 절은 이것을 많이 참고하였으며 인증하는 과정에서 원시자료를 대조하였으므로 쉬의 글과는 개별적인 곳이 대략 같지 않으니 독자들은 참고하여 살피기 바란다.

를 선택하여 유학을 새롭게 하는 운동으로 삼은 부분은 충분한 이유가 있는데 이는 맹자의 학문이 넓고 크고 정밀하고 깊으며 적지 않은 내용이 당시의 수요를 만족시키기에 딱 알맞았기 때문이다.

첫째 도통을 논하였다. 맹자는 원래 "5백 년이면 반드시 왕자가 나오니, 그 사이에 반드시 세상에 유명한 자가 있다.(五百年必有王者興, 其間必有名世者)"(4.13)라 말한 적이 있다. 아울러 요·순·우·탕·문왕·공자를 하나의 선으로 이어서 공자의 후계자로 자처할 뜻을 지니고 있었다. 당시 불교는 자기의 법통을 가지고 있어서 가르침 외에 따로 전하는 것을 주장하였다. 유가는 다시 사상 영역의 무대를 점거하려고 하였으나 자기의 도통이 없어 다른 사상에 맞서 확실히 대항할 방법과 근거가 없었다. 한유(韓愈)는 바로 이 점을 보고 비로소 맹자의 사상에서 자원을 캐내어 열심히 도통과 접속시켰는데 이 사상은 상당히 예리하다.

둘째는 이단을 배척하는 것이다. 다시 유학의 정통적 지위를 수립하려면 반드시 이론적으로 불교와 도교를 배척해야 했다. 이는 전투적인 정신을 필요로 하며 맹자의 "인심을 바로잡아 사설을 종식하며 잘못된 행실을 막으며 음탕한 말을 추방하는(正人心, 息邪說, 距詖行, 放淫辭)"(6.9) 기백이라 기치로 높이 쳐들기에 딱 좋았다. 한유가 "불골(佛骨: 사리)을 맞아들이는 것을 간언하여" 황상에게 죄를 짓는 것도 마다하지 않고 「원도(原道)」를 지어 불로를 배척하고 고문을 창도하여 과거(科擧)의 시문(時文)을 배척한 것은 모두 이런 정신의 체현이다. 그 후 석개(石介)와 손복(孫復), 구양수(歐陽脩), 이정(二程), 장재(張載), 주희 등은 불로를 비판하는 건장(健將)이 아님이 없었다. 맹자 승격 운동에 큰 공헌을 한 사람은 왕안석(王安石)이다. 표면상으로 그는 불로의 학설에 호감을 가졌으나 마음속으로는 여전히 유가의 진영에 굳건히 서서 어떠한 동요도 없었다.

셋째는 심성(心性)을 이야기하였다. 불로의 학설 및 위진의 현학은 이론적으로 매우 강한 추상성을 가지고 있다. 형이상학적 기미가 농후하여 지식분자의 구미에 비교적 적합하였으나 전통적인 유학은 이론이 거칠고 간루(簡陋)해 보여 형식이 진부하고 무미건조하여 불로의 설에 대항하려고 하기에는 매우 어려웠다. 오죽하면 당시에 "담박한 유문(儒門)은 수습하지 못하여 모두 석 씨(釋氏)에게 돌아갔다."[10]는 탄식까지 하였겠는가! 시작할 때 한유는 불교를 배척하여 "그 사람(불로의 신자)들을 사람으로 만들고 그 책을 태우고 그들의 거처를 집으로 만들어야 한다"고 주장하였다. 구양수는 한술 더 떠 이론적으로 투쟁할 것을 주장하였다. 일단의 시간적 준비를 거쳐 희·풍(熙·豊: 熙寧과 元豐으로 神宗의 연호) 연간에 이르러 많은 사상가가 이론적으로 불도에 대한 진정한 비판을 개시했다. 이런 비판의 가장 큰 장점 가운데 하나는 네가 심성을 이야기하면 나도 심성을 이야기하여 첨예하게 대립한 것이다. 심성 문제는 공자에게는 아주 간략해서 "들을 수가 없었는데(不可得而聞)" 맹자에게 있어서는 "강직하여" 큰 발전이 있었다. 이로 보건대 당송의 사인이 불로를 배척하고 맹자를 내세운 것은 지극히 자연스러운 일이었다.

넷째는 호연(浩然)을 밝혔다. 호연지기는 맹자의 장점이며 맹자 성격의 특징이다. 위진의 전란을 거친 후에 세풍이 혼란해지자 인심은 흐리멍덩해졌다. 사람들을 이런 상태에서 벗어나게 하려면 힘이 필요하다. 유가 사상 자원의 곳간에서 맹자의 호연지기는 이런 수요를 가장 만족시킬 수 있었다.

다섯째는 왕패를 변별하였다. 통치자가 경세제민에서 어떤 형식을 취할 것인가 하는 것은 송유가 열심히 토론하는 화제 가운데 하나인데, 이 문제의 표현형식이 곧 왕도와 패도의 변별이다. 위에서 말했듯이 왕패

---

[10] 진선(陳善)의 『문슬신화(捫虱新話)』.

지변은 맹자에게서 근원하며 맹자의 오변 가운데 으뜸으로 꼽힌다. 손복과 이구(李覯), 유창(劉敞), 이정(二程), 왕안석, 장재, 소식(蘇軾), 사마광(司馬光), 여조겸(呂祖謙), 주희, 진량(陳亮), 섭적(葉適) 등은 왕패를 크게 이야기하지 않은 적이 없었으며 이에 대하여 정반(正反)이 자른 듯이 다른 두 관점이 있다. 이 과정에서 그들은 맹자의 사상에서 지지를 찾을 수밖에 없었고 이것이 맹자의 지위를 현저히 갈수록 중요하게 하였다.

(2) 맹자 승격 운동의 과정

맹자 승격 운동은 8세기 중엽부터 시작되어 13세기에 이르기까지 거의 다섯 세기를 거쳤다. 쉬훙싱은 이 과정을 네 단계로 나누었다. "중당에서 당말까지가 남상기(濫觴期)이고, 북송 경력(慶歷) 전후는 초흥기(初興期), 북송 희·풍 전후는 발흥기(勃興期), 남송 중엽 및 조금 뒤까지가 완성기이다."[11]

당조의 건국부터 안사(安史)의 난이 폭발하기 전까지만 해도 맹자의 지위는 여전히 제대로 살피지 못하고 있는 상태에 처해 있었다. 당고조와 당태종, 당고종 3조의 국학에서 '주·공(周·孔)'을 제사 지내야 할지 '공·안(孔·顏)'을 제사 지내야 할지 논쟁이 벌어졌을 때, 당태종이 22명의 유자를 공묘에 더할 때, 당현종이 안연을 '아성(亞聖)'과 '연국공(兗國公)'에 봉할 때, '공문십철'과 '칠십자(七十子)'를 후·백에 봉할 때도 맹자는 일언반구 언급되지 않았다. 당시 과거 고시과목은 『주례』와 『의례』, 『예기』, 『좌전』, 『공양전』, 『곡량전』, 『역』, 『서』, 『시』 등 '구경(九經)'과 『논어』, 『효경』은 '겸통(兼通)'으로 열입되었으나 『맹자』는 어디에도 들지 않았다. 그리고 『노

---

11 쉬훙싱의 「당송간의 맹자 승격 운동」, 『중국사회과학』, 1993, 제5기, 102쪽.

자』,『장자』,『문자(文子)』,『열자(列子)』는 당현종 때 오히려 과거 과목에 들어 과거 시험이 '명경(明經)'과 같았으며, 이때『맹자』의 지위는 여전히 사부(四部) 도가의 저작에도 따라가지 못했음을 알 수 있다.

이때 제기할 만한 가치가 있는 것은 당대종 보응(寶應) 2년(763) 예부시랑 양관(楊綰)의 상소다.『맹자』를 '겸경(兼經)'에 열입하여 '명경' 과목을 늘려『논어』,『효경』과 나란히 두자고 건의했다.[12] 이 일은 윤허를 받아내지는 못했지만『맹자』가 '자'에서 '경'으로 승격되는 선하를 열었다.

진정으로 맹자 승격 운동의 서막을 활짝 연 사람은 한유이다. 한유는 처음으로 유가의 '도통'을 제기하고, 아울러 최초로 맹자의 이름을 공자의 다음으로 올렸다. 한유는 '공맹'을 높이는 것으로 당초 이래 '공안'을 높이는 것을 대신하여 당시 학계의 몇몇 사람의 주의를 끌었다. 피일휴(皮日休)는 그들 중의 하나이다. 피일휴는 한유의 맹자가 위로 공자를 이었다는데 관한 사상에 전적으로 동의하여 당의종(唐懿宗) 함통(咸通) 4년(863) 조정에 글을 올려 맹자를 승격시키라는 요구를 제기하였다. 그 글에서는 "『장자』『열자』의 책을 없애고『맹자』를 주로 하라. 그 뜻에 정통할 수 있는 자가 있으면 그 과목을 명경으로 본다."[13]는 건의를 하였다. 그러나 전체적으로 보면 한유의 주장이든 아니면 피일휴의 건의든 당시의 학계에서는 모두 매우 큰 관심을 끌기는 하였으나 통치자의 윤허는 받지 못했다.

송대는 건국 초기에 기본적으로 당대의 옛 제도를 이어받아 국자감에서는 여전히 '공·안'을 제사 지냈다. '명경'의 취사(取士)는 여전히 '구경(九經)'으로 했다. 송초 태조와 태종, 진종(眞宗)의 세 조대에서 맹자를 중시한 사람으로는 유개(柳開)와 손석(孫奭)뿐이다. 유개는 피일휴의 영향을 받

12『신당서(新唐書)』권44「선거지(選擧志)」상, 중화서국 1975, 1166~1167쪽.
13「맹자를 학과로 청함(請孟子爲學科書)」,『피자문수(皮子文藪)』권9, 중화서국 1959, 96쪽.

아 맹자를 매우 추숭하고 한유에게까지 미쳐 이름을 '견유(肩愈)'로 바꾼 적도 있다. 그는 말하였다. "양주와 묵적이 번갈아 어지럽히자 성인의 도는 다시 추락할 지경이었다. …… 그래서 맹가 씨가 나와 도우면서 글을 지어 물리치자 성인의 도가 회복되고 보존되었다."[14] 그러나 당시 유개의 사상 영향은 크지 않았다. 손석은 삼조(三朝)의 숙유(宿儒)로 진종 대중상부(大中祥符) 연간에 명을 받아 『맹자』를 교감한 적이 있으며 이로 말미암아 "맹가의 책을 상재하기를 청하고"[15] 아울러 『맹자음의(孟子音義)』 2권을 지었다.

북송 경력 전후로 맹자 승격 운동은 초흥기에 접어들었다. 인종(仁宗) 경력(1041~1048) 전후로 정치적으로 변화를 요구하는 소리가 높아지고 새로운 정치의 시행에 따라 학계에서는 강렬한 사회 사조가 흥기하였다. 이 사조의 내용 가운데 하나가 곧 존맹(尊孟)이다.

경력 사조의 영수인 범중엄(范仲淹)과 구양수도 모두 맹자를 높였다. 범중엄의 "천하가 근심하기에 앞서 근심하고 천하가 즐거워한 뒤에 즐거워한다(先天下之憂而憂, 後天下之樂而樂)"는 천고의 명구다. 맹자의 "즐거워하기를 온 천하로 하며, 근심하기를 온 천하로 한다(樂以天下, 憂以天下)"는 사상에 원류를 두고 있다. 구양수는 "공자 후로 맹가만이 도를 가장 잘 알았다."[16]라 생각했다. 당시 맹자를 추숭한 사람으로 가장 유력한 사람은 손복과 석개(石介) 두 사도(師徒)이다. 손복은 "공자가 돌아가시고 천고의 아래로 사악하고 괴벽한 설을 물리치고 기이하고 험한 행실을 평정하여 성인의 도를 도운 사람이 많을 것이지만 맹자가 으뜸이므로 그 공이 크

---

14 「장병에게 답함 1(答臧丙第一書)」, 『하동선생집(河東先生集)』 권6.
15 사마광의 『속수기문(涑水紀聞)』 권4에 보인다.
16 「장수재에게 2(與張秀才第二書)」, 『구양수전집(歐陽修全集)』 권66, 세계서국(世界書局) 1936, 482쪽.

다."[17]라 생각하였다. 석개는 말하였다. "공자가 돌아가시자 미언(微言)이 마침내 끊겨 양·묵의 무리가 바른길을 막았는데 맹자가 사람의 마음을 바로잡고 사설을 종식하며 잘못된 행실을 막으며 음탕한 말을 추방하고 양·묵을 물리쳐 제선왕과 양혜왕 등 일곱 나라의 임금을 유세하여 인의를 행하였다."[18] 범중엄과 구양수, 손복, 석개의 이런 말들은 당시 맹자를 높임이 이미 학계의 일반적인 현상이 되었음을 설명한다.

사상 면에서만 맹자를 높인 것이 아니라 실제 행동에서도 맹자를 높이는 표현을 하였다. 그 가운데 하나의 큰일이 곧 연주(兗州) 추현(鄒縣)에 맹묘를 건립한 것이다. 송 인종 경우(景祐) 5년(1038) 연주지현 공자 35세손 공도보(孔道輔)는 추현에 맹자묘(廟)를 건립했다. 공도보는 "제유 가운데 성문(聖門)에 큰 공을 세운 자로는 맹자만 한 사람이 없다. 맹자는 이수(二豎)의 화를 힘껏 평정하였는데도 후세에 제사를 받지 못하였으니 이에 그 빠뜨림이 너무 심하구나!「제법(祭法)」에서 말하기를 '큰 재해를 막아 냈으면 제사 지내고, 큰 환란을 막아 냈으면 제사 지낸다.'라 하였다. 맹자는 큰 재해를 막고 큰 환란을 막았다고 할 수 있다. 또한 추는 옛날 맹자의 마을로 지금 다스리는 한 곳이라 내 그 무덤을 방문하고 나타내어 새로 사당을 짓고 제사를 지내 그 공렬을 정표(旌表)한다."라 하였다. 그 후 읍의 동북쪽 30리 지점 사기산(四基山)의 남쪽에서 맹자의 무덤을 찾아내어 잡초 덤불을 제거하고 맹묘를 짓고 공손추(公孫丑)와 만장(萬章) 등을 배향하였다. 아울러 전문적으로 손복에게 기문을 써줄 것을 청하였다.[19]

이후로 맹자 승격 운동은 신속하게 발전하여 송 신종 희·풍 연간

---

17 『손명복소집(孫明復小集)』「연주추현건맹묘기(兗州鄒縣建孟廟記)」, 문연각(文淵閣)『사고전서(四庫全書)』권1090, 대만상무인서관(臺灣商務印書館) 1986, 174쪽.

18 「사건중수재에게(與士建中秀才書)」, 『조래석선생문집(徂徠石先生文集)』권14, 중화서국 1984, 162~163쪽.

(1068~1085)에 최고조에 달하였다. 당시 이정의 낙학(洛學)과 장재(張載)의 관학(關學), 왕안석의 신학(新學)은 정견이 일치하지 않았으나 맹자를 높이는 면에서는 완전히 일치하였다.

이정과 장재가 맹자를 높인 언론은 매우 많다. "공자가 돌아가심에 공자의 도를 전한 자는 증자일 따름이다. 증자가 자사에게 전하여주고, 자사가 맹자에게 전하여주었으며, 맹자가 죽자 전하여지지 않았다. 맹자에 이르러 성인의 도는 더욱 높아졌다."[20] "맹자가 성문에 공을 세운 것은 말할 수 없다. 중니는 단지 인만 말하였는데 맹자는 입만 열면 인의를 말하였다. 중니는 단지 지(志)만을 말하였는데 맹자는 수많은 양기(養氣)를 말하였으니, 단지 두 글자의 차이일 뿐이지만 그 공은 매우 크다."[21] 장재 또한 말하였다. "옛 학자는 곧 천리를 세웠는데 공맹 이후로 그 마음이 전하여지지 않아 순자와 양웅이 모두 알 수 없었다." "성인을 알려면 『논어』『맹자』만큼 중요한 것이 없다. 『논어』『맹자』 두 책은 배우는 자에게 큰 족적으로 함영해야 한다."[22] 『정몽(正蒙)』의 「중정(中正)」, 「작자(作者)」, 「삼십(三十)」, 「유덕(有德)」, 「유사(有司)」 등 여러 편 가운데에는 『논어』『맹자』에 대해 대량으로 인증하고 발휘한 것이 있으며 따로 『맹자해(孟子解)』 14권을 지었다.(이미 실전되었다)

맹자 승격 운동에서 특별히 주의해야 할 사람은 왕안석이다. 왕안석은 평생 맹자를 간직하여 맹자를 끌어다 천고의 지기로 삼았다. "혼백이

---

19 이 일은 사서의 기록에는 보이지 않으며 자료의 출처는 『손명복소집(孫明復小集)』「연주추현건맹묘기(兗州鄒縣建孟廟記)』이다. 문연각 『사고전서』 권1090, 대만상무인서관 1986, 175쪽에 보인다. 『사고전서』에는 '사기산(四基山)'이 '사묘산(四墓山)'으로 잘못되어 있으며, 여기서는 『중찬삼천지』에 근거하여 바로잡는다.
20 『이정집(二程集)』 권25, 중화서국 1981, 327쪽.
21 『이정집』 권18, 중화서국 1981, 221쪽.
22 『장재집(張載集)』, 중화서국 1978, 273, 272쪽.

가라앉았다가 떴다가 부를 수가 없는데 유편을 한번 읽어보면서 풍표를 생각해본다. 온 세상에 우활함을 싫어함 어찌 방해되겠는가? 예로부터 이 사람이 있어서 쓸쓸함이 위로가 된다.(沉魄浮魂不可招, 遺編一讀想風標. 何妨擧世嫌迂闊, 故有斯人慰寂寥)"[23] 그는 또한 맹자 같은 인물이 되는 것을 분투의 목표로 삼아 "도의를 전하고자 하니 마음이 비록 웅장해지나 문장 짓기를 배우느라 힘이 이미 다하였다. 훗날 맹자를 엿볼 수 있다면 죽도록 어찌 감히 한공을 바라겠는가?(欲傳道義心雖壯, 學作文章力已窮. 他日若能窺孟子, 終身何敢望韓公)"[24] 왕안석은 『맹자』 연구에 부지런하여 『맹자해(孟子解)』 14권(이미 일실)을 지었다. 그 신변의 사람 가운데는 『맹자』에 대하여 평소에 연구한 사람이 많았다. 그 아들 왕방(王雱)은 『맹자해』 14권을 지었고,[25] 동서인 왕령(王令)은 『맹자강의(孟子講義)』 5권을 지었으며,[26] 문인 공원(龔原)은 『맹자해』 10권을 남겼고,[27] 허윤성(許允成)은 『맹자신의(孟子新義)』 14권을 남겼으며,[28] 그의 변법 조수 가운데 하나인 심괄(沈括)은 『맹자해』 1권을 남겼다.[29]

왕안석이 주의할 만한 또 다른 방면은 그가 당시의 국가권력을 장악하고 있었기 때문에 맹자 승격 운동이 조정의 지지를 얻을 수 있게 한 것이다. 그의 격려 아래 맹자 승격 운동은 실행에 부치는 방면에서 매우 큰 진전을 이루었다.

희령(熙寧) 4년(1071) 2월에 『맹자』는 처음으로 과거의 과목으로 들어

---

[23] 『왕안석시집(王安石詩集)』 권32 「맹자」, 『왕안석전집(王安石全集)』 하책.
[24] 『왕안석시집』 권22 「삼가 영숙이 보내온 시에 답하다(奉酬永叔見贈)」, 『왕안석전집』 하책.
[25] 지금은 일실되었으며, 『군재독서지(君齋讀書志)』 「후지(後志)」 권2, 『송사』 「예문지(藝文志)」에 보인다.
[26] 지금은 일실되었으며, 『송사』 「예문지」에 보인다. 서문은 『광릉집(廣陵集)』에 남아 있다.
[27] 지금은 일실되었으며, 『송원학안(宋元學案)』에 보이며, 『송사』 「예문지」에도 보인다.
[28] 지금은 일실되었으며, 『군재독서지』 「후지」 권2 및 『송원학안』에 보인다.
[29] 지금 심괄의 『장흥집(長興集)』 권32에 남아 있다.

갔다.³⁰

　희령 7년(1074)에 판국자감(判國子監) 상질(常秩) 등이 조정에 맹가상을 세울 것을 청하였다.³¹

　원풍(元豊) 6년(1083) 10월에는 맹자가 처음으로 추국공(鄒國公)에 봉하여졌다.³² 이는 맹자가 처음으로 황제에게서 '공'의 작위를 받은 것이다.³³

　원풍 7년(1084) 5월에 맹자를 처음으로 공묘에 배향하라는 윤허가 내렸다.³⁴

　정화(政和) 5년(1115)에 정부가 연주 추현의 맹묘를 승인하고 악정자를 배향하고 공손추 이하 17인을 종사하라는 조칙이 내렸다.³⁵

　선화(宣和) 연간(1119~1125)에 『맹자』는 처음으로 각석(刻石)되어 실제적인 '십삼경'의 하나가 되었다.³⁶

　이상에서 열거한 희령 연간의 일은 왕안석이 집권하던 기간에 발생하였다. 원풍 연간에는 왕안석이 은퇴하였지만 집정자가 모두 신당이었다. 정화에서 선화 연간 사이는 채경(蔡京)이 집권하였는데 또한 "신법"을 행한다고 일컬었기 때문에 이런 일들은 실제 모두 왕안석과 관련이 있다. "이 때문에 왕안석은 실로 '맹자 승격 운동'의 첫째가는 공신이라 일컬을 만하다."³⁷

　남도 후 맹자 승격 운동은 이미 막바지에 접어들었다. 당시 '신학'은 버

---

30 『속자치통감장편(續資治通鑑長編)』 권220에 보인다. 중화서국 1986, 5334쪽.
31 「예지(禮志) 8」, 『송사』 권105, 중화서국 1977, 2548쪽.
32 『속자치통감장편』 권340에 보인다. 중화서국 1986, 8186쪽.
33 리우페이페이의 「역대 맹자에 대한 봉사와 존숭」에 보인다. 『맹자가세』, 중국문사출판사 1991, 25~33쪽.
34 『속자치통감장편』 권345, 중화서국 1986, 8291쪽에 보인다.
35 「예지 8」, 『송사』 권105, 중화서국 1977, 2549쪽.
36 『군재독서지』 권10 『석경맹자(石經孟子)』에 보인다.
37 쉬훙싱의 「당송간의 맹자 승격 운동」, 『중국사회과학』, 1993, 제5기, 107쪽.

려지긴 했으나 맹자를 높임은 여전히 통치자들에게 받아들여졌다. 송 고종의 어서(御書) '석경'은 『맹자』를 넣는 것을 잊지 않았다.³⁸ 학계에서 맹자를 높임은 더욱 보편화하였다. 주희는 일생을 다하여 정력적으로 『논어』와 『맹자』, 『대학』, 『중용』을 주해하였다. 육구연은 그의 학문을 "『맹자』를 읽어 스스로 터득했다"고 스스로 일컬은 것으로 보아 맹자를 높이는 태도가 얼마나 진실한지 알 수 있다. 송 영종(寧宗) 가정(嘉定) 5년(1212)에 이르러 국자사업 유약(劉爚)이 주희의 『논어맹자집주』를 관방지학으로 삼을 것을 상주하여 허락을 받았다.³⁹ 송 이종(理宗) 가우(淳祐) 원년(1241) 조칙을 내려 주희를 칭찬하고 "짐이 생각건대 공자의 도는 맹가 후로 전하여지지 않게 되었는데 아조(我朝)에 이르러 주돈이(周敦頤)·장재·정호(程顥)·정이(程頤)의 참된 실천을 보게 되었으니 천 년간 끊어졌던 학문이 비로소 갈 길을 찾게 되었다. ······"⁴⁰라 일컬었다. 이는 정주의 도통이 위로 공맹을 이어받아 일맥상통한다는 것을 정식으로 인정한 것과 마찬가지이다. 이에 상응하여 서적 편목에서 『맹자』는 근본적인 변화가 발생하였는데, 당시의 목록학자 진진손(陳振孫)이 말한 것과 같다. "지금 국가에서 학과를 설치하면서 『논어』와 『맹자』를 나란히 경으로 삼았는데 정 씨(程氏) 등 제유가 두 책을 훈해(訓解)하면서 늘 표리로 삼았으므로 하나의 부류로 합친다."⁴¹ 이에 이르러 『맹자』는 경으로 승격되어 『논어』와 나란히 놓여 맹자 승격 운동의 기본이 완성되었다.

맹자 승격 운동이 기본적으로 완성된 후 원대에 이르러 조정에서는 맹자에 대한 봉사(封賜)가 정점에 다다랐다. 원 문종(文宗) 지순(至順) 원년

---

38 고염무(顧炎武)의 『석경고(石經考)』, 문연각 『사고전서』 권683, 851쪽을 참고하여 보라.
39 「유약전(劉爚傳)」, 『송사』 권401, 중화서국 1977, 12171쪽.
40 「이종본기(理宗本紀)」, 『송사』 권42, 중화서국 1977, 821쪽.
41 「어맹류(語孟類)」, 『직재서록해제(直齋書錄解題)』 권3.

(1330)에 맹자를 추국아성공(鄒國亞聖公)에 더하여 추증하였다.[42] 문종은 성지를 내려 말하였다. "짐이 성학을 상고하여 격언을 받으니 이에 신칭(新稱)이 드러나 우악(優渥)한 은전을 밝히도다. 아아! 시와 서를 외면서 옛사람과 벗하고 아득히 추로의 기풍을 생각해보니 인의가 아니면 진달하지 않았기에 당우(唐虞: 堯舜)의 다스림을 기약한다. 천년에 영명한 기풍을 떨쳐 울연히 밝은 빛을 발하였으니 추국아성공에 봉할 만하다."[43] 이는 맹자가 처음으로 조정에서 '아성'으로 봉해진 것이다. 이로부터 역사에서 '아성'은 맹자의 대명사가 되었다.

(3) 맹자 승격 운동 중의 역류

맹자 승격 운동에는 맹자를 높이는 소리만 있었던 것이 아니라 의맹(疑孟)과 비맹(非孟)의 사조도 존재하였다. 이는 맹자 승격 운동에서의 역류라고 할 수 있다.

송대의 의맹과 비맹에 관한 상황은 두 저작을 참고할 수 있다. 첫째는 소박(邵博)의 『소씨문견후록(邵氏聞見後錄)』이다. 그 가운데 권11에서 13까지는 맹자를 비판한 10가의 언론을 집록하였다. 『순자』의 「비십이자(非十二子)」를 제외한 나머지 9가는 모두 송유로 다음과 같다. 사마광의 「의맹(疑孟)」, 소식의 「논어설(論語說)」, 이구의 「상어(常語)」, 진차공(陳次公)의 「술상어(述常語)」, 부야(傅野)의 「술상어(述常語)」, 유창(劉敞)의 「명순(明舜)」, 장유(張兪)의 「한유가 맹자의 공이 우보다 못하지 않다고 칭한 것을 밝힘(諭韓愈稱孟子功不在禹下)」, 유도원(劉道原)의 「자치통감외기(資治通鑑外紀)」, 조열

---

42 「제사지(祭祀志) 5」, 『원사(元史)』 권76, 중화서국 1976, 1892쪽.
43 맹묘 각석 「맹자를 추국아성공에 더하여 봉하는 교지(加封孟子爲鄒國亞聖公旨碑)」, 『맹자가세(孟子家世)』에서 인용, 중국문사출판사 1991, 30쪽.

지(晁說之)의 「주심황태자독맹자(奏審皇太子讀孟子)」이다. 둘째는 남송 여윤문(余允文)의 「존맹변(尊孟辨)」이다. 이 책은 전적으로 반맹자와 변론한 것으로 다음과 같다. 왕충의 「자맹」, 이구의 「상어」, 사마광의 「의맹」, 소식의 「논어설」, 정후(鄭厚)의 『예포절충(藝圃折衷)』이다. 이 두 저작이 제공한 상황 외에 양송시기 의맹과 비맹의 저작으로는 다음과 같은 것도 있다. 북송 하섭(何涉)의 「산맹(刪孟)」, 북송 풍휴(馮休)의 「산맹(刪孟)」, 남송 이기(李耆)의 「초택총어(楚澤叢語)」, 섭적의 「습학기언서목(習學記言序目)」, 황차급(黃次伋)의 「평맹(評孟)」, 조공무(晁公武)의 『군재독서지』 및 원풍 연간의 맹자의 공묘 배향에 관한 여러 사람의 반대 의견이다.44 이런 인물과 저작들 가운데에 어떤 것은 영향이 크지 않고, 어떤 것은 상세히 고찰하기가 어려우며, 어떤 것은 결코 전형적인 의맹비맹(疑孟非孟)에 속하지 않는다. 그중에서도 태도가 결연하고 영향이 큰 것은 이구, 사마광, 조열지, 정후, 섭적 등이다.

이구는 경력 연간 비맹의 주요 대표로 삼을 수 있다. 이구의 비맹에 관한 언론은 주로 「상어」에 보이고, 「예론(禮論)」과 「부국책(富國策)」, 「원문(原文)」, 「산정역도서론(刪定易圖序論)」 등편에도 흩어져 보인다. 이구의 비맹 논점은 주로 맹자가 도통을 잇지 않았으며, 공자를 배반했고, 육경에 회의를 품었으며, 왕을 높이지 않았다는 것이다. 그는 맹자의 성선론을 반대하였으며, 맹자는 공리를 배척하였다고 주장한다.

사마광의 「의맹」은 주로 정치적인 면에서 왕안석을 공격하였다. 그는 글 가운데에서 "군신지의(君臣之義)"와 "신하의 출처(出處)와 진퇴(進退)" 등 정치적 관점을 논급하였다. '귀귀(貴貴: 윗사람을 공경함)'를 강조한 것은 왕안석이 맹자의 '존덕낙도(尊德樂道)'를 인용한 것과 분명히 다르므로 「의맹」

---

44 「예지(禮志)8」, 『송사』 권105, 중화서국 1977, 2549쪽.

에 대해서는 정치적 이해가 선행되어야 한다. 그러나 사마광의 의맹은 절대 완전히 정치적 목적에서 나온 것이 아니며 학술적 관점도 같지 않다. 왕안석은 이렇게 말한 적이 있다. "지금 학자들은 맹자면 양자(揚子)를 비난하고 양자면 맹자를 비난한다."[45] 사마광은 특별히 양웅을 추숭하여 30년 세월을 연구에 잠심하여 『태현집주(太玄集注)』와 『법언집주(法言集注)』를 지은 적이 있다. 『자치통감』에서 여러 차례 양웅의 말을 인용하여 증명하였으며 '성선악혼설(性善惡混說)'에 찬동하였기 때문에 「의맹」에서 인성론의 내용을 두고 맹자의 성선론에 잘못이 있다고 비판하는 것은 '변론으로 사람을 이기는 것'이다. 양웅과 맹자의 관점이 같지 않고, 사마광이 양웅의 관점에 동조하였으니 자연히 학술적인 면에서 맹자를 높인 왕안석과 맞지 않았기 때문이다.

사마광의 문인으로 조열지의 태도는 그 스승보다 훨씬 격렬하였다. 그가 지은 「유언」에는 전문적으로 맹자를 비난하는 내용이 있는데 왕안석까지 아울러 비판하였다. 조열지가 공개적으로 상소를 올려 『맹자』를 학과에 세우는 것을 반대한 것은 더욱 심각하다. 황태자가 『맹자』를 먼저 읽은 후에 『논어』를 읽는 것에 반대하였다.[46] 조 씨의 태도가 과격하여 맹자를 높인 송 고종의 불만을 일으켜 벼슬을 그만두게 했다.

정후는 당시 "명유"로 일컬어졌다.(余允文의 「尊孟辨」에 보임) 『예포절충』을 지었는데 지금은 일실되고 그 내용이 여윤문의 「존맹변」에 대략 보인다. 「존맹변」에 남아 있는 내용으로 보건대, 정후의 비맹은 별다르게 새로운 뜻이 없으며 그 특징은 맹자에 대한 인신공격으로 욕설을 극진히 하는 것이 능사였다. 아래의 일단은 매우 "정채로워" 인용하지 않을 수 없다. "가(軻)라는 자는 한갓 말재주로 환심을 사서 자신의 이록만을 꾀하여, 오

---

45 「양맹(揚孟)」, 『왕안석전집』 상책 권27.
46 조열지의 『경우생집(景迂生集)』 권3에 보인다.

늘은 양혜왕에게 유세하고 내일은 제선왕에게 유세하여 모두 탕왕과 무왕이 천자에게 반기를 들었던 것과 같은 일을 하도록 함정에 빠뜨렸으니 이는 가가 남을 해치는 마음이다. 아비의 병이 위독한데 비록 상신(商臣)을 자(子)로 삼게 하고 살기를 바라지 않음이 없었으니 그 어찌 직접 구원받지 못할 곳을 두었단 말인가! 가는 잔인한 사람이며 변사이니 장의와 소진 같은 유세가들 중에서도 으뜸이다. 그 자질은 얇았고 그 본성은 총명하였으며 그 행동은 가벼웠고 그 말은 흐르는 물과 같았으며 응답은 메아리 같았으니 어찌 군자와 장자의 말이겠는가! 그가 스스로 소진과 장의, 범저(范雎)와 채택(蔡澤), 신불해(申不害)와 한비(韓非), 이사(李斯)의 무리를 면한 것은 중니를 끼고 천하를 속인 것이다! 여러 사람으로 하여금 모두 평소에 하던 것을 어기고 풍속을 바꾸게 하고 가만히 '인의' 두 글자를 핑계로 삼으니 이 또한 맹가일 따름일 것이다. …… 맹가가 인의를 노래한 것은 인의를 판 것이다!"47 정후는 맹자가 입을 놀려 인의를 팔아 중니를 끼고 천하를 속였다고 했다. 이렇게 과격하고, 이렇게 검증되지 못한 것은 실제로 금시초문이다.

섭적은 남송 사공학파(事功學派)의 집대성자로 당시의 맹자를 높이는 기풍에 명확하게 반대를 표명했다. 섭적은 한유 이래 유행한 공자가 증삼에게 전하고, 증삼은 자사에게 전하였으며 자사는 맹자에게 전하였다는 견해를 부정하고 다음과 같이 지적했다. "공자가 증자에게 전하고 증자는 자사에게 전하였다고 하는 말은 반드시 오류일 것이다."48 섭적은 맹자를 다방면으로 비판하였는데 맹자에게는 네 방면의 문제가 있다고 생각했다. "덕을 엷이 넓었으며, 말을 다스림이 빨랐고, 처세가 너무 과하였으며, 세상을 살아감이 소략하다." 그는 구체적으로 해석하여 말했다.

---

47 「존맹변」 권하, 문연각 『사고전서』 권196, 대만상무인서관 1986, 542~543쪽.
48 「황조문감삼·서(皇朝文鑒三·序)」, 『습학기언서목(習學記言序目)』 권49, 중화서국 1977, 739쪽.

"맹자는 성을 말하고 명을 말하고 인을 말하고 천을 말하였는데 모두 고인이 미치지 못한 것이므로 '덕을 엷이 넓다'라 하였다. 제(齊)와 등(滕)은 나라의 크기가 다른데 왕도를 행하라고 말한 것은 모두 물을 쏟아내듯 거침이 없어 실로 탕왕, 문왕, 무왕처럼 생각하였으니 '말을 다스림이 빠르다'고 하였다. 스스로 '서인은 제후를 만나지 않는다'라 하였지만 팽경(彭更)이 한 말로 고찰하건대 '수레가 수십 대와 종자 수백 명을 딸렸다'라 하였으니 서인이라 할 수 있겠는가? 그래서 '처세가 너무 과하다'고 하였다. 공자는 문양(汶陽)의 땅을 회복시켜 이로써 다시 대답을 못하게 하였다. 제(齊)의 향연을 물리치고 양구거(梁丘據)와 이야기하였는데 맹자는 왕환(王驩)과 일을 행함을 말하지 않았으니 꺼리고 번거로워함이 이와 같은가? 그래서 '세상을 살아감이 소략하다'고 하였다."[49] 맹자에 대한 섭적의 비판은 공리를 중히 여기고 공을 세우는 것을 중히 여기는 이론적 신념과 일정한 관계가 있을 것 같지만 위에서 인용한 네 조목만 가지고 보면 맹자에 대한 오해가 매우 깊다. 어쨌든 섭적은 맹자에 대한 비판에도 비교적 주의를 기울여 사실을 드러내고 도리를 말하였다. 이야기하고 논한 것은 기본적으로 모두 이론적인 차원에서 진행하여 정후에 비하면 완전히 다른 형편에 속한다.

이런 인물들의 맹자에 대한 비판은 기본적으로 당시 의맹과 비맹의 일반적인 동향을 반영할 수 있다. 맹자를 존숭하는 전체적인 배경에서 이런 동향은 확실히 세력이 약하고 시의에 적절하지 않기 때문에 맹자 승격 운동의 역류라고 일컬을 수 있다.

---

49 「황조문감삼·서」, 『습학기언서목』 권49, 중화서국 1977, 739쪽.

3. 명청 양대의 순탄한 발전

맹자 승격 운동이 완성된 후 명청 양대에서는 명태조(明太祖)가 맹자의 제사를 파한 일 빼고는 맹자의 지위에 근본적인 변화가 발생하지 않고 기본적으로 순탄하게 발전하였다.

명 홍무(洪武) 3년(1370)[50]에 주원장(朱元璋)은 『맹자』를 읽고 "군주가 신하 보기를 수족과 같이하면 신하가 군주 보기를 복심과 같이 여기고, 군주가 신하 보기를 개와 말처럼 하면 신하가 군주 보기를 국인[路人]과 같이 여기고, 군주가 신하 보기를 토개와 같이하면 신하가 군주 보기를 원수와 같이 한다.(君之視臣如手足, 則臣視君如腹心; 君之視臣如犬馬, 則臣視君如國人; 君之視臣如土芥, 則臣視君如寇讐)" 등의 구절에 대하여 크게 불만을 가져 이는 신하가 할 말이 아니라고 생각하여 배향을 철회하라는 명을 내리고 아울러 조칙을 내려 이에 대해 간언하는 자가 있으면 큰 불경의 죄로 논하겠다고 말하였다. 형부상서 전당(錢唐)이 죽음을 무릅쓰고 직언하여 소장을 올려 간언하고 말하였다. "신은 맹자 가를 위해 죽는다면 죽어서 큰 영광일 것입니다." 이듬해에 대신들의 완강한 반대로 주원장은 부득이하여 말을 바꾸었다. "맹자는 이단을 변별하고 사설을 물리쳐 공자의 도를 발명하였으므로 옛날처럼 배향한다."[51] 그러나 홍무 27년(1394) 주원장은 또 대학사 유삼오(劉三吾)에게 『맹자절문(孟子節文)』을 닦아 책 가운데 "말하는 사이

---

[50] 주원장이 국자감에서 맹자의 제사를 물리치도록 명한 것은 『명사(明史)』 홍무 5년(1372)에 실려 있다. 룽자오쭈(容肇祖)는 전조망(全祖望)의 『길기정집(鮚埼亭集)』 및 이지조(李之藻)의 「반궁예악소(泮宮禮樂疏)」에 의거하여 홍무 3년이 되어야 한다고 생각하였는데, 비교적 근거가 있어서 본서에서는 그대로 따른다. 룽자오쭈의 「명태조의 맹자 절문(明太祖的孟子節文)」, 『용필조집(容肇祖集)』, 제로서사(齊魯書社) 1989, 170~183쪽을 참고하여 보라. 또한 황쥔제(黃俊傑)의 『맹학사상사론(孟學思想史論)』 권1, 대만동대도서공사(臺灣東大圖書公司) 1991, 167쪽에 보인다.

[51] 「예지(禮志) 4」, 『명사』 권50, 중화서국 1974, 1296쪽.

에 억양이 너무 지나친 것" 85조목을 깎아내도록 했다. 『맹자절문제사(孟子節文題辭)』에서는 말하였다. "맹자라는 책에는 말하는 사이에 억양이 너무 지나친 것이 85조목이다. 그 나머지 170여 조목은 모두 중외의 교관(校官)에게 반포하여 이 책을 읽는 자로 하여금 본뜻을 알게 할 것이니 지금 85조목 안에서는 시험을 칠 때 명제로 삼지 말 것이다. 과거를 볼 때 사인을 취하게 하지 말고 한결같이 성현의 중정(中正)한 학문을 근본으로 한다."[52]

세종(世宗) 가정(嘉靖) 9년(1530) 대학사 장총(張璁)이 진언하였다. "선사의 사전(祀典)은 바르게 고쳐야 합니다." 황제가 이에 신하들에게 논의하게 하였다. "사람들은 성인을 지극하게 생각하며 성인은 공자를 성스럽게 생각한다. 송 진종이 공자를 지성(至聖)이라 일컬었으니 그 뜻이 이미 갖추어졌다. 이제 공자의 신위를 '지성선사공자(至聖先師孔子)'로 적음이 마땅하니 그 왕의 호칭 및 대성(大成), 문선(文宣)이란 칭호는 없애도록 하라. 대성전을 선사묘(先師廟)로, 대성문을 묘문(廟門)으로 바꾸라. 사배(四配)는 복성안자(復聖顔子), 종성증자(宗聖曾子), 술성자사자(述聖子思子), 아성맹자(亞聖孟子)라 칭한다."[53] 이렇게 하여 맹자는 봉작을 떼어내고 '추국아성공(鄒國亞聖公)'에서 바로 '아성(亞聖)'이라 칭하게 되었다.

청대에서는 명의 제도를 답습하여 그대로 맹자를 '아성'이라 일컬었다. 숭덕(崇德) 원년(1636), "성경(盛京: 瀋陽)에 묘우를 세우고 대학사 범문정(范文程)을 보내 제사를 지내게 했다. 안자와 증자, 자사, 맹자를 배향하였다."[54]

---

52 『맹자절문』 뒤에 첨부한 「맹자절문제사」에 보인다. 명각본 『북경도서관진본총간(北京圖書館珍本叢刊)』 권1, 서목문헌출판사(書目文獻出版社) 1991.
53 「예지 4」, 『명사』 권50, 중화서국 1974, 1298~1299쪽.
54 「예지 3」, 『청사고(清史稿)』 권84, 중화서국 1977, 2532쪽.

순치(順治) 2년(1645)에는 "정중(正中)에 선사 공자를 제사 지냈는데 남향이다. 사배는 복성안자와 종성증자, 술성자사자 그리고 아성맹자이다."[55]

강희(康熙) 25년(1686) 4월에 강희제는 맹묘에 거대한 비석을 세우고 맹자를 성찬하였다. "우뚝하도다 아성이여 높고 큰 태산이로다. 공업이 우와 직을 능가하고 덕이 공자와 안자에 드는도다.(岳岳亞聖, 巖巖泰山, 功邁禹稷, 德參孔顏)"[56] 28년(1689) 공묘에 비석을 세우고 어제「맹자찬(孟子贊)」을 지었다. "철인이 사라지자 양묵이 성했다. 자여가 그들을 쫓아내며 인과 의를 말하였다. 성선을 홀로 밝혔고 말을 알아듣고 기를 길렀다. 도는 요순을 일컫고, 학문은 공리를 물리쳤다. 빛나도다 7편의 글이여! 육예와 나란히 전하였다. 공자의 학문 이로써 전하여지니, 우의 공과 짝하리라.(哲人既萎, 楊墨昌熾. 子興辟之, 曰仁曰義. 性善獨闡, 知言養氣. 道稱堯舜, 學屏功利. 煌煌七篇, 幷垂六藝. 孔子攸傳, 禹功作配)"[57]

옹정(雍正) 3년(1725) 8월 5일 옹정제는 맹묘에 "수선대후(守先待後: 선대의 학문을 지키고 후세의 학자를 기다린다)"라는 편액을 써주었다. 이 편액은 지금까지도 여전히 아성전 안 신감(神龕) 바로 위에 걸려 있다.[58]

건륭(乾隆)은 맹자를 더욱 존숭했다. 건륭 13년(1748) 어제「아성찬(亞聖贊)」을 지어 맹묘에 비정과 비석을 세우고 "우뚝하도다! 아성이여, 공이 천지에 있네.(卓哉亞聖, 功在天地)"라 성찬하였다.[59] 13년(1748)과 21년(1756), 36년(1771), 49년(1784), 55년(1790)까지 다섯 차례 궐리(闕里)를 순시할 때

---

55 「예지 3」,『청사고』권84, 중화서국 1977, 2532쪽.
56 맹묘각석 "강희어제맹묘비(康熙御制孟廟碑)",『맹자가세』에서 인용. 중국문사출판사 1991, 31쪽.
57 『중찬삼천지(重纂三遷志)』권수(卷首).
58 리우페이페이의 「역대 맹자에 대한 봉사와 존숭」,『맹자가세』, 중국문사출판사 1991, 31쪽.
59 맹묘 각석 "건륭어제 맹자찬비(乾隆御制孟子贊碑)"『맹자가세』에서 인용. 중국문사출판사 1991, 32쪽.

맹묘에 나누어 제사를 지낼 대신을 보냈다. 또한 22년(1757)과 27년(1762) 두 차례 추현을 남순할 때 맹묘에 이르러 향을 들고 1궤(跪) 3고(叩)의 예를 행하였다.

마지막으로 다시 간요하게 청대 맹자 연구의 상황을 얘기해보겠다. 청대의 맹자학은 송명에 비해 손색이 적지 않으며, 중요한 학술성과가 많지 않다. 그 가운데 주의해야 할 사람은 대진(戴震)과 초순, 강유위(康有爲) 세 사람이다.

대진의 『맹자자의소증(孟子字義疏證)』의 주요 공헌은 송명의 이학이욕(理學理欲)의 변(辨)을 날카롭게 비판한 데 있다. 그는 말하였다. "존자는 이(理)로 낮은 사람을 꾸짖고, 장자는 이로 어린 사람을 꾸짖는다. 귀한 사람은 이로 천한 사람을 꾸짖으며, 비록 잃어도 순(順)하다 하고, 낮은 사람과 어린 사람, 천한 사람은 이로 다투며 얻어도 역(逆)이라고 한다. 이에 낮은 사람은 천하의 동정과 천하가 함께 하고자 하는 것으로 위에 이를 수가 없으며, 위에서는 이로 아래를 꾸짖고 아래에 있는 죄는 사람들이 이루 세지도 못한다. 사람은 법에 걸려 죽으면 그래도 불쌍히 여기는 자가 있는데, 이로 죽으면 누가 불쌍히 여기는가?"[60] 대진은 '천하의 동정과 천하의 함께 하고자 하는 것'이 바로 '이'이며, 이와 욕을 자른 듯이 나눌 수 없다고 생각했다. 그렇지 않으면 생존과 남녀의 애모 등 정상적인 욕망을 요구하는 것이 모두 사악한 '인욕'이 되며, 한편 존자와 장자, 귀한 사람은 '천리'로 낮은 사람과 어린 사람, 천한 사람을 꾸짖어 천리를 살인을 하면서 피를 보지 않는 서서히 죽이는 칼로 만들 수 있다.

초순의 『맹자정의』는 청대의 맹자학이 성취한 주요 대표 저작이라고 할 수 있다. 초순은 제가의 설을 널리 망라하여 건륭·가경 연간의 고증

---

[60] 『맹자자의소증』 「이(理)」, 중화서국 1961, 10쪽.

가운데 주요 성과를 취합하여 고증과 의리를 한 용광로에서 녹여 『맹자정의』가 주희의 『맹자집주』 후 맹자학 연구 가운데 가장 중요한 저작의 하나가 되게끔 하였다. 『맹자정의』에도 부족한 점이 있는데, 첫째는 『역』이 『맹자』에 들어가 맹자의 '성'과 '천' 등의 개념에 대한 해설이 모두 맹학과 맞지 않는다는 것이다.[61] 둘째는 고증을 의리보다 중시하여 의리 방면이 비교적 취약하고 맹자의 사상에 관한 몇몇 중대한 문제들, 이를테면 의리와 심성 등의 방면에 큰 공헌이 없다.

강유위는 『맹자미(孟子微)』를 지었는데 때마침 서구의 열강이 중국을 침략하여 중국의 위기가 날로 더욱 심해질 때였다. 강유위는 서구 근대의 민주, 자유, 평등의 관념이 모두 맹자의 사상과 융화될 수 있음을 발견했다. 그는 세상의 물정에 밝은 정신으로 맹자의 주를 통하여 중국과 서구를 융합시켜 신구에 정통하였다. 이것이 『맹자미』에서 가장 두드러진다. 『맹자미』를 통하여 우리는 청나라 말기에 중국과 서양의 사상이 어떻게 사상계에서 서로 화합하여 새로운 사상을 형성하였는지를 잘 볼 수 있다. 그러나 강유위가 서양사상을 중국사상계에 끌어들이는데 급급했던 까닭에 그의 『맹자미』는 서로 견강부회한 결점이 뚜렷하여 학리적으로 취할 만한 곳이 많지 않다.

대진과 초순, 강유위는 청대 맹자학의 세 가지 경향을 나누어 대표할 수 있다. 대진은 송명 이학에 대한 반격으로 청초 '송학'의 연속이다. 초순은 유사 이래 맹자 연구의 각종 자료에 대한 일종의 크고 완전한 취합으로 청대 '한학'의 대표이다. 강유위는 맹자의 주를 통하여 서구 사상을 중국사상계에 끌어들였는데 근대 중서사상이 결합한 시초이다.

---

61 황권제의 「맹자 진상 상 제1장 해석의 새 해설(孟子盡心上第一章釋新詮)」, 대만 『한학연구(漢學研究)』 10권 2기, 1992년 12월, 99~122쪽.

맹자 연표

일러두기

1. 위(魏)나라 연표에서 양콴(楊寬)의 『전국사(戰國史)』에서는 위문후(魏文侯) 원년을 B.C. 445년, 무후(武侯) 원년을 B.C. 395년, 위혜왕(魏惠王) 원년을 B.C. 369년으로 정하였다. 쳰무(錢穆)의 『선진제자계년고변(先秦諸子繫年考辨)』에서는 각기 B.C. 446년과 B.C. 396년, B.C. 370년으로 정하여 1년의 차가 난다. 본 연표에서는 『전국사』를 따른다.

2. 제(齊)나라 연표에서 양콴의 『전국사』에서는 전화(田和)가 제후를 일컫기 전에 재위한 18년과 개원 후 3년으로 모두 21년으로 생각하여 제후(齊侯) 섬(剡) 원년을 B.C. 383년, 제위왕(齊威王) 원년은 B.C. 356년으로 제위왕은 모두 37년으로 정하였다. 쳰무의 『선진제자계년고변』에서는 전화가 개원 후 2년에 죽었다 하였고 제후 섬 원년을 B.C. 384년, 제위왕 원년을 B.C. 357년, 제위왕을 모두 38년으로 정하여 또한 1년의 차가 난다. 본 연표에서는 『전국사』를 따른다.

3. 노(魯)나라 연표와 송(宋)나라 연표, 연(燕)나라 연표는 모두 쳰무의 『선진제자계년고변』을 따른다.

4. 연나라 연표에서 쳰무의 연표 B.C. 372년은 환공(桓公) 원년과 간공(簡公) 43년이지만 간공 45년 후는 더 이상 배열을 하지 않고 여전히 환공으로 계속 이어나갔다. 본표에서는 깊이 고찰할 여력이 없어 잠정적으로

이 해를 환공 원년으로 삼는다.

　5. 옛날에는 태어난 해를 1세로 하여 지금의 두 번째 해 만 1주년을 1세로 하는 것과 다르다. 송대 도정(度正)의 『주돈이연표(周敦頤年譜)』를 예로 들면, 이 『연보』에서는 "송진종(宋眞宗) 천희(天禧) 원년 정사년에" "선생이 태어났으며" "5년 신유년은" 곧 "선생의 나이 5세이다."라 하였다. 본 연표에서는 이를 따른다.

BC	干支	周	魏	齊	魯	宋	燕	나이	역사적 대사건	맹자 사적
372	己酉	烈王4	武侯24	桓公3	共公11	桓公9	桓公元	1		맹자가 대략 이해에 태어남
371	庚戌	5	25	4	12	10	2	2		추(鄒)에 있었음.
370	辛亥	6	26	5	13	11	3	3		추에 있었음.
369	壬子	7	惠王元	6	14	12	4	4	위 공자 앵(罃) 즉위.	추에 있었음.
368	癸丑	顯王元	2	7	15	13	5	5		추에 있었음.
367	甲寅	2	3	8	16	14	6	6	조(趙)와 한(韓)이 주(周)를 분열시킴.	추에 있었음.
366	乙卯	3	4	9	17	15	7	7		추에 있었음. 맹모의 삼천단기(三遷斷機)의 가르침이 이 해 전후로 있었을 것임.
365	丙辰	4	5	10	18	16	8	8		추에 있었음.
364	丁巳	5	6	11	19	17	9	9		추에 있었음.
363	戊午	6	7	12	20	18	10	10		추에 있었음.
362	己未	7	8	13	21	19	11	11	위가 한·조의 연합군에 승리. 진이 위의 소량(少梁)을 정벌.	추에 있었음.
361	庚申	8	9	14	22	20	文公元	12	위가 대량으로 천도함.	추에 있었음.

360	辛酉	9	10	15	23	21	2	13		추에 있었음.
359	壬戌	10	11	16	24	22	3	14		추에 있었음.
358	癸亥	11	12	17	25	23	4	15		공자는 15세에 학문에 뜻을 두었음. 맹자가 자사의 문인에게서 학업을 배운 것 또한 이 해나 조금 후일 것임.
357	甲子	12	13	18	26	24	5	16		추에 있었음.
356	乙丑	13	14	威王元	27	25	6	17		추에 있었음.
355	丙寅	14	15	2	28	26	7	18		추에 있었음.
354	丁卯	15	16	3	29	27	8	19		추에 있었음.
353	戊辰	16	17	4	30	28	9	20	계릉(桂陵)의 전역에서 위나라 군사 대패.	추에 있었음.
352	己巳	17	18	5	31	29	10	21	위가 양릉(襄陵)에서 제나라 군사를 무찌름.	추에 있었음.
351	庚午	18	19	6	32	30	11	22		추에 있었음.
350	辛未	19	20	7	康公元	31	12	23	진 2차 변법. 제가 제방을 확장 건축하여 장성을 만듦.	추에 있었음.
349	壬申	20	21	8	2	32	13	24	진이 현에 질사(秩史)를 설치함.	추에 있었음.
348	癸酉	21	22	9	3	33	14	25		추에 있었음.
347	甲戌	22	23	10	4	34	15	26		추에 있었음.
346	乙亥	23	24	11	5	35	16	27	상앙(商鞅)이 태자의 사부에게 형벌을 내림.	추에 있었음.
345	丙子	24	25	12	6	36	17	28		추에 있었음.
344	丁丑	25	26	13	7	37	18	29	위혜왕이 왕을 칭하고 봉택(逢澤)으로 송·위(衛)·추·노 등의 나라를 소집하여 회합.	추에 있었음.
343	戊寅	26	27	14	8	38	19	30		맹자가 어느 해에 문도를 가르치고 강학하였는지는 정하기 쉽지 않다. "三十而立"의 뜻에 따라 이 해 전후로 잠정한다.

342	己卯	27	28	15	9	39	20	31		추에서 문도를 가르치고 강학함.
341	庚辰	28	29	16	景公元	40	21	32	제의 장수 전기(田忌)가 마릉(馬陵)에서 위의 군사를 크게 무찌르고 태자 신(申)을 포로로 잡음.	추에서 문도를 가르치고 강학함.
340	辛巳	29	30	17	2	剔成元	22	33	위앙이 위의 공자 앙(卬)을 꾀어서 잡고 위의 군사를 대파하여 위가 하서(河西)의 땅을 진에게 주고 강화함.	추에서 문도를 가르치고 강학함.
339	壬午	30	31	18	3	2	23	34		추에서 문도를 가르치고 강학함.
338	癸未	31	32	19	4	3	24	35	진이 안문(岸門)에서 위를 무찌름.	추에서 문도를 가르치고 강학함.
337	甲申	32	33	20	5	君偃元	25	36		추에서 문도를 가르치고 강학함.
336	乙酉	33	34	21	6	2	26	37		추에서 문도를 가르치고 강학함.
335	丙戌	34	35	22	7	3	25	38		추에서 문도를 가르치고 강학함.
334	丁亥	35	後元1	23	8	4	28	39	제와 위가 서주(徐州)에서 만나 서로 왕을 칭함.	추에서 문도를 가르치고 강학함.
333	戊子	36	2	24	9	5	29	40		맹자의 정치 생애가 추에서의 출사로 시작됨. 그 연도는 정하기 어려우나 40세에 비로소 벼슬한다는 설에 따라 임의로 이 해로 정함. 사(士)의 예로 부친을 장사지냄.
332	己丑	37	3	25	10	6	易王元	41	위가 진에 음진(陰晉)을 바침.	추에서 비로소 벼슬함.
331	庚寅	38	4	26	11	7	2	42		추에서 비로소 벼슬함.
330	辛卯	39	5	27	12	8	3	43	위가 진에 하서(河西)의 땅을 바침.	맹자가 처음으로 제를 유력한 것이 언제인지 정하기가 어렵지만 이 해나 조금 전으로 잠정함. 그때 제위왕이 문학과 유세지사를 초빙하여 맹자가 비로소 제를 유력함. 맹자는 광장(匡章)과 나이가 비슷하여 교유함. 광장이 진에 패한 것이 이 해나 조금 후일 것임.
329	壬辰	40	6	27	13	9	4	44	진이 위를 쳐서 하동(河東)의 여라 곳을 취함.	제에 있었음.
328	癸巳	41	7	29	14	10	5	45	위가 진에 상군(上郡)을 바침. 장의(張儀)가 진의 상이 됨. 송의 언(偃)이 비로소 왕을 칭함.	제에 있었음. 중용되지 않아 순우곤(淳于髡)에게 놀림을 당하고 또 제의 사람에게 오해를 사 지킬 관직이 없고 언책(言責)이 없다고 스스로 해명함.

327	甲午	42	8	30	15	11	6	46	진이 초(焦)와 곡옥(曲沃) 등의 땅 위에 돌려줌.	제에 있었음. 모친상이 몇 년 내에 있었을 것이며 제에서 노로 돌아와 장례를 지냈다. 맹자는 첫 번째 제를 유력한 후기에 이미 객경의 지위를 얻어 대부의 예로 모친상을 치름.
326	乙未	43	9	31	16	12	7	47		노에서 상(喪)을 지킴.
325	丙申	44	10	32	17	13	8	48	진이 처음으로 왕을 칭함.	노에서 상을 지킴.
324	丁酉	45	11	33	18	14	9	49	위혜왕(魏惠王)과 제위왕(齊威王)이 평아(平阿)에서 회합함.	3년상을 마치고 제로 돌아감. 직하(稷下)의 학궁이 쇠락하여 제에서 도가 소용없어졌는데 송에서 왕정을 행하려 한다는 말을 듣고 제를 떠나 송으로 감. 등(滕)의 세자가 송에 들러 두 번 맹자를 만남.
323	戊戌	46	12	34	19	15	10	50	초가 양릉(襄陵)에서 위를 무찌르고 8개 읍을 취함. 5국에서 서로 왕을 칭함.	송에서 인정의 주장을 실현할 수 없자 송을 떠나며 70일(鎰)을 받음. 설을 지나며 50일을 받음. 추로 돌아옴. 등정공(滕定公)이 죽자 연우(然友)를 두 번 추로 보내어 맹자에게 상례를 물어봄.
322	己亥	47	13	35	平公元	16	11	51	4월에 제에서 전영(田嬰)을 설(薛)에 봉하고 10월에 설에 성을 쌓음. 장의가 위의 재상이 되고 진은 위의 곡옥과 평주(平周)를 취함.	노평공이 악정자(樂正子)에게 정치를 맡기자 맹자는 기뻐서 잠을 이루지 못하고 노로 갔는데 장창(臧倉)의 저지를 받음. 10월 전에 등에 이르러 상궁(上宮)에서 묵었는데 등문공이 제의 사람이 설에 성을 쌓는 것을 어찌해야 하는가 물어 인정을 세세히 논함.
321	庚子	48	14	36	2	17	12	52		등에 있었음. 허행(許行)의 무리 진상(陳相)과 변론하면서 하(夏)로 이(夷)를 변화시킬 것을 주장하고 이로 하를 변화시키는 것에 반대하고 사회의 분업을 찬성하여 마음을 수고롭게 하는 자는 남을 다스리고 힘을 수고롭게 하는 자는 남의 다스림을 받는다는 설을 제기함.
320	辛丑	慎靚王元	15	37	3	18	王噲元	53	제위왕 죽음.	등을 떠나 양으로 갔는데 혜왕이 늙은이라 칭함. 혜왕에게 하필이면 이(利)를 말하냐고 이야기하고 아울러 여러 차례 정치를 논함. 경춘(景春)의 물음에 공손연(公孫衍)과 장의(張儀)는 첩부의 도라고 놀림. 백규(白圭)의 세제는 오랑캐의 도라고 비판하고 치수에 이웃을 골짜기로 삼았다고 함.
319	壬寅	2	16	宣王元	4	19	2	54	양혜왕 죽음. 제·초·연·조·한의 여러 나라가 공손연이 위의 재상이 되는 것을 지지함. 혜시(惠施)가 위로 돌아옴.	양왕을 바라보니 임금 같지 않다고 하고 천하가 어떻게 정해질 것이냐는 물음에 답함. 양을 떠나 범(范)에서 제로 감. 평륙(平陸)을 지나면서 공거심(孔距心)과 변론함. 제선왕과 인정을 크게 이야기하면서 제환공과 진문공의 일은 말하지 않음.
318	癸卯	3	襄王元	2	5	20	3	55	위·조·한·초·연의 다섯 나라가 진을 공격하였으나 이기지 못하고 돌아감.	제에서 선왕과 귀척과 이성의 경을 논하고 군신 관계를 논하였으며 현자를 숭상함을 논하고 명당을 부술 것을 논하였으며 백성과 즐거움을 함께할 것을 논하였는데 모두 이 한두 해 사이의 일일 것이다.
317	甲辰	4	2	3	6	21	4	56	등문공 죽음. 제가 관택(觀澤)에서 위를 무찌름.	제의 경이 되어 등에 조문하면서 왕환(王驩)과 말하지 않았고, 공행자(公行子)를 조상하면서도 왕환과 말하지 않았으며, 악정자가 왕환을 따라 제에 가자 맹자가 책망함.

316	乙巳	5	3	4	7	22	5	57	연의 쾌(噲)가 자지(子之)에게 나라를 양보함.	심동(沈同)이 사적으로 연을 정벌해도 되느냐고 묻자 된다고 함. 제가 연을 치자 맹자는 또한 연으로 연을 치는 것이라 비난함.
315	丙午	6	4	5	8	23	6	58	연에 내란 발생.	선왕(宣王)이 연을 쳐도 되느냐고 묻자 맹자는 연의 백성이 기뻐하면 취하고 연의 백성이 기뻐하지 않으면 취하지 말라고 답함.
314	丁未	赧王元	5	6	9	24	7	59	제가 광장(匡章)을 장수로 삼아 연을 쳐서 취함.	제가 연을 취하여 제후들의 반대에 부딪혀 선왕이 맹자에게 조언을 구하자 맹자는 임금을 세우고 떠나라고 건의함.
313	戊申		2	6	7	10	25	8	60	맹자가 연왕과 사이가 뜨자 선왕의 부름에 병을 핑계대고 조회를 않고 동곽씨(東郭氏)를 조문함.
312	己酉		3	7	8	11	26	9	61	연의 사람들이 제에 반기를 듦. 진이 초의 군사를 무찌름. 초의 모든 군사가 진을 습격하고 또 남전(藍田)에서 패전함. 한과 위가 기회를 틈타 초를 습격함 진과 위가 제를 공격하고 췌자(贅子)를 사로잡았으며 장자(章子)는 달아났다.	연의 사람들이 제에 반기를 들자 선왕이 맹자에게 몹시 부끄러워하여 선왕이 만종의 봉록으로 맹자를 만류하였으나 거절당함. 제를 떠나기 전에 주(晝)에서 사흘을 묵었으나 실행하지 못하고 돌아갈 뜻이 있었는데 하늘이 천하를 평치하지 않으려는데 감탄함. 도중에 송경(宋牼)을 만나 하필이면 이를 말하였는가를 이야기함. 이 후로 30년 가까운 외부의 유력생활을 끝내고 다시는 출유하지 않음.
311	庚戌		4	8	9	12	27	昭王元	62	추에서 『논어』를 본받아 공손추(公孫丑)·만장(萬章)의 무리와 함께 설문(設問)하고 강학하면서 『맹자』를 지으면서 순탄치 못했던 일생을 반추하며 각종 주장을 천술함.
310	辛亥		5	9	10	13	28	2	63		추에서 강학과 저술을 함.
309	壬子		6	10	11	14	29	3	64		추에서 강학과 저술을 함.
308	癸丑		7	11	12	15	30	4	65		추에서 강학과 저술을 함.
307	甲寅		8	12	13	16	31	5	66		추에서 강학과 저술을 함.
306	乙卯		9	13	14	17	32	6	67		추에서 강학과 저술을 함.
305	丙辰		10	14	15	18	33	7	68		추에서 강학과 저술을 함.
304	丁巳		11	15	16	19	34	8	69		추에서 강학과 저술을 함.
303	戊午		12	16	17	20	35	9	70	노평공 죽음.	추에서 강학과 저술을 함.
302	己未		13	17	18	文侯元	36	10	71		추에서 강학과 저술을 함.

301	庚申	14	18	19	2	37	11	72	제선왕 죽음.	추에서 강학과 저술을 함.
300	辛酉	15	19	湣王元	3	38	12	73		추에서 강학과 저술을 함.
299	壬戌	16	20	2	4	39	13	74		추에서 강학과 저술을 함.
298	癸亥	17	21	3	5	40	14	75		추에서 강학과 저술을 함.
297	甲子	18	22	4	6	41	15	76		추에서 강학과 저술을 함.
296	乙丑	19	23	5	7	42	16	77	양양왕 죽음.	추에서 강학과 저술을 함.
295	丙寅	20	昭王元	6	8	43	17	78		추에서 강학과 저술을 함.
294	丁卯	21	2	7	9	44	18	79		추에서 강학과 저술을 함.
293	戊辰	22	3	8	10	45	19	80		추에서 강학과 저술을 함.
292	己巳	23	4	9	11	46	20	81		추에서 강학과 저술을 함.
291	庚午	24	5	10	12	47	21	82		추에서 강학과 저술을 함.
290	辛未	25	6	11	13	48	22	83		추에서 강학과 저술을 함.
289	壬申	26	7	12	14	49	23	84		맹자는 대략 이해에 죽었을 것이며 향년이 84세임.

참고서목

(본서에 인용한 것으로 한정[1])

國語　[吳]韋昭注 文淵閣『四庫全書』卷406 臺灣商務印書館 1986年版(아래의 이 책은 더 이상 판본을 밝히지 않는다)

孫子兵法　[春秋]孫武著『中國兵書集成』第一冊 解放軍出版社 遼沈書社 1987年版

尸子　[戰國]尸佼著 掃葉山房『百子全書』本

呂氏春秋　[秦]呂不韋著 文淵閣『四庫全書』卷848

史記　[漢]司馬遷著 中華書局 1959年版

漢書　[漢]班固著 中華書局 1962年版

淮南鴻烈解　[漢]劉安著 高誘注 文淵閣『四庫全書』卷848

說苑　[漢]劉向著 文淵閣『四庫全書』卷696

孔叢子　[漢]孔鮒著 文淵閣『四庫全書』卷695

風俗通義　[漢]應劭著 文淵閣『四庫全書』卷862

申鑒　[漢]荀悅著 文淵閣『四庫全書』卷696

春秋繁露　[漢]董仲舒著 文淵閣『四庫全書』卷181

白虎通義　[漢]班固著 文淵閣『四庫全書』卷850

論衡　[漢]王充著 上海人民出版社 1974年版

---

1 예로부터 지금까지 맹자를 연구한 논저는 헤아리기 어려우며, 아래에 열거한 것은 다만 본서에서 인용한 주요 서목일 뿐이다. 역대 맹자 연구에 관한 상황은『중찬삼천지(重纂三遷志)』권3에 비교적 자세한 기록이 있고, 쑨다녠(孫大年)의『역대 맹자 연구 저작 총술(歷代孟子研究著作總述)』(『孟子家世』, 中國文史出版社, 1991)의 고증이 상세하다. 지면의 제약으로 본서에서는 일일이 열거할 수 없고, 필요하다면 이 두 저작에서 찾아 증명할 수 있다.

潛夫論箋校正　[漢]王符著 [清]汪繼培箋 中華書局 1985年版

水經注　[後魏]酈道元注 文淵閣『四庫全書』卷573

劉子　[北齊]劉畫著 文淵閣『四庫全書』卷848

隋書　[唐]魏徵等著 中華書局 1973年版

貞觀政要　[唐]吳兢著 文淵閣『四庫全書』卷407

禮記正義　[唐]孔穎達著 十三經注疏本

皮子文藪　[唐]皮日休著 中華書局 1959年版

河東集　[宋]柳開著 文淵閣『四庫全書』卷1085

歐陽脩全集　[宋]歐陽脩著 世界書局 1936年版

徂徠石先生文集　[宋]石介著 中華書局 1984年版

李覯集　[宋]李覯著 中華書局 1981年版

孫明復小集　[宋]孫復著 文淵閣『四庫全書』卷1090

張載集　[宋]張載著 中華書局 1978年版

王安石全集　[宋]王安石著 大東書局 1936年版

二程集　[宋]程顥·程頤著 中華書局 1981年版

楊文靖公集　[宋]楊時著 道南玉華山館藏本

胡宏集　[宋]胡宏著 中華書局 1987年版

陸象山全集　[宋]陸象山著 中國書店 1992年版

司馬文正集　[宋]司馬光著『四部備要』本

四書集注　[宋]朱熹著 中華書局 1983年版

朱子語類　[清]黎靖德編 中華書局 1986年版

葉適集　[宋]葉適著 中華書局 1961年版

習學記言序言　[宋]葉適著 中華書局 1977年版

大學衍義　[宋]眞德秀著 文淵閣『四庫全書』卷704

尊孟辨　[宋]余允文著 文淵閣『四庫全書』卷196

困學紀聞　[宋]王應麟著 商務印書館 1959年版

孟子傳　[宋]張九成著 文淵閣『四庫全書』卷196

郡齋讀書志校正　[宋]晁公武著 孫猛校正 上海古籍出版社 1990年版

直齋書錄解題　[宋]陳振孫著 文淵閣『四庫全書』卷674

宋史　[元]脫脫等著 中華書局 1977年版

孟子年譜　[元]程復心著 見『孔子年譜及其他一種』商務印書館 1929年版

孟子節文　明刻本『北京圖書館珍本叢刊』卷1 書目文獻出版社 1991年版

王陽明全集　[明]王陽明著 上海古籍出版社 1992年版

焦氏筆乘　[明]焦竑著 上海古籍出版社 1986年版

讀四書大全說　[清]王夫之著 中華書局 1975年版

黃宗羲全集　[清]黃宗羲著 浙江古籍出版社 1985年版

孟子生卒年月考　[清]閻若璩著『清經解』第1冊 卷24 上海書店 1988年版 (아래의 이 책은 더 이상 판본을 밝히지 않는다)

四書釋地續　[清]閻若璩著 文淵閣『四庫全書』卷210

正誼堂文集　[清]張伯行著 商務印書館 1936年版

近思錄集注　[清]江永著 上海書店 1987年版

群經補義　[清]江永著『清經解』第2冊 卷256~260

經史問答　[清]全祖望著『清經解』第2冊 卷302~308

袁枚全集　[清]袁枚著 江蘇古籍出版社 1993年版

孟子字義疏證　[清]戴震著 中華書局 1982年版

孟子四考　[清]周廣業著『清經解續編』第1冊 卷227~230

說文解字注　[清]段玉裁注 上海古籍出版社 1988年版

崔東壁遺書　[清]崔述著 上海古籍出版社 1983年版

論語正義　[清]劉寶楠撰 中華書局 1990年版

孟子正義　[清]焦循撰 中華書局 1987年版

大戴禮記解詁　[清]王聘珍撰 中華書局 1983年版 三遷志清雍正刻本

三遷志　清雍正刻本

重纂三遷志　清光緒13年刻本

孟子外書　光緒7年函海本

魏源集　[近]魏源著 中華書局 1976年版

荀子集解　[近]王先謙 中華書局 1988年版

章太炎全集　[近]章太炎著 上海人民出版社 1986年版

孟子附記　[近]翁方綱著 商務印書館 1940年版

清史稿　[近]趙爾巽著 中華書局 1977年版

孟子微　[近]康有爲著 中華書局 1987年版

飲冰室合集　[近]梁啓超著 中華書局 1989年版

孟子政治哲學　陳顧遠著 國華書局 1947年版

孟子學案　郎擎霄著 商務印書館 1928年版

孟子評傳　羅根澤著 商務印書館 1932年版

孟子事迹考略　胡毓寰編著 正中書局 1936年版

中國哲學史　馮友蘭著 商務印書館 1934年版

孟子要略　錢穆著『四書釋義』本 臺灣學生書局 1978年版

先秦諸子繫年考辨　錢穆著 上海書店 1992年版

論語集釋　程樹德撰 中華書局 1990年版

容筆祖集　容筆祖著 齊魯書社 1989年版

張岱年文集　張岱年著 清華大學出版社 1990年版

宋明理學史　侯外廬等著 人民出版社 1984年版

管錐編　錢鍾書著 中華書局 1979年版

中國哲學史方法論發凡　張岱年著 中華書局 1983年版

中國倫理思想研究 張岱年著 上海人民出版社 1989年版

困知二錄 趙紀彬著 中華書局 1991年版

戰國史 楊寬著 上海人民出版社 1980年版

從『老子』說到中國古代社會 胡曲圓著 見『復旦大學學報』1987年 第1期

春秋左傳注 楊伯峻編著 中華書局 1990年版

論語譯注 楊伯峻譯注 中華書局 1980年版

孟子譯注 楊伯峻譯注 中華書局 1960年版

帛書五行篇研究 龐朴著 齊魯書社 1980年版

馮契文集 馮契著 華東師範大學出版社 1996年版

李澤厚十年集 李澤厚著 安徽文藝出版社 1994年版

孟子性善論研究 楊澤波著 中國社會科學出版社 1995年版

論人·人性 姜國柱·朱葵菊著 海洋出版社 1988年版

孔子·孔子弟子 高專誠著 山西人民出版社 1991年版

孟子研究論文集 王興業編 山東大學出版社 1984年版

孟子思想研究 謝皓編 山東大學出版社 1986年版

儒家法思想通論 俞根榮著 廣西人民出版社 1992年版

『論語』『孟子』研究 譚承耕著 湖南教育出版社 1990年版

孟子思想評析與探源 翟廷晉著 上海社會科學院出版社 1992年版

孟子評傳 楊國榮著 廣西教育出版社 1994年版

孟子評傳 呂濤著 山西人民出版社 1987年版

孟子傳 曹堯德著 花山文藝出版社 1992年版

孟子譯注 金良年譯注 上海古籍出版社 1995年版

孟子之王道主義 賀榮一編注 北京大學出版社 1993年版

孟子散文 王彬·賀有齡著 黑龍江人民出版社 1986年版

魯國史 郭立煜著 人民出版社 1994年版

孟子事迹考辨 孫開泰著 見『中國哲學』第15期

孟子家世 濟寧市政協文史資料委員會·鄒縣政協文史資料委員會編 中國文史出版社 1991年版

周予同經學史論著選集 朱維錚編 上海人民出版社 1983年版

唐宋間的孟子升格運動 徐洪興著 見『中國社會科學』1993年 第5期

董學探微 周桂鈿著 北京師範大學出版社 1989年版

天理與人欲 王育濟著 齊魯書社 1992年版

中國聖人論 王文亮著 中國社會科學出版社 1993年版

圓善論 牟宗三著 臺灣學生書局 1985年版

儒家政治思想與民主自由人權 徐復觀著 臺灣學生書局 1979年版

孟子知言養氣章試釋 徐復觀著 見『中國思想史論集』臺灣學生書局 1993年版

爲中國文化敬告世界人士宣言 唐君毅等著 見『当代新儒家』三聯書店 1989年版

中國人的人生觀 方東美著 臺灣幼獅文化事業公司 1986年版

中國專制君主政制之評議 張君勱著 臺灣弘文館 1986年版

朱子新學案 錢穆著 巴蜀書社 1986年版

論語新解 錢穆著 巴蜀書社 1985年版

孟子的名理思想及其辯說實況 陳大齊著 臺灣商務印書館 1968年版

莊子今注今譯 陳應注譯 中華書局 1983年版

孟學思想史論卷一 黃俊杰著 臺灣東大圖書公司 1990年版

孟學思想史論卷二 黃俊杰著 臺灣"中央研究院"中國文哲研究所籌備處 1997年版

孟子 黃俊杰著 臺灣東大圖書公司 1993年版

孟子思想的哲學探討 李明輝主編 臺灣"中央研究院"中國文哲研究所籌備處 1995年版

孟子思想的歷史發展 黃俊杰主編 臺灣"中央研究院"中國文哲研究所籌備處 1995

年版

孟子三辨之學的歷史省察與現代詮釋　袁保新著 臺灣文津出版社 1992年版

儒家與現代中國　韋政通著 臺灣東大圖書有限公司 1984年版

周代城邦　杜正勝著 臺灣聯經出版公司 1979年版

孟子思想研究論集　吳康等著 臺灣黎明文化事業公司 1982年版

孟子探微　林漢仕著 臺灣文史哲出版社 1978年版

후기

졸저 『맹자 성선론 연구(孟子性善論研究)』가 출판된 후 나는 즉시 원래의 계획대로 새로운 과제 연구에 착수하였다. 그런데 시작하자마자 은사이신 판푸언(潘富恩) 선생께서 나를 부르더니 이미 나를 난징대 '중국 사상가 연구 중심(中國思想家研究中心)'에 『맹자 평전』을 쓰도록 추천을 했다면서 나에게 마음의 준비를 하라고 했다. 이 전에 나는 오랜 세월 동안 줄곧 성선론 연구 방면에 정력을 집중했다. 성선론이 맹자 사상의 핵심이기는 하지만 결코 맹자 사상의 전부는 아니었기 때문에 나는 줄곧 연구 범위를 확장 개척해나갈 기회를 엿보고 있었다. 이제 기회가 제대로 찾아왔다. 학술 저작의 출판이 매우 어려운 상황에서 쾅야밍(匡亞明) 선생이 주편하는 『중국 사상가 평전 총서』는 우리에게 엄숙하고 건실하게 맹자의 생애와 사상의 연구에 매우 훌륭한 조건을 마련해주었다. 실로 굉장히 좋은 일이다.

나는 즉시 원래의 창작 계획을 중단하고 『맹자 평전』을 쓸 준비에 착수하기 시작했다. 초보적으로 전인의 유관한 연구 성과를 분석한 후에 『맹자 평전』을 집필하는 데는 주로 두 방면의 어려움이 있다는 것을 발견했다. 첫째, 상세한 역사 자료의 결핍으로 인하여 후세의 맹자 생애에 대한 논쟁이 매우 많으며 그 가운데 적지 않은 문제는 정설이 있을 수가 없다. 둘째, 맹학(孟學)이 포함하고 있는 풍부함과 곡절 때문에 후세의 맹자 사상에 대한 이해가 정확하지 않은 곳이 많으며 그 가운데 어떤 것은 오해가 상당히 심각하다. 이런 상황에 맞서서 나는 스스로에게 "자료를 가지고 열심히 논쟁을 해명하고, 본경(本經)으로 돌아가 오해를 완전히 해소하자"는 가이드라인을 설정하였다. "자료를 가지고 열심히 논쟁을 해명한다"는 것은 전인의 연구 성과에 대하여 최대한의 노력을 경주하여 취급함으로써 맹자의 생애와 사적의 몇몇 중요한 문제에 대하여 가능한 한 관련 있는 논쟁을 해명하고, 실제로 찾아내지 못한다고 하여도 문제를 회피하지 말고 자기의 관점을 용감하게 제기하는 것을 말한다. "본경으로 돌아가 오해를 완전히 해소하자"는 것은 전인들의 주소(註疏)가 맹자의 연구에 공헌을 하였지만 시대적인 한계라는 제한으로 인해 그 주소가 정확하지 못한 부분이 있음을 면하기 어렵다. 오늘날의 맹자 연구는 전적으로 선인들의 주소에 국한될 수 없고 반드시 본경으로 돌아가야 맹자사상의 본뜻을 탐색할 수 있으며 맹자사상에 대한 오해를 풀 수 있다는 것을 말한다.

  이 가이드라인은 '미칠 수는 없지만 마음이 향해 간다'는 뜻을 가지고 있는데 막상 착수하고 보니 매우 어려웠다. 나는 기초가 좋지 못하여 오래도록 독학을 하였다. 나중에 은사이신 판푸언 선생의 지도하에 석사와 박사 공부를 하였지만 철학 사상만 전공하여 필요한 역사와 훈고 방면의 훈련이 부족하여 지금 하루아침에 맹자 생애의 몇몇 문제를 고증하려 하니 즉각 역량이 부족함이 드러났다. 이외에 나는 지난 몇 년간 맹자 사상의 다른 방면도 언급을 했지만 포괄적이고 체계적으로 연구를 하지 않아 전인들의 맹자의 사상에 적지 않은 오해를 느꼈다. 그러나 문제를 진정으로 명백하게 해명하려면 또한 쉽지 않은 일일뿐더러 그 가운데 적지 않은 부분이 모두 수백 년에서 천 년 이상 된 오랜 문제라는 것은 말할 필요가 없다. 이런 상황에 직면하면 다른 방법은 없고 다만 죽도록 공부하고, 책을 많이 읽고, 생각을 많이 하고, 다른 사람에게 가르침을 구하는 수밖에 없고, 고생을 두려워하지 않고 되풀이하는 것을 두려워하지 않아야 한다. 솔직히 말해서 나는 이 책을 쓰느라 정말 많은 노력을 기울였다. 사승(師承)과 유력, 생졸, 연표, 민본(民本), 경권(經權), 인격, 양기(養氣), 영향 등과 같은 문제를 쓰고 고쳐 쓰고 다시 고쳐 쓰기를 얼마나 반복했는지도 모르며, 원고를 제출할 시기를 차일피일 미룰 지경에 이르렀다. 당연히 지금은 탈고를 했는데도 여전히 마음이 조금도 가벼워지지 않고 상처가 많아 큰 웃음거리가 되지 않을까 한다.

집필 과정에서 어떻게 맹자의 사상을 개괄하고 책을 구성하느냐 하는 문제로 골치를 많이 썩여 글을 써 내려갈 수가 없어 지지부진하기도 했다. 전기 대상의 사상을 평가할 때 비교적 통행하는 방법은 정치와 철학, 경제 등과 같은 약간의 방면으로 나누어서 전기 대상과 유관한 자료를 부문별로 나누어 넣는 것이다. 이런 방법의 장점은 조리가 분명하고 윤곽이 명확하다는 점이지만 사람들에게 천편일률적이고 호랑이를 그리려다 고양이 같이 되는 인상을 남기기 쉽다는 단점도 있다. 나는 한 사상가가 사상사라는 긴 강의 흐름에 남긴 일련의 흔적은 결코 사상의 이러한 조리성에 있는 것이 아니라 주로 그 사상의 독창성에 있을 것이라고 생각한다. 이런 독창성은 개성이며, 전기의 대상 자신이다. 평전을 전기 대상 본인처럼 쓰고자 한다면 전기 대상의 독창성에 공을 들여야 한다. 나의 체험에 의하면 맹자의 가장 뚜렷한 특징은 그의 '변론하기를 좋아함'을 능가하는 것이 없을 것이고 이것을 파악하면 맹자라는 사람을 제대로 파악하게 될 것이다. 이런 고려를 바탕으로 나는 맹자의 '변론하기를 좋아함'을 왕패(王霸)와 경권(經權), 의리(義利), 순척(舜跖) 그리고 인성(人性) 등 다섯 변(辨)으로 나누고 이에 따라 맹자 사상의 각 방면을 나누어 토론하였다. 독자로 하여금 표제만 보아도 여기서 이야기하는 것이 맹자이지 공자가 아니며, 또한 노자와 묵자, 순자나 다른 어떤 사람이 아니라는 것을 알게 하고자 함이었다. 당연히 이런 방법이 소기의 목적에 도달할 수 있을지 아니면 어떤 부족함이 있는지는 여전히 전문가와 독자의 판단을 기다려야 한다.

    집필 과정에서 나는 다방면의 도움을 받았다. 중국 사회과학원 역사연구소 쑨카이타이(孫開泰) 선생과 상하이 사회과학원 철학연구소 자이팅진(翟廷晉) 선생은 내게 귀중한 자료를 보내왔을 뿐만 아니라 본서의 제1, 제2장에 대하여 성실히 개진해주었다. 대만 정치대학 황쥔제(黃俊杰) 선생은 자신의 맹자에 관한 세 부의 대작 및 많은 중요한 자료를 보내왔다. 쩌우청시(鄒城市) 문물관리국의 후신리(胡新立) 선생도 시중에서 찾기 어려운 자료를 보내왔다. 차오야오더(曹堯德) 선생은 많은 유익한 정보를 제공하였다. 원고가 나온 후에 은사이신 판푸언 선생과 둥난대학(東南大學)의 장샹하오(張祥浩) 선생은 성실한 심의를 하여 많은 귀중한 의견을 내놓았다. 화젠민(花建民) 선생은 편집 과정에서 큰 많은 육체적 수고를 들였고 원고 가운데 많은 탈루를 바로잡았다. 이 외에 장창링(張長嶺) 학생은 본사의 내용에 대한 제요(提要)와 목록을 영문으로 번역하는 일을 맡았으며, 천얼린(陳二林) 학생은 책의 인용문을 교정했다. 이 모든 것을 여기서 함께 진심으로 감사드린다.

양쩌보(楊澤波)
1998년 3월